DICIONÁRIO DE MACHADO DE ASSIS

Dicionário de
MACHADO DE ASSIS

Ubiratan Machado

2ª edição revista e ampliada

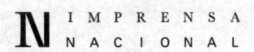

IMPRENSA NACIONAL
Academia Brasileira de Letras
imprensaoficial
GOVERNO DO ESTADO DE SÃO PAULO

Sumário

Dicionário de Machado de Assis

Anexos

A Academia Brasileira de Letras, a Imprensa Oficial do Estado de São Paulo e a Imprensa Nacional, de Portugal, unem-se nesta promissora parceria para publicar o *Dicionário de Machado de Assis* e o *Dicionário de Eça de Queiroz*.

A vontade de associação entre as três entidades que os chancelam nasceu de um encontro na Bienal Internacional do Livro em São Paulo, em 2015. Os princípios que norteiam a atividade editorial das duas Imprensas e o interesse mútuo suscitado pelos projetos que desenvolviam conduziu ao acordo para uma partilha de esforços que se consubstancia no intercâmbio de duas obras de inegável importância para as culturas de língua portuguesa: este *Dicionário de Machado de Assis*, da autoria de Ubiratan Machado – projeto original da ABL e da Imprensa Oficial do Estado de São Paulo –, e o *Dicionário de Eça de Queiroz*, coordenado por A. Campos Matos – projeto original da Imprensa Nacional portuguesa. A publicação de ambos os dicionários no Brasil e em Portugal pretende ser o ensaio para outras iniciativas conjugadas pelas entidades envolvidas, por ambos os países e pelos leitores da língua que os une. Cabe aqui notar que, por expressa determinação editorial, cada um dos dicionários é publicado com respeito integral pela variante do português e pela ortografia vigente do país dos respetivos autores.

Vale lembrar o que escreveu o acadêmico Cícero Sandroni, então presidente da ABL, no prefácio da 1ª edição do *Dicionário de Machado de Assis*, em 2008, centenário da morte do escritor:

> [...] faltava, exatamente, uma obra de orientação pelos meandros da vida e obra de Machado, que permitisse ao leitor, mediante uma

consulta rápida, esclarecer a sua dúvida, enriquecer o seu estudo ou apenas se iniciar em determinado aspecto do universo machadiano. Essa lacuna acaba de ser preenchida com este *Dicionário de Machado de Assis*, de Ubiratan Machado, sem favor nenhum uma obra com a mesma qualidade dos grandes dicionários europeus dedicados a escritores, apesar de realizado apenas pelo autor, sem nenhum colaborador. [...] o *Dicionário* registra cada fato da vida de Machado, suas alegrias e decepções, amores, manias e fragilidades, apresentando ainda um grande número de material inédito, que escapou à argúcia dos biógrafos. [...].

A presente edição foi revista e ampliada significativamente, com o acréscimo de cerca de 120 novos verbetes, ilustrações inéditas do caricaturista paraense J. Bosco, fotos raras de Machado, de seus próximos e dos ambientes em que conviveram, oriundas da ABL e do acervo do autor. Quanto à estruturação dos verbetes, consideradas as publicações preexistentes sobre a bibliografia de Machado de Assis, tanto a de Galante de Sousa como a do próprio Ubiratan Machado e o Dicionário de Francisco Patti – que se ocupou da história e da biografia dos personagens que constituem a obra machadiana, o autor optou por declinar das entradas já preenchidas por essas edições.

Machado de Assis, reconhecido amplamente por seus pares, não encontrou em seu tempo ressonância fora de seu país. Seus romances começaram a ser publicados em outros idiomas apenas na década de 1950, ocasião em que suas obras passaram a interessar a outras culturas. A publicação recente, nos Estados Unidos, de conjunto significativo de seus contos, a despeito das traduções esporádicas de sua obra, vem acarretando ressonâncias e resultados inusitados em países de língua inglesa, levando Machado de Assis a ser comparado a escritores do porte de Henry James, Henry Fielding, Anton Tchekhov, Laurence Sterne, Vladimir Nabokov e Ítalo Calvino.

A parceria tríplice que aqui celebramos não poderia, assim, se realizar em melhor hora, ao promover a veiculação desses Dicionários, ao mesmo tempo em que permitirá ampliar e aprofundar o conhecimento de ambos os escritores aos quais se dedicam, em Portugal, no Brasil e nos demais países de língua portuguesa.

Os Editores

Prefácio à 2ª Edição

A primeira edição deste dicionário, editado pela Academia Brasileira de Letras, saiu em 2008, nas comemorações do centenário de morte de Machado de Assis. Nestes doze anos, a bibliografia machadiana se enriqueceu, com a publicação de poemas e textos em prosa que os estudiosos consideravam perdidos ou desconheciam. O mais surpreendente ocorreu em relação à iconografia do escritor, com a descoberta de inúmeras fotos de Machado, sozinho ou em grupo. Este material encontra-se incorporado à presente edição, enriquecida ainda com a inclusão de cerca de 120 verbetes inéditos. Outros tantos foram reformulados, com a inclusão de novos dados, a correção de equívocos de informação e erros de revisão, naturais em um trabalho realizado por um único pesquisador, quando obras deste tipo costumam reunir equipes com vários especialistas. Em síntese, isto é o que temos a dizer. "O melhor prólogo é o que contém menos coisas", já dizia Machado.

Todos os asteriscos deste *Dicionário* remetem aos verbetes correspondentes.

Portal de recepção

O ideal seria que este livro substituísse todas as biografias e bibliografias de Machado de Assis. Não chega a tanto, mas oferece, em forma de verbetes, o essencial do conhecimento atual sobre o escritor. Com algumas novidades de informação, ousadias de interpretação e inteira liberdade para o leitor traçar seu próprio roteiro de leitura. Assim, de verbete em verbete, ele pode viajar pelo universo machadiano ao capricho do gosto pessoal, com a vantagem de se locomover através do tempo e do espaço, retornar ao passado, pular fatos, relacionar acontecimentos distantes entre si, esclarecer dúvidas a respeito de obras, numa espécie de exercício lúdico.

No entanto, contrariando o desejo inicial, uma obra dessa espécie jamais poderia ter a pretensão de substituir a biografia do autor, que transmite emoção, palpita com o biografado. Dicionários biográficos e bibliográficos – como quaisquer dicionários – não se propõem a transmitir emoções, mas a ordenar conhecimentos sobre determinado assunto, facilitando a consulta do leitor, curioso ou estudioso. É o nosso propósito.

Assim, em vez de revirar livros e mais livros em busca do aspecto físico de Machado, dos problemas que lhe afetaram a visão ou sua vida amorosa, basta consultar os verbetes "Tipo físico", "Olhos" e "Amores". Quer saber as suas atividades como declamador ou jornalista? É só consultar os respectivos verbetes. Da mesma forma, pode-se saber como ele se relacionou com Manuel Antônio de Almeida, José Veríssimo, os simbolistas, seus amigos e inimigos. Como se interessou por países como os Estados Unidos, Inglaterra, França. Ou como reagiu a fatos e conflitos sociais, como a Questão Christie, a Guerra do Paraguai, o abolicionismo, a monarquia, a República, o culto a Tiradentes. Em síntese: tudo o que se relaciona à vida e à obra, entusiasmos e indignações de Machado de Assis, a quem, por economia de letras e tinta, tratamos intimamente de Machado. A mesma causa nos leva a não indicar o local de publicação dos periódicos citados, estando subentendido que se trata do Rio de Janeiro. No caso de jornal ou revista de outra cidade, efetuamos o devido registro. Entenda-se também que as frases citadas entre aspas, sem referência de autor, são sempre de Machado.

Excluímos dois aspectos: o levantamento das personagens das obras de ficção, pois já existe livro a respeito (*Dicionário de Machado de Assis: História e biografia das personagens*, Francisco Pati, 1958), e as sínteses de romances e contos, que podem ser encontradas em várias publicações.

No que se refere à bibliografia machadiana, sem termos a pretensão de substituir a utilíssima *Bibliografia de Machado de Assis*, de José Galante de Sousa, acrescentamos a ela quase cem itens novos, além de corrigirmos alguns equívocos do grande pesquisador machadiano. Exemplo: o poema "Cleópatra". Galante indica como sua primeira publicação na coleção Biblioteca Brasileira (*Lírica nacional*) e no ano de 1862, que recuamos para dois anos antes, quando a peça foi publicada em *O Espelho*, com o título de "Escravo e rainha". O mesmo em referência a "Prelúdio", poema que, antes de ser incluído nas *Falenas*, foi escrito no álbum de Carolina, fato não registrado pelo bibliógrafo.

Todos os dados, fatos e personagens apresentados limitam-se ao período de vida de Machado. As exceções, por razões óbvias, ficam por conta dos livros póstumos do escritor, coligidos e organizados por terceiros, e os verbetes dedicados ao cinema, rádio, televisão. Além deles, apenas algumas ilustrações saídas após a sua morte (fotos do enterro, notícias em revistas do exterior etc.) e o verbete dedicado à excelente *Revista da Sociedade dos Amigos de Machado de Assis*.

Na parte "Anexos", apresentamos algumas obras machadianas ainda inéditas em livro, perdidas em velhos jornais e revistas: poemas, artigos, editorial. Completa a seção um excelente estudo de um machadiano esquecido, F. de Paula Azzi, o primeiro a abordar e discutir o tema da fidelidade ou infidelidade de Capitu, vinte anos antes da norte-americana Helen Caldwell levantar o assunto, com imensa repercussão. O artigo de nosso patrício passou despercebido. Reproduzo-o, como uma homenagem a todos aqueles que, brasileiros ou estrangeiros, se apaixonaram pela obra do Bruxo do Cosme Velho. Reviver o esquecido também é uma forma de bruxaria.

Ubiratan Machado

Cronologia

1805 Casam-se, no Rio de Janeiro, Francisco José de Assis e Inácia Maria Rosa, avós paternos de Machado de Assis.

1806 Nasce, no Rio de Janeiro, o pai de Machado de Assis, Francisco José de Assis. É batizado na igreja de N. S. do Rosário e São Benedito, então sé da cidade.

1809 Casamento, em Ponta Delgada, ilha de São Miguel dos Açores, de José e Ana Rosa, avós maternos do escritor.

1812 Nascimento, em Ponta Delgada, de Maria Machado da Câmara, mãe do escritor.

1815 Os avós maternos de Machado de Assis, José e Ana Rosa, embarcam para o Brasil, com a filha e um irmão, no movimento de imigração açoriana muito incentivado por D. João VI.

1821 Nascimento de Maria Inês da Silva, que viria a ser madrasta do escritor.

1838 Casam-se, no Rio de Janeiro, os pais de Machado de Assis, ele pintor e dourador, ela agregada da chácara da rica portuguesa D. Maria José de Mendonça Barroso, na capela da mesma, no morro do Livramento.

1839 Nasce a 21 de junho, no Rio de Janeiro, Joaquim Maria Machado de Assis, filho legítimo de Francisco José de Assis e Maria Leopoldina Machado de Assis. O nome Leopoldina fora por ela adotado no Brasil, provavelmente em homenagem à mãe de D. Pedro II. Nascimento de Casimiro de Abreu e Floriano Peixoto.

1840 Maioridade de D. Pedro II.

1841 Nasce a irmã do escritor, Maria.

1845 Morrem, durante uma epidemia de varíola, a irmã do escritor, de 4 anos, e D. Maria José de Mendonça Barroso, sua madrinha. Aprovação, na Inglaterra, do Bill Aberdeen, declarando piratas os navios negreiros brasileiros.

1847 Nascimento de Castro Alves.

1849 Morre, tuberculosa, Maria Leopoldina, mãe do escritor. Nascimento de Rui Barbosa.

1850 Lei Eusébio de Queirós, proibindo o tráfico de escravos para o Brasil.

1854 Francisco José, pai de Machado de Assis, casa-se com Maria Inês da Silva. Nesse ano, ao que tudo indica, o jovem Machado passa a trabalhar na tipografia de Paula Brito, na atual praça Tiradentes. Em 3 de outubro de 1854, publicou, no *Periódico dos Pobres*, ao menos do que chegou até nós, o seu primeiro poema, o soneto "À Ilma. Sra. D.P.J.A". Início da Guerra da Crimeia.

1855 Colabora regularmente com poemas na *Marmota Fluminense*, de Paula Brito. Nascimento de Artur Azevedo.

1856 Admitido como aprendiz de tipógrafo na Tipografia Nacional, exercendo o ofício até 1858. Baudelaire publica *Les Fleurs du Mal*.

1858 Segue como revisor de provas de Paula Brito. De 11 de abril desse ano até 26 de junho do seguinte, escreve em *O Paraíba*, de Petrópolis. Colabora igualmente no *Correio Mercantil*, do qual fora revisor de provas. Chega ao Rio de Janeiro o poeta português Faustino Xavier de Novais, irmão de Carolina, sua futura esposa.

1859 Passa a escrever regularmente na revista *O Espelho*, fazendo crítica teatral, mas também em outros gêneros. Traduz, com outros colaboradores, *O Brasil pitoresco*, de Charles Ribeyrolles. Casimiro de Abreu publica *As primaveras*.

1860 Entra como redator para o *Diário do Rio de Janeiro*, onde permanece até 1867. Desse ano até 1875, escreve para *A Semana Ilustrada*, do alemão Henrique Fleiuss. Morte de Casimiro de Abreu.

1861 Publica a comédia *Desencantos* e a tradução da sátira *Queda que as mulheres têm para os tolos*. Morte de Manuel Antônio de Almeida. Nascimento de Cruz e Sousa.

1862 Colabora na revista *O Futuro*, de Faustino Xavier de Novais, e no *Jornal das Famílias*. Em 31 de dezembro assume o cargo de censor teatral no Conservatório Dramático Brasileiro.

1863 Publica o *Teatro de Machado de Assis*, volume que se compõe de duas comédias, *O protocolo* e *O caminho da porta*. Nascimento de Raul Pompeia.

1864 Morre Francisco José, pai do escritor. Viaja até Barra do Piraí. Publica seu primeiro livro de versos, *Crisálidas*. Inicia-se a Guerra do Paraguai. Morte de Gonçalves Dias.

1866 Com a morte, no Porto, da mãe de Faustino Xavier de Novais, sua irmã Carolina embarca para o Brasil. Publica a comédia *Os deuses de casaca*. Publica no *Diário do Rio de Janeiro* a sua tradução do romance *Os trabalhadores do mar*, de Victor Hugo, que sai em três volumes no mesmo ano. Em visita a Faustino Xavier de Novais, que apresentava distúrbios mentais, conhece Carolina. Nascimento de Euclides da Cunha.

1867 Agraciado por D. Pedro II com a Ordem da Rosa, no grau de cavaleiro. Nomeado ajudante do diretor de publicação do *Diário Oficial*, cargo que exercerá até 1874. Morte de Baudelaire.

1868 Em fevereiro, em resposta a uma carta aberta de José de Alencar, apresenta ao público o jovem poeta baiano Antônio de Castro Alves.

1869 Faustino Xavier de Novais morre a 16 de agosto. A 12 de novembro, casa-se com Carolina Augusta Xavier de Novais, na capela particular da casa do Conde de São Mamede, no Cosme Velho.

1870 Começa, a 23 de abril, a publicar no *Jornal da Tarde* uma tradução, logo interrompida, do romance *Oliver Twist*, de Dickens. Publica seu segundo volume de versos, *Falenas*, e *Contos fluminenses*. Castro Alves publica *Espumas flutuantes*. Termina a Guerra do Paraguai.

1871 Lei do Ventre Livre, em 28 de setembro. Morte de Castro Alves.

1872 Publica seu primeiro romance, *Ressurreição*. Faz parte da comissão do *Dicionário Marítimo Brasileiro*.

1873 Publica o livro de contos *Histórias da meia-noite* e a tradução de *Higiene para uso dos mestres-escolas*, do Dr. Gallard. Nomeado, a 31 de dezembro, 1º oficial da 2ª seção da Secretaria de Agricultura, Comércio e Obras Públicas.

1874 De 26 de setembro a 3 de novembro, publica, em *O Globo*, o romance *A mão e a luva*, editado em livro no mesmo ano.

1875 Fundação da *Gazeta de Notícias*, onde Machado de Assis muito colaborará. Publica seu terceiro volume de versos, *Americanas*.

1876 De julho desse ano a abril de 1878, escreve em todos os números da revista *Ilustração Brasileira*. De 6 de agosto a 11 de setembro, publica em *O Globo* o romance *Helena*, editado no mesmo ano. É promovido, em 7 de dezembro, a chefe de seção da Secretaria de Agricultura.

1877 Morre seu grande amigo José de Alencar.

1878 De 1º de janeiro a 2 de março publica, em *O Cruzeiro*, o romance *Iaiá Garcia*, editado no mesmo ano. Sua colaboração nesse jornal continua até 1º de setembro. Entra, a 27 de dezembro, em licença, e segue, doente dos olhos e dos intestinos, para Friburgo, onde fica até março de 1879. Nessa época concebe e começa a escrever *Memórias póstumas de Brás Cubas*.

1879 Em junho começa a colaborar na *Revista Brasileira*. De 15 de julho desse ano até, pelo menos, 31 de março de 1898, escreve na revista *A Estação*, onde publica, entre outros trabalhos, o romance *Quincas Borba* (15 de junho de 1886 a 15 de setembro de 1891).

1880 Entra, a 6 de fevereiro, em licença de um mês, por estar sofrendo dos olhos. Designado, a 28 de março, oficial de gabinete do ministro da Agricultura, Manuel Buarque de Macedo. Permanece exercendo as mesmas funções com o sucessor deste, Pedro Luís Pereira de Sousa. É representada, no teatro de D. Pedro II, a comédia *Tu só, tu, puro amor...*, por ocasião das festas organizadas pelo Real Gabinete Português de Leitura para comemorar o tricentenário de Camões. Publica, na *Revista Brasileira*, o romance *Memórias póstumas de Brás Cubas* (15 de março a 15 de dezembro de 1880).

1881 Publica em volume as *Memórias póstumas de Brás Cubas* e *Tu só, tu, puro amor...* De 18 de dezembro desse ano até 28 de fevereiro de 1897, escreve com assiduidade na *Gazeta de Notícias*; esporádica, a sua colaboração vai até o número de 2 de junho de 1904. Entre outras seções, redige as famosas crônicas intituladas "A Semana". Morte de Dostoiévski.

1882 Publica o livro de contos *Papéis avulsos*. Entra, a 5 de janeiro, em licença de três meses, para tratar-se fora do Rio, viajando para Nova Friburgo.

1884 Publica *Histórias sem data*. Muda-se, com Carolina, para a rua Cosme Velho, 18, onde viverão até a morte de ambos. Antes haviam morado nas ruas dos Andradas, Santa Luzia, da Lapa, das Laranjeiras e na do Catete. O chalé em que viveram, um dos cinco de propriedade da condessa de São Mamede, viria a ser demolido na década de 1930.

1885 Morte de Victor Hugo.

1886 Sai o volume *Terras*, compilação para estudo, por ele redigido.

1888 É elevado, por decreto da princesa Isabel, Regente do Império, a oficial da Ordem da Rosa. Lei do 13 de maio. Desfila, a 20 do mesmo mês, no préstito organizado para celebrar a Abolição. Raul Pompeia publica *O Ateneu*.

1889 É promovido, em 30 de março, a diretor da Diretoria de Comércio da Secretaria de Estado dos Negócios da Agricultura, Comércio e Obras Públicas. Proclamação da República e exílio da família imperial.

1890 Viagem a Minas Gerais, em companhia de Carolina e da família do barão de Vasconcelos, a convite dos diretores da Companhia Pastoril Mineira, visitando as cidades de Juiz de Fora, Barbacena e Sítio, atual Antônio Carlos. Aluísio Azevedo publica *O cortiço*.

1891 Publicação em volume do romance *Quincas Borba*. Falecimento de Maria Inês, madrasta de Machado de Assis. O escritor comparece ao enterro acompanhado por Coelho Neto. Morte de D. Pedro II, em Paris. Morte de Rimbaud.

1893 Com a reforma administrativa desse ano, quando a Secretaria de Agricultura, Comércio e Obras Públicas se transforma em Secretaria da Indústria, Viação e Obras Públicas, passa a exercer o cargo de diretor-geral da Viação.

1895 De dezembro desse ano a outubro de 1898, escreve na *Revista Brasileira* (fase Veríssimo). Suicídio de Raul Pompeia. Morte de Pasteur. É realizada, em Paris, a primeira sessão de cinema.

1896 Publica *Várias histórias*. Aclamado, em 15 de dezembro, para dirigir a primeira sessão preparatória da fundação da Academia Brasileira de Letras, tem parte preponderante na criação desse instituto que preside até morrer. Morte de Floriano Peixoto.

1897 Guerra de Canudos.

1898 É posto em disponibilidade, no dia 1º de janeiro, em virtude da reforma no Ministério da Viação. Volta ao Ministério, como secretário do ministro Severino Vieira. Exerce depois as mesmas funções com Epitácio Pessoa e Alfredo Maia. Sílvio Romero publica o seu livro arrasador sobre Machado de Assis.

1899 Publica *Dom Casmurro* e *Páginas recolhidas*.

1901 Publica *Poesias completas*, onde aparece o seu novo e maior livro de poemas, *Ocidentais*. Santos Dumont circum-navega a torre Eiffel.

1902 Nomeado, em 18 de dezembro, diretor-geral de Contabilidade do Ministério da Indústria, Viação e Obras Públicas. Publicação de *Os sertões*.

1904 Publica o romance *Esaú e Jacó*. Segue em janeiro para Friburgo, com a esposa enferma. A 20 de outubro morre Carolina, dias antes de completarem trinta e cinco anos de casados. Revolta da Vacina, no Rio de Janeiro.

1906 Publica *Relíquias de casa velha*, que abre com o célebre soneto "A Carolina". Santos Dumont faz o primeiro voo com o 14-bis. Morte de Pedro Américo.

1908 Publica seu último romance, *Memorial de Aires*. Entra, a 1º de junho, em licença para tratamento de saúde. Na madrugada de 29 de setembro, às 3h20, morre em sua casa, à rua Cosme Velho, 18; é enterrado, segundo determinação sua, na sepultura de Carolina, jazigo perpétuo 1359, no cemitério de São João Batista. Nascimento de João Guimarães Rosa.

Fonte: Academia Brasileira de Letras

A

A Assinatura utilizada em diversas épocas: em 1856, na *Marmota Fluminense*,* nos poemas "O meu viver", "Saudades", "Lágrimas" e "À memória de minha mãe" e no artigo "Página íntima", em 20 de março de 1864, na seção "Semana Teatral", na *Semana Ilustrada*,* em 1866, no conto "Uma excursão milagrosa",* no *Jornal das Famílias*,* em 8 de julho de 1866, na *Semana Ilustrada*, em nota sobre [illegible], e em 1868, na poesia "Pena de-moi",* Há vários trabalhos na *Semana Ilustrada*, com esta assinatura, que poderão ser atribuídos a Machado.

A*** Poesia publicada em *A Marmota*, de 22 de dezembro de 1857, com a assinatura Machado d'Assis. *Esperei.*

A. A. da Cruz Coutinho Editora e livraria estabelecida na rua S. José, 75, na cidade do Rio de Janeiro. Usava o nome fantasia Livraria Popular, sendo propriedade de Antônio Augusto da Cruz Coutinho.* Em 1876, editou a peça *O anjo da meia-noite*,* traduzida por Machado.

A Artur de Oliveira, enfermo Poema que figura nas *Ocidentais*.* Publicado pela primeira vez sem título, no perfil de Artur de Oliveira,* em "O Estácio", de 31 de agosto de 1882. O perfil foi incluído em *Papéis avulsos*.*

A Augusta Poema publicado em *O Binóculo*,* de 22 de setembro de 1862, com a assinatura Machado de Assis* e a data de 1859. *Poesia e prosa*.*

A + B Série de crônicas dialogadas mantidas na *Gazeta de Notícias*,* com o pseudônimo de João das Regras.* Saiu sete vezes, nos dias 12, 16, 22 e 28 de setembro, 4, 14 e 24 de outubro de 1886. As crônicas foram recolhidas por R. Magalhães Júnior em *Diálogos e reflexões de um relojoeiro*.*

A Carolina Soneto publicado em *Relíquias de casa velha*,* preito de saudade à companheira de 35 anos de vida. Poema clássico, de sabor camoniano. Mário de Alencar (Carta a Machado, de 26 de fevereiro de 1906) compara-o ao "Alma minha gentil que te partiste", encontrando nele a mesma "simplicidade sublime de um recado mandado ao céu", "com a diferença de que o compreendo e sinto melhor" do que à obra de Camões.

A. Assinatura utilizada em diversas épocas: em 1856, na *Marmota Fluminense,** nos poemas "O meu viver",* "Saudades",* "Lágrimas"* (À memória de minha mãe) e no artigo "Página íntima";* em 20 de março de 1864, na seção "Semana Teatral",* na *Semana Ilustrada;** em 1866, no conto "Uma excursão milagrosa",* no *Jornal das Famílias;** em 8 de julho de 1866, na *Semana Ilustrada*, em nota sobre *O anjo da meia-noite;** e em 1868, na poesia "Perdoa-me".* Há vários trabalhos na *Semana Ilustrada*, com esta assinatura, que podem ser atribuídos a Machado.

A*** Poesia publicada em *A Marmota,** de 22 de dezembro de 1857, com a assinatura Machado d'Assis.* *Dispersos.**

A. A. da Cruz Coutinho Editora e livraria estabelecida na rua São José, nº 75, na cidade do Rio de Janeiro. Usava o nome fantasia Livraria Popular, sendo propriedade de Antonio Augusto da Cruz Coutinho.* Em 1876, editou a peça *O anjo da meia-noite,** traduzida por Machado.

A Artur de Oliveira, enfermo Poema que figura nas *Ocidentais.** Publicado pela primeira vez, sem título, no perfil de Artur de Oliveira,* em *A Estação,** de 31 de agosto de 1882. O perfil foi incluído em *Papéis avulsos.**

A Augusta Poema publicado em *O Binóculo,** de 23 de setembro de 1862, com a assinatura Machado de Assis* e a data de 1859. *Poesia e prosa.**

A + B Seção de crônicas dialogadas mantidas na *Gazeta de Notícias,** com o pseudônimo de João das Regras.* Saiu sete vezes, nos dias 12, 16, 22 e 28 de setembro, 4, 14 e 24 de outubro de 1886. As crônicas foram recolhidas por R. Magalhães Júnior em *Diálogos e reflexões de um relojoeiro.**

A Carolina Soneto publicado em *Relíquias de casa velha,** preito de saudade à companheira de 35 anos de vida. Poema clássico, de sabor camoniano. Mário de Alencar (carta a Machado, de 26 de fevereiro de 1906) compara-o ao "Alma minha gentil que te partiste", encontrando nele a mesma "simplicidade sublime de um recado mandado ao céu", "com a diferença de que o compreendo e sinto melhor" do que à obra de Camões.*

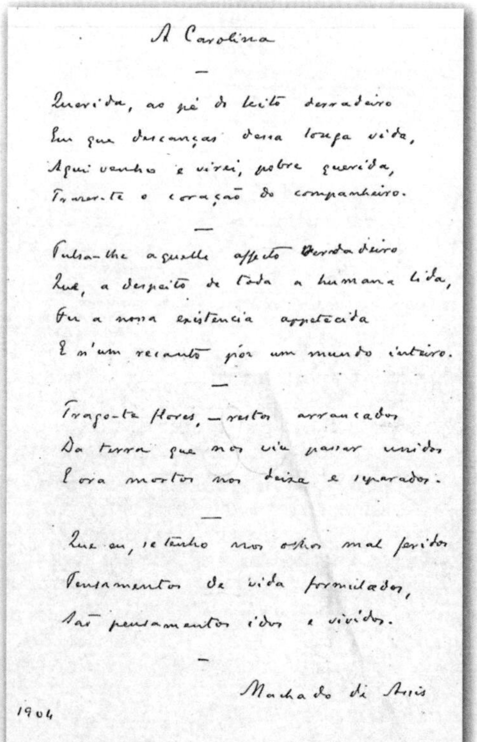
A Carolina

Querida, ao pé do leito derradeiro
Em que descanças dessa longa vida,
Aqui venho e virei, pobre querida,
Trazer-te o coração do companheiro.

Pulsa-lhe aquelle affecto verdadeiro
Que, a despeito de toda a humana lida,
Fez a nossa existencia appetecida
E n'um recanto pôz um mundo inteiro.

Trago-te flores, — restos arrancados
Da terra que nos viu passar unidos
E ora mortos nos deixa e separados.

Que eu, se tenho nos olhos mal feridos
Pensamentos de vida formulados,
São pensamentos idos e vividos.

Machado de Assis

1904

A Ch. F., filho de um proscrito Poema publicado no *Correio Mercantil*,* de 21 de julho de 1859, assinado Machado de Assis. Foram os primeiros versos de Machado escritos em francês, em saudação a Charles Frond,* filho do "proscrito" Victor Frond.* *Dispersos*.*

A D. Gabriela da Cunha Poesia publicada em *O Espelho*,* de 25 de dezembro de 1859, com a assinatura Machado de Assis.* *Dispersos*.*

A El*** Vide "A Elvira".

A Elvira Poesia que figura nas *Falenas*.* Primeira publicação nas *Lamartinianas** – Poesias de Alphonse de Lamartine* traduzidas por poetas brasileiros, Rio de Janeiro, 1869, com o título de "A El***".* O folhetinista anônimo de *A Reforma* (19 de dezembro de 1869) considera a tradução machadiana "magnífica". Trata-se da tradução da elegia "A El***", incluída nas *Nouvelles Méditations Poétiques* (1823).

A Elvira Poesia publicada no *Correio da Tarde*,* de 6 de agosto de 1858, datada de "julho de 1858" e subscrita com a assinatura J. M. Machado de Assis.* Transcrita em *Vida e obra de Machado de Assis*, vol. 1, de R. Magalhães Júnior (Record, 1981).

A F. X. de Novaes Poema publicado na *Semana Ilustrada*,* de 29 de agosto de 1869, assinado com as iniciais M.A.* *Dispersos*.*

A Felício dos Santos Poema incluído nas *Ocidentais*.*

A Ferreira de Araújo Vide "Soneto".

A Francisca Soneto dedicado a Francisca de Vasconcelos de Basto Cordeiro,* com data de 31 de dezembro de 1892. Publicado pela primeira vez em artigo de A. A. (Artur Azevedo*), na seção "Palestra", de *O País*, em 2 de outubro de 1908. Incluído em *Obra completa* (Aguilar, 1962, vol. III).

A Francisco Pinheiro Guimarães Poesia recitada por Furtado Coelho, em 18 de maio de 1870, no Teatro São Luís,* em homenagem a Guimarães,* que retornava da Guerra do Paraguai* como general. Publicada em *A Reforma*,* com o título acima, e no *Diário do Rio de Janeiro*,* sem título, ambas a 20 de maio de 1870. Transcrita em *Páginas esquecidas*,* com o título "A Pinheiro Guimarães".

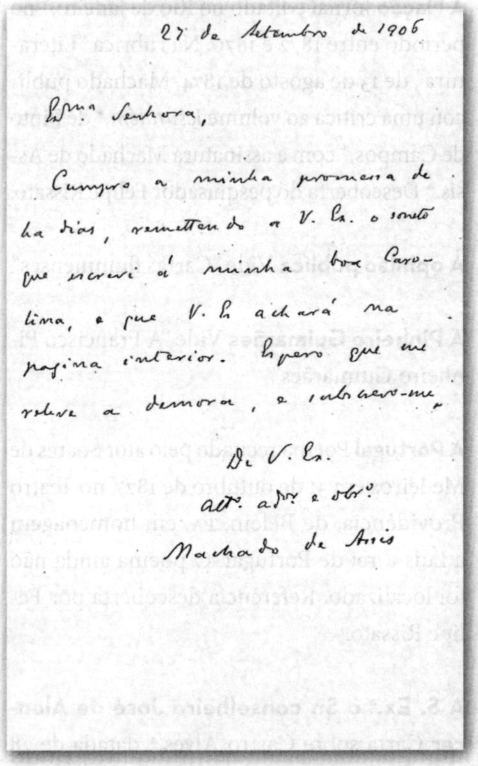
27 de Setembro de 1906

Exma. Senhora

Cumpro a minha promessa de ha dias, remettendo a V. Ex. o soneto que escrevi á minha boa Carolina, e que V. Ex. achará na pagina interior. Espero que me releve a demora, e subscrevo-me

De V. Ex.
att. adr. e obr.
Machado de Assis

Carta de Machado no verso do Soneto. "A Carolina", destinada a uma senhora não identificada

A Gonçalves Dias Poema que figura nas *Americanas.**

À graciosa e chorada Leonor, filha dos barões de Vasconcelos, Rodolfo e Eugênia Vide os verbetes "À Leonor" e "Vasconcelos, Leonor Joana Smith de".

A Guiomar Soneto dedicado a D. Guiomar Eugênia Smith de Vasconcelos,* datado de 31 de dezembro de 1892. Foi publicado na *Gazeta de Anápolis*, Anápolis, SP, em 29 de novembro de 1908. Incluído em *Outras relíquias.**

À Hetaira Vide "Cartas fluminenses".

À inauguração da estátua de José Bonifácio Vide "Bonifácio, José".

À Itália Poesia publicada no *Correio Mercantil,** de 10 de fevereiro de 1859, com a assinatura Machado de Assis.* *Dispersos.**

A J. Tomás de Porciúncula Artigo sobre Fagundes Varela,* publicado em *A Crença,** de 20 de agosto de 1875, com a assinatura Machado de Assis.* Ao ser recolhido ao volume de *Crítica,** recebeu o título "Fagundes Varela".

À Leonor Quadra escrita em 1894, que serviu de epitáfio a Leonor Joana Smith de Vasconcelos,* falecida com 4 anos. Publicada por Francisca de Basto Cordeiro,* em *O Machado de Assis que eu vi*, e, anteriormente, no artigo "O Machado de Assis que eu conheci menina" (*Jornal do Commercio*, 21 de junho de 1939).

À Madame Arsène Charton Demeur Poesia publicada no *Diário do Rio de Janeiro,** de 7 de fevereiro de 1856, com a assinatura Joaquim Maria Machado de Assis.* Transcrita em *Vida e obra de Machado de Assis*, de R. Magalhães Júnior, vol. I.

A Mme. de La Grange – Na noite de 14 de novembro Poema publicado no *Correio Mercantil,** de 16 de novembro de 1859, assinado com as iniciais M. d'A.* Transcrita por R. Magalhães Júnior em sua *Vida e obra de Machado de Assis*, vol. I.

À memória do ator Tasso Poema publicado na *Leitura Popular,** de setembro de 1871, com a assinatura Machado de Assis.* Recitado por Emília Adelaide,* no Teatro São Luís,* em 22 de agosto, em espetáculo em benefício da viúva do ator Joaquim José Tasso.* *Poesia e prosa.**

À morte de Ludovina Moutinho Vide "Moutinho, Ludovina".

A Nação Jornal editado no Rio de Janeiro,* no período entre 1872 e 1876. Na rubrica "Literatura", de 13 de agosto de 1874, Machado publicou uma crítica ao volume *Jesuralém,** de Pinto de Campos,* com a assinatura Machado de Assis.* Descoberta do pesquisador Felipe Rissato.

À opinião pública Vide "Cartas fluminenses".

A Pinheiro Guimarães Vide "A Francisco Pinheiro Guimarães".

A Portugal Poema recitado pelo ator Soares de Medeiros em 31 de outubro de 1877, no Teatro Providência, de Belém, PA, em homenagem a Luís I, rei de Portugal. O poema ainda não foi localizado. Referência descoberta por Felipe Rissato.

A S. Ex.ª o Sr. conselheiro José de Alencar Carta sobre Castro Alves,* datada de 28 de fevereiro de 1868 e estampada no *Correio Mercantil*,* de 1º de março de 1868. Responde à carta de José de Alencar* apresentando o poeta baiano a Machado, publicada no *Correio Mercantil** de 22 de fevereiro de 1868. Incluída em *Crítica*,* com o título "Castro Alves – Carta a José de Alencar", e posteriormente em *Novas relíquias** e em *Correspondência*,* na edição W. M. Jackson.*

A S. M. I. Poema comemorativo do regresso da família imperial de uma viagem ao norte do país, em fevereiro de 1860. A peça foi publicada em avulso, com uma alegoria de Carlos Linde.* Reproduzida por R. Magalhães Júnior em *Vida e obra de Machado de Assis*, vol. I. Em março de 1872, quando o imperador e a imperatriz regressavam de uma longa viagem à Europa, o poema foi reproduzido no folheto de recepção a D. Pedro II, intitulado "Ao feliz regresso de SS. MM."*

A um legista Poesia incluída nas *Falenas*,* não sendo aproveitada nas *Poesias completas*.*

A um poeta (O Sr. F. de Sales Guimarães e Cunha*). Poema publicado em *O Paraíba*,* de Petrópolis,* em 17 de fevereiro de 1859, com a assinatura Machado d'Assis. Menos de um mês depois, em 23 de março, era transcrito no *Correio Mercantil*,* com a assinatura Machado de Assis,* provavelmente por iniciativa do homenageado. *Dispersos*.*

A um proscrito Vide "Ao proscrito Ch. Ribeyrolles".

A uma atriz portuguesa Poema datado de 25 de março de 1867, com a assinatura Machado de Assis.* Transcrito por Jean-Michel Massa em "A década do teatro: 1859-1869" (*Cadernos de literatura brasileira*, n.os 23 e 24, IMS, julho de 2008).

A uma criança Vide "Quinze anos".

A uma donzela árabe Poema publicado em *O Paraíba*,* de Petrópolis,* em 20 de janeiro de 1859, com a assinatura Machado d'Assis.* Trata-se da tradução de "*A une jeune Arabe qui fumait le narguilé dans un jardin d'Alep*", de Lamartine,* que figura nos *Recueillements Poétiques*. A tradução machadiana encontra-se nos *Dispersos*.*

A uma menina Poesia publicada na *Marmota Fluminense*,* de 21 de outubro de 1855, com a assinatura J. M. M. d'Assis.* *Dispersos*.*

A uma mulher Poesia que figura nas *Falenas*,* na parte denominada "Lira chinesa".* Imitação de um poema de Tchê-Tsi,* baseado na tradução francesa de Judith Gautier,* intitulada "*À la plus belle femme du bateau des fleurs*".

A uma senhora que me pediu versos Poesia incluída nas *Ocidentais*.* O trabalho saiu originalmente na seção "De Palanque", de Elói, o Herói, pseudônimo de Artur Azevedo,* em *Novidades*, Rio de Janeiro, 25 de novembro de 1887, sem título. Artur diz que o poema foi escrito no álbum da "irmã de um dos nossos poetas mais esperançosos".

Abaeté, visconde de Vide "Abreu, Antônio Paulino Limpo de".

Abdiel Pseudônimo não identificado que assinou artigo sobre *Memórias póstumas de Brás Cubas*,* em *A Estação*,* de 28 de fevereiro de 1881.

Abel d'Alba Pseudônimo não identificado de um colaborador de *A Semana** (30 de outubro de 1886), que assina um artigo intitulado "Machado de Assis (Notas e comentos a um seu admirador)", em resposta a um texto de M. O.,* publicado em *A Província de São Paulo*. Luís Martins, em artigo publicado em *O Estado de S. Paulo* ("O mistério *Ateneu*", 19 de junho de 1965), sugere que Abel d'Alba poderia ser um disfarce de Raul Pompeia.*

Abertura pelo Sr. Machado de Assis, Presidente Título dado pelo *Boletim da Academia Brasileira de Letras** (nº 1, setembro de 1897) ao discurso proferido por Machado na sessão inaugural da instituição, em 20 de julho de 1897.

Abestruzes no ovo e no espaço (Os) Vide "Literatura pantagruélica".

Abolição Sem os arroubos românticos dos abolicionistas ortodoxos e sem as suas atitudes radicais, Machado de Assis combateu a instituição da escravidão como cronista, utilizando a ironia e o sarcasmo, e como funcionário público, empregando o rigor da lei contra os abusos dos senhores de escravos. Os primeiros combates foram travados na mocidade, quando revelava uma fúria sagrada, que nada tinha de machadiana, como hoje o termo é entendido, contra os que se omitiam ou contribuíam para a escravidão. Com revolta e deboche, protestou contra a atitude do empresário francês Arnaud, que havia proibido a atriz Mlle. Risette de participar de uma récita beneficente a favor de "uma parda e seu filhinho": "Oh! parece incrível que um francês, que é recebido pelos brasileiros com os braços abertos, que ganha dinheiro aos punhados neste país, a troco sabe Deus do que, venha, de propósito, só porque a escrava era brasileira, impor leis e decidir *ex cathedra* contra a felicidade de uma pobre e miserável brasileira, que honestamente pedia o óbolo da caridade para libertar-se do jugo, que a oprimia". E, exasperado, convidava o francês a continuar: "Pague dessa maneira os benefícios que deve aos brasileiros; mostre que somos um povo estúpido e cobarde; morda a mão que o sustenta; e cuide somente em encher o saco de dinheiro, e não se importe com os *macacos*, de que ainda depende para tornar-se milionário" (*Semana Ilustrada*,* 20 de março de 1864, assinado com a inicial A.). Com o tempo, a linguagem se tornou menos virulenta, sem que a indignação do cronista diminuísse, sempre que estivesse em causa aquela "detestável instituição social" (*Ilustração Brasileira*,* 15 de julho de 1876). Na crônica em que cobrava a aplicação da alforria de escravos por meio do fundo de emancipação, criado pela Lei do Ventre Livre, dizia, esperançoso, que o número de libertos "será grande quando a liberdade estiver feita em todo o Império". Sempre atento ao espetáculo humano, dentro da comédia social, conta a conversa que teve com um saudosista que comparava os dias passados e os presentes. Queixava-se o sujeito de que os escravos estavam então "altanados":

> — Se a gente dá uma sova num, há quem intervenha e até chame a polícia! Bons tempos os que lá vão! Eu ainda me lembro quando a gente via passar um preto escorrendo em sangue, e dizia: "Anda, diabo, não está assim pelo que eu fiz!" Hoje... – E o homem solta um suspiro tão de dentro, tão do coração... que nos faz cortar o dito. *Le pauvre homme!* (*Ilustração Brasileira*, 1º de outubro de 1876).

Toda vez que um ato efetivo mostrava o avanço do movimento abolicionista, demonstrava satisfação. Quando os escravos do Ceará foram libertados, em 1884, saudou o acontecimento, com frases sintéticas, escritas para a *Gazeta de*

*Notícias** ("O Ceará é uma estrela; é mister que o Brasil seja um sol") e a *Gazeta Suburbana*.* E alegrou-se como poucas vezes com o 13 de maio: "Sim, também eu saí à rua, eu, o mais encolhido dos caramujos, também eu entrei no préstito, em carruagem aberta, se me fazem o favor, hóspede de um gordo amigo ausente; todos respiravam felicidade, tudo era delírio" (*A Semana*,* 14 de maio de 1893). Compôs também versos de saudação ao fato, distribuídos em papel cor-de-rosa, durante os festejos comemorativos realizados a 20 de maio, com um cortejo tendo à frente o marechal Deodoro da Fonseca. Um mês após a abolição, quando se iniciava a campanha pela indenização aos ex-senhores de escravos, o cronista ironiza tal pretensão, lembrando a semelhança da situação com o enredo do romance *Almas mortas*, de Gógol, o qual resume, para que o leitor entenda o absurdo de tal reivindicação ("Bons Dias!",* 26 de junho de 1888). Em consonância com a indignação do jornalista, o funcionário público colaborou de maneira efetiva para a abolição, através de sua atuação no Ministério da Agricultura, Comércio e Obras Públicas.* Como chefe de seção, contestou o aumento exagerado do valor do escravo, proposto pelos senhores, zelou pelo cumprimento dos preceitos legais, apontou irregularidades nas matrículas dos cativos, atitudes que irritavam os escravocratas e os donos de escravos, determinando a libertação de milhares deles. Apesar dessa atuação, durante muito tempo foi acusado de indiferente à escravidão e ao destino de seus irmãos de cor, como disse Hemetério dos Santos. A acusação baseou-se, por certo, em sua obra de ficção, menos explícita em relação ao problema, pois o criador consciente não admitia misturar reivindicação social e panfletagem política com arte.

Abranches, Dunshee de (João D. de A. Moura) Jornalista, político e escritor, o maranhense Dunshee de Abranches (São Luís, MA, 1867 – Petrópolis, RJ, 1941) foi um dos discípulos de Sílvio Romero* que adotou as opiniões do mestre em relação a Machado. Em texto datado de 1898, que serve de prefácio à *Evolução da literatura brasileira* (1905), de Sílvio Romero, Abranches afirma que Machado possuía "em forma o que lhe falta em fundo", não tendo produzido nenhum livro que se tornasse popular "ou pelo menos, que esteja destinado a fazer tradição entre os homens eruditos".

Abrantes, marquesa de Vide "Almeida, Maria Carolina".

Abreu, Antônio Paulino Limpo de Um dos ministros sob cujas ordens Machado serviu, no início da República.* Abreu ocupou o Ministério da Indústria, Viação e Obras Públicas,* de 17 de dezembro de 1892 a 22 de abril de 1893. Filho do visconde de Abaeté, nasceu no Rio de Janeiro, em 1829. Engenheiro, republicano, deputado em várias legislaturas, faleceu em Niterói, em 1904.

Abreu, Capistrano de (João C. de A.) Nasceu em Maranguape, CE, em 1853. Formação intelectual em Fortaleza e Recife. Mudou-se para o Rio de Janeiro em 1875. Neste ano, Joaquim Serra* apresentou-lhe Machado, por meio de carta não datada. Era o início de uma longa amizade, sem estremecimentos, mas não isenta de discordâncias intelectuais. Quando Machado publicou o estudo "A nova geração",* na *Revista Brasileira*,* Capistrano fez-lhe restrições, em artigo publicado na *Gazeta de Notícias*,* de 5 de dezembro de 1879, mais tarde incluído no 4º volume de *Ensaios e Estudos*. No ano seguinte, comentou ligeiramente *Tu só, tu,*

Capistrano de Abreu

puro amor...,* na seção "Livros e Letras", que publicava sem assinatura na *Gazeta de Notícias*, em 21 de junho de 1880. Machado, ao publicar as *Memórias póstumas*,* enviou um exemplar ao amigo, que se encontrava em Campinas. Capistrano agradeceu em breve carta, datada de 10 de janeiro de 1881. Foi dele a crítica mais longa ao romance, dividida em duas partes, na mesma seção da *Gazeta*, nos dias 30 de janeiro e 1º de fevereiro de 1881. Capistrano e Machado estudaram alemão* com o professor Carlos Jansen,* em agosto de 1883, integrando um grupo de sete alunos. Em lembrança dessa época, o erudito cearense presenteou o "*dear* Machado" (como o tratava em sua correspondência) com um volume, em alemão, das cartas de Schopenhauer,* escritas entre 1813 e 1860, com a seguinte dedicatória: "A Machado de Assis. Festas. J. C. de Abreu. Rio, 26. XII. 96". O historiador participou dos banquetes comemorativos dos 22 anos das *Crisálidas*, realizado em outubro de 1886, e dos 18 anos da *Gazeta de Notícias*, a 2 de agosto de 1893, quando fez um brinde a Machado. Faleceu no Rio de Janeiro, em 1927.

Abreu, Casimiro de (C. José Marques de A.) Natural de Barra de São João, RJ, 1839, foi uma das primeiras amizades de Machado nos meios literários. Em 1857, ainda muito jovens, os dois reuniam-se com outros rapazes no escritório de Caetano Filgueiras,* para falar de literatura, amores etc. Casimiro estava de volta de Portugal, para onde partira em 1853, e vinha com o prestígio de ter conhecido pessoalmente os grandes românticos lusos. Melo Moraes Filho* informa que, nessa época, o poeta trabalhou na tipografia de Paula Brito, onde Machado era revisor.* Ambos colaboravam na *Marmota Fluminense*,* e tudo indica que foi uma amizade tranquila. Em 1859, Casimiro publicou *As primaveras*, de intensa repercussão nos meios poéticos brasileiros. Já se achava muito adoentado, corroído pela tuberculose. Em agosto de 1860, quando circulou a notícia de sua morte, Machado escreveu uma nota comovida no *Correio Mercantil** (19 de agosto de 1860), assinando-a com as iniciais M.A.* Casimiro, que se achava em Friburgo,* desmentiu a notícia,

Casimiro de Abreu

que se tornaria realidade em outubro do ano seguinte, no Rio de Janeiro. Machado registrou a morte do amigo, "um poeta de verdadeiro talento", nos "Comentários da Semana"* (*Diário do Rio de Janeiro*, 26 de outubro de 1861). No ensaio "Instinto de nacionalidade",* citou-o entre os poetas surgidos na década de 1850, "cujos nomes excitam na nossa mocidade legítimo e sincero entusiasmo". Já em crônica escrita por ocasião do lançamento de *Sombras e sonhos*, de Teixeira de Melo* (*Diário do Rio de Janeiro*, 22 de novembro de 1864), considerava Casimiro e Teixeira de Melo como "os mais tímidos, os mais delicados, os mais receosos caracteres que tenho visto".

Abreu, Limpo de (Antônio Paulino L. de A.) Visconde de Abaeté. Nascido em Lisboa, Portugal, em 1798, formado em leis pela Universidade de Coimbra, foi um dos grandes estadistas do Império, dez vezes ministro de Estado. Machado conheceu-o quando fazia a cobertura das sessões do Senado, para o *Diário do Rio de Janeiro*.* Certa manhã, o jovem jornalista viu Abaeté dentro de um tílburi. Cumprimentou-o, sem ter resposta. À tarde, no Senado, o político beliscou-lhe a orelha e explicou o motivo de não ter respondido ao cumprimento. "Não percebeu o senhor que o presidente do Senado não pode ser visto num tílburi?" Contou que no trajeto se partira uma peça de seu *coupé*, vendo-se obrigado a tomar o outro veículo, que considerava abaixo da dignidade de seu cargo. Limpo de Abreu faleceu no Rio de Janeiro, em 1883.

Academia Brasileira de Letras A ideia de fundação da Academia surgiu em 1896, quando Lúcio de Mendonça* sugeriu ao ministro do Interior, Alberto Torres,* a organização de um instituto literário, sob proteção oficial. Sete anos antes, Medeiros e Albuquerque* havia feito a mesma proposta a Aristides Lobo, na época titular daquela pasta, sem sucesso. Mais persistente e favorecido pela coesão do grupo que se reunia na redação da *Revista Brasileira*,* dirigida por José Veríssimo,* Lúcio encontrou ali apoio à sua ideia, mas também a oposição cerrada de monarquistas como Joaquim Nabuco,* Afonso Celso e Carlos de Laet,* que não admitiam a tutela da República.* Não sabemos como, nessa fase, atuou Machado e nem o seu entusiasmo pela ideia. Anos antes havia revelado total ceticismo em relação a uma instituição dessa ordem. Em crônica datada de 1894, considerava remota tal possibilidade, aventurando: "se houver, aí por 1950, uma Academia Brasileira". Mas a partir do momento em que Lúcio dispensou a proteção governamental e apostou na iniciativa particular, recebeu o seu apoio e o seu entusiasmo. A primeira reunião efetuou-se na sala da *Revista Brasileira*, em 15 de dezembro de 1896, sob a presidência de Machado. No dia 28 de janeiro de 1897, os trinta fundadores elegeram mais dez membros, formando o grupo de quarenta, a exemplo da Academia Francesa. A instalação solene se deu no dia 20 de julho de 1897, em uma das salas do Pedagogium.* A partir daí, a Academia se tornou, efetivamente, a Casa de Machado de Assis. Sua participação foi fundamental na vida da instituição, que provavelmente não sobreviveria sem a sua presença. Joaquim Nabuco dizia que, sem ele, a Academia teria morrido do mal de sete dias. Talvez, um mal um pouco mais longo. Pois o perigo continuou por muito tempo. Em carta datada de 12 de junho de 1900, o autor de *Minha formação* apelava a Machado: "Não deixe morrer a Academia". Não deixaria, e para tanto empenhava-se pessoalmente em adquirir um local adequado de reunião, recorrendo a ministros, senadores, deputados. No âmbito interno era o mais assíduo às reuniões. Nas 91 sessões efetuadas durante os doze anos que presidiu a instituição, só faltou a duas: a de 28 de setembro de 1897 e a de 6 de junho de 1908, sendo substituído na presidência, respectivamente, por Joaquim Nabuco e por Medeiros e Albuquerque. Adoentado, presidiu a última sessão a 1º de agosto de 1908, quando compareceram apenas seis acadêmicos. No dia 25 de setembro, dois dias antes de morrer, doou a sua biblioteca,* papéis e recordações literárias à ABL. Rodrigo Otávio* reduziu a declaração a termo, dele constando a assinatura dos presentes. A partir de *Dom Casmurro*,* seu primeiro livro publicado após a fundação da ABL, Machado colocava sempre, sob o seu nome, a indicação "Da Academia Brasileira". Essa foi uma exigência que fez ao livreiro Garnier, que lhe respondeu de Paris: "*Je veillerai à ce que les mentions da Academia Brasileira et Nova edição ne soient pas omises comme lors du tirage précedent*". O velho Bruxo não escondia o seu orgulho.

Academia das Ciências de Lisboa Instituição fundada em 1779, com o nome de Academia Real das Ciências. Machado foi proposto para sócio correspondente, classe das letras, a 13 de dezembro de 1900, por iniciativa do conselheiro Silveira da Mota.* O sócio efetivo José de Sousa Monteiro* redigiu o parecer, a 7 de junho de 1901, recebendo a aprovação dos diretores Silveira da Mota e Henrique Lopes de Mendonça* a 3 de julho de 1904. A votação do parecer realizou-se no mês seguinte. Machado foi aprovado sócio correspondente, conforme ata de 25 de julho de 1904. A comunicação, datada do dia 29, foi enviada pelo secretário-geral A. A. de Pina Vidal.* O novo sócio agradeceu por meio de cartas a Sousa Monteiro (24 de agosto de 1904) e a Pina Vidal (20 de fevereiro de 1905).

Academias de Sião (As) Conto que figura nas *Histórias sem data*.* Primeira publicação na *Gazeta de Notícias*,* de 6 de junho de 1884, com a assinatura Machado de Assis.

Acordar da Polônia (O) Vide "Polônia".

Acordar do Império (O) Vide "A cólera do Império".

Adão e Eva Conto incluído nas *Várias histórias*.* Primeira publicação na *Gazeta de Notícias*,* de 1º de março de 1885, com a assinatura Machado de Assis.

Adelaide, Emília (E. A. Pimentel) Atriz portuguesa, nascida em 1836, uma das preferidas da *jeunesse dorée* da época. Em 1863, chegou ao Rio de Janeiro, em companhia do amante, Ernesto Biester, e já em 25 de janeiro deste ano cantou o Hino dos Voluntários,* de Machado, no Teatro Ginásio.* Permaneceu no Brasil até

Emília Adelaide

Adelaide Ristori

18 de junho de 1864, quando retornou a Portugal, a bordo do paquete Bearn. Em 1871, convidada por Furtado Coelho, retornou ao país. Durante essa temporada recitou a poesia "À memória do ator Tasso",* escrita por Machado para o benefício da viúva do ator português, realizado em 22 de agosto, no Teatro São Luís.* Machado exaltou-lhe os sucessivos triunfos, frisando que "já vou lhe querendo algum mal por isso, por que nos expõe à simples monotonia da admiração" (*Semana Ilustrada*, 2 de julho de 1871). Despediu-se do Brasil no dia 3 de setembro de 1871, representando a peça *A morgadinha de Valflor* e recitando a poesia "Adeus!",* que Machado escrevera a seu pedido. Três dias depois, embarcou para Portugal, onde decepcionou o público com a decadência do seu talento. Esteve mais uma vez no Rio de Janeiro, onde organizou uma empresa dramática e explorou uma casa de modas. Faleceu em Lisboa, em 1905.

Adelaide Ristori Livro publicado pela Academia Brasileira de Letras* (Rio de Janeiro, 1955, 80 pp.), reproduzindo quatro dos cinco folhetins escritos por Machado durante a temporada da Ristori* no Rio de Janeiro. Prefácio e nota explicativa de Barbosa Lima Sobrinho.

Adeus Machado escreveu esse poema para ser recitado pelo ator português José Antonio do Vale,* em seu espetáculo de despedida do Brasil, realizado no Teatro São Pedro de Alcântara,* em 21 de novembro de 1873. Em Portugal, Vale publicou-o no Jornal da Noite,* de Lisboa, edição de 18 e 19 de dezembro de 1873. Até 2019, ignorava-se a existência da obra, descoberta pelo pesquisador Felipe Rissato.

Adeus! Poema escrito por Machado a pedido de Emília Adelaide,* que o recitou em seu espetáculo de despedida do Brasil, realizado no Teatro São Luís,* em 3 de setembro de 1871. Foi publicado no *Diário do Rio de Janeiro*, de 5 de setembro de 1871, e transcrito por R. Magalhães Júnior em *Vida e obra de Machado de Assis*.

Aerólitos Crítica aos *Aerólites* (e não *Aerólitos*, como foi grafado), livro de poemas de J. Dias de Oliveira, publicada no *Diário do Rio de Janeiro*,* de 22 de fevereiro de 1867, com a assinatura Machado de Assis. *Dispersos*.*

Afflalo, João Dalle Professor e jornalista (1857-1885), natural de Itajubá, MG. Foi um dos fundadores da Biblioteca Machado de Assis,* em sua cidade natal. De sua correspondência com o homenageado restaram cinco cartas, datadas de 14 de abril, 2 e 23 de maio, 4 de junho de 1883 e 11 de setembro de 1884, transcritas no tomo II da *Correspondência de Machado de Assis,* coordenada por Sergio Paulo Rouanet, reunida, organizada e comentada por Irene Moutinho e Sílvia Eleutério (Academia Brasileira de Letras, 2009). As cartas enviadas por Machado ainda não foram localizadas.

Agostinho Filósofo, teólogo, bispo de Hipona, Agostinho (354-430) procurou conciliar o platonismo e o dogma cristão, exercendo uma influência imensa sobre o pensamento ocidental. Machado se inspirou no tema agostiniano de que "a igreja do diabo inspira a igreja de Deus" para escrever um de seus contos mais famosos: "A igreja do diabo".* Voltou a referir-se ao tema em crônica da série *A Semana,** de 4 de setembro de 1892. Machado chamou-o de "santo da minha devoção" (*A Semana,* 28 de fevereiro de 1897), no sentido intelectual e não devocional, observando que ele dividiu "as confissões humanas em duas ordens, uma que é um louvor, outra que é um gemido". Referiu-se a Agostinho, ainda em outras crônicas, lembrando a célebre frase "Creio porque é absurdo" (citada em latim, "*Credo, quia absurdum*") e o caso narrado pelo bispo de seu amigo Alípio, fascinado por um espetáculo sangrento. Em sua biblioteca, tinha pelo menos duas edições das *Confissões,* a tradução francesa de Arnaud d'Andilly e uma portuguesa, sem referência ao tradutor.

Agostini, Angelo (Vercelli, Itália, 1843 – Rio de Janeiro, RJ, 1910) revolucionou a caricatura brasileira do século XIX e assustou a sociedade com suas críticas de uma aspereza inédita. Por volta de 1860, chegou a São Paulo, onde fundou dois jornais: *Diabo Coxo* e *O Cabrião.* A tensão política obrigou-o a se mudar para o Rio de Janeiro, onde viveu a fase mais brilhante de sua trajetória, criador do jornal *A Vida Fluminense,* da *Revista Ilustrada** (1876-1891) e do *D. Quixote.* Foi autor da primeira história em quadrinhos brasileira. Agostini não caricaturou Machado, mas no suplemento da *Revista Ilustrada,* de 10 de junho de 1880, comemorativo do terceiro centenário de morte de Luís de Camões,* ilustrou com um desenho esplêndido um dos sonetos machadianos ("A Camões"*) escritos na ocasião.

Agregado (Um) Conto publicado em *A República,** de 15 de novembro de 1896, com a indicação "Capítulo de um livro inédito" e a assinatura Machado de Assis.* Trata-se da versão primitiva dos capítulos III, IV e V do *Dom Casmurro.** Incluído nos *Contos esparsos.**

Águia sem asas (Uma) Conto incluído nas *Histórias românticas.** Publicado pela primeira vez no *Jornal das Famílias,** setembro e outubro de 1872, com a assinatura J.J.*

Aguiar, Matheus Pseudônimo não identificado de um colaborador de *O Besouro.** No número de 11 de maio de 1878, publicou um poema intitulado "Depois da missa", zombando do conto "Filosofia de um par de botas",* que Machado publicara pouco antes.

Agulha e a linha (A) Vide "Um apólogo".

Aimée Aimée Tronchon foi a grande estrela do Alcazar,* café-concerto localizado na rua da Vala (atual Uruguaiana), que fez furor. Chegou

Aimée, perseguida por seus admiradores.
Caricatura de Henrique Fleluiss

ao Rio em 16 de junho de 1864. Nove dias depois, fazia sua primeira apresentação. Machado referiu-se a ela em crônica publicada no *Diário do Rio de Janeiro*,* de 3 de julho de 1864, como "um demoninho louro, – uma figura leve, esbelta, graciosa, uma cabeça meio feminina, meio angélica, uns olhos vivos, – um nariz como o de Safo, – uma boca amorosamente fresca, que parece ter sido formada por duas canções de Ovídio, – enfim a graça parisiense, *toute pure*". Baseado nesse texto, sem qualquer fundamento, Lúcia Miguel Pereira endossou um possível romance entre a atriz e o escritor. Durante os quatro anos em que viveu na cidade, Aimée arruinou famílias, provocou um assassinato e amealhou um gordo pecúlio. O adeus ao público brasileiro se deu a 18 de agosto de 1868. No dia 24 desse mês, regressava à França. Quase trinta anos depois, em crônica publicada em *A Semana*,* da *Gazeta de Notícias*,* em 21 de fevereiro de 1897, Machado se lembra de Aimée, "uma francesa, que em nossa língua se traduzia por amada, tanto nos dicionários como nos corações". A "amada" havia falecido dez anos antes dessa crônica, em outubro de 1887, legando toda a sua fortuna a um orfanato.

Aires e Vergueiro Conto publicado no *Jornal das Famílias*,* de janeiro de 1871, assinado com as iniciais J.J.* Incluído no segundo volume dos *Contos fluminenses*.*

Álbum (O) Revista ilustrada, editada por Artur Azevedo,* no Rio de Janeiro, com uma equipe de colaboradores de primeira: Olavo Bilac,* Aluísio Azevedo,* Alberto de Oliveira,* Guimarães Passos,* entre outros. Circulou de janeiro de 1893 a janeiro de 1895, com 55 números ao todo. Cada edição publicava o retrato e os dados biográficos de uma personalidade. Biografado por A. A. (Artur Azevedo), no nº 2, de janeiro de 1893, Machado colaborou apenas uma vez em *O Álbum*, com a crônica (homônima) sobre Henrique Chaves,* incluída no nº 20, de maio de 1893. No nº 14, de abril de 1893, foram transcritas as palavras escritas por Machado para a polianteia organizada para angariar fundos para a reconstrução do Liceu de Artes e Ofícios,* destruído por um incêndio; nos nºs 42 e 43, ambos de outubro de 1893, foram reproduzidos, respectivamente, o conto "Cantiga de esponsais"* e o poema "Mundo interior".*

Álbum literário consagrado à memória do conselheiro Dr. Adolfo Manoel Vitório da Costa, fundador e diretor do Colégio Vitório Polianteia em homenagem ao educador recém-falecido, editada com a data de 17 de maio de 1881. Machado colaborou com uma frase: "Perseverai: É o meio de tornar consistente a fortuna".

Álbuns A mania dos álbuns de autógrafos foi epidêmica durante o século XIX, entrando ainda pelas primeiras décadas do século XX. Em sua longa vida literária, Machado escreveu poemas e homenagens em prosa em álbuns de diversas pessoas: "No álbum do Sr. F. G. Braga",* para Francisco Gonçalves Braga,* em 1855; "A missão do poeta",* para João Dantas

Capa do álbum de Carolina

Viscondessa de Cavalcanti

de Sousa, em 1858; "Um nome",* para Luísa Amat,* em 1859; "No álbum da artista Ludovina Moutinho",* para Ludovina Moutinho,* em 1861; "A uma criança",* para Júlia Carlota de Azevedo,* em 1862; "Prelúdio",* para Carolina,* em 23 de outubro de 1868; "Pássaros",* para Manuel de Araújo, em 1869; um pensamento no álbum de Carlos Gomes,* em 1870; "No álbum de D. Branca P. da Cunha",* em 1874; "No álbum do Sr. Quintela",* para Francisco José Corrêa Quintela,* em 1879; "Num álbum",* de pessoa não identificada, em 1880; "A uma senhora que me pediu versos",* pessoa não identificada, em 1887; "Pensa em ti mesma", pessoa não identificada, em 1887; "Soneto",* para Maria Azambuja, em 1896; algumas palavras no álbum da viscondessa de Cavalcanti,* em 1901; "No álbum da rainha D. Amélia",* para Maria Amélia Luísa Helena de Bourbon Orléans e Bragança,* em 1907; um pensamento ("Receba V. Exa. os protestos do meu grande respeito e admiração. Assim acabam as cartas; assim devem começar e acabar os autores velhos") no álbum de Lívia Vieira Souto Ferreira dos Santos, em 1904; "*Voulez-vous du Français*",* para Francisca de Basto Cordeiro,* em data ignorada.

Albuquerque, Amélia Machado Cavalcanti de Viscondessa de Cavalcanti (Rio de Janeiro, RJ, 1852-1946), casada com Diogo Velho Cavalcanti de Albuquerque, visconde de mesmo título. Dedicada à filantropia, foi a introdutora do método de escrita e leitura braille, para cegos, no Brasil. Machado alude às "brilhantes quintas-feiras" do salão da viscondessa, um dos mais prestigiados da Corte, em crônica publicada na *Ilustração Brasileira*,* de 15 de agosto de 1877. Machado dedicou-lhe um exemplar das *Americanas*,* com as seguintes palavras: "À Ilustríssima e Excelentíssima Senhora D. Amélia Machado Cavalcanti de Albuquerque, oferece em sinal de admiração e apreço, o autor. 23/12/75". Mais tarde, fez o álbum da viscondessa circular entre os colegas da Academia Brasileira de Letras,* nele escrevendo um diálogo, transcrito em *Poesia e prosa*.* Em 1903, quando a viscondessa publicou no *Jornal do Commercio** verbetes sobre escritores brasileiros, parte de um projetado dicionário biográfico, Machado enviou-lhe uma carta entusiasmada, elogiando "o valor da autora e a extensão do seu exemplo".

Albuquerque, Monsenhor Félix Maria de Freitas e O beneditino Monsenhor Félix (Coimbra, Portugal, 1825 – Rio de Janeiro RJ, 1883) foi confessor de D. Pedro II* e da imperatriz, professor do Colégio Pedro II e comendador da Ordem de Cristo. Quando exercia a função de vigário-geral e administrador do bispado do Rio de Janeiro, concedeu licença especial para que Machado e Carolina* pudessem se casar na capela particular da casa do conde de São Mamede,* no Cosme Velho.

Albuquerque, Lourenço Cavalcanti de Nasceu em Pernambuco, em 1842. Bacharel em direito, deputado em seis legislaturas, governador de Santa Catarina e de Pernambuco. Por duas vezes ocupou a pasta da Agricultura, Comércio e Obras Públicas.* Na primeira, como interino, de 16 de dezembro de 1882 a 7 de janeiro de 1883, quando Machado exercia a função de chefe de seção. A outra foi no último gabinete do Império, de 7 de junho a 15 de novembro de 1889. Machado era então diretor da Diretoria de Comércio da Secretaria. Faleceu no Rio de Janeiro, em 1918.

Albuquerque, Medeiros e (José Joaquim de Campos da Costa de M. e A.) Nasceu em Recife, PE, em 1867. Homem de múltiplas atividades – poeta, romancista, contista, crítico, professor, deputado, diretor da Instrução Pública, entre outras –, foi membro fundador da Academia Brasileira de Letras.* Não desfrutou da intimidade de Machado, que considerava excessivamente reservado e a quem dirigiu algumas farpas. Medeiros escreveu cinco críticas a obras machadianas, todas publicadas em *A Notícia*, do Rio de Janeiro: sobre *Dom Casmurro** (24/25 de março de 1900); *Poesias completas** (25/26 de maio de 1901); *Esaú e Jacó** (30 de setembro de 1904); *Relíquias de casa velha** (23/24 de fevereiro de 1906); *Memorial de Aires** e a reedição de *A mão e a luva** (16/17 de setembro de 1908). Faleceu em 1934.

Medeiros e Albuquerque, em caricatura de Julião Machado

Alcazar Lírico Casa de espetáculos, no estilo dos cafés-concertos franceses, fundada pelo francês Arnaud, em 1857, na rua da Vala (atual Uruguaiana), nº 47-51. Viveu sua fase de esplendor a partir de 1864, quando contratou um grupo de artistas parisienses, com a graciosa Aimée* à frente, que mudaram os hábitos da sociedade carioca. Joaquim Manuel de Macedo* classifica o Alcazar como "teatro dos trocadilhos obscenos, dos cancãs e das exibições de mulheres seminuas", datando daí a decadência dos costumes da cidade. Era local de encontro. As mulheres, as chamadas alcazarinas, enchiam a plateia, à espera dos interessados. Em sua mocidade, Machado foi frequentador da casa, entusiasta da Aimée* e da Risette, chegou a convidar o leitor, sem qualquer cerimônia, "a ir ouvir a Risette do Alcazar" (*O Futuro*, 1º de março de 1863). Mais tarde, a casa se aburguesou, passou a receber famílias. Bilhete de Artur Napoleão a Machado, sem data: "Meu caro Machado. Manda-me dizer se queres ir comigo ao Alcazar hoje, pois tenho um camarote. A peça é muito bonita. Caso queiras, como espero, traze a Carolina aqui à loja, pois a Lívia está cá e iremos juntos. A Carolina que venha de chapéu". R. Magalhães Júnior acredita que o fato ocorreu no início de 1871. Na maturidade, Machado costumava lembrar-se do velho teatro. Em certa ocasião citou a cantiga: "*Evohé! Bacchus est roi!*", cantada por "um coro de não sei que peça do Alcazar Lírico" (*A Semana*, 12 de fevereiro de 1893) e em outra crônica descreveu em traços caricaturais a representação de uma opereta: "As damas decentemente vestidas de calças de seda tão justinhas que pareciam ser as próprias pernas em carne e osso, mandavam o pé aos narizes dos parceiros. Os parceiros, com igual brio e ginástica, faziam a mesma cousa aos narizes das damas, a orquestra engrossava, o povo aplaudia, a princípio louco, depois louco furioso, até que tudo acabava no delírio universal dos pés, das mãos e dos trombones" (*idem*, 16 de fevereiro de 1896).

Alemão (idioma) Machado começou a estudar alemão em 1883, com Carlos Jansen,* integrando o grupo de intelectuais formado por Capistrano de Abreu,* Ferreira de Araújo,* Orville Derby,* Raul Pompeia,* Silva Araújo,* Sousa Bandeira,* Vale Cabral.* Em seu caderno de estudo, o primeiro exercício data de 16 de agosto de 1883 e o último de 10 de novembro do mesmo ano. O curso pouco durou, mas Capistrano garantiu que Machado teve bom aproveitamento. Deve ter procurado se aperfeiçoar sozinho. Nos anos seguintes, fez algumas citações em alemão, em suas crônicas, sem que isto permita avaliar o grau de conhecimento do idioma. A primeira foi na seção "Bons Dias!"* (11 de maio de 1888). Comentando a iminente abolição da escravatura, o cronista põe na boca de um interlocutor imaginário uma frase em alemão, por ele classificada de "algaravia do diabo". Acabou tomando gosto. Uma das citações preferidas

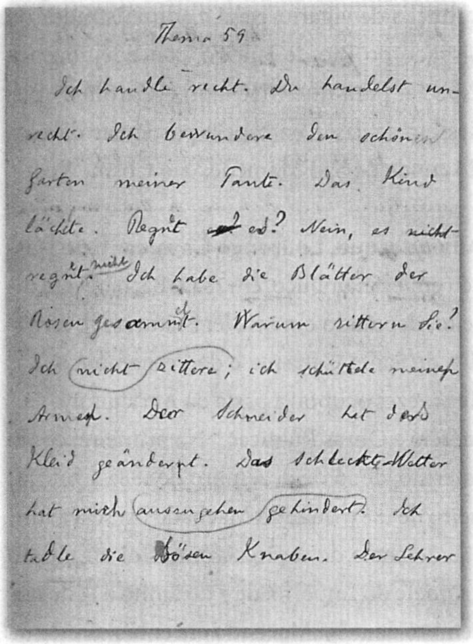
Thema 59

Ich handle recht. Du handelst unrecht. Ich bewundere den schönen Garten meiner Tante. Das Kind lächelte. Regnet es? Nein, es regnet nicht. Ich habe die Blätter der Rosen gesammelt. Warum zittern Sie? Ich zittere nicht; ich schüttele meinen Arm. Der Schneider hat das Kleid geändert. Das schlechte Wetter hat mich gehindert auszugehen. Ich tadle die bösen Knaben. Der Lehrer

Caderno de exercícios de alemão

era aquela de Heine,* que dizia haver algumas ideias boas naquela casaca, que Machado, com alguma faceirice, gostava de apresentar no original: *Es liegen einige gute Ideen in diesen Rocke.* Ou aquela outra, em que o poeta falava da falência do espírito: *Es ist heute eine schöne Witterung!* Goethe também era citado no original: *Ich batte mein freundliches...*, sem que nem meio por cento dos leitores entendesse nada. Machado traduziu alguns poemas alemães, em geral através do francês, como "Os deuses da Grécia",* de Schiller,* "As ondinas"* e o "Prólogo" do *Intermezzo*,* de Heine,* "O rei dos olmos",* de Goethe,* e o poema "*Das Herz*", de Hermann Neumann, com o título de "O coração",* valendo-se talvez do auxílio de um amigo ou de tradução francesa. Em 1888, retraduziu uma décima intitulada "Seis dias em Cuiabá",* dessa vez diretamente do alemão.

Alencar Poesia que figura nas *Ocidentais*.* Primeira publicação na *Gazeta de Notícias*,* de 12 de dezembro de 1880, sem título e com a assinatura Machado de Assis.*

Alencar Soneto publicado na *Gazeta de Notícias*,* de 23 de dezembro de 1877, que se inicia pelo verso "Naquele eterno azul, onde Coema".* O título foi acrescentado por Elói Pontes, que o transcreveu em *Páginas esquecidas*,* sem indicar a publicação original.

Alencar, José de (J. Martiniano de A.) Natural de Macejana, CE, 1829. Filho do padre e senador de igual nome. Estudou humanidades no Rio de Janeiro. Bacharel em direito pela Faculdade de São Paulo. Formado, fixou-se na Corte, dedicando-se ao jornalismo, à literatura e à política. Conseguiu imensa popularidade com a publicação de *O guarani** (1857), firmando-se como o grande nome da ficção romântica. Entre os contemporâneos, foi a maior admiração brasileira de Machado, que ressaltava a sua "personalidade literária, extremamente original, extremamente própria" ("O teatro de José de Alencar", *Diário do Rio de Janeiro*, 6 de março de 1866). A primeira abordagem à obra do colega famoso foi à peça *Mãe*. Além de sua qualidade estética ("o drama é de um acabado perfeito"), o trabalho de Alencar satisfazia uma das exigências básicas do ideário do jovem crítico: que fosse um retrato da realidade nacional, fixado com sensibilidade brasileira. Não hesitava, pois, em reconhecer que "se outro fosse o entusiasmo de nossa terra", *Mãe*, "fundado no mesmo tema da escravidão", poderia ter a nomeada de *A cabana do pai Tomás*, de Harriet Beecher Stowe (*Diário do Rio de Janeiro*,* 29 de março de 1860). Anos mais tarde, reafirmou esse juízo, classificando a peça como o "melhor de todos os dramas nacionais até hoje representados". A aproximação entre o homem maduro e famoso e o jovem escritor

José de Alencar

se deu na segunda metade da década de 1860, transformando-se em sólida amizade. Os encontros, em geral, realizavam-se na Livraria Garnier.* Ali, "sentados os dois, em frente à rua, quantas vezes tratamos daqueles negócios de arte e poesia, de estilo e imaginação, que valem todas as canseiras deste mundo" (*Páginas recolhidas**). A partir de então, Machado acompanhou a carreira de Alencar, com admiração e respeito, mas sem renunciar a algumas observações de ordem psicológica – sobretudo em relação aos romances – que talvez desagradassem a vaidade do criticado. Assim, em crítica ao 1º volume de *As minas de prata* (*O Futuro*,* 15 de setembro de 1862), após dar uma ideia sumária do enredo, observa uma incoerência psicológica no comportamento do padre Molina. Tratando de *Diva*, reconhece "os merecimentos da obra", na qual encontra "páginas de uma deliciosa leitura", mas demonstra insatisfação com a psicologia da personagem, que "leva os seus sentimentos de pudor a um requinte pueril, a uma pieguice condenável". Reconhecendo nela um ser de exceção, lembra que as grandes obras de todos os tempos deviam "a sua imortalidade exatamente ao fato de tomarem seus caracteres entre os tipos gerais" (*Imprensa Acadêmica*,* 17 de abril de 1864). Como reagiria a essas observações o melindroso Alencar? A admiração, porém, sobrepujava em muito, as pequenas restrições. Nesse sentido a crítica a *Iracema* é exemplar. O livro mereceu uma consagração sem paralelo na obra crítica de Machado. Demonstrando inteira independência de pensamento e opinião, o crítico teve a ousadia de comparar duas cenas semelhantes, dos *Natchez*, de Chateaubriand, e da obra de Alencar, concluindo que "a cena de *Iracema* aos nossos olhos é mais feliz". Machado termina sua análise indeciso sobre como classificá-la, lenda ou romance. Não importava: "o futuro chamar-lhe-á obra-prima" (*Diário do Rio de Janeiro*, 23 de janeiro de 1866). A mesma admiração e independência crítica caracterizam o longo, minucioso e meditado estudo "O teatro de José de Alencar". Restrições apenas à peça *As asas de um anjo*, não pela sua qualidade artística, mas pelo "assunto em si": a "reabilitação da mulher perdida". Machado, com seu moralismo intransigente, considerava que tal tema "devia ser excluído da cena". Alencar não concordava, tanto assim, que dois anos depois da peça, insistiu no tema, com o romance *Lucíola*. No mais, o crítico louva a capacidade de observação do dramaturgo, a cor local, o "diálogo natural e vivo", "o estudo aplicado de sentimentos", reconhecendo-lhe uma posição ímpar no teatro nacional. Páginas como essas adoçavam a amizade. Curiosamente, a partir de então, Machado absteve-se de escrever sobre a obra de Alencar. Será que temia feri-lo com a sinceridade de sua crítica? É possível, pois o romancista continuou na ativa, publicando obras importantes, como *O gaúcho*, *A pata da gazela*, *O tronco do ipê*, *Sonhos de ouro*, *Til*, *A Guerra dos Mascates*, *Senhora*. Nenhuma delas comentada por Machado. A exceção foi a página sobre um livro especializado, *Sistema Representativo*. Machado alega incompetência para analisar a obra, mas elogia a visão liberal do autor, "um homem que vê as cousas de alto e põe a sua vasta inteligência ao serviço das grandes necessidades políticas da nação" (*Imprensa Acadêmica*,* 14 de agosto de 1868). Neste ano, quando Castro Alves* passou pelo Rio rumo a São Paulo, Alencar apresentou-o a Machado, por meio de carta publicada no *Correio Mercantil*,* de 22 de fevereiro. No escrito, cortejava Machado como o primeiro crítico brasileiro e solicitava-lhe o julgamento sobre o jovem poeta baiano. A amizade já era então profunda, os dois costumavam passear pelo Passeio Público, com o escritor cearense contando as amarguras de sua alma. Em 1876, muito doente, Alencar partiu para a Europa, em busca de melhoras para a saúde, mas logo retornou ao Rio, onde morreu no ano seguinte. Machado compareceu ao enterro do amigo, a cuja obra dedicou vários artigos, sempre com irrestrita admiração (*Gazeta de Notícias*,* 23 de dezembro de 1877; *Ilustração Brasileira*,* 15 de dezembro de 1877; *Revista Literária*,* 1883; prefácio a *O guarani*,* 1887; *Gazeta de Notícias*, 2 de dezembro de 1894) e o célebre discurso proferido quando do lançamento da pedra fundamental do monumento ao romancista cearense (12 de dezembro de 1891), transcrito no dia seguinte na *Gazeta de Notícias*. A estátua só foi inaugurada em 1º de maio de 1897 e a ela se refere Machado em sua correspondência com Magalhães de Azeredo* (25 de abril de 1897). Preocupado com o brilho da cerimônia, observa que "o principal é que a geração atual erga à memória do autor do *Guarani* um monumento digno dele e do Brasil".

Alencar, Leonel de (L. Martiniano de A.) Irmão mais novo de José de Alencar,* Leonel

(Rio de Janeiro, RJ, 1832-1921) era bacharel em direito. Poeta, romancista, membro do conselho do imperador. Recebeu o título de barão de Alencar. Quando Machado publicou "A sereníssima república",* na *Gazeta de Notícias*,* Leonel sentiu-se ofendido. Achou que havia no conto uma alusão à sua eleição como deputado pelo Amazonas, província que nunca visitara. Queixou-se em carta a Araripe Júnior,* seu primo, que defendeu Machado: "O Assis é um homem que só ofende por engano".

Alencar, Mário de (M. Cochrane de A.) Filho de José de Alencar,* nasceu no Rio de Janeiro, em 1872. Machado deve tê-lo conhecido desde pequeno, mas a amizade só começou a se esboçar após outubro de 1888. Nesse mês, o romancista de *Iaiá Garcia** integrou a comissão do jornal *Novidades*,* incumbida de apontar a melhor tradução de dois sonetos de Herédia. O vencedor foi Mário de Alencar, que a partir daí tentou aproximar-se do colega famoso. Parece ter esbarrado na diferença de idade e na natural reserva machadiana. A oportunidade para uma aproximação mais íntima surgiu em outubro de 1891, quando Machado discursou na cerimônia de lançamento da pedra fundamental da estátua de José de Alencar. Estavam presentes a viúva do escritor, Georgina Cochrane de Alencar, e Mário, que abraçou Machado, ambos muito comovidos. A partir daí, a amizade começou a se estreitar, transformando-se numa espécie de relação de pai e filho. Em 1895, ano do casamento de Mário – ao qual o casal Machado de Assis compareceu –, iniciou-se a correspondência entre os dois. Mas apenas em 1898, quando Mário se tornou *habitué* da redação da *Revista Brasileira*,* foram vencidas as últimas resistências de Machado. O entendimento cresceu à medida que o autor de *Dom Casmurro** entrava

Mário de Alencar

na velhice. Unia-os a similitude de temperamento e a mesma doença, a epilepsia. Machado sentia-se estimulado pela juventude do amigo. Com a confiança recíproca, deu-se um fenômeno curioso: o velho escritor passou a amparar moralmente o jovem condiscípulo, tímido, abúlico, doente dos nervos. No início do século XX encontravam-se diariamente na Livraria Garnier,* de onde saíam juntos, separando-se no largo do Machado. Essa convivência pública, segundo Afonso de Taunay, inflou a vaidade de Mário, "que se arvorava em escudeiro acompanhante de Machado", atribuindo-se uma grande importância. Em 1902, Mário publicou o seu volume de *Versos*, mal recebido pela crítica. Para atenuar a situação, Machado publicou uma crítica anônima na *Gazeta de Notícias** (7 de dezembro de 1902), na qual vê o poeta em processo "de perfeição crescente". A amizade estreitou-se ainda mais após a morte de Carolina,* em outubro de 1904. Mário tornou-se confidente predileto do velho escritor. É desse ano a sua crítica ao recém-lançado *Esaú e Jacó** (*Jornal do Commercio*,* 2 de outubro de 1904), que tanto agradou a Machado. O prestígio machadiano foi decisivo na sua eleição para a Academia Brasileira de Letras,* em outubro de 1905, na vaga de Martins Júnior. A ideia partiu de Machado. Mário, um tanto aturdido, recusou. Na manhã do último dia de inscrição, Machado foi à Secretaria de Interior, onde o amigo trabalhava, e abordou o assunto. "Quis recusar ainda, mas a sua fisionomia revelou-me o seu desgosto e nas suas palavras senti um pouco de irritação. Receei magoá-lo e declarei-lhe que me apresentava, mas que ele teria a responsabilidade do futuro acadêmico" (Mário de Alencar). A eleição de Mário desagradou a imprensa. Houve muita maledicência escrita contra o novo imortal, provocando a reação dos amigos. Conhecendo o seu temperamento sensível, Machado lhe escreveu uma carta de estímulo. Sua posse foi um acontecimento social, incluída, por manobra de Machado, na programação oficial oferecida aos delegados à IIª Conferência Pan-Americana. Mesmo assim, Mário entrou em depressão, refugiando-se numa fazenda em Lorena, São Paulo, numa tentativa de "reaver a luz" (carta a Machado, de 2 de dezembro de 1906). A amizade iria se revelar em outra circunstância, de modo ainda mais surpreendente. Quando se preparava para lançar o *Memorial de Aires*,* contrariando o hábito de nunca permitir a leitura de suas obras antes de editadas, Machado enviou uma cópia a Mário, que logo descobriu ser a figura de D. Carmo baseada em Carolina.* Machado, com seu gosto pelo segredo, escreveu ao amigo para "lhe recomendar muito que, a respeito do modelo de Carmo, nada confie a ninguém, fica entre nós dois" (carta de 8 de fevereiro de 1908). A correspondência só se encerrou com o agravamento da doença de Machado. A última carta de Mário traz a data de 28 de agosto de 1908, a que Machado respondeu no dia seguinte. Pouco antes, no *Jornal do Commercio* de 24 de julho de 1908, Mário publicou uma longa crítica ao *Memorial de Aires*.* Durante a doença de Machado, Mário foi assíduo junto ao enfermo. Sua última visita foi a 28 de setembro de 1908, véspera da morte do amigo, fato registrado em seu diário. Após a morte de Machado, empenhou-se em recuperar um pouco da obra machadiana inédita em livro, ou de difícil acesso, organizando e prefaciando os volumes *Teatro*,* *A Semana** e *Crítica*.* Em 1910, publicou *Alguns escritos*, no qual se encontra um perfil biográfico de Machado. Na *Revista do Centro de Ciências, Letras e Artes de Campinas* (31 de março de 1915) voltou ao tema com um "Esboço de biografia e crítica (para uma enciclopédia)". Publicou ainda o romance *O que tinha de ser...* (1912) e *Contos e impressões* (1920). Faleceu subitamente no Rio de Janeiro, em 1925, tendo nas mãos o *Protágoras*, de Platão.

Alexander, Alfred Professor de inglês, com quem Machado teria estudado no início da década de 1880. Nascido na Inglaterra, Alexander lecionou no Colégio Paixão, em Petrópolis,* e no Colégio Pedro II, no Rio de Janeiro. Era um homem de convivência difícil, ríspido e severo. Foi um dos introdutores do futebol no Brasil.

Alfredo, João (J. A. Correia de Oliveira) A biografia de João Alfredo (Itamaracá, PE, 1835 – Rio de Janeiro, RJ, 1919), um dos políticos mais importantes do Império, deputado em quatro legislaturas, presidente das províncias do Pará e São Paulo, cruza duas vezes com a vida de Machado. Em 1871, quando ministro do Império, nomeou Machado censor* do Conservatório Dramático.* Em abril de 1888, nos estertores da monarquia, ao organizar o gabinete que iria proclamar a abolição da escravatura, João Alfredo promoveu Machado a oficial da Ordem da Rosa.*

Alienista (O) Conto incluído nos *Papéis avulsos*.* Publicado pela primeira vez em *A Estação*,* de 15 e 31 de outubro, 15 e 30 de novembro, 15 e 31 de dezembro de 1881, 15 e 31 de janeiro, 15 e 28 de fevereiro, e 15 de março de 1882, com a assinatura Machado de Assis.* Talvez seja o trabalho mais divulgado de Machado, com várias edições independentes, adaptações para o cinema e o teatro, inúmeras traduções.

Alighieri, Dante Poeta italiano nascido em Florença, em 1265. Ligado ao partido dos guelfos, acabou exilado pelos gibelinos, falecendo em Ravena, em 1321. Apaixonado por Beatriz Portinari, celebrou sua paixão em sonetos e canções. Também em louvor de Beatriz, escreveu a *Vita Nuova*, da qual Machado extraiu o verso *Tacendo il nome di questa gentilíssima* para epígrafe aos "Versos a Corina".* Sua principal obra, *A divina comédia*,* é uma das obras-primas da literatura mundial. Machado refere-se a Dante com alguma constância em suas crônicas, citando-o, parodiando-o e até adaptando alguns de seus versos às circunstâncias, como na crônica da seção "Bons Dias!"* (*Gazeta de Notícias*,* 13 de janeiro de 1889) quando o célebre verso "*Lasciate ogni speranza, o voi ch'entrate*!" transforma-se em "*Servate ogni speranza, o voi ch'entrate!*" invertendo a afirmação do poeta. Em 1874, parodiou o *Inferno* de *A divina comédia*, no poema "Canto suplementar ao poema de Dante pelo Dr. Semana",* assim como traduziu o canto XXV do *Inferno*. Machado utilizou como epígrafe ao *Esaú e Jacó* um verso de *A divina comédia* ("*Dico, che cuando l'anima mal nata*", extraído do *Inferno*, canto V, 7. Como artista, colocava o florentino em região altíssima, inacessível aos outros poetas: "Petrarca é o bom; Dante é o ótimo" (*Ilustração Brasileira*,* 4 de novembro de 1876). Em homenagem a essa admiração, Magalhães de Azeredo* lhe presenteou com um busto do poeta. Machado agradeceu o amigo: "Cá está na nossa salinha, não por enfeite, mas como um deus que é" (carta de 12 de outubro de 1902).

Allu, Martin Sánchez Compositor espanhol, autor da música da peça *As bodas de Joaninha*,* de Luiz Olona Gaeta,* traduzida por Machado.

Almada (O) Poema herói-cômico inspirado em episódio ocorrido no Rio colonial, que já havia sido aproveitado por José de Alencar* em *O Garatuja*. Parte do canto III foi publicada na *Revista Brasileira*,* de 15 de outubro de 1879, com o título "A assuada";* algumas estrofes do canto V saíram em *A Estação*,* de 15 de agosto de 1885. O poema completo constava de oito cantos. Perderam-se algumas folhas do manuscrito. Nas *Poesias completas*,* organizadas por Machado, figuram 183 versos, sob o título de "Velho fragmento".* O poema foi publicado em *Outras relíquias*,* figurando nas *Poesias completas*, na edição W. M. Jackson.*

Almanaque Brasileiro Garnier Editado pela Casa Garnier, circulou de 1903 a 1914, sendo nos quatro primeiros anos dirigido por Ramiz Galvão.* A partir de 1907, a direção passou para João Ribeiro.* Ao todo, saíram onze números, já que o volume correspondente a 1913 não foi publicado. Machado colaborou seis vezes no *Almanaque*, com contos: "Pílades e Orestes",* em 1903; "Jogo do bicho",* em 1904; "Um apólogo"*, em 1904; "Anedota do cabriolet",* em 1905; "Um incêndio",* em 1906; e "O escrivão Coimbra",* em 1907.

Almanaque da Gazeta de Notícias Começou a circular em 1880. Na edição de 1881, publicou um breve elogio a Machado, sublinhando que o ano anterior havia sido especial para o escritor, com a publicação das *Memórias póstumas** e da peça *Tu só, tu, puro amor...** Machado publicou ali quatro colaborações originais (as crônicas "Chovendo",* 1885, e "Antes a Rocha Tarpeia",* 1887; os contos "Vênus! Divina Vênus!",* 1893, "Orai por ele",* 1895). O *Almanaque* publicou ainda os seguintes trabalhos, transcritos de outras publicações: os poemas "Cleópatra – canto de um escravo"* e "Noivado",* 1881; o conto "Teoria do Medalhão",* 1882; as poesias "A Artur de Oliveira, enfermo"* e "Círculo vicioso",* 1883; as crônicas "Balas de Estalo",* 1885; a crônica "Cristo Júnior & Custódio",* 1886, o conto "Flor anônima",* 1897.

Almanach Brazileiro Illustrado Machado publicou dois poemas nessa publicação, "Cáritas",* na edição para o ano de 1877, e "Jó",* na edição para o ano de 1878, os dois com a assinatura Machado de Assis.* Ambos foram revelados pelo pesquisador Felipe Rissato.

Almanaque das Fluminenses Publicação dedicada às senhoras brasileiras, edição de H. Lombaerts & Cia.,* saiu durante quatro anos, de 1889 a 1892. Machado só não colaborou no número de 1890. No referente a 1889, publicou a fantasia "Como se inventaram os almanaques".* Em 1891, ali saíram o "Soneto"* (No álbum de D. Maria de Azambuja) e o conto "Flor anônima".* Afinal, no almanaque de 1892, o soneto "Um óbito",* dedicado à memória da cadelinha Graziela.*

Almanaque Ilustrado da Semana Ilustrada A *Semana Ilustrada,** o semanário mais popular da época, parece ter publicado o seu almanaque apenas em 1864. Machado nele colaborou com a comédia *Quase ministro,** acompanhada de um posfácio explicativo das circunstâncias de sua representação, e elogiou

Almanaque das Fluminenses

a publicação, "um belo volume, ornado de gravuras de madeira" (*Imprensa Acadêmica,** 17 de abril de 1864).

Almanaque Laemmert O *Almanak Administrativo, Mercantil e Industrial do Rio de Janeiro,* conhecido como *Almanaque Laemmert,* foi popularíssimo em todo o país, e de uma inestimável utilidade. Publicado pelos irmãos livreiros-editores Eduardo e Henrique Laemmert,* e impresso na tipografia Universal, começou a circular em 1844, mantendo-se até 1881, totalizando 38 volumes. A partir desse ano, a publicação prosseguiu sob responsabilidade de outra empresa, mantendo o nome tradicional. Francisco José de Assis,* pai de Machado, foi assinante do Almanaque, pelo menos durante os anos de 1846 e 1847. O filho figurou pela primeira vez no *Almanaque* para o ano de 1874. A partir daí, nunca mais o seu nome deixou de aparecer. Em 1905, o *Almanaque* publicou o seguinte verbete do escritor: "Assis (Joaquim Maria Machado de), diretor-geral da Contabilidade no Ministério da Viação e Obras Públicas, Cosme Velho 18 e praça XV de Novembro". No ano seguinte, curiosamente, apesar de continuar no Ministério, escreveram: "Joaquim Maria Machado de Assis, literato, Cosme Velho 18".

Almas agradecidas Conto publicado no *Jornal das Famílias*,* nos números de março e abril de 1871, com a assinatura Machado de Assis.* *Histórias românticas*.*

Almeida, A. C. Num artigo sobre "Poesia e poetas", publicado em *A Ideia* (1º de agosto de 1874), Almeida refere-se a Machado, elogiando-o como poeta, mas lamentando não ter ele podido "salvar-se do desvario romântico e lançar olhos sobre as questões sociais. Não pôde. O romantismo atrofiou-o; a crítica periódica perdeu-o". Almeida escreveu ainda uma crítica sobre *Helena*,* publicada no *Pindamonhangabense* (Pindamonhangaba, SP, 19 de novembro de 1876).

Almeida, Belmiro de (B. Barbosa de A. Júnior) Pintor, escultor, caricaturista, Belmiro (Serro, MG, 1858 – Paris, França, 1935) cursou a Imperial Academia de Belas-Artes, aperfeiçoando-se na Europa. Ilustrou vários periódicos cariocas. Ao lado de Machado, de quem desenhou um retrato a nanquim, foi um dos fundadores do efêmero Grêmio de Letras e Artes,* em 1887.

Almeida, Carlos Leopoldo de Quando Lúcia Miguel Pereira escreveu a biografia de Machado (1936), citou uma carta dele a Almeida, nos arquivos da Academia Brasileira de Letras,* de onde desapareceu.

Almeida, Filinto de (Francisco F. de A.) Nasceu no Porto, Portugal, em 1857. Aos 10 anos emigrou para o Brasil, indo trabalhar no comércio. Jornalista, poeta, romancista, teatrólogo, naturalizou-se brasileiro. Casado com Júlia Lopes de Almeida.* Filinto de Almeida conheceu Machado em janeiro de 1882, no Hotel Oriental,* em Petrópolis,* apresentado por França Júnior.* Não foram amigos íntimos, encontrando-se apenas nas redações de jornais, em almoços, como os da Panelinha,* ou em banquetes, como o oferecido a Assis Brasil* em julho de 1896. Filinto escreveu alguns artigos sobre Machado, de análise crítica e de reminiscências, e uma ode, composta por ocasião do banquete* comemorativo dos vinte e dois anos de publicação das *Crisálidas*,* ao qual compareceu, tendo ainda recitado um poema escrito por Dermeval da Fonseca.* Faleceu no Rio de Janeiro, em 1945.

Filinto de Almeida

Almeida, João de Jornalista, citado três vezes por Machado em sua correspondência, nos anos 1870. Em 1873, Almeida solicitou um retrato de Machado, em nome de José Carlos Rodrigues,* a fim de ser enviado a este, nos Estados Unidos. A outra referência está em carta dirigida a Salvador de Mendonça,* datada de 15 de abril de 1876. Conta que Almeida e Quintino Bocaiuva* encontravam-se na redação de *O Globo** e ficaram enciumados quando Machado abriu uma gorda carta de Salvador. Por fim, em carta dirigida a Salvador de Mendonça (13 de novembro de 1876), diz que escrevia a carta "à hora de sair da Secretaria, para ir levá-la ao João de Almeida".

Almeida, Joaquim Garcia Pires de Em 1864, ao redigir parecer, como membro do Conservatório Dramático Brasileiro,* proibindo a peça *Os espinhos de uma flor*, de José Ricardo Pires de Almeida,* Machado ganhou um inimigo na pessoa do irmão do autor vetado, o poeta e teatrólogo Joaquim Garcia (1844-1873). Em setembro de 1869, em *Leitura para Todos* (Rio de Janeiro), utilizando a assinatura P. de Alm., Garcia desferiu um violento ataque a Machado, chamando-o de "literato maquiavélico", sem opinião e covarde. O atacado teve dois defensores, que responderam no mesmo tom: Artur de Oliveira,* em *O Futuro*,* e alguém que usou o pseudônimo de Castor e Pollux,* no *Jornal para Todos*.* Antes desse pequeno entrevero, Machado havia dado parecer, sem nenhum entusiasmo, sobre duas peças de Joaquim, *O anel de ferro* e *As mulheres do palco*, e havia se referido com simpatia à peça *Os anjos de fogo*, representada "com geral aplauso". Como o artigo saiu em jornal de São Paulo (*Imprensa Acadêmica*,* 20 de agosto de 1868), assinado com o pseudônimo Glaucus,* é provável que Almeida não tenha tomado conhecimento dele ou, se o leu, não identificou o autor.

Almeida, José Ricardo Pires de Como censor do Conservatório Dramático,* Machado proibiu a representação do drama *Os espinhos de uma flor*, de Pires de Almeida, por meio de parecer firmado em 8 de janeiro de 1864, acusando a peça de "perverter os bons sentimentos e falsear as leis da moral". Apesar de aprovar, na mesma data, outro original do autor, *O filho de um erro*, a atitude de Machado despertou a animosidade de José Ricardo e de seu irmão, Joaquim Garcia Pires de Almeida,* que não perderia a oportunidade de hostilizá-lo. Nascido no Rio de Janeiro (1843-1913), José Ricardo era médico, bibliófilo e ocultista. Seu livro mais conhecido é *A escola byroniana no Brasil*. Não guardou mágoa de Machado, tanto assim que em seu *Brasil-Teatro* (3º fascículo, 1905-1907) publicou-lhe o retrato, com legenda elogiosa: "excelente prosador, apreciadíssimo poeta e consciencioso escritor dramático".

Almeida, Júlia Lopes de Romancista e contista de sucesso, cronista e teatróloga (Rio de Janeiro, RJ, 1862-1934), ocupa um lugar

Júlia Lopes de Almeida

de destaque na ficção brasileira, no período que antecedeu o modernismo. Casada com Filinto de Almeida,* conviveu socialmente com Machado, durante quase trinta anos. Adolescente, dançou com o escritor, na época um quarentão. Foi um dos oradores no enterro de Machado e dedicou ao escritor uma crônica publicada em *O País*, de 6 de outubro de 1908.

Almeida, Laurindo de Avelar e (1849-1902) Fazendeiro estabelecido na região de Vassouras, Rio de Janeiro, agraciado em 1881 com o título de barão de Avelar. Em carta datada de 2 de julho de 1877, convidou Machado e esposa para um jantar no dia seguinte em sua residência, na rua de Olinda (Marquês de Olinda), nº 4, em Botafogo.

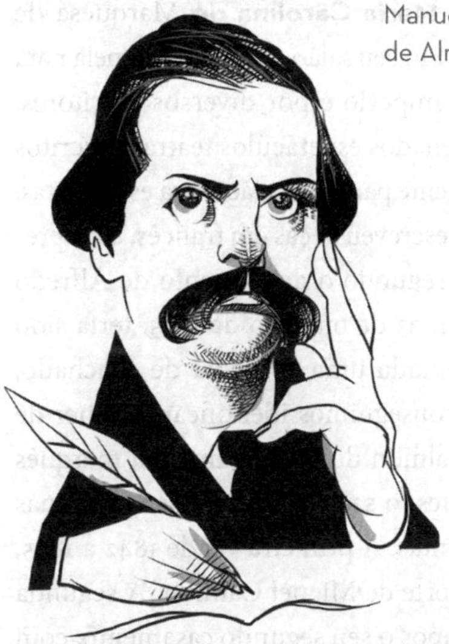
Manuel Antônio de Almeida

Almeida, Manuel Antônio de O romancista das *Memórias de um sargento de milícias* (1854-55) nasceu no Rio de Janeiro, em 17 de novembro de 1831. Formado em medicina, nunca exerceu a profissão, dedicando--se à literatura e ao jornalismo. No final de 1857, assumiu o cargo de administrador da Tipografia Nacional.* Foi então – segundo uma tradição divulgada por Capistrano de Abreu* e muito contestada hoje – que teria conhecido o aprendiz de tipógrafo Machado de Assis, que vivia lendo nas horas do expediente, em prejuízo da eficiência do serviço. Por esse motivo, o rapaz foi levado à sua presença, iniciando-se a amizade. Em 12 de janeiro de 1858, Machado dedicou a Almeida o poema "Álvares d'Azevedo",* publicado em *A Marmota*.* Em janeiro de 1859, novo trabalho machadiano dedicado ao amigo: o estudo "O jornal e o livro",* que saiu no *Correio Mercantil*.* Nesse ano, ambos colaboraram na tradução de *Brasil pitoresco*,* de Charles Ribeyrolles.* Maneco faleceu em 28 de novembro de 1861, onze dias após completar trinta anos, em naufrágio do vapor Hermes, quando se dirigia a Campos. Nos "Comentários da Semana",* que escrevia para o *Diário do Rio de Janeiro*,* em 11 de dezembro de 1861, Machado lamenta a morte do escritor, "um grande caráter e um grande coração". No dia 6 de fevereiro de 1862, a Sociedade Dramática Nacional organizou no Teatro Ginásio* um espetáculo em homenagem a Almeida, com renda revertida para as suas duas irmãs. Foram encenados o drama *De ladrão a barão*, de Álvares de Araújo, e a comédia *O novo Otelo*, de Joaquim Manuel de Macedo.* Machado compôs uma poesia em homenagem ao morto, recitada por Gabriela da Cunha* no intervalo entre as duas peças. Machado voltou a se referir ao amigo em sua "Crônica",* em *O Futuro** (15 de fevereiro de 1863), a respeito da reedição das "páginas tão graciosamente escritas" das *Memórias de um sargento de milícias*, "livro excelente, que anda nas mãos de todos", como diria em outra parte (*Diário do Rio de Janeiro*, 24 de junho de 1865).

Almeida, Maria Carolina de Marquesa de Abrantes. Em seu salão, frequentado pela nata social do Império e por diversos escritores, eram encenados espetáculos teatrais, escritos especialmente para a ocasião. Para essas festas, Machado escreveu peças em francês, ali representadas, segundo o depoimento de Alfredo Pujol.* Em 23 de outubro de 1875, teria sido ali apresentada uma comédia de Machado, que não conseguimos identificar. Mulher de Miguel Calmon du Pin e Almeida, marquês de Abrantes, o salão da marquesa teve duas fases distintas. A primeira vai de 1842 a 1865, ano da morte de Miguel Calmon. A segunda inicia-se após o seu segundo casamento, com o Dr. Joaquim Antonio de Araújo e Silva, barão do Catete, prolongando-se até a morte da marquesa, na década de 1880.

Almeida, Miguel Calmon du Pin e Nasceu em Salvador, BA, em 1879, filho dos marqueses de Abrantes. Formou-se em engenharia. No governo Afonso Pena* foi ministro da Viação e Obras Públicas,* permanecendo no cargo de 15 de novembro de 1906 a 18 de julho de 1909. Foi o mais jovem titular da pasta, com apenas 27 anos. Em seu discurso de posse elogiou Machado, solicitando-lhe a colaboração. Desconfiado, o escritor perguntou a Afrânio Peixoto* se Calmon praticava a ironia, agindo com mais reserva do que com os outros ministros. Constrangido, participou de dois banquetes oferecidos por Calmon, em 1906, ao senador baiano José Marcelino de Sousa. Calmon ocupou ainda a pasta de ministro da Agricultura, Indústria e Comércio, no governo de Artur Bernardes, retirando-se da política após a vitória da Revolução de 1930. Faleceu no Rio de Janeiro, em 1935.

Almoço (Um) Conto publicado no *Jornal das Famílias,** nos números de março, abril e maio de 1877, com a assinatura Machado de Assis.* Incorporado ao segundo volume das *Relíquias de casa velha.**

Alpujarra Poema que figura nas *Crisálidas.** Primeira publicação no *Jornal das Famílias,** de julho de 1863, com a assinatura Machado de Assis.* A peça não foi incluída nas *Poesias completas.** Trata-se da tradução de um dos cantos do poema "Conrad Wallenrod", de Adam Mickiewicz,* executada através da versão francesa de Christiano Ostrowski, conforme indicação do próprio Machado.

Alter Pseudônimo não identificado do responsável pela seção "Livros a ler", da *Revista Ilustrada.** No número de 31 de agosto de 1884, publicou uma ligeira notícia sobre o lançamento de *Histórias sem data.**

Álvares d'Azevedo Poesia publicada em *A Marmota,** de 12 de janeiro de 1858, com a assinatura Joaquim Maria Machado d'Assis.* Dedicada "ao Sr. Dr. M. A. d'Almeida".* *Novas relíquias.**

Álvares, Nuno (N. A. Pereira e Sousa) Natural do Maranhão (1836-1902), poeta (*Folhas soltas*, 1860) e prosador, conheceu Machado na mocidade, na redação de *A Marmota,** onde ambos colaboravam. Foram também colegas na diretoria da Sociedade Arcádia Brasileira*(1861): Nuno, vice-presidente, e Machado, bibliotecário. Atuou como intermediário no início da amizade de Machado e Joaquim Serra.* Colega de repartição de Machado, tendo sido chefe de seção da Secretaria dos Negócios da Agricultura, Comércio e Obras Públicas.* Foi também, com Machado, censor do Conservatório Dramático.*

Castro Alves

Alves, Castro (Antonio Frederico de C. A.) Nascido em Curralinho, BA, em 1847, o furacão Castro Alves passou apenas uma vez pela vida de Machado. No dia 12 de fevereiro de 1868, o poeta desembarcou na Corte, onde permaneceu até 11 de março, quando seguiu para São Paulo. Apresentado a José de Alencar,* o autor de *Iracema* dirigiu-se a Machado, por meio de carta publicada no *Correio Mercantil*,* de 22 de fevereiro, solicitando que este fosse "o Virgílio do jovem Dante". Machado procurou o poeta no Hotel Aux Frères Provençaux,* no dia 25 de fevereiro, terça-feira de Carnaval. Castro Alves leu o drama *Gonzaga* e alguns de seus poemas. Machado respondeu, então, a Alencar, por meio do *Diário do Rio de Janeiro*,* de 1º de março, em carta na qual procurava demonstrar entusiasmo por Castro Alves, talvez para agradar Alencar. Após a morte do poeta (1871), Machado referiu-se a ele algumas vezes, de maneira claramente restritiva. Em 1879, no ensaio "A nova geração",* analisando a poesia condoreira, escreve julgar que o movimento tivesse "acabado com o poeta das *Vozes d'África*. Distinguia-a certa pompa, às vezes excessiva, certo entumescimento de ideia e de frase, um grande arrojo de metáforas, coisas todas que nunca jamais poderiam constituir virtudes de uma escola". Precisa ser mais explícito?

Alves, Constâncio (Antônio C. A.) O baiano Constâncio Alves (Salvador, BA, 1862 – Rio de Janeiro, RJ, 1933) era formado em medicina, profissão que jamais exerceu. Jornalista, membro da Academia Brasileira de Letras,* conviveu com Machado, ao qual qualificou de reservado com os amigos ("pouco íntimo com os íntimos", disse a Alfredo Pujol) e de quem deixou um breve perfil, incluído em seu único livro, *Figuras* (1921).

Alves, Serafim José Natural da Bahia, primo de Castro Alves,* chegou ao Rio de Janeiro provavelmente no início dos anos 1860. Explorava a Tipografia da Escola, situada na rua Sete de Setembro, 83, que editou, em 1864, a peça de Machado *Quase ministro.* Em 1871, adquiriu a Livraria Econômica, localizada na praça D. Pedro II (atual praça XV de Novembro), C (mais tarde passou a ter o nº 16) que, em 1877, mudou-se para a rua Sete de Setembro, nº 83, onde funcionava a tipografia. Serafim vendeu a livraria no início de 1890. Parece que retornou à Bahia no ano seguinte.

Alzira C. Nome abreviado ou pseudônimo não identificado. Em *A Estação*,* de 15 de setembro de 1884, publicou um breve comentário sobre *Histórias sem data.**

Amador (Um) Pseudônimo não identificado de um colaborador do *Correio Paulistano*, em artigo sobre a peça *Gabriela*,* no número de 20 de setembro de 1862.

Amanhã Poesia publicada na *Marmota Fluminense*,* de 23 de outubro de 1857, com a assinatura Machado d'Assis.* *Dispersos*.*

Amaral, Adelaide (A. A. Cristina da Silva) Adelaide (Ponta Delgada, Portugal, 1837 – Rio de Janeiro, RJ, 1899) chegou ao Brasil em 1844 e aqui se casou com o ator Pedro Joaquim.* O jovem Machado, crítico teatral de *O Espelho*,* elogiou o seu desempenho no drama *Simão ou o velho cabo de esquadra*, nele vislumbrando "sentimento e inteligência" e desejando ver a atriz "em papéis mais largos" ("Revista de Teatros",* 23 de outubro de 1859). Não faltaram oportunidades. Uma delas veio na peça *Monjoye*,* de Octave Feuillet,* traduzida pelo próprio Machado, na qual Adelaide demonstrou "um talento a que o público fez justiça", sobretudo em determinada cena, na qual, observa Machado, "é difícil ser tão ingenuamente ingênua como a distinta artista o foi" (*Diário do Rio de Janeiro*, 17 de outubro de 1864). Adelaide obteve grandes sucessos na Corte, tendo viajado por várias províncias, integrando as companhias de João Caetano,* de Joaquim Heliodoro e outras. Em 1865, encontrava-se em Recife, onde Eugênia Câmara também se apresentava. A plateia de estudantes dividiu-se entre as duas atrizes, surgindo o partido de Adelaide, comandado por Tobias Barreto, e o de Eugênia, tendo à frente Castro Alves.* Um dos êxitos de Adelaide foi *A atriz hebreia*,* de Giovanni Fonte Basso, traduzida por Francisco Gonçalves Braga,* que lhe ofereceu o trabalho. Machado escreveu um poema para a peça, recitado por Adelaide no final do quinto ato, com acompanhamento musical de autoria do maestro Júlio José Nunes.*

Amaral, Ângelo Tomás do Natural do Rio de Janeiro (1822-1911), conciliou as atividades de jornalista e empresário com a política. Deputado em três legislaturas, ocupou entre 1857 e 1861 a presidência das províncias do Amazonas, Alagoas e Pará. Em 1869, quando exercia o seu segundo mandato de deputado, adquiriu o *Jornal da Tarde*,* que deixara de circular, iniciando nova fase na publicação. Convidado, Machado, que já havia colaborado na fase anterior, aceitou o convite, traduzindo para o folhetim do jornal o romance *Oliver Twist* (*Oliveiro Twist**), de Charles Dickens,* cuja tradução não concluiu, desincumbindo-se da tarefa por meio de carta datada de 14 de junho de 1870.

Amat, José Zapata y Diretor e empresário teatral, nascido na Espanha. Coronel do exército de seu país, banido após participar da revolução carlista (1833-39). Chegou ao Rio de Janeiro em 1848, onde lecionou piano e canto. Casou-se com a cantora lírica Maria Luísa Pires de Almeida, viúva que passou a usar o nome artístico de Luísa Amat.* Dedicando-se ao teatro, Amat lutou pela criação da Academia Imperial de Música e Ópera Nacional,* da qual tornou-se organizador (abril de 1857). Como empresário levou à cena, em novembro de 1859, a ópera *Pipelet*,* traduzida por Machado. Amat musicou o Hino da Arcádia,* escrito por Machado e apresentado no sarau da Arcádia Fluminense,* realizado em 25 de novembro de 1865. O *Jornal do Commercio*,* do dia 28, diz que ele foi "felizmente inspirado nesta importante composição". Parece não ter sido homem muito escrupuloso, sempre empenhado em obter vantagens pessoais, e, em diversas ocasiões, acusado por artistas de sua empresa de não respeitar os contratos.

Amat, Luísa Cantora lírica, Maria Luísa Pires de Almeida casou-se com o Dr. Joaquim Pires

Garcia de Almeida, de quem teve dois filhos: José Ricardo* e Joaquim Garcia Pires de Almeida,* ambos dedicados ao teatro. Viúva, casou-se em segundas núpcias com o empresário José Amat,* passando a apresentar-se como Luísa Amat. Foi um dos destaques da Ópera Nacional.* Na ópera *Pipelet,** traduzida por Machado, interpretou o papel de Madalena. Em 27 de novembro de 1859, três dias após a estreia, Machado publicou em *O Espelho** o poema "Um nome",* escrito no álbum da cantora. Luísa foi também a principal intérprete de *As bodas de Joaninha,** merecendo rasgados elogios do *Jornal do Commercio,** para quem ela "desenvolveu uma graça, animação e naturalidade como até agora nunca revelara sobre o palco" (10 de julho de 1861).

Ambicioso (Um) Conto publicado no *Jornal das Famílias,** de novembro e dezembro de 1877 e janeiro de 1878, com a assinatura Machado de Assis.* Incorporado ao segundo volume das *Relíquias de casa velha.**

Amélia (D.) Vide "Bragança, Maria Amélia Luísa Helena de Bourbon Orléans e".

Amenophis-Effendi Pseudônimo de Ataliba de Gomensoro* em dois artigos publicados na *Gazeta de Notícias** (24 de abril e 3 de maio de 1878), nos quais defende Eça de Queirós* das acusações formuladas por Machado na crítica ao colega português intitulada "Literatura realista – *O primo Basílio*".*

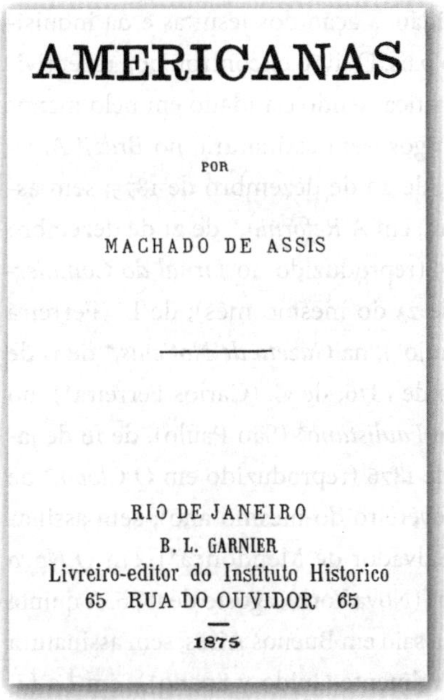
AMERICANAS

POR

MACHADO DE ASSIS

RIO DE JANEIRO
B. L. GARNIER
Livreiro-editor do Instituto Historico
65 RUA DO OUVIDOR 65
1875

Folha de rosto da 1ª edição

Americanas Terceiro livro de poesias de Machado. Anunciado desde 1873, nas *Histórias da meia-noite,** como já estando no prelo, só foi editado em 1875, por B. L. Garnier* (213 pp.), sendo impresso na tipografia Cosmopolita, à rua Gonçalves Dias, 19. Vendido a 2 mil réis o exemplar em brochura e 3 mil réis o encadernado. Os primeiros exemplares chegaram às livrarias na segunda quinzena de dezembro de 1875. O volume reúne uma Advertência (suprimida depois) e treze poemas, dos quais apenas três já haviam sido publicados na imprensa: "Potira",* "José Bonifácio"* e "Os orizes".* As demais peças são: "Niani";* "A cristã nova";* "A visão de Jaciúca";* "Cantiga do rosto branco"* (a única tradução do livro); "A Gonçalves Dias";* "Os semeadores";* "A flor do embiroçu";* "Lua nova";* "Sabina";* e "Última jornada".* As *Americanas* representam, com sensível atraso, a adesão de Machado ao indianismo. Oito poemas se alinham nessa tradição. O autor justificava-se alegando que "tudo pertence à invenção poética, uma vez que traga os caracteres do belo e possa satisfazer as condições da arte". O título cobre também os demais poemas, todos abordando homens e temas do continente americano: Gonçalves Dias, José Bonifácio, a escravidão, a ação dos jesuítas e da inquisição no país. O livro encontrou boa receptividade crítica, sendo estudado em pelo menos seis artigos: sem assinatura, no *Brazil Americano*, de 20 de dezembro de 1875; sem assinatura, em *A Reforma*,* de 21 de dezembro de 1875 (reproduzido no *Jornal do Commercio*,* de 23 do mesmo mês); de L. (Ferreira de Araújo*), na *Gazeta de Notícias*,* de 11 de janeiro de 1876; de C. (Carlos Ferreira*), no *Correio Paulistano** (São Paulo), de 16 de janeiro de 1876 (reproduzido em *O Globo*,* de 11 de fevereiro do mesmo ano); sem assinatura (Salvador de Mendonça*), em *O Novo Mundo** (Nova York), agosto de 1876. A quinta resenha saiu em Buenos Aires, sem assinatura (provavelmente Guido y Spano*), em *La Libertad*, artigo transcrito em *O Globo*, de 18 de março de 1876.

Américo, Pedro (P. A. de Figueiredo e Melo) (Areias, PB, 1843 – Florença, Itália, 1905). Um dos mestres da pintura brasileira no século XIX, dedicou-se também à ficção, tendo publicado três romances, e à política, eleito deputado à Constituinte. Machado escreveu dois artigos sobre Pedro Américo, ambos em 1871: "O Sr. Dr. Pedro Américo e a Batalha de Campo Grande",* publicado na *Semana Ilustrada*,* e "Pedro Américo – Carta ao Dr. Ladislau Neto",* em *A Reforma*,* no qual nega que estivesse escrevendo a biografia do pintor. Em crônica publicada em 31 de julho de 1892, Machado ironiza uma afirmativa do "meu talentoso amigo" Pedro Américo, pronunciada na Câmara dos Deputados, afirmando, a ela, preferir "as belezas da Batalha de Avaí."

Amoedo, Adelaide Moraes Esposa do pintor Rodolfo Amoedo. Machado escreveu em seu álbum* de autógrafos o poema "Desculpas".*

Amoedo, Leolinda Natural da Bahia, filha da atriz Maria Sanchez. Dedicou-se também ao palco. Casou-se com o ator português Luís Carlos de Amoedo, da união nascendo o pintor Rodolfo Amoedo. Na inauguração do Teatro São Luís,* em 1º de janeiro de 1870, recitou um poema de Machado em homenagem a Furtado Coelho,* construtor da casa. Não se conhece o poema de Machado.

Amor passageiro Ver o verbete "Erro".

Amores A vida amorosa de Machado caracterizou-se pela discrição. Em carta à sua futura esposa, datada de 2 de março, sem indicar o ano, mas de 1869, diz que a história passada de seu coração "resume-se em dous capítulos: um amor, não correspondido; outro, fui eu o primeiro a rompê-lo". E informa que Corina foi a primeira delas. R. Magalhães Júnior identifica-a como sendo a atriz Gabriela da Cunha,* mas sem provas convincentes. Segundo o mesmo biógrafo, Machado teria vivido um romance com a Candiani.* Também não há provas. Em 1869, ocorreu o seu casamento* com Carolina, que durou trinta e cinco anos. Durante esse período, ao que se saiba, teve apenas um relacionamento extraconjugal, com a atriz portuguesa Inês Gomes,* durante os anos de 1882 e 1883. Há, no entanto, uma nota intrigante, publicada na seção "Expediente", de *O Mosquito*, em 18 de março de 1876, que não sabemos a que se refere exatamente: "Sr. M. de Tal – Aqui há anos publicou-se um livro intitulado – *Da queda que as mulheres têm para os tolos*. Muito feliz deve o Sr. ser com o belo sexo!" (Refere-se a *Queda que as mulheres têm para os tolos*,* primeiro livro publicado de Machado, tradução da obra de Victor Hénaux).

Amorim, Gomes de (Francisco G. de A.) Natural do Minho, Portugal (1827-1891), emigrou ainda criança para o norte do Brasil. Viveu no Pará e no Amazonas, regressando a Portugal em 1846. Amorim enviou pelo menos três cartas a Machado, em 1864, em 28 de junho de 1866 e em 6 de dezembro de 1884. Nesta última, solicitava que o amigo escrevesse "alguns artigos" sobre seu livro *Garrett, memórias biográficas*, que havia sido enviado ao Brasil. O pedido foi atendido. Antes, em 1866, na seção "Semana Literária",* que mantinha no *Diário do Rio de Janeiro*,* Machado publicou dois artigos anônimos sobre os livros de poemas de Amorim, de *Cantos Matutinos* (em 29 de maio) e de *Efêmeros* (24 de julho). Machado lhe enviou alguns de seus livros, autografados, como *Papéis avulsos**, "que teve o poder de me fazer passar menos amargamente algumas horas de minha triste vida", escreve Amorim, e *Histórias sem data*.*

Anacreonte Poeta lírico grego (560-478 a.C.), de cuja obra restam apenas alguns fragmentos. As *Odes anacreônticas*, que lhe são atribuídas, surgiram muito depois da morte do poeta. Machado escreveu "Uma ode de Anacreonte",* inspirada na tradução de Antonio Feliciano de Castilho,* intitulada "Metamorfoses de Cubiçar", que figura no volume *A lírica de Anacreonte* (Paris, 1866).

Anais (Os) Vide "Ribeiro, Walfrido".

Anastácio, José Nome ou pseudônimo do autor de uma das resenhas críticas publicadas quando do lançamento de *Quincas Borba*.* Não foi possível identificá-lo. O trabalho saiu publicado no jornal *O Tempo*, Rio de Janeiro, de 25 de janeiro de 1892, e nele o crítico compara o livro a "um cálice de licor finíssimo que a gente prova e sorve de um trago".

Alfredo Antonio de Andrade

Andradas (rua dos) Assim que se casaram, em 1869, Machado e Carolina* foram morar na rua dos Andradas, nº 119, um sobrado mobiliado, modesto, adequado a seus recursos escassos. O casal permaneceu ali até 1873, quando se transferiu para a rua Santa Luzia,* nº 54. A fachada do imóvel (atualmente nº 147) ainda se encontra de pé, sendo o interior do prédio utilizado como garagem.

Andrade, Alfredo Antonio de Médico que, junto com Afrânio Peixoto,* embalsamou o corpo de Machado. Nascido na Bahia, em 1869, catedrático da Faculdade de Medicina do Rio de Janeiro na cadeira de toxicologia, faleceu no Rio de Janeiro em 1928.

Andrade, João Artur Pereira de Em 1878, partiu para os Estados Unidos, em tratamento de saúde. Machado escreveu uma carta de apresentação, dirigida a Salvador de Mendonça, solicitando apoio ao "distinto e inteligente patrício" (carta de 2 de março de 1878).

Andrade, Matheus Alves de Nascido no Rio de Janeiro, em 1832, formou-se em medicina pela Faculdade do Rio de Janeiro, em 1854, aperfeiçoando-se em cirurgia em Paris.

Matheus Alves de Andrade

Alistou-se como voluntário na Guerra do Paraguai,* apesar de ser casado e contar com uma grande clínica, atuando como médico de campanha. Foi ele que realizou a amputação da perna de Castro Alves,* em junho de 1869. Ignora-se a circunstância em que conheceu Machado. Do relacionamento, restou a dedicatória do escritor, oferecendo-lhe um exemplar das *Crisálidas**: "Ao Dr. Matheus d'Andrade, prova de amizade sincera e admiração. Machado de Assis". Suicidou-se em 3 de julho de 1871.

Anedota Anedota publicada em *A Marmota,** de 11 de maio de 1860, com a assinatura M.A.* *Dispersos.**

Anedota do cabriolet Conto que figura nas *Relíquias de casa velha.** Primeira publicação no *Almanaque Brasileiro Garnier,** 1905, com a assinatura Machado de Assis.*

Anedota pecuniária Conto que integra as *Histórias sem data.** Publicação original na *Gazeta de Notícias,** de 6 de outubro de 1883, com a assinatura Machado de Assis.*

Anel de Polícrates (O) Conto incluído nos *Papéis avulsos.** Primeira publicação na *Gazeta de Notícias,** de 2 de julho de 1882, com a assinatura Machado de Assis.* O original do personagem do conto foi o escritor Artur de Oliveira,* segundo declaração do próprio Machado.

Animais enfermos da peste (Os) Vide "Os animais iscados da peste".

Animais iscados da peste (Os) Tradução de Machado do poema "*Les Animaux malades de la peste*", de La Fontaine,* incluída nas *Ocidentais.** A primeira publicação foi no volume *Fábulas** de La Fontaine, ilustradas por Gustave Doré, tomo I, Lisboa – Rio de Janeiro, 1886, que apareceu em fascículos, com o título de "Os animais enfermos da peste". As *Fábulas* foram reeditadas por H. Garnier,* Rio de Janeiro/Paris, 1908, 376 pp., com ilustrações de Grandville.

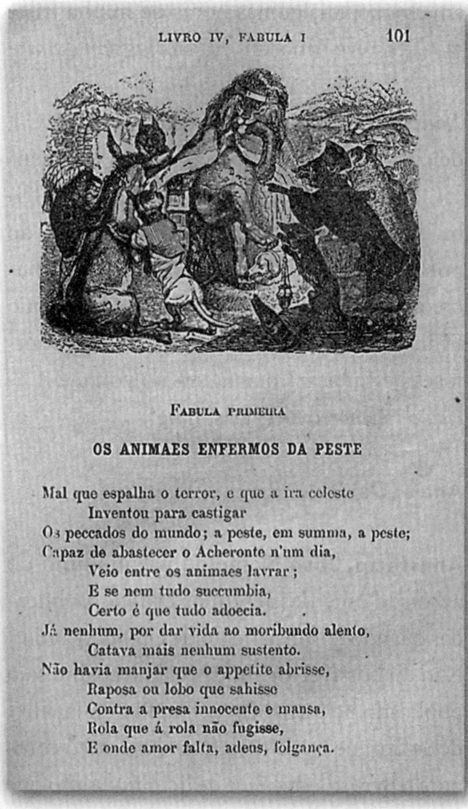

LIVRO IV, FABULA I 101

FABULA PRIMEIRA

OS ANIMAES ENFERMOS DA PESTE

Mal que espalha o terror, e que a ira celeste
Inventou para castigar
Os peccados do mundo; a peste, em summa, a peste;
Capaz de abastecer o Acheronte n'um dia,
Veio entre os animaes lavrar;
E se nem tudo succumbia,
Certo é que tudo adoecia.
Já nenhum, por dar vida ao moribundo alento,
Catava mais nenhum sustento.
Não havia manjar que o appetite abrisse,
Raposa ou lobo que sahisse
Contra a presa innocente e mansa,
Rola que á rola não fugisse,
E onde amor falta, adeus, folgança.

Ilustração de Grandville

Anjo (Um) Poema publicado na *Marmota Fluminense,** de 1º de abril de 1856, com a assinatura J. M. M. d'Assis.* Dedicado "à memória de minha irmã" e datado de "Rio, outubro de 1855". Inédito em livro até a sua inclusão em *Poesia e prosa.**

Anjo da meia-noite (O) Drama fantástico, em cinco atos e seis quadros, de Theodore Barrière* e Édouard Plouvier.* Traduzido por Machado "com todo o viço e fragrância", segundo a *Semana Ilustrada,** foi representado pela primeira vez no Teatro Ginásio,* em 5 de julho de 1866, pela Companhia de Furtado Coelho.* Em artigo publicado na mesma revista (8 de julho), assinado com a inicial A.,* Machado observa que os papéis "tiveram uma execução admirável" e o público "redobra de aplausos e de admiração a cada cena". Repetindo o que acontecera em Paris, *O anjo da meia-noite* obteve um êxito retumbante. Em fevereiro de 1868, subia à cena pela 55ª vez. A peça voltou ao cartaz em 30 de agosto de 1902, no Teatro Recreio Dramático. Sanches de Frias diz que ela deu "rios de dinheiro" a Furtado Coelho, sendo a responsável pelo grande número de crianças batizadas com o nome de Ari, como o herói da peça. A tradução de Machado, assinada com o criptônimo de **,* foi editada no Rio de Janeiro, pela Livraria Popular, do editor A. A. da Cruz Coutinho,* em 1876.

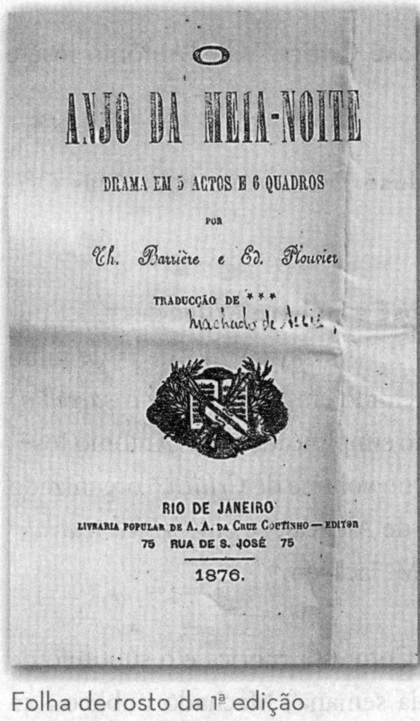

Folha de rosto da 1ª edição

Anjo das Donzelas (O) Conto publicado no *Jornal das Famílias,** de setembro e outubro de 1864, assinado com o pseudônimo de Max.* Incluído nos *Contos avulsos.**

Anjo e a Besta (O) Comédia original, incompleta, mencionada por Inocêncio Francisco da Silva* no *Dicionário bibliográfico português*, tomo XII, 1884, p. 392. Texto perdido.

Anjo Rafael (O) Conto publicado no *Jornal das Famílias,** de outubro, novembro e dezembro de 1869, com o pseudônimo de Victor de Paula.* Incluído nos *Contos esparsos.**

Annaes (Os) Vide "Os Anais".

Anniversaire du 14 Juillet (L') Polianteia* comemorativa da queda da Bastilha, publicada no Rio de Janeiro, em 14 de julho de 1883, com a colaboração de vários jornalistas e escritores. Ao contrário dos demais colaboradores, Machado escreveu sua homenagem em francês, parafraseando um texto de Lacordaire: "*La fille ainée de l'Église a voulu être la fille ainée de la liberté latine et moderne; c'est là sa vocation et son universalité; c'est ce qui fait le beau souvenir de ce grand jour*. Machado de Assis. 14 *juillet* 83" (Vide "Rio de Janeiro, 14 Juillet").

Anonimato Ao longo de sua carreira literária, Machado publicou diversos trabalhos sem assinatura, que relacionamos em ordem cronológica: "Bagatela"* (conto traduzido), *A Marmota,** maio a agosto de 1859; *Revista dos Teatros,* O Espelho,** colaboração publicada nos dias 4, 11 e 25 de dezembro de 1859; "Odisseia dos Vinte Anos",* *A Marmota*, 30 de março de 1860; "O casamento do diabo"* (poema traduzido), *Semana Ilustrada,** 29 de março de 1863; "Versos a Corina",* *Diário do Rio de Janeiro,** 16 de abril de 1864; "O Teles e o Tobias",* *Semana Ilustrada*, capítulos I (publicado em 6 de agosto) e III ao X, publicados nos dias 20 e 27 de agosto, 3, 10, 17 de setembro, 8, 15 e 29 de outubro de 1865; "Diana",* *Jornal das Famílias,** fevereiro de 1866; *Os trabalhadores do mar** (tradução), *Diário do Rio de Janeiro*, de 15 de março a 29 de julho de 1866; "Semana Literária"* (seção de crítica), *Diário do Rio de Janeiro*, 20 artigos, de 20 de março a 31 de julho de 1866; Nota (antecedendo poesia de José Dias de Oliveira), *Diário do Rio de Janeiro*, 17 de outubro de 1866; Editorial, *Diário do Rio de Janeiro*, 5 de dezembro de 1866; "Fragmento"* (poesia), *Semana Ilustrada*, 12 de setembro de 1869 e 4 de dezembro de 1870; *Oliveiro Twist** (tradução), *Jornal da Tarde*, de 23 de abril a 18 de junho de 1870; "Filigranas" (crítica), *Semana Ilustrada*, 20 de outubro de 1872; *Higiene para uso dos mestres-escolas** (tradução), *A instrução pública,** de 13 de julho de 1873 a 11 de janeiro de 1874; "Pedro Luís",* *Gazeta de Notícias,** 17 de julho de 1884; "Balas de Estalo", *Gazeta de Notícias*, 14 de novembro de 1884; "Bibliografia", *A Estação,** 31 de março de 1886; "Seis dias em Cuiabá" (tradução), *Gazeta de Notícias*, 1º de agosto de 1888; *A Semana** (seção de crônicas), *Gazeta de Notícias*, de 24 de abril de 1892 a 28 de fevereiro de 1897; artigo sobre Garrett, *Gazeta de Notícias*, 4 de fevereiro de 1899; "Crônicas", *Gazeta de Notícias*, 4 e 11 de novembro de 1900; Crítica – "Horas sagradas e versos", *Gazeta de Notícias*, 7 de dezembro de 1902; editorial sobre o Natal, *Jornal do Commercio*, 25 de dezembro de 1903; "A Paixão de Jesus",* *Jornal do Commercio,** 1º de abril de 1904; Crítica – "Secretário Del-Rei", *Gazeta de Notícias*, 2 de junho de 1904.

Antes a Rocha Tarpeia Crônica publicada no *Almanaque da Gazeta de Notícias,** 1887, com o pseudônimo de Lélio.* Figura nos *Contos esparsos.**

Antes da missa Conto em forma de diálogo em verso, subtitulado "Conversa de duas damas", publicado em O *Cruzeiro,** de 7 de maio de 1878, com o pseudônimo de Eleazar.* Incorporado ao volume póstumo *Novas relíquias,** e mais tarde às *Páginas recolhidas,** da edição W. M. Jackson.*

Antes que cases... Conto publicado no *Jornal das Famílias*, de julho, agosto e setembro de 1875, assinado com as iniciais B.B.* Incluído nos *Contos esparsos.**

Antônio José Crítica. Vide "Antônio José e Molière".

Antônio José Poema que figura nas *Ocidentais.**

Antônio José e Molière Artigo de crítica publicado na *Revista Brasileira,** de 15 de julho de 1879. Incluído em *Relíquias de casa velha** com o título simplificado para "Antônio José". Transcrito no volume de *Crítica,** organizado por Mário de Alencar,* e em *Crítica teatral,** edição W. M. Jackson.*

Ao Acaso Com essa rubrica e o subtítulo de "Crônica da semana", Machado publicou 42 folhetins no *Diário do Rio de Janeiro,** de 5 de junho de 1864 a 16 de maio de 1865. Foi a primeira seção que manteve nesse jornal, firmando-se com as iniciais M.A.* Em apenas duas ocasiões usou outras assinaturas: M. de A.,* na crônica de 25 de julho de 1864, e Machado de Assis,* na de 3 de janeiro de 1865. Publicadas ora aos domingos, ora às segundas-feiras, as crônicas saíram nos dias 5, 12, 20, 25/26 de junho; 3, 10, 17, 25 de julho; 1, 7, 14, 22, 28 de agosto; 5, 11, 19, 27 de setembro; 3, 10, 17, 24 de outubro; 1, 8, 14, 22, 29 de novembro de 1864; 3, 10, 24, 31 de janeiro; 7, 21, 28 de fevereiro; 7, 15, 21, 28 de março; 4, 11, 25 de abril; e 2 e 16 de maio de 1865. Três dessas crônicas, publicadas nos dias 5 e 25/26 de junho de 1864 e 28 de fevereiro de 1865, foram incluídas no volume *Contos e crônicas.**

Ao Carnaval de 1860 Poema publicado em *A Marmota,** de 21 de fevereiro de 1860, sem assinatura, mas precedido da seguinte declaração: "Temos o prazer de anunciar aos nossos leitores que o Sr. Machado de Assis faz hoje parte da colaboração da *Marmota*". O poema foi transcrito por Jean-Michel Massa no artigo "Três poemas esquecidos de Machado de Assis" (*Jornal do Brasil*, 4 de outubro de 1964) e por R. Magalhães Júnior em *Vida e obra de Machado de Assis*, vol. I.

Ao casal Moutinho Poema escrito no álbum de Antonio Moutinho de Sousa,* datado de 1860 e assinado Machado de Assis.* Transcrito por Jean-Michel Massa no ensaio "*Un ami portugais de* Machado de Assis", *in*: *Miscelânea de Estudos em Honra do Prof. Vitorino Nemésio*. Lisboa, Faculdade de Letras da Universidade de Lisboa, 1971, pp. 245-46.

Ao Dr. Xavier da Silveira Soneto composto por Machado em resposta a um poema do homenageado, Joaquim Xavier da Silveira Jr.* Datado de 23 de junho de 1897. Transcrito na *Revista dos Amigos de Machado de Assis,** nº 6, de 21 de julho de 1961.

Ao Exímio Rabequista Francelino Domingues de Moura Passos, ao Ouvirmos Tocar na Noute do seu Benefício Poema publicado no *Correio Mercantil,** de 1º de março de 1859, com a assinatura M.A.*

Ao feliz regresso de SS. MM. Folheto impresso em 1872, por ocasião do regresso de D. Pedro II* e D. Teresa Cristina da Europa, com textos de vários colaboradores. Machado figura com o poema "A S. M. I.".*

Ao proscrito Ch. Ribeyrolles Poesia publicada em *O Espelho,** de 18 de setembro de 1859, com o título "A um proscrito", assinada Machado d'Assis.* Em um manuscrito da Biblioteca Nacional, de mão desconhecida, o título é "Ao proscrito Ch. Ribeyrolles" e a assinatura Machado D'assis. *Diversos.**

Ao redator dos Ecos marítimos – Carta 1 Crônica publicada no *Diário do Rio de Janeiro,** de 8 de fevereiro de 1862, assinada com as iniciais M.A.* *Crônicas.**

Apedidos Ver "Publicações Apedidos".

Apólogo (Um) Conto incluído nas *Várias histórias.** Primeira publicação na *Gazeta de Notícias,** de 1º de março de 1885, com a assinatura Machado de Assis* e o título "A agulha e a linha".

Aquarelas Seção que Machado manteve em *O Espelho,** com a assinatura M-as.* Ao todo, foram publicadas cinco colaborações, nos dias 11 (*Os fanqueiros literários**) e 18 de setembro

(*O parasita**), 9 (*O parasita* II) e 16 de outubro (*O empregado público aposentado**) e 30 de outubro (*O folhetinista**) de 1859. Figuram nas *Crônicas*,* vol. I.

A. R. Iniciais de Magalhães de Azeredo,* em perfil biográfico de Machado, publicado na *Rivista Italo-Brasiliana*, 1897.

Aranha, Graça (José Pereira da G. A.) Desde jovem, Graça Aranha (São Luís, MA, 1868) se impôs à admiração de Machado. Em 1897, foi escolhido para figurar entre os trinta fundadores da Academia Brasileira de Letras,* apesar de não ter livro publicado, o que contrariava os estatutos da instituição. Só aceitou a indicação ao receber carta de Machado. Agradeceu com ironia, classificando-se como "forçado da Academia". Essa ironia bonachona e certa leviandade por vezes irritavam Machado. Em 1899, achando-se em Paris, Graça Aranha leu as provas do *Dom Casmurro** e resolveu fazer uma brincadeira. Enviou ao amigo uma carta, datada de 21 de junho, contando que conhecera uma grega, descrevendo-a com as palavras utilizadas por Machado em relação a Capitu. Em seguida, resumiu o enredo do livro, atribuindo-o à narração de "um polaco extravagante". Machado irritou-se e deixou de escrever ao amigo durante algum tempo. Percebendo a inconveniência cometida, Aranha procurou restabelecer a correspondência por meio de uma longa carta, datada de 21 de dezembro de 1900, na qual, indiretamente, pedia desculpas, com certo ar de candidez, mas sem abandonar o tom bonachão: "Que fiz ao Machado de Assis? Por que esse silêncio tão longo?". Machado tivera a mesma ideia de reconciliação e pouco antes escrevera ao amigo uma carta que deve ter cruzado com a de Graça. Ressentimentos, se houve, estavam

Graça Aranha

terminados. Dois anos depois, Graça Aranha, então em Londres, lhe enviou *Canaã*, em encadernação de luxo, acompanhado de uma carta, "com muita afeição, com muito amor". Escrevendo a José Veríssimo,* em 21 de abril de 1902, Machado reconheceu o valor do romance ("é realmente um livro soberbo e uma estreia de mestre. Tem ideias, verdade e poesia; paira alto. Os caracteres são originais e firmes, as descrições admiráveis"), mas não fez qualquer referência à obra na imprensa. A admiração recíproca e a amizade atenuavam as divergências, decorrentes da diversidade de temperamentos, de certa fatuidade de Graça e da sua independência intelectual, por vezes expressa de maneira provocativa e deselegante. Assim, em carta a Machado, de 17 de junho de 1903, comentando os candidatos à vaga de Valentim Magalhães* na Academia Brasileira de Letras, provocava: "O E. da Cunha,* dos Sertões de Canudos?". Euclides era o candidato de Machado, enquanto Graça defendia a candidatura de Jaceguai,* que não concorreu. Essas guerrinhas acadêmicas talvez dessem certo sal ao relacionamento à distância, já que Graça residia na Europa. Mas sempre que vinha ao Brasil visitava o amigo, em sua casa do Cosme Velho. Carta de Machado a Joaquim Nabuco:* "Ontem à noite estiveram aqui em casa o Graça e sua Senhora, falamos de V., de literatura e de viagem" (13 de dezembro de 1904). Na solenidade realizada no Silogeu Brasileiro, em 10 de agosto de 1905, foi Graça quem entregou a Machado o ramo do carvalho de Tasso,* que Nabuco lhe enviara de Roma. Nesse mesmo dia, houve a posse de Sousa Bandeira, recebido por Graça que, segundo Machado, "mostrou-se pensador, farto de ideias, expressas em forma animada e rica" (carta a Joaquim Nabuco, 11 de agosto de 1905). Graça visitou Machado em seus últimos dias e, após a morte do amigo, organizou e prefaciou a *Correspondência de Machado de Assis e Joaquim Nabuco** (1923), livro capital para a compreensão do mestre de *Dom Casmurro*.* Faleceu no Rio de Janeiro, em 1931.

Araripe Júnior, Tristão de Alencar Machado manteve relações cordiais com Araripe Júnior (Fortaleza, CE, 1848 – Rio de Janeiro, RJ, 1911), sem chegar à intimidade e à admiração que dedicou a José Veríssimo.* Diplomado em direito, em Recife, ficcionista e ensaísta, Araripe dedicou o melhor de sua inteligência e de sua atividade à prática da crítica. Ainda morando na capital pernambucana, colaborava no *Dezesseis de Julho*, jornal editado no Rio de Janeiro, de propriedade de seu primo José de Alencar.* Ali, no nº de 6 de fevereiro de 1870, sob o pseudônimo de Oscar Jagoanharo, analisou as *Falenas*,* trabalho reproduzido na *Obra crítica* (vol. V, 1970). Referindo-se a esse ensaio, em artigo publicado na *Gazeta de Notícias*,* de 12 de janeiro de 1892, Araripe diz que nele afirmara

Araripe Júnior

que as *Falenas* eram "toleráveis", mas os *Contos fluminenses** "mereciam morte afrontosa e violenta". Tais afirmações não se encontram no citado artigo. Ou Araripe se refere a outro escrito, ainda não localizado, ou se enganou, pensando ter escrito o que não escreveu. Fixando-se no Rio de Janeiro em 1880, logo se firmou como um crítico de renome, defensor do nacionalismo em literatura, da fidelidade aos costumes e hábitos do país e da denúncia das mazelas sociais. Foi esse último aspecto que mais chamou sua atenção em *Papéis avulsos*.* Ao escrever sobre a obra (*Gazeta da Tarde*,* de 28 de outubro de 1882) limitou seu comentário à "Teoria do medalhão",* "espécie funesta", que "difunde-se em todas as relações da vida pública no Brasil". Araripe voltou a insistir nesse ponto na revista *Lucros e Perdas* (julho de 1883) ao identificar na obra machadiana da maturidade a "inclinação para os lados trevosos da humanidade", sugestão de que necessitava "para chegar à descoberta, ou, antes, à exageração de uns certos aspectos novos, que suspeito existirem completamente escondidos no Brasil". Essa suspeita, de certa forma, culminaria na observação sobre Rubião: "Quem nos diz que este personagem não seja o Brasil?". A convivência com Machado no Clube Beethoven,* do qual ambos eram sócios, aproximou-os no plano humano. Tanto assim que durante o período florianista Machado evitou corresponder-se com os amigos. Uma das poucas exceções foi o crítico cearense. Quando *Quincas Borba** foi lançado, Araripe publicou três artigos na *Gazeta de Notícias*, nos dias 12 e 16 de janeiro de 1892 e 5 de fevereiro de 1893. No segundo, afirmava que as mulheres de Machado eram "em regra incolores, sem expressão" e "não despedem de si esse *odor di femina* que se aspira ainda nos tipos mais angélicos de Shakespeare", o que atribuía à timidez do escritor. Dias depois, Machado lhe perguntou: "Até quando pretende você me dar pancada?". As pancadas, de certa forma, continuaram no terceiro artigo, sem que o criticado manifestasse ressentimento. Algum tempo depois, Machado elogiou Araripe Júnior, "que nasceu para a crítica", recomendando ao leitor o seu volume sobre *José de Alencar*, "estudo imparcial e completo" (*A Semana*, 2 de dezembro de 1894). No dia a dia, conversavam e se correspondiam, uma prática estimulante, da qual surgiam questões curiosas. Assim ocorreu com a sugestão de Araripe para que Machado desenvolvesse a personalidade de Sofia em um novo romance. Chegou até a sugerir o título: *Transfiguração de Sofia*. Machado respondeu com outra carta, datada de 6 de dezembro de 1894, enfatizando que dissera no *Quincas Borba* tudo o que tinha de ser dito sobre Sofia. No ano seguinte, Araripe publicou na *Revista Brasileira** (tomo I, janeiro, fevereiro, março) um longo artigo sobre Machado, um dos depoimentos críticos contemporâneos mais importantes sobre o escritor, voltando a dedicar-lhe uma longa crítica no *Jornal do Commercio** de 4 de outubro de 1908, espécie de síntese de seu pensamento sobre o homem Machado e sua obra.

Araucarius Com esse pseudônimo, o cônego Fernandes Pinheiro* criticou *A mão e a luva*,* no número de 22 de fevereiro de 1875, de *O Novo Mundo*.*

Araújo, Alba Ribeiro Filha de Armando Ribeiro de Araújo* e de Fanny Araújo.* Era chamada de Mulatinha, apesar dos cabelos louros e das feições finas. Machado, que a conhecia desde pequena, costumava saudá-la com a expressão "Ó flor mimosa". Quando Carolina* morreu (1904), Alba presenteou o escritor com um gato, para lhe fazer companhia. Machado respondeu por meio de uma carta, como se fosse escrita pelo felino e assinada Gatinho Preto.*

Araújo, Armando Ribeiro de Vizinho e amigo de Machado, nas Laranjeiras. Era casado com Fanny Martins Ribeiro de Araújo.* O casal residiu na rua Cosme Velho, nº 4, mais tarde mudando-se para o nº 16 da mesma rua, ao lado da casa dos Machado de Assis. Nos últimos dias do escritor, Armando manteve-se ao seu lado, até o momento da morte.

Araújo, Fanny Martins Ribeiro de Amiga, vizinha e confidente de Carolina,* esposa de Armando Ribeiro de Araújo.* Residiram na rua Cosme Velho, nº 16, e mais tarde na rua Moura Brasil, a alguns passos da residência de Machado, na rua Cosme Velho,* nº 18. Foi uma das poucas pessoas, talvez a única, a quem Carolina contou que Machado tivera um romance, em 1883, com a atriz Inês Gomes.* Quando Carolina adoeceu, Fanny manteve-se à sua cabeceira, revezando-se com outras amigas, acabando por lhe fechar os olhos.

Após a morte da esposa, Machado continuou a amizade, como comprova o melancólico cartão datado de 11 de julho de 1907, no qual o escritor cumprimenta a Sra. Araújo por seu aniversário: "Talvez a última saudação do velho amigo Machado de Assis". Parece que foi Fanny quem queimou as cartas amorosas de Machado e Carolina, atendendo ao pedido do escritor, em seu leito de morte.

Araújo, Ferreira de (José de Sousa F. de A.) Um dos "monstros sagrados" da imprensa brasileira no século XIX, Ferreira de Araújo nasceu no Rio de Janeiro, em 1848. Formado em medicina, encontrou sua verdadeira vocação no jornalismo. Redigia com clareza, elegância, humor. Diretor da *Gazeta de Notícias*,* modernizou a apresentação gráfica do jornal e contratou um corpo excepcional de colaboradores. Criticou as *Americanas** na *Gazeta* de 11 de janeiro de 1876, assinando com a inicial L., abreviatura de seu pseudônimo Lulu Sênior. Foi amigo de Machado, pelo menos, desde 1881, sempre em clima de admiração recíproca. No ano anterior, em artigo não assinado na *Gazeta de Notícias* (14 de março de 1880), Araújo defendeu Machado do desdém de Sílvio Romero,* que em *A literatura brasileira e a crítica moderna* se referiu a ele apenas numa breve nota. Em suas crônicas, Machado aludia constantemente ao amigo, cujo livro *Coisas políticas* foi o tema de uma de suas crônicas da série "Balas de Estalo"* (13 de março de 1884). Em 1883, com mais cinco amigos, os dois estudaram alemão com Carlos Jansen.* Ferreira compareceu ao banquete comemorativo dos vinte e dois anos de publicação das *Crisálidas*,* sentando-se ao lado direito de Machado. Era festeiro e gostava de organizar recepções a personalidades, em sua casa. Em 22 de outubro de 1887, recebeu Ramalho Ortigão,* colaborador da *Gazeta*. No ano seguinte, dia 17 de junho de 1888, ofereceu um jantar ao ator francês Coquelin.* Machado esteve presente nas duas ocasiões. No mês seguinte, o jornalista compareceu ao banquete em homenagem a Machado, oferecido por seus colegas do Ministério da Agricultura.* No banquete comemorativo dos dezoito anos da *Gazeta*, em 1893, Machado ergueu um brinde ao amigo. Dois anos depois, Araújo foi um dos sete que se cotizaram para oferecer a Machado o quadro de Fontana.* Quando Sílvio Romero publicou o seu *Machado de Assis** (1897), Araújo foi um dos primeiros a sair em defesa do atacado. Machado admirava-o como jornalista e como ser humano, como atesta o artigo publicado na *Gazeta*, em 21 de setembro de 1900, número dedicado à memória de Ferreira de Araújo, por ocasião de um mês de sua morte.

Ferreira de Araújo

Araújo, Jovita Maria de Uma das criadas que servia Machado na última fase de sua vida. Recebia 55 mil réis mensais, além de casa e comida. Com o agravamento da doença, Machado deixou de pagar os meses de agosto e setembro de 1908, totalizando 110 mil réis.

Jovita reivindicou a quantia em juízo, conforme consta do inventário* do escritor.

Araújo, Manuel de Amigo comum de Machado e de Faustino Xavier de Novaes.* Poeta e membro da Arcádia Fluminense,* recitou, no sarau dessa associação, realizado em 14 de outubro de 1865, o poema de sua autoria intitulado "Esperança". Em 1868, dirigiu um bilhete a Machado (datado de 13 de outubro), preocupado com o agravamento do estado mental de Faustino. Três anos depois (carta de 15 de maio de 1871), comunicou ao amigo, "com a maior felicidade", o nascimento de uma filha. Machado escreveu em seu álbum a poesia "Pássaros".*

Araújo, Manuel Alves de Nomeado ministro da Agricultura, Comércio e Obras Públicas,* o deputado Manuel Araújo (Morretes, PR, 1836 – Rio de Janeiro, RJ, 1908) foi empossado no dia 21 de janeiro de 1882. Machado, que já recebera licença, para tratamento de saúde, aguardou sua posse, para só então viajar para Petrópolis,* onde permaneceu de dois a três meses. Trabalhou menos de dois meses sob as ordens de Araújo, que deixou o cargo a 3 de julho do mesmo ano.

Araújo, Silva (Antonio José Pereira da S. A.) Natural de Salvador (1859), formou-se em medicina, fundando o laboratório farmacêutico batizado com o seu nome: Silva Araújo. Foi um dos integrantes do grupo de sete alunos que estudou alemão* com Carlos Jansen.*

Arcádia Brasileira Vide "Sociedade Arcádia Brasileira".

Arcádia Fluminense A Arcádia funcionou no prédio do Clube Fluminense,* tão ligado à juventude de Machado. Sociedade literária e musical organizada por José Feliciano de Castilho,* foi fundada em 15 de setembro de 1865, durante a festa comemorativa do centenário de nascimento de Bocage. Na ocasião, Machado recitou alguns poemas de sua autoria, não sabemos quais, e Castilho foi elevado a presidente da nova associação. Machado entusiasmou-se com a Arcádia, considerando excelente a sua finalidade de "estabelecer a convivência literária, como trabalho preliminar para obra de maior extensão", isto é, contribuir "para levantar os espíritos do marasmo em que estão" (*Diário do Rio de Janeiro*,* 17 de fevereiro de 1866). Entre os seus membros estavam Machado, Pedro Luís,* Ernesto Cibrão,* Bethencourt da Silva, Vitorino de Barros,* João Cardoso de Menezes e Sousa,* Melo Moraes Filho,* Augusto Emílio Zaluar,* Ramos Paz,* Manuel de Melo,* Guilherme Bellegarde,* Joaquim Nabuco.* No primeiro sarau, em 14 de outubro, Machado recitou "No espaço",* poesia de sua autoria. A festa de 25 de novembro, em homenagem a D. Pedro II, contou com a presença do imperador e da imperatriz, sendo apresentado o Hino da Arcádia,* letra de Machado e música de José Amat.* No terceiro sarau, realizado em 28 de dezembro, foi encenada pela primeira vez a peça *Os deuses de casaca*,* interpretada por um grupo de amadores. Na ocasião, Machado recitou o poema "O velho relógio da escada", de Longfellow,* traduzido por Bittencourt Sampaio. Terminaram aí as atividades da Arcádia, que teve um papel simpático na vida social do Império. Foi uma das primeiras sociedades literomusicais, ou a primeira, a permitir a presença feminina em seus saraus. Na festa de 25 de novembro compareceram cerca de 200 mulheres, "que lá estavam iluminando os salões do clube", segundo a *Semana Ilustrada*.*

Arinos, Afonso (A. A. de Melo Franco) Natural de Paracatu, MG, 1868. Formado em direito pela Faculdade de São Paulo. Fixou-se em Ouro Preto, onde sua casa se tornou um centro de reuniões literárias. Em 1898, publicou *Pelo Sertão*, um dos clássicos da literatura regional brasileira. Foi amigo de Machado, sem ter sido seu íntimo. O apoio de Machado à candidatura de Arinos à Academia de Letras* foi fundamental para sua vitória, com maioria absoluta de votos. Viveu durante muitos anos na Europa, tendo falecido em Barcelona, Espanha, em 1916.

Arlequins (Os) Poema incluído nas *Crisálidas.** Antes de figurar no livro, foi recitado pelo autor no sarau literário de despedida de João Cardoso de Menezes e Sousa,* realizado em 4 de abril de 1864, no Clube Fluminense.* Na ocasião, circulou o boato de que se tratava de crítica a um alto personagem. Em nota no final do volume, Machado negava que tivesse feito sátira pessoal. A peça foi incorporada às *Poesias completas.**

Arquivo Contemporâneo Jornal ilustrado, editado no Rio de Janeiro, de 15 de setembro de 1872 a 16 de março de 1873, no qual Machado publicou a tradução em verso do *Monólogo de Hamlet,** de Shakespeare.* O nº 30, de 30 de janeiro de 1873, trazia na capa os retratos de Machado e José de Alencar,* e um artigo de Félix Ferreira* sobre "José de Alencar e Machado de Assis".

Arquivo Literário "Jornal familiar, variado, crítico e recreativo" publicado no Rio de Janeiro, de 16 de agosto a 7 de novembro de 1863. Com o pseudônimo de Carlos, o seu editor, Antonio Arnaldo Nogueira Molarinho,* assinou cinco ataques a Machado, bastante ásperos.

Arquivo Literário Publicação editada no Rio de Janeiro, de que saiu apenas um número, em novembro de 1869, no qual foi publicado o "Epitáfio do México".*

Artes plásticas Machado gostava das artes plásticas e, como sempre que se interessava por alguma coisa, não abdicava do senso crítico. Desde as crônicas da juventude costumava opinar sobre quadros e esculturas, de maneira impressionista, mas revelando-se um observador atento. Era frequentador assíduo de quanta exposição houvesse na cidade. Em 1863, em crônica publicada em *O Futuro** (15 de fevereiro), contou sua visita à exposição da Academia de Belas-Artes e o seu espanto quando atravessou "aquelas salas desertas, onde as telas, as estátuas e os baixos-relevos pareciam olhar-se mutuamente como que desolados por tão cruel abandono". Em 1865, fez visita à exposição da mesma Academia, atento aos trabalhos em exibição, dentre os quais destacou *A Carioca*, de Pedro Américo,* quadro muito discutido à época, chamado de sublime e detestável. O cronista fica no meio-termo, reconhecendo na obra "uma bela prova de um talento gracioso e correto, mas não limpa de alguns defeitos que lhe foram apontados" (*Diário do Rio de Janeiro,** 21 de fevereiro de 1865). Foi mais condescendente com a *Fundação da cidade do Rio de Janeiro*, de Firmino Monteiro, talvez pelo fato de se tratar de um artista negro. No artigo que escreveu para a *Gazeta de Notícias,** intitulado "O quadro do Sr. Firmino Monteiro",* diz que é um trabalho "bem desenhado, bem composto, bem colorido" que produz uma "impressão geral excelente". Elogia o autor, "filho de si mesmo, de seu esforço, da sua tenacidade", e endossa a sugestão do jornal de que a tela deveria ser adquirida pela Câmara Municipal. O hábito de frequentar exposições se manteve por toda a vida. Fantasio (pseudônimo de Olavo Bilac*) registrou a presença do escritor no *vernissage* de quadros realizado na Escola de Belas-Artes, no início de setembro de 1895: "Lá estava Machado de Assis, olhando tudo com aquele seu sorriso singular, meio feito de bondade, meio feito de ironia". E, por certo, também de curiosidade. Em casa reuniu uma modesta pinacoteca. O quadro mais valioso era o retrato da dama enigmática, com um livro na mão, pintado por Fontana.* Tinha outras telas, originais de amigos (João Ribeiro,* Manuel Carneiro de Sousa Bandeira*) e uma cópia do quadro de Louis David, representando Madame Récamier. No quarto de dormir do casal havia duas águas-fortes (Mater Dolorosa e Cristo no Horto), que se extraviaram após a morte do escritor.

Artigo a propósito da morte de Francisco Otaviano Publicado na *Gazeta de Notícias,** de 29 de maio de 1889, com a assinatura Machado de Assis,* ao lado de outro de Ferreira de Araújo* sobre a mesma personalidade. Incluído em *Poesia e prosa,** com o título acima, atribuído por J. Galante de Sousa.

Artur Barreiros Artigo publicado em *A Semana,** de 21 de fevereiro de 1885, por ocasião da morte de Barreiros,* com a assinatura Machado de Assis.* *Poesia e prosa.**

Artur de Oliveira Crônica incluída em *Papéis avulsos.** Primeira publicação em *A Estação,** de 31 de agosto de 1882, assinado Machado de Assis.*

As. Com essas iniciais, Machado assinou a seção "Ideias Vagas",* publicada na *Marmota Fluminense,** nos números de 10 de junho (*A Poesia**), 31 de julho (*A comédia moderna**) e 4 e 6 de setembro de 1856 (*Os Contemporâneos – Mont'Alverne**). Voltaria a utilizar a assinatura na polêmica que manteve com Joaquim Serra* sobre *Os cegos,** nos números de 5, 16 e 26 de março de 1858, no mesmo jornal.

Asilo de Órfãos de Campinas Instituição anexa à Santa Casa de Misericórdia daquela cidade paulista, inaugurada em 1890. O fato foi comemorado com uma *Polianteia,** para a qual Machado escreveu um soneto, certamente para satisfazer a Francisco Glicério,* então ministro da Agricultura,* ao qual o escritor estava subordinado.

Aspiração Poesia incluída nas *Crisálidas.** Publicada pela primeira vez em *O Futuro,** de 1º de outubro de 1862, teve como resposta o poema "Embirração",* de Faustino Xavier de Novaes, publicado no mesmo número de *O Futuro* e que também figura na primeira edição das *Crisálidas*. "Aspiração" não foi recolhida às *Poesias completas.**

Assinaturas No início de sua carreira literária, por insegurança ou desejo de variar, Machado utilizou diversas maneiras de assinar: J. M. M. Assis,* em 1854; Assis,* em 1855 e 1859; J. M. M. de Assis,* em 1855; As.,* em 1856 e 1858. No período entre 1855 e 1859, costumava proceder à eliminação da vogal na preposição, assinando-se J. M. M. d'Assis,* em 1855, 1856 e 1857; Joaquim Maria Machado d'Assis,* em 1858; J. M. Machado d"Assis,* em 1858. Utilizou ainda as formas J.M.M.A.,* em 1857, e J. M. Machado de Assis,* em 1858. A assinatura Machado d'Assis,* empregada pela primeira vez em 1855, repetiu-se esporadicamente até 1862. A forma Machado de Assis,* que o consagraria em definitivo, começou a ser utilizada a partir de 1858, tornando-se a preferida a partir do ano seguinte.

Assis Com essa assinatura, Machado publicou as suas primeiras poesias na *Marmota Fluminense*:* "Ela"* (12 de janeiro de 1855) e "A palmeira"* (16 do mesmo mês e ano), e a tradução do poema "*Souvenir d'Exil*",* no *Courrier du Brésil** (2 de fevereiro de 1860).

Assis, Francisco José de Avô paterno de Machado, pardo forro, casado com Inácia Maria Rosa* em 4 de agosto de 1805.

Assis, Francisco José de "Pardo forro", o pai de Machado nasceu no Rio de Janeiro, em data desconhecida, filho legítimo de Francisco José de Assis* e Inácia Maria Rosa.* Foi batizado em 11 de outubro de 1806, na igreja de Nossa Senhora do Rosário, tendo como padrinho o padre Antonio de Azevedo e como madrinha Nossa Senhora das Dores. Pintor de casas e dourador, Francisco casou-se em 19 de agosto de 1838 com Maria Leopoldina Machado da Câmara, que passou a se chamar Maria Leopoldina Machado de Assis.* As testemunhas foram pessoas de posses, o comendador Baltasar Rangel de Sousa e Azevedo Coutinho e o alferes Joaquim José de Mendonça. O casamento foi realizado na capela particular do casarão de Maria José Barroso Pereira,* no morro do Livramento, em cerimônia oficiada pelo padre Antonio Joaquim Cruvelo.* Francisco deve ter tido alguma instrução, pois foi assinante do *Almanaque Laemmert*,* em 1846 e 1847. Enviuvou a 18 de janeiro de 1849. A 18 de junho de 1854, contraiu segundas núpcias com Maria Inês da Silva,* na igreja de São Francisco Xavier. O casal passou a residir na rua São Luís Gonzaga,* 48, em companhia do futuro escritor. Nessa casa, Francisco José faleceu em 22 de abril de 1864, em consequência de hipertrofia do coração, sendo sepultado no cemitério de São Francisco Xavier. Machado mandou celebrar missa

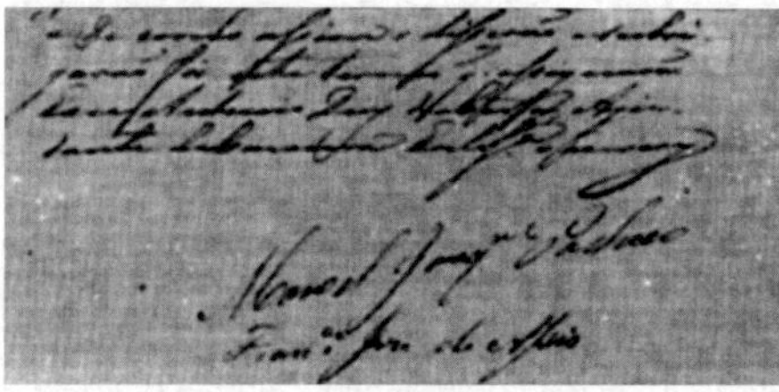

Autógrafo do pai de Machado, Francisco José de Assis

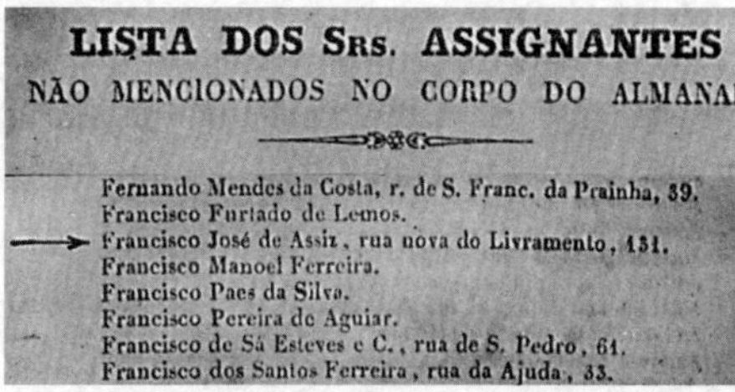

LISTA DOS Srs. ASSIGNANTES
NÃO MENCIONADOS NO CORPO DO ALMANAK.

Fernando Mendes da Costa, r. de S. Franc. da Prainha, 39.
Francisco Furtado de Lemos.
Francisco José de Assiz, rua nova do Livramento, 131.
Francisco Manoel Ferreira.
Francisco Paes da Silva.
Francisco Pereira de Aguiar.
Francisco de Sá Esteves e C., rua de S. Pedro, 61.
Francisco dos Santos Ferreira, rua da Ajuda, 33.

Lista de assinantes do *Almanaque Laemmert*, para 1846, na qual consta o nome de Francisco José de Assis

"por alma de seu pranteado pai" na igreja do Santíssimo Sacramento, em 23 de maio de 1864. Fazia então alguns anos que o escritor deixara de morar com o pai e a madrasta. Francisco José ainda chegou a ver os primeiros livros do filho: *Queda que as mulheres têm para os tolos*,* *Desencantos*,* *Quase ministro*,* *Teatro*.* O primeiro livro de versos de Machado, *Crisálidas*,* lançado em outubro de 1964, é dedicado "À memória de Francisco José de Assis e Maria Leopoldina Machado de Assis MEUS PAES".

Assis, Joaquim Maria Machado de Vide "Machado de Assis".

Assis, Maria Leopoldina Machado de Portuguesa de nascença, a mãe de Machado nasceu a 7 de março de 1812, em Ponta Delgada, na ilha de São Miguel, nos Açores. Seus pais, Estevão José Machado e Ana Rosa, casaram-se em 9 de junho de 1809, ele com 18 anos, ela, viúva, com 23 anos. A família emigrou para o

Autógrafo da mãe de Machado, ainda com o nome de solteira, Maria Leopoldina Machado da Câmara

Brasil em 1815. Em seu processo de habilitação de casamento, ela declarou chamar-se Maria Leopoldina Machado da Câmara. Leopoldina deve ter sido acrescentado ao nome no Brasil, em homenagem à primeira imperatriz, como se tornou hábito após 1818. Não era utilizado nos Açores. A família se estabeleceu na chácara da família Barroso Pereira, no morro do Livramento, não se sabe se assim que chegou de Portugal, ou se poucos anos depois. É inegável que Maria Leopoldina foi criada e educada ali. Casou-se com Francisco José de Assis* a 19 de agosto de 1838, na capela particular da chácara, dedicada a Nossa Senhora do Livramento e pertencente à paróquia de Santa Rita. Teve dois filhos: o futuro escritor Machado de Assis* e Maria,* falecida prematuramente. Lúcia Miguel Pereira diz que ela era lavadeira, assunto sujeito a debate. Já R. Magalhães Júnior afirma que ocupava-se de costura e bordado e "outras tarefas ancilares". Maria Leopoldina faleceu de tísica ("queixa de peito", como então se dizia), a 18 de janeiro de 1849, sendo sepultada no convento de Santo Antônio. O filho dedicou-lhe dois poemas, "Lágrimas"* e "Minha mãe",* este imitação de Cowper,* e seu primeiro livro de poesia, as *Crisálidas*.*

Assis, Maria Machado de Irmã de Machado, nasceu a 3 de maio de 1841, sendo batizada em outubro do mesmo ano. Padrinhos: Bento Barroso Pereira* e D. Maria José de Sousa Silveira.* Faleceu de sarampo, a 4 de julho de 1845. Um dos primeiros poemas de Machado, "Um anjo",* foi dedicado "à memória de minha irmã".

Associação de Homens de Letras do Brasil A ideia de uma associação congregando os escritores brasileiros surgiu com Franklin Távora.* Propunha-se "animar a profissão literária, reunindo e utilizando no interesse comum e das letras, atividades intelectuais, que o isolamento traz dispersos". No dia 30 de agosto de 1883, o autor de *O Cabeleira* organizou uma festa no Liceu de Artes e Ofícios convidando diversos intelectuais brasileiros. A solenidade, presidida por João Manuel Pereira da Silva, contou com a presença de D. Pedro II,* a princesa Isabel,* o conde d'Eu,* e os escritores de maior prestígio no país: Machado de Assis, Taunay,* Sílvio Romero,* Homem de Melo,* Artur Azevedo,* Afonso Celso, Franklin Dória.* Houve discursos e recitativos. Távora declarou fundada a Associação, anunciando o lançamento da *Revista do Brasil*, aberta apenas à colaboração dos associados. A ideia não foi adiante, por falta de empenho dos sócios. Távora não era uma figura capaz de centralizar tantos interesses divergentes. A sociedade morreu pouco após a inauguração, mas ainda em tempo de publicar duas obras: *A festa literária por ocasião de fundar-se na capital do Império a Associação dos Homens de Letras do Brasil* (Rio de Janeiro, 1883) e *Estatutos da Associação dos Homens de Letras do Brasil* (Rio de Janeiro, 1884).

Assuada (A) Vide "O Almada".

Astrólogo (O) Conto publicado no *Jornal das Famílias*,* de novembro e dezembro de 1876 e janeiro de 1877, com a assinatura Machado de Assis.* Incluído no segundo volume das *Relíquias de casa velha*.*

Astúcias de marido Conto publicado no *Jornal das Famílias,** de outubro e novembro de 1866, com o pseudônimo de Job.* Incluído nos *Contos recolhidos.**

Ateneu Dramático Vide "Companhia do Ateneu Dramático".

Ateneu Paulistano Em setembro de 1864, essa associação acadêmica de São Paulo* concedeu a Machado o título de sócio honorário. Fundado a 7 de setembro de 1852, o Ateneu propunha-se a cultivar as belas-letras, o estudo da história pátria, das questões sociais, da política e do direito. Publicou a revista *Ensaios Literários do Ateneu Paulistano* (1853-63). Ativa ainda em 1866.

Atestado de óbito Vide "Certidão de óbito".

Atriz hebreia (A) Peça de Giovanni Fonte Basso traduzida do italiano por Francisco Gonçalves Braga.* A tradução foi dedicada a Adelaide Amaral.* A estreia se deu no Rio de Janeiro, em 12 de maio de 1860, no Teatro Ginásio Dramático.* No quinto ato foi encaixada uma poesia de Machado, recitada pela grande atriz, com acompanhamento musical do maestro Júlio José Nunes.* A peça foi reapresentada em várias cidades brasileiras: em Salvador, no Teatro São João, em 1º de junho de 1865, em Recife, no Teatro Santa Isabel, em 8 de novembro de 1865, em São Paulo,* no Teatro de São José, em 16 de março de 1867, com a mesma atriz. A primeira publicação do poema machadiano foi no jornal *O Entreacto,** do Rio de Janeiro,* RJ, em 21 de julho de 1860, sem assinatura. O *Jornal do Recife* reproduziu os versos machadianos em 11 de novembro de 1865, sendo o primeiro a identificar o autor, conforme levantamento de Felipe Rissato. O poema encontra-se reproduzido em *Vida e obra de Machado de Assis,* vol. II, de R. Magalhães Júnior.

Aurora sem dia Conto incluído nas *Histórias da meia-noite.** Era o único trabalho inédito do volume.

Austríaco Em carta dirigida a Quintino Bocaiuva,* em 28 de outubro de 1866, Machado endereçou um *post-scriptum* a Bernardo Caymari,* no qual utilizou a assinatura Austríaco. O apelido era popular entre os íntimos de Machado, ignorando-se sua origem. Talvez Machado tenha sido favorável à Áustria, na guerra em que o país foi massacrado pela Prússia.

Autor de Si Mesmo (O) Crônica publicada a 16 de junho de 1895, na seção "A Semana",* da *Gazeta de Notícias.** O título acima foi dado por Mário de Alencar,* organizador do livro *A Semana.**

Avelar, Miguel de Comerciante português, estabelecido no Brasil, dono de uma grande fortuna. Recebeu o título de visconde de Avelar do governo português. Artur Napoleão* casou-se com sua filha, Lívia, vencendo a intransigente oposição paterna. Figura influente na colônia lusa, foi presidente da Beneficência Portuguesa e do Gabinete Português de Leitura.* Quando exercia essa função, em junho de 1900, Machado conseguiu, graças à intervenção de Ernesto Cibrão,* que as sessões da Academia Brasileira de Letras* fossem realizadas na biblioteca do Gabinete.

Avelar, visconde de Vide "Avelar, Miguel de".

Avelino, José (J. A. Gurgel do Amaral) Natural de Aracati, CE, 1843. Doutor em ciências sociais e jurídicas, romancista, deputado, jornalista muito influente à época, ligado estreitamente ao barão do Rio Branco.* Participou do banquete oferecido a Machado, em julho de 1888, por seus colegas do Ministério da Agricultura.* Avelino candidatou-se à Academia Brasileira de Letras,* na vaga de Taunay, concorrendo com Francisco de Castro,* candidato de Machado. Este, em carta a Magalhães de Azeredo (datada de 28 de julho de 1899), diz acreditar "que vencerá o primeiro [refere-se a Francisco de Castro]. É superior ao segundo e tem já certo número de votos". Avelino faleceu no Rio de Janeiro, em 1901.

Ávila, Henrique Francisco d' Natural do Rio Grande do Sul (1833), deputado, senador, duas vezes presidente de província, exerceu o cargo de ministro da Agricultura, Comércio e Obras Públicas* de 7 de janeiro a 24 de maio de 1883. Na ocasião, Machado era chefe de seção. Ávila gostava de gracejar, tendo um extenso anedotário. Faleceu em sua terra natal, em 1900.

Azambuja, Maria de Machado escreveu um "Soneto"* em seu álbum de autógrafos. Nada sabemos a seu respeito.

Azeredo, Antonio (A. Francisco de A.) Político de grande prestígio (Cuiabá, MT, 1861 – Rio de Janeiro, RJ, 1936), foi senador de 1897 a 1930, exercendo durante quinze anos a vice-presidência da casa. Em novembro de 1900, quando da tramitação do projeto de reconhecimento oficial da Academia Brasileira de Letras,* Machado procurou-o no Senado. Azeredo prometeu empenhar-se junto ao relator Ramiro Barcelos. Dias depois, comunicava a Machado, por telefone e por carta, a aprovação do projeto.

Azeredo, Magalhães de (Carlos M. de A.) Aos 17 anos, Magalhães de Azeredo (Rio de

Magalhães de Azeredo

Janeiro, 1872) planejou publicar o seu primeiro livro de poemas, *Inspirações da infância*. Residindo em São Paulo, viajou ao Rio com o objetivo de combinar a impressão do livro e de solicitar um prefácio a Machado. Acolhido "na esconsa e penumbrosa mansão do Cosme Velho", teve o seu pedido atendido e ainda obteve do amigo a gentileza de encaminhar os originais à tipografia Lombaerts. De volta a São Paulo, Azeredo agradeceu por meio de uma carta, datada de 2 de junho de 1889. Um mês depois, voltava a escrever a Machado (carta de 3 de julho), cobrando o prefácio. O livro não saiu, mas o episódio marcou o início de uma grande amizade, uma correspondência constante e artigos recíprocos de elogio mútuo. Em 1892, Azeredo escreveu uma longa crítica sobre *Quincas Borba** e *Memórias póstumas*,* publicada nos dias 19, 20, 21, 24, 26 e 27 de abril, em *O Estado de S. Paulo*. Dois anos mais tarde, a *Gazeta de Notícias** instituiu um concurso de contos, cuja comissão era integrada por Machado. O trabalho vencedor foi *Beijos...Beijos...*, de Azeredo, que se encontrava em Minas Gerais, fugindo da repressão do governo Floriano Peixoto. Machado ficou feliz com a vitória do amigo, dirigindo-lhe um cartão e uma saudação pública na crônica publicada em *A Semana*,* da *Gazeta de Notícias*, de 11 de março de 1894. A resposta veio por meio de carta, datada de 18 de março, na qual o remetente expressava a alegria por ter sido "tão belamente recompensado pela crítica elevada e séria". Tendo ingressado na diplomacia, Azeredo foi escalado para servir na legação brasileira de Montevidéu, partindo para o Uruguai em janeiro de 1895. Machado foi ao cais Pharoux despedir-se do amigo. Em meados do ano, o jovem escritor publicou o seu primeiro livro de ficção, *Alma primitiva*. Machado foi um dos primeiros a comentar a obra, na série *A Semana* (*Gazeta de Notícias*, 25 de agosto de 1895), de forma elogiosa. Em crônica publicada na mesma seção ("Gazeta de Notícias",* em 14 de junho de 1896), Machado registra a volta do amigo ao Rio. No entanto, pouco se viram. Com medo da febre amarela, Azeredo e a esposa foram para Petrópolis;* seis meses depois era exonerado do quadro de funcionários do Ministério das Relações Exteriores. A imprensa monarquista protestou, invocando uma suposta represália pelo fato de Azeredo estar ligado a monarquistas. Machado não se manifestou. O poeta foi reintegrado no posto em dezembro de 1897, permanecendo na legação do Vaticano. Machado teve conhecimento prévio do ato e comunicou discretamente ao amigo, então residindo na Europa. A vida voltava à rotina. No ano seguinte, saudou de forma efusiva o aparecimento das *Procelárias*. A indiferença da crítica pela obra de Azeredo levou Machado a publicar uma crítica, longa e elogiosa, na *Gazeta de Notícias* (7 de dezembro de 1902), saudando as "Horas sagradas". Azeredo solidarizou-se com o amigo, quando da publicação do livro de Sílvio Romero* e defendeu-o em artigo publicado no *Jornal do Commercio*,* de 9 de maio de 1898. Em 1902, de volta ao Brasil, preferiu viver em Petrópolis, de onde se correspondia com Machado, correspondência que continuou ativa após seu retorno ao velho continente, com uma breve queda no período de abril de 1903 a setembro de 1904, quando Azeredo atravessou uma fase de depressão, desinteressado de tudo. A *Correspondência de Machado de Assis com Magalhães de Azeredo* foi publicada em 1969, no Rio de Janeiro, pelo Instituto Nacional do Livro. Azeredo faleceu em Roma, em 1963.

Azevedo, Aluísio (A. Tancredo Gonçalves de A.) O relacionamento entre Machado e Aluísio Azevedo (São Luís, MA, 1857 – Buenos Aires, Argentina, 1913) nunca passou dos contatos superficiais da vida literária, apesar da admiração recíproca. Em 1882, em resposta

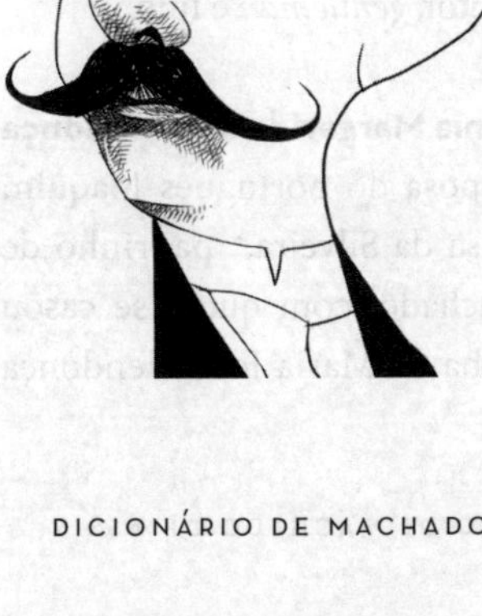

Aluísio Azevedo

a um missivista que lhe dirigiu algumas observações sobre *O Mulato*, acusando Machado de orgulhoso, Aluísio defendeu o autor das *Memórias póstumas*,* proclamando-o "príncipe de nossa literatura" (*Gazetinha*, 12 e 13 de junho de 1882). Quando Aluísio publicou *Filomena Borges*, romance sensacionalista, de méritos modestos, Machado não analisou o livro, mas encontrou uma maneira simpática de divulgá-lo, simulando um diálogo entre o cronista e a própria Filomena Borges, que o havia procurado em sua casa ("Balas de Estalo",* 10 de outubro de 1883). Em 1895, quando saiu o *Livro de uma sogra*, Machado fez uma análise do romance, em crônica publicada na *Gazeta de Notícias*,* de 29 de setembro daquele ano, com os elogios cabíveis, mas sem formular as restrições que deixa subentendidas. Machado compareceu ao banquete em regozijo pela publicação do romance, organizado por Fausto Cardoso no Hotel Globo,* em 19 de outubro de 1895. A partir dessa época, tendo ingressado na carreira diplomática e desiludido da literatura, o autor de *O Mulato*, *Casa de pensão* e *O cortiço*, raras vezes retornou ao Brasil e pouco mais escreveu. A propósito da realização da Festa da Intelectualidade Brasileira, na Sorbonne, em 3 de abril de 1909, Aluísio enviou uma carta a Oliveira Lima,* datada de Nápoles, 15 de outubro de 1909, em verdade um curioso ensaio sobre a obra de Machado, que considerava "um encantador paradoxo", "ao mesmo tempo – gago e exímio *causeur*, nevropata e equilibradamente correto, misantropo e galante, feio e sedutor, *gentleman* e fulo".

Azevedo, Antonia Margarida de Mendonça Figueira de Esposa do português Joaquim Alberto de Sousa da Silveira,* padrinho de batismo de Machado, com quem se casou em 1823. Era filha de Maria José Mendonça Barroso Pereira,* em seu primeiro casamento, com Joaquim José de Mendonça Cardoso.

Azevedo, Antonio (Padre) Nasceu na ilha de Faial, nos Açores (Portugal), tendo assistido ao casamento* de Francisco José de Assis e Inácia Maria Rosa, avós paternos de Machado. Gondin da Fonseca acredita que o padre era pai da noiva.

Azevedo, Artur (A. Nabantino Gonçalves de A.) Artur Azevedo chegou ao Rio de Janeiro em 1873. Estava com 18 anos (nasceu em São Luís, MA, 1855) e já havia publicado um livro na província: *Carapuças*. Na Corte, dedicou-se ao jornalismo, ao teatro, lecionou e ingressou no funcionalismo público, companheiro de repartição de Machado, "com quem durante trinta e quatro anos me encontrei quase todos os dias, sob o mesmo teto!". Ambos eram funcionários exemplares, assíduos e zelosos, unindo-se por laços de grande amizade. Quando se tratava de literatura, porém, o quadro se modificava. Dando notícia do aparecimento da sátira *Um dia de finados*, Machado elogiou os "versos fáceis e correntios, com muito pico", concordou com os pontos de vista do poeta, sem entrar no mérito literário da obra (*Ilustração Brasileira*,* 1º de novembro de 1877). Em "A nova geração"* (*Revista Brasileira*,* 1879) formulou uma análise impiedosa da obra do colega, censurando-lhe o estilo desleixado, a versificação incorreta, "o inacabado do amador". O criticado não se sentiu ofendido. Continuou escrevendo as suas peças e obtendo seguidos êxitos. No final de 1882, viajou à França, retornando ao Rio em 20 de março de 1883. No cemitério de Père-Lachaise, cortou um galho do salgueiro que crescia no túmulo de Musset,* presenteando-o a Machado. O fato tocou o coração do homenageado, que aludiu a ele em crônica publicada vinte anos mais tarde (*A Semana*, 1º de

Artur Azevedo

dezembro de 1895) e em carta a Magalhães de Azeredo, de 21 de julho de 1897. Artur e Machado, junto com Luís Murat,* atuaram como juízes do concurso poético instituído pelo jornal *Novidades*,* em outubro de 1888. No início da República, a esposa de Artur, Carlota Morais de Azevedo, saiu de casa, passando a viver maritalmente com João Chaves,* colega de repartição do ex-marido. A convivência diária acirrou os ânimos. Em 1890, os dois trocaram socos, na seção onde trabalhavam. O ministro Francisco Glicério* reuniu os diretores, que concluíram pela punição dos brigões. Machado se opôs, opinando que se evitasse o escândalo público e que o Ministério se abstivesse da apuração do fato, sugestão adotada pelo ministro. Artur ficou grato a Machado por ter evitado a punição e o escândalo. Apesar da estima e da admiração recíprocas, o relacionamento no trabalho era cerimonioso, conforme depoimento de Lindolfo Xavier.* Não o seria tanto fora da repartição. Artur compareceu ao banquete comemorativo dos vinte e dois anos de publicação das *Crisálidas*.* Na ocasião, fez um discurso em nome dos funcionários do Ministério da Agricultura, leu um trecho de sua versão da *Escola de maridos*, de Molière,* e publicou uma nota sobre a festa em *O Mequetrefe*. Três anos depois, dedicou os *Contos possíveis* (1889) a Machado, "mestre na arte de escrever contos". Em sua revista *O Álbum*,* de janeiro de 1893, publicou uma pequena biografia de Machado na qual reproduz na íntegra o texto de Artur Barreiros* publicado treze anos antes em *Pena e Lápis*.* Quando Sílvio Romero* lançou o seu *Machado de Assis*,* Artur, sob o pseudônimo de "Elói, o Herói", foi um dos primeiros a sair em defesa do atacado, em artigo publicado em *A Estação*,* de 15 de dezembro de 1897. Não deixa de ser curioso que um de seus maiores sucessos teatrais, *A viúva Clark*, tenha sido baseado em conto de Machado, "Quem conta um conto".* Em sua colaboração diária na imprensa, o escritor maranhense referiu-se inúmeras vezes a Machado. Publicou duas ligeiras notas sobre *Dom Casmurro*,* quando do lançamento do livro, em *O País** (18 de março de 1900), e em *A Estação** (31 de março de 1900), com o pseudônimo "Elói, o Herói". No dia 12 de agosto de 1908, quando Machado já se encontrava com a saúde bastante abalada, Artur dirigiu *Não consultes médico*,* encenada no Teatro da Exposição, na praia Vermelha. Machado classificou a atitude como um gesto de simpatia, que contribuía para aliviar os seus "achaques e abatimentos" (carta a José Veríssimo,* de 1º de setembro de 1908). Machado faleceu no mês seguinte, e Artur dedicou-lhe três artigos, publicados em *O País*. Um mês depois, no dia 22 de outubro, era a sua vez de deixar a vida.

Azevedo, Ciro de (C. Franklin de A.) Diplomata, ensaísta, conferencista, divulgador da literatura brasileira no exterior (*Literatura Brasileña*), Ciro de Azevedo (Aracaju,

SE, 1858 – Rio de Janeiro, RJ, 1927), enviou carta a Machado, sem data, cumprimentando-o pelas comemorações dos vinte e dois anos de publicação das *Crisálidas*.* A carta foi lida no banquete em homenagem a Machado, realizado no dia 6 de outubro de 1886, no Hotel Globo.*

Azevedo, Júlia Carlota de Atriz, interpretou um dos maiores sucessos teatrais durante o reinado de D. Pedro II,* a *História de uma moça rica*, de Pinheiro Guimarães.* Machado escreveu em seu álbum de autógrafos a poesia "A uma criança".*

Azevedo, Moreira de (Manuel Duarte M. de A.) Uma das mais antigas relações de Machado nos meios literários. O conhecimento remonta, pelo menos, a 1859, quando ambos colaboravam em *O Espelho*.* Moreira nasceu em Itaboraí, RJ, em 1832, formou-se em medicina, ingressando mais tarde no magistério. Publicou contos, romances e uma importante série de livros sobre o Rio de Janeiro e sua história, como o *Pequeno panorama*, ou descrição dos principais edifícios da cidade do Rio de Janeiro, que Machado registrou em sua crônica do *Diário do Rio de Janeiro* de 25 de novembro de 1861. Machado respeitava o temperamento tímido do amigo "tão modesto quão talentoso", que pertencia "ao número daqueles escritores que não almejam a fortuna das reputações pânicas", mas que "esconde-se o mais que pode para trabalhar", como observou quando da publicação do quarto volume do *Pequeno panorama* (*Diário do Rio de Janeiro*, 22 de agosto de 1864). No ano seguinte, voltou a elogiar outro livro de Moreira, um *Compêndio da História Universal* que, segundo ele, tinha "os três principais méritos de tais livros: a exatidão, o método e o estilo" (*Idem*, 3 de janeiro de 1865). Sob o pseudônimo de Gil,* Machado publicou na *Semana Ilustrada*,* de 30 de janeiro de 1870, uma breve nota sobre o *Mosaico Brasileiro*. Anos mais tarde, na *Ilustração Brasileira* (1º de dezembro de 1877) saudou o aparecimento do 1º volume de *O Rio de Janeiro, sua história e monumentos*. Moreira faleceu no Rio de Janeiro, em 1903.

Azevedo, Raul de O maranhense Raul de Azevedo (São Luís, MA, 1875) publicou romances, contos, peças teatrais, ensaios, crítica. Viveu em Manaus e no Rio de Janeiro, em cuja imprensa colaborou. Analisando a literatura brasileira, na *Revista Contemporânea*, do Recife, de 31 de dezembro de 1895, escreveu que havia "no alto, o vulto homérico de Machado de Assis". Em 1903, Azevedo publicou o romance *Doutor Renato*, dedicado "a Machado de Assis, o Mestre". Faleceu no Rio de Janeiro, em 1957.

Azuos-Agarb Pseudônimo de anagrama de Sousa Braga, colaborador de *A Pacotilha*.* No número de 7 de setembro de 1866 dessa publicação criticou impiedosamente o poema "As ventoinhas".*

Azurara, José Joaquim Pereira de Romancista, jornalista, teatrólogo, natural de Campos, RJ (ou de Minas Gerais, segundo outros). Em 1869, publicou o romance *Angelina ou dous acasos felizes*, bastante ruinzinho. Machado resolveu fazer uma brincadeira, cumulando de elogios a obra, em crônica publicada no *Jornal da Tarde*,* de 20 de dezembro de 1869, com o pseudônimo de Lara.* No folhetim da *Semana Ilustrada*,* de 26 de dezembro, agora sob o disfarce de Dr. Semana,* voltou a se referir elogiosamente a *Angelina*. Ingenuamente, Azurara, então professor em Guaratiba, escreveu uma carta de agradecimento, datada de 25 de janeiro de 1870, à qual juntou duas de suas peças, *Como isto é bonito!* e *Eu não como sem limão!* Dr. Semana não perdeu a deixa e voltou a gozar o autor em mais duas crônicas, publicadas em 20 e 27 de fevereiro. No dia 18 de março, Azurara envia nova carta de agradecimento. No dia 1º de abril, cada vez mais convencido da seriedade dos elogios, procura Machado na *Semana Ilustrada* e no *Diário Oficial*.* Não o encontrando, deixa uma carta, solicitando que Machado o ajude na venda de suas obras, já que Henrique Fleiuss,* da *Semana*, não quisera dar por elas nem 50 mil réis. A brincadeira tomara rumos inesperados, e terminou por aí. Em 1872, ao publicar *Contos de Paquetá*, Azurara ofereceu um exemplar a Machado com a seguinte dedicatória: "Ao prefulgente poeta Machado de Assis of. o autor".

B

Badaladas Seção da "Semana Ilustrada"* que até 13 de junho de 1869 denominava-se "Pontos e Vírgulas".* A partir do dia 20 desse mês, passou a se chamar "Badaladas", continuando a ser assinada pelo Dr. Semana,* pseudônimo coletivo que encobria vários colaboradores, entre eles Machado. Com esse título, a seção durou até o último número do semanário, em 19 de março de 1876. É arriscado atribuir tal ou qual crônica a determinado autor. Na coleção da *Semana Ilustrada* existente na biblioteca do Instituto Histórico e Geográfico Brasileiro, Henrique Fleiuss,* diretor da publicação, identificou a lápis algumas das crônicas escritas por Machado, as publicadas em 19 de dezembro de 1869, 17 de abril de 1870 e 26 de maio de 1872 (transcrita na edição Jackson). Max Fleiuss* (*A Semana*, 1915) dá a entender que a maioria das crônicas das "Badaladas" foram escritas por Machado. Autorizado por esse depoimento, o editor W. M. Jackson* incluiu no 3º volume das *Crônicas* onze trabalhos publicadas nessa seção, entre outubro de 1871 e junho de 1873. Com a mesma convicção, R. Magalhães Júnior reuniu 22 badaladas no volume *Contos e crônicas*,* justificando ter recolhido as que lhe pareceram autenticamente machadianas. As colaborações selecionadas saíram nos dias 25 de julho e 10 de outubro de 1869; 9 e 16 de janeiro, 5 e 12 de junho, 24 de julho, 21 de agosto, 4 de setembro, 30 de outubro de 1870; 15 e 29 de outubro de 1871; 8 e 15 de setembro, 1.º, 8 e 22 de dezembro de 1872; 9, 16 e 23 de fevereiro, 23 e 30 de março de 1873.

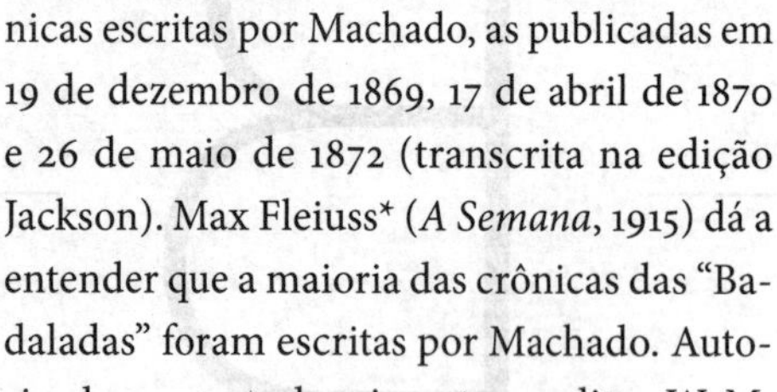

Bagatela Conto de autor desconhecido, traduzido por Machado para *A Marmota*.* Saiu nos números de 10, 13 e 17 de maio, 3 e 14 de junho, 26 e 30 de agosto de 1859. A publicação não revela o nome do tradutor, identificado apenas numa nota publicada no primeiro capítulo. *Dispersos*.*

Bahia Júnior, José Lopes Pereira Neto do banqueiro Manuel Pereira Bahia, visconde de Meriti, possuidor de uma das maiores fortunas do Império. Era o proprietário da casa da rua do Catete, 206, onde Machado morou de 1878 a 1884. Junto a um bilhete datado da Corte, 1º de maio de 1881, envia ao inquilino os recibos de aluguel e da pena d'água do imóvel.

Balas de Estalo Seção da *Gazeta de Notícias*,* que começou a ser publicada em 3 de abril de 1883, com a colaboração alternada de vários cronistas, todos utilizando pseudônimos. Machado era Lélio;* Ferreira de Araújo,* Lulu Sênior; Henrique Chaves,* Zig-Zag; Valentim Magalhães,* José do Egito; Capistrano de Abreu,* Blick; Ramos Paz,* João Tesourinha. Colaboravam também Décio e Publícola, pseudônimos ainda não identificados. A revelação do pseudônimo machadiano foi feita pelo jornal de escândalos *O Corsário*,* de Apulco de Castro,* de 25 de setembro de 1883. A seção "Revista dos Colegas", de *A Semana*,* de 7 de fevereiro de 1885, reafirmou a identificação, a essa altura sem sentido, pois Machado já assinara com seu nome a crônica de 21 de novembro de 1884. As "Balas de Estalo" correspondem a um momento extremamente feliz da prosa machadiana, livre, solta, maliciosa, com alguma coisa da irreverência de um moleque de rua e a forma apurada de um clássico. O cronista classificou-a como "coluna brincalhona". As crônicas de Machado saíram nos seguintes anos e dias: 1883 – 2, 4, 10, 15, 22 de julho; 1, 5, 11, 15, 30 de agosto; 2, 12, 15 de setembro; 10, 16, 23 de outubro; 7, 24 de novembro; 9, 16 de dezembro. 1884 – 8, 10 de janeiro; 13 de março; 26 de abril; 15 de maio; 15, 20, 25, 30 de julho; 4, 10, 15, 19, 23, 27 de agosto; 1, 5, 9, 14, 18, 22, 26 de setembro; 1, 5, 10, 14, 19, 24, 29 de outubro; 3, 10, 14, 18, 21, 25 de novembro; 1, 6, 12, 17, 21, 24, 27 de dezembro. 1885 – 1, 5, 9, 13, 17, 21, 26, 30 de janeiro; 1, 3, 7, 11, 17, 21, 26 de fevereiro; 3, 8, 14, 19, 24, 29 de março; 3, 9, 14, 20, 25, 30 de abril; 5, 10, 16, 21, 28 de maio; 3, 8, 14, 20, 26 de junho; 1, 8, 12, 19, 26 de julho; 1, 10, 17, 23, 31 de agosto; 8, 14, 24 de setembro; 5, 11, 19, 26 de outubro; 6, 15, 23, 30 de novembro; 17 de dezembro. 1886 – 4, 11 de janeiro; 9 de fevereiro; 3, 22 de março. Ao todo, foram publicadas 126 crônicas, sendo 123 assinadas Lélio; uma assinada Lel (9 de dezembro de 1883); uma sem assinatura (14 de novembro de 1884) e uma Machado de Assis* (20 de novembro de 1884). A crônica de 15 de setembro de 1883 foi assinada por José do Egito, Décio, Zig-Zag, Lélio, Publicola, Blick, João Tesourinha, na ordem. As "Balas de Estalo" foram reunidas em livro, pela primeira vez, de forma apenas parcial, no quarto volume das *Crônicas** (1937), de W. M. Jackson,* sem a indicação da data de publicação original. R. Magalhães Júnior reuniu 92 crônicas das "Balas de Estalo" no volume *Crônicas de Lélio*.* Heloisa Helena Paiva de Luca publicou uma "edição completa e comentada" intitulada *Balas de Estalo de Machado de Assis* (São Paulo, AnnaBlume, 1998), reunindo 125 crônicas da seção e mais a crônica "Antes a Rocha Tarpeia".* Nessa edição de Heloisa Helena, contudo, faltou a crônica de 15 de setembro de 1883, na qual Machado colaborou, conforme indica a relação de autores.

Baleiro De acordo com a tradição, Machado teria vendido balas e doces, confeccionadas por sua madrasta Maria Inês,* que então trabalhava num colégio particular de São Cristóvão. Francisca de Basto Cordeiro* confirmou o fato, mas equivocou-se em parte. Segundo o seu depoimento, o menino vendia as balas por ordem das Menezes, proprietárias de um colégio aristocrático do Rio Comprido. O colégio devia estar localizado em São Cristóvão e ser o mesmo onde trabalhava Maria Inês. Em que época seria isso? Machado ficou órfão de mãe em 1849, aos 10 anos. Seu pai casou-se com Maria Inês em 1854, quando Machado tinha 15 anos. Inadmissível que, com essa idade, fosse vender balas. É plausível, porém, que o pai de Machado e sua futura esposa já fossem amantes, antes do casamento, o que tornaria viável a hipótese do futuro escritor ter sido baleiro lá pelos 11 ou 12 anos.

Banco do Brasil No dia 18 de setembro de 1907, Machado abriu uma "caderneta de conta corrente com juros", depositando a quantia de 30 contos de réis. Efetuou um segundo depósito de 20 contos de réis, em data incerta, já que o carimbo está ilegível. A caderneta encontra-se na Academia Brasileira de Letras.

Bandeira, Sousa (João Carneiro de S. B.) Nasceu em Recife, PE, em 1865, criado em um ambiente frequentado pela elite intelectual da província. Formado em direito, fixou-se no Rio de Janeiro, conhecendo Machado desde os tempos do Clube Beethoven,* 1883. Colaborou na *Revista Brasileira,** centro de reunião da intelectualidade carioca, presidida por Machado. Eleito para a Academia Brasileira de Letras,* em 1905, foi empossado no dia 10 de agosto, com a presença de Machado, a quem elogiou em seu discurso. Quando Machado morreu, Bandeira publicou sobre o finado um artigo em *O País*, de 1º de outubro de 1908, incluído em *Páginas literárias*. Faleceu no Rio de Janeiro, em 1917.

Bandeira, Manuel (M. Carneiro de Sousa B. Filho) Em sua infância e início de adolescência, Manuel Bandeira (Recife, PE, 1886 – Rio de Janeiro, RJ, 1968) residiu próximo a Machado de Assis. Conta o poeta da *Estrela da Manhã* que, em certa ocasião, tinha ele quinze anos, sentou-se ao lado do escritor, em um bonde. Machado, que o conhecia de vista, puxou conversa e contou um passeio de lancha que fizera pela baía, em companhia de poetas. Ao tentar se lembrar de uma estrofe do segundo canto dos *Lusíadas*, a memória falhou. Bandeira arriscou, com timidez: "Com um delgado cendal as partes cobre...", "A anterior... a anterior...", disse Machado. Mas o rapazinho, apesar de saber o trecho de cor, não foi capaz de lembrá-lo no momento. Como seu pai, Manuel Carneiro de Sousa Bandeira,* fosse amigo de Machado, naquele mesmo ano (provavelmente 1901) o jovem aspirante a poeta compareceu à festa de aniversário do escritor, realizando o velho desejo de conhecer o interior de sua casa.

Manuel Bandeira

Bandeira, Manuel Carneiro de Sousa Engenheiro (Recife, PE, 1858 – Rio de Janeiro, RJ, 1920), pai do poeta Manuel Bandeira,* foi colega de trabalho de Machado no Ministério da Viação.* O criador de *Dom Casmurro** costumava procurá-lo, em momentos de folga, para conversarem. Em certa ocasião, exercia Bandeira o cargo de consultor, Machado encontrou-o pintando uma aquarela do posto semafórico do morro do Castelo. Encantado com a obra, Machado pediu-a e, no dia seguinte, contou ao pintor que mandara emoldurá-la. Bandeira, envaidecido, narrou o fato a várias pessoas. Sabendo da indiscrição, Machado irritou-se com o amigo. Em 1906, ou 1907, o engenheiro mudou-se para a rua do Aqueduto, nº 99, próximo à residência de Machado.

Banquetes O banquete foi um hábito da vida social e literária da segunda metade do século XIX e início do XX. Qualquer pretexto servia para as pessoas se reunirem em redor de uma mesa, em geral em hotéis ou clubes. Ao longo de sua vida profissional, jornalística e de escritor, Machado foi homenageado três vezes com banquetes. O primeiro realizou-se em 6 de outubro de 1886, no Hotel Globo,* organizado pela *Gazeta de Notícias,** em comemoração dos 22 anos de publicação das *Crisálidas.** O homenageado e os convidados estavam identificados nos menus por pseudônimos que adotavam, nomes de suas obras ou seções jornalísticas: Machado (*Crisálidas*), Artur Azevedo* (Elói, o Herói), Carlos de Laet* (*Microcosmo*), Raul Pompeia* (*Canções sem metro*), Olavo Bilac* ("Ouvir estrelas"), Valentim Magalhães* (José do Egito), Filinto de Almeida* (Filindal), Capistrano de Abreu* (Frei Vicente do Salvador, tomo I), Vale Cabral* (Frei Vicente do Salvador, tomo II), Belisário de Sousa* (Gambeta de Icaraí). Estiveram ainda presentes Ferreira de Araújo,* Elísio Mendes,* Dermeval da Fonseca,* Henrique Chaves,* Alfredo Gonçalves,* Castro Rebelo Jr.,* Paula Ney.* Houve vários brindes e Machado agradeceu, ressaltando ser aquele o seu primeiro discurso. O segundo banquete, realizado em julho de 1888, foi uma homenagem prestada por seus colegas do Ministério da Agricultura, Comércio e Obras Públicas;* o terceiro, entre 7 e 12 de junho de 1889, oferecido pela *Tribuna Liberal*, em comemoração aos 50 anos de Machado, no Hotel Globo. O escritor participou também de vários banquetes informais, comemorativos ou em homenagem a personalidades, entre os quais destacamos: homenagem a Pinheiro Guimarães,* que retornava da Guerra do Paraguai,* em 21 de setembro de 1868, no Clube Fluminense;* a Pinheiro Guimarães, no final da Guerra do Paraguai, em 18 de maio de 1870, na Casa Schroeder; despedida de Guillermo Blest Gana,* em junho de 1876; o oferecido a Luiz Guimarães Júnior,* que regressava à Europa, em 18 de março de 1886, no Hotel Globo; em homenagem a Dermeval da Fonseca, recém-eleito senador, em 1887; em homenagem a Dermeval da Fonseca, no Derby Clube, em 18 de abril de 1891; em homenagem à ascensão de Manoel Vitorino e Carlos de Carvalho aos cargos de vice-presidente e ministro das Relações Exteriores, em setembro de 1894; em comemoração aos 18 anos da *Gazeta de Notícias*,* no Hotel Globo, em 2 de agosto de 1893; em homenagem a Tomás Ribeiro,* em 19 de junho de 1895; oferecido a Aluísio Azevedo* pela publicação do *Livro de uma sogra*, no Hotel Globo, em 19 de outubro de 1895; organizado pela *Revista Brasileira*,* no Hotel Globo, em 17 de maio de 1896, o primeiro de vários realizados mensalmente; homenagem a Assis Brasil,* nomeado ministro plenipotenciário do Brasil em Lisboa, no Cassino Fluminense, em 17 de julho de 1896; organizados pela Panelinha,* no Hotel Globo, em agosto, setembro e outubro de 1900; em homenagem a Lúcio de Mendonça* pelo lançamento das *Horas do bom tempo*, em 3 de maio de 1901, no Hotel Globo, organizado pela Panelinha; o último banquete da Panelinha, em 5 de janeiro de 1902, no Hotel Globo; em homenagem ao senador baiano José Marcelino de Sousa, no Alto do Sumaré, a 29 de dezembro de 1906; um segundo banquete oferecido ao senador baiano, dias depois; oferecido a Olavo Bilac,* no Palace Théâtre, em 3 de outubro de 1907; o oferecido a Rui Barbosa, em 20 de maio de 1907, no Hotel dos Estrangeiros; a Guglielmo Ferrero, em 31 de outubro de 1907, no Hotel Metrópole; e a José Marcelino de Sousa, em 7 de janeiro de 1907, no Alto do Sumaré.

Barbacena Em janeiro de 1890, Ernesto Cibrão* e Antonio Martins Marinhas,* diretores da Companhia Pastoril Mineira, organizaram um passeio de amigos a Minas Gerais, para que conhecessem as fazendas da companhia. Formavam o grupo Machado de Assis, Carolina,* Rodrigo Smith de Vasconcelos,* suas filhas Francisca* e Guiomar,* e sua irmã Alice Smith de Vasconcelos,* além dos diretores da empresa. O roteiro incluía uma rápida visita a Juiz de Fora.* Barbacena – cidade onde transcorre parte da ação de *Quincas Borba*, romance que Machado publicava então em folhetins – só foi incluída no roteiro por ser ponto de conexão entre os dois locais escolhidos para serem visitados. Os viajantes chegaram à cidade no dia 19, sendo surpreendidos por uma tempestade com fortes trovoadas, o que levou Machado a se fechar no quarto, recusando-se a jantar. No dia seguinte, a viagem prosseguiu, de trem, até a estação de Sítio.* A partir dali, os viajantes seguiriam a cavalo, rumo a Três Corações. Voltaram do meio do caminho. Barbacena impressionou Machado, que a descreve com precisão nos capítulos finais do *Quincas Borba*.

Barbeiro de Sevilha (O) A peça de Beaumarchais* estreou no Teatro Ginásio,* a 7 de setembro de 1866, com algum estardalhaço, mas sem agradar ao público. Encenada pela companhia de Furtado Coelho,* teve poucas representações. A terceira foi uma récita de gala, com a presença do imperador Pedro II* e de D. Teresa Cristina.* A tradução de Machado recebeu elogios e censuras. Ferreira de Menezes* considerou-a revolucionária: "A revolução do gosto, do bom, do belo, contra o mau, o estúpido, o indecente". Salvador de Mendonça* (*Diário do Rio de Janeiro,** 9 de setembro de 1866) também a elogiou, mas um articulista anônimo de *A Pacotilha* (20 de setembro de 1866) encarou com reservas a sua crítica, na qual viu "a canonização do Sr. Machado de Assis". Manuel Antonio Major* diz que "a tradução não é boa em seu todo" e aponta algumas falhas. O texto de Machado encontra-se perdido.

Barbier, Jules (Paul-J. B.) O parisiense Jules Barbier (1822 ou 1825-1901) foi um dos autores teatrais mais prolíficos do século XIX. Estreou nas Letras aos 13 anos, dedicando-se ao teatro a partir de 1847, quando a *Comédie Française* representou sua peça *L'Ombre de Molière*. No mesmo ano foi encenado *Le Poète*, com êxito de público e alguma restrição crítica. Não parou mais, compondo dramas, comédias, *vaudevilles*, em prosa e em verso, sozinho ou em colaboração com Michel Carré e Théodore Barrière.* A partir de certa época, dedicou-se a escrever libretos de óperas, sendo disputado pelos maiores compositores: Gounod, Mayerbeer, Mozart. Em 1867, o teatro parisiense Ambigu Comique estreou o drama *Maxwel*, que Machado traduziu com o título de *Forca por forca*.*

Jules Barbier

Barbosa, Rui (R. B. de Oliveira) As relações de Machado e Rui Barbosa foram bastante reservadas e distantes. O publicista baiano (Salvador, BA, 1849 – Petrópolis, RJ, 1923), apesar de fundador da Academia Brasileira de Letras,* não comparecia às reuniões, talvez por orgulho, "por não querer ser o segundo onde Machado era o primeiro", sugere R. Magalhães Júnior. Poderia ser por excesso de tarefas: jornalista, advogado, parlamentar, tendo ocupado cargos importantes, como o Ministério da

Fazenda (1889-91), não teria tempo para amenidades. Talvez. A verdade é que, enquanto Machado viveu, compareceu apenas à sessão de 10 de agosto de 1899, para votar em seu conterrâneo, Francisco de Castro.* Esquivou-se, inclusive, de ir à sessão que elegeu o barão do Rio Branco,* declarando o seu voto por carta, contrariando os estatutos da casa, conforme Machado lhe explicou em carta de resposta de 3 de outubro de 1898, diplomática e polida, mas fria. Frieza e polidez, aliás, marcaram o relacionamento dos dois. Machado parece que não tinha simpatia pelo colega, apesar de tê-lo saudado de maneira cordial, quando do regresso de seu exílio voluntário em Londres (*A Semana*, 4 de agosto de 1895). Quando a filha do publicista baiano, Francisca, casou-se com Raul Antonio Airosa, em setembro de 1900, Rui enviou convite ao presidente da Academia. Machado não compareceu à solenidade, desculpando-se em carta cerimoniosa, alegando "motivo de saúde". Em 1903, Rui travou com Ernesto Carneiro Ribeiro um longo debate a respeito da linguagem empregada no *Código Civil*. Os seus artigos foram reunidos no volume intitulado *Réplica*, no qual o autor

Rui Barbosa

de *Dom Casmurro** é citado várias vezes. Rui enviou um exemplar a Machado, que agradeceu em carta educada e formal, datada de 9 de novembro de 1903. Polidez e distância continuavam sendo a regra entre os dois homens, mas nem sempre era possível se esquivar a encontros pessoais. Em 20 de maio de 1907, como presidente da Academia Brasileira de Letras, Machado compareceu ao banquete em homenagem a Rui Barbosa, realizado no Hotel dos Estrangeiros. Por ironia, morto Machado, coube a Rui discursar no Silogeu, por ocasião do saimento do corpo, em nome da Academia, e dar o adeus ao mestre que partia para o outro lado do mistério. Desde então, Rui passou a frequentar as sessões da Academia.

Barca, Pedro Calderón de la Machado colaborou na polianteia intitulada *Brasil-Espanha-Portugal*, editada em 1881, em homenagem ao grande dramaturgo espanhol (1600-1681), autor de mais de duzentas obras teatrais. O trabalho foi organizado por três religiosos: D. Carmelo Seoane, D. Evaristo Martinez Rodriguez e D. Daniel de Campos Avendano. A venda era em benefício de três instituições, o Liceu de Artes e Ofícios, a Sociedade Espanhola de Beneficência e a Caixa de Socorros D. Pedro IV. A colaboração machadiana restringe-se a uma pequena nota, transcrita no verbete *Brasil-Espanha-Portugal*.

Baril, V. L. Conde de La Hure Quando Machado trabalhava no *Diário do Rio de Janeiro*,* exercendo na prática a direção do jornal, o conde lhe dirigiu dez cartas a propósito da Exposição Nacional, que então se realizava, datadas de 19, 23, 27 e 31 de outubro, 10 (duas cartas), 12, 22 e 25 (duas) de 1866, publicadas no *Diário* respectivamente nos dias 19, 26, 27 de outubro, 6, 10, 14, 17, 22, 29, 30 de novembro. Outra carta, datada de 19 de dezembro, relatando a visita de ambos à ótica de José Maria dos Reis,* comprova que os dois se conheceram pessoalmente.

Barra do Piraí No domingo, 25 de setembro de 1864, Machado viajou de trem à Barra do Piraí, no sul fluminense. A viagem foi oferecida pela direção da Estrada de Ferro, dela participando vários jornalistas. Por essa razão, a crônica publicada às segundas-feiras na seção "Ao Acaso",* do *Diário do Rio de Janeiro,** só saiu na terça. Foi a primeira vez que deixou a cidade do Rio de Janeiro, como contou em crônica publicada um ano depois, por ocasião de uma viagem a Vassouras.*

Barreiros, Artur Nasceu no Rio de Janeiro, RJ, em 1856. Jornalista, atuou em diversos jornais cariocas. Na revista teatral *Pena e Lápis,** de 10 de junho de 1880, publicou um artigo biográfico sobre Machado, reproduzido no dia 30 do mesmo mês, em *A Estação,** e no número de janeiro de 1893 de *O Álbum,** como parte de um artigo de Artur Azevedo.* Quando editor da *Galeria Contemporânea do Brasil,** redigiu um novo artigo sobre Machado, ampliando as informações a respeito da vida do escritor. A publicação saiu sem data, mas foi lançada em agosto de 1884. Graças à interferência de Barreiros, Machado escreveu a introdução que figura nas *Meridionais**(1884), de Alberto de Oliveira.* Faleceu em 1885. Na ocasião, Machado redigiu uma crônica para *A Semana** (21 de fevereiro de 1885), em forma de carta, lembrando o amigo, "um dos melhores da sua geração, inteligente, estudioso, severo consigo, entusiasta das coisas belas, dourando essas qualidades com um caráter exemplar e raro".

Barreto, Emília Barros Senhora da sociedade carioca, atriz de teatro amador. Foi uma das intérpretes de *Não consultes médico,** na estreia da peça, no Cassino Fluminense,* em 18 de novembro de 1896. Machado elogiou o seu desempenho, lembrando que, anos antes, ela havia representado "em um dos mais brilhantes salões daquele tempo duas comédias minhas" (*Revista Brasileira,** janeiro de 1897), referindo-se, provavelmente, a *O caminho da porta** e *O protocolo.**

Barreto, Francisco Moniz Considerado o maior repentista do Império, esse poeta baiano (Jaguaripe, BA, 1804 – Salvador, BA, 1868) gozou de imenso prestígio em sua terra. Barreto interessou-se pela poesia machadiana, como atesta o poema "A Corina – Fantasia diante de um retrato", "oferecido ao distinto poeta e literato Machado de Assis", que deve ter sido publicado na imprensa baiana. O poema foi transcrito no *Jornal da Tarde,** do Rio de Janeiro, de 23 de março de 1870, por conta do filho do poeta, Rosendo Moniz Barreto.*

Barreto, Paulo (João P. Emilio Cristóvão dos Santos Coelho B.) Nasceu no Rio de Janeiro, RJ, em 1881. Ingressou no jornalismo aos 16 anos, tornando-se popular com o pseudônimo de João do Rio. Conta-se que Machado, interrogado pela mãe do jornalista, desejosa de saber sua opinião sobre o filho, teria respondido: "Seu filho é meu mestre, minha senhora". João do Rio tentou entrevistar Machado para *O Momento Literário*, mas o interpelado esquivou-se. Não se dando por vencido, o repórter passou a frequentar a Livraria Garnier,* onde Machado ia todos os dias. Aos poucos, foi apanhando pequenas confissões involuntárias do escritor: os seus livros prediletos, como as *Memórias póstumas* foram ditadas, em parte, à esposa, a insônia que o atormentava. Mas logo Machado percebeu a estratégia do repórter, que "o acompanhava para lhe arrancar frases e tornou seco um pedaço de intimidade nascente entre o meu louvor e a sua bonomia", escreve João do Rio. Aproveitando o material recolhido, o jornalista incluiu Machado em um capítulo especial sobre "Os que não responderam" ao inquérito. Paulo Barreto faleceu do coração, em um táxi, em 1921, no Rio de Janeiro.

Barreto, Rosendo Moniz Estudante de medicina na Bahia, Rosendo (Salvador, BA, 1845) transferiu-se para o Rio de Janeiro no início da Guerra do Paraguai (1866), oferecendo os seus serviços ao exército. Machado redigiu uma nota no *Diário do Rio de Janeiro*,* enaltecendo o gesto do jovem baiano. Ingressando no serviço público, Rosendo tornou-se colega de repartição de Machado, que elogiou o seu livro de versos *Voos icários*, em artigo publicado na *Semana Ilustrada** de 26 de janeiro de 1873. Funcionário relapso, apesar de chefe de seção, Rosendo foi chamado à presença do ministro da Agricultura, Comércio e Obras Públicas,* Tomás Coelho,* para explicar as suas sucessivas faltas. Temperamento exaltado, e certamente confiado no fato de ser primo da esposa do senador Francisco Otaviano,* replicou à advertência do ministro com palavras pesadas. O ministro ordenou a abertura de inquérito administrativo, suspendendo o funcionário. Machado foi indicado para substituí-lo, interinamente, como chefe de seção. Rosendo cortou relações com ele, de imediato e para sempre. No dia 7 de dezembro de 1876, por meio de decreto, Rosendo era demitido "a bem do serviço público" e Machado de Assis efetivado no cargo que vinha ocupando interinamente. Faleceu no Rio de Janeiro, em 1897.

Barrière, Theodore Nascido em Paris, Barrière (1823-1877) foi um autor prolífico, de notável habilidade teatral. Gostava de explorar temas audaciosos, bordejando pelo escabroso. Com *Les Filles de Marbre* (*As mulheres de mármore**), escrita em colaboração com Lambert Thibout* e estreada em 1853, tornou-se da noite para o dia um dos autores prediletos do público parisiense. Chegaram a atribuir a Machado, sem fundamento, a tradução dessa peça. Machado traduziu outro trabalho de Barrière, escrito em parceria com Édouard Plouvier* e lançado em 1861: *L'Ange du Minuit* (*O anjo da meia-noite**). Em 1865, criticou a adaptação teatral de Barrière da *Vida de Boêmia*, livro famoso de Henri Murger, sem grande entusiasmo, apesar das cenas bem conduzidas e cheias de vida.

Barros, Dias de (Antonio D. de B.) Nasceu em Aracaju, SE, em 1871 e faleceu no Rio de Janeiro, em 1928. Formado pela faculdade de medicina do Rio de Janeiro, em 1894, de onde se tornou professor de bacteriologia e, mais tarde, de histologia. Socorreu Machado, quando o escritor sofreu um ataque de epilepsia* em um bonde, e conduziu-o à sua casa, onde aguardou o restabelecimento do paciente. Ao retornar à consciência e ver aquele estranho ao seu lado, Machado irritou-se. Com delicadeza, mas com

Dias de Barros

firmeza, expressou sua contrariedade: "Que faz o senhor aqui? Pode retirar-se?", teria dito. Mais tarde, Dias de Barros publicou um artigo sobre a epilepsia de Napoleão Bonaparte. O professor Rocha Vaz* replicou, classificando a pretensa epilepsia napoleônica como um caso de cardiopatia. Machado ficou tão feliz que procurou o professor para cumprimentá-lo.

Barros, Evaristo Vale de Tabelião do 3º cartório, estabelecido à rua do Rosário, nº 58. Nesse cartório, Machado declarou seu último e definitivo testamento,* aprovado e encerrado por Vale em 31 de maio de 1906, e depositado no London and Brazilian Bank, Limited.*

Barros, Francisco de Paula Colega de Machado no Ministério da Agricultura.* Colaborador de *Il Brasile*,* onde publicou um artigo no qual ressaltava a colaboração de Machado, e outros funcionários do Ministério, no processo de abolição. Natural do Ceará, Barros publicou um volume de poesias, uma peça de teatro, *O capitão Hipólito* (1877), e dois volumes destinados ao aprendizado de física. Suicidou-se a 23 de junho de 1891, em sua sala de trabalho no Ministério.

Barros, Rafaelina de Em abril de 1896, empenhado em adaptar "O corvo",* de Edgar Allan Poe,* em sonetos, Emílio de Menezes* desejou conhecer a tradução machadiana, ainda inédita em livro. Deve ter tido alguma razão para não se dirigir diretamente ao confrade. Foi Rafaelina – com quem vivia desde que se separou da esposa, Maria Carlota Coruja – que escreveu a Machado. Este respondeu, anexando uma cópia manuscrita do poema. Rafaelina enviou uma nova carta, recebendo uma segunda resposta de Machado, datada de 25 de maio do mesmo ano. Era natural de São Paulo, nascida no dia 12 de março de um ano que não gostava de declarar. Faleceu no Rio de Janeiro, em maio de 1943. Escreveu poemas, contos, ensaios. Bibliografia: *Almenara* (1902), *Bíblicos* (1953).

Barros, Vitorino de (Antonio José V. de B.) Nasceu no Rio de Janeiro, RJ, em 1824. Na década de 1860, trabalhou como redator, ao lado de Machado, na *Semana ilustrada*.* Um dos fundadores da Arcádia Fluminense,* junto com Machado, Pedro Luís* e outros. Quando da publicação de *Os deuses de casaca*,* assinou um breve comentário, sob o pseudônimo de Vercingetorix, na *Semana Ilustrada*, de 7 de janeiro de 1866. Em 1871, foi um dos cinco censores nomeados, por decreto, pelo ministro João Alfredo,* para o novo Conservatório Dramático,* ao lado de Machado, Antonio Félix Martins,* Joaquim Manuel de Macedo* e João Cardoso de Menezes e Sousa,* sendo muito atacados pela imprensa. Em carta de 4 de dezembro de 1877, solicitou a Machado colocação para um amigo francês. Vitorino morreu no Rio de Janeiro, em 1891.

Bastos, Sousa (Antonio de S. B.) Empresário teatral e autor dramático, Bastos (Lisboa, Portugal, 1844 – ?) viajou diversas vezes ao Brasil, conhecendo na intimidade os meios teatrais brasileiros. Esse conhecimento foi decisivo na elaboração da *Carteira do Artista* (Lisboa, Antiga Casa Bertrand, 1898), que tem como subtítulo "Apontamentos para a História do Teatro Português e Brasileiro, acompanhados de notícias sobre os principais artistas, escritores dramáticos e compositores estrangeiros". Obra sem similar, riquíssima fonte de consulta. O pequeno verbete dedicado a Machado traz o seu retrato. Bastos faleceu em data não apurada.

Batismo Machado foi batizado em 13 de novembro de 1839, uma quarta-feira, na capela da Senhora do Livramento, situada na propriedade de D. Maria José Mendonça Barroso Pereira,* no morro do Livramento.* O sacramento foi administrado pelo padre Narciso José de Morais Marques,* com a devida licença do padre José Francisco da Silva Cardoso, vigário da matriz de Santa Rita, e provisão do vigário capitular, monsenhor Narciso da Silva Nepomuceno. Os padrinhos foram Joaquim Alberto de Sousa da Silveira* e a proprietária da chácara.

B.B. Com esse pseudônimo, Machado publicou o conto "Antes que cases...",* no *Jornal das Famílias,** em 1875. A atribuição é de R. Magalhães Júnior.

Beaumarchais, Pierre-Augustin Caron de O parisiense Beaumarchais (1732-1799) foi o grande renovador da comédia francesa no século XVIII, autor de peças leves e hábeis, cheias de diálogos espirituosos e cenas alegres. Na época, foi imenso o sucesso de *Le Barbier de Seville* (1775) – *O barbeiro de Sevilha,** traduzido por Machado, e de *Le Mariage de Figaro* (1784) – *O Casamento de Figaro*. Ainda na maturidade, Machado se lembrava de versos do "famoso barbeiro da comédia" ("Balas de Estalo",* 26 de janeiro de 1885), citando-os na ocasião oportuna, como aquelas palavras de Fígaro apresentando-se no primeiro ato, em que dizia rir de tudo "*de peur d'être obligé d'en pleurer*".

Beijinhos em vovó Comédia de Machado, escrita para ser encenada nos festejos de 15 anos de Francisca Smith de Vasconcelos (pelo casamento, Francisca de Basto Cordeiro*), no dia 12 de junho de 1890. É a história de um rapazinho que, para ser beijado pelas primas, resolve organizar uma festa de aniversário da avó. Os ensaios eram ao vivo, com o espertalhão recebendo as homenagens e os beijos das primas. Os papéis foram interpretados pela aniversariante, sua irmã Guiomar Smith de Vasconcelos,* Noêmia Macedo Sodré, Júlia, Maricotinha e Antonia, sobrinhas do escritor português Ramalho Ortigão.* Machado dirigiu a peça e, aborrecido com o desempenho das mocinhas, deu um beliscão em Júlia, que caiu no choro. O original está perdido.

Beijos Poema publicado na *Marmota Fluminense,** de 17 de março de 1857, com a assinatura M.* Antes, conhecia-se apenas uma estrofe, citada em conferência de Alfredo Pujol.* Descoberta do pesquisador Felipe Rissato, que a publicou na revista *Livro*, nº 5, de novembro de 2015.

Belfort, Sebastião Gomes da Silva Antigo funcionário do *Diário do Rio de Janeiro,** Belfort tornou-se proprietário do jornal no início de 1867. Num impulso de ostentação e vaidade, avisava aos leitores, em artigo assinado, que "o *Diário do Rio de Janeiro* é atualmente propriedade nossa". Nessa época, Machado respondia pela redação, inclusive pelos artigos políticos. Oportunista, sempre que esses artigos eram publicados, segundo Alfredo Pujol,* Belfort "costumava visitar os ministros e deputados, inculcando-se autor dos editoriais e recebendo por toda a parte felicitações e cumprimentos". As honrarias foram breves. Em fevereiro, Machado desligou-se do jornal.

Bellegarde, Guilherme (G. Cândido B.) Natural de Cabo Frio, RJ, 1836, Bellegarde conhecia Machado, pelo menos, desde 1862, quando ambos colaboravam em *O Futuro.** Ingressando no serviço público, na Secretaria de

Guerra, foi transferido para o Ministério da Agricultura,* onde, durante anos, trabalhou ao lado de Machado. Membro de várias associações literárias, jornalista, Bellegarde publicou alguns livros. Um deles, *Subsídios literários*, foi criticado por Machado na seção "Bibliografia", de *A Estação*,* em 31 de março de 1883. O crítico reconhecia que era um "gênero mais útil do que brilhante", adequado aos sentimentos de modéstia do autor. Faleceu no Rio de Janeiro, em 1890.

Benfica Distrito de Juiz de Fora* (MG). Nas décadas de 1880 e 1890, ali funcionava a fazenda Saudade, de propriedade da Companhia Pastorial Mineira.* Machado de Assis, que vinha de Juiz de Fora,* seguindo para Barbacena,* visitou-a no dia 18 de novembro de 1890, e provavelmente dormiu ali.

Benjamin, Robert Job Kinsman Violinista amador, esse judeu norte-americano, representante da The New York Life Insurance, foi um dos 28 empresários que fundaram o Clube Beethoven.* Ali, conviveu com Machado, que a ele se refere em uma de suas crônicas.

Bernardelli, Henrique Nasceu em Valparaíso, Chile, em 1858. Veio ainda criança para o Brasil, com seu irmão Rodolfo.* Cursou a Escola de Belas-Artes e depois partiu para a Itália, onde permaneceu vários anos. Em 1905, pintou o retrato de Machado, trabalho pago mediante uma subscrição organizada por Rodrigo Otávio.* O escritor posou três vezes no ateliê dos irmãos Bernardelli, na rua da Relação, esquina com Lavradio. O retrato ficou pronto no final de agosto. Machado não emitiu nenhum juízo de valor sobre a obra, exibida na Exposição Anual da Escola de Belas-Artes, em 1905, mas em carta a Nabuco (datada de 30

Henrique Bernardelli

de setembro de 1905) reconhecia que era uma consagração. A Academia Brasileira de Letras* colocou o óleo em sua sala de sessões. Henrique faleceu no Rio de Janeiro, em 1936.

Bernardelli, Rodolfo (José Maria Oscar R. B.) Nasceu em Guadalajara, México, em 1852. Fixou-se no Brasil em 1870, acompanhando o irmão Henrique e os pais artistas, que vieram para aqui em excursão. Cursou a Academia Imperial de Belas-Artes e, em 1876, ganhou prêmio de viagem à Europa. Regressou ao Brasil em 1885. Conhecia Machado, pelo menos, desde 1887, quando ambos participaram do Grêmio de Letras e Artes.* Em duas ocasiões, Machado se referiu ao seu trabalho. Na segunda, de forma elogiosa, a propósito do monumento a Osório, "glorificado pela grandeza e perfeição com que (Bernardelli) perpetuou a figura do herói" (*A Semana*, 18 de novembro de 1894), compensando a ironia com que recebera o grupo escultórico *Cristo e a Adúltera* ("Balas de Estalo",* 26 de outubro de 1885). Em 1905, Bernardelli comemorou o aniversário em seu estúdio na rua da Relação, com a presença de intelectuais e artistas. Em dado momento, o escultor foi coroado com uma grinalda de rosas, que imediatamente transferiu para a cabeça de Machado, alegando ser ele a única realeza presente. Assim que Machado morreu, Bernardelli modelou-lhe o rosto em gesso. Foi ele também quem preparou a placa afixada na casa do Cosme Velho, no primeiro aniversário da morte de Machado. Rodolfo faleceu no Rio de Janeiro, em 1931.

Berninzone, Rafaelle Libretista italiano, autor do libreto do *Pipelet*,* cujos versos foram traduzidos por Machado.

Besa, Curt Busch von Besa interessou-se em traduzir as obras de Machado para o alemão. O escritor concordou, em carta de 10 de setembro de 1888, estipulando que deveria começar pelas *Memórias póstumas de Brás Cubas*,* a serem publicadas no prazo de um ano. Para as demais obras, a autorização caducaria em quatro anos. Assim aconteceu, pois o tradutor não concluiu o seu trabalho nesse prazo.

Besigue Jogo de cartas muito popular no século XIX. Machado costumava jogá-lo nas reuniões noturnas em casa dos barões Smith de Vasconcelos.*

Besouro (O) Um dos jornais criados por Rafael Bordalo Pinheiro* no Rio de Janeiro. Circulou de 6 de abril de 1878 a 8 de março de 1879. Durante a polêmica gerada pela crítica machadiana a *O primo Basílio*, de Eça de Queirós,* *O Besouro* deu algumas alfinetadas, sem veneno, no crítico, que não respondeu. Ironizou ainda a posição de Machado na questão de *Os lazaristas*.* No número de 27 de abril de 1878, Bordalo publicou caricatura de *Iaiá Garcia** casando-se com *Mota Coqueiro*, personagem-título do romance de José do Patrocínio,* lançado um ano antes. Machado aparece ainda em caricatura publicada no número de 1º de junho de 1878. Em 22 de fevereiro de 1879, Machado publicou ali a quadra "No álbum do Sr. Quintela".*

Bezanzoni Maestro do Teatro Lírico Fluminense,* musicou versos de Machado, cantados nessa casa de espetáculos, no dia 25 de outubro de 1864, dentro dos festejos pelo casamento da princesa Isabel* e do conde d'Eu.* O poema,* sem título, encontra-se reproduzido em *Vida e obra de Machado de Assis*, de R. Magalhães Júnior.

Bíblia Machado foi leitor constante da Bíblia, que considerava "o livro por excelência". Na mocidade, compôs poemas sobre temas bíblicos, como "O dilúvio"* e "A morte no calvário",* e se utilizou fartamente de epígrafes extraídas do Antigo e do Novo Testamento, com base na tradução clássica do padre Antonio Pereira de Figueiredo. No capítulo IX do poema "A cristã nova"* intercalou uma tradução do salmo 136, que se refere aos rios de Babilônia, em tercetos rimados. Em sua obra de cronista e de ficcionista são constantes as referências e citações bíblicas, com preferência pelo *Eclesiastes*. Machado parodiou a linguagem bíblica em diversos trabalhos, entre outros as crônicas publicadas na *Imprensa Fluminense*,* de 20 e 21 de maio de 1888, no *Diário do Rio de Janeiro*,* de 4 de setembro de 1892, e o conto "Na arca".*

Bibliografia Seção de resenhas críticas da revista *A Estação*,* na qual Machado colaborou três vezes. Na primeira, em 15 de junho de 1882, analisou as *Fanfarras*, de Teófilo Dias; na segunda, em 31 de março de 1883, os *Subsídios* *literários*, de Guilherme Bellegarde;* por último, em 31 de março de 1886, os *Pâmpanos*, de Rodrigo Otávio.* Os três trabalhos figuram nos *Dispersos*.*

Bibliografia Seção de estudos críticos da *Revista Brasileira*,* na qual Machado colaborou uma vez, em outubro de 1898, analisando o volume de poemas *Procelárias*, de Magalhães de Azeredo.*

Bibliografia ativa Em vida, Machado de Assis publicou trinta livros, de diversos gêneros: romances, contos, teatro, traduções. Após sua morte, essa bibliografia quase dobrou, com coleções de páginas de crítica, crônicas, novelas e contos não reunidos em volume. O editor H. Garnier* foi o primeiro a lançar obras póstumas inéditas, quatro volumes reunidos e organizados por Mário de Alencar.* Em 1937, a editora W. M. Jackson* acrescentou uma farta messe de novos volumes, selecionados e editados sem muito critério, por vezes com absoluta leviandade. A década seguinte teve apenas uma novidade, o resgate da novela "Casa velha",* por Lúcia Miguel Pereira. Uma nova onda de edição de obras inéditas ocorreu a partir de 1956, sob a batuta de R. Magalhães Júnior, complementada na década seguinte com o trabalho organizado por Jean-Michel Massa. São as seguintes as obras, ântumas e póstumas, de Machado:

- *Queda que as mulheres têm para os tolos** (Rio de Janeiro, Paula Brito, 1861)
- *Desencantos** (Rio de Janeiro, Paula Brito, 1861)
- *Teatro** (Rio de Janeiro, Tip. do Diário do Rio de Janeiro, 1863)
- *Quase ministro** (Rio de Janeiro, Serafim José Alves, 1864)
- *Crisálidas** (Rio de Janeiro, B. L. Garnier, 1864)
- *Os deuses de casaca** (Rio de Janeiro, Imperial Instituto Artístico, 1866)
- *Os trabalhadores do mar** (Rio de Janeiro, Tip. Perseverança, 1866)
- *Falenas** (Rio de Janeiro/Paris, B. L. Garnier, 1870)
- *Contos fluminenses** (Rio de Janeiro/Paris, B. L. Garnier, 1870)
- *Ressurreição** (Rio de Janeiro, B. L. Garnier, 1872)
- *Histórias da meia-noite** (Rio de Janeiro, B. L. Garnier, 1873)
- *Higiene para uso dos mestres-escolas** (Rio de Janeiro, Tip. Cinco de Março, 1873)
- *A mão e a luva** (Rio de Janeiro, Gomes de Oliveira & C., 1874)
- *Americanas** (Rio de Janeiro, B. L. Garnier, 1875)
- *Helena** (Rio de Janeiro, B. L. Garnier, 1876)
- *O anjo da meia-noite** (Rio de Janeiro, A. A. da Cruz Coutinho, 1876)
- *Iaiá Garcia** (Rio de Janeiro, G. Viana & C., 1878)
- *Memórias póstumas de Brás Cubas** (Rio de Janeiro, Tipografia Nacional, 1881)
- *Tu só, tu, puro amor...** (Rio de Janeiro, Lombaerts e Cia, 1881)
- *Papéis avulsos** (Rio de Janeiro, Lombaerts, 1882)
- *Histórias sem data** (Rio de Janeiro, B. L. Garnier, 1884)
- *Terras** (Rio de Janeiro, Imprensa Nacional, 1886)
- *Quincas Borba** (Rio de Janeiro, B. L. Garnier, 1891)
- *Várias histórias** (Rio de Janeiro, Laemmert, 1896)
- *Páginas recolhidas** (Rio de Janeiro, H. Garnier, 1899)
- *Dom Casmurro** (Rio de Janeiro, H. Garnier, 1899)

- *Poesias completas** (Rio de Janeiro, H. Garnier, 1901)
- *Esaú e Jacó** (Rio de Janeiro, H. Garnier, 1904)
- *Relíquias de casa velha** (Rio de Janeiro, H. Garnier, 1906)
- *Memorial de Aires** (Rio de Janeiro, H. Garnier, 1908)
- *Crítica** (Rio de Janeiro/Paris, Livraria Garnier, 1910)
- *Outras relíquias** (Rio de Janeiro, H. Garnier, 1910)
- *Teatro** (Rio de Janeiro, H. Garnier, 1910)
- *A Semana** (Rio de Janeiro/Paris, Garnier, 1914)
- *Machado de Assis e Joaquim Nabuco** (São Paulo, Monteiro Lobato, 1923)
- *Cartas de Machado de Assis e Euclides da Cunha** (Rio de Janeiro, Waissman, Reis & Cia., 1931)
- *Correspondência** (Rio de Janeiro, Americo Bedeschi, 1932)
- *Novas relíquias** (Rio de Janeiro, Guanabara, 1932)
- *Crônicas** vol. I (Rio de Janeiro, W. M. Jackson, 1937)
- *Crônicas** vol. II (Rio de Janeiro, W. M. Jackson, 1937)
- *Crônicas** vol. III (Rio de Janeiro, W. M. Jackson, 1937)
- *Crônicas** vol. IV (Rio de Janeiro, W. M. Jackson, 1937)
- *Contos fluminenses** 2º volume (Rio de Janeiro, W. M. Jackson, 1937)
- *Crítica literária** (Rio de Janeiro, W. M. Jackson, 1937)
- *Crítica teatral** (Rio de Janeiro, W. M. Jackson, 1937)
- *Histórias românticas** (Rio de Janeiro, W. M. Jackson, 1937)
- *Relíquias de casa velha** .º volume (Rio de Janeiro, W. M. Jackson, 1937)
- *Páginas esquecidas** (Rio de Janeiro, Casa Mandarino, 1939)
- *Casa velha** (São Paulo, Martins, 1944)
- *Contos esparsos** (Rio de Janeiro, Civilização Brasileira, 1956)
- *Contos avulsos** (Rio de Janeiro, Civilização Brasileira, 1956)
- *Contos esquecidos** (Rio de Janeiro, Civilização Brasileira, 1956)
- *Contos recolhidos** (Rio de Janeiro, Civilização Brasileira, 1956)
- *Contos sem data** (Rio de Janeiro, Civilização Brasileira, 1956)
- *Contos e crônicas** (Rio de Janeiro, Civilização Brasileira, 1958)
- *Crônicas de Lélio** (Rio de Janeiro, Civilização Brasileira, 1958)
- *Dispersos** (Rio de Janeiro, Ministério da Educação e Cultura/Instituto Nacional do Livro, 1965)
- *Correspondência de Machado de Assis com Magalhães de Azeredo** (Rio de Janeiro, Instituto Nacional do Livro, 1969)
- *Terpsícore** (São Paulo, Boitempo, 1996)

Bibliografia passiva Machado encontrou excelente receptividade crítica dos contemporâneos. Excelente e razoável em número, se considerarmos a escassez de artigos e estudos críticos na época em que viveu, sobretudo no período romântico. Nas últimas duas décadas do século XIX, a crítica se consolidou com nomes como José Veríssimo,* Sílvio Romero,* Araripe Júnior,* e o número de artigos e estudos se tornaram mais fartos. No período que vai da morte do escritor a meados dos anos 1930, os estudos machadianos se mantiveram em níveis discretos. Voltaram a se intensificar com a proximidade do centenário de nascimento, a partir de 1936, ano de publicação da biografia pioneira, e admirável, de Lúcia Miguel Pereira. Os anos 1940 foram de consolidação dos estudos machadianos, que teriam um novo e intenso surto na década seguinte, com as comemorações do cinquentenário de morte. A partir daí, ocorre um processo acelerado de internacionalização de sua obra, que coincide com o acirramento dos estudos efetuados em âmbito universitário, no Brasil e no exterior. Machado ingressa, definitivamente, no quadro das grandes figuras da literatura universal. Há três fontes para se estudar a bibliografia sobre Machado. Publicadas com alguns anos de intervalo, mostram com clareza a crescente receptividade ao escritor, à medida que nos afastamos de sua vida. O trabalho pioneiro, *Fontes para o estudo de Machado de Assis*, de José Galante de Sousa, publicado em 1958, abrange o período de 1857 a 1957, totalizando 1884 verbetes. Sete anos depois era lançada a *Bibliographie Descriptive, Analytique et Critique de Machado de Assis*, de Jean-Michel Massa, abrangendo os anos de 1957 (recenseado em parte por Galante) e 1958, registrando 713 itens. Editado em 2005, a *Bibliografia Machadiana*, de Ubiratan Machado, cobre os anos de 1959 a 2003, registrando 3282 verbetes. Cabe ainda registrar o levantamento bibliográfico efetuado por Albert I. Bagby Jr., em *Eighteen Years of Machado de Assis: A Critical Annotated Bibliography for 1956-74* (*Hispania*, vol. 58, pp. 648-683, outubro de 1975). Ao todo, cerca de seis mil registros, aos quais podem ser acrescidos mais uns três mil itens, referentes a estudos e notícias publicados no Brasil e no exterior, que passaram despercebidas aos citados estudiosos.

Biblioteca Leitor voraz, mas ruminativo, daqueles que viram e reviram os textos pelo avesso, Machado reuniu uma excelente biblioteca, ao longo da vida, doada pelo escritor, *in extremis*, a Laura Costa Leitão de Carvalho.* Quantos volumes seriam? O inventário* dos bens do escritor relaciona os seus livros da seguinte forma: "400 volumes encadernados de diversos autores 600 mil réis; 600 volumes em brochura de diversos autores 300 mil réis; 400 folhetos de diversos autores 120 mil réis", totalizando 1.400 volumes. Mas é certo que a biblioteca de Machado ultrapassava esse total, contendo, provavelmente, entre 1.800 a 2 mil volumes. Em verdade, os inventariantes

Um dos primeiros estudos, em livro, sobre Machado

procederam de maneira amadorística, como se tivessem pressa de terminar. Tudo indica que os livros não tenham sido contados, mas realizada uma simples estimativa. O primeiro levantamento do que restou da coleção machadiana, efetuado em 1961, por Jean-Michel Massa ("A biblioteca de Machado de Assis", in *Revista do Livro*, nº 21-22, março-junho de 1961) registrou 723 volumes, todos encadernados, quase o dobro do relacionado no inventário. Em pesquisa realizada em 1989, Glória Viana ("Revendo a biblioteca de Machado de Assis", in *A biblioteca de Machado de Assis*, organização de José Luís Jobim) encontrou 15 volumes não relacionados por Massa e constatou que 77 itens citados pelo estudioso francês haviam desaparecido da Academia Brasileira de Letras.* Dessa forma, o total de volumes encadernados chegava a 738. Quantos seriam os livros desaparecidos após a morte do escritor? A primeira amputação da biblioteca machadiana, segundo tradição familiar, ocorreu dias após a morte do escritor, quando foram dados, não se sabe a quem, cerca de duzentos volumes. Na mesma ocasião, um pouco antes ou depois, os herdeiros de Machado, através de José Veríssimo, legaram à Academia um número não especificado de livros, todos com dedicatórias. Na década de 1940, os exemplares restantes em brochura, colocados em uma garagem, foram destruídos pela umidade e pelos insetos. Quantos seriam? Duzentos? Quinhentos? Nunca saberemos. O que sabemos é que os volumes que restam não estão anotados. O escritor não tinha o hábito de sublinhar frases ou trechos nem de escrever as suas impressões de leitura nos livros. Para isso, utilizava-se de cadernos. A exceção encontra-se em alguns volumes, abordando temas orientais, que lhe foram oferecidos pela viúva de Artur de Oliveira. Neles, Machado anotou: "Foi-me dado pela viúva de Artur de Oliveira, como lembrança deste meu bom amigo. M. de A.". Por outro lado, um grande número deles, com predomínio dos brasileiros contemporâneos, encontram-se autografados. Mas estes são minoria. A maioria dos livros conhecidos, mais da metade, são em língua francesa, levando Massa a observar que era uma biblioteca "de predominância e caracterização francesa". Restaram ainda exemplares em grego, italiano, espanhol, inglês, alemão e português. No que se refere às especialidades presentes na biblioteca, o mesmo estudioso adotou um critério linguístico para classificá-la em 11 domínios de conhecimento, aceitável ou discutível como qualquer classificação: grego, latino, bíblico e religioso, oriental, italiano, espanhol, português, brasileiro, inglês, alemão, francês, além de obras de caráter geral. Se bem que sem a fidelidade desejada, devido aos volumes extraviados, a biblioteca machadiana reflete as preocupações, interesses e afinidades espirituais de seu dono e sua curiosidade por múltiplos ramos de conhecimento: história, filosofia, psicologia. Revela também o seu gosto em ler, sempre que possível, os clássicos universais na língua original. Assim, a coleção de literatura francesa contém quase todos os seus grandes autores, leituras circunstanciais ou frequentes de Machado. Nesse caso, os moralistas, de que tanto gostava, e mais Renan,* Flaubert, Mérimée, Musset,* Stendhal,* Balzac, Victor Hugo,* La Fontaine,* Pascal,* Montaigne.* Em inglês encontramos as obras completas de Shakespeare,* no idioma original, e na tradução francesa de E. Montegut, bem como *A divina comédia* em italiano, o *Dom Quixote* em espanhol. Schopenhauer* acha-se representado em alemão e em traduções francesas. Dessa forma, se a biblioteca machadiana esclarece alguns de seus interesses e revela o grau de admiração por determinados autores, por outro lado, propõe problemas. Muitos autores lidos por Machado e citados com frequência em seus escritos não se encontram relacionados, como Molière,* uma de suas grandes paixões, e o russo Ivan Turguêniev. Heine, que Machado traduziu e gostava de citar em alemão, está presente apenas através de tradução francesa de um livro em prosa. A literatura brasileira acha-se escassamente representada, podendo-se admitir que a maioria das obras fosse em brochura. O mesmo pode-se pensar da literatura portuguesa, da qual há apenas um livro de Eça de Queirós,* quando Machado conhecia se não toda, pelo menos uma boa parte da obra do colega português. Há uma descrição da biblioteca de Machado, o único lugar da casa onde Carolina não podia arrumar. Ficava no segundo andar, a janela dando para Santa Teresa. "A porta abrindo para a varanda fora inutilizada por um armário envidraçado, e defronte, a escrivaninha sempre coberta de papéis; com a cadeira de espaldar baixo, arredondada, confortável. Ladeando todas as paredes, estantes com livros encadernados e profusão de brochuras. Pilhas de livros, revistas e jornais enchiam os cantos, transbordavam das cadeiras numa desordem nada artística" (Francisca de Basto Cordeiro, *Machado de Assis que eu vi*).

Biblioteca Brasileira Dirigida por Quintino Bocaiuva,* a coleção Biblioteca Brasileira pretendia publicar, a cada mês, uma obra de autor nacional, sem discriminar gênero: história, viagens, literatura, filosofia, ciências práticas. Numa tentativa de baratear o preço do livro brasileiro, cada volume custava 1 mil réis. A assinatura anual ficava em 12 réis. O primeiro volume, a *Lírica nacional,** organizada por Quintino, saiu em maio de 1862. Nele figuram dois trabalhos de Machado: o poema "Coração perdido"* e uma paráfrase ao canto do escravo da tragédia *Cleópatra*, de Mme. de Girardin,* intitulada "Cleópatra e o escravo".* Machado referiu-se à coleção Biblioteca Brasileira, em crônica publicada no *Diário do Rio de Janeiro,** de 24 de março de 1862, apontando a importância de seu papel para difundir "a instrução literária que falta à máxima parte dos leitores". Em julho de 1863, depois de ter publicado doze números, correspondentes a oito livros, a coleção Biblioteca Brasileira transformou-se em revista. No tomo I desta nova fase, denominada de "segundo ano", saíram três números, correspondentes aos meses de julho, agosto e setembro. No segundo, Machado publicou a tradução de "As ondinas",* de Heine,* com a assinatura Machado de Assis.*

Biblioteca Fluminense "Associação de leitura", fundada em 11 de abril de 1847, por Bernardo Joaquim de Oliveira, com sede na rua do Sabão, 45. Mais tarde, mudou-se para a rua do Ouvidor, próximo à Livraria Garnier.* Viveu sua fase áurea quando dirigida pelo bibliófilo Francisco Antonio Martins. Em 1868, tinha 34 mil volumes. No início de sua vida, a Academia Brasileira de Letras, sem sede, chegou a realizar duas reuniões na Biblioteca (dias 25 de outubro de 1898 e 10 de agosto de 1899), então em plena decadência, os milhares de livros cobertos de poeira. Os poucos acadêmicos que participaram das sessões ali realizadas reclamaram que "o local era por demais lúgubre e tumular" (Rodrigo Otávio).

Biblioteca Machado de Assis Primeira biblioteca pública da cidade de Itajubá, MG, fundada em 25 de janeiro de 1883 por João Dalle Afflalo,* Cristiano Pereira Brasil, Frederico Schummann Sobrinho e Geraldino Campista, que ofereceram as suas coleções particulares para início do acervo da Biblioteca. A homenagem comoveu Machado, que, na ocasião, enviou à biblioteca um exemplar de *Os deuses de casaca** e, no ano seguinte, as *Histórias sem data.**

Biblioteca Nacional Machado frequentou a Biblioteca Nacional, quando localizada no Hospital da Ordem Terceira do Carmo, na rua Direita (atual Primeiro de Março), mas sem grande assiduidade. No códice *Consulta Pública 1854-1860* acham-se registradas oito consultas, referentes aos anos de 1854 e 55, uma em 18 de dezembro de 1854 (pediu a revista portuguesa *O Panorama*, anos de 1841-1844) e sete no ano seguinte, quando consultou obras tão diversas como as publicações *O Panorama*, *A Marmota*,* *O Brasil Ilustrado*, e livros como *História do Brasil*, do general Abreu e Lima e a *Corografia Brasílica*, do Padre Aires de Casal. Em 1858, a B.N. mudou-se para o largo da Lapa, 46. Como no antigo endereço, só permanecia aberta das 9 da manhã às duas da tarde, provocando protestos indignados. "A Biblioteca Pública só está aberta às horas em que ninguém precisa dela", ironiza Machado em crônica publicada na *Semana Ilustrada*,* de 10 de agosto de 1862. Na mocidade, o escritor preferia frequentar o Gabinete Português de Leitura,* que oferecia um horário de atendimento mais amplo e emprestava livros aos sócios. Na maturidade, Machado perdeu o hábito de frequentar bibliotecas públicas. Seu nome, porém, chegou a ser cogitado para dirigir a B.N. Em 1874, foi convidado por Ramiz Galvão* para assumir a chefia da seção de manuscritos, que recusou. Alegou que estava satisfeito com o seu posto na Secretaria de Agricultura.*

Biblioteca Universal Coleção de romances, livros de viagens, política, poesias etc., editada por B. L. Garnier,* in 8º, vendidos a 2 mil réis. Nesta coleção saiu a primeira edição de *Helena*.*

Bibliotecário Machado exerceu a função de bibliotecário por duas vezes. A primeira na Sociedade Arcádia Brasileira,* eleito em 17 de agosto de 1861, para um mandato de dois anos. Em 1883, quando o Clube Beethoven* mudou os seus estatutos, criou-se o cargo de bibliotecário, para o qual Machado foi escolhido. Nas eleições realizadas no ano seguinte, manteve-se no posto. Saiu-se tão bem que foi reeleito em 4 de março de 1886, para um novo período de dois anos.

Bilac, Olavo (O. Brás Martins dos Guimarães B.) Quase trinta anos mais novo do que Machado, Olavo Bilac (Rio de Janeiro, RJ, 1865) durante toda a sua carreira literária demonstrou a maior reverência pelo colega. Em 1885, mais ou menos, ainda estudante de medicina, foi apresentado ao escritor famoso por Bernardo de Oliveira,* irmão de Alberto de

Olavo Bilac

Oliveira.* Quando se retirou, Bernardo indagou a Machado o que achara do jovem poeta. "Tem cara de burro!", teria sido a resposta. Se a história é verdadeira, Machado logo constataria seu engano. Magalhães de Azeredo* conta que, quando Bilac publicou o primeiro livro, Machado costumava dizer: "Apareceu ultimamente um poeta...". O poeta era também cronista e colaborador intenso de várias publicações, ginástica requerida para a sobrevivência pessoal. Em 1886, participou do banquete comemorativo dos vinte e dois anos de publicação das *Crisálidas*,* quando leu *A Tentação de Xenócrates*, "que lhe valeu uma verdadeira ovação". Em 1888, com a publicação das *Poesias*, Bilac de um salto tornou-se um dos mestres da poesia brasileira. Neste ano, junto com Machado e outros, participou do efêmero Grêmio de Letras e Artes.* Em diversas ocasiões, o poeta referiu-se a Machado e analisou seus livros. A primeira vez foi sobre as *Várias histórias*,* na seção "Crônica Livre", de *O Comércio de São Paulo** (20 de outubro de 1895), e uma resenha assinada O., em *A Cigarra** (24 de outubro de 1895). Em 1896, Bilac fundou *A Bruxa*,* recebendo a simpatia de Machado, que colaborou na revista com o "Soneto de Natal".* No ano seguinte, assumiu a crônica dominical da *Gazeta de Notícias*,* em substituição a Machado, que se aposentava como cronista. Uma autêntica consagração. Quando se ausentou durante duas semanas, para viajar à Argentina, Machado substituiu-o. Em 3 de outubro de 1907, Machado compareceu ao banquete oferecido a Bilac, no Palace-Théâtre. Meses antes se aborrecera com o colega, que, em sua crônica de *A Notícia*,* de 6 de abril de 1907, tinha acusado a Academia Brasileira de Letras* de inatividade. "Aquilo não parece Academia: parece um Asilo de Inválidos", "uma corporação absolutamente inútil", onde cada acadêmico era como "um faquir, extasiado na contemplação do próprio umbigo e na contemplação dos umbigos dos vizinhos". Mesmo assim, Machado recebeu-o com cordialidade na sessão seguinte da Academia. A crônica de 4 de outubro de 1908, na *Gazeta de Notícias*,* foi inteiramente dedicada a Machado. Um ano após a morte de Machado, a Academia inaugurou uma placa na casa da rua Cosme Velho, nº 18, informando que ali vivera e morrera o escritor. Bilac foi o orador da cerimônia. O poeta morreu no Rio de Janeiro, em 1918.

Bilhete (Um) Conto publicado em *A Estação*,* de 28 de fevereiro de 1885, com o pseudônimo de Z.Z.Z.* Incluído nos *Contos sem data*.*

Binóculo (O) Revista editada no Rio de Janeiro. Saíram apenas dois números. No primeiro, de 23 de setembro de 1862, figura a poesia "A Augusta".* O segundo e último apareceu em 5 de outubro.

Biógrafo Na faixa dos 20 anos, Machado ficou tentado pelo gênero biográfico. *O Espelho*,* de 9 de outubro de 1859, chegou a anunciar que ele escreveria uma série de biografias de figuras contemporâneas, acompanhadas de retratos tirados pelo fotógrafo Gaspar Guimarães.* A ideia não foi adiante. Em 1873, planejou uma biografia de José Basílio da Gama.* A dificuldade de acesso à documentação sobre o poeta, quase toda em Portugal, levou-o a dirigir-se a Araújo Porto-Alegre,* então em Roma, expondo-lhe o desejo de "escrever uma larga biografia deste nosso maviosíssimo poeta". Solicitava a intervenção do amigo junto a Gonçalves de Magalhães,* ministro em Lisboa, para que este o ajudasse. Não teve resposta, ou desistiu do projeto, assim como do gênero.

Biographo Pseudônimo não identificado de um colaborador do *Tagarela*, jornal publicado no Rio de Janeiro. Na seção "Poetas e Águias", de 19 de abril de 1902, Biographo publicou duas quadrinhas satíricas sobre Machado, ilustradas pela caricatura do escritor, de autoria de K.Lixto (Calixto Cordeiro).* Diziam o seguinte: "Aqui deixamos perene/ a nossa estima ao poeta./ Não chega talvez à meta/ esta *engrossação* solene./ Tenha o mestre a palavrinha!/ Silêncio! Não façam bulha./ – 'Era uma vez uma agulha'/ que disse a um novelo à linha... ".

Boas-Noites Pseudônimo com que Machado subscreveu a série de crônicas intituladas "Bons Dias!".*

Bob Pseudônimo utilizado por alguém em *O Mosquito*,* de 12 de agosto de 1876, assinando uma quadrinha em saudação à publicação do romance *Helena*,* em folhetim de *O Globo*.*

Bocaiuva, Quintino (Q. Ferreira de Sousa B.) Três anos mais velho do que Machado, Quintino Bocaiuva (Rio de Janeiro, RJ, 1836) abandonou o curso de direito para se dedicar integralmente ao jornalismo. Em 1860 já conhecia bem Machado, confiando-lhe a cobertura das atividades diárias do Senado para o *Diário do Rio de Janeiro*,* de que era redator. No ano seguinte, Machado dedicou-lhe o seu primeiro livro, a peça *Desencantos*, e criticou-lhe o drama *Os mineiros da desgraça** na seção "Revista Dramática"* do *Diário do Rio de Janeiro*,* de 24 de julho de 1861. No primeiro volume da coleção Biblioteca Brasileira,* a antologia intitulada *Lírica nacional** (1862), Quintino incluiu dois poemas de Machado. Nessa fase, os dois andavam sempre juntos, a julgar pelo depoimento de Nabuco, que os

Quintino Bocaiuva

classifica como "o Castor e o Polux dos meus catorze anos, por volta de 1863". A amizade prolongou-se por quase meio século, sem um atrito. Alfredo Pujol diz que "os gênios de ambos combinavam maravilhosamente". As poucas cartas de Machado ao amigo que restaram provam a solidez da amizade e a grande admiração pessoal e intelectual recíproca. Leia-se a descrição de Quintino por Machado em "O velho Senado":* "Bocaiuva era então uma gentil figura de rapaz, delgado, tez macia, fino bigode e olhos serenos. Já então tinha os gestos lentos de hoje, e um pouco daquele ar *distant* que Taine achou em Mérimée". Não se esquece de frisar que já então era um "*aristocrate de tempérament*" e "um liberal bastante para dar um republicano convicto". Quintino foi um dos primeiros críticos de Machado. Por ocasião da estreia de *O caminho da porta*,* analisou a peça machadiana, em opinião reproduzida no folhetim de Henrique César Muzzio* publicado no *Diário do Rio de Janeiro*, de 14 de setembro de 1862. Apesar de fazer restrições a Machado como autor teatral, este solicitou-lhe, por meio de carta, que prefaciasse o seu volume de *Teatro** (1863), por um motivo duplo: "razão de estima literária e razão de estima pessoal". Quintino aceitou, redigindo a *Carta ao Autor*,* um dos dois únicos prefácios de terceiros em obras de Machado (o outro é de Caetano Filgueiras,* nas *Crisálidas**). Quando não estavam próximos, se correspondiam. Em 1866, Quintino fundou com o empresário cubano Bernardo Caymari* a Imperial Sociedade de Imigração, que se propunha trazer, para o Brasil, imigrantes norte-americanos insatisfeitos com os rumos do país, após a Guerra da Secessão e, sobretudo, a abolição do trabalho escravo. Com esse objetivo, Quintino partiu para os Estados Unidos.* Machado enviou-lhe então, pelo menos, três cartas. Não demorou para que Quintino precisasse de Machado. A Imperial Sociedade de Imigração foi acusada de trazer para o Brasil pessoas com problemas com a justiça norte-americana. O editorial do *Diário do Rio de Janeiro*, de 22 de janeiro de 1867, redigido por Machado, defendia Quintino, procurando disfarçar o improviso com que o processo imigratório fora implantado. Graças à intercessão do amigo, Machado conseguiu ingressar no funcionalismo público. Com bom trânsito nos meios políticos, Quintino apresentou Machado a Afonso Celso,* então ministro da Marinha, que lhe obteve emprego no *Diário Oficial*.* Em sua atividade jornalística, Quintino trabalhou em outras publicações, como o *Correio Mercantil** e *O Globo*.* Neste último, exercia o cargo de redator-chefe, quando Machado publicou ali os romances *A mão e a luva** e *Helena*.* Republicano histórico, Quintino integrou o governo provisório como ministro interino da Agricultura e Obras Públicas, enquanto o titular da pasta, Demétrio Ribeiro, não era empossado. Trabalhou de 15 de novembro a 7 de dezembro de 1889, 21 dias portanto, durante os quais chefiou Machado. Faleceu em sua cidade natal, em 1912.

Bocejo (O) Crônica publicada a 19 de junho de 1892, na seção "A Semana",* da *Gazeta de Notícias*.* O título foi incorporado por Mário de Alencar no livro *A Semana*.*

Bodas de Joaninha (As) Opereta em um ato traduzida por Machado que nela encaixou uma poesia de sua autoria. Carlos Gomes* colaborou na parte musical, compondo a ária final. Esses dados indicam que o trabalho foi adaptado à cena brasileira. A tradução está perdida. O pouco que se sabe da peça deve-se a uma nota publicada no *Jornal do Commercio*,* de 10 de julho de 1861. João, "amante da boa pinga e das raparigas fadistas", detesta o casamento. Levado à igreja, foge, deixando atônitos a noiva e os convidados. Joaninha, a noiva, porém, consegue ser bastante hábil para convencer o rapaz a casar-se com ela. *As bodas de Joaninha* estreou em 8 de julho de 1861, no Teatro Ginásio Dramático,* representado pela Ópera Lírica Nacional.* Os papéis principais foram interpretados por Eduardo Medina Ribas* e Luísa Amat.* Deu-se, ainda, a estreia de um menino de 13 ou 14 anos. *O Periódico da Juventude*, de 15 de julho, também se referiu à estreia das *Bodas*, elogiando a originalidade, graça e ligeireza da música. Existem controvérsias quanto à peça original. Para uns, Machado baseou-se na obra do espanhol Luiz Olona Gaeta,* com música de Martin Allú.* Outros apontam como modelo a peça *Les Noces de Jeannette*, música de Victor Massé, texto de Michel Carré e Paul Jules Barbier.* Um anúncio da época, porém, não deixa dúvidas: "2ª feira – 8 de julho de 1861. Primeira representação da nova ópera cômica em um ato, letra do Sr. Machado de Assis, música de Martin Allú, *As bodas de Joaninha*". (*Jornal do Commercio*, 8 de julho de 1861).

Bodas do Dr. Duarte (As) Conto publicado no *Jornal das Famílias*,* de junho e julho de 1873, com o pseudônimo de Lara.* Incluído nas *Histórias da meia-noite*,* com o título alterado para "As bodas de Luís Duarte".

Bodas de Luís Duarte (As) Vide "As bodas do Dr. Duarte".

Boletim da Academia Brasileira de Letras O *Boletim* publicou dois discursos de Machado, o proferido na sessão inaugural da Academia, em 20 de julho de 1897, com o título "Abertura pelo Sr. Machado de Assis, Presidente" (nº 1, setembro de 1897), e o "Discurso do Sr. Machado de Assis, Presidente, na sessão de encerramento, de 7 de dezembro de 1897" (nº 2, maio de 1901). Primeira publicação editada pela Academia, limitou-se a estes dois números, só ganhando um substituto em julho de 1910, quando começou a circular a *Revista da Academia Brasileira de Letras.*

Boletim da Sociedade dos Amigos de Machado de Assis Ver *Revista da Sociedade dos Amigos de Machado de Assis.*

Bonde da Semana Grupo de escritores que se reunia na redação de *A Semana*,* na travessa do Ouvidor, pelos anos de 1887 e 1888. Valentim Magalhães,* diretor da publicação, dizia que Machado era o condutor.

Bonifácio, José (J. B. de Andrada e Silva) Estadista, patriarca da independência, sábio, José Bonifácio (Santos, SP, 1763 – Niterói, RJ, 1838) desempenhou um papel de extraordinário relevo na história do Brasil. Machado admirava o homem público e o poeta, "autor da bela *Ode aos Gregos*" (*A Semana*,* 26 de junho de 1892). Na mocidade, no poema "Os arlequins",* reivindicou uma estátua em homenagem ao Andrada. Quando o monumento foi inaugurado, em 7 de setembro de 1872, publicou o poema "À inauguração da estátua de José Bonifácio",* escrito por sugestão de Joaquim Norberto.*

José Bonifácio, o moço

Bonifácio, o moço, José (J. B. de Andrada e Silva, dito J. B., o moço) Nascido em Bordeaux, França, em 1827, era um típico representante da família Andrada e Silva, sendo um homem de amplos horizontes espirituais e intelectuais. Formado em direito, pela Faculdade de São Paulo, foi poeta, professor, político (deputado em quatro legislaturas, senador, ministro da Marinha e do Império). Machado foi admirador do seu talento excepcional, de suas ideias e de sua oratória inigualável, segundo os contemporâneos. Uma prova dessa admiração é o soneto "26 de outubro",* escrito por ocasião da morte do Andrada, ocorrida em São Paulo, em 1886, e que figurou numa polianteia,* organizada pela *Gazeta de Notícias.**

Bons Dias! Com este título, Machado publicou 48 crônicas na *Gazeta de Notícias*,* de 5 de abril de 1888 a 29 de agosto de 1889, e uma na *Imprensa Fluminense*,* de 20 e 21 de maio de 1888, sempre com o pseudônimo de Boas-Noites.* As crônicas publicadas na *Gazeta* saíram nos seguintes dias: 5, 12, 19, 27 de abril; 4, 11, 19, 27 de maio; 1, 11, 16, 26 de junho; 6, 15, 19, 29 de julho; 7, 26 de agosto; 6, 16 de setembro; 6, 21, 28 de outubro; 10, 18, 25 de novembro; 17, 27 de dezembro de 1888; 13, 21, 26, 31 de janeiro; 6, 13, 23, 27 de fevereiro; 7, 19, 22, 30 de março; 20 de abril; 7, 14,

29 de junho; 3, 13, 22, 29 de agosto de 1889. Essas crônicas, com exceção da publicada na *Imprensa Fluminense*, foram reunidas por R. Magalhães Júnior em *Diálogos e reflexões de um relojoeiro** e a série completa por John Gledson em *Bons Dias!*.*

Bons Dias! Reunião das crônicas com esse título publicadas na *Gazeta de Notícias** e na *Imprensa Fluminense*,* com introdução e notas de John Gledson (São Paulo, Hucitec/Editora Unicamp, 1990, 236 pp.).

Botas (As) Conto dialogado publicado na *Semana Ilustrada*,* de 25 de fevereiro de 1866, com o pseudônimo de Milliès.* Transcrito na *Revista da Sociedade dos Amigos de Machado de Assis*, nº 7, de 29 de setembro de 1961.

Bote de Rapé (O) "Comédia em sete colunas", publicada em *O Cruzeiro*,* de 26 de março de 1878, com o pseudônimo de Eleazar.* Incluído nos *Contos sem data*.*

Bouilhet, Louis Hyacinthe Desse poeta e dramaturgo francês (1821-1869), discípulo e amigo de Flaubert, Machado traduziu o poema "Cegonhas e rodovalhos"* (*Cigognes et Turbots*).

Boynton, George Boynton Em 18 de fevereiro de 1892, em pleno período do encilhamento, o norte-americano Boynton deu entrada na Secretaria de Agricultura, Comércio e Obras Públicas,* de um "Relatório de Invenção", destinado à "obtenção do capital necessário a um empreendimento qualquer", por meio "da venda de cartões numerados e sujeitos a sorteios". Era uma espécie de corrente da felicidade, mais sofisticada. O relatório foi aprovado e publicado no *Diário Oficial* do dia 30 de maio. Machado tomou conhecimento da concessão da carta-patente ao ler os jornais e vendo que se tratava de uma espécie de loteria, portanto contrário à lei, dirigiu-se à seção incumbida de fornecer informações sobre o caso. De posse da resposta, encaminhou ao ministro um pedido de anulação da patente, com o que concordou o titular da pasta, Antão Gonçalves de Faria.* Inconformado, Boynton entrou com uma nova petição, no dia 22 de agosto, pedindo a reconsideração do despacho ministerial. Examinada por Machado, então diretor* da Diretoria de Comércio, o documento foi rejeitado, por falta de base legal. O despacho de Machado foi confirmado pelo novo ministro, Inocêncio Serzedelo Correia,* com a data de 3 de setembro de 1892. O esperto norte-americano teve de procurar outro meio de ganhar dinheiro fácil.

Braços (Uns) Conto que figura nas *Várias histórias*.* Publicado pela primeira vez na *Gazeta de Notícias*,* de 5 de novembro de 1885, com a assinatura Machado de Assis.*

Braga, Artur Ferreira Marido de Emília Novaes,* irmã de Carolina.* Casaram-se no Porto. Exerceu as funções de cônsul de Portugal em Recife e em Jaguarão, RS. Aposentado, fixou-se no Rio de Janeiro. O casal teve três filhos, sendo que a primogênita, Sara,* tornou-se comadre de Machado.

Braga, Belmiro (B. Belarmino de Barros B.) Apesar de sempre viver, e morrer, em sua cidade natal (Juiz de Fora, MG, 1872-1937), Belmiro Braga conseguiu renome nacional como poeta. As suas obras, *Montesinas* (1902), *Contas do Meu Rosário* (1918) e outras tinham um lirismo ingênuo que comovia o leitor brasileiro da época. Belmiro era grande admirador de Machado e, em ano não especificado, quando a passeio no Rio de Janeiro, frequentava a livraria Lombaerts* apenas para ver o autor do *Dom Casmurro* folheando livros, despreocupado: "Chegando ao Rio, eu ia, às tardes, para essa livraria e ali ficava a comprar lápis e outras miudezas até que ele chegasse. Duvido que o mais apaixonado dos namorados aguardasse o seu amor com a impaciência e o embaraço com que eu aguardava Machado de Assis", narra em seu livro de memórias, intitulado *Dias idos e vividos* (1936). No início de setembro de 1907, quando Machado sofreu um ataque epilético na praça xv, sendo fotografado por Augusto Malta,* Belmiro escreveu-lhe, fazendo votos de pronto restabelecimento, recebendo em resposta uma carta curta, datada do dia 4 daquele mês. Mais tarde, em suas citadas memórias, divulgou uma carta atribuída a Machado, na qual o escritor carioca se referia

Belmiro Braga

de maneira elogiosa à sua poesia. J. Galante de Sousa (in *Bibliografia de Machado de Assis*, pp. 489-191) confrontou este texto com a crítica machadiana às *Estrelas errantes*, de Quirino dos Santos, demonstrando que ela repetia palavra por palavra o artigo de Machado sobre o poeta paulista, excetuados os trechos adaptados à circunstância. Como é difícil aceitar que Machado fizesse um papel tão ridículo, concluímos que tudo não passou de uma ingênua mistificação de Belmiro, desejoso talvez de tornar as suas memórias mais interessantes. Quando o criador de Capitu faleceu, Braga escreveu um artigo para *O Pharol*,* de Juiz de Fora, no qual dizia: "Não tive a ventura de o conhecer pessoalmente, mas, entre o melhor dos bens que posso legar ao meu filho, está o maço de suas cartas", que, aliás, nunca apareceram.

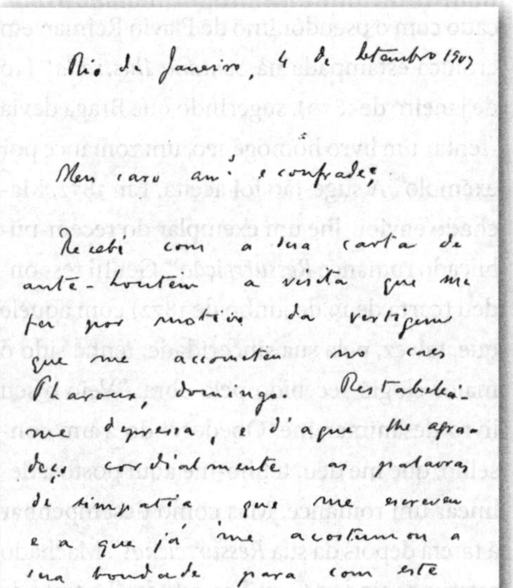

Rio de Janeiro, 4 de Setembro 1907

Meu caro am.º e confrade:

Recebi com a sua carta de ante-hontem a visita que me fez por motivo da vertigem que me accometeu no caes Pharoux, domingo. Restabeleci-me depressa, e d'aqui lhe agradeço cordialmente as palavras de sympathia que me escreveu e a que já me acostumou a sua bondade para com este

Velho collega e am.º

Machado de Assis

Carta a Belmiro Braga

Braga, Francisco Gonçalves Um dos primeiros amigos de Machado nos meios literários, nasceu em Braga, Portugal, em 1836. Aos 11 anos, fixou-se em Recife. Em 1854, mudou-se para o Rio de Janeiro, trabalhando como caixeiro. Colaborador de A *Marmota*,* foi o primeiro mestre e modelo de Machado, cuja produção inicial influenciou de maneira marcante. Em 1855, já eram amigos e confidentes. Machado dedicou-lhe uma de suas primeiras poesias, "A palmeira",* publicada na *Marmota Fluminense* (16 de janeiro de 1855), e usou como epígrafe a "Ela"* (*Marmota Fluminense*, 12 de janeiro de 1855), versos do amigo. Naquele ano, Braga retornou a Portugal e Machado dedicou-lhe o poema "Saudades"* (*Marmota Fluminense*, 1º de maio de 1855). No número de 9 de outubro desse jornal, dirigiu ao amigo o poema "No álbum do Sr. F. G. Braga",* que Braga respondeu com outro, intitulado "Ao Senhor J. M. M. d'Assis", inserto na mesma publicação, número de 14 de outubro. No ano seguinte, iniciaram-se as reuniões no escritório de Caetano Filgueiras,* onde ambos foram assíduos, e Braga publicou as suas *Tentativas poéticas*. Logo, Machado descobriu a mediocridade do poeta, restando apenas o sentimento de amizade. No poema "Esperança"* (*Correio Mercantil*, 21 de outubro de 1858) Braga é apenas "irmão de crença". No ano seguinte, quando o português traduziu uma peça do francês, Machado escreveu três linhas, nas quais chama o amigo de "moço de talento e bom senso, sobretudo, que é o que falta a muitos talentos" e diz que ele "merece por certo aplausos por esse trabalho" ("Revista de Teatros", *O Espelho*, 18 de setembro de 1859). Um tom muito distante da admiração inicial. Braga faleceu no Rio de Janeiro, em março de 1860. Alguns anos depois de sua morte, em 1867, no Teatro São José, em São Paulo, foi representado o drama *A atriz hebreia*,* de Giovanni Fonte Basso, que Gonçalves Braga havia traduzido e dedicado a Adelaide Amaral.* Na peça, figura um poema escrito por Machado, com acompanhamento musical do maestro Júlio José Nunes,* que se inicia pelo verso "Lá vai a flor que arremessara o vento".* Foi a última vez que o nome dos dois amigos andou junto.

Braga, Gentil Homem de Almeida Nascido na província (São Luís, MA, 1835) e ali vivendo, Gentil Homem iniciou correspondência com Machado, a partir de 1870, graças ao empenho do amigo em comum Joaquim Serra.* A primeira carta dirigida a Machado está datada de 20 de fevereiro de 1870. O escritor carioca respondeu em 14 de março (carta considerada perdida), como se comprova na missiva que lhe dirigiu Braga, com data de 4 de abril, na qual prometia escrever sobre o amigo, louvando "a sua individualidade literária, uma das mais distintas dentre a mocidade laboriosa do tempo". No início do ano, Machado havia comentado o livrinho *Entre o Céu e a Terra* (1869), publicado com o pseudônimo de Flávio Reimar, em crônica estampada na *Semana Ilustrada** (30 de janeiro de 1870), sugerindo que Braga devia "tentar um livro homogêneo, um romance por exemplo". A sugestão foi aceita. Em 1872, Machado enviou-lhe um exemplar do recém-publicado romance *Ressurreição*.* Gentil respondeu (carta de 19 de junho de 1872) com aquele que, talvez, pela sua sinceridade, tenha sido o maior elogio recebido pela obra: "Veio o seu livro desanimar-me. Obedecendo a um conselho, que me deu, tenho-me aqui posto a delinear um romance. Mas como desempenhar a tarefa depois da sua *Ressurreição*?". Machado referiu-se ainda a Gentil no estudo "Instinto de nacionalidade"* (março de 1873), incluindo-o entre os poetas surgidos nos anos 1860 e 1870, ao lado de Castro Alves,* Luís Guimarães Júnior* e outros. A morte do poeta maranhense foi registrada em crônica de 15 de agosto de

1876, na seção "História de Quinze Dias",* publicada na *Ilustração Brasileira*.*

Braga, Joaquim de Carvalho Casado com Joana Ferreira Felício,* filha dos condes de São Mamede.* O seu casamento e o de Machado e Carolina* realizaram-se na mesma ocasião, na capela particular da residência do conde.

Braga, Narciso Editor musical, estabelecido com casa de pianos e música na rua do Ouvidor, 89. Em 1867, lançou o álbum de composições de Artur Napoleão *Ecos do passado*,* no qual figurava a serenata "A lua da estiva noute",* com versos de Machado. Mais tarde, Braga associou-se a Napoleão, criando uma nova firma.

Braga, Sara Vide "Costa, Sara Braga Gomes da".

Braga, Teófilo (Joaquim T. Fernandes B.) Um dos líderes da "geração de 70", que renovou a literatura e o pensamento português, Braga (Ponta Delgada, Açores, 1843 – Lisboa, Portugal, 1924) foi um polígrafo de obra extensa, poeta, contista, biógrafo, crítico, tradutor, historiador, folclorista, autor ainda de trabalhos de filosofia e de doutrinação política. Exerceu grande influência intelectual. Republicano ardoroso, assumiu a chefia do governo provisório e tornou-se o primeiro presidente de Portugal. Sua obra teve alguma repercussão no Brasil, nem sempre positiva. Sílvio Romero acusou-o de "apoderar-se da distribuição etnográfica" dos *Contos Populares do Brasil* e "praticar várias alterações no conteúdo da obra". O livro, enviado a Lisboa, foi consultado por Braga antes de sua publicação. A propósito, o crítico brasileiro escreveu o violento folheto *Uma esperteza* (*Os cantos e os contos populares do Brasil e o Sr. Teófilo Braga*) (1887). Treze anos depois, Braga defendeu-se da acusação. Romero replicou com o artigo *Passe recibo*, publicado em livro por seu discípulo Augusto Franco, em 1904. Braga incluiu dois poemas de Machado ("Quando ela fala"* e "O leque",* ambos extraídos das *Falenas**) na antologia *Parnaso Português Moderno* (Lisboa, Francisco Arthur da Silva, 1877). Anos depois, classificou o escritor brasileiro como "grande talento" (*A Ilustração Portuguesa*, Lisboa, nº 47, 1886, p. 3).

Bragança, Maria Amélia Luísa Helena de Bourbon Orléans e Membro da família real francesa, nasceu na Inglaterra, em 1865. Casou-se com Carlos I, sendo a última rainha de Portugal. Faleceu na França, em 1951. Machado escreveu algumas palavras gentis em seu álbum de autógrafos.*

Branco, Camilo Castelo (C. Ferreira Botelho C. B.) Natural de Lisboa (1825), Camilo foi o escritor português mais lido e admirado no Brasil no século XIX. Inúmeros elos o prenderam ao nosso país: pensou em emigrar para cá, polemizou com brasileiros, publicou obras originais no Rio de Janeiro, como *Agulha em palheiro* (1863). O romance, escrito especialmente para *O Futuro*,* foi promovido por Machado em crônica naquela revista (5 de janeiro de 1863). À vida trágica e movimentada de Camilo e à sua obra desigual foram dedicadas dezenas de obras e artigos. Machado, que o chamou de "o Thierry da nossa língua", referiu-se a ele algumas vezes, aludindo aos seus "romances lindíssimos" e criticando o seu drama *Espinhos e flores* na "Revista Dramática",* do *Diário do Rio de Janeiro*,* em 13 de abril de 1860. Ambos colaboraram em *O Futuro*.* Dias antes de se suicidar em São Miguel de Seide, em 1890, o criador de *Amor de perdição*, *O sangue* e mais de uma centena de obras, recebeu a visita de D. Pedro II.* Mas Camilo não apreciava os escritores brasileiros, que fustigou no *Cancioneiro alegre* e nas *Noites de insônia*. Chegou a fazer severas restrições a José de Alencar,* referindo-se às "cenas de amor brasileiro, mórbidas e sonolentas, com a languidez com que as veste o Sr. J. de Alencar" (*Novelas do Minho*). Talvez por ser cunhado de Faustino Xavier de Novaes,* seu dileto amigo, ou lembrando-se da crítica elogiosa de 15 anos antes, Machado escapou da palmatória camiliana. Mereceu até um elogio chocho, quando o português referiu-se às "arrojadas mesclas de prosa e verso de Machado de Assis" (*Noites de insônia*). Em 1879, o solitário de Vila Seide dirigiu um novo elogio ao colega de além-mar – elogio revestido de espinhos –, ao considerá-lo um dos "iniciadores de uma literatura que seria Hércules no berço, se não fosse já envelhecida de Portugal".

Brandão, José Pires Advogado, jornalista, orador fogoso, "*causeur* de singular encanto, cavalheiro de primoroso trato" (Afonso Celso), foi um dos participantes das reuniões da Panelinha* e chegou a visitar Machado, em sua casa da rua Cosme Velho.*

Brás de Cubas Pseudônimo com que foi assinada uma nota de elogio à *Revista Popular*, publicada na seção de apedidos do *Correio Mercantil*,* de 20 de julho de 1859. Raimundo Magalhães Júnior atribuiu-o a Machado, baseado no fato de o escritor trabalhar no jornal, naquela época, e do nome ser repetido no principal personagem das *Memórias póstumas*,* vinte e um ano depois.

Brasil, Assis (Joaquim Francisco de A. B.) Político, historiador e diplomata, de imenso prestígio à época. Em 1896, nomeado por Prudente de Morais para o cargo de ministro plenipotenciário do Brasil em Lisboa, Assis Brasil (São Gabriel, RS, 1857 – Pinheiro Machado, RS, 1938) foi homenageado com um banquete no Cassino Fluminense, no dia 17 de julho. Machado participou da festa e a ela se referiu em crônica publicada em *A Semana** (19 de julho), classificando-a como "uma festa de família".

Brasil-Espanha-Portugal Polianteia publicada no Rio de Janeiro, em 1881, em homenagem ao bicentenário da morte de Calderón de la Barca.* Organizada pelos padres D. Carmelo Seoane, D. Evaristo Martinez Rodrigues e D. Daniel de Campos Avendano. O dinheiro arrecadado com a venda do folheto destinava-se ao Liceu de Artes e Ofícios, à Sociedade Espanhola de Beneficência e à Caixa de Socorros D. Pedro V. Machado colaborou com o seguinte texto: "Calderón foi três vezes espanhol do seu século: soldado, poeta e padre. Mas, soldado ou padre, sempre foi o amado das musas; levou-as para a guerra, como para o templo. Assim é que após dois séculos da morte do grande homem, não celebramos o soldado, nem o padre, mas somente o poeta, que recebeu de Lope de Vega o cetro da comédia castelhana e passou para a imortalidade. Machado de Assis".

Brasil Literário (O) Traços biográficos de F. J. de Santa Ana Néri* por Pedro do Rego. Acompanhados de escritos firmados por distintos jornalistas, literatos e parlamentares brasileiros. Publicado no Rio de Janeiro, em 1882. Machado colaborou com um pequeno texto, transcrito em *Poesia e prosa*.*

Brasil pitoresco Escrito originalmente em francês, a obra de Charles Ribeyrolles* foi traduzida em 1859 por Machado de Assis, Manuel Antônio de Almeida,* Remígio de Sena

Pereira,* Reinaldo Carlos Montoro* e Francisco Ramos Paz.* A tradução foi vertiginosa, praticamente em cima do texto que Ribeyrolles ia redigindo. A pressa, somada ao escasso conhecimento de francês dos tradutores, resultou em monstrengos como traduzir *l'eléve du bétail* (a criação do gado) por "o aluno do gado" e "*le rustre était bien répu*" (o rústico estava bem alimentado) por "o homem era bem reputado". Com fotos de Victor Frond,* *Brasil pitoresco – História – Descrições – Viagens – Colonização – Instituições* foi editado pela Tipografia Nacional,* Rio de Janeiro, 1859, em três volumes.

Brasil-Portugal Revista literária portuguesa quinzenal, dirigida por Augusto de Castilho, Jaime Vitor e Lorjó Tavares, fundada em 1899. Publicou quatro trabalhos de Machado, nenhum deles original: a poesia "Quando ela fala",* tendo ao lado a partitura da música que para ela compôs Oscar da Silva* (nº 32, de 16 de maio de 1900); "Versos a Corina"* (nº 46, de 16 de dezembro de 1900); o conto "Vidros quebrados"* (nº 151, de 1º de maio de 1905); o conto "O cônego ou Metafísica do estilo"* (nº 192, de 16 de janeiro de 1907).

Brasil, Tomás Pompeu de Sousa Escritor cearense (1852-1929), jornalista, advogado, professor, político. Foi um dos fundadores da Academia Francesa do Ceará (1873) e da Academia Cearense de Letras (1894), que presidiu até sua morte. Em carta datada de 4 de junho de 1897, na qual chama Machado de "excelentíssimo senhor doutor", agradece o autor de *Dom Casmurro** por ter representado a Academia Cearense na solenidade de inauguração da estátua de José de Alencar.*

Brasile (Il) Publicação escrita em italiano, editada no Rio de Janeiro, cujo subtítulo dizia: *Revista Mensile, Agrícola, Commerciale, Industriale e Finanziaria*. Circulou de janeiro de 1888 a janeiro de 1889. Francisco de Paula Barros,* responsável pela "*Sezione Brasiliana*", a única redigida em português, ali publicou em agosto de 1888 um depoimento sobre os funcionários do Ministério da Agricultura* que apoiaram o processo de abolição, Machado, Gusmão Lobo,* José Júlio de Albuquerque, classificando-os como "beneméritos da pátria".

Brígido, João (J. B. dos Santos) Nasceu em São João da Barra, RJ, em 1858, mudando-se para o Ceará ainda na infância. Advogado, escritor, autor de um livro interessante sobre costumes cearenses, *O Ceará* (1899), deputado pelo seu estado de adoção na legislatura de 1878-1881, senador, foi também jornalista de linguagem virulenta e agressiva, e sem qualquer escrúpulo. A sua máxima era "em quem não tem rabo de palha prega-se". Gustavo Barroso, que trabalhou com ele, definiu-o como "um acanalhador de talento". Machado sentiu-lhe o ferrão e reagiu. Em 1889, um longo processo pela posse das minas de cobre de Pedra Verde, no município de Viçosa, Ceará, chegou às mãos de Machado, funcionário do Ministério da Agricultura, Comércio e Obras Públicas,* do qual dependia a concessão das minas. De um lado estava Joaquim da Cunha Freire, barão de Ibiapaba, e do outro Antonio Rodrigues Carneiro, defendido por Brígido. Ambos reivindicavam prioridade na descoberta da mina e o direito de explorá-la. A propósito de um detalhe do processo, Brígido endereçou carta (datada de Ceará, 1º de junho de 1889) a Machado, "cuja probidade folgo reconhecer", afirmava, esperando por certo a vitória de seu cliente. No entanto, em seu parecer, Machado reconhecia a razão de Joaquim. A reação foi imediata. Em 20 de agosto de 1890, em artigo publicado em *O Libertador*, de Fortaleza, Brígido dava a entender que Machado fora parcial e se deixara subornar, prejudicando o seu cliente. A resposta, polida, mas firme, e com argumentos irrespondíveis, historiando os trâmites do processo e as relações do articulista com Brígido, veio através do artigo "Secretaria de Agricultura",* publicado na seção de apedidos da *Gazeta de Notícias*,* de 12 de setembro de 1890. Com elegância, Machado atribuía ao seu acusador falta de sinceridade e leviandade. A resposta pôs um ponto-final no assunto. João Brígido faleceu em Fortaleza, em 1921.

Brincar com fogo Conto publicado no *Jornal das Famílias*,* de julho e agosto de 1875, com o pseudônimo de Lara.* Incluído nos *Contos esquecidos*.

Brinn'Gaubast, Louis-Pilate de Escritor francês (1865-1944), dirigiu carta a Machado, datada de Avzianopetrovski (no atual Cazaquistão), 28 de dezembro de 1897, solicitando livros, fotografias e documentos, material auxiliar para a divulgação da literatura brasileira na Europa. Ignora-se se Machado respondeu.

Brito, Antonio Herculano da Costa Conviveu com Machado, quando este era bibliotecário na Sociedade Arcádia Brasileira,* entre agosto de 1861 e agosto de 1863. Brito era o presidente da associação.

Brito, Paula (Francisco de P. B.) Mulato, de família humilde, Brito (Rio de Janeiro, RJ, 1809) foi o primeiro editor importante de nacionalidade brasileira. Para Machado, mais do que isso, "foi o primeiro editor digno desse nome que houve entre nós". (*Diário do Rio de Janeiro*, 3 de janeiro de 1865). Pode-se dizer o mesmo de sua atividade como livreiro, numa época em que o mercado de livros era dominado por estrangeiros. Editou diversas publicações, entre as quais *A Marmota*.* A tipografia, denominada Dois de Dezembro, em homenagem ao dia de nascimento do imperador, funcionava anexa à livraria, na praça da Constituição, 64. O local tornou-se ponto de encontro de escritores, artistas e políticos, ali surgindo a Sociedade Petalógica.* Machado trabalhou para Brito como revisor,* provavelmente em 1857. Desde 1855, colaborava assiduamente em *A Marmota*. Em 1861, Brito editou os dois primeiros livros de Machado, provavelmente às suas custas: *Queda que as mulheres têm para os tolos** e *Desencantos*.* Em dezembro deste ano, Brito faleceu. Machado dedicou ao amigo parte de sua crônica do *Diário do Rio de Janeiro* (24 de dezembro de 1861), na qual exalta as suas qualidades pessoais, concluindo que "nestes tempos, de egoísmo e cálculo, deve-se chorar a perda de homens que, como Paula Brito, sobressaem na massa comum dos homens". Dois anos depois, fiel à memória do livreiro, participou da inauguração do retrato de Paula Brito na sala de sessões da Petalógica,

Paula Brito

dando notícia da cerimônia modesta em sua crônica de *O Futuro*, de 1º de janeiro de 1863.

Bruno, Sampaio (José Pereira de S. B.) Escritor e jornalista, Sampaio Bruno (Porto, Portugal, 1857-1915) estreou na imprensa aos 15 anos, com um artigo político que o levou à barra dos tribunais. Dois anos depois, publicava seu primeiro livro, *Análise da crença cristã*, um ataque duro à Igreja Católica, provocando réplicas violentas. Dono de uma cultura extensa, conhecedor profundo da evolução do pensamento filosófico português, com ideias que sempre causaram escândalo, evoluiu do positivismo ao ocultismo. Interessou-se também por nosso país, sobre o qual publicou o volume *O Brasil Mental* (Porto, Livraria Chardron, 1898). Nele, confessa ser leitor dos folhetins de Machado e admirador de seu "português castigado, translúcido, perfeito". Elogia a forma, sem aludir ao conteúdo.

Bruxa (A) Revista semanal, ilustrada, dirigida por Olavo Bilac* e Julião Machado,* surgiu em 7 de fevereiro de 1896. Em sua crônica na *Gazeta de Notícias*,* de 23 de fevereiro de 1896, Machado referiu-se de forma simpática ao seu aparecimento, observando que era uma bruxa que raptava "tão somente as nossas melancolias". Em carta datada de 8 de dezembro do mesmo ano, Bilac solicitava ao amigo uma colaboração para o número especial de Natal. Machado enviou o "Soneto de Natal",* publicado na referida data. *A Bruxa* circulou até 30 de abril de 1898.

Bruxo do Cosme Velho No dia 28 de setembro de 1958, Carlos Drummond de Andrade publicou no *Correio da Manhã* o poema "A um bruxo com amor", dedicado a Machado e com a seguinte nota: "P.S. – Se estas linhas tiverem algum mérito, será o de se constituírem, quase inteiramente, de frases e expressões tiradas a livros de Machado de Assis. – C. D. A.". A peça foi incluída, no ano seguinte, no volume de *Poemas*, na parte inédita denominada "A vida passada a livro". A partir daí, a imprensa cunhou a expressão "Bruxo do Cosme Velho", que se popularizou, gerando inclusive algumas lendas curiosas. Uma delas atribuía a expressão ao fato de Machado, como um bruxo medieval, queimar, na varanda de sua casa, papéis em um queimador, atualmente mantido na Academia Brasileira de Letras. Lorotas.

Bulhões, Leopoldo de (José L. de B. Jardim) Político goiano (1856-1928), deputado, senador em várias legislaturas, ministro da Fazenda nos governos de Rodrigues Alves e Nilo Peçanha. No Senado, agilizou a tramitação do projeto referente à Academia Brasileira de Letras.* A respeito do assunto, resta um bilhete que ele dirigiu ao "caro amigo doutor Machado de Assis", com data de 7 de dezembro de 1900.

Burgueses de Paris (Os) *Les Bourgeois de Paris ou La Leçon au Pouvoir*, comédia em três atos e seis quadros de Dumanoir,* Clairville* e J. Cordier,* estreou no Teatro Gymnase, de Paris, em 15 de junho de 1850. A tradução machadiana situa-se, provavelmente, entre 1855 e 1859, pois, como argumenta J. Galante de Sousa, "na folha de rosto do manuscrito, o nome do tradutor está escrito Machado d'Assis,* de seu próprio punho, e foi entre aqueles anos que ele praticou com frequência a elisão da vogal da preposição na sua assinatura". Irretorquível. A peça acabou não sendo apresentada no Brasil. O manuscrito machadiano encontra-se na Biblioteca Nacional,* sendo publicado pela primeira vez por Jean-Michel Massa, em apêndice à sua tese *Machado de Assis Traducteur.*

C

C. Inicial que assinou crítica à peça *Gabriela,** publicada no *Correio Paulistano,** de São Paulo, transcrita no *Jornal do Commercio,** do Rio de Janeiro, de 3 de outubro de 1862. A mesma assinatura subscreve crítica às *Americanas,** publicada no nº de 16 de janeiro de 1876 do jornal paulistano, que a *Gazeta de Notícias,** do Rio de Janeiro, identifica como sendo de Carlos Ferreira.*

C. Com essa inicial, Castro Lopes* publicou um breve comentário sobre as *Falenas* e os *Contos fluminenses* na *Semana Ilustrada*, de 27 de fevereiro de 1870. R. Magalhães Júnior atribui a inicial a Ernesto Cibrão,* que colaborava na mesma publicação, porém com a inicial E.*

Cabral, Vale (Alfredo do V. C.) O historiador baiano Vale Cabral (Salvador, BA, 1851 – Rio de Janeiro, RJ, 1894), colaborador de Capistrano de Abreu,* foi colega de Machado no estudo de alemão,* com o professor Carlos Jansen.* Compareceu ao banquete comemorativos dos 22 anos das *Crisálidas,** realizado no Hotel Globo,* em 1886.

Cabrita, Francisco Carlos da Silva Quando nomeado diretor do Externato do Ginásio Nacional (atual Colégio Pedro II*), Cabrita (1857-1923) dirigiu carta a Machado, com data de 19 de setembro de 1898, "pondo à vossa disposição os meus serviços". Referia-se, provavelmente, às sessões da Academia Brasileira de Letras,* que vinham sendo realizadas naquele estabelecimento de ensino.

Caçador de Harz (O) Vide "Imortais (Os)".

Cachorro Machado gostava de animais, confessando ser "sócio (sentimentalmente falando) de todas as sociedades protetoras dos animais". Mas tinha paixão especial por cachorros. "Há quem goste de cães; eu adoro-os", diz em crônica da seção "História de Quinze Dias"* (15 de agosto de 1876). Não sabemos se chegou a criar algum, quando solteiro. Casado, teve dois cães de estimação, Graziela* e Zero.* Em sua obra de ficção há vários cachorros, sendo os mais famosos Miss Dólar e Quincas Borba. Em diversas crônicas defendeu o direito dos cachorros viverem, contra a perseguição humana, e numa delas ("Balas de Estalo",* 1º de fevereiro de 1885) simula apresentar os argumentos de um cão, impossibilitado de escrever, "em virtude da conformação das patas".

Caetano, João (J. C. dos Santos) O mais famoso ator brasileiro do século XIX nasceu no Rio de Janeiro, em 1808. Atuou também como empresário, no Teatro São Pedro de Alcântara, dando preferência ao teatro clássico. Machado lamentou a escolha do repertório, classificando as peças ali encenadas como "múmias" e desejando que Caetano tomasse "uma nova direção" ("Revista de Teatros", *O Espelho*, 9 de outubro de 1859). Apesar de estar mais perto do estilo clássico de representar do que do gosto romântico, ser interpretado por ele era uma glória para qualquer autor dramático. Caetano era carismático e tinha um grande poder de comunicação com o público, mas apresentava também graves defeitos, como o exagero e a busca de efeitos patéticos. Essas deficiências foram ressaltadas por Machado, em crítica estampada em *O Espelho,** de 13 de novembro de

João Caetano

1859, com a assinatura M-as.* O jovem crítico observava que os defeitos do ator constituíam "verdadeiras nódoas que mal assentam na arte e no artista". A reação foi imediata. Caetano, ou alguém em sua defesa, respondeu pelo *Correio Mercantil*,* do dia 20, atacando Machado e acusando-o de má vontade para com o teatro. O crítico não replicou e o episódio terminou aí. Singularmente, Machado passou a evitar qualquer referência restritiva ao desempenho do ator, sem emitir também elogios inconsequentes. As suas referências a Caetano se tornaram escassas e sintéticas, por vezes provocativas. Ao comentar a inadequação da comédia *As leoas pobres*, encenada pela companhia do Ateneu em homenagem ao aniversário do imperador, observa que "menos e pior dava muitas vezes o Sr. João Caetano dos Santos, e recebia uma gorda subvenção" (*Semana Ilustrada*, 7 de dezembro de 1862). Na representação do *Cinna*, de Corneille, porém, observou que o ator "deu mostra dos melhores dias do seu talento. O seu gesto foi sóbrio e adequado, a sua declamação justa e grave" (*Diário do Rio de Janeiro*, 29 de dezembro de 1861). Quando circulou o boato da morte do ator, comentou o fato em sua crônica em *O Futuro* (15 de maio de 1863), fazendo votos pelo seu pronto restabelecimento. Mas logo em seguida, em agosto, Caetano faleceu. Machado escreveu então uma crônica no *Diário do Rio de Janeiro*,* de 1º de setembro de 1863, assinalando sua importância na história do teatro brasileiro, proclamando seu "talento superior e admiráveis dotes", mas sem abrir mão da opinião formulada anteriormente, reconhecendo que "mesmo imperfeito, destacava-se ele soberanamente do grupo dos demais talentos". Mais tarde, exaltou Caetano como "um gênio", ao lembrar como ele conseguiu dar vida às tragédias de Shakespeare, "que o sensaborão Ducis lhes havia tirado" (*Semana Ilustrada*, 25 de junho de 1871).

Café do Braguinha Intitulado "À fama do Café com Leite", mas conhecido em toda a cidade, nas décadas de 1850 e 1960, como o Café do Braguinha, estava localizado na praça da Constituição, esquina com a rua do Sacramento (atual avenida Passos). Durante o dia apresentava três ambientes. Pela manhã, era frequentado por rapazes sozinhos, que ali iam fazer sua primeira refeição. À tarde, as famílias enchiam o estabelecimento, para tomar sorvete ou lancharem. O ambiente se tornava mais alegre à noite, após o término dos espetáculos teatrais, quando a casa se enchia de atores, jornalistas, homens de negócio, políticos e os leões da sociedade. O Braguinha gostava de manter contato com escritores e costumava contratá-los para escreverem textos em prosa e poemas de propaganda do estabelecimento. Casimiro de Abreu compôs um longo poema, intitulado "Oferecido e dedicado À fama do Café com Leite, em atenção à despedida do Carnaval". Machado era freguês da casa e muitas vezes, segundo Alfredo Pujol, "teve por único alimento do dia o almocinho clássico de café com leite e pão torrado" do Café do Braguinha.

Caixa Econômica Machado era correntista da Caixa, na qual todos os meses, ao receber o salário, depositava uma quantia. Em dezembro de 1907, tinha em conta a importância de 4.876$328. Sua caderneta era a de número 14.304, 2ª série.

Caixeiro Araripe Júnior* e Coelho Neto* contam que Machado foi empregado em uma papelaria, na qual permaneceu apenas três dias e que teria sido o seu primeiro emprego. Como caixeiro trabalhou também na livraria de Paula Brito,* quando Salvador de Mendonça o conheceu. Deve ter permanecido por pouco tempo no cargo, passando a revisor* das publicações editadas por Brito.

Cala-te, amor de mãe Vide "Soneto".

Califa de platina (O) "Conto árabe", conforme o seu subtítulo, publicado em *O Cruzeiro*,* de 2 de abril de 1878, com o pseudônimo de Eleazar.* Incorporado às *Páginas recolhidas*,* na edição W. M. Jackson* (1937).

Caligrafia Na mocidade, Machado tinha uma letra difícil de ser entendida, por vezes ilegível, o que, na redação de um jornal, se acentuava com a necessidade de redigir com pressa, numa época em que não havia máquina de escrever. Conta-se que, ao ingressar no *Diário do Rio de Janeiro*, em 1860, os revisores foram mostrar a Quinino Bocaiuva* um original de Machado que nem ele mesmo conseguiu decifrar. R. Magalhães Júnior nega o fato. No entanto, por essa época, começou a tomar lições com o calígrafo William Scully.* Na maturidade, ao redigir um artigo sobre Garnier, saiu um pequeno erro que o escritor, na crônica seguinte, reconhece ser devido a esta "letra do diabo". Logo, atenua o tom: "Também a letra envelhece. A minha, quando moça, não era bonita, mas fazia-se entender melhor" (*A Semana*, 15 de outubro de 1893). Em carta a Magalhães de Azeredo (2 de outubro de 1905) pede desculpas ao amigo pela letra ruim: "Nunca a tive boa, mas creio que nunca a tive tão má; a idade e o cansaço podem explicar tudo".

Callado, Dario Machado visitou-o em 1865, quando de sua viagem a Vassouras, onde ele exercia o cargo de juiz de direito.

Calvet, José de Paiva Magalhães Com o mesmo nome do pai, o Calvetinho, como era conhecido, formou-se em direito pela Faculdade de São Paulo, em 1859. Foi deputado provincial no Rio de Janeiro. Em 1865, encontrava-se em Vassouras,* exercendo o cargo de juiz municipal e de órfãos. Machado, que foi à cidade fluminense naquele ano, visitou-o, conforme narra na crônica publicada na série "Bons Dias!",* na *Gazeta de Notícias*,* de 29 de junho de 1889: "Eu fui a Vassouras há muitos anos, quando ali era juiz municipal o Calvet".

Câmara, Ewbanck da Engenheiro do setor ferroviário do Ministério da Agricultura, Comércio e Obras Públicas.* Fez questão de cumprimentar Machado pessoalmente, quando este foi promovido a oficial da Ordem da Rosa.*

Camillo da Anunciação Pseudônimo utilizado apenas uma vez, no conto "A vida eterna",* publicado no *Jornal das Famílias*,* em 1870. A identificação coube a Carlos Drummond de Andrade, com o endosso de R. Magalhães Júnior.

Caminha, Adolfo (A. Ferreira C.) Um dos mais importantes representantes do naturalismo brasileiro, o cearense Caminha (Aracati, CE, 1867 – Rio de Janeiro, RJ, 1897) encarava Machado e sua obra como uma espécie de relíquia centenária, e não como um contemporâneo. O artigo "Novos e velhos", incluído em *Cartas Literárias* (1895), é um modelo de incompreensão e de falsa condescendência. Nele, o crítico diz que as primeiras obras de Machado foram lidas "com avidez pelo madamismo de Botafogo". Desejando "observar e descrever os homens e as cousas de sua época, segundo a impressão diretamente recebida" (isto é, seguindo os moldes naturalistas), Machado escreveu as *Memórias póstumas*, que não eram "tudo o que se poderia desejar, mas difere muito dos velhos contos e fantasias". A partir daí, a individualidade do escritor carioca "foi se acentuando por tal jeito que ainda hoje o lemos com agrado, senão com entusiasmo".

Caminho da porta (O) Comédia em um ato, aprovada pelo Conservatório Dramático* em 19 de agosto de 1862, em parecer assinado por Francisco Joaquim Bethencourt da Silva.* Foi o primeiro original de Machado representado por profissionais. Interpretado pelos atores Lopes Cardoso,* Pimentel, Martins e Maria Fernanda, estreou no Teatro Ateneu Dramático,* em 12 de setembro de 1862, com boa receptividade crítica. O trabalho foi analisado nas "Páginas Menores", do *Diário do Rio de Janeiro*, de 14 de setembro de 1862, por M. (Henrique César Muzzio*); na Crônica de *A Saudade*,* de 21 de setembro, assinada E.L. (J. Evangelista de Lima*); e novamente nas "Páginas Menores" do *Diário*, também do dia 21, por S.F. (João Carlos de Sousa Ferreira*). Naquele mesmo ano, teve mais três ou quatro representações no Rio de Janeiro. No Ateneu,* voltou à cena nos dias 14 e 16 de setembro. No dia 20, o Teatro São Januário* anunciava a terceira representação da peça. Pode ser engano, ou indicar que um dos espetáculos anunciados foi cancelado. A quarta ou quinta representação foi no dia 26, no Teatro São Januário, com a presença de D. Pedro II* e de D. Teresa Cristina. A peça agradou ao público. Em 1863, voltou à cena no dia 4 de janeiro, no Teatro Ateneu Dramático, e em 6 de agosto, no Teatro São Januário, espetáculo organizado pela Sociedade Dramática P. Nova Melpomene, com entrada a 180 réis. Foi então que a peça sofreu um ataque frontal na "Palestra dos Primos", no *Arquivo Literário*,* de 16 de agosto, subscrito por Carlos, pseudônimo de Antonio Arnaldo Nogueira Molarinho.* Nos anos seguintes, houve várias outras representações por sociedades particulares, como a Sociedade Familiar Clube do Catete, que levou à cena em março de 1865. *O caminho da porta* foi a primeira peça de Machado representada fora do Rio de Janeiro. Em setembro e outubro de 1862, foi montada em São Paulo por Gabriela da Cunha* e Lopes Cardoso.* Um dos espetáculos foi "em benefício para uma liberdade", ou seja, para a libertação de um escravo. O *Correio Paulistano* publicou duas críticas sobre a peça, nos dias 28 de setembro e 14 de outubro de 1862. Dois anos depois, em 11 de agosto de 1864, a peça voltava a ser apresentada em São Paulo, nas comemorações pela instalação dos cursos jurídicos no Brasil. O espetáculo contou com a presença do presidente da província, Francisco Inácio Marcondes Homem de Melo. Os papéis foram interpretados por Gabriela da Cunha,* Lopes Cardoso,* J. Augusto e João Elói. No *Correio Paulistano*, o crítico Silvio-Silvis* acusou a peça de plágio. Machado replicou por meio da *Imprensa Acadêmica,** mas o seu acusador se esquivou ao debate. Nesse mesmo jornal, em 14 de agosto, Janny (pseudônimo de Ferreira de Menezes*) elogiou a peça. *O caminho da porta* foi publicado no volume de *Teatro,** em 1863, junto com *O protocolo.**

Caminho de Damasco (O) Conto publicado no *Jornal das Famílias,** de novembro e dezembro de 1871, com o pseudônimo de Job.* Incluído nas *Histórias românticas.**

Caminho do mal (O) Drama em oito atos representado pela primeira vez no Teatro Ginásio Dramático,* no Rio de Janeiro, em 1º de agosto de 1868. A publicidade da época dizia que a peça fora representada mais de duzentas vezes no teatro parisiense Ambigu Comique. Não conseguimos identificar o autor. Lafayete Silva afirma que a tradução, que se encontra perdida, foi de Machado.

Camões Com esse título figuram nas *Ocidentais** quatro sonetos dedicados ao poeta português, publicados anteriormente no *Jornal do Commercio,** de 10 de junho de 1880 ("Quando torcendo a chave misteriosa"); na *Revista Brasileira,** tomo IV, de 10 de junho de 1880, ("Um dia, junto à foz do brando e amigo"); na *Gazeta de Notícias,** de 10 de junho de 1880 ("Quando transposta a lúgubre morada"), e no volume *Terceiro Centenário de Camões,** Comemoração Brasileira, Rio, 10 de junho de 1880, Editores Lombaerts & Cia ("Tu quem és? Sou o século que passa"). A imprensa da época noticiou que, em junho de 1880, a *Revista Ilustrada** lançou um suplemento sobre Camões, com a figura do grande épico desenhada por Ângelo Agostini* e ao seu lado um soneto de Machado. Até hoje, não foi localizado nenhum exemplar do suplemento. Existe ainda notícia de um sexto poema machadiano sobre Camões, conforme crônica de Tomás Lopes, na seção "Livros Novos", em *A Tribuna,* Rio de Janeiro, 21 de abril de 1900. O cronista afirmava que Machado compusera um centão com versos camonianos, em forma de soneto. Se o autor não se equivocou, o poema continua inédito e desconhecido.

Camões, Luiz Vaz de Camões (Portugal, Lisboa, 1524/25-1580) foi uma das grandes paixões intelectuais de Machado, que o cita com frequência em suas crônicas. Para as comemorações do tricentenário da morte do grande épico, organizadas pelo Gabinete Português de Leitura,* em 10 de junho de 1880, escreveu a peça *Tu só, tu, puro amor...** Na ocasião, compôs quatro sonetos em louvor do grande épico, publicados no *Jornal do Commercio,** na *Revista Brasileira,** na *Gazeta de Notícias** e no volume *Terceiro Centenário de Camões,** todas as publicações datadas de 10 de junho de 1880. Vide verbete "Camões".

Campos, Pinto de (Monsenhor Joaquim P. de C.) Machado e Pinto de Campos devem ter se conhecido lá por volta de 1862, época em que colaboravam em *O Futuro.** Não foram amigos, por falta absoluta de afinidade. Em 1864, quando o padre defendeu a tese de que o diretor do Gabinete Português de Leitura* do Recife deveria queimar as obras de Renan, Machado respondeu numa crônica indignada (*Diário do Rio de Janeiro,** 8 de novembro de 1864). Exilado voluntariamente em Portugal, Campos escreveu algumas vezes a Machado. Numa dessas ocasiões, solicitou que o colega colaborasse na difusão de um livro do poeta português Antonio Pereira da Cunha. Machado recusou-se, expondo os motivos em duas cartas, não localizadas. Campos insistiu em missiva um tanto bajulatória, datada de Paris, 18 de agosto de 1880, mas Machado se manteve inflexível. Natural de Pernambuco (Pajeú das Flores, PE, 1819), Campos publicou várias obras, sendo a mais divulgada a *Vida do grande cidadão brasileiro Luiz Alves de Lima e Silva*. Faleceu em Lisboa, em 1887.

Canção de piratas Crônica a respeito de Antonio Conselheiro, incluída em *Páginas recolhidas*.* Publicada originalmente na série "A Semana",* da *Gazeta de Notícias*,* de 22 de julho de 1894, sem título.

Canções Álbum de Alberto Nepomuceno,* no qual o grande compositor musicou poemas de diversos autores brasileiros. Machado figura com "Coração triste falando ao sol".* O álbum foi editado por J. V. Moreira de Sá (Portugal) e Vieira Machado & Cia. (Brasil), no final do século XIX ou início do seguinte.

Candiani, Augusta Candiani (Milão, Itália, 1820 – Rio de Janeiro, RJ, 1890) chegou ao Brasil em 1844, estreando no dia 17 de janeiro na ópera *Norma*, encenada no Teatro São Pedro. Em pouco tempo, tornou-se um dos ídolos da Corte, separando-se do marido, Gioacchino Candiani Figlio, com quem manteve uma polêmica por meio dos apedidos do *Jornal do Commercio*.* Uniu-se, então, a certo Cabral, um tocador de lundus e modinhas que, segundo Gondin da Fonseca, explorava-a descaradamente. O sucesso da Candiani estendeu-se pelos anos 1850, quando se retirou do palco. Em crônica publicada na *Ilustração Brasileira*,* de 15 de julho de 1877, sob o pseudônimo de Manassés,* Machado lembrou ter sido em sua mocidade "um dos cavalos" da cantora: "Tinha eu vinte anos, um bigodinho em flor, muito sangue nas veias e um entusiasmo, um entusiasmo

Augusta Candiani

capaz de puxar todos os carros, desde o carro do Estado até o carro do sol, duas metáforas que envelheceram como eu". Voltou a referir-se ao fato em crônica em *A Semana*,* de 20 de setembro de 1896: "Também nós ríamos muito dos que então recordavam o tempo em que foram cavalos da Candiani". R. Magalhães Júnior diz que tal fato seria impossível, pois, quando Machado iniciou sua vida literária, a Candiani já havia se retirado de cena. O escritor ignorava que a atriz havia tentado voltar ao palco. Em 1860, apresentou-se em São Paulo, em benefício organizado em seu favor, como atestam as *Memórias da Associação Culto à Ciência*, de 14 de outubro de 1860. Um novo benefício foi organizado no Rio de Janeiro, em 20 de março de 1862, no Teatro Lírico Fluminense.*Candiani cantou com Carlota Milliet o dueto do 2º ato da *Norma* e com Ribas o dueto da *Columela*. Nessa época, Machado estava com 23 anos, tinha "um bigodinho em flor, muito sangue nas veias" e um entusiasmo... A cantora ainda tentou voltar ao palco uma segunda vez, em 1877, conforme Machado se refere na crônica da *Ilustração*. Magalhães Júnior, sem qualquer fundamento, atribui ainda um romance entre Machado e a cantora lírica.

Cândido Pseudônimo não identificado que assinou crítica sobre *Memorial de Aires*,* no *Correio da Manhã*, de 3 de agosto de 1908.

Canseiras em vão Conto publicado no *Jornal das Famílias*,* em julho e agosto de 1872, assinado com as iniciais de O.O.* Figura nos *Contos esparsos*.*

Cantata da Arcádia Fluminense Vide "Hino da Arcádia".

Cantata Composta em homenagem ao casamento da princesa Isabel* e o conde d'Eu.* Vide "Do seio da espessura".

Cantiga de esponsais Conto incluído nas *Histórias sem data*.* Primeira publicação em *A Estação*,* de 15 de maio de 1883, com a assinatura Machado de Assis.*

Cantiga do rosto branco Poema que figura nas *Americanas*.* Em nota no final do volume, Machado esclarece que se trata de tradução de um original da tribo dos Mulcogulges, efetuada através da versão francesa de Chateaubriand,* que figura na *Voyage em Amérique*. A peça não foi aproveitada nas *Poesias completas*.*

Cantiga velha Conto publicado em *A Estação*,* de 30 de novembro, 15 e 31 de dezembro de 1883, com a assinatura Machado de Assis.* Recolhido no segundo volume das *Relíquias de casa velha*.*

Canto suplementar ao poema de Dante pelo Dr. Semana Poema publicado com o pseudônimo de Dr. Semana,* na *Semana Ilustrada*,* de 12 de julho de 1874. Paródia humorística do *Inferno* de *A divina comédia*, com o seguinte "Argumento: O poeta entra no círculo suplementar – Aparecem-lhe as almas dos fâmulos – Suplício do criado preguiçoso, do atrevido, do ratoneiro – Virgílio chama duas almas que andam bailando no ar – Episódio de Inês da Maia, seus amores e morte – O poeta fica tão aterrado que cai no chão *come corpo morto cade*". A atribuição é de R. Magalhães Júnior, que publicou alguns versos em *Vida e obra de Machado de Assis*. O texto completo encontra-se na parte "Anexos" do presente volume.

Cantos Ocidentais Título primitivo das *Ocidentais*.* Sob esse título, Machado publicou cinco poemas ("Uma criatura",* "A mosca azul",* "O desfecho",* "Espinosa",* "*Suave mari magno*"*) na *Revista Brasileira*,* de 15 de janeiro de 1880.

Cão de lata ao rabo (Um) Conto publicado em *O Cruzeiro*,* de 2 de abril de 1878, com o

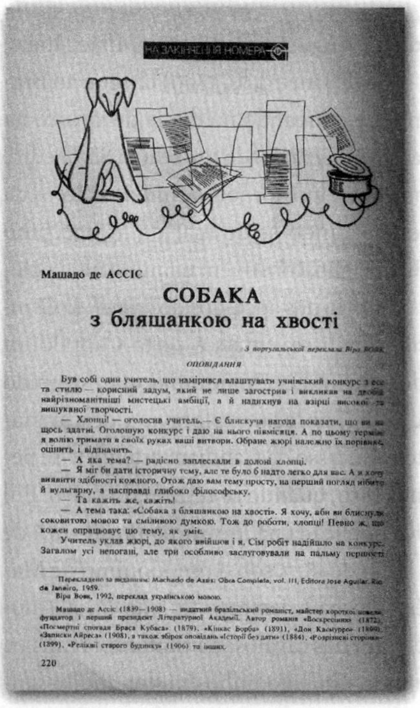

НА ЗАКІНЧЕННЯ НОМЕРА

Машадо де АССІС

СОБАКА
з бляшанкою на хвості

З португальської переклала Віра ВОВК

ОПОВІДАННЯ

Був собі один учитель, що намірився влаштувати учнівський конкурс з есе та стилю — корисний задум, який не лише загострив і викликав на двобій найрізноманітніші мистецькі амбіції, а й надихнув на взірці високої та вишуканої творчості.

— Хлопці! — оголосив учитель. — Є блискуча нагода показати, що ви на щось здатні. Оголошую конкурс і даю на нього півмісяця. А по цьому терміні я волію тримати в своїх руках ваші витвори. Обране жюрі належно їх порівняє, оцінить і відзначить.

— А яка тема? — радісно заплескали в долоні хлопці.

— Я міг би дати історичну тему, але те було б надто легко для вас. А я хочу виявити здібності кожного. Отож даю вам тему просту, на перший погляд нібито й вульгарну, а насправді глибоко філософську.

— Та кажіть же, кажіть!

— А тема така: «Собака з бляшанкою на хвості». Я хочу, аби ви блиснули соковитою мовою та сміливою думкою. Тож до роботи, хлопці! Певно ж, що кожен опрацьовує цю тему, як уміє.

Учитель уклав жюрі, до якого ввійшов і я. Сім робіт надійшло на конкурс. Загалом усі непогані, але три особливо заслуговували на пальму першості

Перекладено за виданням: *Machado de Assis: Obra Completa, vol. III, Editora Jose Aguilar, Rio de Janeiro*, 1959.

Віра Вовк, 1992, переклад українською мовою.

Машадо де Ассіс (1839—1908) — видатний бразильський романіст, майстер короткої новели, фундатор і перший президент Літературної Академії. Автор романів «Воскресіння» (1872), «Посмертні спогади Браса Кубаса» (1879), «Кінкас Борба» (1891), «Дон Касмурро» (1899), «Записки Айреса» (1908), а також збірок оповідань «Історії без дати» (1884), «Розрізнені сторінки» (1899), «Реліквії старого будинку» (1906) та інших.

220

"Um cão de lata ao rabo", em ucraniano

pseudônimo de Eleazar.* Na ocasião, Luís Guimarães Júnior,* em carta datada de 24 de junho de 1878, dizia que o humor do conto "era digno de ser vazado em molde francês e lido em Paris, pátria adotiva de Heine".* Incluído em *Novas relíquias** e, posteriormente, nas *Páginas recolhidas*,* edição W. M. Jackson.*

Capitão de Voluntários (Um) Conto incluído nas *Relíquias de casa velha*.* A obra se baseia na história de Remígio de Sena Pereira,* que, traído pela mulher, se alistou como voluntário na Guerra do Paraguai* com a clara intenção de morrer.

Capitão Mendonça (O) Conto publicado no *Jornal das Famílias*,* em abril e maio de 1870, assinado Machado de Assis.* Figura nos *Contos recolhidos*.*

Capítulo dos chapéus Crônica publicada na *Semana Ilustrada*,* em 2 de fevereiro de 1873, com a assinatura Dr. Semana.* Incluída no 3º volume das *Crônicas*,* edição W. M. Jackson.*

Capítulo dos chapéus Conto que figura nas *Histórias sem data*.* Publicado pela primeira vez em *A Estação*,* de 15 e 31 de agosto e 15 de setembro de 1883, com a assinatura Machado de Assis.*

Capítulo inédito de Fernão Mendes Pinto (Um) Vide "O segredo do bonzo".

Carceler Confeitaria inaugurada na rua do Ouvidor, em 1824. Mais tarde, mudou para a rua Direita, encontrando imensa receptividade popular. Foi a responsável pela introdução do sorvete na cidade. Quando trabalhava no *Diário do Rio de Janeiro*,* Machado era frequentador assíduo do estabelecimento. Ali, costumava

Rio Machadiano. Bairro Carcelar

fazer a primeira refeição do dia, composta de café com leite e pãozinho quente com manteiga. Aproveitava para exercitar o bom humor com Henrique César Muzzio,* ocultando-se da vista do colega e pagando-lhe a despesa. Durante um mês, Muzzio procurou descobrir de onde vinha a generosidade, "e, como visse por acaso sair o Machadinho, escreveu-lhe, na sua mesa da redação, na primeira tira em branco que ali achou, o seguinte: "Se você paga-me outro café, apanha!" (Salvador de Mendonça). O prestígio da confeitaria foi tanto que a região em que estava localizada ficou sendo conhecida como "bairro Carceler".

Cardoso, Dr. Licínio (L. Atanásio C.) Médico que assinou o atestado de óbito de Carolina.* Nascido em Lavras, RS, em 1852, tinha consultório na rua São José, nº 95, 1º andar. A partir de 1900, tornou-se homeopata, o que sugere que, além dos Drs. Gomes Neto* e Miguel Couto,* alopatas, Machado recorreu também à homeopatia* para aliviar os males da esposa ou tentar salvar-lhe a vida. Faleceu em Lisboa, em 1926.

Cardoso, Lopes (Manuel da Silva L. C.) Natural de Portugal (1835), embarcou para a Bahia aos onze anos, a fim de trabalhar na loja

Lopes Cardoso

comercial de um tio. Aos 15, com a morte do parente, transferiu-se para o Rio de Janeiro, onde ingressou no teatro. Foi o segundo marido de Gabriela da Cunha.* Manteve relações de amizade com Machado, sendo intérprete das duas primeiras peças machadianas representadas, *O caminho da porta** e *O protocolo.** Machado considerava-o "dotado de talento e de incontestável aptidão" (*Diário do Rio de Janeiro*, 3 de julho de 1864), ator "mais da comédia que do drama" (*Idem*, 4 de abril de 1865), elogiando o seu desempenho em diversas ocasiões. Sousa Bastos, em *Carteira do artista*, diz que "apesar de muito inteligente, pela sua figura tacanha e pronúncia afetada, nunca conseguiu agradar em Lisboa". Talvez por isso, após uma temporada em Portugal, abandonou o teatro e regressou à Bahia, onde fundou o *Diário de Notícias* e faleceu em 1887.

Caricaturas Considerando-se o seu prestígio, Machado foi pouco caricaturado, em vida. A maioria dos raros trabalhos do gênero são mais homenagens do que sátiras, em geral desenhados por admiradores do homem e do artista. Punham a crueldade de lado, parece que com receio de melindrar o Bruxo, poupando-o de suas bruxarias caricaturais. Assim, é curioso que não tenha sido desenhado – nem ao menos em forma de retrato – pelo grande Ângelo Agostini, cujo lápis diabólico registrou boa parte da história do Segundo Império e seus personagens. Sem nada de diabólico, Henrique Fleiuss* foi o mais persistente de seus caricaturistas e o autor da primeira caricatura de Machado, publicada na *Semana Ilustrada*, de 13 de novembro de 1864, na série "Celebridades célebres" (nº 1). É uma apologia do então jovem poeta, autor das *Crisálidas*,* sentado no dorso de uma crisálida, tangendo uma lira. Duas semanas depois (4 de dezembro), Fleiuss incluiu Machado no grande painel intitulado "Panteão da *Semana Ilustrada*" (nº 2), no qual estão representadas as principais figuras da vida artística brasileira, uma espécie de consagração pela caricatura. Machado aparece de novo montado em uma crisálida, mas usando pincenê. O jovem poeta reaparece na pena do artista alemão no número de 22 de janeiro de 1871, junto com os outros quatro membros do Conservatório Dramático Brasileiro,* manipulando uma imensa tesoura, símbolo de ameaça de censura aos teatros estabelecidos na Corte (nº 3). O quarto trabalho de Fleiuss referente a Machado retrata o escritor e as personagens principais de *Ressurreição** (1872), por ocasião do lançamento do romance (nº 4). Nessa época, Machado já havia sentido o ferrão (sem veneno) de outros pinta-monos: Leopoldino de Faria na capa da *Pacotilha*, de 15 de setembro de 1866, e um artista anônimo no *Pandokeu** (30 de dezembro do mesmo ano). No desenho de Faria, Machado aparece como um pintor, desenhando o retrato de uma mulher, provavelmente Corina* (nº 5). No outro, referente ao lançamento de sua candidatura a deputado, acha-se ao lado de Quintino Bocaiuva* e Henrique César Muzzio,* apontados como candidatos do Partido Liberal à deputação (nº 6). O veneno veio através de uma espinafração

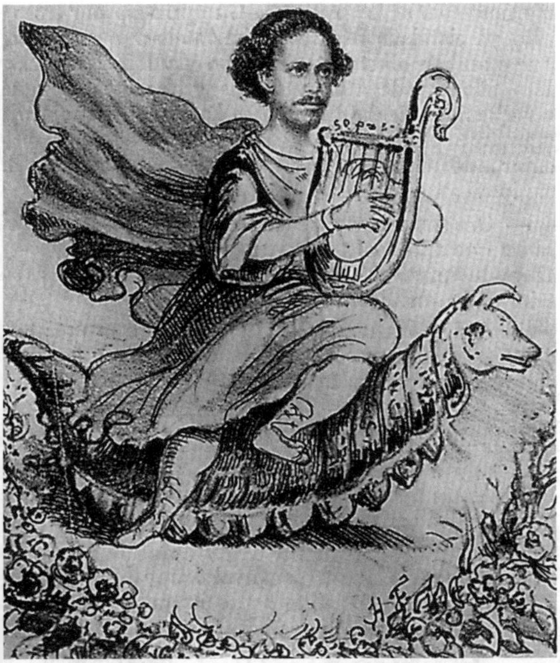

1

2

3

4

5

PANDOKEU
CÔRTE
Um anno . 12$000
Seis mezes . 6$000
Tres mezes . 3$500
PROVINCIAS
Seis mezes . 7$000
Avulso 500
ANNO I. Assigna se e vende se nesta typographia. Nº 38
Os Mineiros da Desgraça.
Moleque : (ao Pandokeu) Tenho a honra de apresentar a V. Ex. os tres melhores candidatos á deputação de Minas-Geraes. Um escreveu as Ventoinhas, dizem: ha umas fitas, qu'abraçadas, outro é o homem da immigração, ponto de admiração do patriotismo, e o terceiro é o homem do amor de crença, forte pulha. Todos tres amam a si e a patria sobre todas as cousas e ao proximo como a si mesmo.

6

– Oh! Machadinho tu estas fasendo uma figura muito ridicula na questão lazarista.
– Meu amigo eu não quero perder os meus empregos, eu dou a minha opinião a quem me paga.

7

8

9

27 DE ABRIL DE 1878. O BESOURO. 32

LITTERALOGIA

CASAMENTO DO COMMENDADOR MOTTA COQUEIRO E DI YÁ-YÁ GARCIA.

No momento em que Yá-Yá Garcia e o Sr. Motta Coqueiro *recebem* a voz, dada pelo bojudo medianeiro dos idealismos, cahe, como um raio junto aos conjuges o *Primo Basilio* que, tendo esgotado *em sensações* novas toda a borracha do Paraguay, volta a explorar a borracha do Pará esperando igual exito. Ao ver, porém, Yá-Yá Garcia casando por conveniencia com Motta Coqueiro, homem que apenas se prende ás *sensações* do seu negocio, embeve-se no *tranquillo olhar cór de rosa onde se refletem os azulados raios da argentea lua; e suspenso em extasis das aureas e vastas madeixas cór de cenoura da poetica* Yá-Yá, atira parv trás das costas a borracha do Pará e diz:

Estava transviado! Estou confundido. — Esta Yá-Yá é quem me vai dar sensações novas! Olaré!

10

Quem faz as caricaturas sinão os Srs.? com suas leis, seus livros, seus versos, suas historias *e tal et cœtera?...*

11

12

POETAS E AGUIAS
VIII
Machado de Assis
Aqui deixamos perene
A nossa estima ao poeta.
Não chega talves á meta
Esta *engrossação* solemne...
Tenha o Mestre a palavrinha!
Silencio! Não façam bulha,
— « Era uma vez uma agulha,
Que disse a um novello *a linha*...
BIOGRAPHO.

13

Heitor

14

15

MACHADO
DE
ASSIS

17

SOMBRINHAS... IMMORTAES
Machado de Assis
Immortal e... chefe, ou melhor, chefe immortal

16

A. J.

18

dirigida ao jovem censor do Conservatório Dramático* por sua atuação durante a questão de *Os lazaristas*.* Um cavaleiro acusa-o, dedo em riste, de estar fazendo "uma figura muito ridícula". Machado responde, com um ar assustado (nº 7). Em 1876, em *O Mosquito*, Rafael Bordalo Pinheiro* caricaturou Machado duas vezes. No primeiro trabalho (9 de setembro) representa o escritor esculpindo o busto de uma mulher, alusão a *Helena*,* que *O Globo** publicava então em folhetim (nº 8). No outro (15 de abril de 1876), o caricaturista lamenta o desaparecimento da *Semana Ilustrada*.* Machado aparece velando o corpo do Dr. Semana,* principal personagem daquela publicação (nº 9). Ao contrário dos artistas citados, Pinheiro usou toda a malícia perversa de sua arte ao representar Machado, ressaltando inclusive os seus traços mestiços. A mesma impiedade encontra-se na caricatura de sua autoria publicada em *O Besouro** (27 de abril de 1878) em que simula um namoro entre *Iaiá Garcia* e *Mota Coqueiro* (este, personagem de um romance recém-lançado de José do Patrocínio). Machado aparece à direita, ao fundo, com um sorriso mefistofélico, mas sem que o caricaturista atenuasse seus traços mestiços (nº 10). Bordalo manteve o mesmo senso crítico implacável em outro trabalho, aparecido na mesma publicação, em 1º de junho de 1878, no qual Machado encontra-se sentado à cabeceira da mesa, escrevendo, ao lado de quatro senhores (nº 11). Por ocasião do lançamento da segunda edição de *Iaiá Garcia** (1898), Machado aparece na série *Perfis*, da *Gazeta de Notícias*,* em desenho bastante grotesco, segurando um volume da obra (nº 12). Mais suave é a caricatura de K.Lixto,* no *Tagarela*, em 19 de abril de 1902. O escritor, rejuvenescido de muitos anos, manipula uma linha e uma agulha, alusão ao seu apólogo (nº 13). Dois anos depois, *O Malho* (11 de junho de 1904) publicou uma caricatura sua, ao lado de José Veríssimo* e Oliveira Lima* (nº 14), de autoria de Heitor, pinta-monos modesto, que não figura na *História da caricatura no Brasil*, de Herman Lima. O gostinho perverso de fustigar, tão típico do gênero, reaparece no desenho de K.Lixto publicado quando da eleição de Jaceguai* para a Academia Brasileira de Letras* (*Fon-Fon*,* 7 de dezembro de 1907). Machado, fisgado pelo anzol de um marinheiro, tenta se libertar (nº 15). A última caricatura do escritor, em vida, deve-se a Raul Pederneiras* no *Fon-Fon*,* de 20 de junho de 1908, na série "Sombrinhas ... Imortais", com a seguinte legenda: "Machado de Assis. Imortal e... chefe, ou melhor, chefe imortal" (nº 16). Três meses depois, por ocasião da morte do escritor, Raul lhe prestou uma derradeira homenagem, a bela alegoria, publicada na mesma revista, em 3 de outubro de 1908 (nº 17). A essa relação, podemos acrescentar a caricatura de autoria de Ariosto Duncan, que figura no livro *Caras e caretas* (1911), de Pedro do Couto, posterior à morte de Machado, mas muito pouco difundida (nº 18).

Caridade (A) Poesia que figura nas *Crisálidas*,* tendo sido recitada pelo autor no sarau comemorativo da fundação do Retiro Literário Português,* em 19 de julho de 1862. Uma semana depois, no dia 26, Machado voltou a recitá-la no Teatro Lírico Fluminense, no benefício realizado a favor do asilo da Infância Desvalida de Portugal. O poema foi incluído no folheto *A festa da caridade*.* Não foi aproveitado nas *Poesias completas*.*

Carioca Machado amava o Rio de Janeiro e nunca perdia oportunidade de proclamar sua condição de "puro carioca" ou "carioca *enragé*" (carta a José Veríssimo, de 16 de fevereiro de 1901). O mesmo Veríssimo, em carta dirigida ao amigo, reconhece: "Você é o carioca por excelência, a quem o ar, a rua, tudo do Rio de Janeiro é absolutamente indispensável". Em crônica publicada após a morte de Machado, Olavo Bilac* ressalta ter sido ele "um legítimo, um puro, um extremado carioca – o mais carioca dos cariocas", sendo toda a sua obra dedicada ao estudo da vida da cidade. Apesar desse amor, Machado implicava com o nome Rio de Janeiro,* que, segundo ele, nada dizia.

Cáritas Poema publicado no *Almanach Brazileiro Ilustrado* para o Ano de 1877,** com a assinatura Machado de Assis.* Descoberto pelo pesquisador Felipe Rissato, sendo publicado na revista *Livro*, nº 5, de novembro de 2015.

Carlos Pseudônimo utilizado por Antonio Arnaldo Nogueira Molarinho* na seção "Palestra dos Primos", no *Arquivo Literário*,* com o qual desferiu violentos ataques a Machado.

Carniceria a vapor Crônica publicada em *A Marmota*,* de 8 de maio de 1860, com a assinatura M.A.* *Dispersos*.*

"Caro Rocha Miranda e companhia" Vide "Soneto".

Carola Tratamento íntimo dado por Machado a Carolina.*

Carolina Vide "Machado de Assis, Carolina Augusta Xavier de Novaes".

Carro nº 13 (O) Conto publicado no *Jornal das Famílias*,* em março de 1868, com o pseudônimo de Victor de Paula.* Recolhido nos *Contos e crônicas*.*

Carta (Uma) Conto publicado em *A Estação*,* de 15 de dezembro de 1884, assinado com as iniciais M. de A.* Figura no segundo volume dos *Contos fluminenses*.*

Carta a Henrique Chaves, a propósito da morte de Ferreira de Araújo Publicada na *Gazeta de Notícias*,* de 21 de setembro de 1900, sem título, junto com outros artigos em homenagem ao jornalista recém-falecido. Incluída em *Poesia e prosa** com o título acima.

Carta a Quintino Bocaiuva Publicada em *Teatro*,* volume 1, 1863. É o convite epistolar de Machado ao amigo para prefaciar sua obra. Vide "Carta ao autor".

Carta ao autor Prefácio de Quintino Bocaiuva* para o *Teatro** (1863), de Machado. O escrito foi redigido a pedido do prefaciado, por meio de carta, na qual invocava um motivo duplo: "razão de estima literária e razão de estima pessoal".

Carta ao Sr. Bispo do Rio de Janeiro Artigo publicado no *Jornal do Povo*,* de 18 de abril de 1862, assinado com o criptônimo de **.* Dirigia-se ao bispo do Rio de Janeiro, D. Manuel do Monte Rodrigues de Araújo, conde de Irajá, solicitando a proibição de algumas procissões, que mais pareciam festas pagãs do que cristãs. Incluída em *Poesia e prosa*.*

Carta à redação da Imprensa Acadêmica Datada de "Corte, 21 de agosto de 1864", foi publicada no jornal paulistano no dia 28 do mesmo mês. Incluída em *Poesia e prosa*.*

Carta a um amigo Publicada em *O Liceu Literário Português*,* coletânea de escritos de vários autores, editada no Rio de Janeiro, em comemoração da inauguração da nova sede da entidade. Datada de junho de 1884. Figura em *Poesia e prosa*.*

Carta preliminar Título do prefácio de Machado às *Névoas matutinas*,* de Lúcio de Mendonça.* O escrito está datado de Rio, 24 de janeiro de 1872 e assinado Machado de Assis.* Transcrito em *Crítica*.*

Cartas a um amigo Subtítulo de duas crônicas publicadas na *Semana Ilustrada*,* com o título de *Viagem a Vassouras*,* nos dias 24 de setembro e 8 de outubro de 1865. Narram a viagem de Machado a Vassouras* e sua permanência de alguns dias na cidade.

Cartas fluminenses Com o pseudônimo de Job,* Machado publicou duas "Cartas fluminenses" no *Diário do Rio de Janeiro*.* A primeira, intitulada "À opinião pública", saiu em 5 de março de 1867 (o jornal, por engano, está datado de 4), e a segunda, "À Hetaira", no dia 12 do mesmo mês. *Crônicas*,* 2º volume, edição W. M. Jackson.*

Carteira (A) Conto publicado em *A Estação*,* de 15 de março de 1884, assinado com as iniciais M. de A.* Incluído no segundo volume dos *Contos fluminenses*.*

Cartomante (A) Conto incluído em *Várias histórias*.* Publicado pela primeira vez na *Gazeta de Notícias*,* de 28 de novembro de 1884, com a assinatura Machado de Assis.*

Carvalho, Estevão Leitão de Casado com Laura Leitão de Carvalho,* afilhada de Machado e Carolina.* Natural de Alagoas (1883), concluiu o curso de engenharia militar em 1908, sendo designado para servir em Corumbá, MT. Na ocasião, o major Bonifácio Gomes da Costa,* pai de Laura, fora transferido para a mesma cidade. Sua família e o jovem Estevão – que conhecia a moça desde os onze anos – viajaram no mesmo navio, intensificando-se o namoro. Noivaram em Mato Grosso. Em carta a Sara Braga,* sobrinha de Carolina e mãe de Laura, Machado expõe seu desejo de ver todos de volta ao Rio, o que só ocorreu após sua morte. Estevão e Laura casaram-se no Rio de Janeiro, a 19 de novembro de 1909.

Carvalho, João G. de Primo de Machado, provavelmente pelo lado materno, a quem foi dedicado o poema "Ela".*

Carvalho, Laura Costa Leitão de Vide "Costa, Laura Braga da".

Carvalho, Manuel Maria de Funcionário do Ministério da Indústria, Viação e Obras Públicas.* Em 25 de janeiro de 1904, durante a gestão de Lauro Muller,* foi incumbido pelo ministro de comunicar a Machado, por meio de carta, a autorização para o escritor aumentar a licença por mais um mês.

Carvalho, Xavier de Jornalista e escritor português (1862-1919), viveu muitos anos em Paris, sendo correspondente da *Gazeta de Notícias** e de *O País*, onde mantinha a seção "Cartas de Paris". Escreveu um dos primeiros artigos sobre Machado publicados no exterior, a crítica aos *Papéis avulsos** (*Bulletin Bibliographique*, do jornal *Le Messager du Brésil*, Paris, 29 de outubro de 1882). Carvalho redigiu o convite para a conferência de Oliveira Lima* sobre Machado, proferida na Sorbonne, em 3 de abril de 1909, organizada pela Société des Études Portugaises de Paris.

Casa de João Jacques Rousseau (A) Romance de Ernesto Cibrão,* subtitulado "Episódio de uma viagem na Suíça". Publicado em 1868, impresso pela Tipografia do Imperial Instituto Artístico, no largo de São Francisco de Paula, 16, Rio de Janeiro, foi distribuído como brinde aos assinantes da *Semana Ilustrada*.* O livro contém cem páginas, mais VIII. O "Prólogo" de Machado, datado do Rio de Janeiro, 1º de dezembro de 1868, ocupa as páginas V a VIII. O prefaciador elogia a obra do amigo com sobriedade. O texto machadiano, não incluído em suas obras completas, acha-se transcrito na *Revista da Sociedade dos Amigos de Machado de Assis*, nº 2, de 21 de junho de 1959.

Casa, não casa Conto publicado no *Jornal das Famílias*,* de dezembro de 1875 e janeiro de 1876, com a assinatura Machado de Assis.* Incluído nos *Contos esquecidos*.*

Casa velha Novela publicada em 25 folhetins, em *A Estação*,* com a assinatura Machado de Assis.* Saiu nos dias 15 e 31 de janeiro; 15 de fevereiro; 15 e 31 de março; 30 de abril; 15 e 31 de maio; 15 e 30 de junho; 15 e 31 de julho; 31 de agosto; 15 e 30 de setembro; 15 e 31 de outubro;

Capa da 1ª edição

15 e 30 de novembro; 15 e 31 de dezembro de 1885; 15 e 31 de janeiro; 15 e 28 de fevereiro de 1886. Só foi publicado em livro em 1944 (São Paulo, Martins, 162 + 2 pp., com ilustrações de Santa Rosa), após sua redescoberta por Lúcia Miguel Pereira, que a prefaciou. A ensaísta acha que não é "das melhores obras do autor", podendo, psicologicamente, "ser colocada na primeira fase de sua obra". Lúcia considera-a autobiográfica: "A parte do seu próprio drama que Machado nela projetou foi apenas a sentimental, o conflito entre duas afeições puras e fortes – a da madrasta e a da mulher". Segundo sua interpretação, a casa velha seria, "muito provavelmente, uma cópia da Quinta do Livramento, onde se passou a primeira infância do escritor". Levando ao extremo essa argumentação, Gondin da Fonseca chega a afirmar que se trata de uma "biografia romanceada de sua mãe". Para R. Magalhães Júnior, a novela é uma releitura de *Helena*,* com inúmeras repetições e coincidências entre as duas obras. Ultimamente, o machadiano inglês John Gledson revalorizou e reinterpretou "Casa velha", em estudo que constitui o primeiro capítulo do ensaio "Machado de Assis: Ficção e História".

Ilustração de Santa Rosa para *Casa velha*

Casada e viúva Conto publicado no *Jornal das Famílias,** em novembro de 1864, com a assinatura Machado de Assis,* sendo incluído no segundo volume dos *Contos fluminenses.**

Casamento No dia 12 de novembro de 1869, na capela particular da casa do conde de São Mamede,* na rua Cosme Velho,* nº 20 , casaram-se Joaquim Maria Machado de Assis e Carolina Augusta Xavier de Novaes,* que passou a assinar Carolina Augusta de Novaes Machado de Assis. Oficiada pelo cônego José Gonçalves Ferreira,* a cerimônia teve licença especial, concedida pelo vigário geral e administrador do bispado do Rio de Janeiro, monsenhor Félix de Freitas e Albuquerque.* Os padrinhos de Carolina foram o conde de São Mamede* e D. Rita de Cássia Calazans Rodrigues,* em cuja residência a noiva vivia e que lhe ofereceu o enxoval de noivado. O padrinho do noivo foi Artur Napoleão,* ignorando-se o nome da madrinha. O enxoval de noivado de Machado foi presente de Henrique Fleiuss.* Na mesma ocasião, realizou-se o casamento de uma das filhas dos condes de São Mamede, Joana Ferreira Felício,* com Joaquim de Carvalho Braga,* e o batizado de uma sobrinha do conde, Julieta Caldas Ferreira.*

Casamento de Tartufo (O) Título de uma peça teatral que Machado estava escrevendo em 1863, que não foi concluída ou encontra-se extraviada. Luiz Guimarães Júnior* refere-se a ela, em carta dirigida ao autor, datada de São Paulo, 23 de março de 1863.

Casamento do diabo (O) Poema humorístico publicado na *Semana Ilustrada,** de 29 de março de 1863, sem assinatura e com a indicação de ser "imitação do alemão". Em realidade, tratava-se de uma tradução do poema "*Satan Marié*", de Gustave Nadaud.* O original manuscrito, reproduzido em *Letras e Artes* de 3 de outubro de 1948, está assinado Machado de Assis.* *Dispersos.**

Casamento dos avós paternos de Machado de Assis Francisco José de Assis* e Inácia Maria Rosa,* pardos forros, se casaram a 4 de agosto de 1805, no oratório particular da residência do padre Felipe Pinto da Cunha.

Casamento dos pais de Machado de Assis Francisco José de Assis* e Maria Leopoldina Machado de Assis* casaram-se a 19 de agosto de 1838, na capela particular existente na propriedade de D. Maria José Mendonça Barroso Pereira,* no morro do Livramento.* O ato foi realizado pelo padre Antonio Joaquim Cruvelo,* sendo testemunhas Joaquim José de Mendonça* e o comendador Baltazar Rangel de Sousa e Azevedo Coutinho.*

Casimiro de Abreu Artigo com a assinatura M.A.,* publicado no *Correio Mercantil,** de 19 de agosto de 1860, comentando a morte do poeta, que continuava vivo e desmentiu a notícia.

Caso Barreto (O) Conto publicado em *A Estação,** de 15 e 31 de março e 15 de abril de 1892, com a assinatura Machado de Assis.* Incluído nas *Relíquias de casa velha,** edição W. M. Jackson.*

Caso da vara (O) Conto incluído nas *Páginas recolhidas.** Publicado pela primeira vez na *Gazeta de Notícias,** de 1º de fevereiro de 1891, com a assinatura Machado de Assis.*

Caso da viúva (O) Conto publicado em *A Estação,** de 15 e 31 de janeiro, 15 e 28 de fevereiro, e 15 de março de 1881, na primeira data com a assinatura M. de Assis* e, nas demais, Machado de Assis.* Recolhido aos *Contos sem data*.*

Caso do Romualdo (O) Conto publicado em *A Estação*,* de 15 e 30 de setembro, 15 e 31 de outubro, 15 e 30 de novembro de 1884, com a assinatura Machado de Assis.* Recolhido ao volume *Relíquias de casa velha*,* na edição W. M. Jackson.*

Caso Ferrari (O) Artigo publicado em *O Cruzeiro*,* de 21 de maio de 1878, com o pseudônimo de Eleazar.* Incluído nas *Novas relíquias** e, posteriormente, em *Crítica teatral*.*

Cassino Fluminense Sociedade recreativa, fundada em 1846, com um baile com a presença da família imperial. Ficava no largo do Valdetaro (parte mais larga da rua do Catete*), esquina com Ferreira Viana. Era frequentado pela elite do Império: nobres, políticos, diplomatas, ricaços, que acorriam aos seus bailes, saraus, representações teatrais. Em 1860, mudou-se para a rua do Passeio, no prédio onde hoje funciona o Automóvel Clube. Foi nesse local que o Clube Beethoven* realizava os seus concertos mensais e onde se deu, em 18 de novembro de 1896, a estreia da peça *Não consultes médico*.*

Castilho, Antonio Feliciano de (visconde de Castilho) Um dos grandes nomes do romantismo português, Castilho (Lisboa, 1800) cegou na infância, em consequência de sarampo. Estudou com o auxílio do irmão, Augusto Frederico, formando-se em direito, em Coimbra. Ainda estudante, estreou na literatura. Em 1855, viajou ao Brasil, para expor o seu método de "leitura instantânea". Permaneceu cinco meses no país, onde o seu drama *Camões* subiu à cena pela primeira vez, encenado pela companhia

Antonio Feliciano de Castilho

de João Caetano,* com o ator no papel-título. Tratado como um príncipe das letras, foi recebido por D. Pedro II* e condecorado com a Ordem da Rosa.* Talvez tenha conhecido Machado, já que esteve no escritório de Caetano Filgueiras.* Seja como for, tinha o escritor brasileiro na mais alta consideração. Num exemplar da *Arte de amar*, publicado no Rio de Janeiro, em 1862, o poeta cego e seu irmão, José Feliciano,* dedicam-no "a J. M. Machado d'Assis, o poeta d'alma, e esperançoso ornamento das letras do Brasil". No mesmo ano, antes ou depois dessa dedicatória, Machado (*Diário do Rio de Janeiro*, 22 de fevereiro de 1862) criticou com acidez o poema de Castilho incluído em *À memória de Pedro V*, apontando-lhe os lugares comuns, a pobreza de pensamento e a falta de "alento poético", de espontaneidade, de

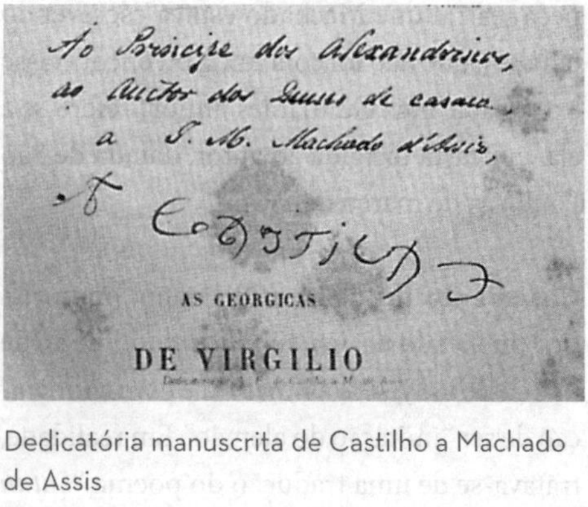

Dedicatória manuscrita de Castilho a Machado de Assis

"poesia, enfim", elogiando-lhe no entanto os alexandrinos. Na "Semana Literária"* (*Diário do Rio de Janeiro*,* 12 de junho de 1866), Machado transcreveu uma carta de Castilho aos escritores de Pernambuco, que a ele se haviam dirigido. Nova referência quando da reedição da *Livraria Clássica*, volume dedicado ao padre Manuel Bernardes, prefaciado por Castilho. Em 1867, apesar da cegueira, Castilho autografou de seu próprio punho um exemplar da tradução das *Geórgicas*, de Virgílio: "Ao Príncipe dos Alexandrinos, ao Autor dos *Deuses de casaca*, a J. M. d'Assis, A. Castilho". Em "Uma ode de Anacreonte",* Machado inclui um trecho do poeta grego traduzido por Castilho. No prefácio de sua tradução do *Fausto* (1872), referindo-se a traduções de segunda mão, Castilho elogia as realizadas pelo "meu admirável poeta Machado d'Assis, ornamento brilhantíssimo das letras brasileiras", englobadas sob o título de "Lira chinesa",* mas engana-se quando afirma que Machado se valeu de uma "interpretação inglesa". Em matéria de dedicatórias, Machado não ficou atrás. Uma das mais calorosas que escreveu foi dedicada ao mestre português. Encontra-se na primeira edição das *Falenas** (1870), tendo a seguinte forma: "Homenagem de admiração ao rei da lira portuguesa, A. F. de Castilho. Machado de Assis". Quando Castilho morreu, em 1875, Machado escreveu um pequeno panegírico de "o mestre da língua, o príncipe da forma", "o tradutor exímio", "contemporâneo de todos os gênios".

Castilho, José Feliciano de (J. F. de C. Barreto e Noronha) Formado em direito pela Universidade de Coimbra, Castilho (Lisboa, Portugal, 1810 – Rio de Janeiro, RJ, 1879) foi obrigado a emigrar para a França, por questões políticas. Em Paris, formou-se em medicina. De volta a Portugal, foi nomeado diretor da Biblioteca Nacional e pouco depois exonerado. Era homem de gênio difícil, um tanto áspero no tratamento. Em 1847, emigrou para o Brasil, onde fez muitos desafetos. Hostilizou José de Alencar* e, na tentativa de demolir sua obra, associou-se a Franklin Távora.* Machado criticou dois livros de Castilho (*Diário do Rio de Janeiro*, 22 de fevereiro de 1862): *À Memória de Pedro IV* e a *Memória sobre a 22ª égloga de Virgílio*, sem lhes reconhecer maior valor. É provável que ainda não se conhecessem. As relações entre os dois se estreitaram a partir de 1865, quando Castilho presidiu a Arcádia Fluminense,* de que Machado fazia parte. Nesse ano, através da imprensa, Machado dirigiu uma "Carta ao Sr. Conselheiro J. F. de Castilho", a propósito de *Os primeiros amores de Bocage** (obra de Mendes Leal), a qual começa chamando-o de "mestre e senhor" e afirmando ser ele autor de "uma excelente biografia do grande poeta". No ano seguinte, dedicou ao amigo *Os deuses de casaca*.* O português ofereceu ao colega brasileiro um exemplar da *Arte de amar*, de Ovídio, traduzida por seu irmão, Antonio Feliciano de Castilho,* autografado por ambos.

José Feliciano de Castilho

Castilho, Júlio de Filho de Antonio Feliciano de Castilho,* Júlio (Lisboa, Portugal, 1840-1919) continuou a amizade da família Castilho com Machado, iniciada pelo pai e o tio,

José Feliciano de Castilho.* Na seção intitulada "Correspondência sobre Novidades Úteis", inserta no *Diário Oficial** brasileiro, de 18 de setembro de 1864, divulgou a sexta parte dos "Versos a Corina",* com a advertência de que se tratava de versos inéditos, enviados a Portugal e divulgados em um jornal do Porto, que mereciam ser conhecidos pelo público brasileiro. Os versos estão datados de "Rio de Janeiro, junho de 1864". O artigo de Júlio traz a data de 10 de setembro de 1864, mês de lançamento das *Crisálidas,** onde figura o poema. Em sua crônica da seção "Semana Literária",* de 17 de julho de 1866, Machado transcreveu a parte inicial de um longo poema de Castilho, apresentado ao público brasileiro com palavras elogiosas.

Castor e Pollux Pseudônimo não identificado de um colaborador do *Jornal para Todos,** do Rio de Janeiro, que defendeu Machado de um violento ataque de Joaquim Garcia Pires de Almeida.* O trabalho saiu na seção "Revista da Semana", de 16 de outubro de 1869.

Castro, Aloísio de Filho de Francisco de Castro,* grande amigo de Machado, Aloísio nasceu no Rio de Janeiro (RJ, 1881-1959). Ainda estudante colegial foi apresentado pelo pai a Machado, na Livraria Garnier,* tendo beijado a mão do escritor, que se emocionou com o gesto. Quando Francisco de Castro assumiu a direção da Faculdade de Medicina, Machado foi o único convidado de fora da instituição. Aloísio foi, então, esperá-lo na repartição, conduzindo-o até a faculdade. No trajeto, os dois passavam pela rua da Misericórdia, quando Aloísio observou a feiura das casas da cidade. Machado replicou: "São feias, são, mas são velhas". Médico catedrático, poeta e prosador, os contatos com Machado parecem ter se limitado a esses encontros.

Apulco de Castro

Castro, Apulco de Diretor e redator do jornal de escândalos mais famoso do Império, *O Corsário.** Em 1883, após revelar que Machado estava por trás do pseudônimo Lélio,* Castro passou a dar fisgadas no escritor, atribuindo-lhe versos idiotas, revelando os seus amores com Inês Gomes* ou aludindo à cor de Machado. Na seção humorística, por exemplo, escrevia: "*O Corsário* é uma necessidade social. É o último argumento da medicina heroica", assinando Machado de Assis. Na série "Retratos a carvão" publicou o seguinte texto sobre Machado: "Espiègle, macambúzio, preocupado, um Hamlet em brochura... porém moreno. Espírito que se debate na dualidade da alegria comunicativa ou da nostalgia porejante de simpatia. Um talento modesto. Dorme no Clube Beethoven*"(8 de março de 1883). Em 25 de outubro deste ano, Apulco morreu assassinado na rua Uruguaiana, em plena luz do dia, por oficiais do exército, revoltados com os ataques do jornalista à instituição.

Castro, Augusto de Carioca (1833 – Niterói, RJ, 1896), formou-se em direito, mas acabou mergulhando de corpo e alma no jornalismo. Redator do *Jornal do Commercio,** da *Semana Ilustrada,** onde foi colega de Machado, e da *Vida Fluminense,** na qual publicava as popularíssimas *Cartas de um caipira.* Escreveu para o teatro e Machado elogiou-lhe as peças

A ninhada do meu sogro (*O Futuro*,* 15 de abril de 1863) e *Por um óculo*, uma comédia divertida e fácil, com "diálogo natural, vivo, animado" (*Diário do Rio de Janeiro*,* 20 de junho de 1864). Castro escreveu uma crítica às *Falenas*,* em 1870 (*Vida Fluminense*, 2 de abril), e censurou com insistência o fato de Machado não renunciar ao cargo de censor* do Conservatório Dramático,* após o decreto de 4 de janeiro de 1871, que estabeleceu a censura prévia para os espetáculos teatrais. Em artigo publicado na *Vida Fluminense*, de 14 de janeiro de 1871, ele afirmava que Machado tinha sido nomeado censor por sua condição de "dulcíssimo poeta" e, como os seus colegas, não tinha nenhuma "competência em matéria teatral". Mais tarde, voltou atrás afiançando a renúncia de Machado ao cargo e que ele e Joaquim Manuel de Macedo, além de escrever para teatro, eram os únicos dos cinco censores que haviam "estudado com vagar as causas da decadência da cena brasileira". A renúncia não ocorreu e Castro, em novo artigo, ironizou a resolução do colega. Quando de sua morte, em crônica da série *A Semana** (9 de agosto de 1896), Machado relembrou, em traços rápidos, a figura de Castro, dândi, filho de um jornalista influente, levando uma vida folgada. "Se pudesse adivinhar o que sucederia depois!", tendo de ganhar a vida duramente, no jornal e no teatro, fazendo rir, "e de quantas risadas provocou, muitas acabaram antes pela careta da morte, outras esqueceram talvez o autor delas; pobre Augusto de Castro!".

Castro, Eduardo de Sá Pereira de Integrou, junto com Machado, a diretoria da sociedade Arcádia Brasileira,* eleita a 17 de agosto de 1861. Castro era o orador da instituição e Machado o bibliotecário.* Natural da Bahia (1828 – Rio de Janeiro, RJ, 1872), tenente reformado do exército, membro do Instituto Histórico e Geográfico, escreveu diversos livros, entre os quais *Os heróis brasileiros da Campanha do Sul em 1815*, com Augusto Emílio Zaluar.*

C

Castro, Francisco de O baiano Francisco de Castro (Salvador, 1856) formou-se pela Faculdade de Medicina do Rio de Janeiro, cidade onde chegou em 1877 e de onde não mais saiu. Tornou-se logo amigo de Machado, que apadrinhou a publicação de um artigo de sua autoria, sobre a morte de Thiers. No ano seguinte, 1878, publicou o livro de versos *Harmonias errantes*,* prefaciado por Machado. No ensaio "A nova geração"* (1879), Machado incluiu o amigo como uma das promessas da poesia brasileira, apesar de cometer a gafe de chamar as *Harmonias errantes* de *Estrelas errantes*, título de um livro de Quirino dos Santos. Ao tomar posse no cargo de diretor da Faculdade de Medicina, em 26 de abril de 1901, Castro fez questão que Machado estivesse a seu lado, único convidado especial em meio à congregação dos professores. Eleito para a Academia Brasileira de Letras,* adiou a posse. Machado chegou a procurá-lo, em casa, para que concluísse o discurso, mas Castro não chegou a tomar posse, falecendo em outubro de 1901.

Francisco de Castro

Gomes de Castro

Castro, Gomes de (Augusto Olímpio G. de C.) Natural de Alcântara, MA, 1836. Foi deputado em seis legislaturas, três vezes presidente de província, senador, exercendo cargos políticos durante quarenta e quatro anos. Em 1900, integrava a Comissão de Finanças do Senado, quando foi procurado por Machado, que buscava apressar a tramitação do projeto de aprovação da Academia Brasileira de Letras,* já com parecer favorável na Câmara dos Deputados. Faleceu no Rio de Janeiro, em 1909.

Castro, Luís de Jornalista, ativo no Rio de Janeiro na década de 1860. Quando do lançamento das *Crisálidas*,* o *Jornal do Commercio*,* em sua edição de 7 de outubro de 1864, publicou na seção "Gazetilha" um pequeno e elogioso artigo sobre o livro, sem assinatura. Inocêncio Francisco da Silva* identifica Luís de Castro, redator do jornal, como o autor do estudo. Castro foi o diretor de *Não consultes médico*,* quando da primeira apresentação da peça, em 1º de novembro de 1896.

Castro, Luís Pedreira de Magalhães Engenheiro civil, a quem Machado (então oficial de gabinete do ministro Buarque de Macedo) dirigiu ofício, em papel timbrado do Gabinete do ministro da Agricultura, com data de 7 de maio de 1880, convidando-o a comparecer ante o ministro, "por objeto de serviço público".

Castro, Tito Lívio de Discípulo de Sílvio Romero, natural do Rio de Janeiro (1864-1890), Castro seguiu as ideias de seu mestre em relação a Machado, atacando-o com rudeza e ironia. Em ensaio escrito em 1884, incluído no volume *Questões e problemas* (1913), afirma ser Machado o escritor "mais deslocado na época em que vive", escrevendo sobre tudo, "contanto que seja um despropósito".

Castro, Vieira de (José Cardoso V. de C.) Nascido em 1838, formado em direito pela universidade de Coimbra, Castro seguiu para o Brasil com a intenção declarada de se casar com uma herdeira rica. Em 22 de fevereiro de 1867, em crônica publicada no *Diário do Rio de Janeiro*,* Machado refere-se ao recém-chegado e louva-lhe o talento oratório. Castro enfronhou-se no grupo de intelectuais lusitanos que vivia na Corte, aproximando-se também de Machado. Em pouco tempo conseguiu o seu objetivo, casando-se com Claudina Adelaide Guimarães, de quinze anos, filha do riquíssimo comerciante comendador Antonio Gonçalves Guimarães. No dia 16 de março de 1867, Machado anunciou o embarque do orador para Nova York, primeira escala de sua viagem de núpcias, rumo a Portugal. Antes de partir, Vieira publicou no *Diário* (9 de abril) uma carta a Machado, datada da véspera, agradecendo ao amigo e dele se despedindo. O casal instalou-se em Lisboa. Claudina tornou-se amante de José Maria de Almeida Garrett, sobrinho do grande escritor das *Viagens pela minha terra*. Ao descobrir a traição, Vieira assassinou a esposa (maio de 1870) e entregou-se à justiça. Condenado a quinze anos de degredo,

Casa onde Machado de Assis morou, na rua do Catete

partiu para Angola, em setembro de 1871. Em outubro de 1872, morreu em Luanda, em consequência de uma "febre fulminante".

Castro Alves – Carta a José de Alencar Vide o verbete "A S. Ex.ª o Sr. Conselheiro José de Alencar".

Catete (rua do) Machado e Carolina mudaram-se para a rua do Catete, nº 206, em 1878, ali permanecendo até 1884. Era uma casa térrea, em frente à rua do Pinheiro, atual Machado de Assis. O escritor ainda vivia apertado financeiramente e o ambiente da casa era quase franciscano. Francisca de Basto Cordeiro,* que a frequentou, assim a descreve: "Na sala da frente, havia apenas uma modesta mobília de palhinha (sofá, duas cadeiras de braço e outras comuns), estantes de ferro com livros e uma escrivaninha onde papéis e jornais se amontoavam. As paredes, nuas. Nada embelezava o modesto ambiente".

Caturra (O) Pseudônimo não identificado, utilizado na seção "Publicações Aedido" do *Correio Mercantil*,* atacando o conto "Confissões de uma viúva moça",* de Machado. Os artigos saíram nos dias 1º de abril, 1º, 4 e 15 de maio de 1865. Houve réplica do atacado e intervenção de terceiros, estabelecendo-se uma breve polêmica. R. Magalhães Júnior, sem qualquer fundamento, atribui o pseudônimo ao próprio Machado, que o teria usado como forma de fazer propaganda do trabalho e chamar a atenção para o *Jornal das Famílias*,* que o publicava em capítulos.

Causa secreta (A) Conto que figura em *Várias histórias*.* Publicado pela primeira vez na *Gazeta de Notícias*,* de 1º de agosto de 1885, com a assinatura Machado de Assis.*

Causa mortis Machado morreu, provavelmente, de câncer. No final da vida, sofria de uma úlcera na língua, de fundo canceroso, que ele chamava de "minhas aftas". Nos últimos meses, o quadro se agravou com uma infecção intestinal, sem que o quadro clínico, em nenhum momento, afetasse a lucidez mental do doente. No entanto, contrariando a realidade dos fatos, a certidão de óbito,* assinada pelo Dr. Jaime Smith de Vasconcelos,* aponta como *causa mortis* arteriosclerose.

Causas e efeitos Crônica publicada em *O Espelho*,* nº 15, de 11 de dezembro de 1859, com a assinatura de Victor de Parma.* Ignorada pelos machadianos e de atribuição duvidosa.

Cavalcanti, João Barbalho Uchoa Ministro da Agricultura, Comércio e Obras Públicas* de 4 de julho a 23 de novembro de 1891. Reorganizou a administração federal, mudando o nome do Ministério para Indústria, Viação e Obras Públicas.* Não dispomos de dados de seu relacionamento com Machado, então diretor* da Diretoria de Comércio. Cavalcanti (Serinhaem, PE, 1846) aposentou-se como ministro do Supremo Tribunal Federal, falecendo no Rio de Janeiro, em 1909.

Cavalcanti, viscondessa de Vide "Albuquerque, Amélia Machado Cavalcanti de".

Caymari, Bernardo Capitalista cubano, sócio de Quintino Bocaiuva* na Imperial Sociedade de Imigração, empresa que se propunha trazer imigrantes norte-americanos para o Império. Chegou no Brasil em 1866, no navio South America, acompanhando um grupo de 220 norte-americanos, todos sulistas, que vinham fixar residência no país. Machado encontrou-se com ele, que lhe deu notícias de Quintino, então em Washington. Machado se tornou amigo de Caymari, sendo por ele apelidado de Austríaco,* e frequentava-lhe a casa, em Botafogo, onde se davam animadas reuniões semanais. Mais tarde, o empresário tornou-se sócio da firma Editores Gomes de Oliveira & Cia., que editava o jornal *O Globo*.* Nessa época, 1874, Machado publicava ali, em folhetins, *A mão e a luva*.* A filha do capitalista, Maria Luísa, casou-se com o poeta Magalhães de Azeredo.* Caymari faleceu em 1907.

Cegonhas (As) Crônica publicada a 15 de novembro de 1896, na seção "A Semana",* da *Gazeta de Notícias*.* O título foi incorporado no volume "A Semana"* pelo seu organizador, Mário de Alencar.*

Cegonhas e rodovalhos Poesia que figura nas *Falenas*.* Primeira publicação na *Semana Ilustrada*,* de 24 de janeiro de 1869, com a assinatura M.A..* Trata-se de tradução de "*Cigognes et Turbots*", de Louis Bouillet.* Não foi incluída nas *Poesias completas*.*

Cegos (Os) Polêmica mantida com Jq. Sr. (Joaquim Serra*), a propósito do seguinte tema proposto por Paula Brito,* em *A Marmota*,* de 12 de fevereiro de 1858: "Qual dos dois cegos mais sente/ o penoso estado seu:/ o que cegou por desgraça,/ o que cego já nasceu?" Machado defendia a tese de que o mais doloroso era o estado do cego de nascença. O seu primeiro artigo, publicado em 5 de março, rebatia a opinião expressa por Jq. Sr., publicada no dia 26 de fevereiro. O segundo, subtitulado "Tréplica ao Sr. Jq. Sr.", saiu no dia 16 de março e respondia à réplica de Serra, que havia aparecido no dia 9. Serra desistiu da polêmica, reconhecendo a superioridade dos argumentos de seu opositor. O último artigo machadiano veio à luz no dia 26. Os três artigos foram assinados As..* A identificação de Jq. Sr. como Joaquim Serra cabe a J. Galante de Sousa. *Dispersos*.*

Celso, Afonso (A. C. de Assis Figueiredo) Natural de Ouro Preto, MG, 1836, teve uma carreira política rápida e brilhante. Deputado em quatro legislaturas, senador, duas vezes ministro da Fazenda e ministro da Marinha. Nesse cargo, em 1866, recebeu a visita de Machado, recomendado por Quintino Bocaiuva.* O acolhimento foi cordial e deixou o visitante esperançoso. "Achei-o nas melhores disposições a meu respeito e segundo me afirmou ainda ontem, estarei empregado até janeiro, e com um bom emprego", escreve Machado a Quintino, em 29 de outubro de 1866. O emprego só saiu em abril de 1867, uma posição mais modesta do que esperava, no *Diário Oficial*.* Jornalista, Afonso Celso foi redator-chefe de *A Reforma*.* Recebeu o título de visconde de Ouro Preto. Nos últimos dias da monarquia, idealizava realizar uma grande festa em 1890, em comemoração ao jubileu do Segundo Império. Na ocasião, pretendia homenagear o maior escritor nacional, Machado de Assis, oferecendo-lhe o título de conselheiro.* Faleceu em Petrópolis, RJ, em 1912.

Cena do Cemitério (A) Crônica que figura em *Páginas recolhidas*.* Publicada originalmente na seção "A Semana",* da *Gazeta de Notícias*,* de 3 de junho de 1894, sem título.

Cenário (O) Peça de Machado, representada na festa em homenagem ao barão de Cotegipe, oferecida pelos viscondes de Silva, a 23 de outubro de 1875, no Rio de Janeiro. Original perdido.

Cenas da vida amazônica Vide "Um livro".

Cenas da vida do Rio de Janeiro Peça "cômico-musical" de Manuel Joaquim Ferreira Guimarães,* parodiando a *Traviata*. Anunciada como uma "indiscrição em três atos", estreou no teatro Cassino Franco-Brésilien,* a 17 de abril de 1873, em benefício da atriz Amélia de Gubernatis. Machado colaborou no texto, mas esquivou-se de aparecer como coautor.

Censor Em março de 1860, Machado já defendia a instituição da censura, ideia que tornou pública no artigo "O Conservatório Dramático".* Assim, ao ser empossado como censor do Conservatório Dramático Brasileiro* – função não remunerada, mas de inegável prestígio social –, encontrava oportunidade de empregar, na prática, ideias que defendia em tese, referentes a aspectos morais e intelectuais da literatura teatral. Na prática, não desmentiu as suas formulações teóricas. Zeloso na defesa do idioma, áspero e arguto na crítica, nunca transigiu com determinadas liberdades de expressão ou com situações equívocas, cuja única finalidade era apelar aos instintos mais grosseiros do público. Admitido como censor em 31 de janeiro de 1862, emitiu nesse ano dez pareceres, sobre as seguintes peças: *Clermont ou A mulher do artista*, de Eugène Scribe e Louis-Émile Vanderburch, tradução de autor não identificado (parecer datado de 16 de março de 1862); *Finalmente*, de Antonio Moutinho de Sousa* (20 de março); *Um casamento da época*, de Constantino do Amaral Tavares (8 de abril); *Os íntimos*, de Victorien Sardou, tradução de Manuel de la Peña (9 de maio); *Os nossos íntimos*, de Victorien Sardou,* tradução de Joaquim da Silva Lessa Paranhos (11 de junho); *Os descarados*, de Émile Augier, tradução de Remígio de Sena Pereira* (15 de junho); *As garatujas*, de Victorien Sardou, tradução de Augusto Emílio Zaluar* (20 de julho); *Mistérios sociais*, de César de Lacerda (30 de junho); *A mulher que o mundo respeita*, de Veridiano Henrique dos Santos Carvalho (27 de outubro); *As leoas pobres*, de Émile Augier e Ed. Foussier, tradução de Constantino do Amaral Tavares (24 de novembro). Em 1863, Machado censurou quatro peças: *A caixa do marido e a charuteira da mulher*, de João Pereira Barbosa (12 de janeiro); *As conveniências*, de Quintino Francisco da Costa (março, sem trazer o dia); *O anel de ferro*, apresentada com o pseudônimo de Arcires, identificado por J. Galante de Sousa como sendo de

Joaquim Garcia Pires de Almeida* (20 de junho); *As mulheres do palco*, de Joaquim Garcia Pires de Almeida (14 de setembro). Em 1864, deu pareceres sobre: *Os espinhos de uma flor*, de José Ricardo Pires de Almeida* e *O filho do erro*, do mesmo autor (um único parecer para as duas peças, datado de 8 de janeiro); *Ao entrar na sociedade*, de Luís Caetano Pereira Guimarães Júnior* (12 de março). Esses pareceres encontram-se transcritos na *Revista do Livro*, ano I, nº 1-2, de janeiro de 1956. O Conservatório foi extinto em 10 de maio de 1864, ressurgindo sete anos mais tarde, por decreto assinado a 4 de janeiro de 1871, com poder de censura prévia. A imprensa reagiu. Augusto de Castro,* em artigo assinado com as iniciais A. de C., na *Vida Fluminense*, de 14 de janeiro de 1871, afirma que Machado foi nomeado para o cargo por sua condição de "dulcíssimo poeta" e que, como os seus colegas, não tinha nenhuma "competência em matéria teatral". Idêntica opinião foi expressa por Cícero de Pontes, em *O guarani*, de janeiro de 1871. Indiferente às críticas, Machado integrou o segundo Conservatório desde sua criação, mas os seus pareceres estão extraviados, com exceção do referente a *Os lazaristas*, de Antonio Ennes, datado de 13 de junho de 1875, reproduzido na *Gazeta de Notícias*,* de 14 de outubro do mesmo ano e incluído nos "Anexos" do presente volume. A peça do autor português causou imensa celeuma, sendo a posição assumida por Machado alvo de duros ataques da imprensa e seu parecer transcrito pela *Gazeta de Notícias*.* Essa segunda fase da instituição durou até 1880. O Conservatório teve uma terceira fase. Machado foi então nomeado por Ferreira Viana,* mantendo o mesmo espírito, preocupado com a moralidade e a linguagem. Costumava, então, convocar Viana e os demais censores para se reunirem, a fim de deliberarem sobre peças de gosto duvidoso. Deste ciclo, conservam-se onze pareceres, todos emitidos em 1887, doados por Artur Azevedo* à Biblioteca Pública do Maranhão, sobre as seguintes peças: *A família fantástica*, de Maurice Ordonneau e Paul Burani (22 de janeiro); *O Chuva* (12 de fevereiro); *Há alguma diferença?*, de Augusto Fábregas e Bernardo Lisboa (21 de fevereiro e 22 de março); *Um marido* (9 de março); *Desmancha-se a diferença* (22 de março); *Entre o comércio e o teatro* (abril); *O galo de ouro* (abril); *O Coupé 117* (abril); *A comédia do amor* (abril); *Os estudantes da rua do Ouvidor* (maio); *Zigue-zagues e rodelas*, de José Antonio Gomes de Menezes (maio); *A Bearnesa* (agosto); *Cobras e lagartos*, de Augusto Fábregas (26 de novembro).

Centenário de Camões Coleção de Poesias distribuídas no Imperial Teatro D. Pedro II por ocasião do Grande Festival Comemorativo organizado pelo Gabinete Português de Leitura. 10 de junho de 1880. O volume, com folhas não numeradas, contém poemas de Camões e outros autores. Machado colabora com o "Soneto", que se inicia pelo verso "Quando transposta a lúgubre morada".

Cepelos, Batista (Manuel B. C.) Nasceu em Cotia, SP, 1872. Formado em direito, promotor público no interior de São Paulo. Mudou-se para o Rio de Janeiro, em 1893, abalado com o drama que impediu o seu casamento. Poeta, romancista, teatrólogo. *Os Bandeirantes* (1906) foi prefaciado por Olavo Bilac.* Dois anos depois, quando ia lançar *Vaidades*, tentou obter um prefácio de Machado. Em carta de 23 de julho de 1908, enviou ao escritor carioca as provas de seu livro. Machado, apesar de muito doente, respondeu delicadamente, mas esquivando-se da incumbência, por meio de carta datada de 30 de julho de 1908. Cepelos suicidou-se no Rio de Janeiro, em 1915.

Cerqueira, Dionísio (D. Evangelista de Castro C.) Nasceu na Bahia, 1847. Combateu na Guerra do Paraguai como voluntário. Militar e político, foi ministro das Relações Exteriores de 1896 a 1898. Durante essa época, ocupou interinamente a pasta da Indústria, Viação e Obras Públicas,* de 1º de outubro a 13 de novembro de 1897, quando se relacionou com Machado. Faleceu em Paris, em 1910.

Certidão de óbito "Olímpio da Silva Pereira, oficial do registro civil e escrivão vitalício da 6ª pretoria do Distrito Federal, em 29 de setembro de 1908 – Certifico que do livro de registro de óbitos sob número cinquenta e dois consta a folha 63, o registro de óbito de Joaquim Maria Machado de Assis; idade 69 anos, viúvo, natural desta capital, funcionário público, cor branca, falecido de arteriosclerose, às 3h20 da manhã do dia 29 de setembro de 1908, à residência do próprio finado, rua Cosme Velho nº 18. Deixou testamento." A certidão foi firmada pelo Dr. Jaime Smith de Vasconcelos.* No atestado havia una nota escrita por Afrânio Peixoto:* "Declaro que para a conservação do corpo foram feitas injeções de formol glicerinado pelo Doutor Alfredo de Andrade e o signatário desta nota". Há algumas curiosidades na certidão de óbito. Com a intenção evidente de enobrecer o falecido, o Dr. Jaime atesta ser ele de cor branca em vez de parda. A *causa mortis* apontada é arteriosclerose, quando Machado morreu, provavelmente, de câncer.

A Ch. F., filho de um proscrito Poesia em francês, publicada no *Correio Mercantil,** de 21 de julho de 1859, com a assinatura Machado d'Assis.* Dedicada a Charles Frond,* filho do fotógrafo francês Victor Frond.* *Dispersos.**

Pinheiro Chagas

Chagas, Pinheiro (Manuel Joaquim P. C.) Escritor muito popular em Portugal e no Brasil, em cuja imprensa colaborou assiduamente, o lisboeta Pinheiro Chagas (1842-1895) deixou uma obra vasta, formada por romances, poesia, crítica, história, polêmica. Foi um dos escritores portugueses mais interessados pela literatura brasileira, que valorizou, se bem que defendendo pontos de vista muito contestados pelos brasileiros. A sua resenha crítica sobre *Os deuses de casaca** saiu no *Anuário do Arquivo Pitoresco*, de Lisboa, de março de 1866, sendo transcrita na *Semana Ilustrada,** de 15 de abril do mesmo ano. Quando Machado publicou *Ressurreição,** Chagas analisou o romance em dois artigos, publicados em *Artes e Letras* (abril de 1872) e em *O Brasil* (nº 69, 1873). Em junho de 1879, quando a *Revista Brasileira** publicou o soneto "Círculo vicioso",* escreveu um artigo elogioso à publicação brasileira no *Diário da Manhã*, de Lisboa, transcrevendo o poema machadiano. Esse trabalho foi reproduzido em *O Povo*, de São Luís, MA, de 8 de janeiro de 1880.

Cham R. Magalhães Júnior afirma que esse pseudônimo bíblico teria sido um disfarce de

Machado, um anagrama composto com as quatro primeiras letras de seu nome. Com ele, teriam sido assinadas as crônicas *Os Pedintes de Opa* (*A Marmota*,* fevereiro de 1860, sob a rubrica "Esbocetos Nacionais"), *Desenhos a carvão* (*Um autômato*),* em 24 de dezembro de 1862, e *O político diletante*,* em 18 de agosto de 1868, ambas na *Semana Ilustrada*.* Nenhuma delas foi localizada na publicação e data citadas.

Chapéu (O) Crônica publicada na *Semana Ilustrada*,* de 17 de dezembro de 1865, assinada com o pseudônimo de Souza Barradas.* A atribuição é de R. Magalhães Júnior.

Charadas Em sua juventude, Machado foi atacado, durante algum tempo, pelo micróbio do charadismo. R. Magalhães Júnior lhe atribui a charada publicada na *Marmota Fluminense*,* de 23 de outubro de 1857, assinada com a inicial M.* Em crônica publicada na seção "Badaladas",* da *Semana Ilustrada*,* de 2 de março de 1873, reincidiria no gênero, com um enigma figurado em francês. Nada de estranhável para quem, durante toda a vida, gostou de trocadilhos.*

Chardron, Ernesto Nascido na França, Chardron (1840-1885) emigrou para Portugal aos 18 anos, tornando-se um dos editores mais importantes do país. Entre outros, editou Camilo Castelo Branco* e Eça de Queirós.* Seu nome figura na folha de rosto da 1.ª edição de *Helena*,* livro que distribuiu em Portugal. Em 1878, assustado com edições clandestinas de Eça de Queirós no Brasil, assim como adaptações teatrais de seus romances, Chardron dirigiu uma carta a Machado, datada de 27 de julho, concedendo-lhe a propriedade de *O primo Basílio*, e dos livros seguintes de Eça, no Brasil. A segunda edição de *O primo Basílio* e a primeira de *A Capital* traziam no verso da folha de rosto a declaração: "Declaramos, para todos os efeitos da lei, que a propriedade literária desta obra, no Império do Brasil, pertence ao Exmo. Snr. J. M. Machado de Assis. Eça de Queirós – Ernesto Chardron". Machado, porém, nada fez para evitar as contrafações ou adaptações das obras do colega português.

Charton (Mme. Arsène C. Demeur) Cantora lírica francesa, muito popular no Rio de Janeiro, na década de 1850, grande rival de Madame La Grange* e de Rosina Stoltz. D. Pedro II* era seu grande admirador. Machado dedicou-lhe um poema em versos brancos, intitulado "À Madame Arsène Charton Demeur",* publicado no *Diário do Rio de Janeiro*,* de 7 de fevereiro de 1856. Em meados da década, a Charton mantinha-se no auge, dividindo a admiração dos espectadores com Emmy La Grua,* dando origem ao partido chartonista, em permanente duelo com os lagruístas. José de Alencar,* admirador da Charton, costumava referir-se em suas crônicas ao buço da La Grua, que ele elevava à categoria de bigode. Machado fixou a paixão de chartonistas e lagruístas em *A mão e a luva*,* onde Estevão é um grande fã da La Grua.

Chateaubriand, François-René de Uma das figuras culminantes do romantismo mundial, dono de imaginação poderosa e estilo brilhante. A reputação do visconde de Chateaubriand (Saint-Malo, 1768-1848) começou em 1802, com a publicação de *Le Génie du Christianisme*, a que se seguiram as *Mémoires d'Outre Tombe*, sua obra-prima, título que pode ter sugestionado o das *Memórias póstumas de Brás Cubas*. Chateaubriand foi um dos primeiros escritores franceses a conhecer os Estados Unidos,* país sobre o qual publicou *Voyage en*

Amérique. Nesse volume figura a *Chanson de la Chair Blanche*, escrita em prosa, que Machado traduziu em verso, com o título de "Cantiga do rosto branco".* Machado admirava-o e conta que a primeira vez que leu o capítulo dos sinos "tocaram-me tanto as palavras daquele grande espírito, que me senti (desculpem a expressão) um Chateaubriand desencarnado e reencarnado" (*A Semana*,* 3 de julho de 1892). Gostava de citar o episódio das cegonhas de Ilissus, narrado no *Itinerário de Paris a Jerusalém*, que para ele representava "a mais viva imagem do contraste entre a mocidade dos homens no meio da imutabilidade da natureza"(*A Semana*, 15 de novembro de 1896).

Chave (A) Conto publicado em *A Estação*,* de 15 e 30 de dezembro de 1879, 15 e 30 de janeiro, 15 de fevereiro de 1880, assinado Machado de Assis* nos números de 1879 e M. de Assis* nos de 1880. *Contos sem data*.*

Chaves, Henrique (H. Samuel de Nogueira Rodrigues C.) Natural de Lisboa (1849), chegou ao Brasil com 20 anos, para trabalhar como taquígrafo. Tradutor e teatrólogo, foi sobretudo jornalista, tendo alcançado importantes cargos em órgãos da imprensa. Quando Machado criticou *O primo Basílio*, Chaves saiu em defesa de Eça,* em artigo publicado na *Gazeta de Notícias*,* de 20 de abril de 1878, com o pseudônimo de S. Saraiva. Dizia que Eleazar (pseudônimo de Machado) era adverso ao naturalismo, concluindo que "o adversário não poderá ser nunca o melhor juiz". Machado respondeu. Os dois conviveram e se tornaram amigos na redação da *Gazeta*, jornal no qual Machado colaborou durante vinte e cinco anos e do qual Chaves foi diretor. Chaves compareceu ao banquete comemorativo dos vinte e dois anos de publicação das *Crisálidas*,* realizado em 1886. O escritor carioca apreciava o talento jornalístico e a convivência do amigo, de quem traçou um retrato bastante lisonjeiro em *O Álbum*,* de maio de 1893. Chaves faleceu no Rio de Janeiro, em 1910.

Chaves, João (J. Rodrigues C.) Jornalista, redator da *Gazeta de Notícias*,* era colega de Machado no Ministério da Agricultura, Comércio e Obras Públicas.* Pouco depois da proclamação da República, Chaves seduziu a esposa de Artur Azevedo,* Carlota Morais de Azevedo, com quem passou a viver. Artur trabalhava na mesma repartição e o convívio diário acirrou os ânimos. Em 1890, os dois trocaram socos, na seção onde trabalhavam. O ministro Francisco Glicério* reuniu os diretores, que concluíram pela punição dos brigões. Machado se opôs, sugerindo que se evitasse o escândalo público e que o Ministério se abstivesse da apuração do fato, sugestão adotada pelo ministro. Chaves foi um dos funcionários incumbidos de representar o Ministério da Indústria, Viação e Obras Públicas* no enterro de Machado.

Chénier, André Poeta francês, de vida curta e gloriosa (1762-1794), influenciado pela poesia grega clássica, mas também pela literatura moderna. Entre os seus poemas mais famosos figuram "L'Aveugle" e "La Jeune Captive", que Machado traduziu com o título de "A jovem cativa",* sendo publicado em *A Saudade*,* em 1862, e incluído nas *Crisálidas*.* Defensor da Revolução Francesa, Chénier protestou contra os excessos do Terror, morrendo no cadafalso.

Cherchez la femme Artigo publicado em *A Estação*,* de 15 de agosto de 1881, com a assinatura Machado de Assis,* comentando a instituição de aulas para mulheres no Liceu de Artes e Ofícios. Incluído em *Poesia e prosa*.*

Chinela turca (A) Esse conto teve duas versões. A primeira, publicada em *A Época*,* de 14 de novembro de 1875, com o pseudônimo de Manassés,* foi recolhido aos *Contos e crônicas*.* A versão definitiva, consideravelmente modificada, figura nos *Papéis avulsos*.*

Chovendo Crônica publicada no *Almanaque da Gazeta de Notícias** para 1885, com a assinatura M. de A.* *Dispersos*.*

Chovendo Crônica publicada a 1º de julho de 1894, na seção "A Semana",* na *Gazeta de Notícias*.* O título foi dado por Mário de Alencar, organizador do volume *A Semana*.*

Chuva e bom tempo Crônica publicada na *Semana Ilustrada*,* de 15 de agosto de 1869, com o pseudônimo de Lara.* *Contos e crônicas*.*

Cibrão, Ernesto (E. Pego de Kruger C.) Foi um dos amigos mais fiéis de Machado, amizade que durou cerca de cinquenta anos. Nascido em Valença do Minho, Portugal, em 1836, colaborou desde cedo na imprensa lusitana. Chegou ao Brasil em 1858, ingressando no comércio. Tornou-se colaborador de *O Espelho** em 1859, quando conheceu Machado. Nesse ano, Machado criticou-lhe a peça *Luís*, em *O Espelho* (2 de outubro de 1859), crítica na qual o sentimento de amizade predomina sobre o rigor crítico. Pouco depois, na mesma seção, incluiu uma poesia do amigo em louvor de Gabriela da Cunha.* Cibrão foi um dos intérpretes da comédia machadiana *Quase ministro*,* representada em casa de Manuel de Melo,* em 1863. Dois anos mais tarde, Machado referiu-se à sua peça *Os voluntários* de maneira rápida (*Diário do Rio de Janeiro*, 25 de abril de 1865). Machado redigiu para uma obra do amigo, o romance *A Casa de João Jacques Rousseau** (1868), o seu

Ernesto Cibrão

primeiro prefácio. No número de 24 de janeiro de 1869 da *Semana Ilustrada*,* Machado dedicou-lhe o poema "Menina e moça".* Cibrão, também colaborador da revista, respondeu no número seguinte, de 31 de janeiro, com a poesia "Flor e fruto", incluída nas *Falenas*.* A esta altura, homem de iniciativa, ele se dedicava cada vez mais aos negócios, abandonando a literatura. Bem de vida, prestigiado dentro da colônia lusa, exerceu em 1877-78 a presidência interina do Gabinete Português de Leitura,* cargo que voltaria a ocupar de maneira efetiva de 1894 a 1899. Por meio do companheiro de juventude, Machado ofereceu ao Gabinete, em 1880, um dos dois manuscritos da peça *Tu só, tu, puro amor...** "Entra cantando, entra cantando, Apolo!".* Com esse verso, inicia-se o soneto de Machado que acompanhou uma estátua de Apolo, presente dos amigos a Cibrão pelos seus 55 anos, completados a 12 de julho de 1891. No ano anterior – já um homem rico, diretor da Companhia Pastoril Mineira –, acompanhou Machado, Carolina* e mais cinco pessoas em viagem a Minas Gerais.* Em 1895, quando Machado se apaixonou por um quadro de Fontana,* exposto na rua do Ouvidor, Cibrão foi um dos sete amigos que se cotizaram para presenteá-lo com a obra. Com sua intercessão, Machado conseguiu que a Academia Brasileira de Letras,* ainda sem sede, realizasse a cerimônia de posse de Domício da Gama* na biblioteca do Gabinete Português de Leitura, em julho de 1900. Cibrão faleceu no Rio de Janeiro, em 1919.

Cigarra (A) Revista de propriedade de Manoel Ribeiro, redigida por Olavo Bilac* e ilustrada por Julião Machado,* circulou de 9 de maio de 1895 a 16 de janeiro de 1896. Ao todo, 37 números. Bilac deixou a redação a partir do nº 26, sendo substituído por Pedro Rabelo.* Machado colaborou no nº 35, de 2 de janeiro de 1896, com o "Soneto – No álbum de D. Maria de Azambuja".* Não era contribuição original, mas transcrição do *Almanaque das Fluminenses** para o ano de 1891.

Cinco mulheres Conto publicado no *Jornal das Famílias*,* de agosto e setembro de 1865, com o pseudônimo de Job.* Incluído nos *Contos recolhidos*.*

Cinema A adaptação de obras machadianas para o cinema inclui romances, contos e antologias de textos, em curta e longa-metragens. Há ainda documentários sobre a vida do escritor e o Rio de Janeiro de sua época. São os seguintes:

- *Um apólogo* (1936),* do conto homônimo, direção de Humberto Mauro e comentário de Lúcia Miguel Pereira, curta-metragem;
- *A agulha e a linha* (1937), também de "Um apólogo", peça filmada pelo Instituto Nacional do Cinema Educativo;
- *Esse Rio que eu amo* (1961), filme em quatro episódios, um deles "Noite de almirante",* direção de Carlos Hugo Christensen;
- *O Rio de Machado de Assis* (1965), documentário de Sônia Nercessian e Kika Lopes, texto de Paulo Mendes Campos;
- *O Rio de Machado de Assis* (1966), curta, texto de Paulo Mendes Campos, direção de Nelson Pereira dos Santos;
- *Viagem ao fim do mundo* (1967), inspirado em parte nos capítulos "O delírio" e "O senão do livro", das *Memórias póstumas de Brás Cubas*,* direção de Fernando Cony Campos;
- *Capitu* (1968), baseado em *Dom Casmurro*,* direção de Paulo César Saraceni;
- *Azyllo muito louco* (1971), versão de "O alienista",* direção de Nelson Pereira dos Santos;
- *A causa secreta* (1972), baseado no conto homônimo, direção de José Américo Ribeiro;
- *A cartomante* (1974),* do conto homônimo, direção de Marcos Farias, curta-metragem;
- *Um homem célebre* (1974), baseado no conto homônimo, direção de Miguel Faria Júnior;
- *Confissões de uma viúva moça* (1976), baseado no conto homônimo,* direção de Adnor Pitanga, curta-metragem;
- *Missa do galo* (1977),* do conto homônimo, direção de Roman Stulback, curta-metragem;
- *Que estranha forma de amar* (1977), baseado no romance *Iaiá Garcia*, direção de Geraldo Vietri;
- *Missa do galo* (1982), direção de Nelson Pereira dos Santos;
- *A cartomante* (1984), direção de Alexande Vancellote;
- *Brás Cubas* (1985), baseado no romance

Memórias Pórtumas de Brás Cubas, direção de Julio Bressane;

- *Quincas Borba* (1986),* direção de Roberto Santos;
- *A causa secreta* (1995), direção de Sergio Bianchi;
- *Machado de Assis – Alma curiosa de perfeição* (2000), produção de José Maria Ulles, Marcos Brochado e Raquel Madeira, documentário realizado pela TV Senado;
- *Memórias póstumas de Brás Cubas* (2001), direção de André Klotzel;
- *O Rio de Machado de Assis* (2001), direção de Norma Bengell;
- *Dom* (2003), direção de Moacyr Góes;
- *A cartomante* (2004), direção de Wagner de Assis e Pablo Uranga;
- *Quanto vale ou é por quilo?* (2005), direção de Sergio Bianchi, inspirado no conto "Pai contra mãe";
- *O demoninho de olhos pretos* (2007), direção de Haroldo Marinho Barbosa, baseado nos contos "Luís Soares",* "Dívida extinta",* "*To be or not to be*",* "Aires e Vergueiro",* todos de *Contos fluminenses;**
- *A erva do rato* (2008), direção de Julio Bressane, baseado nos contos "A causa secreta" e "Um esqueleto";
- *A comédia divina* (2017), baseado em "A igreja do diabo", direção de Toni Venturi.

Círculo vicioso Soneto que figura nas *Ocidentais.** Primeira publicação na *Revista Brasileira,** junho de 1879. Nessa ocasião, Pinheiro Chagas* escreveu no *Diário da Manhã*, de Lisboa, um artigo elogiando a publicação brasileira e transcrevendo o poema machadiano. Machado teve o prazer de ver "Círculo vicioso" traduzido para o francês, por Hippolyte Pujol,* em 1904, com o título de "*Cercle Vicieux*", incluído em *Loisirs* (*Vers et Versions*).

Ciúme (O) Novo título dado ao poema "O verme",* quando de sua transcrição em *A Luz,** de 14 de setembro de 1873.

Civilização Jornal de orientação católica publicado em São Luís, Maranhão, em 1880. A edição de 12 de novembro de 1881 publicou um "Soneto"* de Machado sem título, paráfrase do *Livro de Jó*, que assim começa: "E falou Jeová dentre uma escura/ Nuvem de tempestade".

Clairville Nome literário de Louis-François Nicolaie (Lyon, França, 1811 – Paris, 1879). Autor muito fecundo, escreveu mais de 600 peças – vaudevilles, comédias, revistas – sozinho ou em parceria, das quais cerca de 450 foram impressas. Entre os seus sucessos podem-se citar *Les Bourgeois de Paris* (*Os burgueses de Paris**), escrita em colaboração com Cordier* e Dumanoir,* que foi traduzida por Machado, e *La Fille de Mme. Angot*, que Artur Azevedo traduziu com o título de *A filha de Maria Angu*.

Clara Empregada de Machado e Carolina,* quando estes residiam na rua do Catete,* 206. Ficou responsável pela casa, durante a viagem do casal a Nova Friburgo,* no período de dezembro de 1878 a março de 1879, quando ocorreu a fuga da cadelinha Graziela.*

Cleópatra Poema que figura nas *Crisálidas,** com o subtítulo de "Canto de um escravo".

Trata-se de uma paráfrase a versos de Mme. de Girardin,* que constam do primeiro ato da tragédia *Cleópatra*. Publicação original em *O Espelho*,* nº 19, de 8 de janeiro de 1860, com o título "Escravo e rainha" (Da tragédia *Cleópatra* de Mme. de Girardin), com a assinatura M.* Transcrito no primeiro volume da coleção Biblioteca Brasileira,* de Quintino Bocaiuva,* denominado *Lírica nacional* (1862), com o título de "Cleópatra e o escravo". Não foi aproveitado nas *Poesias completas*.*

Cleópatra e o escravo Vide "Cleópatra".

Clódia Poema incluído nas *Ocidentais*,* cuja primeira publicação, com o título de "Fragmento", saiu nas edições de 12 de dezembro de 1869 (estrofes IV a VI) e 4 de dezembro de 1870 (estrofes VIII a XI) da *Semana Ilustrada*.*

Prédio do Clube Beethoven na rua da Glória, 62

Clube Beethoven Fundado a 4 de janeiro de 1882, por um grupo de 28 homens de negócios, sob a direção do violonista amador Robert Job Kinsman Benjamin,* ficava na rua do Catete,* 102. Em pouco tempo, reuniu 222 sócios, em suas várias categorias: contribuintes, prestantes, temporários e honorários. Organizado nos moldes dos clubes ingleses, não permitia a presença de senhoras. Estas frequentavam, porém, os grandes concertos mensais, apresentados no Cassino Fluminense,* uma realização sem precedentes na história musical da cidade. No concerto realizado a 12 de outubro de 1882, compareceram cerca de 3 mil pessoas. Com o tempo e o prestígio do clube "entrou a ser mau gosto não ir àquelas festas mensais" (A *Semana*,* 5 de julho de 1896). Além dos concertos musicais, sua principal atividade, o clube tinha biblioteca, promovia jogos de cartas, partidas e torneios de xadrez. Os novos estatutos, aprovados em 1883, criaram o cargo de bibliotecário,* ocupado por Machado, que se desempenhou tão bem da missão que foi reeleito no ano seguinte. Manteve-se no cargo até 1887, como se comprova de carta datada de 29 de março de 1887, dirigida a Rodrigo Otávio.* Por essa época, como o sobrado se tornasse pequeno para o número de sócios, o clube mudou-se para a rua da Glória, 62. Ali foi construído um pavilhão para concertos, que poderiam ser assistidos por senhoras. Machado, que se associou ao clube no ano de sua fundação, raramente faltava aos concertos mensais, segundo testemunho de Francisca de Basto Cordeiro,* e ao referir-se ao clube, anos depois, chamou-o de "centro das harmonias clássicas e modernas" (*A Semana*, 31 de maio de 1896), lembrando os "longos dias de delícias" (*idem*, 5 de julho de 1896). No final da monarquia, por um momento, o Clube Beethoven assumiu certo caráter político. Em 24 de março

Capa do programa do Clube Beethoven

de 1888, Ferreira Viana,* então presidente da instituição, proferiu ali um ardente discurso pela abolição, ao qual Machado assistiu. Em maio de 1889, o Clube transferiu-se para um prédio na rua dos Arcos, encerrando as atividades nesse mesmo ano.

Clube Fluminense Criado em 1862, funcionava no prédio situado na esquina da praça da Constituição (atual Tiradentes) com a rua do Conde (visconde do Rio Branco). Em sua juventude, Machado foi frequentador assíduo do clube, aonde ia tomar chá, dançar, namorar, encontrar-se com amigos. Em sua obra de ficção e nas crônicas, há inúmeras referências ao Clube Fluminense. No sarau de despedida de João Cardoso de Menezes e Sousa,* ali realizado a 4 de abril de 1864, Machado recitou o poema "Os arlequins".* No ano seguinte, participou da festa de fundação e dos três saraus realizados pela Arcádia Fluminense,* quando se representou pela primeira vez sua comédia *Os deuses de casaca*.* Apaixonado por xadrez, Machado costumava jogá-lo ali, com Artur Napoleão* e Joaquim Palhares. Em 21 de setembro de 1868, esteve presente no banquete ali realizado em homenagem a Pinheiro Guimarães* e Artur Silveira da Mota.* Nesse mesmo ano, Machado encontrava-se bebendo chá no salão do Clube, quando viu Domingos Faustino Sarmiento,* então em visita ao Brasil. A partir de 1869, quando se casou, deixou de frequentar o Clube, ou passou a fazê-lo com menos frequência. De qualquer forma, não há registro de sua presença ali. O casarão onde funcionava o Clube foi construído pelo juiz de fora Agostinho Petra Bittencourt, para lhe servir de residência. Em 1812, a casa foi vendida ao barão de Rio Seco, que a cedeu mais tarde ao barão da Taquara. Este alugou o prédio ao Clube Fluminense, que ali funcionou até 1876, quando o prédio foi adquirido pela Secretaria de Justiça e dos Negócios do Interior.

Clube Fluminese. Desenho e litografia de Bertichem

Clube Politécnico Instalado na rua da Constituição, 47. A partir de maio de 1877, ali passou a funcionar o Grêmio de Xadrez,* frequentado assiduamente por Machado, que provavelmente participou também dos saraus do clube, segundo comprova a sua crônica publicada na *Ilustração Brasileira*,* de 1º de junho de 1877. O presidente do Grêmio era o visconde de Pirapetinga (pai de Caldas Viana*), Artur Napoleão* exercia o cargo de "diretor de sala" e Machado de Assis o de secretário.*

Clube Rabelais Sociedade informal criada por Araripe Júnior* e Raul Pompeia,* em 1892. Propunha-se a organizar um jantar mensal, reunindo escritores, jornalistas e artistas, "para uma hora de agradável convívio". Entre os 15 sócios estavam Urbano Duarte,* Lúcio de Mendonça,* Coelho Neto,* Valentim Magalhães.* Convidado, Machado preferiu não aderir ao clube, que, dividido pelas paixões políticas, após a revolta de 1893, deixou de existir em 1894.

Clube Tiradentes Instituição filantrópica sediada no largo do Rosário, 34. Ali funcionou o efêmero Grêmio de Letras e Artes,* fundado em 12 de fevereiro de 1887. Machado só compareceu à quinta reunião, realizada em 1º de junho.

Cochrane, Tomás Wallace da Gama Quando exercia o cargo de secretário da Presidência da República, Cochrane (Santos, SP, 1861-1910), enviou ofício a Machado comunicando que representaria o presidente da República, Campos Sales, na sessão de posse de João Ribeiro* na Academia Brasileira de Letras,* realizada em 17 de dezembro de 1898. Cochrane havia sido colega de Machado na Secretaria de Estado da Agricultura, Comércio e Obras Públicas,* onde ingressou em 1885.

Coelho, Furtado (Luís Cândido Cordeiro Pinheiro F. C.) Nasceu em Lisboa (1831), em família fidalga. Aos 20 anos, estreou com a peça *O agiota*. Decidido a libertar-se dos preconceitos familiares, para dedicar-se à sua paixão pelo teatro, resolveu partir para o Brasil. Chegou ao Rio de Janeiro em março de 1856. No

Furtado Coelho

ano seguinte, em Porto Alegre, representou o seu primeiro papel no Brasil. Em 1858, mudou-se de novo para o Rio de Janeiro, onde se firmou como ator, diretor, teatrólogo. O conhecimento com Machado deve datar do final de 1859, quando o jovem brasileiro exercia a crítica literária em *O Espelho*,* tendo então comentado diversas peças interpretadas por Furtado. O entusiasmo era evidente. "O que se nota neste artista, e mais que em qualquer outro, é a naturalidade, o estudo mais completo da verdade artística", o que constituía uma pequena revolução na maneira de representar, quando comparadas àquelas "modulações e posições estudadas que faz do ator um manequim" (*O Espelho*, 25 de setembro de 1859). A admiração não impedia o crítico de ver os defeitos do ator, "algumas incorreções naturais em uma vocação que a prática não amadureceu ainda" (*idem*, 5 de novembro de 1859), mas também exaltar-lhe os progressos obtidos quando "soube compreender a superioridade do estudo calmo e refletido sobre os lampejos inconscientes do talento" (*idem*, 15 de março de 1865). No início da Guerra do Paraguai,* já eram velhos conhecidos. Na ocasião, Furtado organizou um espetáculo especial no Teatro

Ginásio,* destinado a recolher fundos para despesas de guerra. No evento, realizado a 8 de maio de 1865, com a presença dos imperadores, Furtado recitou o poema "O acordar do Império",* de Machado de Assis. Em 1868, na inauguração do Teatro São Luís,* construído por Furtado, os amigos lhe ofereceram uma coroa de louro e uma medalha. A festividade prosseguiu com a atriz Leolinda Amoedo* recitando um poema de Machado em homenagem a Furtado. Em 5 maio de 1870, durante a representação da *História de uma moça rica*, no Teatro São Luís,* Furtado recitou o poema de Machado "A Francisco Pinheiro Guimarães",* autor da peça e herói da Guerra do Paraguai.* Na festa de recepção ao regresso do imperador, realizada a 3 de abril de 1872, Furtado recitou o "Soneto"* de Machado que começa pelo verso "Volves enfim à pátria tua amada". Há muito eram excelentes amigos e, quando o português regressou de uma viagem ao exterior, Machado declarou o desejo de que o ator não mais nos deixasse: "Ele pertence-nos". (*Ilustração Brasileira*,* 1º de agosto de 1876). Machado admirava Furtado como ator, diretor e introdutor do moderno teatro europeu no Brasil, tendo colaborado em uma de suas peças mais populares, *O remorso vivo*.* Furtado teve várias companheiras, ente elas Ismênia dos Santos* e Lucinda Simões, com quem se casou em 1872, separando-se mais tarde. Faleceu no Rio de Janeiro, em 1900.

Coelho, Tomás (T. José C. de Almeida) Nasceu em Campos, RJ, em 1838. Bacharel em direito, deputado geral e provincial em várias legislaturas, senador. No período de 25 de junho de 1875 a 5 de janeiro de 1878, ocupou a pasta de ministro da Agricultura, Comércio e Obras Públicas,* numa administração zelosa e exigente. Uma de suas medidas foi demitir, a bem do serviço público, o poeta Rosendo Moniz Barreto,* funcionário faltoso e relapso no cumprimento de suas funções de chefe de seção, substituído por Machado. Nascia então entre o ministro e seu subordinado um forte sentimento recíproco de admiração. Em 1888, quando Machado foi promovido a oficial da Ordem da Rosa,* Coelho compareceu à repartição, para cumprimentá-lo. Em crônica publicada pouco depois na série "Bons Dias!"* (*Imprensa Fluminense*,* 20-21 de maio de 1888), na qual parafraseia o estilo bíblico, Machado alude a "Tomás Coelho, homem justo, da tribo de Campos", ao qual o Senhor Deus dos Exércitos ordena que seja ministro da Guerra, cargo que ocupava à época. Pouco depois, um pequeno grupo de cadetes republicanos combinou desacatar o ministro, em sua visita à Escola Militar da praia Vermelha. Diante de sua presença, ficaram sem ação. Apenas um saiu de forma e arremessou a espada longe, berrando para os demais: "Covardes". O jovem cadete chamava-se Euclides da Cunha.* Seu gesto foi atribuído a um desequilíbrio dos nervos por excesso de estudo. Coelho faleceu em setembro de 1895. Machado, com uma longínqua ponta de comoção, evocou-lhe a figura em crônica publicada na seção "A Semana",* da *Gazeta de Notícias*,* do dia 22 do mesmo mês.

Coelho Neto (Henrique Maximiano C. N.) Natural de Caxias, MA, 1864, foi um dos representantes das novas gerações literárias mais respeitado por Machado. Em 1891, já eram amigos. Nesse ano, Neto teria acompanhado Machado ao velório de Maria Inês.* Na ocasião, Machado lhe teria dito: "Era minha mãe". No dia 29 de dezembro de 1895, Coelho Neto proferiu, no Pedagogium,* a conferência intitulada *Machado de Assis e sua obra*, que não foi editada. A *Gazeta de Notícias*,* de 30 de dezembro,

Coelho Neto

publicou um resumo, referindo-se a alguns fatos da infância e mocidade de Machado divulgados pela primeira vez, fruto talvez de confidências do escritor. Era o esboço de um trabalho mais amplo sobre o mestre, provavelmente uma biografia, conforme ele comunicou em carta a Machado, datada de 19 de agosto de 1895. Machado referiu-se a Neto como um dos escritores "mais operosos" (carta a Magalhães de Azeredo, 3 de setembro de 1895) e escreveu cinco vezes sobre sua obra, chegando a ser bastante elogioso, classificando-o como "dos nossos primeiros romancistas, e, geralmente falando, dos nossos primeiros escritores", tendo "o dom da invenção, da composição, da descrição e da vida, que coroa tudo". As cinco referências encontram-se nas crônicas publicadas na seção "A Semana",* na *Gazeta de Notícias* de 4 de novembro de 1894 (sobre *Bilhetes postais*), de 28 de abril de 1895 (*Fruto proibido*); 11 de agosto de 1895 (*Miragem*); 8 de setembro de 1895 (*O rei fantasma*); 14 de fevereiro de 1897 (*Sertão*). Coelho Neto faleceu em 1934.

Cognac! Poema publicado na *Marmota Fluminense,** de 12 de abril de 1856, com a assinatura J. M. M. d'Assis.* Incluído nas *Novas relíquias*.*

Colégio Ignora-se se Machado cursou alguma escola. Artur Azevedo, seu amigo e colega de repartição, afirmou que "os seus estudos foram muito irregulares. Ao deixar a escola de primeiras letras, sabendo apenas ler e escrever, tratou de instruir-se a si mesmo, sem professores nem conselheiros" (*O Álbum*,* janeiro de 1893). Existe a tradição de que teria frequentado um colégio aristocrático, exclusivo para meninas, o colégio das Menezes,* localizado no Rio Comprido (segundo Francisca de Basto Cordeiro*) ou em São Cristóvão (Gondin da Fonseca). Sua madrasta, Maria Inês,* cozinheira do estabelecimento, teria conseguido que o garoto assistisse às aulas de um canto da sala, desde que se mantivesse bem-comportado. Alguns biógrafos e estudiosos machadianos costumam identificar no *Conto da escola** elementos autobiográficos. É possível e até provável, mas sem ultrapassar o terreno da mera especulação.

Colégio Pedro II Instituição de ensino localizada no Rio de Janeiro. Nasceu da reestruturação do antigo Seminário de São Joaquim, sendo inaugurado em 2 de dezembro de 1837, na rua Larga, atual Marechal Floriano, com o nome de Imperial Colégio de Pedro II, em homenagem ao jovem monarca que, naquela data, completava doze anos. Voltado para a formação de uma elite intelectual, acolheu em suas salas, como professores e alunos, algumas das cabeças mais brilhantes do Império. Com a proclamação da República, passou a se chamar Instituto Nacional de Instrução Secundária, em seguida, Externato do Ginásio Nacional, e em 1911, Colégio Pedro II. Machado frequentou o estabelecimento não como aluno ou professor, mas como membro da Academia Brasileira de Letras. Em uma das salas do então Externato do Ginásio Nacional, na época dirigido por José Veríssimo,* foram realizadas quatro reuniões acadêmicas, sob presidência de Machado, nos dias 16 de maio, 6 de junho, 13 de julho e 8 de agosto de 1898.

Cólera do Império (A) Poema publicado no *Diário do Rio de Janeiro,** de 17 de maio de 1865. No dia 8 desse mês, fora recitado por Furtado Coelho* no Ginásio Dramático,* num espetáculo com renda destinada à Sociedade União e Perseverança, que se propunha comprar armamentos para o país, naquele início de guerra com o Paraguai. Nos anúncios desse espetáculo, o poema era chamado de "O acordar do Império".

Comédia moderna (A) Segundo artigo da série "Ideias Vagas",* publicado em *A Marmota Fluminense,** de 31 de julho de 1856, com a assinatura As.* *Dispersos.**

Comentários da Semana Crônica de assuntos gerais, que Machado manteve no *Diário do Rio de Janeiro,** de 12 de outubro de 1861 a 5 de maio de 1862. Os comentários publicados nos dias 12, 18 e 26 de outubro; 1º, 10, 21 e 25 de novembro; 1º e 11 de dezembro de 1861, totalizando nove colaborações, saíram assinados com o pseudônimo de Gil.* Os demais, estampados nos dias 16, 24 e 29 de dezembro de 1861; 7, 14 e 26 de janeiro; 22 de fevereiro; 2 e 24 de março; 1º de abril; 5 de maio de 1862, onze crônicas, foram firmados com as iniciais M.A.* A brusca interrupção da série intrigou alguns estudiosos machadianos. Jean-Michel Massa julga que foi uma espécie de castigo ao cronista, por defender uma linha política estranha ao jornal. As crônicas de 12, 18, 26 de outubro e 11 de dezembro de 1861 foram reunidas nos *Dispersos*; * a de fevereiro de 1862, em *Novas relíquias** e no volume de *Crítica literária,** do editor Jackson. As demais figuram no volume de *Crônicas.** As vinte crônicas da série foram reunidas no volume *Comentários da semana* (Campinas, Editora Unicamp, 2008), com organização, introdução e notas de Lúcia Granja e Jefferson Cano.

Comércio de São Paulo (O) Jornal fundado por Eduardo Prado* na capital paulista, em julho de 1893. Na seção "Correio Fluminense", de 22 de julho de 1894, Coelho Neto transcreveu o poema "Desculpas",* escrito por Machado no álbum* de Adelaide Moraes Amoedo,* esposa de Rodolfo Amoedo. Machado colaborou no jornal com um artigo exclusivo, abordando a figura de Eduardo Prado,* recém-falecido. O trabalho, encomendado por Couto de Magalhães Sobrinho,* foi publicado na edição de 30 de setembro de 1901.

Comércio do Porto (O) Jornal da cidade do Porto (Portugal), fundado em junho de 1854. No século XIX e início do XX contou com a colaboração de alguns dos maiores escritores portugueses: Camilo Castelo Branco,* Guerra Junqueiro, Carolina Michaelis, João de Deus. Ainda no século XIX, já tinha correspondente no Brasil. Encerrou as suas atividades em julho de 2005. Machado colaborou no jornal portuense "como correspondente ao longo de vários anos", segundo Arnaldo Saraiva, que não esclarece se tal colaboração era de matéria original ou simples transcrição de artigos publicados na imprensa brasileira, o mais provável.

Como elas são todas Comédia em um ato, de Alfred de Musset,* traduzida por Machado. Representada pela primeira vez no Teatro Ginásio Dramático,* pela companhia de Furtado Coelho,* em 28 de julho de 1868. Os anúncios não indicavam o nome do autor nem do tradutor. A peça voltou à cena várias vezes. Em 23 de agosto de 1873, estreou no Teatro São Luís,* interpretada por Ismênia dos Santos,* Leolinda Amoedo* e Vitorino Rosa. Os anúncios esclareciam ser "tradução de Machado de Assis". Em setembro de 1878, foi apresentada em Porto Alegre, pela companhia de Guilherme da Silveira. O original da tradução encontra-se perdido. R. Magalhães Júnior julga que se trataria de uma adaptação de *Un Caprice*, e Jean-Michel Massa opina que seria a tradução de *A Quoi Rêvent les Jeunes Filles*.

Como se inventaram os almanaques Conto publicado no *Almanaque das Fluminenses** para o ano de 1890, assinado com as iniciais M. de A.* Recolhido aos *Contos avulsos*.*

Como te amo Poema publicado na *Marmota Fluminense*,* de 12 de agosto de 1855, com a assinatura J. M. M. d'Assis.* *Dispersos*.*

Companhia do Ateneu Dramático Empresa organizada no Teatro São Januário,* em 1862, em torno de Gabriela da Cunha.* Além de encenar peças portuguesas e francesas, aclimatando ao Brasil os provérbios dramáticos no estilo de Octave Feuillet,* propunha-se a valorizar o autor nacional. A primeira notícia que se encontra na imprensa, em 6 de maio, apresenta um elenco de peças a serem representadas, entre as quais *Os* (sic!) *Desencantos*,* de Machado. A companhia apresentou-se em alguns teatros da Corte (São Cristóvão, São Januário), em 1862, extinguindo-se logo em seguida.

Companhia Pastoril Mineira Idealizada pelo então tenente Antonio Mendes Barreto, a Companhia começou a funcionar em abril de 1889, propondo-se proteger os boiadeiros e combater o monopólio dos marchantes no mercado de carne. Dessa forma, pretendiam reduzir o preço do produto no Rio de Janeiro.* Em janeiro de 1890, os diretores Antonio Martins Marinhas* e Ernesto Cibrão* organizaram uma excursão de amigos a Minas Gerais,* entre os quais o casal Machado de Assis, a fim de lhes mostrar as duas fazendas da empresa, situadas em Benfica, nas proximidades de Juiz de Fora,* e em Três Corações.*

Condão Poema publicado no *Correio Mercantil*,* de 28 de março de 1859, com a assinatura Machado de Assis.* *Poesia e prosa*.*

Conde d'Eu Machado referiu-se algumas vezes ao marido da princesa Isabel,* de maneira respeitosa e, no início, com franca simpatia. Louis Phillipe Marie Ferdinand Gaston d'Orléans et Saxe Cobourg et Gotha (Neuilly sur Seine, França, 1842) chegou ao Rio de Janeiro, com o duque de Saxe, sem que nenhum dos dois soubesse com qual das princesas iam se casar. Machado classifica-os como "dois mocetões de agradável presença", frisando que "o conde d'Eu é o mais vivo" (*Imprensa Acadêmica*,* 15 de setembro de 1864). Dez dias depois, já se sabia que o conde casaria com Isabel* e o duque com a princesa Leopoldina. Machado conta que "o conde d'Eu, sobretudo, tem merecido as simpatias gerais (*idem*, 25 de setembro de 1864). A partir daí, nunca mais citou-o. Talvez, como o povo, não se sentisse muito à vontade com a possibilidade de o país ser governado por um estrangeiro. O conde d'Eu morreu em 1922, no oceano Atlântico, quando se dirigia ao Brasil para participar das festas do centenário da independência.

Cônego ou Metafísica do estilo (O) Conto que figura nas *Várias histórias*.* Publicado pela primeira vez na *Gazeta de Notícias*,* de 22 de novembro de 1885, com a assinatura Machado de Assis.*

Confissões de uma viúva moça Conto publicado no *Jornal das Famílias*,* de abril, maio e junho de 1865, assinado com a inicial J.* Após a publicação do primeiro folhetim, a seção de apedidos do *Correio Mercantil*,* de 1º de abril, publicou o protesto de certo O Caturra,* acusando o "romancito" de imoral. A resposta de J. saiu no dia seguinte, no *Diário do Rio de Janeiro*.* Não convenceu O Caturra, que no *Correio Mercantil* de 1º de maio voltou ao ataque. Em nota publicada nesse mesmo jornal, no dia seguinte, Machado assumiu a autoria do conto, pedindo ao seu acusador aguardar a conclusão da obra para julgar sua moralidade. O Caturra, provando que seu pseudônimo não era gratuito, em nota publicada no mesmo *Correio* (dia 4), insistiu na inadequação da obra para uma publicação como o *Jornal das Famílias*, destinada à leitura de moças. No dia 9, alguém que se assinava Uma Mãe de Família,* no mesmo jornal, defendia a moralidade do escrito, recebendo réplica de O Caturra no dia 15. No dia 3 de junho, ainda no *Correio*, já concluída a publicação das *Confissões*, saía uma nova defesa da obra machadiana, assinada por Sigma.* O conto foi incorporado aos *Contos fluminenses*.* Os artigos da polêmica figuram nos *Dispersos*.*

Congresso Literário Gonçalves Dias Associação literária do Rio de Janeiro fundada a 19 de fevereiro de 1878. Funcionou, pelo menos, até 1887. Alguns de seus sócios: Políbio Garcia, Bráulio Cordeiro, Tibúrcio Caribe e outros, dos quais a posteridade não guardou o nome. No dia 25 de janeiro de 1882, conferiu o título de sócio honorário a Machado.

Conselheiro Por pouco, Machado não recebeu o título de conselheiro. Afonso Celso de Assis Figueiredo,* que presidiu o último gabinete da monarquia, pretendia realizar uma grande festa em 1890, para comemorar o jubileu do Segundo Império. Na ocasião, Machado seria homenageado com o título. Com a queda do Império, ruiu também a condecoração machadiana.

Conservatório Dramático (O) Título da terceira parte da série de artigos intitulada "Ideias sobre o Teatro".*

Conservatório Dramático Brasileiro Instalado em 30 de abril de 1843, no Rio de Janeiro, o Conservatório propunha-se estimular o autor nacional e "promover os estudos dramáticos, e melhoramento da cena brasileira por modo que esta se torne a escola dos bons costumes e da língua". Havia uma clara componente de censura nos estatutos da instituição, quando propunha "corrigir os vícios da cena brasileira, quanto caiba na sua alçada – interpor o seu juízo sobre as obras", "dirigir os trabalhos cênicos e chamá-los aos grandes preceitos da Arte, por meio de uma análise discreta, em que se apontem e combatam os defeitos, e se indiquem os métodos de os emendar". O poder de censura do Conservatório se oficializou através de aviso de 10 de novembro daquele ano. Os cinco censores, cuja atividade não era remunerada, estavam protegidos pelo sigilo do voto. A instituição viveu, então, os seus dias de maior prestígio e influência, até o aviso de 17 de dezembro de 1851, quando a censura ficou limitada à parte literária, cabendo a autorização para representação à Polícia. Machado passou a integrar o Conservatório, como censor,* a partir de 31 de janeiro de 1862, ali permanecendo até a sua dissolução, em 10

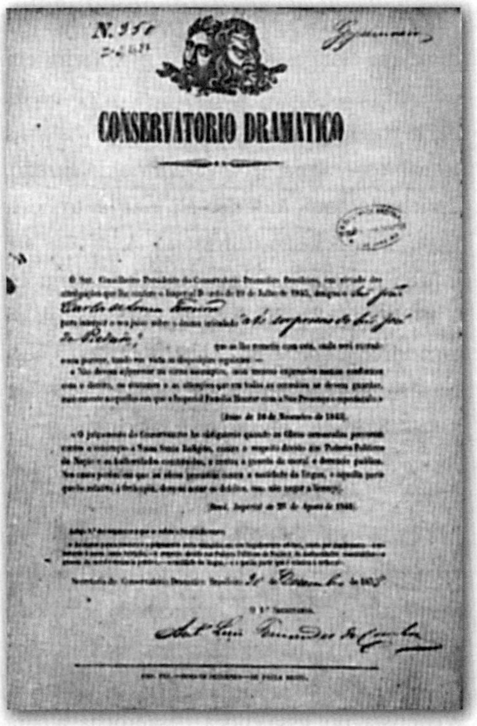
N. 351

CONSERVATORIO DRAMATICO

Formulário do Conservatório Dramático Brasileiro

de maio de 1864. Um novo Conservatório surgiu por decreto do ministro do Império João Alfredo, datado de 4 de janeiro de 1871. A novidade era a extinção do sigilo, que protegia os censores. O número de membros continuava sendo cinco, nomeados pelo governo. Os escolhidos foram João Cardoso de Menezes e Sousa* (presidente), Antonio José Vitorino de Barros* (secretário), Antonio Félix Martins,* Joaquim Manuel de Macedo* e Machado de Assis. A finalidade da instituição limitava-se à censura gramatical e de costumes, cabendo a palavra final à polícia. Não era bem-vista pela imprensa, sendo duramente atacada por jornais como *A Reforma*,* *Vida Fluminense*,* *O Mosquito*. Este, em um de seus ataques, definiu o pensamento geral: "Conservatório! Conservatório! tu és como o amor; *tu rends bêtes les gens d'espirit*". Machado não se livrou de puxões de orelha e reprimendas, algumas até com certa violência, por ter aceitado o cargo. "Decididamente, meu caro Machado de Assis; amigos, amigos, mas enquanto não saíres daquela cavalariça literária, não me fales, que te não conheço", escreveu alguém oculto sob o pseudônimo de O Comendador Bob...da Silva, em *O Mosquito*, de 3 de agosto de 1872. No ano seguinte, o escritor foi alvo de ataques da imprensa, por um ato que não praticou: a censura a uma peça do Alcazar,* de responsabilidade do seu colega Taunay.* O momento de maior constrangimento ocorreu durante os desentendimentos gerados pela proibição do drama *Os lazaristas*,* de Antonio Ennes* (1875). Apesar dos ataques e das insistentes sugestões de renúncia, Machado manteve-se no cargo até a extinção do Conservatório, em 1880. Sete anos depois, a instituição renascia das cinzas. Machado voltou a integrar essa terceira versão do Conservatório, que não desfrutou do prestígio anterior, tendo vida curta.

Constallat, Bibiano Sérgio Macedo da Fontoura Engenheiro militar, professor de matemática, herói da Guerra do Paraguai,* participou da batalha naval de Tuiuti e do assalto a Humaitá, sendo ferido em Peribebuí. Ministro da Agricultura, no governo Floriano Peixoto, no período de 24 de abril a 15 de novembro de 1894. Inexperiente como administrador, confiou a Machado todos os trâmites burocráticos do Ministério. Machado se saiu de maneira admirável. Ao deixar o cargo, o ministro escreveu uma carta de agradecimento ao colaborador, datada de 15 de novembro de 1894, realçando sua "inteligência, zelo, lealdade e dedicação pelo serviço", "pureza de sentimentos e uma inteireza de caráter tão completas que, unidas ao magistral desempenho que tendes dado às funções" (de diretor), tornava-o "um verdadeiro ornamento do funcionalismo brasileiro", que devia orgulhar-se de tê-lo "em seu seio". Natural do Rio Grande do Sul (1845), Constallat foi promovido a marechal em 1903, falecendo no Rio de Janeiro, em 1904.

Consummatum est! Poesia publicada na *Marmota Fluminense*,* de 22 de março de 1856, com a assinatura J. M. M. d'Assis.* *Dispersos*.*

Contemporâneos (Os) - Monte Alverne Terceiro e último artigo da série "Ideias Vagas",* publicado em *A Marmota Fluminense*,* de 4 de setembro de 1856, com a assinatura As.* Em *Dispersos** foi publicada apenas a primeira parte do artigo. O texto completo encontra-se no estudo "*Autres Textes Retrouvés de Machado de Assis*", de Jean-Michel Massa, incluído em *Études Luso-Brésiliennes*, volume XI (Presses Universitaires de France, Paris, 1966).

Contista O primeiro conto publicado por Machado, "Três tesouros perdidos",* saiu em *A Marmota*,* de 5 de janeiro de 1858. O jovem escritor voltaria ao gênero apenas três anos depois, no número de 1º de novembro de 1862 de *O Futuro*,* com "O país das quimeras".* Era apenas um antegosto, pois só se dedicaria ao gênero de maneira sistemática a partir de 1864, quando passou a colaborar no *Jornal das Famílias*.* O primeiro trabalho nessa publicação saiu em junho. Intitulava-se "Frei Simão"* e, de certa forma, definia as características do jovem contista, ainda hesitante, em busca de afirmação, romântico por imposição da moda, sem o ser por temperamento, mas já sabendo armar uma trama envolvente. Ao contrário da maioria dos contemporâneos, palavrosos e sentimentaloides, era conciso na forma, sóbrio no estilo e preocupado em tocar a nota justa na expressão dos sentimentos. As leitoras gostaram e é provável que o editor pedisse que alongasse os contos, publicados em dois, três e até quatro números. Talvez proceda daí certa dificuldade do narrador, em alguns trabalhos, em manter o equilíbrio do enredo, espichado aqui, indeciso ali, um tanto hesitante na conclusão da história. A exigência e a prática semanal foram lhe aprimorando o domínio do gênero, ao mesmo tempo que o amadurecimento psicológico começou a descerrar-lhe novos caminhos, menos óbvios. De 1864 a 1878, Machado escreveu 85 contos para o *Jornal das Famílias*, assinados com seu nome e diversos pseudônimos, sete dos quais reunidos nos *Contos fluminenses* (1870) e cinco (o sexto conto desse volume era inédito) nas *Histórias da meia-noite* (1873). O aprendizado havia sido profícuo. Um paralelo dos primeiros trabalhos com os publicados a partir de 1875 indica que o contista, por essa época, desabrochava para novas preocupações em sua arte, de forma e de fundo, que podemos datar, aceitando sugestão de Eugênio Gomes, da publicação da primeira versão de "A chinela turca",* em *A Época*.* Esse conto assinalava *algo nuevo* em sua ficção: a libertação de certo convencionalismo, a que se resignara até então, e a prioridade ao estudo da natureza humana. Os personagens se tornam mais complexos, a pressão social mais visível, a busca de conciliar o atrito de exigências e conflitos íntimos com exigências e conflitos de ordem social mais aguda. A fase corresponde a um período de incertezas e sofrimentos na vida íntima de Machado, dificuldades financeiras, casamento. A reflexão ganha espaço, com um acólito que a iria acompanhar daí para a frente: a ironia. No aspecto profissional, essa fase se consolida no período de colaboração na revista *A Estação*. Ali, entre 1879 e 1898, publicou 41 contos, quase todos assinados Machado de Assis.* É a fase em que alcança o pleno domínio técnico do gênero, com uma liberdade de criação que abala o rígido conceito do conto, como o entendia o século XIX, mas na qual se sente a presença dos contistas do século XVIII. A visão da vida é amarga, galhofeira, dolorosa. A ironia se aguça em sarcasmo ou se disfarça em humor. Homem e sociedade são analisados com uma acidez por vezes beirando o puro cinismo. O estilo se depura em clarezas de cristal. Limpidez de um clássico, visão do mundo de um budista desiludido. Mesmo tratando-se de publicação voltada para o público feminino, o escritor não faz qualquer concessão. Como reagiriam as amáveis leitoras do século XIX, ainda impregnadas de romantismo, a trabalhos como "O alienista",* "D. Benedita"* ou "Cantiga de esponsais"*? Os próprios críticos – ainda um tanto tontos – só começariam a avaliar as mudanças quando esses contos fossem reunidos em volumes. O primeiro, *Papéis avulsos* (1882), está para a sua obra de contista como as *Memórias póstumas** estão para a do romancista, tornando visível o extraordinário salto de qualidade em relação aos trabalhos anteriores, que a publicação dispersa na imprensa não permitia avaliar. A partir daí, seguiram-se *Histórias sem data** (1884), *Várias histórias** (1896), *Páginas recolhidas** (1899), *Relíquias de casa velha** (1906), uma sequência de obras-primas, das mais altas do século, em qualquer língua ou literatura. Artista zeloso, Machado recolheu nos sete volumes de contos publicados em vida apenas uma parte de sua imensa produção. A essa obra, foram acrescentados diversos volumes póstumos, recolhendo praticamente toda a sua produção no gênero e, de certa forma, reavivando um velho debate, estimulado por alguns críticos: saber se a vocação autêntica de Machado, como ficcionista, era para o romance ou para o conto. O debate é irrelevante. A evolução do contista e do romancista se desenrolou em paralelo, e a preferência por um ou outro será apenas uma opção pessoal. Em verdade, um complementa o outro. Machado publicou 205 contos, abaixo relacionados, em ordem cronológica de publicação:

- Três tesouros perdidos* 1858
- O país das quimeras* 1862
- Frei Simão* 1864
- Virginius (Narrativa de um advogado)* 1864
- O anjo das donzelas* 1864
- Casada e viúva* 1864
- Questão de vaidade* 1864
- Confissões de uma viúva moça* 1865
- Cinco mulheres* 1865
- Linha reta e linha curva* 1865
- O oráculo* 1866
- Diana* 1866
- O pai* 1866
- Uma excursão milagrosa* 1866
- O que são as moças* 1866
- Felicidade pelo casamento* 1866
- A pianista* 1866
- Astúcias de marido* 1866
- Fernando e Fernanda* 1866
- Possível e impossível* 1867
- Francisca* 1867
- Onda* 1867
- O último dia de um poeta* 1867
- História de uma lágrima* 1867
- Não é o mel para a boca do asno* 1868
- O carro nº 13* 1868
- A mulher de preto* 1868
- O segredo de Augusta* 1868
- Luís Soares* 1869
- O anjo Rafael* 1869
- *Miss Dollar** 1869
- A vida eterna* 1870
- O capitão Mendonça* 1870
- O rei dos caiporas* 1870

- Aires e Vergueiro* 1871
- Mariana* 1871
- Almas agradecidas* 1871
- O caminho de Damasco* 1871
- Rui de Leão* 1872
- Quem não quer ser lobo* 1872
- Uma loureira* 1872
- A parasita azul* 1872
- Uma águia sem asas* 1872
- Qual dos dous?* 1872
- Quem conta um conto* 1873
- Ernesto de Tal* 1873
- Tempo de crise* 1873
- O relógio de ouro* 1873
- Decadência de dois grandes homens* 1873
- As bodas do Dr. Duarte* ou As bodas de Luís Duarte* 1873
- Um homem superior* 1873
- Nem uma nem outra* 1873
- Quem desdenha* ou Ponto de vista* 1873
- Aurora sem dia* 1873
- Os óculos de Pedro Antão* 1874
- Um dia de entrudo* 1874
- Muitos anos depois* 1874
- Miloca* 1874
- Valério* 1874
- Antes que cases...* 1875
- Brincar com fogo* 1875
- A mágoa do infeliz Cosme* 1875
- A última receita* 1875
- Um esqueleto* 1875
- Onze anos depois* 1875
- A chinela turca* 1875
- O sainete* 1875
- Casa, não casa* 1875
- História de uma fita azul* 1875
- *To be or not to be** 1876
- Longe dos olhos* 1876
- Encher tempo* 1876
- O passado, passado* 1876
- D. Mônica* 1876
- Uma visita de Alcebíades* 1876
- O astrólogo* 1876
- Sem olhos* 1876
- Um almoço* 1877
- Silvestre* 1877
- A melhor das noivas* 1877
- Um ambicioso* 1877
- O machete* 1878
- Um cão de lata ao rabo* 1878
- O califa de platina (Conto árabe)* 1878
- Filosofia de um par de botas* 1878
- A herança* 1878
- Antes da missa* (Conversa de duas damas) 1878
- Na arca (Três capítulos inéditos do Gênesis*) 1878
- Elogio da vaidade* 1878
- Conversão de um avaro* 1878
- Folha rota* 1878
- Dívida extinta* 1878
- Um para o outro* 1879
- A chave* 1879
- O caso da viúva* 1881
- A mulher pálida* 1881
- O alienista* 1881 (conto)
- Teoria do medalhão (Diálogo)* 1881
- D. Benedita* (Um retrato) 1882
- O segredo do bonzo* ou Um capítulo inédito de Fernão Mendes Pinto* 1882
- O anel de Polícrates* 1882
- O imortal* 1882
- O empréstimo* 1882
- A sereníssima República (Conferência do cônego Vargas)* 1882
- O espelho (Esboço de uma nova teoria da alma humana)* 1882
- Verba testamentária (Caso patológico dedicado à Escola de Medicina)* 1882
- Letra vencida* 1882
- O programa* 1882
- A igreja do diabo* 1883

- Papéis velhos* 1883
- A ideia do Ezequiel Maia* 1883
- História comum* 1883
- O lapso* 1883
- O destinado* 1883
- Conto alexandrino* 1883
- Cantiga de esponsais* 1883
- Singular ocorrência* 1883
- Troca de datas* 1883
- Último capítulo* 1883
- Questões de maridos* 1883
- Três consequências* 1883
- Galeria póstuma* 1883
- Capítulo dos chapéus* 1883
- Anedota pecuniária* 1883
- Vidros quebrados* 1883
- Primas de Sapucaia* 1883
- Médico é remédio* 1883
- Uma senhora* 1883
- Cantiga velha* 1883
- Metafísica das rosas* 1883
- O diplomático* 1884
- Fulano* 1884
- A segunda vida* 1884
- Trina e uma* 1884
- Noite de almirante* 1884
- Manuscrito de um sacristão* 1884
- O contrato* 1884
- A carteira* 1884
- O melhor remédio* 1884
- *Ex cathedra** 1884
- A viúva Sobral* 1884
- A senhora do Galvão* 1884
- Entre duas datas* 1884
- As academias de Sião* 1884
- Evolução* 1884
- O enfermeiro* ou Cousas íntimas* 1884
- Vinte anos! Vinte anos!* 1884
- Conto de escola* 1884
- O caso do Romualdo* 1884
- D. Paula* 1884
- A cartomante* 1884
- Uma carta* 1884
- Só!* 1885
- Casa velha* 1885 (novela)
- Adão e Eva* 1885
- Um apólogo* (A agulha e a linha)* 1885
- O dicionário* 1885
- A causa secreta* 1885
- Habilidoso* 1885
- Viagem à roda de mim mesmo* 1885
- Uns braços* 1885
- O cônego ou Metafísica do estilo* 1885
- Entre santos* 1886
- Trio em lá menor* 1886
- Viver!* 1886
- Terpsícore* 1886
- Curta história* 1886
- Um dístico* 1886
- Pobre cardeal!* 1886
- A desejada das gentes* 1886
- Identidade* 1887
- Sales* 1887
- Eterno!* 1887
- Um homem célebre* 1888
- D. Jucunda* 1889
- Como se inventaram os almanaques* 1890
- O caso da vara* 1891
- Mariana* 1891
- Pobre Finoca!* 1891
- O caso Barreto* 1892
- Um sonho e outro sonho* 1892
- Uma partida* 1892
- Vênus! Divina Vênus!* 1893
- Um quarto de século* 1893
- João Fernandes* 1894
- Missa do galo* 1894
- A inglesinha Barcelos* 1894
- Um erradio* 1894
- Orai por ele* 1895
- Ideias de canário* ou Que é o mundo?* 1895

- Uma noite* 1895
- Flor anônima* 1897
- Uma por outra* 1897
- Maria Cora* ou Relógio parado* 1898
- Lágrimas de Xerxes* 1899
- Pílades e Orestes* 1903
- Jogo do bicho* 1904
- Anedota do cabriolet* 1905
- Um capitão de voluntários* 1905
- Umas férias* 1905
- Marcha fúnebre* 1905
- Pai contra mãe* 1905
- Suje-se gordo!* 1905
- Um incêndio* 1906
- O escrivão Coimbra* 1907

Conto alexandrino Conto incluído nas *Histórias sem data.** Primeira publicação na *Gazeta de Notícias*, de 13 de maio de 1883, com a assinatura Machado de Assis.*

Conto de escola Conto que figura nas *Várias histórias.** Publicado pela primeira vez na *Gazeta de Notícias*,* de 8 de setembro de 1884, com a assinatura Machado de Assis.*

Conto do vigário Crônica publicada a 31 de março de 1895, na seção "A Semana",* da *Gazeta de Notícias.** O título foi incorporado no volume "A Semana".*

Contos avulsos Coletânea de contos de Machado de Assis organizada e prefaciada por R. Magalhães Júnior. Editada pela Civilização Brasileira, Rio de Janeiro, 1956, 265 pp., reúne 15 trabalhos publicados em diversos jornais e revistas (*Jornal das Famílias*,* *A Estação*,* *A Época*,* *Gazeta de Notícias*,* *Almanaque das Fluminenses**), entre 1864 e 1897. São os seguintes contos: "O anjo das donzelas",* "O rei dos caiporas",* "Diana",* "Onda",* "A vida eterna",* "Possível e impossível",* "Mariana",* "Os óculos de Pedro Antão",* "Uma por outra",* "Um dia de entrudo",* "O sainete",* "D. Jucunda",* "Tempo de crise",* "Como se inventaram os almanaques"* e "A inglesinha Barcelos"* (fragmentos).

Contos e crônicas Volume póstumo, organizado por R. Magalhães Júnior, edição da Civilização Brasileira, Rio de Janeiro, 1958, 297 pp. Reúne 38 crônicas e os contos "O Teles e o Tobias",* "O carro nº 13",* fragmento de "Trina e uma",* e a primeira versão de "A chinela turca".* Das crônicas, três foram publicadas no *Diário do Rio de Janeiro*,* na seção "Ao Acaso" (*Crônicas da Semana*),* firmadas com as iniciais M.A.* As demais saíram na *Semana Ilustrada*,* nas seções "Pontos e Vírgulas"* (dez crônicas) e "Badaladas"* (22), além de três crônicas esparsas, assinadas com o pseudônimo de Dr. Semana,* com exceção de *Conversas com as mulheres*,* firmada por D. Juan,* e *Chuva e bom tempo*,* assinada por Lara.* Convém olhar com reserva a atribuição das crônicas do Dr. Semana a Machado, por se tratar de pseudônimo coletivo.

Contos esparsos Volume de contos de Machado reunido e prefaciado por R. Magalhães Júnior. Editado em 1956, pela Civilização Brasileira, 283 pp., contém quinze trabalhos publicados em vários jornais e revistas (*Jornal das Famílias*,* de 1866 a 1876; *Gazeta de Notícias*,* de 1883 a 1885; *A República*,* em 1896 e no *Almanaque da Gazeta de Notícias*,* de 1887 a 1895): "O anjo Rafael",* "Não é o mel para a boca do asno",* "Antes que cases...",* "Quinhentos contos",* "A menina dos olhos pardos",* "Canseiras em vão",* "Quem boa cama faz...",* "Uma visita de Alcebíades",* "A felicidade",* "Felicidade pelo casamento",* "Habilidoso",*

"A ideia do Ezequiel Maia",* "Um agregado",* "Orai por ele",* "Antes a Rocha Tarpeia".*

Contos esquecidos Coleção de contos de Machado editada pela Civilização Brasileira, Rio de Janeiro, 1956, 273 pp. Organizado e prefaciado por R. Magalhães Júnior, o livro reúne quinze peças, treze das quais publicadas no *Jornal das Famílias*,* entre 1866 e 1878, uma na *Gazeta Literária*,* em 1883, e outra no *Almanaque da Gazeta de Notícias*, de 1893. São os seguintes os trabalhos: "Decadência de dois grandes homens",* "Muitos anos depois",* "A melhor das noivas",* "Um esqueleto",* "Uma loureira",* "Brincar com fogo",* "A última receita",* "O passado, passado",* "D. Mônica",* "Casa, não casa",* "Silvestre",* "A pianista",* "O machete",* "Vidros quebrados",* "Vênus! Divina Vênus!".*

Contos fluminenses Primeiro volume de contos publicado por Machado, edição de B. L. Garnier, rua do Ouvidor, 69, Rio de Janeiro, sem data (1870). O livro foi impresso em Paris, na tipografia de Adolphe Lainé, tendo 377 páginas. O contrato, assinado em 11 de maio de 1869, incluía os *Contos fluminenses** e as *Falenas*.* De cada obra foram tiradas mil exemplares, recebendo o autor 200 réis por exemplar. O livro, "nitidamente impresso e encadernado em Paris", como dizia anúncio da época, chegou às livrarias em fevereiro de 1870, vendido a 3 mil réis. Quatro anos depois, ainda continuava no catálogo de Garnier. *Contos fluminenses* reúne apenas sete trabalhos: "*Miss Dollar*";* "Luís Soares";* "A mulher de preto";* "O segredo de Augusta";* "Confissões de uma viúva moça";* "Frei Simão";* "Linha reta e linha curva",* os seis últimos publicados no *Jornal das Famílias*,* entre 1864 e 1869. Apenas "*Miss Dollar*" não teve publicação anterior na imprensa. A recepção crítica ao livro foi morna, sem entusiasmo,

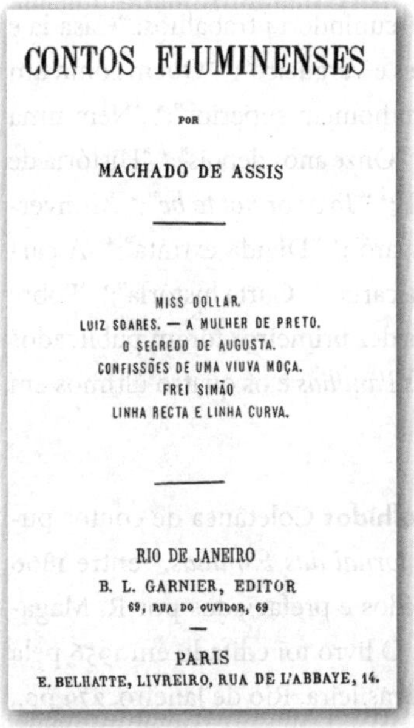
CONTOS FLUMINENSES

POR

MACHADO DE ASSIS

MISS DOLLAR.
LUIZ SOARES. — A MULHER DE PRETO.
O SEGREDO DE AUGUSTA.
CONFISSÕES DE UMA VIUVA MOÇA.
FREI SIMÃO
LINHA RECTA E LINHA CURVA.

RIO DE JANEIRO
B. L. GARNIER, EDITOR
69, RUA DO OUVIDOR, 69

PARIS
E. BELHATTE, LIVREIRO, RUA DE L'ABBAYE, 14.

Folha de rosto da 1ª edição

abordado nos seguintes artigos: uma breve referência no folhetim de Luiz Guimarães Júnior, no *Diário do Rio de Janeiro*, de 13 de fevereiro de 1870 ("um mimo de graça e de estilo"); sem assinatura (Luís Guimarães Júnior*), no *Diário do Rio de Janeiro*,* de 17 de fevereiro de 1870; C.,* na *Semana Ilustrada*, de 27 de fevereiro de 1870; França Júnior,* no *Jornal da Tarde*,* de 4 de abril de 1870. Em 1899, a editora Garnier lançou a segunda edição do livro, sem comunicar ao autor, que ficou aborrecido. Em carta a Magalhães de Azeredo, datada de 28 de julho daquele ano, queixava-se Machado: "A Casa Garnier reimprimiu ultimamente um dos meus livros mais antigos, os *Contos fluminenses*; fê-lo sem que eu houvesse revisto o trabalho, e (creio que por equívoco) sem aviso prévio, e sem lhe pôr a nota de que era edição nova". Na ocasião, J. dos Santos (pseudônimo de Medeiros e Albuquerque*) analisou a obra em *A Notícia*, de 24/25 de julho de 1899. Ao publicar as obras de Machado, em 1937, o editor W. M. Jackson* lançou um segundo volume de *Contos* *fluminenses*, reunindo 14 trabalhos: "Casada e viúva";* "Aires e Vergueiro";* "Quem conta um conto";* "Um homem superior";* "Nem uma nem outra";* "Onze anos depois";* "História de uma fita azul";* "*To be or not to be*";* "Conversão de um avaro";* "Dívida extinta";* "A carteira";* "Uma carta";* "Curta história";* "Pobre Finoca!".* Os dez primeiros foram publicados no *Jornal das Famílias* e os quatro últimos em *A Estação*.*

Contos recolhidos Coletânea de contos publicados no *Jornal das Famílias*,* entre 1866 e 1876, reunidos e prefaciados por R. Magalhães Júnior. O livro foi editado em 1956 pela Civilização Brasileira, Rio de Janeiro, 279 pp., apresentando os seguintes trabalhos: "Francisco";* "O oráculo";* "O pai";* "Fernando e Fernanda";* "Rui de Leão";* "Uma excursão milagrosa";* "Astúcias de marido";* "O capitão Mendonça";* "Longe dos olhos";* "O último dia de um poeta";* "O que são as moças";* "Cinco mulheres".*

Contos seletos das mil e uma noites Em 1882, o editor Laemmert* publicou um volume de *Contos seletos das mil e uma noites*,* "extraídos e redigidos para a Mocidade brasileira, segundo o Plano do Laureado Educacionista Alemão Franz Hoffmann por Carlos Jansen".* Ou seja, era uma edição *ad usum delphini*, destinada às escolas. Machado escreveu o prefácio, datado de outubro de 1882.

Contos sem data Coleção de 14 contos e dois trabalhos teatrais, de publicação póstuma, recolhidos e prefaciados por R. Magalhães Júnior. Os *Contos sem data* saíram em 1956, pela editora Civilização Brasileira, Rio de Janeiro, 276 pp., reunindo os seguintes trabalhos: "O caso da viúva";* "João Fernandes";* "Duas juízas";* "A mulher pálida";* "Incorrigível";* "O contrato";* "Um bilhete";* "A viúva Sobral";* "História de uma lágrima";* "Sales";* "A chave";* "Curiosidade";* "Casa velha";* "Um dístico";* "O bote de rapé";* "As forcas caudinas".* Deve-se observar que a novela "Casa velha" e os contos "Sales" e "Um dístico", ao contrário dos demais trabalhos, já haviam sido divulgados em livro.

Contrato (O) Conto publicado em *A Estação*,* de 29 de fevereiro de 1884, assinado com as iniciais M. de A.* Recolhido aos *Contos sem data*.*

Conversa com as mulheres Crônicas publicadas na *Semana Ilustrada*,* de 14 e 28 de maio, 4 e 18 de junho de 1865, a primeira firmada D. Juan,* as demais sem assinatura. A atribuição cabe a R. Magalhães Júnior, que incluiu os trabalhos em *Contos e crônicas*.*

Conversão de um avaro Conto publicado no *Jornal das Famílias*,* de junho, julho e agosto de 1878, com a assinatura Machado de Assis.* Incluído no segundo volume dos *Contos fluminenses*.*

Conversas Hebdomadárias Seção de crítica publicada no *Diário do Rio de Janeiro*,* com a assinatura M.A.* Saiu apenas duas vezes, nos dias 24 de agosto e 1º de setembro de 1863. Incluídos nas *Novas relíquias** e, posteriormente, em *Crítica literária** (o primeiro) e em *Crítica teatral** (o segundo).

Copas Jogo de cartas que se tornou muito popular a partir da segunda metade do século XIX. Quem faz menos pontos é o vencedor. Ou seja, quem perde, ganha. Machado costumava jogá-lo nas reuniões na casa do barão Smith de Vasconcelos.*

Coquelin, Benoît-Constant Considerado um dos grandes comediantes franceses do século XIX, Coquelin Ainé (1841-1909), assim chamado para se distinguir de seu irmão mais moço, também ator, integrou a Comédie Française durante mais de vinte e cinco anos, desligando-se da instituição por desentendimento com um colega. Em 1888, iniciou uma longa excursão pelas Américas, tendo se apresentado, inclusive, no Brasil. Em 17 de junho de 1888, Ferreira de Araújo* lhe ofereceu um jantar em sua residência, ao qual compareceu também Machado, que, segundo Artur Azevedo, revelou-se "um comedor de terceira ordem". Machado referiu-se apenas de passagem ao ator francês, em trecho da crônica de 1º de junho de 1888. Coquelin voltou ainda ao Brasil em 1890, 1905 e 1907.

Coração (O) Poema de Hermann Neumann – "*Das Herz*", no original – traduzido por Machado. Publicado na *Semana Ilustrada*,* de 5 de dezembro de 1875, com uma ilustração de Henrique Fleiuss.* O trabalho saiu sem assinatura, mas remetendo a um texto assinado pelo Dr. Semana,* intitulado "Aos Ilmos. Srs. Redatores da revista quinzenal intitulada *A Época*", publicação que havia desafiado os poetas brasileiros a traduzirem o poema. Transcrito em *Vida e obra de Machado de Assis*, vol. II, de R. Magalhães Júnior.

Coração perdido Poema publicado no primeiro volume da *Lírica nacional*,* da coleção Biblioteca Brasileira,* em maio de 1862. Incorporado às *Novas relíquias*.*

Coração triste Vide "Coração triste falando ao sol".

Coração triste falando ao sol Poema que figura nas *Falenas*,* na parte denominada "Lira chinesa".* Imitação de um poema de Su-Tchon,* baseada na tradução francesa de Judith Gauthier, intitulada "*Le Coeur Triste au Soleil*". Foi musicado por Alberto Nepomuceno, com o título de "Coração triste", e incluído no volume I do seu álbum *12 Canções*.*

Cordeiro, conde Diniz Procurador dos herdeiros da condessa de São Mamede,* proprietários da casa da rua Cosme Velho,* nº 18, onde Machado vivia. Em 24 de julho de 1906, Cordeiro solicitou ao escritor um aumento de aluguel, no que foi atendido.

Cordeiro, Francisca de Vasconcelos de Basto Filha de Rodolfo Smith de Vasconcelos* e Eugênia Virgínia Ferreira Felício,* barões de Vasconcelos, nasceu no Rio de Janeiro, em 1875. Seu nome de nascimento era Francisca Carolina Smith de Vasconcelos. Vizinhos da família, Machado e Carolina* eram frequentadores assíduos da casa da rua Cosme Velho, nº 22. Sempre que se dirigia a Francisca, Machado recitava os versos de Dante:* "*Francesca, i tuoi martiri/ A lagrimar me fanno, triste e pio*". Para a festa dos 15 anos da menina, compôs a peça *Beijinhos em vovó*,* representada pela aniversariante e amigas. Neste mesmo ano, Francisca

Francisca de Basto Cordeiro

participou da excursão a Minas Gerais,* organizada pelos sócios da Companhia Pastoril Mineira,* Antonio Martins Marinhas* e Ernesto Cibrão.* No final de 1892, com menos de 17 anos, ficou noiva do advogado Heitor de Basto Cordeiro,* com quem se casou a 6 de maio do ano seguinte. Por ocasião do noivado, realizado junto com o de sua irmã, Guiomar,* Machado dedicou-lhe um soneto.* No álbum de autógrafos de Francisca, o escritor deixou uma quadra, escrita em português e francês. Francisca enviuvou a 1º de fevereiro de 1908. Pouco depois, Machado falecia. As reminiscências dessa longa amizade foram reunidas no livrinho *Machado de Assis que eu vi* (1961), publicado em segunda edição com o título de *Machado de Assis na intimidade*. É um depoimento valioso, mas que deve ser consultado com cautela, pois os fatos apresentam variantes, por vezes se contradizem, de uma edição para a outra, devido talvez à idade avançada da autora. Francisca faleceu no Rio de Janeiro, em data não apurada.

Cordeiro, Heitor de Basto Advogado, natural do Rio de Janeiro (RJ, 1866), descendente de tradicional família carioca. Durante o Império foi adido a legações brasileiras na Europa, sendo condecorado com a Ordem da Rosa e a de Cristo, esta de Portugal. No final de 1892, noivou com Francisca Smith de Vasconcelos (pelo casamento Francisca de Basto Cordeiro*), com quem teve seis filhos. Machado celebrou o noivado num soneto e, ao lado de Carolina,* compareceu ao casamento, realizado a 6 de maio de 1893. O casal foi viver na rua das Laranjeiras, nº 78, próximo à residência de Machado. Convivendo quase diariamente, parceiros no jogo de xadrez, os dois homens se ligaram por uma grande amizade. Em 1895, Heitor, que mantinha escritório na rua da Quitanda, 74 A, foi um dos sete amigos que se cotizaram para presentear Machado com um quadro de Fontana.* Ao redigir o seu testamento definitivo, o escritor nomeou, como segundo testamenteiro, o amigo que, àquela altura, já estava com câncer. Numa tentativa de cura, partiu para a Europa, onde permaneceu por mais de um ano. Regressou em abril de 1907. Já estava desenganado, emagrecera 37 quilos. Machado não teve coragem de revê-lo, mas escreveu duas quadrinhas para serem lidas pelos sobrinhos do doente. Heitor morreu em 1º de fevereiro de 1908. Machado compareceu à missa de sétimo dia, realizada no dia 7, na igreja da Candelária.

Cordier, Jules Um dos vários pseudônimos utilizados por Eléonore Tenaille de Vaulabelle (1802-1859), jornalista que abandonou a imprensa para se dedicar apenas ao teatro. Deixou dramas, melodramas, vaudevilles, vários deles em colaboração. Com Clairville* e Dumanoir* escreveu *Les Bourgeois de Paris ou La Leçon du Pouvoir*, que Machado traduziu com o título de *Os burgueses de Paris*.*

Corina Nome poético com que Machado batizou o seu primeiro amor. O romance transcorreu, provavelmente, em 1863-64. Machado dedicou à amada os "Versos a Corina",* publicados na imprensa a partir de março de 1864, e incluídos nas *Crisálidas*.* Mais tarde, noivo de Carolina, confessaria a ela, em carta de 2 de março de 1869: "A minha história passada do coração, resume-se em dous capítulos: um amor, não correspondido; outro, correspondido. Do primeiro, nada tenho que dizer; do outro não me queixo; fui eu o primeiro a rompê-lo... A tua pergunta natural é esta: qual destes dous capítulos era o da Corina? Curiosa! Era o primeiro". Vários estudiosos tentaram identificar Corina. Heloísa Lentz de Almeida, em *A vida amorosa de Machado de Assis* (1939), diz que ela teria sido a atriz Carlota Milliet, atribuição leviana, fantasista, sem qualquer base ou comprovação. Em sua *Vida e obra de Machado de Assis*, R. Magalhães Júnior tentou provar que Corina foi Gabriela da Cunha,* depois de sugerir um romance de amor do escritor com a Candiani.* Na realidade, a identidade de Corina continua sendo um mistério, que talvez nunca seja desvendado.

Coroinha Em sua infância, Machado teria sido sacristão da igreja da Lampadosa, segundo Ramos Paz* narrou a Alfredo Pujol.* A história carece de fundamento. Gondin da Fonseca, que vasculhou os arquivos de todas as igrejas cariocas, não encontrou nenhum documento comprobatório. Acreditava ele, com razão, que Machado tivesse ajudado a rezar missas, item obrigatório na educação da época. Ou seja, o futuro escritor deve ter sido coroinha, e não sacristão, funções bem distintas. A confusão, pois, se deu por culpa de Pujol, não iniciado nos mistérios da Igreja Católica, que empregou o termo de forma inadequada.

Corrêa, Constança Alvim Essa senhora da sociedade, esposa de Henrique Corrêa Moreira,* correspondeu-se com Machado, a quem chamava de "meu caro conselheiro". Dessa correspondência, restaram duas cartas, datadas de 22 de março de 1877 e 4 de dezembro de 1884.

Corrêa, Raimundo (R. da Mota de Azevedo C.) Nascido em um navio, nas costas do Maranhão, em 1859, Raimundo Corrêa formou-se pela Faculdade de Direito de São Paulo. Como magistrado, prestou serviço em diversas cidades do Rio de Janeiro e de Minas Gerais. Estreou em 1879, com *Primeiros sonhos*. Para o

Viriato Corrêa

seu segundo livro de poemas, *Sinfonias* (1883), pediu um prefácio a Machado, que o atendeu. Um dos fundadores da Academia Brasileira de Letras.* Visitou Machado em seus últimos dias, assistindo-lhe a agonia. Faleceu em Paris, em 1911.

Corrêa, Viriato (Manuel V. C. Baima do Lago Filho) Jornalista, romancista, contista, teatrólogo, Viriato Corrêa (Pirapemas, MA, 1884 – Rio de Janeiro, RJ, 1967) foi apresentado a Machado por João do Rio,* em 1905, episódio narrado no artigo "O meu encontro com Machado de Assis".

Correia, Serzedelo (Inocêncio S. C.) Nasceu em Belém, PA, em 1858. Formou-se em ciências físicas e matemáticas. Abolicionista e republicano, ocupou diversos cargos políticos na República: governador do Paraná, prefeito do Distrito Federal, deputado federal, ministro da Fazenda e do Exterior. Ocupou interinamente a pasta da Indústria, Viação e Obras Públicas,* de 23 de julho a 17 de dezembro de 1892, quando Machado ocupava o cargo de diretor da Diretoria de Comércio. O relacionamento entre os dois foi bom, tanto assim que por ocasião da fundação da Academia Brasileira de Letras* Machado pensou em procurá-lo, para facilitar o reconhecimento oficial da instituição. Faleceu no Rio de Janeiro, em 1932.

Correio da Corte Artigo publicado no *Diário do Rio de Janeiro*,* de 17 de fevereiro de 1866, com a assinatura Machado de Assis.* *Dispersos*.*

Correio da Tarde Nesse jornal, Machado publicou apenas o poema "A Elvira".* Editado no Rio de Janeiro, o *Correio da Tarde* começou a circular em 7 de agosto de 1855, em formato pequeno. No número de 18 e 19 de outubro desse ano, passou a in-fólio. Nunca foi muito importante. Circulou até maio de 1862.

Correio Mercantil Jornal diário, editado no Rio de Janeiro, em continuação a *O Mercantil*. O nome completo da publicação era *Correio Mercantil e Instrutivo, Político, Universal*. Começou a circular em 2 de janeiro de 1858. Moderno, vibrante, com uma apresentação agradável, em pouco tempo tornou-se a publicação mais vendida da cidade e do país. Pertencia a Joaquim Francisco Alves Branco Muniz Barreto, que confiou a direção ao genro, Francisco Otaviano.* Os colaboradores eram a nata da intelectualidade brasileira: Sales Torres Homem, José Maria da Silva Paranhos,* Manuel Antônio de Almeida,* José Maria do Amaral, Tavares Bastos, Gonçalves Dias.* Publicado até 15 de dezembro de 1868, atuou nos últimos anos como órgão oficial do Partido Conservador. Machado, segundo a tradição, ingressou no *Correio* em 1858, como revisor,* graças à intervenção de Henrique César Muzzio* (segundo Artur Barreiros*) ou de Francisco Otaviano e Pedro Luís* (Galante de Sousa). Ignora-se o mês que começou a trabalhar, assim como a data em que se desligou do jornal, provavelmente no segundo semestre de 1859. Machado não se identificou muito com o *Correio*, no qual, ao longo de dez anos, deixou colaboração pouco abundante: doze poemas ("Esperança",* em 25 de outubro de 1858; "O progresso",* 30 de novembro de 1858; "À Itália",* 10 de fevereiro de 1859; "A partida",* 14 de fevereiro de 1859; "Soneto",* 1º de março de 1859; "Condão",* 28 de março de 1859; "A redenção",* 4 de maio de 1859; "A Ch. F., filho de um proscrito",* 21 de julho de 1859; "Ofélia",* 21 de outubro de 1859; "A Mme. de La Grange",* 16 de novembro de 1859; "Ícaro",* 9 de janeiro de 1860; "Versos a Corina",* 21 e 26 de março e 2 de abril de 1864), um ensaio ("O jornal e o livro",* 10 e 12 de janeiro de 1859), um conto ("Confissões de uma viúva moça",* 2 de maio de 1865) e uma crítica ("A. S. Ex. o Sr. conselheiro José de Alencar", 1º de março de 1868). O *Correio* transcreveu ainda o poema "A um poeta"* (em 23 de março de 1859), publicado originalmente em *O Paraíba*.*

Correio Popular Jornal editado em Nova Friburgo,* RJ. Em 1904, quando Machado se hospedou na cidade, publicou na edição de 21 de janeiro a seguinte nota: "Está nesta cidade com sua exma. família o notável escritor Machado de Assis, uma das glórias da literatura do Brasil".

Correspondência Volume póstumo, lançado por Américo Bedeshi Editor, Rio de Janeiro, 1932, 266 pp. + 6nn. Coligido e anotado por Fernando Néri, reúne cartas de Joaquim Nabuco,* José Veríssimo,* Lúcio de Mendonça,* Mário de Alencar* e outros, "seguidas das respostas dos destinatários". Em 1937, o editor W. M. Jackson* lançou uma edição ampliada, com a inclusão de novas cartas, várias delas inéditas, e "Castro Alves – Carta a José de Alencar".*

Correspondência Seção que Machado manteve no jornal paulistano *Imprensa Acadêmica,** em 1864, com o pseudônimo de Sileno.* A seção mudou de nome duas vezes. Com o título acima saiu no nº 1, de 17 de abril. Como "Correspondência da Corte" foi publicada nos dias 1.º e 12 de maio. A partir da quarta colaboração, passou a se denominar "Correspondência da Imprensa Acadêmica", aparecendo nos dias 17 e 28 de julho, 25 de agosto, 7, 15 e 25 de setembro. Teve uma segunda fase, com o título de "Correspondência da Corte", publicada nos dias 14 e 20 de agosto de 1868, com o pseudônimo de Glaucus. Esses artigos encontram-se transcritos no volume de *Dispersos.**

Correspondência da Corte Vide "Correspondência".

Correspondência da Imprensa Acadêmica Vide "Correspondência".

Correspondência de Machado de Assis Coordenada por Sérgio Paulo Rouanet, com a colaboração de Irene Moutinho e Silvia Eleutério, editada pela Academia Brasileira de Letras, reúne a correspondência ativa e passiva do escritor, totalizando 1.178 cartas, várias delas inéditas até então. A coleção está distribuída em cinco volumes com os seguintes dados: tomo I, 1860-1869, publicado em 2008; tomo II, 1870-1889 (2009); tomo III, 1890-1900 (2011); tomo IV, 1901-1904 (2012); tomo V, 1905-1908 (2015). (Vide verbete "Correspondente".)

Correspondência de Machado de Assis com Magalhães de Azeredo Volume organizado e prefaciado por Carmelo Virgílio, edição do Instituto Nacional do Livro, Rio de Janeiro, 1969, reunindo a correspondência entre os dois escritores, boa parte dela inédita. São 137 cartas, 50 de Machado e 87 de Azeredo, cobrindo vinte anos, de junho de 1889 a agosto de 1908.

Correspondência entre M. de Assis e J. Nabuco Vide "Machado de Assis e Joaquim Nabuco".

Correspondência passiva Só agora, mais de cem anos após a morte de Machado, sua correspondência passiva está sendo reunida em volume, por Sergio Paulo Rouanet. A iniciativa facilita a tarefa dos pesquisadores, reunindo numa única fonte o que até então se encontrava disperso em jornais e revistas, ensaios e biografias, sem que houvesse nem mesmo um índice de local e data de publicação. Uma parte significativa dessas cartas, espalhadas em bibliotecas, arquivos públicos e coleções privadas, nunca havia sido publicada na íntegra. Algumas, nem em parte. O que se conhecia desse rico material achava-se reunido nos volumes *Correspondência** (edição W. M. Jackson), *Machado de Assis e Joaquim Nabuco,** de Graça Aranha,* *Correspondência de Machado de Assis com Magalhães de Azeredo,** nas biografias do escritor de autoria de Lúcia Miguel Pereira, Luís Viana Filho, R. Magalhães Júnior.

Correspondente A correspondência de Machado representa um documento fundamental para a compreensão do homem e o meio em que viveu, seja pelo que disse, seja pelo que omitiu. A discrição, quase mistério, que o caracterizava torna ainda mais valiosos os momentos de confissão e desabafo. Sem ter sido um correspondente contumaz, o escritor deixou, ao longo de quarenta e cinco anos, cerca de 250 cartas e bilhetes conhecidos. Nelas, como era de seu feitio, pouco se expandia, evitando revelações pessoais, confidências ou críticas a terceiros, mas fazia observações interessantes sobre pessoas e obras. As únicas opiniões que expressou sobre *Os Sertões* e *Canaã* encontram-se em sua correspondência. Ali também registrou sua reação, entre irônica e resignada, diante dos ataques de Sílvio Romero.* Por vezes, em particular no final da vida, comoveu-se e fez revelações inesperadas e até surpreendentes, como a de que sabia que a esposa morta o aguardaria em outra dimensão. Mesmo assim, alguns críticos, Medeiros de Albuquerque* à frente, consideraram sua correspondência sem relevo. O que queriam? Intriguinhas? Fofocas sobre os colegas de ofício? Confissões sensacionais? Revelações de recalques? É pedir luz solar à lua. Em carta a José Veríssimo, no fim da vida (21 de abril de 1908), o próprio Machado observava que não lhe parecia que "de tantas cartas que escrevi a amigos e a estranhos se possa apurar nada interessante, salvo as recordações pessoais que conservarem para alguns". Enganava-se, como as pessoas se enganam quase sempre quando olham para si. Talvez sem notar, ele forneceu em suas cartas pistas biográficas e, sobretudo, descerrou aspectos psicológicos sugestivos. Muita coisa se perdeu, por incúria dos correspondentes. Assim, a série de cartas endereçadas ao cunhado Miguel de Novaes* e a Euclides da Cunha.* A parte mais valiosa de sua correspondência, as cartas a Carolina,* foram queimadas a pedido do escritor, salvando-se apenas duas, do tempo de noivado. A *Correspondência de Machado de Assis** foi publicada pela Academia Brasileira de Letras, em cinco volumes, de 2009 a 2015. Encerrada a publicação, os descendentes de José Veríssimo* doaram à instituição dez cartas e dois cartões inéditos de Machado. Deve-se observar que outras cartas e papéis pessoais, assim como as joias do escritor, foram furtadas de sua casa, enquanto ele agonizava. *O País*, de 6 de dezembro de 1908, noticia que o advogado Francisco de Paula Monteiro de Barros, em nome do inventariante dos bens de Machado, solicitou abertura de inquérito "para apurar a quem cabe a responsabilidade do desaparecimento das joias e documentos que o mestre da literatura brasileira guardara carinhosamente até morrer". O inquérito chegou a ser iniciado, com o depoimento do barão Smith de Vasconcelos,* ignorando-se se teve sequência.

Corsário (O) Jornal de escândalo, de circulação bissemanal, fundado em 1880, no Rio de Janeiro, por Apulco de Castro.* Até 29 de outubro de 1881 tinha como subtítulo a divisa "Órgão de moralização social". No dia 22 de novembro, depois de ter a sua sede depredada, adotou nova divisa: "Atacado, saqueado e incendiado pelo governo liberal, sendo ministro da Justiça M. P. de Sousa Dantas e chefe de polícia O. F. Trigo de Loureiro". Em 7 de setembro de 1881, no número comemorativo da Independência, publicou uma quadrinha provocadora ("Pra dous Pedros que governam/ Pedro II e Lacerda!/ Independência borrada,/ Ministro um homem de Me..."), atribuindo-a a Machado de Assis. No dia 8 de março de 1883, enfocou Machado na série "Retratos a Carvão", chamando-o de "Hamlet em brochura... porém moreno". A partir de setembro desse ano, passou a provocar Machado sistematicamente, após descobrir que o escritor se escondia por trás do pseudônimo Lélio,* na seção "Balas de Estalo",* na *Gazeta de Notícias*.* Foi *O Corsário* que divulgou o romance de Machado com a atriz Inês Gomes.* Dirigindo-se ao ministro da Agricultura, verberava: "O Machado, amante de Inês Gomes, enamorado de

Ismênia dos Santos e ex-oficial de gabinete de um ex-ministro, escreve 'Balas de Estalo'!". E acirrando o ataque: "Este empregado público desmoraliza-o, desmoraliza o governo de que V. Ex. faz parte, escrevendo 'Balas de Estalo'" (25 de setembro de 1883). Pouco depois, na "Seção Humorística", voltava a atribuir a Machado um texto no qual se afirmava que "*O Corsário* é uma necessidade social", e que "o que o *Corsário* não cura, é incurável." (2 de outubro). Circulou até 1884.

Corvo (O) Tradução do célebre poema de Edgar Allan Poe,* "*The Raven*". Publicado pela primeira vez em *A Estação*,* de 28 de fevereiro de 1883. Incluído nas *Ocidentais*.* Jean-Michel Massa (in *Machado de Assis Traducteur*) sugere que Machado tenha se baseado na tradução francesa de Baudelaire e não no original inglês. Em maio de 1896, antes de o trabalho sair em livro, Rafaelina de Barros,* companheira de Emílio de Menezes,* solicitou uma cópia a Machado, que transcreveu o poema com sua própria letra. Ao receber o agradecimento, Machado respondeu, com satisfação: "Sem a beleza original da concepção, é certo que eu não chegaria a fazer coisa que prestasse. Como, porém, servi de intermediário à inspiração original, fico satisfeito pela parte que tive nas suas comoções".

Cosme Velho (rua) Machado e Carolina* mudaram-se para a rua Cosme Velho em 1884, a convite da condessa de São Mamede.* O prédio, de nº 14 (apenas em 1894 a numeração foi alterada para 18), foi um dos oito que a condessa herdara com a morte do marido, em 1872. O aluguel, segundo o depoimento de Francisca de Basto Cordeiro,* era o mesmo que o escritor pagava na rua do Catete,* 206. Quanto seria? Não sabemos. Mas, em 1895, Machado pagava

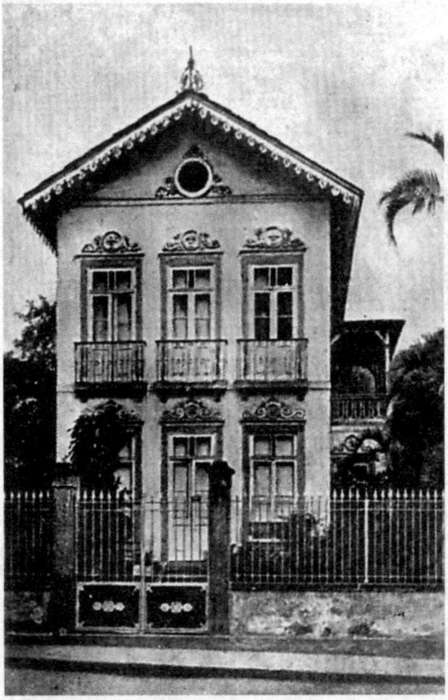

Casa da rua Cosme Velho, 18

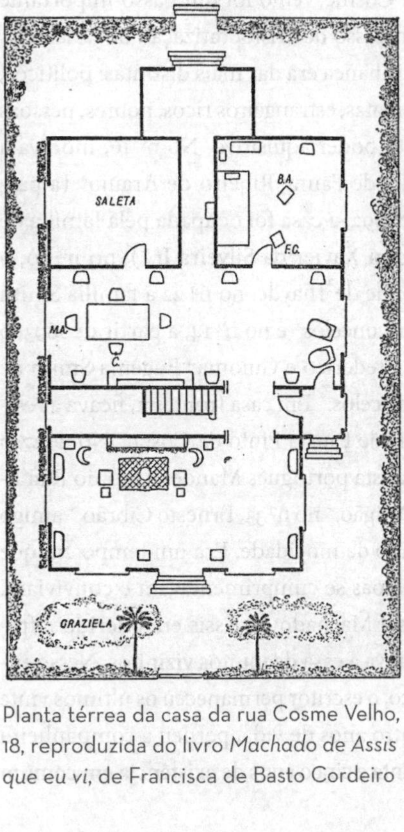

Planta térrea da casa da rua Cosme Velho, 18, reproduzida do livro *Machado de Assis que eu vi*, de Francisca de Basto Cordeiro

Olavo Bilac, Rui Barbosa, José Veríssimo e outros intelectuais e convidados presentes à inauguração da placa comemorativa colocada na casa da rua Cosme Velho, 18, onde Machado residiu durante vinte e quatro anos

Olavo Bilac discursa na inauguração da placa comemorativa, colocada na casa onde Machado morou, por iniciativa da Academia Brasileira de Letras

130 mil réis por mês. Em 1906, o aluguel passou para 150 mil réis. Nessa ocasião, o procurador dos herdeiros da condessa, o conde Diniz Cordeiro,* propôs um aumento para 200 mil réis. Machado concordou. A mudança para a rua Cosme Velho foi um passo importante no processo de aristocratização de Machado. A vizinhança era das mais distintas: políticos, diplomatas, estrangeiros ricos, nobres, pessoas de alto poder aquisitivo. No nº 16, morava a família de Fanny Ribeiro de Araújo* (a partir de 1892, a casa foi ocupada pela família de Joaquim Xavier da Silveira Jr.*), no nº 20, o visconde de Thayde, no nº 22 a família Smith de Vasconcelos* e no nº 14, a partir de 1893, o casal Frederico e Guiomar Eugênia Smith de Vasconcelos.* Em casa fronteira, ficava a residência de Fausta Pinto da Costa.* No nº 27, o capitalista português Manoel Antonio Ramalho Ortigão,* no nº 33, Ernesto Cibrão,* amigo querido da mocidade. Era um tempo em que as pessoas se cumprimentavam e conviviam. O casal Machado de Assis era querido e frequentava a casa de muitos vizinhos. Nesse endereço, o escritor permaneceu os últimos vinte e quatro anos de vida, perdeu a companheira de trinta e cinco anos de existência em comum e faleceu em 28 de setembro de 1908. "Este recanto do Cosme Velho, onde passei tantos anos felizes e onde recebi o grande golpe", sintetizou, em carta a Magalhães de Azeredo (1º de agosto de 1908). Ali, escreveu toda a sua obra da maturidade, os romances *Quincas Borba*,* *Dom Casmurro*,* *Esaú e Jacó*,* *Memorial de Aires*,* e os contos que integram as *Várias histórias*,* *Páginas recolhidas** e *Relíquias de casa velha*.* Fanny de Araújo contou mais tarde que Machado e Carolina "viviam confortavelmente, comiam bem e tinham dois empregados, um copeiro e uma cozinheira". Há uma descrição minuciosa do interior da casa no livrinho *Machado de Assis na intimidade*, de Francisca de Basto Cordeiro.* No primeiro aniversário da morte de Machado, quando o prédio era propriedade de José Mariano Filho, a Academia Brasileira de Letras* mandou afixar uma placa, redigida por Mário de Alencar

e preparada por Rodolfo Bernardelli, com a seguinte redação: "Machado de Assis nasc. nesta Cidade a 21-6-1839. Habitou esta casa 24 anos, nela escreveu a maior parte de sua obra e faleceu a 29-9-1908. A Academia Brasileira da qual ele foi o primeiro Presidente colocou esta lápide a 29-9-1909". Olavo Bilac* foi o orador da cerimônia. A casa foi demolida em 1940.

Costa, Adolfo Manoel Vitório da Educador, foi proprietário de um dos colégios mais famosos do Império, o Colégio Vitório, fundado em 1840 e situado na rua dos Latoeiros (atual Gonçalves Dias), 46. O professor Vitório faleceu em 1881, sendo então organizada uma polianteia em sua homenagem, intitulada *Álbum Literário – Consagrado à Memória do Conselheiro Dr. Adolfo Manoel Vitório da Costa, Fundador e Diretor do Colégio Vitório*,* Rio de Janeiro, 17 de maio de 1881, na qual Machado colaborou com a seguinte frase: "Perseverai: é o meio de tornar consistente a fortuna".

Cosmopolita Jornal ítalo-brasileiro editado no Rio de Janeiro, a princípio com o título *Il Cosmopolita*. Machado participou da edição de 20 de setembro de 1884, comemorativa dos catorze anos da unificação italiana e a consequente queda do poder temporal do papa, com o seguinte texto: "Cada cousa tem o seu tempo. O que estava no coração de todo italiano, o que Maquiavel insinuava aos Médici, só se pôde fazer neste século, depois que a Itália aprendeu duramente na escola da servidão. / A melhor liberdade é a que mais custa. Machado de Assis". A descoberta foi do pesquisador Felipe Rissato.

Costa, Bonifácio Gomes da Militar de carreira, casou-se a 24 de dezembro de 1891 com Sara Braga,* sobrinha de Carolina.* Machado e a esposa tornaram-se compadres do casal ao batizarem sua filha Laura Braga da Costa,* mais tarde Laura Leitão de Carvalho. O major Bonifácio era homem de temperamento difícil, tendo tido diversos problemas em sua vida profissional. Ao redigir o seu testamento, em 1898, Machado escolheu-o como um de seus testamenteiros. O escritor frequentava sua casa, na praia de São Cristóvão, 149, como atesta a carta datada de 21 de junho de 1907, na qual se justifica de não visitar o compadre, devido à chuva e ao acúmulo de serviço, que trouxera para casa. Em janeiro de 1908, o major foi transferido para Corumbá, MT, por castigo disciplinar, devido a uma atitude inconveniente, tomada quando comandante da Fortaleza de Lage. Machado sentiu a falta do major e da família, tentando apressar o seu retorno ao Rio de Janeiro, mas este só ocorreu a 20 de outubro de 1908, menos de um mês após a morte do escritor. Na qualidade de primeiro testamenteiro, foi o major Bonifácio quem solicitou a abertura do testamento de Machado.

Costa, Fausta Pinto da Portuguesa, foi uma das maiores amigas de Carolina.* Conheciam-se desde o tempo em que ambas viviam no Porto. No Rio, tornou-se vizinha do casal Machado de Assis, residindo em casa fronteira, na rua Cosme Velho.*

Costa, Laura Braga da Afilhada de Machado e Carolina,* nasceu no Rio de Janeiro, em 1894. Era filha de Bonifácio Gomes da Costa* e Sara Braga,* sobrinha de Carolina. Casou-se com o tenente Estevão Leitão de Carvalho,* em 1909, aos 15 anos, passando a assinar-se Laura Leitão de Carvalho. Por testamento,* Machado deixou-lhe todos os seus livros, móveis e demais objetos domésticos. Faleceu no Rio de Janeiro, em fevereiro de 1988.

Costa, Sara Braga Gomes da Filha de Artur Ferreira Braga* e Emília Xavier de Novaes Braga,* irmã de Carolina.* Casou-se em 24 de dezembro de 1891 com o então tenente Bonifácio Gomes da Costa.* O casal teve quatro filhos, sendo a primogênita, Laura, batizada por Machado e Carolina. Sara acompanhou Carolina em sua doença até o fim. No início de 1908, com a transferência do marido para Corumbá, MT, encetou correspondência com Machado, já bastante doente. Uma das últimas cartas do escritor foi dirigida à sobrinha postiça, mas ficou em rascunho, não tendo sido enviada.

Cotegipe, barão de João Maurício Wanderley (Vila da Barra do São Francisco, BA, 1815 – Rio de Janeiro, RJ, 1889), barão desde 1860, um dos líderes do Partido Conservador, foi uma das figuras mais carismáticas da política brasileira no século XIX. Deputado em cinco legislaturas, senador, presidente da Bahia, doze vezes ministro de estado, sendo uma delas como presidente de gabinete. Machado a ele se refere em "O velho Senado"* ("o epigrama alegre de Cotegipe"), escreveu a peça *O Cenário*,* para ser representada na festa em sua homenagem, realizada em 23 de outubro de 1875.

Courrier du Brésil Jornal fundado no Rio de Janeiro por exilados políticos franceses, com o subtítulo de "*Politique, Littéraire. Revue des Théâtres. Sciences et Arts. Industrie. Commerce*" e a indicação: "*Ce journal paraît tous les dimanches*". Direção de Adolphe Hubert.* Circulou de 1854 a 12 de outubro de 1862. Machado frequentou muito a redação, situada à rua do Rosário, nº 100. Ali, Hubert analisou os *Desencantos*,* primeira crítica a um trabalho publicado de Machado. Quando do lançamento da *Semana Ilustrada*,* o *Courrier* chamou atenção para o poema "Perdição",* "*charmante conception de M.* Machado d'Assis, *jeune brésilien d'un talent précoce et déjà reconnu*". Numa das frequentes reuniões realizadas na redação, Machado traduziu o poema "*Souvenir d'Éxil*",* de Charles Ribeyrolles,* à medida que os versos iam sendo compostos.

Cousas íntimas Vide "O enfermeiro".

Cousas que são maçantes Nota humorística publicada em *A Marmota*,* de 4 de outubro de 1859, com a assinatura M. de A.* Incluída nos *Dispersos*.* A peça é, provavelmente, de Moreira de Azevedo, que colaborava naquele jornal assinando M. de A.

Coutinho, A. A. da Cruz Irmão do conhecido livreiro e editor portuense Antonio Rodrigues da Cruz Coutinho, Antonio Augusto da Cruz Coutinho emigrou para o Brasil em 1866, estabelecendo-se com a livraria Popular, sita na rua São José, 75. Era ambicioso, tendo editado uma série de livros pornográficos, vendidos por baixo do balcão. Em 1885, com as burras cheias de dinheiro, retornou a Portugal, deixando a livraria a seus herdeiros. Ignoramos as suas relações com Machado de Assis, de quem editou, em 1876, a tradução da peça *O anjo da meia-noite*,* de Theodore Barrière* e Édouard Plouvier.* O livro saiu com a indicação: "Tradução de ***".

Coutinho, Baltasar Rangel de Sousa e Azevedo Comendador, amigo da família Barroso Pereira, serviu de testemunha do casamento dos pais de Machado, Francisco José de Assis* e Maria Leopoldina Machado de Assis.*

Couto, Miguel Nascido no Rio de Janeiro, em 1865, gozou de imenso prestígio como médico. Em 1898, tornou-se lente de Clínica

Médica da Faculdade de Medicina do Rio de Janeiro, em substituição a Francisco de Castro.* Foi defensor intransigente da educação para todos. O seu primeiro contato com Machado ocorreu em 1904, quando o estado de saúde de Carolina* havia se agravado. Pouco pôde fazer. A paciente já se encontrava em fase de agonia. Num gesto de extrema gentileza, o médico não quis cobrar pelos seus serviços, conforme explica em carta a Machado, datada de 20 de novembro de 1904: "Peço a V. Ex. a fineza de levar o insignificante serviço médico que prestei à sua Exma. Senhora, à conta da amizade, dessa amizade que cada um tem intimamente aos grandes homens do seu país". Em agosto de 1906, com a intensificação dos ataques de epilepsia, Machado resolveu procurá-lo em seu consultório na rua Senador Dantas, nº 27-E. O grande clínico aconselhou-o anotar as crises, as suas características e a frequência com que ocorriam. O tratamento teve um excelente resultado e Machado demonstrou gratidão ao médico. Em carta de 21 de janeiro de 1908, dirigida a Mário de Alencar,* escreveu : "Creio que o Miguel Couto me trouxe a graça". O médico assistiu o paciente até o momento de sua morte. Como fizera em relação a Carolina, não cobrava as consultas de Machado. Miguel Couto, que desde 1916 era membro da Academia Brasileira de Letras,* faleceu em sua cidade natal, em 1934.

Cowper, William Poeta inglês (1731-1800), muito popular no século XVIII. Em um de seus primeiros poemas, "Minha mãe",* Machado informa ser "imitação de Cowper", provavelmente através de alguma tradução francesa. Os estudiosos ainda não conseguiram identificar o poema que inspirou o brasileiro, sendo o mais semelhante *On the receipt of my mother's picture*, escrito em 1790, e traduzido para o francês por Mme. Langlais, filha da poetisa Marcelline Desbordes Valmore.

Crashley (Casa) Livraria fundada em 1880, na rua do Ouvidor, 58. Machado era frequentador assíduo da casa, onde adquiria livros de literatura inglesa e que cita em algumas de suas crônicas. "Três pessoas estavam na loja Crashley, rua do Ouvidor..." Assim começa a crônica da série *A Semana*,* de 10 de novembro de 1895.

Crença (A) Revista da Escola Politécnica do Rio de Janeiro, voltada para as ciências, as letras e as artes. Era redigida por Tomás de Porciúncula, Alberto de Menezes e Raimundo Teixeira Mendes. Machado colaborou no nº 19, de 20 de agosto de 1875, com uma carta dirigida a J. Tomás de Porciúncula, na qual trata de Fagundes Varela.*

Crespo, Gonçalves (Antonio Cândido G. C.) Natural do Rio de Janeiro (1846), mudou-se ainda criança para Portugal. Formado pela Universidade de Coimbra, foi político e membro da Academia das Ciências de Lisboa.* Parnasiano, publicou dois livros de versos, *Miniaturas* (1871) e *Noturnos* (1882) e o volume de *Contos para nossos filhos* (1896), em colaboração com sua mulher, Maria Amália Vaz

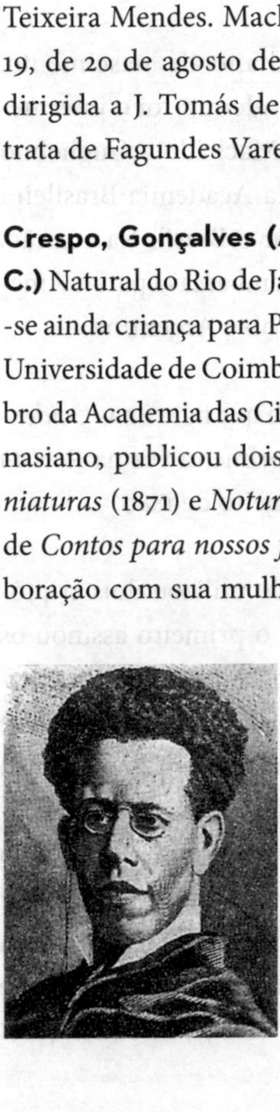

Gonçalves Crespo

C

de Carvalho. Em 6 de junho de 1871, escreveu uma carta a Machado, na qual indagava: "me disseram que era... de cor como eu". A reprodução fac-similar do documento encontra-se no suplemento *Letras e Artes*, de *A Manhã*, de 19 de setembro de 1943, e nas *Obras completas*, de Gonçalves Crespo, organizadas por Afrânio Peixoto,* e a sua transcrição em *Ao redor de Machado de Assis*, de R. Magalhães Júnior. Não se sabe se Machado respondeu. Mas no ensaio "A nova geração"* (1879) refere-se a Gonçalves Crespo como "puro artista", lembrando a repercussão, anos antes, das *Miniaturas* no Brasil. Quando Crespo morreu prematuramente, em Lisboa, em 11 de junho de 1883, Machado dedicou-lhe o poema "A volta do poeta".*

Cresta, Camillo Italiano de nascimento, cunhado de Sousa Bandeira,* foi o intermediário do convite de Machado a Guglielmo Ferrero,* em nome da Academia Brasileira de Letras,* para visitar o Brasil. Na ocasião, o historiador italiano embarcava para a América do Sul, com destino à Argentina.

Criatura (Uma) Poema que figura nas *Ocidentais*.* Publicado pela primeira vez na *Revista Brasileira*,* de 15 de janeiro de 1880.

Criptônimos Machado utilizou dois criptônimos: ** e **.* Com o primeiro assinou os "Versos a Corina",* publicados no *Correio Mercantil*,* em março e abril de 1864. Entre 1862 e 1884, usou o criptônimo *** para assinar cinco trabalhos: a "Carta ao Sr. bispo do Rio de Janeiro"* (1862), no *Jornal do Povo*;* o capítulo XI do conto "O Teles e o Tobias"* (1865) e a *Viagem a Vassouras*, na *Semana Ilustrada*;* a tradução de *O anjo da meia-noite** (1876) e o conto "Incorrigível"*(1884), em *A Estação*.*

Crisálidas Estreia poética de Machado, as *Crisálidas* foram lançadas em setembro de 1864. O volume brochado custava 2 mil réis e o encadernado 2.500 réis. Dezessete anos depois, o livro continuava no catálogo de Garnier, vendido a 3 réis o volume encadernado e 2 réis a brochura. O autor recebeu 150 réis por exemplar impresso, conforme especifica o contrato firmado com o editor B. L. Garnier,* em 26 de julho do mesmo ano. Impresso na tipografia de Quirino & Irmão, na rua da Assembleia, 54. O livro, dedicado "à memória de Francisco José de Assis e Maria Leopoldina Machado de Assis, meus pais", compõe-se de um prefácio de Caetano Filgueiras,* intitulado "O poeta e o livro. Conversação preliminar*", suprimido nas edições posteriores, e de 28 peças, das quais seis traduções, e mais um poema de Faustino Xavier de Novaes,* "A embirração".* Catorze poemas já haviam sido publicados na imprensa, entre 1860 e 64. Os 14 trabalhos inéditos pertencem ao mesmo período, com

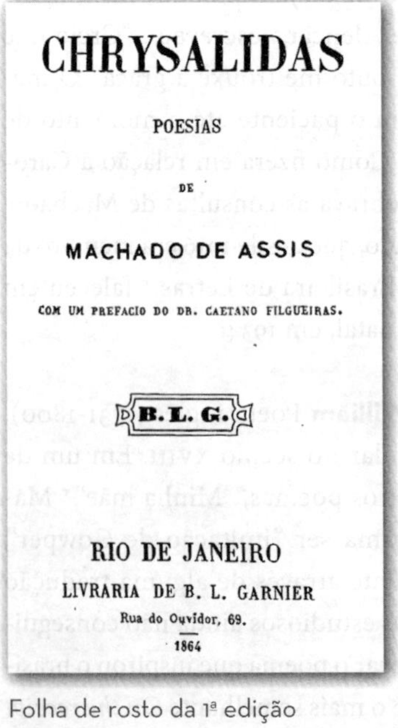
CHRYSALIDAS

POESIAS

DE

MACHADO DE ASSIS

COM UM PREFACIO DO DR. CAETANO FILGUEIRAS.

B. L. G.

RIO DE JANEIRO

LIVRARIA DE B. L. GARNIER

Rua do Ouvidor, 69.

1864

Folha de rosto da 1ª edição

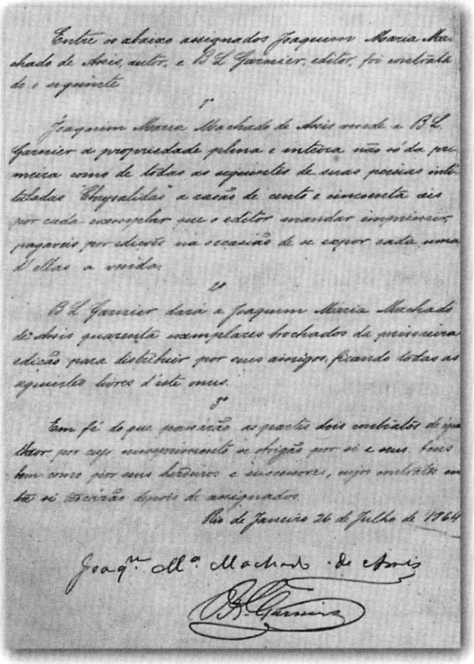
Entre os abaixo assignados Joaquim Maria Machado de Assis, autor, e B. L. Garnier, editor, foi contratado o seguinte

1º

Joaquim Maria Machado de Assis vende a B. L. Garnier a propriedade plena e inteira não só da primeira como de todas as seguintes de suas poesias intituladas "Chrysalidas" a razão de cento e cincoenta réis por cada exemplar que o editor mandar imprimir, pagaveis por edições na occasião de se expor cada uma d'ellas a venda.

2º

B. L. Garnier dará a Joaquim Maria Machado de Assis quarenta exemplares brochados da primeira edição para distribuir por seus amigos, ficando todas as seguintes livres d'este onus.

3º

Em fé do que passarão os presentes dois contratos de igual theor por cujo cumprimento se obrigão por si e seus bens bem como por seus herdeiros e successores, cujos contratos vão por si escriptos depois de assignados.

Rio de Janeiro 26 de Julho de 1864

Joaqm. Mª Machado de Assis

B. L. Garnier

Contrato de *Crisálidas*

exceção de "Monte Alverne",* datado de 1858. Predominam os temas caros ao romantismo: o amor, preocupações com problemas sociais e políticos e com a missão do poeta em um mundo conturbado. Os poemas publicados anteriormente são: "Stella";* "A jovem cativa";* "Sinhá";* "Quinze anos";* "Ludovina Moutinho";* "Aspiração";* "Cleópatra";* "Maria Duplessis";* "As ondinas";* "Polônia";* "Horas vivas";* "As ventoinhas";* "Alpujarra";* "Versos a Corina".* Os inéditos são: "Musa consolatrix";* "Lúcia";* "O dilúvio";* "Fé";* "Visio";* "No limiar";* "A caridade";* "Erro";* "Os arlequins";* "Epitáfio do México";* "As rosas";* "Monte Alverne"; "Os dous horizontes";* "Última folha".* As *Crisálidas* tiveram um acolhimento bastante favorável, merecendo, em 1864, oito críticas, quase todas elogiosas: no *Jornal do Commercio,** 7 de outubro, sem assinatura, identificado por Inocêncio Francisco da Silva, em seu *Dicionário bibliográfico português*, como Luís de Castro;* na *Imprensa Acadêmica*,* de São Paulo, 9 de outubro; no *Jornal do Commercio*, 11 de outubro; em *A Crença*,* de São Paulo, outubro, por Cândido Leitão; na *Revista Mensal da Sociedade Ensaios Literários*,* 1º de novembro, artigo sem assinatura e outro de Manuel Antonio Major;* no *Diário do Rio de Janeiro*,* 16 de novembro, por Amaral Tavares. No nº 10 da citada *Revista Mensal*, de 5 de julho de 1866, figura uma crítica de F. T. Leitão,* datada de outubro de 1864. Em 6 de outubro de 1886, a *Gazeta de Notícias** organizou um banquete comemorativo dos vinte e dois anos de publicação das *Crisálidas*. Realizado no Hotel Globo,* a festa contou com a presença de redatores e diretores do jornal – Ferreira de Araújo,* Elísio Mendes,* Henrique Chaves* – e de um grande número de escritores das novas gerações: Olavo Bilac,* Artur Azevedo,* Valentim Magalhães,* Raul Pompeia,* entre outros. Os que não puderam comparecer enviaram poemas ou notas, lidos à mesa, como Lúcio de Mendonça,* Alberto de Oliveira,* Rodrigo Otávio,* Raimundo Corrêa,* Dermeval da Fonseca.* As *Crisálidas* foram reeditadas em 1901, no volume das *Poesias completas*:* dos 28 poemas foram expurgados 16 e apenas 12 reeditados.

Cristã nova (A) Poema que figura nas *Americanas*.* No capítulo IX, Machado intercalou uma tradução do Salmo 136 (Os rios da Babilônia), em tercetos rimados.

Cristina, Teresa (T. C. Maria) Machado envolvia toda a família imperial na mesma admiração respeitosa. Em 1877, quando a esposa de D. Pedro II,* terceira imperatriz do Brasil (1822-1889), retornou da Europa com a saúde restabelecida, ele expressou a sua alegria: "As virtudes da augusta consorte do Imperador são de longos anos objeto do culto e da admiração dos brasileiros" ("História de Quinze Dias",* *Ilustração Brasileira,** 1º de outubro de 1877).

Cristo Júnior & Custódio Com esse título, foi transcrita no *Almanaque da Gazeta de Notícias* para 1886 a crônica publicada na seção "Balas de Estalo"* da *Gazeta de Notícias,** de 26 de junho de 1885. Ambas as publicações foram assinadas com o pseudônimo de Lélio.*

Crítica Volume póstumo, organizado e prefaciado por Mário de Alencar,* reunindo parte da produção crítica e quatro dos dez prefácios escritos por Machado. Publicado pela Livraria Garnier,* Rio de Janeiro/Paris, sem data (1910), com 231 páginas cheias de incorreções e gralhas tipográficas, apresenta os seguintes trabalhos: "Literatura brasileira – Instinto de nacionalidade";* *Guilherme Malta – Carta ao Sr. Conselheiro Lopes Neto;** "Castro Alves – Carta a José de Alencar";* *O primo Basílio;** "Semana Literária";* "Fagundes Varela – carta a J. Tomás de Porciúncula";* "A nova geração";* "Antônio José";* "Um livro" (*Cenas do Amazonas* (*sic!*) *de José Veríssimo;** *Secretário d'El-Rei;** "Horas sagradas e versos";* *Pensées Détachées et Souvenirs, de Joaquim Nabuco;** e os prefácios escritos para *Névoas matutinas,** de Lúcio de Mendonça;* *Harmonias errantes,** de Francisco de Castro;* *Meridionais,** de Alberto de Oliveira;* *Miragens,** de Enéas Galvão.* Na ocasião, José Veríssimo escreveu um artigo, mais tarde incluído em *Letras e Literatos*, chamando atenção para a importância de Machado como crítico.

Crítica literária Volume póstumo, publicado por W. M. Jackson,* Rio de Janeiro, 1937, 344 pp. É a ampliação do volume *Crítica,** organizado por Mário de Alencar, contendo os trabalhos reunidos nesse volume e mais: "Compêndio da Gramática Portuguesa, de Vergueiro e Pertence";* "À memória de Pedro v, por Castilhos, Antonio e José";* "Memória acerca da 2ª égloga de Virgílio, por Castilho José";* "Mãe, drama do Sr. conselheiro José de Alencar";* "Desgosto pela política";* "*Flores e frutos*, poesias por Bruno Seabra";* "*Revelações*, poesias de A. E. Zaluar";* "A Constituinte perante a história, pelo Snr., Homem de Melo";* "*Sombras e luz*, do Sr. B. Pinheiro";* "*Peregrinação pela província de S. Paulo*, por A. E. Zaluar";* "O culto do dever, por M. J. de Macedo [*sic!*]";* "*Iracema*, por José de Alencar";* "Inspirações do Claustro, por Junqueira Freire";* "*Cantos e fantasias*, por Fagundes Varela";* "Colombo, pelo Sr. Porto-Alegre";* "*Lira dos vinte anos*, poesias de Álvares de Azevedo";* "Garrett";* "Eça de Queirós";* "Eduardo Prado";* "Henriqueta Renan";* "Prefácio a *O guarani,** de José de Alencar". Foram suprimidos três artigos recolhidos por Alencar: "Castro Alves – Carta a José de Alencar",* "Semana Literária"* e "Antônio José".* A partir da segunda edição, foi incluído "O ideal do crítico".*

Crítica teatral Editado por W. M. Jackson,* (Rio de Janeiro, 1937, 314 pp.), reúne crônicas e críticas teatrais publicadas por Machado a partir de 1859, nas seções "Revista de Teatros",* em *O Espelho,** e "Revista Dramática",* no *Diário do Rio de Janeiro,** além de artigos avulsos publicados em *O Espelho* ("Ideias sobre o teatro"*), *O Cruzeiro** ("O caso Ferrari"*), *Semana Ilustrada** ("Rei morto, rei posto"*), *Revista Brasileira** ("Antônio José"*) e *Diário do Rio de Janeiro* ("A morte de João Caetano",* "Os primeiros amores de Bocage",* "O teatro nacional",* "O teatro de Gonçalves de Magalhães",* "O teatro de José de Alencar",* "O teatro de Joaquim Manoel de Macedo"*).

Crítico Machado exerceu a crítica sobretudo na mocidade, a princípio de maneira esparsa, sem continuidade, em publicações diversas. O primeiro trabalho no gênero foi escrito quando tinha apenas dezenove anos, "O passado, o presente e o futuro da literatura"* (*A Marmota*,* 9 e 23 de abril de 1858). Em *O ideal do crítico*,* publicado no *Diário do Rio de Janeiro*,* de 8 de outubro de 1865, demonstrava uma maturidade que marcou "não só um conceito modelar de crítica literária, mas ainda o padrão que o devia guiar por toda a vida" (Tristão de Ataíde), em suas incursões pelo gênero. Entre essas duas datas, nos "Comentários da Semana",* publicados no *Diário do Rio de Janeiro*, de outubro de 1861 a maio de 1862, Machado constantemente formulava comentários críticos. A partir de 1866, passou a atuar como crítico militante, na seção "Semana Literária",* publicada no *Diário do Rio de Janeiro*,* de 9 de janeiro a 31 de julho, totalizando trinta artigos. Tinha consciência das dificuldades do ofício: "Não raro se originam ódios onde era natural travassem-se afetos. Desfiguram-se os intentos da crítica, atribui-se à inveja o que vem da imparcialidade; chama-se antipatia o que é consciência". Se analisarmos a crítica da época, constatamos que ele ocupa um lugar à margem, acima dos elogios de encomenda e das restrições sem sentido. Em 1868, José de Alencar já o apontava como o "primeiro crítico brasileiro". Mas desde 1866 dedicava-se apenas ocasionalmente à crítica, apesar de ser esse o período em que produziu os seus escritos mais importantes no gênero, revelando equilíbrio, sagacidade, bom gosto e amadurecimento, mas também certa intolerância em assuntos morais: "Instinto de nacionalidade"* (1873), *O primo Basílio** (1878), "Antônio José e Molière"* (1879), "A nova geração"* (1879). José Veríssimo, em artigo incluído em *Letras e Literatos*, reconheceu que "Machado de Assis, sem ter feito ofício de crítico, é, como tal, um dos mais competentes e mais sinceros que temos tido". Mário de Alencar foi ainda mais longe, achando que a crítica fosse "talvez a feição principal do seu engenho". Faz sentido, pois, coerente, em sua obra de ficção, poesia ou teatro, evitou sempre o que condenava nos outros, jamais fez concessões ao público e sempre procurou praticar aquilo que costumava elogiar. O crítico exigente está por trás de cada linha do romancista e do contista genial.

Crítico teatral Apaixonado por teatro, autor e tradutor, Machado exerceu a crítica teatral apenas na juventude. Considerava a tarefa difícil e arriscada, bastando o crítico esquecer o elogio para que "as inimizades levantem-se de envolta com as calúnias". Foi um crítico maneiroso, por vezes sugerindo mais do que afirmando, mas arguto e atento. A primeira seção regular, a "Revista de Teatros",* saiu em *O Espelho*,* sendo publicada dezessete vezes, entre setembro de 1859 e janeiro de 1860, analisando mais de quarenta peças. Seu trabalho mais importante, "Ideias sobre o teatro",* saiu na mesma época. Em 1860, manteve no *Diário do Rio de Janeiro** a seção "Revista Dramática",* que saiu apenas três vezes. Fora dessas seções especializadas, Machado referiu-se inúmeras vezes, em suas crônicas, a peças teatrais e ao desempenho de atores, abordando-as muitas vezes de forma crítica.

Crônica Seção que Machado manteve em *O Futuro*,* 1862-63, uma espécie de súmula dos acontecimentos artísticos e culturais da quinzena. No início, havia outros colaboradores (Faustino Xavier de Novaes,* Moutinho de Sousa,* Sotero de Castro, E. Lima), que se revezavam. Machado escreveu a crônica inaugural, em 15 de setembro de 1862. Em seguida, sucederam-se os cronistas citados acima. Machado retomou a seção a 1º de dezembro, mantendo-se como o seu titular exclusivo até o último número da revista, nas edições de 15 de dezembro de 1862; 1º, 15 de janeiro; 1º e 15 de fevereiro; 1º e 15 de março; 1º e 15 de abril; 1º e 15 de maio; 1º e 15 de junho; 1º de julho de 1863. Ao todo, 16 colaborações, recolhidas no volume de *Crônicas*,* de W. M. Jackson.*

Crônica Com essa rubrica, Machado publicou dois trabalhos na *Gazeta de Notícias*,* em 4 e 11 de novembro de 1900, sem assinatura, em substituição a Olavo Bilac,* que se achava em viagem. Foi uma volta fugaz à crônica semanal, abandonada desde o fim da série de *A Semana*,* fazia mais de três anos e meio. Recolhidas por Mário de Alencar* no volume *A Semana*.*

Crônicas Com esse título, o editor W. M. Jackson* reuniu inúmeras crônicas de Machado, publicando-as em quatro volumes, em 1937. O primeiro volume reúne trabalhos publicados em *O Espelho**(1859), alguns dos "Comentários da Semana",* saídos no *Diário do Rio de Janeiro*,* em 1861 e 62, *Crônicas do Dr. Semana*,* publicadas na *Semana Ilustrada*,* de 1861 a 64, a colaboração em *O Futuro** (1862-63). A crônica *Criança perdida*, que figura na primeira edição, foi suprimida nas seguintes, substituída por "Queda que as mulheres têm para os tolos".* O segundo volume contém as crônicas publicadas na seção "Ao Acaso",* no *Diário do Rio de Janeiro* (1864-65), e as "Cartas fluminenses",* que saíram no mesmo jornal, em 1867. No terceiro volume foram reunidos trabalhos publicados na seção "Badaladas",* da *Semana Ilustrada*, no período de 1871 a 1873, "Capítulo dos chapéus",* a "História de quinze dias",* cujo nome foi alterado para "História de trinta dias", saídas na *Ilustração Brasileira*,*1876-78. O quarto volume apresenta as "Notas Semanais",* publicadas em *O Cruzeiro** (1878), algumas das "Balas de Estalo"* (1884-85) e a "Gazeta de Holanda"* (1886-88), ambas publicadas na *Gazeta de Notícias*.

Crônicas da semana Subtítulo da seção "Ao Acaso",* publicada no *Diário do Rio de Janeiro*.*

Crônicas de Lélio Organizado e prefaciado por R. Magalhães Júnior, o volume reúne 94 das 126 crônicas que Machado publicou na *Gazeta de Notícias*,* entre 1883 e 1886, na seção "Balas de Estalo",* com o pseudônimo de Lélio.* O livro foi editado pela Civilização Brasileira, Rio de Janeiro, 1958, 329 pp.

Cronista Durante quase quarenta anos, Machado escreveu crônicas para a imprensa. Tendo estreado em *O Espelho*,* em 1859, manteve-se na ativa até 1897, na *Gazeta de Notícias*.* Depois desse ano, voltou ao gênero apenas três vezes. Uma leitura em sequência cronológica dessa imensa produção demonstra a extraordinária evolução do cronista, desde os primeiros trabalhos, ainda influenciados por Francisco Otaviano,* até as obras da maturidade, escritas com "graça dançarina"(Gustavo Corção). Elas retratam também a sua posição diante da vida e do país, a perda de ilusões, o desencanto com a humanidade, o respeito desconfiado se transformando em ironia, a ironia se aguçando em sarcasmo. O cronista titubeante do início, à medida que vai dominando a técnica do gênero, começa também a afirmar a sua personalidade e a exorcizar certa reverência temerosa diante dos poderosos. Mas já está consciente do poder que detém e gosta de proclamar as suas convicções em matéria social:

"Houve uma cousa que fez tremer as aristocracias, mais do que os movimentos populares: foi o jornal" (1859). Nas "Aquarelas"* (1859), começa a desconfiar das aparências dos fatos, mas ainda não tem a ousadia de virá-los pelo avesso. As suas afirmações mais ousadas repetem opiniões de publicistas europeus, a irreverência ainda se manifesta de maneira tímida. Nos "Comentários da Semana"* (1861-62) e nas *Crônicas** (1862-63), publicadas em *O Futuro*,* há uma sensível evolução, e ele se revela "um pouco petulante, às vezes até agressivo" (Augusto Meyer), em especial na análise dos homens públicos. Quando inicia a seção "Ao Acaso"* (1864-65), predominantemente política, a mão já está firme e confiante, sabe o que dizer e como dizê-lo, no caminho natural para a plena irreverência da maturidade, que se afirma a partir da "História de Quinze Dias" (1876-78), da "História de Trinta Dias" (1878) e das "Notas Semanais" (1878). Descrente do ser humano, disseca-lhe a alma com certa crueldade, em busca da sempre fugidia verdade. O humor amargo e o pessimismo revelam o leitor ruminativo de Pascal,* de Schopenhauer* e do *Eclesiastes*.* O desencanto, por contraste, realça a graça e leveza do estilo e o pleno domínio na arte da transição, que executa com a naturalidade de quem passa do quarto para a sala. Os pseudônimos adotados, de origem bíblica (Job, Manassés, Eleazar), talvez procurem adoçar, ou ironizar, a visão amarga do mundo e da vida. Na maturidade, com o seu "*humour* do despropósito, o que estabeleceria flagrantes e curiosíssimas relações de estilo e efeito entre a crônica, o conto e o romance" (Eugênio Gomes), o cronista implantou uma nova ordem no gênero, pulverizando os seus limites, afastando-se da tradição e deixando confusos os mais conservadores. A partir daí, entramos em pleno reino das ideias de cabeça para baixo. O mundo perdeu definitivamente a seriedade. O cronista ri, mas o seu riso é amargo, se bem que brincalhão. No próprio título das seções brinca com o leitor, iludindo-o com a sua quase inocência: "Balas de Estalo" (título coletivo, mas não menos significativo), "Gazeta de Holanda", "Bons Dias!", em contraste com o fundo corrosivo. Como cronista, Machado foi uma testemunha de seu tempo, apaixonado na juventude, desconfiado na meia-idade, francamente desiludido na maturidade, que legou um painel para a compreensão do Brasil de sua época e de como os homens de então entendiam os acontecimentos. Em vida, incluiu apenas seis crônicas em livro, no volume das *Páginas recolhidas*.* Tinha certa desconfiança do gênero. Quando Magalhães de Azeredo* o incentivou a reunir em volume as peças publicadas em *A Semana*, ele respondeu que "crônicas não se fizeram para ser lembradas" (carta a Magalhães de Azeredo, 9 de dezembro de 1895). A publicação póstuma de seus trabalhos prova que ele se enganou. Segundo Afrânio Coutinho, Machado publicou 614 crônicas. Nosso levantamento indica 663 trabalhos, sendo possível que este número seja maior. Como cronista, colaborou nos seguintes jornais: *O Espelho* (1859; cinco crônicas na seção "Aquarelas"* [excluímos as duas intituladas "Os imortais",* que devem ser atribuídas a Moreira de Azevedo*]; *Semana Ilustrada*,* 57 crônicas (35 trabalhos, de acordo com a edição W. M. Jackson* das *Crônicas*,* entre 1860-75, 36 na primeira edição, uma delas excluída na edição seguinte) e 22 reunidas em *Contos e crônicas*,* por R. Magalhães Júnior; *Diário do Rio de Janeiro** (nas seguintes seções: "Comentários da Semana",* 1861-62, vinte crônicas; "Ao Acaso",* 1864-65, 42 crônicas; "Cartas fluminenses",* 1867, duas crônicas); *O Futuro** ("Crônicas",* 1862-63, dezesseis crônicas); *Imprensa Acadêmica** ("Correspondência",* 1864, nove crônicas, e 1868, duas crônicas); *Ilustração Brasileira** ("Histórias de quinze dias"* e "Histórias de trinta dias",* 1876-78, 37 crônicas); *O Cruzeiro** ("Notas Semanais",* 1878, catorze crônicas); *Gazeta de Notícias* ("Balas de Estalo",* 1883-86, 123 crônicas; "A + B",* 1886, sete crônicas; "Gazeta de Holanda",* 1886-88, 48 crônicas; "Bons Dias!",* 1888-89, 48 crônicas); *A Semana** (1892-97), 249 crônicas, mais dois trabalhos publicados em 1900 e um em 1904.

Cronista parlamentar Primeira atividade de Machado no *Diário do Rio de Janeiro*,* a convite de Quintino Bocaiuva.* O jovem repórter* iniciou as suas atividades no dia de abertura dos trabalhos legislativos, 11 de maio de 1860. As suas crônicas saíam na seção "Corpo Legislativo – Câmara dos Srs. Senadores", sem assinatura, a partir de 12 de maio. Não sabemos quanto tempo permaneceu no cargo, que lhe propiciou contato com a classe dirigente do país e uma rica experiência humana, que ia recordar quase quarenta anos depois na página de reminiscências intitulada "O velho Senado".*

Cruvelo, Padre Antonio Joaquim Efetuou o casamento dos pais de Machado, a 19 de agosto de 1838, na capela particular do morro do Livramento.*

Cruz, José Ludgero Funcionário público, foi oficial de gabinete do ministro das Relações Exteriores, Lauro Muller.* Dirigiu um bilhete a Machado, datado de 21 de julho de 1880, solicitando colocação para um amigo.

Cruzeiro (O) Jornal diário, fundado no Rio de Janeiro com capitais de comerciantes brasileiros e portugueses, reunidos na firma G. Viana & C. Editores. Começou a circular em 1º de janeiro de 1878, sob a direção do Dr. Henrique Corrêa Moreira,* sendo saudado por Machado, que o chamou de "mais um campeão na imprensa diária". Machado iniciou a sua colaboração em março, com o romance *Iaiá Garcia*,* lançado em folhetins. Em junho, com o pseudônimo de Eleazar,* passou a redigir as crônicas intituladas "Notas Semanais",* em substituição ao cronista Sic, pseudônimo de Carlos de Laet,* cujo elogio faz na crônica inicial, a que se seguiram catorze outras. Com o mesmo pseudônimo foram publicados mais onze trabalhos (contos, artigos, críticas). Ainda no primeiro ano de circulação, o Dr. Moreira firmou um pacto com o escravocrata Martinho de Campos, na época presidente do conselho de ministros. O jornal, mediante o recebimento de uma subvenção, passou a defender as ideias escravagistas. A maioria dos redatores e colaboradores debandou: Quintino Bocaiuva,* Carlos de Laet,* Ernesto Matoso, Ernesto Cibrão.* Machado desligou-se em setembro. *O Cruzeiro* circulou até 19 de maio de 1883. Machado publicou ali os seguintes trabalhos: *Iaiá Garcia*, em 38 folhetins (1º, 2, 3, 4, 5, 7, 8, 9, 11, 12, 14, 15, 16, 19, 21, 22, 23, 25, 26, 28, 30 de janeiro; 4, 5, 6, 9, 11, 12, 13, 15, 16, 19, 20, 22, 25, 26, 27 de fevereiro; 1º e 2 de março de 1878); "O bote de rapé"* (19 de março de 1878); *A sonâmbula** (26 de março de 1878); "Um cão de lata ao rabo"* (2 de abril de 1878); "O califa de platina"* (9 de abril de 1878); "Literatura realista – O *primo Basílio*"* (16 de abril de 1878); "Filosofia de um par de botas"* (23 de abril de 1878); "Literatura realista"* (30 de abril de 1878); "Antes da missa"* (7 de maio de 1878); "Na arca"* (14 de maio de 1878); *O caso Ferrari** (21 de maio de 1878); "Elogio da vaidade"* (28 de maio de 1878); "Notas Semanais"* (publicadas nos dias 2, 9, 16, 23, 30 de junho; 7, 14, 21, 28 de julho; 4, 11, 18, 25 de agosto; 1º de setembro de 1878).

Alegoria de Henrique Fleiuss para poema de Machado comemorativo do casamento das princesas imperiais

"Cubram embora as últimas montanhas" Verso inicial do poema escrito por ocasião do casamento das princesas Isabel* e Leopoldina, publicado em avulso, com desenho alegórico de Henrique Fleiuss,* datado de 10 de novembro de 1864 e assinado Machado d'Assis.* O poema foi descoberto por Josué Montello, que o transcreveu em *O presidente Machado de Assis* (1961).

Cunha, Branca P. da Machado dedicou-lhe uns "Versos",* com o subtítulo "Escritos no álbum da Exma. Sra. D. Branca P. da C." Não dispomos de informação a seu respeito.

Cunha, Euclides da (E. Rodrigues Pimenta da C.) Em dezembro de 1902, quando *Os sertões* foram lançados, Machado não colaborava mais na imprensa. Dessa forma, os contemporâneos não conheceram a sua opinião escrita sobre o grande livro de Euclides da Cunha (Cantagalo, RJ, 1866 – Rio de Janeiro, RJ, 1909). É provável, porém, que o seu juízo tenha sido expresso em conversas, chegando aos ouvidos do autor. Seu pensamento, em síntese é o que está formulado em carta a Magalhães de Azeredo,* datada de 20 de outubro de 1903, na qual classifica *Os sertões* de "obra de grande valor". É pouco, se comparado aos elogios que, em carta ao mesmo destinatário, fez ao *Canaã*, de Graça Aranha.* Naquela data, o romancista cáustico e o ensaísta torturado, que parecia escrever com cipó, já haviam sido apresentados, como atesta a carta de Euclides a Machado, datada de 26 de julho de 1903, na qual confessa que desde que o conheceu ficou "sob a impressão de um deslumbramento". Seria difícil imaginar dois temperamentos mais antagônicos, o que chegou a provocar um pequeno conflito na Livraria Garnier.* Machado aborreceu-se com as críticas violentas de Euclides a Valentim Magalhães,* a quem muito estimava. "Tenho mais trinta anos do que o senhor, lembre-se disso, cavalheiro", disse Machado. Ao que Euclides com o seu habitual gênio desaforado replicou: "Não pela sua idade, mas pelo seu mérito, ó cavalheiro, respeito-o e acato-o". Por ironia do destino, Euclides candidatou-se à Academia Brasileira de Letras* exatamente na vaga de Valentim. Machado, que não era homem de cultivar ressentimentos, expressou o seu contentamento pela candidatura

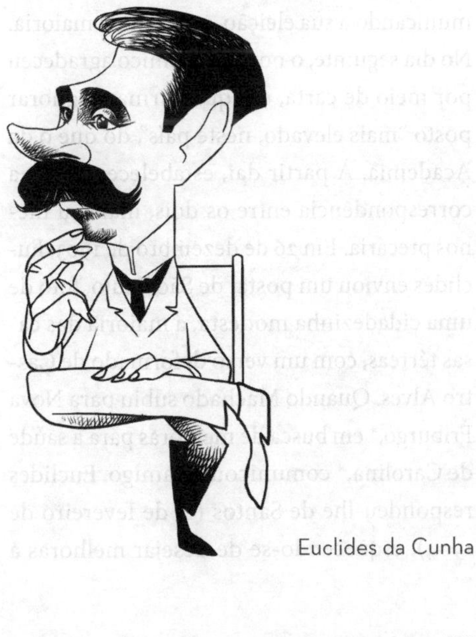

Euclides da Cunha

Cartão-postal enviado por Euclides da Cunha a Machado, em 1903

em carta a Magalhães de Azeredo. Sobrepunha-se assim às articulações que se processavam para eleger Jaceguai,* figura de relevo na sociedade carioca, não só expondo a sua preferência, como induzindo os amigos a votarem em Euclides. Este, em carta de 10 de julho, datada de Lorena, interior de São Paulo, onde se encontrava, havia se dirigido a Machado, solicitando-lhe o voto e agradecendo as "animadoras palavras que me dispensou", palavras essas provavelmente dirigidas por meio de carta. Infelizmente, Euclides perdeu as cartas que Machado lhe dirigiu. Em 21 de setembro, Machado telegrafou a Euclides, comunicando a sua eleição, por grande maioria. No dia seguinte, o novo acadêmico agradeceu por meio de carta, em que afirmava ignorar posto "mais elevado, neste país", do que o da Academia. A partir daí, estabeleceu-se uma correspondência entre os dois, mais ou menos precária. Em 26 de dezembro de 1903, Euclides enviou um postal de São Paulo, foto de uma cidadezinha modesta, a maioria das casas térreas, com um verso deformado de Castro Alves. Quando Machado subiu para Nova Friburgo,* em busca de melhoras para a saúde de Carolina,* comunicou ao amigo. Euclides respondeu-lhe de Santos (15 de fevereiro de 1904), esquecendo-se de desejar melhoras à doente, para evocar suas recordações pessoais da cidade serrana. Vivendo quase sempre em viagens, ou morando fora do Rio, Euclides raramente tinha oportunidade de se encontrar com Machado. Uma dessas ocasiões foi a sua cerimônia de posse na Academia, em 18 de dezembro de 1906. Na véspera da morte de Machado, visitou-o. Foi então que presenciou a entrada de um rapazinho na casa que, de joelhos, beijou a mão do agonizante. A cena patética foi imortalizada na admirável crônica "A última visita", publicada no *Jornal do Commercio*, no dia seguinte à morte de Machado.

Cunha, F. de Sales Guimarães e Não dispomos de qualquer dado a respeito de sua vida. Machado dedicou-lhe o poema "A um poeta",* publicado em *O Paraíba*,* Petrópolis,* 17 de fevereiro de 1859.

Cunha, Gabriela (G. Augusta da C.) Gabriela da Cunha (Porto, Portugal, 1821), uma das atrizes mais prestigiadas pelo público brasileiro, nasceu praticamente no palco, filha da atriz e escritora Gertrudes Angélica da Cunha. Emigrou para o Rio de Janeiro muito cedo e nesta cidade casou-se com José Felice De-Vecchy, primeiro mímico do Teatro São Carlos, com quem teve cinco filhos. Em 1833, já estava trabalhando no Teatro Constitucional Fluminense. Mais tarde, integrou-se às companhias teatrais atuantes na cidade, como a de João Caetano* e a Sociedade Dramática Nacional. Machado admirava-a por suas qualidades como atriz e por ter sido "a primeira que nos revelou os belos trabalhos do teatro moderno francês" (*Diário do Rio de Janeiro*,* 11 de dezembro de 1861). Desde cedo exaltou-lhe o talento, referindo-se a ela em sua "Revista de Teatros",* publicada em *O Espelho*,* por diversas vezes. O tom era de admiração irrestrita: "Do lugar resplandecente

Gabriela da Cunha

que ocupa na arte nem a inveja, nem a estupidez de um povo de zoilos a farão descer. É que o pedestal é sólido; são palmas e loureiros" (25 de setembro de 1859). Dois meses depois, na mesma revista, dedicou-lhe o poema "A D. Gabriela da Cunha"* (25 de dezembro). Em sua *Vida e obra de Machado de Assis*, R. Magalhães Júnior afirma que Gabriela teria sido o primeiro amor de Machado, a Corina* dos versos. Umas das pretensas provas apresentadas é extraída do livrinho *Machado de Assis na intimidade*, de Francisca de Basto Cordeiro,* em que ela se refere aos amores do escritor com uma "célebre atriz dramática". Pode até ter sido, mas a afirmativa é muito vaga e a hipótese carece de prova. História não se faz com deduções. Em diversas oportunidades, Gabriela recitou poemas de Machado, e pelo menos quatro delas encontram-se registradas. Na primeira ocasião, no dia 6 de fevereiro de 1862, no Teatro Ginásio,* no intervalo entre o drama *De ladrão a barão* e a comédia *O novo Otelo*, a atriz declamou um poema em memória de Manuel Antônio de Almeida, que se encontra perdido. Gabriela voltou a interpretar um poema de Machado na récita realizada em 3 de outubro de 1862, no Ateneu Dramático.* O trabalho também se encontra perdido. Em 1º de setembro de 1863, no mesmo Teatro, na inauguração da Empresa Dramática, declamou o poema "O dilúvio".* Ao se despedir de São Paulo, em uma récita em seu benefício, realizada em 6 de novembro de 1864, no Teatro São João, Gabriela recitou mais um poema machadiano, sem título, que se inicia pelo verso "Deu-me flores a musa da cena".* Em 1866, a atriz retornou a Portugal, inscrevendo-se no Teatro de D. Maria. Acabou regressando ao Brasil, fixando-se na Bahia. Em Salvador, seu segundo marido, Lopes Cardoso,* dedicou-se ao jornalismo, fundando o *Diário de Notícias*. Gabriela faleceu em Salvador, em 1882.

Cunha, José Bernardo Machado da Colega de Machado na diretoria da Sociedade Arcádia Brasileira,* eleita a 17 de agosto de 1861. Cunha era 2º secretário e Machado, bibliotecário.*

Cunha, Pedro W. de Melo e Quando secretário de redação da *Imprensa Acadêmica*,* escreveu carta a Machado, datada de 14 de junho de 1870, convidando-o a se tornar correspondente na Corte, convite este que não foi aceito.

Curiosidade Conto publicado em *A Estação*,* de 31 de janeiro, 28 de fevereiro, 31 de março, 30 de abril, 31 de maio, 15 e 30 de junho de 1879, assinado com a inicial M.* Recolhido aos *Contos sem data*.*

Curta história Conto publicado em *A Estação*,* de 31 de maio de 1886, com a assinatura Machado de Assis.* Incluído no segundo volume dos *Contos fluminenses*.*

D

D'Arlecchino Pseudônimo não identificado de um colaborador de *O Mequetrefe.** Em artigo publicado na edição de 16 de outubro de 1875, ele imita o gaguejar de Machado, um dos primeiros a se referir, na imprensa, ao tartamudeio do escritor.

D. Benedita Conto incluído nos *Papéis avulsos**, com o subtítulo "Um retrato". Publicado pela primeira vez em *A Estação,** em 15 e 30 de abril, 15 e 31 de maio, 15 de junho de 1882, com a assinatura Machado de Assis.*

D. Filho Pseudônimo não identificado. Na seção "Zumbidos", de *O Besouro,** de 4 de maio de 1878, a respeito de "Filosofia de um par de botas",* provoca Machado dizendo que *O Besouro* "propõe-se a consertar o par de botas rotas – sem par – do ilustre Eleazar".*

D. Juan Pseudônimo que Machado teria utilizado na crônica *Conversa com as mulheres,** publicada na *Semana Ilustrada** de 14 de maio de 1865. A atribuição de autoria foi feita por R. Magalhães Júnior, mediante análise de estilo e citações.

D. Jucunda Conto publicado na *Gazeta de Notícias,** de 1º de janeiro de 1889, com a assinatura Machado de Assis.* Incluído nos *Contos avulsos.**

D. Junio Pseudônimo não identificado de um redator, ou colaborador, da *Revista Ilustrada,** responsável pela seção "Bibliografia". Ali, no número de 15 de janeiro de 1881, publicou uma breve nota sobre as *Memórias póstumas de Brás Cubas.** No mesmo local, com a assinatura de Junio, escreveu sobre a peça *Tu só, tu, puro amor...** (21 de maio de 1881), classificando-a como "um mimo de estilo, um requinte de arte".

D. Mônica Conto publicado no *Jornal das Famílias,** de agosto, setembro e outubro de 1876, com o pseudônimo de Lara.* Figura nos *Contos esquecidos.**

D. Paula Conto publicado na *Gazeta de Notícias,** de 12 de outubro de 1884, com a assinatura Machado de Assis.* Incluído nas *Várias histórias.**

"Dai à obra de Marta um pouco de Maria" Soneto publicado na *Polianteia Comemorativa da Inauguração das Aulas para o Sexo Feminino do Imperial Liceu de Artes e Ofícios*, Rio de Janeiro, 1881, p. 33. Incluído em *Poesia e prosa.**

Dalila – Espinhos e flores Com esse título, o volume de *Novas relíquias** reproduz a crítica machadiana publicada na seção "Revista Dramática",* do *Diário do Rio de Janeiro,** de 13 de abril de 1860, referindo-se respectivamente às peças de Octave Feuillet* e de Camilo Castelo Branco.*

D'Alva, Luís Vide "Luís d'Alva".

Damas (jogo de) Machado costumava jogá-lo, em casa dos barões Smith de Vasconcelos.*

Dantas, Rodolfo Epifânio de Sousa Filho de Manoel Pinto de Sousa Dantas, nasceu na

Bahia, em 1854. Bacharel em direito pela faculdade do Recife, foi deputado em duas legislaturas e duas vezes ministro de Estado. Era sócio do Clube Beethoven,* onde conviveu com Machado, convidando-o para o seu casamento, realizado no dia 27 de outubro de 1883, no palacete Nova Friburgo (atual Palácio do Catete), festa com a presença de grandes personalidades do mundo político e intelectual. Faleceu em Minas Gerais, em 1901.

Dante Poema publicado em *O Globo,** de 25 de dezembro de 1874, com o subtítulo "O canto XXV do *Inferno*", assinado M.A.* Incluído nas *Ocidentais,** com a indicação equivocada de ser uma tradução do *Purgatório* dantesco.

Daqui, deste âmbito estreito Poema publicado no *Jornal do Commercio** de 26 de fevereiro de 1870. Na noite de 23, havia sido recitado pela atriz Ismênia dos Santos,* num benefício organizado em favor das vítimas da seca em Alagoas. Recolhido ao volume de *Poesia e prosa.**

Dario, Rubén Um dos principais representantes do modernismo hispano-americano, Dario (1867-1916) esteve no Rio de Janeiro, em junho de 1912, integrando a delegação da Nicarágua à Conferência Pan-Americana. Apresentado a Machado, sentiu-se cativado com a sua gentileza, dedicando-lhe um poema, intitulado "A Machado de Assis", no qual o chama de "*dulce anciano*".

"Das florestas em que habito" Verso inicial do hino nacional escrito por Machado, dentro das comemorações do 42º aniversário de D. Pedro II,* completado em 2 de dezembro de 1867. Texto publicado no jornal *O Constitucional*, de Desterro (atual Florianópolis), SC, de 11 de dezembro de 1867. Descoberta do pesquisador Felipe Rissato.

Dast, Julio Nome ou pseudônimo do autor das "Crônicas Fluminenses" publicadas na *Revista Ilustrada.** No número 321, de 4 de novembro de 1882, teceu breve comentário sobre *Papéis avulsos.**

Debaixo de ruim capa... Com esse título, Machado teria escrito uma comédia em dois atos. A única menção a esse trabalho encontra-se no *Dicionário bibliográfico português*, de Inocêncio F. da Silva.*

Decadência de dois grandes homens Conto publicado no *Jornal das Famílias,** em maio de 1873, com o pseudônimo de Max.* Recolhido aos *Contos esquecidos.**

Declamador Vide "Recitador".

Dedicatórias Dos trinta livros que publicou em vida, Machado dedicou apenas dois: os *Desencantos,** a Quintino Bocaiuva,* e *Os deuses de casaca,** a José Feliciano de Castilho.* As *Crisálidas* constituem um caso à parte, pois a dedicatória do livro é uma homenagem póstuma "À memória de Francisco José de Assis e Maria Leopoldina Machado de Assis, meus pais". Em sua produção poética, porém, há inúmeras peças oferecidas a amigos, por admiração, respeito ou gratidão, assim como homenagens póstumas, como os poemas dedicados à memória de sua mãe e de sua irmã. Todos oferecem subsídios biográficos. Através de dedicatórias em poemas sabemos de sua amizade pelo padre Antonio José da Silveira Sarmento* e da existência de um primo, Henrique José Moreira.* O seu primeiro poema, o "Soneto"* dedicado "À Ilma. Sra. D.P.J.A.", mostra que o rapazinho apreciava a gentileza e cultivava a arte de agradar o próximo. Na mocidade, os agradados foram muitos: Gonçalves Braga,* Faustino Xavier de Novaes,* Caetano Filgueiras,* F. A. Vaz da Mota,* Ferreira Guimarães,* Luís de Alvarenga Peixoto,* Ernesto Cibrão,* Manuel de Melo,* Ramos Paz,* Teixeira e Sousa,* Francisco Otaviano,* Remígio de Sena Pereira,* alguns outros, e até personalidades estrangeiras, que nunca ouviram falar do jovem poeta brasileiro, como Eugène Pelletan,* homenageado no poema "O progresso". Dedicatórias diretas, por vezes revelando a distância social e a falta de intimidade entre o homenageador e o homenageado, como na poesia "Álvares de Azevedo",* dedicada "ao Sr. Dr. M.A. d'Almeida". Passada a mocidade, as dedicatórias se tornam mais raras e, portanto, mais significativas, até a dedicatória mais conhecida, citada e contundente: "Ao verme que primeiro roeu as frias carnes do meu cadáver dedico como saudosa lembrança estas *Memórias póstumas*".

Dedicatórias autógrafas Conhecem-se poucas dedicatórias de Machado em livros, cerca de vinte e tantas. A mais famosa é a que figura em volume da primeira edição do *Quincas Borba** (1881), dirigida a Eça de Queirós,* de uma secura contundente: "A Eça de Queiroz o Machado de Assis". Nem todas seguem esse padrão, mas todas são sóbrias, quase formais, utilizando quase sempre os mesmos termos, como comprovamos com as dirigidas a Salvador de Mendonça* ("Ao bom e velho amigo Salvador de Mendonça oferece o velho amigo Machado de Assis", no *Memorial de Aires*, 1908), a Joaquim Xavier da Silveira* ("Ao dr. Jm. Xavier da Silveira of. o velho amigo e compadre Machado de Assis", em *Várias Histórias*, 1896), a Mateus de Andrade* ("Ao Dr. Matheus de Andrade, prova de amizade sincera e admiração. Machado de Assis"), ao Dr. Jabobina* ("Ao meu am° Dr. Jacobina, como testemunho de afeto e admiração, Machado de Assis"), a Henrique Corrêa Moreira ("A S. Ex. o Sr. Dr. D. Henrique Moreira, em sinal de admiração e estima, of. M. de A. 28-8-81"), a José de Alencar* ("Ao exmo. Conselheiro José de Alencar, em sinal de admiração e respeito, oferece Machado de Assis", em *Falenas*, 1870), à Viscondessa de Cavalcanti,* quase nos mesmos termos que a dedicada a Alencar ("À Ilustríssima e Excelentíssima Senhora D. Amélia Machado Cavalcanti de Albuquerque, oferece em sinal de admiração e apreço, o autor. 23-12-75"), a Lafaiete Rodrigues Pereira* ("Ao brasileiro ilustre Lafaiete Rod[es] Pereira oferece como lembrança de gratidão e admiração Machado de Assis 26-3-1900", em *Dom Casmurro*, 1899). Raras vezes abre o coração, como nas palavras dirigidas a Salvador de Mendonça, ainda na mocidade ("A Salvador de Mendonça afeição admiração Machado de Assis", em *Desencantos*, 1861). A declaração de afeto ocorre sobretudo no fim da vida, mas de maneira contida, como nas dedicatórias a Mário de Alencar* ("Ao Mário de Alencar, meu querido amigo, lembrança deste velho amigo e colega Machado de Assis 23 de julho de 1908", em *Memorial de Aires*, 1908) e a José Verissimo* ("Ao querido am. J. Verissimo lembrança do velho amigo Machado de Assis", em *Memorial de Aires*, 1908). Nada de elogios. As exceções, elogiosas mas um tanto convencionais, são as dirigidas a dois portugueses, Antonio Feliciano de Castilho* ("Homenagem de admiração ao rei da lira portuguesa, A. F. de Castilho, Machado de Assis") e Júlio César Machado* ("A Júlio César Machado, o príncipe do folhetim, oferece Machado de Assis").

De La Hure, conde Ver "Baril, V. L.".

Luís Delfino

Delfino, Luís (L. D. dos Santos) As relações entre Machado e Luís Delfino (Florianópolis, SC, 1834) parecem ter sido marcadas pela ambiguidade e o desencontro. Machado foi apresentado ao colega por meio de uma carta de Teixeira de Melo,* datada de 29 de julho de 1859, junto com a poesia "Ao proscrito Charles Ribeyrolles".* A carta foi entregue sem a menor dúvida, já que integrava o espólio de Delfino. No entanto, parece que não se afinaram muito bem, apesar do destino literário dos dois caminhar bem próximo, algumas vezes. Assim, em 1881, quando Sílvio Romero, no prefácio de *Dias e noites*, de Tobias Barreto, juntou os dois no mesmo saco, para facilitar a distribuição de pancadas. Machado, acusado de influir negativamente sobre Castro Alves,* após o encontro entre os dois, era chamado de "*virtuose* literário, enroupado à francesa". Por sua vez, Delfino era comparado a Tobias Barreto, mas para frisar a sua inferioridade. Delfino respondeu com uma crítica publicada na *Gazetinha*,* fazendo sérias restrições à poesia do sergipano e defendendo Machado, "a nossa glória, o nosso orgulho nacional". Fingia não ter sido atingido. A réplica de Sílvio veio no folheto *O Naturalismo em Literatura*,* no qual triturou Delfino e Machado com os termos mais grosseiros. O catarinense voltou a defender Machado dos ataques de Romero e elogiava-o fartamente, sempre que surgia oportunidade. Em 1882, tratando da necessidade de construção do Teatro Municipal, louvou Machado, a quem dedicou, no ano seguinte, o soneto "O forte". Machado jamais retribuiu os elogios e nunca, em qualquer circunstância, referiu-se a Delfino. Esse silêncio irritou o poeta. Alguns contemporâneos testemunham que a partir de certa época os dois passaram a se evitar. Lafaiete Silva, que conviveu com ambos, diz que, daí em diante, Delfino só se referia a Machado para fazer restrições. O autor da *História do Teatro Brasileiro* contou que, quando Romero publicou o seu *Machado de Assis*,* Delfino entrou em êxtase. Seu entusiasmo foi tanto que teria escrito um breve ensaio, acabando de demolir a obra machadiana. Esse artigo teria sido oferecido a Lafaiete Silva e a Max Fleiuss,* para que o publicassem com o nome de Lafaiete, sob a alegação de que "essas coisas de demolição dos consagrados ficavam melhor na rapaziada que começava". Os dois recusaram-se. Outro fato significativo, que talvez expresse a reserva de Machado, foi a marginalização de Delfino durante a fundação da Academia Brasileira de Letras,* apesar do seu imenso prestígio. O poeta teria sido preterido por não ter livro editado. Em verdade, havia publicado dois pequenos folhetos, *In Excelsis* (1884) e *A filha d'África* (1885). Muito diferente foi o critério que beneficiou Graça Aranha,* que só publicaria livro cinco anos após a fundação da Academia. Luís Delfino faleceu no Rio de Janeiro, em 1910.

Demandistas (Os) Título dado por Machado à sua tradução de *Les Plaideurs*, de Racine.* O trabalho já estava concluído no início de 1876. A *Gazeta de Notícias*,* de 2 de fevereiro desse ano, anuncia que a peça seria representada na reabertura do Teatro São Luís,* pela companhia do ator Vale. Na seção "O Correio dos Teatros", de *O Mosquito* (19 de fevereiro de 1876), Tinoco escreve que Machado "não quisera dar a sua tradução de *Os Demandistas* por não encontrar artistas que a pudessem representar". Deve ter sido, portanto, entre 2 e 18 de fevereiro que ocorreu o incidente que levou ao cancelamento da peça. Ao ouvir o tradutor ler a peça, o ator português Francisco Teixeira da Silva Pereira,* que seria um dos intérpretes do clássico raciniano, gracejou: "Mas todos os personagens desta peça são gagos?". A leitura foi suspensa, a apresentação da peça cancelada. Mais tarde, Machado teria rasgado o texto. Sobre a qualidade da tradução restaram alguns testemunhos. Artur Azevedo,* para quem Machado leu-a no todo ou em parte, classificou-a de "primorosa tradução inédita, em versos alexandrinos". Idêntica opinião teve Tralgabadas (pseudônimo de Joaquim Serra,* na *Gazeta de Notícias*, 21 de janeiro de 1877), que alude aos "lindíssimos versos" machadianos.

Deputado Em sua mocidade, Machado parece ter tido veleidades políticas. Em 12 de abril de 1866, a seção "Jornal de Confúcio", da *Opinião Liberal*, anunciou a sua candidatura a deputado geral, pelo 2º distrito de Minas Gerais, província então governada por seu amigo Saldanha Marinho.* O jornal *O Pandokeu** chegou a publicar uma caricatura de primeira página, na qual Machado, Quintino Bocaiuva* e Henrique César Muzzio* aparecem como candidatos. Duas semanas depois, Confúcio contava que "soube à última hora que o Sr. Machado de Assis retira a sua candidatura", que, em realidade, nem chegara a ser oficializada.

Derby, Orville (O. Adalbert D.) Geólogo norte-americano (1854 – Rio de Janeiro, RJ, 1915), residente no Brasil, foi colega de Machado no grupo de sete alunos que se reuniram para estudar alemão* com Carlos Jansen.*

Derradeira injúria (A) Poema em catorze sonetos, em louvor do marquês de Pombal. Publicado pela primeira vez no volume comemorativo da morte de *O marquês de Pombal*, organizado pelo Clube de Regatas Guanabarense, do Rio de Janeiro, e impresso em Lisboa, pela Imprensa Nacional, em 1885, com a assinatura Machado de Assis.* Incluído em *Outras relíquias** e, posteriormente, na edição das *Poesias completas*,* do editor W. M. Jackson.*

Desculpas Poema escrito no álbum* de Adelaide Moraes Amoedo,* esposa de Rodolfo Amoedo, publicado por Coelho Neto* na seção "Correio Fluminense" de *O Comércio de São Paulo*,* em 22 de julho de 1894. Foi redescoberto pelo pesquisador Felipe Rissato e apresentado na *Revista Brasileira*, da Academia Brasileira de Letras, nº 87, abril-maio-junho de 2016.

Desejada das gentes (A) Conto incluído nas *Várias histórias*.* Primeira publicação na *Gazeta de Notícias*,* de 15 de julho de 1886, com a assinatura Machado de Assis.*

Desencantos Fantasia dramática em dois atos, editada por Paula Brito,* em 1861. O livro, com 70 pp., dedicado a Quintino Bocaiuva,* começou a ser vendido em setembro, custando 1 mil réis. Nos anúncios de jornal era chamado de *Os Desencantos*. A pequena peça machadiana recebeu duas críticas, a primeira, assinada por Adolphe Hubert,* saiu em francês, no *Courrier du Brésil*,* de 15 de setembro de 1861, e a segunda, sem assinatura, em *A Saudade*,* na mesma data. Em 1862, o Ateneu Dramático* planejou encenar os *Desencantos*, mas sem

Folha de rosto da 1ª edição

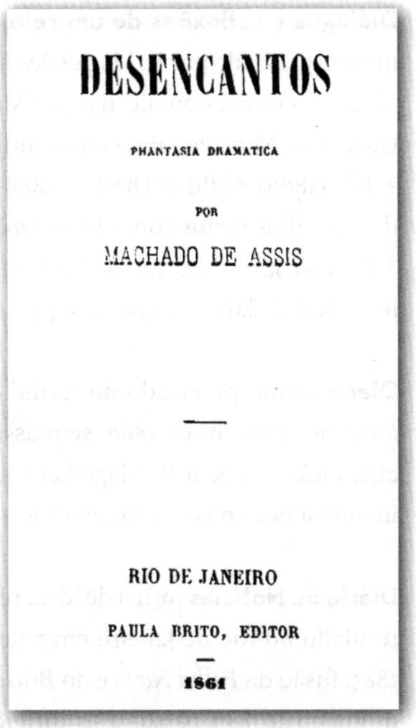
DESENCANTOS

PHANTASIA DRAMATICA

POR

MACHADO DE ASSIS

RIO DE JANEIRO

PAULA BRITO, EDITOR

1861

levar a ideia avante. Quando Mário de Alencar reuniu o *Teatro** de Machado, em 1910, o livrinho já era tão raro que não se achou nenhum exemplar. *Desencantos* foi o primeiro trabalho de Machado traduzido. Na sua crítica, acima citada, Hubert verteu para o francês toda a cena VII, do segundo ato, frisando que ali Machado soube falar ao mesmo tempo ao coração e ao espírito.

Desenhos a carvão (Um autômato) Vide "Cham".

Desfecho (O) Soneto incluído nas *Ocidentais*,* cuja primeira publicação foi na *Revista Brasileira*,* de 15 de janeiro de 1880, com a assinatura Machado de Assis.*

Destinado (O) Conto publicado em *A Estação*,* de 30 de abril de 1883, com a assinatura Machado de Assis.* Incorporado ao 2º volume das *Relíquias de casa velha*.*

"Deu-me flores a musa da cena" Primeiro verso de um poema sem título, declamado por Gabriela da Cunha* no Teatro São João, em São Paulo, no dia 6 de novembro de 1864. A peça foi reproduzida pelo *Correio Paulistano*,* do dia 8, que havia solicitado uma cópia à atriz. A poesia foi transcrita no artigo "Machado de Assis em São Paulo", de Vicente de Paulo Vicente de Azevedo, publicado em *O Estado de S. Paulo*, de 12 de junho de 1965, e em *Vida e obra de Machado de Assis*, vol. I, de R. Magalhães Júnior.

Deus em ti Poesia publicada em *A Marmota*,* de 25 de dezembro de 1857, assinada Machado d'Assis.* *Dispersos*.*

Deuses da Grécia (Os) Poesia incluída em *Falenas*.* Tradução de um poema de Schiller.* Em nota apensa ao final do volume, Machado esclarece ter utilizado uma tradução francesa em prosa, que José Galante de Sousa identificou como sendo a de Ad. Régnier. Não foi incluída nas *Poesias completas*.*

Deuses de casaca (Os) Escrita em 1864, para ser encenada nos saraus literários realizados em casa dos irmãos Joaquim* e Manoel de Melo,* na rua da Quitanda, nº 6, a peça não foi representada na ocasião, devido a um desastre público. Corrigida e aumentada, foi levada à cena pela primeira vez a 28 de dezembro de 1865, no terceiro sarau da Arcádia Fluminense.* A encenação coube a um grupo de amadores. O fato de haver apenas personagens masculinos na comédia era uma exigência para ser encenada em casa dos Melo. *Os deuses de casaca* saiu em livro em janeiro de 1866, dedicado a José Feliciano de Castilho* e impresso na tipografia do Imperial Instituto Artístico, no largo de S. Francisco de Paula, nº

16, tendo 59 páginas. Era vendida a 1 mil réis. A repercussão foi quase nula. Saíram apenas duas notas breves na imprensa carioca, na *Revista Mensal da Sociedade Ensaios Literários,** de 1º de janeiro de 1866, assinada por F. T. Leitão (Feliciano Teixeira Leitão*), e na *Semana Ilustrada,** no dia 7 do mesmo mês e ano, firmada por Vercigentorix, pseudônimo de Vitorino de Barros.* A quase consagração veio com a extensa análise de Pinheiro Chagas,* publicada no *Anuário do Arquivo Pitoresco*, de Lisboa, de março de 1866. Félix Ferreira* inspirou-se na peça machadiana para escrever a comédia *As deusas de balão*.

Dez de junho Polianteia publicada pela Sociedade de Socorros Mútuos Luiz de Camões, do Rio de Janeiro, no dia 10 de julho de 1903, comemorativa dos 323 anos da morte do poeta português. Machado colaborou com a frase "Digamos com Dante: *O degli altri poeta onore e lume!*", assinada Machado de Assis. A descoberta é de Felipe Rissato.

Dia de entrudo (Um) Conto publicado no *Jornal das Famílias,** de junho, julho e agosto de 1874, com o pseudônimo de Lara.* Incluído nos *Contos avulsos*.

Dia dous de dezembro de 1862 (O) Artigo publicado na *Semana Ilustrada,** de 7 de dezembro de 1862, com a assinatura M.* *Dispersos.**

Diálogo de burros Crônica da série *A Semana,** publicada na *Gazeta de Notícias,** de 16 de outubro de 1892. O título foi incorporado no volume dedicado a Machado da publicação *Estante Clássica da Revista de Língua Portuguesa* (1921). Incluído no volume *A Semana.**

Diálogos e reflexões de um relojoeiro Volume organizado por R. Magalhães Júnior, reunindo as crônicas publicadas por Machado na *Gazeta de Notícias,** nas seções intituladas "A + B"* (1886) e "Bons Dias!"* (1888-89), além de mais dois textos sobre *Joaquim Serra** e *A Paixão de Jesus.** Edição da Civilização Brasileira, Rio de Janeiro, 1956, 279 pp.

Diana Conto publicado no *Jornal das Famílias,** de fevereiro de 1866, sem assinatura. A atribuição coube a R. Magalhães Júnior, que incluiu a peça nos *Contos avulsos.**

Diário de Notícias Jornal de ideal republicano fundado no Rio de Janeiro em 7 de junho de 1885, fusão da *Folha Nova* e do *Brasil*. A partir de março de 1889, passou a ser dirigido por Rui Barbosa.* Circulou até 1895. Machado colaborou na edição de 7 de setembro de 1885, com algumas palavras em homenagem à data da Independência, e em 1º de abril de 1887 com o "Soneto. A Ferreira de Araújo",* datado de 25 de março de 1887, assinado Machado d'Assis.*

Diário de S. Paulo Fundado em 1865, na capital paulista, por Pedro Taques de Almeida Alvim, Delfino Pinheiro de Ulhoa Cintra Júnior e Henrique Schroeder, funcionou até 1878. Através de carta datada de 18 de setembro de 1866, Ferreira de Menezes* convida Machado a colaborar no jornal, como correspondente na Corte: "A Empresa aceita a tua cooperação e nada objetou sobre a questão dinheirosa e nem tinha que objetar. Foste modesto como sempre. Por este correio receberás a carta e as cláusulas do negócio. Estás correspondente". Machado dirige-se ao amigo, inseguro quanto ao tom que devia adotar. Menezes responde em carta de 29 de setembro: "Recebi uma carta tua na qual me falas do negócio do *Diário de*

São Paulo. Acho que deves guardar imparcialidade e não teres nenhuma cor política na tua correspondência. É o melhor, e é o que falei com o Cândido Silva proprietário. Quanto ao anônimo, fica isso à tua discrição". Machado, porém, acabou desistindo da colaboração.

Diário do Rio de Janeiro Jornal comercial e literário, fundado no Rio de Janeiro pelo português Zeferino Vito de Meireles. Era conhecido como o "diário da manteiga", por publicar o preço desse produto, e como "diário do vintém", pelo preço de venda. Começou a circular em 1º de junho de 1821. Nessa primeira fase, que vai até 1859, quando suspendeu a publicação, o *Diário* teve a colaboração de nomes brilhantes, como o de José de Alencar, que ali trabalhou de 1855 a 1858. Foi neste período que saiu a primeira colaboração de Machado, o poema "A Madame Arsène Charton Demeur",* publicado em 7 de fevereiro de 1856. Quando o *Diário* ressurgiu, em 25 de março de 1860, era um novo jornal, defendendo ideias progressistas, bem redigido, combativo, com excelente impressão. Dirigido por Joaquim Saldanha Marinho* e tendo Quintino Bocaiuva* como redator-chefe, contava com um corpo de colaboradores de alto nível. Machado ingressou no jornal nesta fase, a convite de Quintino, profissionalizando-se como jornalista, a princípio repórter* e, logo em seguida, redator* e cronista.* Além do trabalho cotidiano na redação, redigiu diversas seções: a "Revista Dramática",* de crítica teatral, publicada apenas três vezes, nos dias 29 de março e 13 de abril de 1860 e 24 de julho de 1861, as duas primeiras assinadas M. de A.* e a última Machado de Assis;* os "Comentários da Semana",* crônicas publicadas nos dias 12, 18, 26 de outubro, 1º, 10, 21, 25 de novembro, 1º, 11, 16, 24, 29 de dezembro de 1861, 7, 14, 26 de janeiro, 24 de março,

Prédio onde funcionava, em 1868, o *Diário do Rio de Janeiro*, na rua do Ouvidor, 97

1º de abril, 5 de maio de 1862, firmadas com o pseudônimo Gil;* as "Conversas Hebdomadárias",* crítica literária assinada com as iniciais M.A.,* publicadas em 24 de agosto e 1º de setembro de 1863; as crônicas de "Ao Acaso",* série em que foram publicados 42 folhetins, assinados M.A., nos dias 5, 12, 20, 25-26 de junho, 3, 10, 17, 25 de julho, 1º, 7, 14, 22, 28 de agosto, 5, 11, 19, 27 de setembro, 3, 10, 17, 24 de outubro, 1º, 8, 14, 22, 29 de novembro de 1864, 3, 10, 24, 31 de janeiro, 7, 21, 28 de fevereiro, 7, 15, 21, 28 de março, 4, 11, 15 de abril, 2, 16 de maio de 1865; a "Semana Literária",* de crítica literária, na qual saíram trinta trabalhos, publicados sem assinatura, nos dias 9, 16, 23, 30 de janeiro, 6, 13, 20, 27 de fevereiro, 6, 13 de março, 20, 27 de março, 3, 10, 17, 24, 31 de julho de 1866, as dez primeiras firmadas Machado de Assis,* as demais anônimas; as "Cartas fluminenses",* assinadas com o pseudônimo de

Job,* das quais saíram apenas duas, em 5 e 12 de março de 1867. No final de 1865, Saldanha Marinho deixou a direção do jornal para assumir a presidência de Minas Gerais.* Ao embarcar para Ouro Preto, provocou um desfalque sensível no *Diário*, levando como seu secretário particular Henrique César Muzzio,* o redator mais experiente da folha. A partir daí, o jornal começou a decair. A direção passou para Quintino Bocaiuva,* e Machado ficou como único redator. As dificuldades desenvolveram a inventiva. Para encher todo o jornal, criou um expediente: adquiria todos os jornais portugueses que podia, recortava os artigos, aos quais dava novos títulos e guardava-os numa cesta. No meio da noite, quando a oficina reclamava a falta de tantas colunas, ele escolhia um dos recortes, no tamanho certo, e passava-o ao paginador. A operação repetia-se tantas vezes quanto necessário. Mal remunerado e recebendo de maneira cada vez mais irregular, Machado buscou novas alternativas profissionais. Desde dezembro de 1860, trabalhava também como redator da *Semana Ilustrada** e, a partir de 1864, começa a escrever contos para o *Jornal das Famílias*.* No início de 1867, a propriedade do *Diário* passou para Sebastião Gomes da Silva Belfort.* No dia 9 de abril, Machado desligou-se do jornal. Uma semana depois, no dia 16, o *Diário* publicou uma nota, redigida por Quintino Bocaiuva, lamentando a saída de Machado e um soneto de adeus, assinado por Dr. Bristol,* pseudônimo não identificado. Machado continuou escrevendo no jornal, como colaborador. Em 1º de maio de 1868, publicou uma carta em resposta a José de Alencar,* que lhe apresentara Castro Alves.* Em julho de 1869, sob o pseudônimo de Platão,* iniciou uma série de artigos de crítica a Adelaide Ristori.* Foi a sua última colaboração no velho jornal, que parou de circular no início de 1878. Em crônica publicada na *Ilustração Brasileira*,* de fevereiro daquele ano, Machado homenageou a publicação em que deixara parte de sua juventude, mas onde também tanto aprendera. "Não me lembro sem saudades desse velho lidador", escreveu. Resumindo a imensa importância do *Diário* para a sua formação intelectual, observa Lúcia Miguel Pereira: "Convidando-o para lá, tirou-o Quintino Bocaiuva do amadorismo das revistas literárias; pô-lo na obrigação de enfrentar o grande público, de dar a sua opinião sobre os assuntos do dia, fê-lo refletir, pensar. A disciplina da colaboração frequente, a sensação do contato com leitores de toda a natureza amadureceram rapidamente este rapaz de 21 anos". Entre 1856 e 1869, Machado colaborou 185 vezes no *Diário*. Além das seções de crônicas citadas, publicou os seguintes poemas, críticas, traduções e artigos: "À Madame Arsène Charton Demeur", poesia, 7 de fevereiro de 1856; "Maria Duplessis",* poesia traduzida, 15 de abril de 1860; "Sobre a morte de Ludovina Moutinho",* poesia, 17 de junho de 1861; "Ao redator dos *Ecos marítimos*",* carta, 8 de fevereiro de 1862; "Flores e frutos",* crítica, 30 de junho de 1862; "As Revelações",* crítica, 30 de março de 1863; "Peregrinação pela Província de São Paulo",* crítica, 16 de novembro de 1863; "Versos a Corina", poesia, 16 e 21 de abril de 1864; "Versos a Ema",* tradução, 6 de abril de 1865; "A cólera do Império",* poesia, 17 de maio de 1865; "Cenas do interior",* crítica, 24 de junho de 1865; "Os primeiros amores de Bocage",* crítica, 15 de agosto de 1865; "Um livro de versos",* crítica, 31 de agosto de 1865; "Suplício de uma mulher",* 28 de setembro e 3 de outubro de 1865; "Correio da Corte",* artigo, 17 de fevereiro de 1866; "Os polacos exilados",* artigo, 22 de fevereiro de 1866; "Vitor Hugo",* artigo, 15 de março de 1866; "Poesia"

– apresentação, 17 de outubro de 1866; editorial* sem título, 5 de dezembro de 1866; "Aerólitos",* 22 de fevereiro de 1867; "A S. Ex.ª o Sr. conselheiro José de Alencar", crítica, 1º de março de 1868; "Um poeta",* crítica, 24 de abril de 1868; "Adelaide Ristori", crítica teatral, 2, 10, 15, 18, 30 de julho de 1869. A tradução de *Os trabalhadores do mar** saiu nos dias 15, 16, 17, 18, 20, 21, 23, 24, 25, 27, 28, 29, 30 de março de 1866; 1º, 3, 4, 6, 8, 11, 13, 15 de abril, 22, 23, 24, 27, 29, 30 de junho, 1º, 7, 10, 11, 12, 13, 15,20, 24, 25, 26, 29 de julho. O *Diário do Rio de Janeiro* editou o terceiro livro de Machado, o *Teatro*, em 1863.

Diário Oficial do Império do Brasil Machado trabalhou no D.O. durante quase sete anos. No dia 7 de abril de 1867, foi nomeado para o cargo de ajudante do diretor de publicação, em portaria assinada pelo senador Zacarias de Góes e Vasconcelos,* ministro da Fazenda e presidente do gabinete em exercício. O cargo foi obtido por intercessão de Afonso Celso de Assis Figueiredo,* conforme se comprova em carta de Machado a Quintino Bocaiuva, datada de 29 de outubro de 1866. Foi uma pequena revolução na vida de Machado, que pôde se desligar do *Diário do Rio de Janeiro,** entregando-se a uma atividade bem menos desgastante. Permaneceu no *Diário Oficial* até 7 de janeiro de 1874, quando assumiu o novo emprego na Secretaria de Estado da Agricultura, Comércio e Obras Públicas.* Antes de se tornar funcionário do D.O., publicou ali a parte VI dos "Versos a Corina",* incluída na seção "Correspondência sobre Novidades Úteis", redigida por Júlio de Castilho,* em 18 de setembro de 1864. O *Diário Oficial do Império do Brasil* surgiu em 1º de outubro de 1862. O nome perdurou até a proclamação da República, quando passou a se denominar "da República Federativa Brasileira".

Gonçalves Dias

Dias, Gonçalves (Antonio G. D.) Filho de um português e de uma mestiça de índio e negro, nasceu em Caxias, MA, em 1823. Bacharel em direito pela Universidade de Coimbra, regressou ao Brasil em 1846. Nesse ano publicou seu livro de estreia, os *Primeiros cantos*. Introdutor do indianismo na literatura brasileira, poeta lírico e épico, autor de peças teatrais e de estudos linguísticos, retornou à Europa por mais duas vezes e viajou pelo norte e nordeste do Brasil, a serviço do governo. Machado, que desde os 10 anos sabia de cor a "Canção do exílio", tinha profunda admiração pelo poeta, a quem viu apenas duas vezes. Uma, na rua, de relance, "não sentindo mais que o passo rápido de um homenzinho pequenino" (*A Semana*, 13 de agosto de 1893). A outra foi na redação do *Diário do Rio de Janeiro*.* "Fiquei a olhar pasmado, com todas as minhas sensações e entusiasmos da adolescência". Em ambas as crônicas em que narra tais fatos o cronista afirma que aquela foi a primeira vez que viu o poeta. Traições da memória. O entusiasmo nunca o traiu, nas inúmeras oportunidades em que escreveu sobre o poeta. A primeira foi quando Dias regressava ao Rio de Janeiro de uma excursão pela Amazônia. Machado saudou-o, reconhecendo nele uma das "glórias mais legítimas e mais brilhantes" do Brasil (*Diário do Rio de Janeiro*,* 11 de novembro de 1861). Dois anos depois, preocupado com as notícias sobre a saúde precária do "grande cantor nacional" (*O Futuro*, 1º de junho de 1863), torce por seu pronto restabelecimento. A morte inesperada do poeta, em naufrágio nas costas do Maranhão, quando regressava do Velho Mundo (3 de novembro de 1864), pegou a todos de surpresa. Machado chama-o de "o mais brilhante cultor da poesia no Brasil", "o seu mais prezado filho, aquele que de mais louçanias a cobriu", e para definir a tragédia encontra uma imagem de gosto acentuadamente romântico: "Morreu no mar – túmulo imenso para o seu talento" (*Diário do Rio de Janeiro*, 29 de novembro de 1864). A admiração continuou com a mesma intensidade, em prosa ou em verso, como no poema "A Gonçalves Dias",* incluído nas *Americanas*.* Em 1884, por ocasião dos vinte anos da morte do poeta, homenageia-o com o artigo intitulado "3 de Novembro",* publicado no jornal *O Poeta*.* Por essa época, parodiou a célebre "Canção do exílio", em uma de suas "Balas de Estalo"* (5 de setembro de 1884), na qual satirizava a Câmara dos Deputados. Já nas portas da velhice, não se esquecia de glorificar o poeta, sempre que a ocasião se apresentasse. Em 1894, a propósito das trapalhadas de uns intendentes com uns discutíveis títulos públicos maranhenses, ele lembra que a data, 10 de agosto, era a do aniversário de nascimento do poeta. E conclui: "Não sei se existem intendentes, mas os *Timbiras* existem" (*A Semana*, 12 de agosto de 1894). O último preito de admiração foi público, em discurso pronunciado em 2 de junho de 1901, na solenidade de inauguração do busto do Gonçalves Dias, no Passeio Público, no Rio de Janeiro. O orador lembra que aquela canção do exílio do poeta "ensinou aos ouvidos da antiga mãe-pátria uma lição nova da língua de Camões". A homenagem saldava uma velha dívida e honrava o Rio de Janeiro: "A veneração dos seus grandes homens é uma virtude das cidades".

Dicionário (O) Conto que figura nas *Páginas recolhidas*.* Primeira publicação na *Gazeta de Notícias*,* de 1º de março de 1885, com o título de "O dicionário" e a assinatura Machado de Assis.*

Dicionário Marítimo Brasileiro Em abril de 1872, Machado foi designado membro da comissão do *Dicionário Marítimo Brasileiro*, recebendo 50 mil réis mensais. Substituía Henrique César Muzzio,* que se afastara da função por questões de saúde. Sua permanência na comissão foi curta, sendo substituído, em 1873, por Daniel Artur Horta O'Leary. O *Dicionário* só saiu em 1877, com os seguintes dizeres na folha de rosto: "Organizado por uma comissão nomeada pelo Governo Imperial, sendo ministro da Marinha o Conselheiro Afonso Celso de Assis Figueiredo,* sob a direção do barão de Angra – Rio de Janeiro – Tipografia e Litografia do Imperial Instituto Artístico – 1877". O prefácio da obra refere-se a Machado e a todos os demais que trabalharam em sua elaboração.

Dicionários (Os) Vide "*O Dicionário*".

Dickens, Charles Romancista inglês (1812-1870), cuja obra realista, de preocupações sociais, é atenuada pelo humor e o tom patético, em defesa dos oprimidos, sobretudo das crianças. Principais obras: *David Copperfield*, *As aventuras de Mr. Pickwick*, *Oliver Twist*, que Machado traduziu com o título de *Oliveiro Twist*.*

Diderot – Jornal comemorativo do 1º Centenário do grande enciclopedista, consagrado

à memória do escritor francês Com esse título, o Centro Literário e Científico José de Alencar, do Rio de Janeiro, publicou em 29 de julho de 1884 um número único, com a colaboração de 21 intelectuais. Machado figura com o seguinte texto: "Creio que podemos achar todo o século XVIII neste contraste da vida de um homem./ Rapaz e obscuro pisava as ruas de Paris, mostrando as meias pretas remendadas com linhas brancas./ Trinta anos depois era hóspede da grande Catarina./ No intervalo, um turbilhão de filosofia, de crítica, de novelas, de autos, de contos, de cartas e a Enciclopédia por cima./ Esse homem era Diderot, filho de um cuteleiro". Descoberta de Jean-Michel Massa, que a transcreveu em artigo publicado no nº 19, de maio de 1974, da revista *Colóquio-Letras*, de Portugal.

Dilúvio (O) Poesia que figura nas *Crisálidas*.* Antes da publicação em livro, foi recitada por Gabriela da Cunha* no Teatro São Januário,* em 1º de setembro de 1863, na festa inaugural da empresa dramática dos atores Lopes Cardoso,* Martins e João Caetano Ribeiro. O poema machadiano foi declamado antes da apresentação de um quadro vivo, intitulado *O dilúvio universal*.

Diplomático (O) Conto incluído nas *Várias histórias*.* Publicado pela primeira vez na *Gazeta de Notícias*,* de 29 de outubro de 1884, com a assinatura M. de Assis.*

Diniz, João (J. Cardoso D. Junior) Nascido em 1847, em Portugal, tipógrafo de profissão, Diniz foi funcionário da Livraria Internacional de Ernesto Chardron,* editor de Eça de Queirós.* O autor de *Os Maias* escreveu o prefácio para o seu livro de poemas, intitulado *Aquarelas* (1889). Em *Tesouro do trovador: Seleção de canções e recitativos* (1878), Diniz incluiu um poema de Machado.

Diretor Machado foi nomeado diretor da Diretoria de Comércio da Secretaria de Agricultura, Comércio e Obras Públicas* por meio do decreto de 30 de março de 1889, assinado pelo ministro Rodrigo Silva.* A nomeação mudou-lhe a vida, em termos econômicos, passando a ganhar 8 contos anuais, um salário que poucas pessoas recebiam no país. Com a reforma administrativa de 1893, quando a secretaria se tornou da Indústria, Viação e Obras Públicas,* passou a diretor-geral da Viação. Perdeu o posto, em 1898, por ato administrativo do ministro Sebastião de Lacerda, que o colocou em disponibilidade. Só foi reconduzido ao cargo, quatro anos depois, pelo ministro Lauro Muller,* que o nomeou diretor-geral de contabilidade do Ministério da Indústria, Viação e Obras Publicas,* em 18 de dezembro de 1902, uma espécie de renascimento em sua longa vida burocrática.

Discurso do Sr. Machado de Assis, Presidente, na sessão de encerramento, de 7 de dezembro de 1897 Título dado ao referido discurso pelo *Boletim da Academia Brasileira de Letras** (nº 2, maio de 1901).

Discursos Vide verbete "Orador".

Dispersos Volume coligido e anotado por Jean-Michel Massa, reunindo 150 escritos, em prosa e verso de Machado, inéditos em livro. Edição do Ministério da Educação e Cultura/ Instituto Nacional do Livro, Rio de Janeiro, 1965, 571 pp.

Dístico (Um) Conto publicado em *A Quinzena*,* de Vassouras,* de 1º de junho de 1886, com a assinatura Machado de Assis.* Recolhido aos *Contos sem data.**

Dívida extinta Conto publicado no *Jornal das Famílias,** de novembro e dezembro de 1878, com a assinatura Machado de Assis.* Incluído no segundo volume dos *Contos fluminenses.**

Divina comédia (A) Poema de Dante Alighieri* dividido em três partes – *Inferno, Purgatório, Paraíso* –, a primeira formada por 34 cantos e as outras duas por 33. Escrito entre 1310 e 1314, apresenta uma visão épica do mundo espiritual, apoiado num conhecimento profundo da ciência e do pensamento medieval. Machado escreveu uma paródia ao *Inferno*, publicada em 12 de julho de 1874, na *Semana Ilustrada,** com o pseudônimo de Dr. Semana.* Intitulava-se "Canto suplementar ao poema de Dante pelo Dr. Semana".* Nesse mesmo ano, em *O Globo,**de 25 de dezembro, publicou a tradução do canto XXV do *Inferno*.

Dolores, Carmen Pseudônimo de Emília Moncorvo Bandeira de Melo. Nasceu no Rio de Janeiro, em 1852, e faleceu na mesma cidade, em 1910. Romancista, cronista, contista. Após a morte de Machado, Carmen publicou em *O País* (4 de outubro de 1908) uma crônica bastante suspeita, na qual conta ter sido frequentadora assídua dos concertos realizados no Clube Beethoven,* onde sempre via Machado. Apresentada a ele por Taunay, tornaram-se os dois "grandes camaradas" e, sempre que se encontravam na rua do Ouvidor, "conversávamos junto a alguma vitrina, largas horas".

Dom Casmurro Um dos quatro romances de Machado que não foram antes publicados na imprensa. Editado em 1899, por H. Garnier,* impresso em Paris, não chegou ao Brasil no

Capitu. Quadro de Rocha Ferreira

prazo previsto. Em carta a Hippollyte Garnier, de 19 de dezembro de 1899, Machado dizia aguardar o livro na data combinada. Em resposta datada de 12 de janeiro de 1900, o editor admitia o atraso de um mês e contava que os pedidos já haviam esgotado a tiragem de 2 mil exemplares, pensando-se numa segunda edição. Quando o livro achava-se nas oficinas parisienses, foi consultado por Graça Aranha* e Joaquim Nabuco,* que fizeram uma brincadeira com Machado. Graça escreveu-lhe uma carta, na qual contava que havia conhecido uma grega descrita com as palavras usadas por Machado em relação a Capitu ("oblíqua e dissimulada", "olhos de ressaca"). Em seguida, narrava a história de *Dom Casmurro*, fingindo reproduzir a narrativa que lhe fizera um "polaco extravagante". Machado aborreceu-se e ficou cerca de um ano sem escrever ao amigo. Nabuco admitiu a história quando, ao receber o livro, respondeu ao autor que já o "tinha sorvido na fonte" (carta a Machado, de 12 de junho de 1900). Os primeiros exemplares do romance só chegaram ao Brasil em fevereiro de 1900. "Foi surpresa para toda a gente", escreveu Machado a Magalhães de Azeredo* (carta de 19 de março de 1900). Foi por certo o romance mais trabalhado de Machado. *A República,** de

Capitu, em desenho de Santa Rosa

15 de novembro de 1896, publicou com o título de "Um agregado"* e o subtítulo de "Capítulo de um livro inédito" um esboço do que seriam os capítulos III, IV e V do *Dom Casmurro*. Antes, em carta a Magalhães de Azeredo, datada de 26 de maio de 1895, Machado contava trabalhar num livro, "ainda um romance", cujo título definitivo não escolhera: "já lhe pus três e eliminei-os". Em 9 de setembro de 1898, em nova carta ao amigo, confessava estar "acabando um livro em que trabalho há tempos bastantes". Para a sua conclusão, foi decisiva a disponibilidade forçada a que lhe obrigou um decreto do ministro Sebastião de Lacerda.* Ficando em casa, o escritor acabou acelerando a conclusão da obra. *Dom Casmurro* mereceu as seguintes referências e críticas na imprensa: Artur Azevedo,* *O País*, 18 de março de 1900; José Veríssimo,* *Jornal do Commercio*,* 19 de março de 1900; Elói, o Herói (Artur Azevedo), *A Estação*,* 31 de março de 1900; J. dos Santos (Medeiros e Albuquerque*), *A Notícia*, 24 e 25 de março de 1900. Em meados de 1900, foi lançada a segunda edição. Depois das *Memórias póstumas de Brás Cubas*,* o *Dom Casmurro** é o livro mais traduzido de Machado, e a bibliografia a respeito imensa. Durante muito tempo, ninguém teve dúvida da culpabilidade de Capitu. A partir do estudo *The Brazilian Othelo*, de Helen Caldwell, e de *O enigma de Capitu*, de Eugênio Gomes, essa visão modificou-se. Capitu seria culpada ou inocente, vítima do ciúme doentio de Bentinho? A bem da verdade, deve-se assinalar que o primeiro a duvidar da versão dos fatos oferecida por Bentinho foi José Veríssimo* (*Jornal do Commercio*, 19 de março de 1900), que considerou o seu depoimento "suspeito". Mas o primeiro a aprofundar o problema da inocência ou culpabilidade de Capitu foi um crítico brasileiro, ignorado hoje em dia, F. de Paula Azzi, no artigo "Capitu, o enigma de *D. Casmurro*", publicado no *Correio da Manhã*, em 29 de julho de 1939 e reproduzido em *Mensagem*, de 15 de dezembro do mesmo ano, com ligeiras alterações e o título trocado para "O eterno enigma de Capitu". Alguns críticos contemporâneos consideram o problema irrelevante, mas o fato é que a dúvida quanto à fidelidade de Capitu se transformou em um notável argumento para a divulgação da obra, provocando fatos inéditos, como o júri organizado pela *Folha de S. Paulo* para julgar a personagem e seu marido, Bentinho. O julgamento foi realizado a 21 de junho de 1999, presidido por um ministro do Supremo Tribunal Federal, e a presença de advogados, historiadores, escritores e um público apaixonado, que concluiu pela inocência de Capitu.

Dom Quixote Revista fundada e dirigida por Ângelo Agostini,* circulou de 1895 a 1903. No número de 26 de outubro de 1895, publicou artigo sobre *Várias histórias*,* intitulado "Vinte quatro contos", assinado por Leo, pseudônimo não identificado.

Dormir no campo Poesia publicada na *Marmota Fluminense,** de 21 de fevereiro de 1856, com a assinatura J. M. M. d'Assis.* *Dispersos.**

Dória, Franklin (F. Américo de Menezes D.) Natural de Itaparica, BA, 1836, diplomado em direito. Poeta, crítico, orador, era homem de influência social, membro do conselho do imperador, que o enobreceu com o título de barão de Loreto. Presidiu as províncias do Maranhão, Piauí e Pernambuco, foi ministro de Estado. A amizade com Machado data da década de 1870. Machado referiu-se ao seu opúsculo, contendo discursos proferidos na Câmara dos Deputados, elogiando os referentes à instrução pública (*Ilustração Brasileira,** 15 de novembro de 1877). Em 1878, Dória candidatou-se à cadeira de Retórica, Poética e Literatura do Imperial Colégio de D. Pedro II. A leitura da tese foi um acontecimento social, que contou com a presença do imperador. Machado foi convidado, mas não se encontrava em estado de sair de casa, devido à moléstia nos olhos. Dória enviou-lhe um exemplar da tese, acompanhado de carta, datada de 17 de novembro, na qual desejava o pronto restabelecimento do amigo. Em carta de resposta, escrita por Carolina,* o doente, sempre gentil, dizia estar afastado do mundo, mas que tal não o tornava "esquecido dos bons amigos". No dia seguinte, 18, nova carta, ainda escrita por Carolina, desculpando-se de não comparecer à cerimônia. No início de 1883, Machado recorreu ao amigo, solicitando-lhe os seus préstimos para a resolução de um assunto pessoal. Foi atendido de imediato, agradecendo por meio de carta. No ano seguinte, Dória escreveu uma carta elogiosa às *Histórias sem data.** Machado respondeu (carta de 22 de agosto de 1884), dizendo folgar "com a aprovação dos bons e dos entendidos, como V. Exa., cuja amizade me honra, e cujo talento admirei sempre". Não exagerava. No jantar oferecido pelos intelectuais cariocas a Luís Guimarães Júnior,* em fevereiro de 1886, Machado ergueu um brinde especial ao amigo. Dória faleceu no Rio de Janeiro, em 1906.

"Do seio da espessura" Verso inicial do poema, sem título, musicado pelo maestro Bezanzoni.* A cantata foi apresentado no Teatro Lírico Fluminense,* no dia 25 de outubro de 1864, por ocasião dos festejos pelo casamento da princesa Isabel* e o conde d'Eu. Publicado na *Semana Ilustrada,** de 30 de outubro de 1864; transcrito em *Ao redor de Machado de Assis*, de R. Magalhães Júnior.

Doumer, Paul Político francês, nascido em 1857. Presidiu o Senado e foi presidente da República a partir de 1931. Em 1º de setembro de 1907, chegou ao Rio, por iniciativa do Itamaraty, dirigido pelo barão do Rio Branco.* Machado, convidado por Tobias Monteiro* para recepcionar o visitante, em sua condição de presidente da Academia Brasileira de Letras,* achava-se no cais Pharoux, quando teve um ataque de epilepsia,* sendo socorrido no local. O lance foi fixado por Augusto Malta* em foto na qual o escritor aparece de costas, sentado em um banco da praça XV, cercado por algumas pessoas. Doumer morreu assassinado em Paris, em 1932.

Dous horizontes (Os) Poema incluído nas *Crisálidas,** dedicado a Manuel Ferreira Guimarães.* Um crítico da época, Feliciano Teixeira Leitão (*Revista Mensal da Sociedade Ensaios Literários,** 5 de junho de 1866) considerava essa poesia "a mais primorosa composição existente nas *Crisálidas*". O autor não pensava assim e não a aproveitou nas *Poesias completas*.*

Dous livros Crítica a *Noturnos* e a *Curvas e Zig-Zags*, ambos de Luís Guimarães Júnior,* publicada na *Semana Ilustrada*,* de 14 de abril de 1872, com a assinatura M.* *Dispersos*.*

Dr. Bristol Pseudônimo não identificado, assinou um artigo e um soneto (paródia da "Alma minha gentil", de Camões*) no *Diário do Rio de Janeiro** (16 de abril de 1867), lamentando a saída de Machado daquele jornal, para ingressar no *Diário Oficial*.* R. Magalhães Júnior acreditava que o autor pudesse ser Salvador de Mendonça,* na época colaborador assíduo do *Diário do Rio*.

Dr. Fausto Pseudônimo de Fausto de Sousa* utilizado na seção "Revista Bibliográfica" da *Semana Ilustrada*,* nos números de 19 e 26 de maio de 1872, nos quais analisou o romance *Ressurreição*.*

Dr. Semana Pseudônimo coletivo, utilizado por Machado, Pedro Luís,* Aquiles Varejão,* Antonio Félix Martins,* Quintino Bocaiuva* e outros na *Semana Ilustrada*,* entre 1860 e 76. Além de assinar notícias, anedotas e comentários, o Dr. Semana era o titular da seção "Novidades da Semana", mais tarde denominada "Pontos e Vírgulas"* e, por fim, "Badaladas",* não sendo fácil identificar a colaboração de Machado e a dos demais. O editor W. M. Jackson,* no primeiro volume de *Crônicas*,* reuniu 31 textos assinados pelo Dr. Semana, atribuindo-os a Machado. A coleção deve ser consultada com cautela. Há vários trabalhos com data equivocada (o de 14 de fevereiro de 1863 saiu nesse dia e mês, mas de 1864; a data correta do de 11 de setembro de 1863 é 4 de outubro de 1863; o mesmo ocorre com o datado de 12 de maio de 1864, sendo o ano correto 1867) ou sem data ("Carrapatos políticos", publicado em 7 de dezembro de 1862; "Parte forense", publicado a partir de 6 de setembro de 1863; "Circular aos muito ilustres assinantes da 'Semana Ilustrada'", publicado em 13 de dezembro de 1863), outros com título alterado ("Altas questões do crime de entrada em casa alheia" mudado para "Altas questões do crime em casa alheia"; "Circular aos novos deputados" se transformou em "Circular aos nossos deputados"), além de inúmeros erros de revisão. O longo texto intitulado "Preleções de gramática" apresenta apenas as datas de 27 de julho e 28 de setembro de 1862 (esta colocada em local incorreto), quando na realidade foi publicada nos dias 29 de junho, 6, 12, 27 de julho, 10 de agosto, 28 de setembro, 2 e 30 de novembro, 14 de dezembro de 1862. O mesmo editor reuniu outros textos com a assinatura Dr. Semana no terceiro volume das *Crônicas** (vide "Badaladas"*).

D.P.J.A. O primeiro trabalho de Machado publicado na imprensa, no jornalzinho *O Periódico dos Pobres*,* intitulava-se "Soneto",* sendo dedicado a uma misteriosa D.P.J.A. No último verso do poema, revela-se que se tratava de homenagem a certa Petronilha. Dessa forma, temos metade do enigma desvendado: Dona Petronilha. Resta identificar o sobrenome, talvez Assis e parente do poeta, como sugeriu R. Magalhães Júnior.

Dramaturgo Ver "Teatrólogo".

Duarte, Urbano (U. D. de Oliveira) Jornalista, teatrólogo, cronista, nasceu em Lençóis, BA, em 1855. Escreveu algumas peças em parceria com Artur Azevedo e publicou o volume de *Humorismos* (1895), com o pseudônimo de J. Guerra. Não teve muita tolerância com Machado como escritor, tendo criticado com severidade os romances *Iaiá Garcia** (na *Revista da Sociedade Phenix Literária*, maio de 1878) e *Memórias póstumas de Brás Cubas** (*Gazetinha*,* 2 de fevereiro de 1881), embora tenha elogiado o cronista Eleazar* (*Revista* citada, abril de 1878), talvez sem saber que o nome bíblico escondia a Machado. Deixou um retrato meio irreverente de Machado na seção "Tipos e Tipões", da *Gazetinha* (1º de fevereiro de 1882). Na vida literária, os dois conviveram, pelo menos, em algumas ocasiões. Como nos almoços da sociedade gastronômica Panelinha,* de que Duarte foi idealizador. Machado compareceu a três dos quatro banquetes realizados.

Duas juízas Conto publicado em *A Estação*,* de 30 de setembro e 15 de outubro de 1883, com o pseudônimo de Próspero.* Incluído nos *Contos sem data*.*

Dumanoir ou Du-Manoir, Philippe-François Nasceu na ilha de Guadalupe, em 1806. Abandonou os estudos de direito, dedicando-se apenas ao teatro. Foi sobretudo vaudevilista. Escreveu obras em colaboração com Clairville,* Scribe e outros. Faleceu em 1865. Entre suas obras, figuram *La Case de l'Oncle Tom* (1853), *Les Femmes Terribles* (1858) e *Les Bourgeois de Paris* (1850), escrita em parceria com Clairville* e Cordier,* traduzida por Machado com o título de *Os burgueses de Paris*.*

Dumas Filho, Alexandre Nascido em Paris (1824), filho natural de Alexandre Dumas, herdou do pai o talento e a paixão pela literatura. Autor de romances e poemas, estreou no teatro com um dos maiores êxitos do século, *A dama das camélias* (1852). Famoso em todo o mundo, escreveu peças e romances de tese, que tiveram grande repercussão no Brasil, como o romance *L'Affaire Clemenceau*, no qual defende a tese do marido enganado ter o direito de matar a esposa infiel. Machado traduziu-lhe dois poemas: em 1859, "Maria Duplessis",* incluído nas *Crisálidas*,* e, em 1865, "Versos a Ema",* que figura nas *Falenas*.* Nesse mesmo ano, traduziu para a companhia teatral de Furtado Coelho* a peça *Suplício de uma mulher*,* que Dumas Filho escrevera em parceria com Émile de Girardin.* Mas não admirava *A dama das camélias*. Referindo-se à peça, indaga: "Sim, que imagina o leitor que se pode anexar a *A dama das camélias* para lhe trazer um pouco mais de interesse do que lhe deu o autor, se é que lhe deu algum?" ("Balas de Estalo",* 30 de julho de 1884). Quando Dumas morreu, em 1895, Machado escreveu uma crônica na qual a admiração pelo escritor teatral, "grande e original", se junta à nostalgia da mocidade, quando a "cada peça nova de Dumas" que o navio trazia "os rapazes corriam a lê-la, a traduzi-la, a levá-la ao teatro", onde era representada "ante um público atento e entusiasta, que

Alexandre Dumas Filho

a ouvia dez, vinte, trinta vezes" (*A Semana*, 1º de dezembro de 1895).

Duo Pseudônimo não identificado, responsável pela série "Esbocetos a Bico de Pena", da revista *A Semana*.* O segundo artigo, publicado em 19 de março de 1887, foi dedicado a Machado.

Duse, Eleonora (E. D. Cecchi) Atriz italiana (Vigevano, 1859-1924) endeusada como uma das grandes atrizes do século XIX. Em 1885, excursionou pela primeira vez no Brasil. Machado escreveu algumas linhas de louvor à diva no número especial com que *A Semana** a homenageou, em 17 de julho de 1885. Figura em *Poesia e prosa*.*

E

Eça de Queirós A *Gazeta de Notícias,** de 24 de agosto de 1900, prestou uma homenagem a Eça, falecido no dia 16, com a colaboração de diversos escritores e intelectuais brasileiros. Machado participou com uma carta, dirigida a Henrique Chaves,* gerente do jornal, publicada com a assinatura Machado de Assis.* O trabalho foi recolhido em *Outras relíquias,** com o título acima, e, mais tarde, incluído no volume de *Crítica literária.**

Eclesiastes Um dos livros bíblicos, o *Eclesiastes* foi escrito no século III a.C., segundo a maioria dos exegetas. É uma longa e amarga meditação sobre a vaidade de tudo, a fugacidade da vida e a inutilidade do esforço humano. Machado leu-o desde a mocidade e citou-o por diversas vezes. Achava que o livro "tem respostas para tudo" (*A Semana,** 4 de agosto de 1895). Ainda hoje "me consolo no desconsolo do *Eclesiastes*", diz no estudo que consagrou aos *Pensées Détachées et Souvenirs*, de Joaquim Nabuco.* Tinha preferência por determinados trechos, em particular aquele referente à fugacidade das coisas humanas: "Uma geração passa, outra geração lhe sucede, mas a terra permanece firme". "Este versículo do Eclesiastes é uma grande lição da vida, e não digo a maior, porque há mais três ou quatro igualmente grandes" (*A Semana*, 15 de novembro de 1896). Gostava de repeti-lo: "Afinal tudo passa, e só a terra é firme; é um velho estribilho do Eclesiastes, de que os rapazes mofam, com muita razão, pois ninguém é rapaz senão para ler e viver o *Cântico dos Cânticos*, em que tudo é eterno" (*A Semana*, 20 de setembro de 1896). "Há tempo para chorar e tempo para rir" era outro trecho de sua preferência, que lembrou no poema "Antônio José":* "Antonio, a sapiência da Escritura/ clama que há para a humana criatura/ tempo de rir e tempo de chorar/ como há um sol no ocaso, e outro na aurora./ Tu, sangue de Efraim e de Issacar/ pois que já riste, chora".

Eco (O) Poema publicado na seção livre da *Gazeta de Notícias,** de 15 de agosto de 1879, segundo R. Magalhães Júnior. Tratava-se do poema "No espaço",* publicado em 3 de março de 1866, na *Semana Ilustrada,** com o acréscimo de alguns versos e a supressão de outros, reduzindo o total de versos de 95 para 83. O poema não foi localizado na publicação e data citados.

Ecos do passado Primeiro "Álbum de Romances para canto com acompanhamento de piano", por Artur Napoleão.* Constava de seis poemas musicados pelo artista português: "Basta uma vez" e "Agora e sempre", de Gonçalves Dias;* "Se tu me amasses", de Luiz Guimarães Júnior;* "Teu sorriso" e "Miragem", de Rosendo Moniz Barreto;* e finalmente "Lua da estiva noute",* de Machado de Assis. Editado por Narciso Braga, o álbum foi lançado em junho de 1867. Teve segunda edição em 1880.

Editores O primeiro livro de Machado saiu em 1861 e o último no ano de sua morte, 1908. Nesses quarenta e sete anos, o escritor publicou trinta obras (nove romances, sete volumes de contos, quatro de poesia, cinco de teatro, quatro traduções e um relatório), em treze editores:

- Paula Brito* 1861 *Queda que as mulheres têm para os tolos**

- Paula Brito 1861 *Desencantos**
- Diário do Rio de Janeiro* 1863 *Teatro**
- Serafim José Alves* 1864 *Quase ministro**
- B. L. Garnier* 1864 *Crisálidas**
- Imperial Instituto Artístico* 1866 *Os deuses de casaca**
- Tipografia Perseverança* 1866 *Os trabalhadores do mar**
- B. L. Garnier 1870 *Falenas**
- B. L. Garnier 1870 *Contos fluminenses**
- B. L. Garnier 1872 *Ressurreição**
- B. L. Garnier 1873 *Histórias da meia-noite**
- Tipografia Cinco de Março* 1873 *Higiene para uso dos mestres-escolas**
- Gomes de Oliveira & Cia.* 1874 *A mão e a luva**
- B. L. Garnier 1875 *Americanas**
- B. L. Garnier 1876 *Helena**
- A. A. da Cruz Coutinho* 1876 *O anjo da meia-noite**
- G. Viana & Cia. Editores* 1878 *Iaiá Garcia**
- Tipografia Nacional* 1881 *Memórias póstumas de Brás Cubas**
- Lombaerts* 1881 *Tu só, tu, puro amor...**
- Lombaerts 1882 *Papéis avulsos**
- B. L. Garnier 1884 *Histórias sem data**
- Imprensa Nacional* 1886 *Terras**
- B. L. Garnier 1891 *Quincas Borba**
- Laemmert* 1896 *Várias histórias**
- H. Garnier* 1899 *Páginas recolhidas**
- H. Garnier 1899 *Dom Casmurro**
- H. Garnier 1901 *Poesias completas**
- H. Garnier 1904 *Esaú e Jacó**
- H. Garnier 1906 *Relíquias de casa velha**
- H. Garnier 1908 *Memorial de Aires**

Editorial Machado redigiu o editorial sem título, publicado no *Diário do Rio de Janeiro,** em 5 de dezembro de 1866. No Natal de 1903, escreveu para o *Jornal do Commercio** um artigo, não assinado, publicado como editorial. A colaboração foi encomendada por José Carlos Rodrigues,* que pagou 200 mil réis, uma excelente remuneração para a época. Os dois textos encontram-se reproduzidos na parte "Anexos" do presente volume.

Editorialista Como jornalista profissional, faz-tudo na redação, Machado redigiu muitos editoriais no *Diário do Rio de Janeiro.** De autoria comprovada, conhecemos apenas o publicado no dia 5 de dezembro de 1866 e o artigo que figura na parte editorial do *Jornal do Commercio,** no dia de Natal de 1903.

Eduardo Prado Artigo escrito a pedido de Couto de Magalhães Sobrinho* e publicado em *O Comércio de São Paulo,** de 30 de setembro de 1901, com a assinatura Machado de Assis. *Relíquias de casa velha.**

Ego et Alteri Pseudônimo não identificado, responsável pela seção "Indicador Alegre", de *O País*, dedicada a Machado em 25 de agosto de 1890.

Ela Poema publicado na *Marmota Fluminense,** de 12 de janeiro de 1855, com a assinatura Assis,* tendo como epígrafe versos de Francisco Gonçalves Braga.* É o segundo trabalho de Machado a aparecer na imprensa. *Poesia e prosa.**

Eleazar Com esse pseudônimo bíblico, Machado publicou em *O Cruzeiro,** em 1878, os seguintes trabalhos: "O bote de rapé",* 26 de março; *A sonâmbula,** 26 de março; "Um cão de lata ao rabo",* 2 de abril; "O califa de platina",* 2 de abril; "Literatura realista",* 16 e 30 de abril; "Filosofia de um par de botas",* 23 de abril; "Antes da missa",* 7 de maio; "Na arca",* 14 de maio; "O caso Ferrari",* 21 de maio; "Elogio

E

da vaidade",* 28 de maio; a seção "Notas Semanais",* publicada catorze vezes, entre 2 de junho e 1º de setembro. Ao todo, 25 colaborações.

Elegia Vide "Ludovina Moutinho".

Ellis, Alfredo Nascido em São Paulo, em 1850, Ellis formou-se em medicina pela Universidade da Pensilvânia, em 1869. Clinicou durante muitos anos. Com a proclamação da República, ingressou na política, foi deputado federal e senador em oito legislaturas seguidas, de 1903 a 1925, ano de sua morte na capital paulista. Em meados de 1899, escreveu a Machado, solicitando que o escritor permitisse à Sra. Alexandrina Highland* traduzir suas obras para o alemão.*

Elogio da vaidade Conto publicado em *O Cruzeiro*,* de 28 de maio de 1878, com o pseudônimo de Eleazar.* Incluído nas *Páginas recolhidas*,* edição W. M. Jackson.*

Elói, o Herói Pseudônimo de Artur Azevedo.*

Em sonhos Título do poema "Visio",* em sua transcrição no *Jornal das Famílias*,* de outubro de 1869, datada de 1862.

Embalsamamento Assim que Machado morreu, o seu corpo foi embalsamado pelos médicos Afrânio Peixoto* e Alfredo de Andrade,* que utilizaram injeções de formol glicerinado.

Embirração Poema de Faustino Xavier de Novaes,* dedicado a Machado, sendo uma resposta ao poema machadiano "Aspiração".* Ambos saíram em *O Futuro*,* de 1º de outubro de 1862 e foram incluídos nas *Crisálidas*.* No número seguinte de *O Futuro*, de 15 de outubro, Luiz Delfino* publicou outro poema, "O verso alexandrino", inspirado "na embirração do meu amigo o Snr. F. X. de Novaes", sendo a primeira estrofe uma resposta à "poesia 'Aspiração'", do Snr. Machado de Assis".

Empregado público aposentado (O) Crônica publicada na seção "Aquarelas",* que Machado mantinha em *O Espelho*,* em 16 de outubro de 1859, com a assinatura M-as.* Incorporada às *Crônicas*.*

Empréstimo (O) Conto que figura nos *Papéis avulsos*,* com o subtítulo de "Anedota filosófica". Primeira publicação na *Gazeta de Notícias*,* de 30 de julho de 1882, com a assinatura Machado de Assis.*

Encher tempo Conto publicado no *Jornal das Famílias*,* de abril, maio, junho e julho de 1876, com a assinatura Machado de Assis.* Recolhido ao volume de *Histórias românticas*.*

Encilhamento Título incorporado, em algumas publicações, à crônica de *A Semana*,* de 18 de dezembro de 1892. A sugestão do título encontra-se no "Sumário das Crônicas" do volume *A Semana*,* coligido e prefaciado por Mário de Alencar.*

Enfermeiro (O) Conto incluído nas *Várias histórias*.* Publicado pela primeira vez na *Gazeta de Notícias*,* de 13 de julho de 1884, com o título "Cousas íntimas" e a assinatura Machado de Assis.*

Ennes, Antonio José Jornalista, escritor e político português (Lisboa, 1845-1901), foi deputado em diversas legislaturas e ministro de Estado. Sua primeira peça, *Os lazaristas** (1875), provocou imensa celeuma no Rio de Janeiro, sendo proibida pelo Conservatório

Dramático,* do qual Machado fazia parte. A atitude provocou uma violenta reação da imprensa brasileira e do autor. Este, indignado, respondeu aos censores com o folheto *O Conservatório Dramático do Rio de Janeiro e o drama "Os lazaristas". Carta ao Sr. comendador Cardoso de Menezes* (23 páginas, datadas de 9 de novembro de 1875), no qual alude à "arrogância autoritária" dos censores, que teriam confundido as suas atribuições "com as da autoridade policial, exorbitando por subserviência".

Ensaio Filosófico Paulistano Associação dos Estudantes da Faculdade de Direito de São Paulo, voltada para o estudo e o debate de assuntos de literatura, filosofia, direito, história. Criada em 3 de março de 1850, por Álvares de Azevedo, contou em seus quadros com os estudantes mais brilhantes da Academia: Ferreira Viana,* José Bonifácio, o moço,* Salvador de Mendonça,* Afonso Celso,* futuro visconde de Ouro Preto, e muitos outros. Editou a *Revista Mensal do Ensaio Filosófico Paulistano*, 1851-64. Funcionou até 1864. Nesse ano, em sessão extraordinária, realizada em 25 de setembro, sob a presidência do bacharel Anjos Espozel, concedeu a Machado o título de sócio honorário.

Enterro Machado morreu às 3h20 da madrugada de 29 de setembro de 1908. Foi uma morte esperada. Assim que a notícia se espalhou, a casa da rua Cosme Velho* nº 18 se encheu de gente. Amigos, personalidades, curiosos. O corpo foi embalsamado pelos médicos Afrânio Peixoto* e Alfredo de Andrade,* no quarto onde o escritor faleceu, e colocado sobre uma mesa, na sala de frente. Às cinco horas da tarde, Graça Aranha,* Armando Ribeiro de Araújo,* Ariosto Braga, Mário de Alencar,* Paulo Tavares* e Artur Azevedo* colocaram o corpo em um caixão de primeira classe. Senhoras da vizinhança lançaram flores naturais sobre o cadáver. Duas horas e meia depois, carregado por Guiomar Schmidt de Vasconcelos,* Fausta Pinto da Costa,* Cecília Pinto da Costa, Regina Pinto da Costa, Maria Luiza Pinto da Costa, Fanny Martins Ribeiro de Araújo* e Alcina Martins Ribeiro,* o caixão foi depositado num coche de primeira classe. O cortejo fúnebre foi seguido por acadêmicos, amigos e populares. Às oito horas da noite, chegou ao Silogeu Brasileiro,* onde estava instalada a Academia Brasileira de Letras.* José Veríssimo,* Artur Azevedo, Graça Aranha, Álvaro Peres, Paulo Tavares e Luís Honório pegaram nas alças do caixão, transportando o corpo para a sala da secretaria da Academia, onde foi depositado. A sala, inclusive o chão, estava forrada de veludo preto, com galões de ouro. O caixão foi depositado numa essa, no meio da sala, cercada por seis círios. Ao fundo, um altar com um crucifixo e seis velas. À cabeceira do cadáver foi colocado o ramo de carvalho de Tasso.* Compareceram ao velório autoridades, congressistas, diplomatas, alunos de faculdades e de colégios, populares. Várias grinaldas cercavam o caixão. Pouco antes das quatro horas da tarde do dia 1º de outubro, Rui Barbosa,* em nome da Academia, pronunciou o discurso de despedida do morto. Lá fora, as bandas de música da Brigada Policial de São Paulo e do Corpo de Bombeiros do Rio de Janeiro se revezavam na execução de marchas fúnebres. Às quatro e meia, o caixão foi retirado da essa, sendo as alças seguras por Rui Barbosa, Raimundo Correa,* Olavo Bilac, Coelho Neto,* Euclides da Cunha,* Afonso Celso,* Graça Aranha e Rodrigo Otávio.* A multidão enchia a praça defronte ao Silogeu. Tendo à sua frente a banda do Corpo de Bombeiros, acompanhado por centenas de pessoas, a pé, o préstito seguiu da Lapa até o cemitério São João Batista. Da janela do palácio do Catete, o presidente Afonso Pena* assistiu à passagem do cortejo, que parou diante do prédio por alguns minutos. Adiante, uma nova parada, ante a estátua de José de Alencar.* O ataúde com o corpo de Machado chegou ao cemitério às 18h30, sendo levado a mão até o jazigo por Alberto de Oliveira,* Olavo Bilac, o ministro de Portugal, conde de Selir; o ministro da Marinha, Almirante Alexandrino de Alencar; o ministro do Interior e Justiça Augusto Tavares de Lira;* Miguel Calmon, ministro da Agricultura, e Ariosto Braga. O prefeito Sousa Aguiar, senadores, deputados, artistas, jornalistas, gente do povo enchiam o cemitério. Antes do corpo baixar ao jazigo perpétuo 1359, onde estava sepultada Carolina,* discursaram o ministro Tavares de Lira, a escritora Júlia Lopes de Almeida,* Américo Baracho, Manuel Luna e Joaquim Ribeiro de Paiva, representante do jornal *O Pharol*,* de Juiz de Fora.* Às oito horas da noite tudo estava terminado. Na edição do dia seguinte, o *Jornal do Brasil* informava que o enterro transcorrera "com uma imponência, com um esplendor que vale por uma glorificação".

"Entra cantando, entra cantando, Apolo!" Soneto sem título, datado de 22 de julho de 1891, acompanhando uma estatueta de Apolo, oferecida por amigos a Ernesto Cibrão.* A primeira publicação foi em *A Noite*, de 19 de novembro de 1932. *Poesia e prosa*.*

Entre duas datas Conto publicado em *A Estação*,* de 31 de maio, 15 e 30 de junho de 1884, assinado com as iniciais M. de A.* Recolhido ao 2º volume das *Relíquias de casa velha*.*

Entre santos Conto incluído nas *Várias histórias*.* Publicado pela primeira vez na *Gazeta de Notícias*,* de 1º de janeiro de 1886, com a assinatura Machado de Assis.*

Entreacto (O) Jornal publicado no Rio de Janeiro, em 1860. No nº 11, de 21 de julho de 1860, publicou o poema de Machado escrito para ser declamado no 5º ato da peça *A atriz hebreia** sem identificar o autor.

Enxadrista Aficionado do xadrez, Machado deve ter se iniciado, ou se aperfeiçoado, no "jogo dos silenciosos", como o classificou, durante a segunda estada de Artur Napoleão* no Brasil, em 1862. A mais antiga referência ao jogo em sua obra encontra-se no conto "Questão de vaidade",* de 1864, reaparece em *Iaiá Garcia** e em vários contos e crônicas. Na década de 1860, costumava jogar no Clube Fluminense,* tendo como parceiros, entre outros, Napoleão e o professor Joaquim Palhares.* Gostava também de compor problemas e de resolvê-los. Participou da solução de problemas propostos pela *Ilustração Brasileira*,* de 1876 a 1878, e pela *Revista Musical e de Belas-Artes*, em 1879 e 1880. Nessa época, era frequentador do Grêmio de Xadrez.* Em 1880, participou do primeiro torneio organizado no Brasil, realizado em casa de Artur Napoleão, na rua Marquês de Abrantes. Reuniu seis dos melhores enxadristas da Corte: Napoleão, João Caldas Viana,* Machado de Assis, Carlos Pradez, Joaquim Palhares e Joaquim Navarro. O regulamento determinava que cada participante jogasse quatro partidas contra cada um dos demais. O vencedor do torneio foi Napoleão, seguido por Caldas Viana. Machado ficou em terceiro lugar, logo à frente de Pradez. Uma das partidas entre Machado e Pradez, vencida pelo escritor, foi reproduzida no nº 10 da

Revista Musical. Em 1885, o Clube Beethoven* abriu uma sala para se jogar xadrez, onde Machado disputou alguns torneios. A paixão pelo jogo acompanhou-o até a velhice. Jogava, então, com Heitor de Basto Cordeiro,* nos serões em casa deste, partidas que se prolongavam por várias noites. Um problema de Machado, publicado na *Ilustração Brasileira*, de 15 de junho de 1877, e que a revista anunciava como "a primeira produção, nesse gênero, puramente brasileira", foi incluído em *Caissana Brasileira*, de Artur Napoleão, coleção de mais de quinhentos problemas de xadrez e o primeiro livro brasileiro sobre o jogo. Em sua obra, Machado referiu-se por diversas vezes àquele "jogo delicioso", "imagem da anarquia, onde a rainha come o pião, o pião come o bispo, o bispo come o cavalo, o cavalo come a rainha, e todos comem a todos" (*Gazeta de Notícias*, 25 de fevereiro de 1894).

Epígrafes Machado entrou na cena literária em pleno romantismo, escola que usou e abusou das epígrafes, sobretudo em poesia. O jovem poeta seguiu a moda, sem moderação. Nas *Crisálidas** (1864) há vinte epígrafes, para 22 poemas originais. Com o amadurecimento veio a moderação. Nas *Falenas** (1870), aquele número cai vertiginosamente. São apenas nove, para 22 poemas originais e mais a epígrafe do livro, extraída de Tennyson. Cinco anos depois, ao publicar as *Americanas*, mostra que o gosto pela epígrafe continuava vivo: oito para treze poemas (sendo duas para um mesmo poema) e mais a epígrafe geral do livro. O prosador era menos abundante, talvez porque o gosto de citar se encaixava no próprio texto. Epígrafes apenas quando o recurso se impunha de maneira irresistível, como elemento justificativo das características de uma obra, como chave fornecida antecipadamente ao leitor ou por puro diletantismo. No primeiro caso, encontra-se a citação de Montaigne* que abre as *Páginas recolhidas** ("*Quelque diversité d'herbes qu'il y ayt, tout s'enveloppe sous le nom de salade*"), no segundo a de *Esaú e Jacó*,* extraída de Dante: "*Dico, che quando l'anima mal nata...*" e no último caso a frase de Diderot que abre as *Várias histórias*:* "*Mon ami, faisons toujours des contes... Le temps se passe, et le conte de la vie s'acheve, sans qu'on s'en aperçoive.*" A peça *Tu só, tu, puro amor...*,* utiliza o próprio verso de Camões que sugeriu o enredo e lhe deu título: "Tu só, tu, puro amor, com força crua,/ Que os corações humanos tanto obriga...". O gosto pela epígrafe retornou com a velhice. No *Memorial de Aires** recorre a duas velhas cantigas medievais (de Joham Zorro e de D. Dinis), que, como em *Esaú e Jacó*, agem também como um anúncio do espírito da obra.

Epilepsia Machado sofreu os primeiros ataques epiléticos depois de casado. Segundo Francisca de Basto Cordeiro,* transcrevendo depoimento de Carolina* à sua mãe, o mal sagrado só apareceu dois anos depois do casamento, "à noite, quando dormia". O testemunho concorda com o de Lindolfo Xavier, que trabalhou com Machado, fixando, pois, em 1871, a data da primeira crise. O escritor confiou então à mulher que, na infância, tivera "umas cousas esquisitas que não se haviam mais repetido depois de homem" (Lúcia Miguel Pereira). Machado procurou ajuda do Dr. Franklin Faria.* Espaçados no início, os ataques foram se amiudando, com crises frequentes em casa, no ambiente de trabalho e na rua, para desespero do escritor em se ver alvo da atenção pública. Quando perto da companheira, assim que sentia os primeiros sintomas do ataque, avisava: "Carolina, vou sentir-me

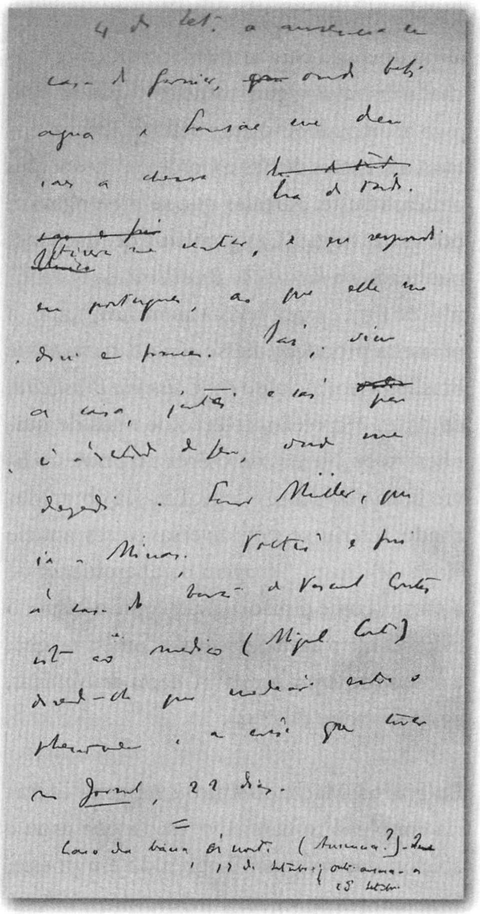

Notas de Machado sobre os seus ataques epilépticos escritas por sugestão de Miguel Couto

mal". Na repartição, guardava um vidro de remédio, a que recorria mal percebia a ameaça do mal. A situação tornava-se mais dramática quando a aura precursora da crise surgia na via pública. Em certa ocasião, Carlos de Laet* socorreu-o na rua, conduzindo-o a uma farmácia. Dias mais tarde, Machado procurou-o para agradecer. Mas, em geral, a reação era outra, de irritação por quem presenciara o ataque, como aconteceu com Lafayete Silva* e com o Dr. Dias de Barros.* Existe até registro fotográfico de uma de suas crises. No dia 1º de setembro de 1907, encontrava-se no cais Pharoux, aguardando Paul Doumer,* quando o ataque o pegou de surpresa. Com o auxílio de populares, sentou num banco da praça XV, ocasião em que foi fotografado por Augusto Malta.* Machado sentia um profundo desgosto em relação ao mal, procurando evitar alusões e até mesmo escrever o nome da doença. Ao traduzir a *Higiene para uso dos mestres-escolas*,* do Dr. Gallard,* suprimiu a frase que descrevia os sintomas da doença. Mais tarde, no texto das *Memórias póstumas de Brás Cubas** publicado na *Revista Brasileira*,* escreveu a propósito de Virgília: "não digo que se carpisse, epilética", adjetivo substituído por convulsa na primeira edição do romance em livro. No final da vida, a epilepsia intensificou-se. Em agosto de 1906, Machado procurou o Dr. Miguel Couto,* que o aconselhou a anotar a frequência e as características das crises. O escritor seguiu à risca a recomendação, formando uma espécie de diário da doença que vai de 4 de setembro de 1906 a meados de janeiro do ano seguinte. A primeira anotação conta: "4 de set. – A ausência em casa do Garnier, onde bebi água e Lansac me deu sais a cheirar. Era de tarde. Fizeram-me sentar, e eu respondi em português, ao que ele me dizia em francês. Saí, vim a casa, jantei e saí, para a estrada de ferro onde me despedi do Lauro Muller,* que ia a Minas. Voltei e fui à casa do barão de Vasconi. Contei isto ao médico, dizendo-lhe que mediaram, entre o fenômeno e a crise que tive no *Jornal*, 22 dias". O tratamento ministrado pelo médico aliviou Machado, que demonstrou a sua gratidão em carta a Mário de Alencar,* datada de 21 de janeiro de 1908: "De mim, vou bem, apenas com os achaques da velhice, mas suportando sem novidade o pecado original, deixe-me chamar-lhe assim. Creio que o Miguel Couto me trouxe a graça". Gondin da Fonseca estabeleceu uma ligação entre a epilepsia e o casamento, dizendo que os ataques eram apenas "sintomas psiconeuróticos". Um especialista em psicanálise, Luiz Alberto Pinheiro de Freitas, opina que não se pode afirmar com certeza se o escritor sofria "crises de epilepsia, ou histéricas epileptiformes". Num diagnóstico retrospectivo, o Dr. Carlos Guerreiro, da Unicamp, de Campinas, avalia que o escritor sofria do tipo mais comum de epilepsia, cuja principal característica é a ausência, no caso de Machado de um a dois minutos, seguidos de confusão mental e, por vezes, convulsões.

Epistológrafo Vide verbete "Correspondente".

Epitáfio do México Poesia que figura nas *Crisálidas.** O poema foi recitado por Machado, em reunião literária e musical de despedida a Artur Napoleão,* realizada a 22 de novembro de 1863, em casa dos irmãos Manuel* e Joaquim da Silva Melo,* na rua da Quitanda, nº 6.

Época (A) Revista quinzenal de variedades, editada no Rio de Janeiro, sob a direção de Joaquim Nabuco.* Foram publicados quatro números, em novembro e dezembro de 1875 e janeiro de 1876. A convite de Nabuco, Machado colaborou com dois contos, assinados com o pseudônimo de Manassés:* "A chinela turca"* (nº 1, de 11 de novembro de 1875) e "O sainete"* (nº 2, de 1º de dezembro de 1875). No segundo número, a publicação lançou um desafio aos poetas brasileiros, para traduzirem o poema "*Das Herz*", de Hermann Neumann.* Machado pegou a luva. Sua tradução, com o título de "O coração",* saiu na *Semana Ilustrada.** Em nota a "A chinela turca", incluída em *Papéis avulsos,** Machado lembrou os tempos da revista: "Éramos poucos e amigos. O programa era não ter programa, como declarou o artigo inicial, ficando a cada redator plena liberdade de opinião, pela qual respondia exclusivamente. O tom (feita a natural reserva da parte de um colaborador) era elegante, literário, ático".

Ernesto de Tal Conto publicado no *Jornal das Famílias,** de março a abril de 1873. A primeira parte saiu subscrita com as iniciais J.J.* e a segunda Job.* Figura nas *Histórias da meia-noite.**

Erradio (Um) Conto incluído nas *Páginas recolhidas.** Primeira publicação em *A Estação,** de 15 e 30 de setembro, 15 e 31 de outubro, 15 e 30 de novembro de 1894, com a assinatura Machado de Assis.*

Erro Poema incluído nas *Crisálidas.** Transcrição no *Jornal das Famílias,** junho de 1869, com o título de "Amor passageiro", datado de 1862 e assinado Machado de Assis.*

Esaú e Jacó No dia 18 de julho de 1903, Machado e o editor H. Garnier* assinaram contrato para a edição de uma obra, de gênero não esclarecido, intitulada *Último.* O autor recebeu no ato 1 conto e 500 mil réis. O livro já devia estar escrito, ou em fase de conclusão, pois em novembro achava-se em provas. Em 15 de abril de 1904, era assinado um termo de contrato, mudando o título de *Último* para *Esaú e Jacó.* Foi o último livro publicado em vida de Carolina,* que morreu pouco depois. Impresso nas oficinas parisienses de Garnier, 1904, com 362 páginas, mais VI, e a indicação "da Academia Brasileira" sob o nome de Machado, *Esaú e Jacó* chegou às livrarias no final de agosto de 1904. A repercussão foi consagradora. Nenhum livro de Machado, até então, havia sido recebido com tantos elogios. A primeira crítica saiu em *A Notícia,**

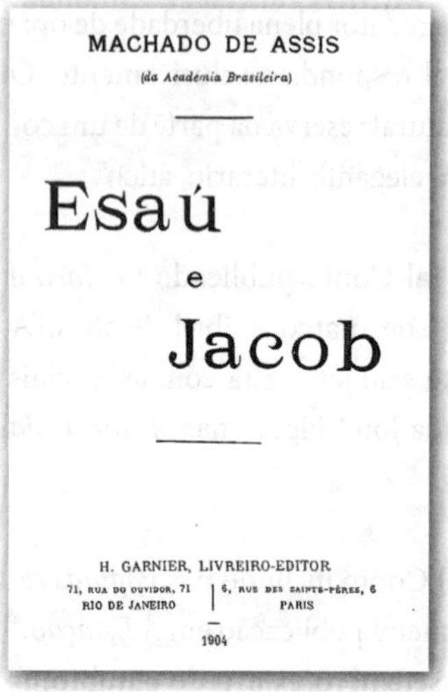
MACHADO DE ASSIS
(da Academia Brasileira)
Esaú
e
Jacob
H. GARNIER, LIVREIRO-EDITOR
71, RUA DO OUVIDOR, 71
RIO DE JANEIRO
6, RUE DES SAINTS-PÈRES, 6
PARIS
1904

Folha de rosto da 1ª edição

de 30 de setembro, assinada por J. dos Santos (pseudônimo de Medeiros e Albuquerque*). Em seguida, vieram as análises de Mário de Alencar,* no *Jornal do Commercio*,* de 2 de outubro (datada, porém, de 27 de agosto); de Walfrido, em *Os Anais*, de 5 de novembro; de Oliveira Lima,* na *Gazeta de Notícias*,* de 21 de novembro; de Olavo Bilac,* em *A Notícia*, de 26 e 27 de novembro; de José Veríssimo,* em *Kosmos*, de dezembro; de Leopoldo de Freitas, no *Diário Popular*, de São Paulo, de 5 de dezembro. O romance alcançou ainda outro êxito, sendo um dos dois livros de Machado traduzidos em vida do autor (o outro foi as *Memórias póstumas**). A tradução anônima saiu em 1905, na Biblioteca de *La Nación*,* de Buenos Aires, em dois volumes, de 188 e 203 páginas, com uma tiragem em papel de jornal, distribuída aos assinantes do diário portenho, e outra, menor, em papel de melhor qualidade. Em 1906, Ignazio Orzali,* de *La Nación*, viajou ao Rio, para participar da Conferência Pan-Americana. Trouxe então 20 exemplares da edição comum e um exemplar da de luxo, assinado por Luiz Mitre, administrador do jornal, entregues a Machado. Ao sucesso de crítica, correspondeu também a aceitação do público. No mesmo ano de 1904, saía a segunda edição.

Escola Vide "Colégio".

Escravo e rainha Vide "Cleópatra".

Escrivão Coimbra (O) Conto publicado no *Almanaque Brasileiro Garnier*, 1907, com a assinatura Machado de Assis.* Incorporado às *Outras relíquias** e, posteriormente, às *Relíquias de casa velha*,* edição W. M. Jackson.*

Espalhafato (O) Comédia em um ato que teria sido escrita por Machado. A única referência à peça encontra-se no *Dicionário bibliográfico português*, de Inocêncio F. Silva,* Lisboa, 1884, tomo XII.

Espanhol (idioma) Machado deve ter conhecido bem a "bela língua castelhana, que é a mesma nossa com castanholas" (*A Semana*,* 28 de junho de 1896). Em sua juventude, conviveu com o poeta argentino Guido y Spano,* então residente no Rio de Janeiro, e com Remígio de Sena Pereira* e Quintino Bocaiuva,* o primeiro filho de uruguaia e o segundo de argentina. Mais tarde, durante dez anos, foi amigo do diplomata e poeta chileno Alberto Blest Gana,* de quem traduziu o poema "O primeiro beijo".* Com certeza, praticou a língua com eles, enriqueceu o vocabulário e dissipou dúvidas. No entanto, as suas citações em espanhol e de autores de língua espanhola não são muito frequentes: uma epígrafe extraída de Santa Teresa, um elogio a Calderón de La Barca,* sinais de um conhecimento esparso, não de intimidade com a literatura espanhola. No que restou de sua biblioteca particular, os livros em espanhol reduzem-se às duas obras principais de Cervantes (*Don Quijote* e *Novelas Ejemplares*), um volume de comédias de Moratín e dois de poesia de Guillermo Matta.

Espelho (O) Revista semanal "de literatura, modas, indústria e artes", de propriedade de Francisco Eleutério de Sousa,* editada no Rio de Janeiro e impressa na tipografia de F. de Paula Brito.* Saía aos domingos. Foram publicados dezenove números, de 4 de setembro de 1859 a 8 de janeiro de 1860. Colaborador desde o primeiro número, Machado teve nesse periódico, pela segunda vez em sua carreira jornalística, uma seção fixa e regular, a "Revista de Teatros",* de crítica teatral, e as "Aquarelas",* de crônicas. Ambas começaram a ser publicadas no mesmo número, de 11 de setembro de 1859, subscritas com as iniciais M-as,* empregada vinte vezes, já que em três oportunidades a *Revista* saiu anônima. Foram ainda utilizadas as assinaturas M. de Assis* (uma vez), Machado d'Assis (uma), Machado de Assis* (sete), os pseudônimos Gil* (duas) e Victor de Parma* (uma), e a inicial M.* Ao todo, 37 colaborações, a saber: "Revista de Teatros", publicada dezoito vezes; "Aquarelas", cinco; as poesias "A estrela da tarde"* (4 de setembro de 1859); "A um proscrito"* (18 de setembro de 1859); *Sonhos** (23 de outubro de 1859); "Um nome"* (27 de novembro de 1859); "Travessa"* (18 de dezembro de 1859), "A D. Gabriela da Cunha"* (25 de dezembro de 1859), "Escravo e rainha"* (8 de janeiro de 1860), todas assinadas Machado de Assis, com exceção da primeira, firmada Machado d'Assis, da terceira, M. de Assis, e da última, M;* os artigos "Ideias sobre o teatro"* (25 de setembro, 2 de outubro e 25 de dezembro de 1859) e "A reforma pelo Jornal"* (23 de outubro de 1859), assinados Machado de Assis; os artigos "Folhas verdes – O Mosteiro de S. Bento"* (4 de dezembro de 1859) e "As gralhas sociais"* (18 de dezembro de 1859), firmados Gil,* e "Causas e efeitos"* (11 de dezembro de 1859), subscrito por Victor de Parma.* As duas crônicas intituladas "Os imortais" ("O caçador de Harz"* e "O marinheiro Batavo",* publicadas em 18 e 25 de setembro de 1859, com a assinatura M.A.), incluídas no primeiro volume de *Crônicas*,* de W. M. Jackson,* são provavelmente de Moreira de Azevedo,* que utilizou essa assinatura em vários trabalhos. Observe-se que Machado fez questão de diferenciar a sua colaboração dos trabalhos do companheiro, assinando-se M-as. Além das matérias relacionadas, Machado escreveu vários outros textos para a revista, em sua tarefa de redator. *O Espelho*,* aliás, orgulhava-se dele: "Os nossos leitores conhecem sem dúvida uma das bonitas penas que desta redação já faz parte, o snr. Machado de Assis" (nº 13, de 27 de novembro de 1859). Colaboraram ainda em *O Espelho*: Macedo Júnior,* Casimiro de Abreu,* Paula Brito,* João Dantas de Sousa,* Laurindo Rabelo* que, a partir do nº 14 (de 4 de dezembro de 1859) passou a integrar a redação, ao lado de Machado e Moreira de Azevedo. As crônicas e críticas teatrais machadianas ali publicadas (inclusive quatro textos de autoria duvidosa) foram reunidas no volume *O Espelho* (Campinas, Editora Unicamp, 2009), com organização, introdução e notas de João Roberto Faria.

Espelho (O) Conto incluído nos *Papéis avulsos*,* com o subtítulo de "Esboço de uma nova teoria da alma humana". Publicado pela primeira vez na *Gazeta de Notícias*,* de 8 de setembro de 1882, com a assinatura Machado de Assis.*

Esperança Poesia publicada no *Correio Mercantil*,* de 25 de outubro de 1858, com o subtítulo "No álbum do Sr. F. G. Braga" (Francisco

Gonçalves Braga*). Assinada J. M. Machado de Assis.* *Dispersos.**

Espinosa Poema que figura nas *Ocidentais.** Primeira publicação na *Revista Brasileira,** de 15 de janeiro de 1880, com a assinatura Machado de Assis.*

Esqueleto (Um) Conto publicado no *Jornal das Famílias,** de outubro e novembro de 1875, com o pseudônimo de Victor de Paula.* Incluído nos *Contos esquecidos.**

Esta noite Poesia publicada em *A Marmota,** de 16 de fevereiro de 1858, com a assinatura Machado d'Assis.* *Dispersos.**

Estação (A) A partir de 1872, a Livraria Lombaerts & Comp. passou a oferecer aos leitores cariocas a revista parisiense *La Saison*, acompanhada de um suplemento em português, impresso pelos livreiros-editores. A aceitação popular motivou o lançamento, em 15 de janeiro de 1879, de uma versão brasileira, batizada com o nome de *A Estação* e o subtítulo de "Jornal ilustrado para a família". Apresentando os mesmos modelos de figurinos, bordados etc. da publicação francesa, impressos primorosamente em cores, *A Estação* oferecia também um suplemento literário com contos, poemas, romances, artigos, seções sobre variedades, lançamentos literários, teatro. No número de 30 de junho de 1880, a revista publicou o retrato de Machado de Assis. A colaboração incluía autores franceses e brasileiros, entre os quais figuravam Machado, Artur Azevedo,* Dantas Júnior.* Com periodicidade quinzenal, *A Estação* circulou até 31 de dezembro de 1899, editado por Lombaerts. Depois dessa data, prosseguiu até 1904, impressa por A. Lavignasse Filho & Cia., sucessores de Lombaerts, mas sem o mesmo luxo e bom gosto. Machado colaborou do número de 31 de janeiro de 1879 ao de 31 de março de 1898. Durante estes dezenove anos, publicou ali seis poemas, 41 contos, duas novelas ("Casa velha"* e "O alienista"*), uma tradução, três críticas, quatro artigos diversos e o romance *Quincas Borba.** Ao todo, 58 peças, dispersas em 273 números da revista. São os seguintes os trabalhos, por ano de publicação: 1879 – "Curiosidade",* conto, 31 de janeiro a 30 de junho; "Versos – Escritos no álbum da Exma. Sra. D. Branca P. da C.,* 15 de julho; "Um para o outro",* conto, 30 de julho a 15 de outubro; "A chave",* conto, 15 de dezembro a 15 de fevereiro de 1880; 1880 – "Num álbum",* poesia, 29 de fevereiro; 1881 – "O caso da viúva",* conto, 15 de janeiro a 15 de março; "*Cherchez la femme*",* crônica, 15 de agosto; "A mulher pálida",* conto, 15 de agosto a 30 de setembro; "O alienista",* novela, 15 de outubro a 15 de março de 1882; 1882 – "D. Benedita",* conto, 15 de abril a 15 de junho; "O quadro do Sr. Firmino Monteiro", 30 de abril; "Bibliografia",* 15 de junho; "O imortal",* conto, 15 de julho a 15 de setembro; *Artur de Oliveira,** 31 de agosto; "Letra vencida",* conto, 31 de outubro a 30 de novembro; "O programa",* conto, 31 de dezembro a 15 de março de 1883; l883 – "O corvo",* tradução, 28 de fevereiro; "Bibliografia", 31 de março; "História comum",* conto, 15 de abril; "O destinado",* conto, 30 de abril; "Cantiga de esponsais",* conto, 15 de maio; "Troca de datas",* conto, 31 de maio a 30 de junho; "Questões de maridos",* conto, 15 de julho; "Três consequências",* conto, 31 de julho; "Capítulo dos chapéus",* conto, 15 de agosto a 15 de setembro; "Duas juízas",* conto, 30 de setembro a 15 de outubro; "Médico é remédio",* conto, 31 de outubro a 15 de novembro; "Cantiga velha",* conto, 30 de novembro a 31 de dezembro;

1884 – "Uma criatura",* poesia, 15 de janeiro; "Trina e uma",* conto, 15 de janeiro a 15 de fevereiro; "O contrato",* conto, 29 de fevereiro; "A carteira",* conto, 15 de março; "O melhor remédio",* conto, 31 de março; "A viúva Sobral",* conto, 15 de abril a 15 de maio; "Entre duas datas",* conto, 31 de maio a 30 de junho; "Vinte anos! Vinte anos!",* conto, 15 de julho; "O caso de Romualdo",* conto, 15 de setembro a 30 de novembro; "Uma carta",* conto, 15 de dezembro; "Incorrigível",* conto, 31 de dezembro; 1885 – "Versos – No álbum de D. Branca P. da C.",* 15 de janeiro; "Relíquia íntima",* poesia, 15 de janeiro; "Casa velha",* novela, 15 de janeiro a 28 de fevereiro de 1886; "Um bilhete",* conto, 28 de fevereiro; *Trecho de um poema inédito*,* 15 de agosto; 1886 – "Bibliografia", 31 de março; "Curta história",* conto, 31 de maio; *Quincas Borba*,* romance, 15 de julho a 15 de setembro de 1891; "Pobre Finoca!", conto, 31 de dezembro a 31 de janeiro de 1892; 1892 – "O caso Barreto",* conto, 15 de março a 15 de abril; "Um sonho e outro sonho",* conto, 31 de maio a 15 de agosto; "Uma partida",* conto, 31 de outubro a 31 de dezembro; 1893 – "Um quarto de século",* conto, 15 de agosto a 30 de setembro; 1894 – "João Fernandes",* conto, 15 de janeiro; "A inglesinha Barcelos",* conto, 31 de maio a 15 de julho; "Um erradio",* conto, 15 de setembro a 30 de novembro; 1897 – "Henrique Lombaerts",* 15 de julho; "Uma por outra",* conto, 15 de setembro a 30 de dezembro; 1898 – "Relógio parado",* conto, 15 de janeiro a 31 de março.

Estados Unidos Desde a mocidade, Machado sentiu curiosidade e fascínio pela civilização norte-americana, encarnação do progresso e da modernidade. Quando Quintino Bocaiuva* partiu para os Estados Unidos, ele escreveu ao amigo que estava ansioso "por saber que impressão tiveste ao entrar nesse grande mundo, e que te parece isso, o que é na realidade" (carta de 25 de novembro de 1866). O interesse pelo país aumentou, estimulado pelas notícias dadas por amigos. Um deles, Salvador de Mendonça,* costumava fazer pequenos relatórios sobre aspectos da vida norte-americana que fascinavam Machado. "Muito me contas desse país. Li-te com água na boca. Pudesse eu ir ver tudo isso!" (carta a Salvador de Mendonça, de 24 de dezembro de 1875). Essa última frase refere-se à sugestão do amigo, formulada em carta anterior, para que Machado fosse enviado aos Estados Unidos, como correspondente, durante a Exposição Internacional do Centenário da Independência Americana, a ser realizada na Filadélfia, em 1876. Não foi à Filadélfia, mas compareceu ao banquete "que os americanos residentes nesta Corte, tendo à frente seu ilustrado ministro, festejaram o centenário da liberdade" (*Ilustração Brasileira*,* 15 de julho de 1876). Ao interesse pelo país, Machado juntava a curiosidade por sua literatura. A primeira referência em sua obra a um escritor norte-americano encontra-se na crônica publicada em 22 de agosto de 1864, no *Diário do Rio de Janeiro*,* quando divulgou um poema de John Greenleaf Whittier e sua tradução em português, efetuada por Pedro Luís.* A essa crônica se referiu o pastor Fletcher,* em artigo publicado no *Every Saturday*, em 1866. Nesse mesmo ano, em carta a Quintino Bocaiuva, datada de 29 de outubro, lembrava ao viajante para não se esquecer de comprar as poesias de Longfellow e *Our American Cousin*. Essa peça, apesar de escrita pelo inglês Tom Taylor, se tornara uma referência, na época, em relação aos Estados Unidos. Em sua estreia em Washington, na noite de 14 de abril de 1865, no Ferd's Theatre, o presidente Abraham Lincoln havia sido assassinado pelo ator John Booth. Essas e outras referências a escritores norte-americanos, como H. Beecher Stowe, não nos permitem mapear com precisão os seus conhecimentos de literatura norte-americana, mas sabemos de sua preferência e admiração por autores como Edgar Allan Poe,* de quem traduziu "O corvo",* e Henry Longfellow.* Livros desses dois figuram no que restou de sua biblioteca, ao lado de obras de James Bryce, Whittier e Thomas Bailey. O conhecimento desses autores, por certo, ampliou sua compreensão da alma e da psicologia norte-americana, da qual nos daria uma síntese admirável: "O ianque é uma singular mistura de dólar e pomba mística" (*A Semana*, 18 de junho de 1893). A mística do dólar ocultava também, ou revelava, um povo expansionista, determinado, disposto a se impor ao mundo, pelo poder econômico ou, eventualmente, pela simples força. Machado sentia uma aguda curiosidade por esse aspecto da civilização "desta grande potência, que de americana se faz universal" (*A Semana*, 24 de novembro de 1895) e que, para "efetuar a sua suserania e proteção a todas as repúblicas da América Central e Meridional", como sugeria a doutrina de Monroe, "precisa ter uma esquadra adequada a seus novos destinos" (*idem*). Admitia então que, em cinquenta anos, os norte-americanos já teriam imposto o ritmo a que todo o continente devia dançar. Curioso em relação ao ritmo, defendia a aproximação do Brasil com a república do norte, na qual discernia vantagens recíprocas: "Somos os dous principais países do continente; a natureza, separando-nos, facilitou a aliança dos dous povos, que nenhum interesse divide no presente, nem provavelmente no futuro" (*O Cruzeiro*, 9 de junho de 1878). Quando da inauguração da linha marítima Rio de Janeiro-Nova York, o cronista observava, cheio de esperanças: "Que os Estados Unidos começam de galantear-nos, é cousa fora de dúvida; correspondamos ao galanteio; flor por flor, olhadela por olhadela, apertão por apertão" (*idem*, 2 de junho de 1878). Namoros à parte, Machado considerava o povo norte-americano como uma continuação do inglês, mas com qualidades mais salientes, robustecidas pelo processo histórico no novo continente e capaz de dar à humanidade uma figura como Washington, a mais importante personalidade da "raça inglesa", depois de Shakespeare,* "os dous varões mais incomparáveis da história política e do engenho humano" (*A Semana*, 23 de fevereiro de 1896). Machado apreciava também o espírito pragmático dos norte-americanos. Por ocasião da eleição presidencial que levou McKinley ao poder, ironizou a política brasileira: "Nunca amei o espírito prático daquela nação. Partidos que se podiam distinguir sonoramente, por meio de teorias bonitas, e em falta delas, por algumas daquelas palavras grandes e doces, que entram pela alma do eleitor e o embebedam, preferem escrever umas plataformas de negociantes" (*A Semana*, 2 de agosto de 1896). Como nem tudo é harmonia, demonstrava, na maturidade, certo desencanto com a sofreguidão e o materialismo da vida norte-americana, que mal daria tempo para as coisas do espírito: "Os Estados Unidos são a terra das cousas altas, rápidas e infinitas, vastas construções e desastres vastos, cidades feitas em três meses e desfeitas em três horas, para se refazerem em três dias, vendavais que arrancam florestas, como o vento do outono as simples folhas de arbustos, e uma guerra civil, que se não pareceu com outra qualquer moderna nem antiga" (*A Semana*, 8 de novembro de 1896). Mas sua admiração superava em muito possíveis objeções, e desde a mocidade considerava, com Victor Hugo, que "a mão que há de empunhar neste século o archote do progresso" só poderia ser "a mão da eterna nação ianque, como dizem os americanos" (*Diário do Rio de Janeiro*, 5 de junho de 1866). Essa admiração nunca arrefeceu, nos quarenta anos que ainda lhe restavam viver.

Estâncias a Ema Poesia incluída nas *Falenas*,* tradução dos versos que se encontram no romance *La Dame aux Perles*, de Alexandre Dumas Filho.* A primeira publicação foi no *Diário do Rio de Janeiro*,* de 6 de abril de 1865, com o título "Versos a Ema" (*A Dama das Pérolas*). A peça não foi aproveitada nas *Poesias completas*.*

Estâncias nupciais Poema em homenagem ao casamento da princesa Isabel, publicado na *Semana Ilustrada*,* de 15 de outubro de 1864, com a assinatura Y.* Reproduzido em *Ao redor de Machado de Assis*, de R. Magalhães Júnior.

Estátua Equestre de D. Pedro I Obra do escultor francês Louis Rochet, a estátua equestre de D. Pedro I foi inaugurada em 30 de março de 1862, no largo do Rocio, provocando debates apaixonados entre os partidários do primeiro imperador e os nativistas, desejosos de homenagear Tiradentes* ou José Bonifácio.* De tendência liberal, o *Diário do Rio de Janeiro*,* onde Machado trabalhava, formou na oposição, ridicularizando a cerimônia que, a princípio, estava marcada para o dia 24 de março. Em crônica publicada nesse dia, Machado ironizava o significado político do fato, lembrando a opinião de um amigo circunstancial "de estar a figura do primeiro imperador" "com a constituição estendida para o lado do teatro, querendo daí concluir o malévolo que o pacto fundamental é uma comédia". A chuva torrencial que caiu na cidade, naquele dia, impediu a cerimônia, transferida para a semana seguinte. Inaugurada a estátua, Machado enfatizou a distância entre a manifestação oficial e os sentimentos do povo, que negava ao monumento "o caráter de uma legítima memória, filha da vontade nacional e do dever da posteridade" (*Diário do Rio de Janeiro*, 1º de abril de 1862). Dois anos depois, na poesia "Os arlequins",* recitada em 4 de abril de 1864, no Clube Fluminense,* teria demonstrado, mais uma vez, segundo alguns biógrafos, a sua posição contra a estátua do primeiro imperador. O boato surgiu na época e o escritor negou tal interpretação, conforme esclarece em nota incluída nas *Crisálidas*.*

Estreia literária (Uma) Crítica sobre o romance *Cenas do interior*, de Luiz José Pereira da Silva, publicada no *Diário do Rio de Janeiro*,* de 24 de junho de 1865. *Dispersos*.*

Estrela da tarde (A) Poesia publicada em *O Espelho*,* de 4 de setembro de 1859, com a assinatura Machado d'Assis.* *Dispersos*.*

Estrela do poeta (A) Vide "Stella".

Estrelas errantes Crítica ao livro de Quirino dos Santos com esse título, publicada na *Ilustração Brasileira*,* de 15 de agosto de 1876, com a assinatura M.A.* *Dispersos*.*

Eterno! Conto que figura nas *Páginas recolhidas*.* Publicado pela primeira vez na *Gazeta de Notícias*,* de 9 de setembro de 1887, assinado Machado de Assis.*

Evolução Conto incluído nas *Relíquias de casa velha*.* Primeira publicação na *Gazeta* *de Notícias,** de 24 de junho de 1884, com a assinatura Machado de Assis.*

Ex cathedra Conto que figura nas *Histórias sem data.** Publicado pela primeira vez na *Gazeta de Notícias,** de 8 de abril de 1884, com a assinatura Machado de Assis.*

Examinador Em 1897, convidado por Medeiros e Albuquerque,* Machado atuou como examinador de português de um concurso para professoras do município do Rio de Janeiro. Os demais examinadores eram Francisco Ferreira Braga (matemática) e Joaquim Mendes Malheiros (corografia e história do Brasil). As provas foram realizadas em 28 de abril, no edifício do Pedagogium,* sendo aprovadas apenas seis candidatas. Em relatório ao prefeito Francisco Furquim Werneck de Almeida, Medeiros justificava a escolha de pessoas estranhas ao magistério municipal, alegando as vantagens do desconhecimento das concorrentes e da imparcialidade. Machado integrou ainda, e presidiu, uma comissão examinadora de candidatos a duas vagas de amanuense na Secretaria de Estado dos Negócios da Indústria, Viação e Obras Públicas.* O concurso foi realizado a 17 de junho de 1905, em um salão da Repartição Geral dos Telégrafos, na praça XV de Novembro. Os demais examinadores foram Capistrano de Abreu,* João Ribeiro,* Sousa Bandeira,* Felisberto de Menezes e Francisco Manuel da Silva.

Excursão milagrosa (Uma) Conto publicado no *Jornal das Famílias,** em abril e maio de 1866, assinado com a inicial A.* Incluído nos *Contos recolhidos.**

F

F. Inicial com que foi assinada a primeira parte do conto "Felicidade pelo casamento",* no *Jornal das Famílias*,* em junho de 1866. Foi um erro de revisão, pois no índice a autoria é atribuída a S.,* inicial com que foi subscrita a segunda parte do trabalho. A atribuição de autoria é de R. Magalhães Júnior.

Fábulas Tradução da obra clássica de La Fontaine,* editada em 1886, em dois tomos, pelos editores David Corazzi (Lisboa) e José de Melo (Rio de Janeiro). O livro foi primorosamente impresso na tipografia P. Mouillot, em Paris, com ilustrações de Gustave Doré. No primeiro tomo, figura a tradução de Machado de *Les Animaux Malades de la Peste*, intitulada "Os animais enfermos da peste", título mais tarde alterado para "Os animais iscados da peste".* Ainda em vida de Machado, a editora H. Garnier lançou a segunda edição da obra (Rio de Janeiro/Paris, 1908), com ilustrações de Grandville.

Fagundes Varela Título adotado no volume de *Crítica* (Garnier, 1910) para o artigo publicado originalmente com o título de "A J. Tomás da Porciúncula".*

Falenas Segundo livro de poemas de Machado, as *Falenas* pretendem assinalar, desde o título, a maturidade do artista no gênero e a evolução do poeta. Nas *Crisálidas*,* ele ainda aguarda o momento de soltar as asas. *Falenas* indicam que já se encontra em pleno voo. Editado por B. L. Garnier* – sem data (1870), 216 pp. –, foi o primeiro livro de Machado impresso fora do país, nas oficinas de E. Belhatte, em Paris. O contrato, incluindo também os *Contos fluminenses*,* foi assinado em 11 de maio de 1869. Edição de mil exemplares, recebendo o autor 200 réis por volume. As *Falenas* apareceram nas livrarias em janeiro de 1870, em volumes encadernados, vendidos a 3 mil réis. Com um tom mais amargo do que as *Crisálidas*, o livro sinaliza o cansaço de Machado com o romantismo e demonstra a busca de novos caminhos e de um maior apuro formal. As *Falenas* reúnem 35 trabalhos, dos quais 22 originais, um dos quais escrito em francês, 12 traduções e uma paráfrase. Divide-se em quatro partes: *Vária** (25 poemas), "Lira chinesa"* (oito), a pequena peça "Uma ode de Anacreonte"* e o poema "Pálida Elvira".* A maioria dos trabalhos eram inéditos. Apenas cinco já haviam sido divulgados: "Menina e moça",* "A Elvira",* "No espaço",* "Cegonhas e rodovalhos",* "Estâncias a Ema".* As demais peças originais eram: "Prelúdio";* "Ruínas",* "Musa dos olhos verdes";* "Quando ela fala";* "Sombras";* "Visão";* "Manhã de inverno";* "*Ite missa est*";* "Flor da mocidade";* "Noivado";* "*La marchesa de Miramar*";* "Lágrimas de cera";* "Livros e flores";* "Pássaros";* "Os deuses da Grécia";* "A um legista";* "O verme";* "*Un vieux pays*";* "Luz entre sombras";* "A morte de Ofélia";* "Uma ode de Anacreonte"; "Pálida Elvira". Os poemas traduzidos são "A Elvira"* ("Lamartine"*), "Os deuses da Grécia" (Schiller*), "Cegonhas e rodovalhos" (Bouillet*), "Estâncias a Ema"* (Alexandre Dumas Filho*), além de "A morte de Ofélia",* paráfrase a Shakespeare.* A parte denominada "Lira chinesa" reúne oito poemas, imitados do chinês, com base na tradução francesa de Judith Gautier:* "Coração triste falando ao sol"* (Su-Tchon*), "A folha do salgueiro"* (Tchan-Tiú-Lin*), "O poeta a rir"* (Han-Tiê), "A uma mulher"* (Tchê--Tsi*), "O imperador"* (Thu-Fu*), "O leque"* (Tan-Jo-Lu*), "As flores e os pinheiros"* (Tin--Tun-Sing*), "Reflexos"* (Thu-Fu). Ao serem lançadas, as *Falenas* tiveram as seguintes resenhas críticas: sem assinatura (provavelmente Joaquim Serra*), em *A Reforma,** de 29 de janeiro de 1870; Luiz Guimarães Júnior,* no *Diário do Rio de Janeiro,** de 5 de fevereiro de 1870; Oscar Jagoanharo (pseudônimo de Araripe Júnior*), no *Dezesseis de Julho*, 6 de fevereiro de 1870; C. (Castro Lopes*), na *Semana Ilustrada,** de 27 de fevereiro de 1870; L. de Porto Alegre, em *A Opinião Nacional*, Recife, 28 de fevereiro de 1870; A. de C. (Augusto de Castro), em *A Vida Fluminense*, 2 de abril de 1870; Sílvio Romero,* em *A Crença*, Recife, 30 de maio de 1870; Júlio César Machado,* em *A América*, Lisboa, março de 1871.

Família Benoiton (A) Peça de Victorien Sardou,* publicada e estreada na França em 1865. A repercussão em Paris foi tanta, que passou a circular o verbo "benoitisar". A tradução de Machado estreou no Teatro Ginásio,* em 4 de maio de 1867, encenada pela companhia de Furtado Coelho.* Uma nota sem assinatura, na seção "Revista Teatral", do *Diário do Rio de Janeiro,** de 8 de maio, diz que Machado, "vencendo escabrosidades de toda a natureza", conseguiu "dar à linguagem daquela peça extraordinária em todos os sentidos, a suavidade da música". No dia 9, houve uma representação especial para a família imperial. A *Semana Ilustrada,** de 12 de maio, elogiou a peça e a representação, mas sem analisar a tradução de Machado, que se encontra perdida.

Fanqueiros literários (Os) Crônica publicada na seção "Aquarelas",* no jornal *O Espelho,** de 11 de setembro de 1859, com a assinatura M-as.* Incluída nas *Crônicas,** vol. I.

Faria, Antão Gonçalves de Engenheiro civil e republicano ardoroso, natural do Rio Grande do Sul (1854-1936), exerceu o cargo de ministro da Indústria, Viação e Obras Públicas,* de 23 de novembro de 1891 a 23 de julho de 1892. Machado era então diretor* da Diretoria de Comércio. Foi durante a sua gestão que se deu o caso Boynton.*

Faria, Franklin Médico com consultório na travessa do Rosário nº 15, que tratou de Machado durante uma fase de sua vida, provavelmente nos primeiros anos da década de 1870, quando se intensificaram os ataques de epilepsia.

Faria, Leopoldino de Caricaturista ativo no Rio de Janeiro na década de 1860. Na capa da *Pacotilha*, de 15 de setembro de 1866, publicou caricatura de Machado retratando uma figura feminina, provável alusão a Corina.*

Faro, José Pereira do Terceiro barão de Rio Bonito (Barra do Piraí, RJ, 1832 – Nova Friburgo RJ, 1899). Em julho de 1888, os colegas da Secretaria da Agricultura, Comércio e Obras Públicas* ofereceram um banquete a Machado, sendo Faro incumbido da saudação ao homenageado.

Farol (O) Vide "*O Pharol*".

Fascinação Poema publicado em *O Futuro,** de 1º de janeiro de 1863, com a assinatura Machado de Assis.* *Poesia e prosa.**

F

Fasio Sagah Pseudônimo não identificado que assinou artigo sobre *Iaiá Garcia*,* na seção "Cousas em Vigor", em *O Debate*, de 17 de outubro de 1898.

Faustino Xavier de Novaes Prefácio para o livro *Poesias póstumas*,* de Faustino Xavier de Novaes,* assinado com as iniciais M.A.* O escrito não tem título, que foi incorporado nos *Dispersos*.*

Fé Poema que figura nas *Crisálidas*,* sendo suprimido nas *Poesias completas*.*

Feijó, Antonio (A. Joaquim de Castro F.) Poeta e diplomata português, Feijó (Ponte de Lima, Portugal, 1859 – Estocolmo, Suécia, 1917) foi nomeado, em 1886, cônsul de Portugal no Rio Grande do Sul e adido à legação portuguesa no Rio de Janeiro, cidade onde deveria permanecer algum tempo. Na ocasião, Luís Guimarães Júnior,* residente em Lisboa, em carta datada de 21 de junho, pedia que Machado acolhesse o colega "como um confrade que nos honra", dando-lhe ingresso "na roda dos nossos amigos e irmãos de letras", mas não sabemos se os dois chegaram a se encontrar.

Feiura Machado considerava-se feio e disso queixou-se algumas vezes. Numa dessas ocasiões, Olavo Bilac* procurou consolá-lo, ou dissuadi-lo de tal opinião, por meio de uma breve homenagem em verso: "Mestre!/ Feio por quê? – só porque é feio/ Ser modesto demais.../ – Formoso coração de rimas cheio,/ Cheio de sonhos celestiais!/ – Quando te vejo a lira ao colo,/ Fica sabendo que eu/ Te acho mais belo do que Apolo,/ Mais belo do que Orfeu!". O poema está datado de 10 de fevereiro de 1896. Um ano depois, Sílvio Romero* publica *Machado de Assis – Estudo Comparativo de Literatura Brasileira*, no qual figura um retrato de Machado, executado por artista não identificado, que desagradou o retratado. Em carta a Magalhães de Azeredo,* datada de 10 de janeiro de 1898, Machado queixa-se do "retrato que me vexa, a mim que não sou bonito".

Felicidade (A) Conto publicado no *Jornal das Famílias*,* de março e abril de 1871, assinado com a inicial X.* Figura nos *Contos esparsos*.*

Felicidade pelo casamento Conto publicado no *Jornal das Famílias*,* de junho e julho de 1866. A primeira parte saiu assinada com a inicial F.* e a segunda com S.* Incluído nos *Contos esparsos*.* A atribuição é de R. Magalhães Júnior, sendo contestada por Jean-Michel Massa.

Felício, Eugênia Virgínia Ferreira Filha de Rodrigo Pereira Felício* e Joana Maria Ferreira Felício, condes de São Mamede, nasceu no Rio de Janeiro, em 1854. Em 1874, casou-se com Rodolfo Smith de Vasconcelos,* 2º barão de Vasconcelos, em Bonn. Vizinha dos Machado de Assis, foi uma das amigas mais assíduas na doença de Carolina,* acompanhando-a até o seu desenlace.

Felício, Joana Maria Ferreira Casada com Rodrigo Pereira Felício,* conde de São Mamede, nasceu no Rio Grande do Sul, em 1834. Era proprietária da casa da rua Cosme Velho,* nº 18, onde Machado viveu durante vinte e quatro anos. A ela, Machado teria confessado que o fato de ser mulato era para ele "um simples acidente". Joana enviuvou em junho de 1872, viajando para a Europa, a fim de assistir ao casamento de sua filha Eugênia Virgínia Felício.* De volta ao Brasil, foi pedida em casamento por Miguel de Novaes,* cunhado de

Machado. O casamento efetuou-se em 1876, com separação de bens. O casal mudou-se para Lisboa, em 1881. Em carta datada de 20 de julho de 1894, assinada J. Novaes, Joana solicitou a proteção de Machado para que seu filho Rodrigo Pereira Felício* conseguisse o "lugar de chanceler do Consulado Geral (do Brasil) em Lisboa". O pedido foi atendido. Dois anos depois, o rapaz abandonou o posto, sem comunicar ao cônsul, viajando para o Brasil. Joana faleceu em Lisboa, em 1897. Machado e Carolina encomendaram missa pelo "eterno repouso" da amiga, realizada na matriz da Glória, às 8h30 do dia 25 de março.

Felício, Joana Ferreira Filha de Rodrigo Pereira Felício* e Joana Maria Ferreira Felício,* condes de São Mamede. Casou-se com Joaquim de Carvalho Braga* na capela particular da casa do conde, na mesma ocasião em que se realizou o casamento de Machado e Carolina.*

Felício, Rodrigo Pereira Titular da nobreza portuguesa, o conde de São Mamede foi casado com Joana Maria Ferreira Felício.* O casal residia na rua Cosme Velho* nº 20, em cuja capela particular Machado casou-se com Carolina.* Rodrigo foi o padrinho da noiva. Anos antes, Felício pagara a passagem de Faustino Xavier de Novaes* e esposa, do Porto ao Brasil. O conde faleceu em junho de 1872, deixando uma imensa fortuna.

Felício, Rodrigo Pereira Filho do conde de São Mamede,* de quem tinha o mesmo nome, e de Joana Maria Ferreira Felício.* Em 1894, assumiu o cargo de chanceler provisório do consulado do Brasil em Lisboa. Em junho de 1896, de maneira imprevista, abandonou o seu posto, sem comunicar ao cônsul, seguiu para a França, tomou um navio no Havre, aparecendo no Rio de Janeiro. Apesar da demissão, graças a amigos influentes, conseguiu se inscrever no concurso para chanceler. Machado, atendendo a um pedido de seu cunhado, Miguel de Novaes,* padrasto do rapaz, recorreu aos préstimos de Rodrigo Otávio,* um dos examinadores do concurso, mas o candidato não foi aprovado. Logo em seguida, sua mãe morreu, deixando-lhe uma imensa fortuna.

Felix, Monsenhor Vide "Albuquerque, Monsenhor Félix Maria de Freitas e".

Feminista Vide verbete "Progressista".

Férias (Umas) Conto que figura nas *Relíquias de casa velha*,* onde foi publicado pela primeira vez.

Fernandes, Augusto Funcionário público, substituiu Machado como diretor de Comércio do Ministério da Indústria, Viação e Obras Públicas,* em 1896, quando o escritor licenciou-se para tratamento de saúde.

Fernando e Fernanda Conto publicado no *Jornal das Famílias*,* nos números de novembro e dezembro de 1866, com o pseudônimo de Máximo.* Incluído nos *Contos recolhidos*.*

Ferrão, Joaquim Antonio da Silva Amigo da juventude de Machado. No final de maio de 1865, enviou-lhe ingressos de camarote para a peça *Agonias do pobre*, de Reis Montenegro, encenada no Teatro São Januário.* Machado não compareceu e o amigo lhe dirigiu uma carta, datada de 1º de julho, indagando se estava doente.

Ferrari, Angelo Maestro e empresário italiano de companhias líricas, na segunda metade do século XIX. Num tom de brincadeira quase debochado, que deve ter deixado muito leitor sem saber o que pensar, Machado dedica a ele toda uma crônica, intitulada "O Caso Ferrari",* publicada em *O Cruzeiro*,* de 21 de maio de 1878. Em 1882, Ferrari empresava a Companhia Lírica Italiana. Foi um dos sócios do Clube Beethoven, do qual Machado foi sócio e bibliotecário.

Ferrari, Serafino Amedeo de Maestro, organista e pianista, Ferrari (Genova, Itália, 1824-1885) compôs várias óperas, entre as quais *Pipele ossia il Portinaio di Parigi*, com libreto de Rafaelle Berninzone, que Machado traduziu em 1859, adotando a grafia francesa: *Pipelet*.*

Ferraz, Costa (Fernando Francisco da C. F.) Natural do Rio de Janeiro (1838-1907), médico, legista, criador de um método de embalsamamento. Político, um dos introdutores do turfe no Brasil, era uma figura singular, feio, desmazelado no trajar, grande contador de histórias, "comentador desabusado de casos sociais" (Rodrigo Otávio, *Minhas memórias dos outros*. Nova série). Com data de 7 de setembro de 1882, enviou a Machado um cartão original, sobre papel verde, no qual se declara "seu admirador".

Ferraz, Luís Pedreira do Couto Barão e visconde do Bom Retiro. Político influente do Império, Ferraz (Rio de Janeiro, RJ, 1818-1886) foi deputado em sete legislaturas, senador, duas vezes presidente de província e ministro. Em 1872, presidiu a comissão incumbida de elevar uma estátua a José Bonifácio, inaugurada no dia 7 de setembro, no largo de São Francisco. Nesse dia, Machado publicou no *Jornal do Commercio** o poema "À inauguração da estátua de José de Alencar".* Ferraz lhe agradeceu por meio de carta datada do dia 11 daquele mês.

Ferreira, Carlos (C. Augusto F.) Poeta, romancista, contista e dramaturgo (Porto Alegre, RS, 1844 – Rio de Janeiro, RJ, 1913), escreveu diversos artigos críticos sobre obras machadianas. O primeiro, abordando *Ressurreição*,* saiu no *Correio do Brasil*, de 12 de maio de 1872, assinado C. Ferreira. No outro, firmado apenas com a inicial C., criticou as *Americanas*,* sendo publicado no *Correio Paulistano*, de 16 de janeiro de 1876, e transcrito em *O Globo*,* do Rio de Janeiro, de 11 de fevereiro de 1876. No mesmo ano, criticou *Helena*,* na *Gazeta de Campinas*, de 3 de dezembro. Referiu-se ainda a Machado quando do lançamento de *Névoas matutinas*, de Lúcio de Mendonça* (*Correio do Brasil*, 18 de fevereiro de 1872). Ferreira elogia o prefácio de Machado, escrito com a sua habitual "singeleza e bom gosto". Em *Feituras e feições* (1905), ele volta a referir-se a Machado, a propósito da posse de um novo imortal na Academia Brasileira de Letras.* Machado foi uma espécie de padrinho do poeta, apresentando-o ao público fluminense, em uma breve referência inserta em sua crônica de 29 de novembro de 1864, no *Diário do Rio de Janeiro*. Voltou a se referir a Ferreira quando da estreia da peça *O marido da douda*, considerando sua tese " um pouco escabrosa" (*Ilustração Brasileira*,* 15 de novembro de 1877). Quando da publicação do drama em livro, observou que "não obstante as incertezas próprias de um talento que não chegou ainda à inteira maturidade, é trabalho de merecimento e de esperanças" (*O Cruzeiro*, 18 de agosto de 1878).

Ferreira, Félix Jornalista, teatrólogo, romancista, o carioca Félix Ferreira (1848-1898) dedicou a Machado a sua primeira peça teatral, *As* *deusas de balão* (1867), inspirada em *Os deuses de casaca.** No *Arquivo Contemporâneo,** de 30 de janeiro de 1873, em cuja capa foram estampados os retratos de Machado e José de Alencar,* Ferreira colaborou com um texto, no qual exaltava sobretudo Machado como poeta. Na *Imprensa Industrial*, jornal que fundou com José Lino de Almeida, publicou uma crítica a *Helena,** na seção "Bibliografia", de 25 de outubro de 1876. Foi também livreiro e funcionário da Biblioteca Nacional.

Ferreira, João Carlos de Sousa Jornalista. Assinando apenas com as iniciais S.F., criticou a peça *O caminho da porta,** nas "Páginas Menores" do *Correio Mercantil,** de 21 de setembro de 1862.

Ferreira, José Gonçalves Era irmão de Joana Maria Ferreira Felício,* condessa de São Mamede. Protonotário apostólico, diretor do jornal *O Apóstolo*, oficiou o casamento de Machado e Carolina,* em 1869. Sete anos depois, na matriz de Nossa Senhora da Glória, realizou o casamento de sua irmã com Miguel de Novaes, cunhado de Machado.

Ferreira, Julieta Caldas Sobrinha de Rodrigo Pereira Felício* e de Joana Maria Ferreira Felício,* condes de São Mamede. Foi batizada na capela particular da residência dos condes a 12 de novembro de 1869, na mesma ocasião em que se realizou o casamento de Machado e Carolina.*

Ferreira, Silva (Manuel José da S. F.) Médico, professor da Universidade de Coimbra, foi incumbido pelo governo português de estudar a organização dos hospitais no Brasil. Vieira de Castro,* em carta datada de 11 de novembro de 1868, pediu a Machado que protegesse o amigo, prestes a chegar ao Brasil e lhe fizesse as honras da imprensa. Ferreira desembarcou no Rio de Janeiro em janeiro de 1869. Não há registro de contato com Machado.

Ferrero, Guglielmo Historiador e pensador, discípulo de Lombroso, Guglielmo Ferrero (Nápoles, Itália, 1871-1942) conseguiu renome universal com a sua *Grandeza e decadência de Roma*, obra em vários volumes publicados entre 1902 e 1908. Em 1907, convidado a pronunciar conferências em Buenos Aires, foi atraído pelo barão do Rio Branco* a visitar o Rio de Janeiro e São Paulo. Para que o convite tivesse um cunho oficial, a Academia Brasileira de Letras* atuou como intermediária, utilizando Camilo Cresta* como seu contato na Europa. As negociações foram efetuadas com absoluto sigilo. Machado redigiu um convite em francês convidando Ferrero a tomar posse como sócio correspondente da Academia, na vaga de Giosuè Carducci. No dia 23 de junho, o transatlântico Cordova, que seguia para Buenos Aires, aportou no Rio de Janeiro, trazendo o historiador. Machado subiu a bordo para recepcioná-lo e convidá-lo para um banquete, oferecido pelo Itamaraty, além de tratar da remuneração. Ferrero escreveu a Machado da capital argentina, expondo as condições para a realização de conferências na cidade. Em 23 de setembro, acompanhado de sua mulher, Gina Lombroso, e do filho, o historiador desembarcou no Rio, onde pronunciou seis conferências. De volta de uma excursão a Minas e São Paulo, foi homenageado com um banquete, realizado no Hotel Metrópole, no dia 31 de outubro, sendo saudado por Machado. No ano seguinte, Ferrero publicou em *Le Figaro* (21 de abril de 1908) um longo artigo, intitulado "Une Académie Américaine", elogiando a Academia e a obra de Machado, "um grande romancista universalmente admirado como o decano da literatura brasileira". Depois de muitas voltas, Ferrero conclui que "algumas [obras da literatura brasileira] são muito belas e fariam honra a qualquer literatura da Europa, como os romances do Sr. Machado de Assis, de quem o Brasil tem muita razão de se orgulhar". Machado deve ter vibrado de felicidade.

Ferrez, Marc Um dos pioneiros da fotografia no Brasil, nasceu no Rio de Janeiro (1843-1923), filho de Zeferino Ferrez, um dos membros da Missão Artística Francesa de 1816. Em 1884, com Artur Barreiros,* Ferrez organizou a *Galeria Contemporânea do Brasil.** Cada número publicaria a biografia de um contemporâneo ilustre, ao lado de sua foto, tirada por Ferrez. O primeiro número foi dedicado a Luís Cruls e o segundo, e último, a Machado. A foto de Ferrez é o melhor documento iconográfico de que dispomos do Machado quarentão, um tanto solene, de pincenê e barba ampla, vestindo um casacão, em pleno Rio 35 graus.

Ferrões (Os) Panfleto mensal, redigido por Euros Ferrão e Notus Ferrão, respectivamente pseudônimos de Dermeval da Fonseca* e José do Patrocínio.* Durante a polêmica sobre a censura à peça *Os lazaristas,** a publicação atacou rudemente a posição de Machado como censor.*

Festa da caridade (A) Poesias distribuídas e recitadas no benefício a favor dos asilos da Infância Desvalida de Portugal no Teatro Lírico Fluminense, na noite de 26 de julho de 1862. Rio de Janeiro, Tip. de Pinheiro & C. (1862), 16 pp. Machado figura com a poesia "A caridade"* (p. 6). O folheto apresenta ainda poemas de A. Moutinho de Sousa ("Ao povo"), Faustino Xavier de Novaes* ("Caridade"), A. J. de Carvalho Lima ("A caridade"), A pena de ferro ("A infância desvalida"), J. V. da Silva Azevedo ("A caridade entre o povo") e M. Cardoso Pereira ("Caridade").

Feuillet, Octave Nascido em Saint-Lô, França, em 1821, Feuillet escreveu alguns dos romances de maior sucesso do século XIX, como *Le Roman d'un Jeune-Homme Pauvre* (1858) e *Monsieur de Camors* (1867), sendo na época comparado a Balzac. Foi também autor de peças teatrais, várias delas apresentadas no Brasil, como *O romance de um moço pobre* e *Dalila,** ambas criticadas pelo jovem Machado, a primeira na "Revista de Teatros", do *Espelho,** de 25 de dezembro de 1859, e a outra na "Revista Dramática",* do *Diário do Rio de Janeiro,** de 13 de abril de 1860. Machado traduziu outra peça de Feuillet, *Montjoye,** estreada a 12 de outubro de 1864, no Teatro Ginásio,* e analisou a sua estreia (*idem*, 17 de outubro de 1864). Feuillet, que faleceu em 1890, foi uma das grandes admirações do jovem Machado. Alguns críticos da época apontam influência do escritor francês na peça *Desencantos** e nos romances da primeira fase, sobretudo *Ressurreição.** Ainda na maturidade, quando havia muito se livrara de qualquer reminiscência de Feuillet, Araripe Júnior observava, a propósito de *Quincas Borba,** que "Machado de Assis tem andado entre Octave Feuillet e Laurence Sterne" (*Gazeta de Notícias,** 12 de janeiro de 1892), sintetizando dessa forma as duas fases da ficção machadiana. Três anos depois, insistia que Machado muito lucrara trocando a influência do francês pela do inglês. A influência desaparecera, mas não a lembrança do escritor. Em crônica da seção "Bons Dias!"* (*Gazeta de Notícias,** 20 de abril de 1889), ainda citava a Dalila, e no *Quincas Borba,** Rubião fica fascinado pelas "condessas e os duques de Feuillet, metidos em estufas ricas" (capítulo LXXX). A admiração da mocidade continuava.

Fialho, Antonio Engenheiro, colega de Machado na Secretaria de Estado da Agricultura, Viação e Obras Públicas,* entrou na biografia machadiana através de uma anedota. Quando o escritor encontrou Manoel Carneiro de Sousa Bandeira* pintando uma aquarela do morro do Castelo, pediu-a para si. A notícia correu por toda a repartição. Um dia, Machado encontrou-se com Fialho, na rua do Ouvidor, que se referiu ao fato. Machado não gostou e respondeu gaguejando: – "Já é a terceira pessoa que me fala nisso!". O engenheiro pediu desculpas e partiu.

Figueira, Luís Ramos Natural de Angra dos Reis, RJ, 1843. Quintanista da faculdade de Direito de São Paulo, em 1864, dirigia a *Imprensa Acadêmica*,* na época de colaboração de Machado. Em 1859, ainda morando no Rio de Janeiro, participou de saraus literomusicais, junto com Machado, quando debatiam temas de literatura e história. Como romancista publicou, em 1863, *Dalmo ou Os mistérios da noite*, criticado por Machado em *O Futuro*,* de 1º de junho de 1863. Estabelecido no Paraná, Figueira ali faleceu, em 1894.

Filatelia Machado foi homenageado três vezes com selos comemorativos emitidos pela Empresa Brasileira de Correios e Telégrafos: em 1939, no embalo dos festejos do centenário de nascimento, em 1958, no cinquentenário de morte e em 1989, por ocasião do sesquicentenário de nascimento, trabalho assinado pela artista Martha Poppe.

Fil'Euterpe Clube localizado na rua dos Beneditinos, em cujos salões o Grêmio Literário Português* realizava saraus literomusicais. Machado participou pelo menos de um deles, o realizado a 5 de julho de 1862, quando recitou o seu poema "Nostalgia".*

Filgueiras, Caetano (C. Alves de Sousa F.) Precoce, como tantos românticos, Filgueiras (Salvador, BA, 1830) publicou seu primeiro livro de versos aos 16 anos. Aos 20, já era bacharel em direito, pela faculdade de Olinda. Alguns anos depois, partiu para o Rio de Janeiro, candidatando-se a professor da recém-criada cadeira de Direito Romano. Sem obter êxito, resolveu fixar residência na cidade. Abriu escritório de advocacia na rua de São Pedro, 85, frequentado a partir de 1856 por Machado, Casimiro de Abreu,* Macedo Júnior,* Gonçalves Braga,* Augusto Emílio Zaluar,* Teixeira de Melo.* As reuniões se prolongaram até 1858. Após as quatro da tarde, os amigos chegavam à "tranquila salinha" do escritório. Ali passavam horas recitando poemas, contando as suas aventuras e falando de tudo: de Deus, dos sonhos, do amor, de poesia, de música, de pintura. Filgueiras incentivava-os e escreveu o prefácio da estreia poética de Machado em livro, as *Crisálidas** (1864), o primeiro depoimento com informações biográficas sobre o escritor, que ficou grato ao amigo pelo resto da vida: "As primeira animações vieram dele, e dele vieram os primeiros conselhos", recordou anos depois. Um dos poemas do livro, "As rosas",* é dedicado a Filgueiras, assim como o posfácio. Machado elogiou a sua peça *Constantino*, "uma produção ligeira, escrita por desenfado, com o único fim de fazer rir" (*Diário do Rio de Janeiro*, 3 de janeiro de 1865). Mais tarde, Filgueiras dedicou uma *Epístola a Machado de Assis*, publicada no *Diário do Rio de Janeiro*,* de 16 de maio de 1866. O poema foi reproduzido em *Idílios* (1872), livro de versos dedicado a Machado, elogiado por Antonio Feliciano

F

de Castilho* e Camilo Castelo Branco.* Em sua "Semana Literária",* Machado agradeceu, louvando os versos do amigo, "tão vivamente inspirados, tão danosamente compostos". Filgueiras já estava então envolvido pela política. Nomeado presidente de Goiás, exerceu em seguida o cargo de deputado estadual na Paraíba, em cuja capital faleceu em 1882.

Filigranas Crítica sobre o livro de contos de Luiz Guimarães Júnior,* publicada na *Semana Ilustrada*,* de 20 de outubro de 1872, sem assinatura. Houve um erro de revisão no título do artigo (o nome correto do livro é *Filagranas*), que passou despercebido a J. Galante de Sousa e a Jean-Michel Massa. *Dispersos*.*

Filosofia de um par de botas Conto publicado em *O Cruzeiro*,* de 23 de abril de 1878, com o pseudônimo de Eleazar.* Incluído nas *Novas relíquias** e, posteriormente, nas *Páginas recolhidas*,* da edição W. M. Jackson.* Jeremias (pseudônimo não identificado), em *O Besouro** (27 de abril), satiriza o trabalho em um poema que termina, ironicamente, falando "num *Par de botas* – sem par". Alguns dias depois, no mesmo jornal, D. Filho escrevia que "*O Besouro* ataca o *Cruzeiro** e propõe-se a consertar o par de botas rotas – sem par – do ilustre Eleazar" (4 de maio).

Fletcher, James Cooley O pastor protestante, teólogo e missionário presbiteriano Fletcher (1823-1901) esteve no Brasil por duas vezes, de 1851 a 1854 e em 1855-56. Apreciador de literatura, interessou-se pela tradução de Pedro Luís* do poema "Cry of a Lost Soul", do poeta norte-americano John Grenleaf Whittier. Esse poema, baseado numa lenda amazônica, e sua tradução, intitulada O *grito de uma alma-perdida*, haviam sido comentados por Machado, em crônica publicada a 22 de agosto de 1864, no *Diário do Rio de Janeiro*.* Em 1866, de regresso aos Estados Unidos, Fletcher publicou no *Every Saturday* a tradução de Pedro Luís, antecedida por uma nota introdutória intitulada "Whittier no Brasil", na qual se refere ao texto machadiano. Foi a primeira vez que o nome de Machado apareceu nos Estados Unidos.*

Fleiuss, Henrique Nascido em Colônia, Alemanha, em 1823, desenhista e gravador, chegou ao Brasil em 1858, convidado por Von Martius, percorrendo as províncias do norte e nordeste. No ano seguinte, já no Rio de Janeiro, estabeleceu-se com uma litotipografia, auxiliado por seu irmão Carlos Fleiuss e o litógrafo Carlos Linde. Em 1860, com o nome abrasileirado para Henrique, fundou a *Semana Ilustrada*,* na qual Machado colaborou durante quinze anos, do primeiro ao último número. Quando Machado se casou, em 1869, Fleiuss lhe ofereceu o enxoval de casamento. Em 1876, lançou uma nova revista, *A Ilustração Brasileira*,* também com a colaboração de Machado em todos os números. A publicação acabou falindo, deixando-o inteiramente arruinado.

Henrique Fleiuss

Ainda tentou se reerguer, lançando a *Nova Semana Ilustrada* (1880), que não foi avante. Fleiuss caricaturou Machado quatro vezes (ver "Caricatura"*) e retratou os personagens do seu primeiro romance, *Ressurreição.** Faleceu no Rio de Janeiro, em 1882.

Fleiuss, Max Filho do caricaturista Henrique Fleiuss,* nasceu no Rio de Janeiro, em 1868. Machado conheceu-o quase criança, na redação da *Semana Ilustrada.** Historiador, professor, jornalista, secretariou a nova fase de *A Semana,** iniciada em 5 de julho de 1893. A seu pedido, Machado escreveu para essa revista o conto "Missa do galo".* Fleiuss identificou algumas das crônicas de Machado publicadas na seção "Badaladas",* na *Semana Ilustrada*, assinadas Dr. Semana,* pseudônimo que escondia vários autores. Faleceu no Rio de Janeiro, em 1943.

Fleuri, André Augusto de Pádua Natural de Mato Grosso (1830) e bacharel em direito, foi deputado em cinco legislaturas e três vezes presidente de província. Entre os ministros da Agricultura, Comércio e Obras Públicas* sob cujas ordens Machado serviu, Fleury (1830-1885) foi um dos que permaneceu menos tempo no cargo, de 3 de julho a 16 de dezembro de 1882.

Flor anônima Conto publicado no *Almanaque das Fluminenses** para 1891, com a assinatura Machado de Assis.* Incluído em *Obra completa* (Rio de Janeiro, José Aguilar, 1962, vol. II).

Flor da mocidade Poesia que figura nas *Falenas.**

Flor do embiroçu (A) Poema incluído nas *Americanas.**

FLOR ANONYMA

Manhã clara. A alma de Martinha é que accordou escura. Tinha ido na vespera a um casamento; e, ao tornar para casa, com a tia que mora com ella, não podia encobrir a tristeza que lhe dera a alegria dos outros, e particularmente dos noivos.

Martinha ia nos seus.... Nascera ha muitos annos. Toda a gente que estava em casa, quando ella nasceu, annunciou que seria a felicidade da familia. O pai não cabia em si de contente.

— Hade ser linda!
— Hade ser boa!
— Hade ser condessa!
— Hade ser rainha!

Essas e outras prophecias iam occorrendo aos parentes e amigos da casa.

"Flor anônima", publicado no *Almanaque das Fluminenses* para 1891

Flor e fruto Poema de Ernesto Cibrão,* publicado na *Semana Ilustrada,** de 31 de janeiro de 1869, com a assinatura E., em resposta ao poema machadiano "Menina e moça",* que havia aparecido uma semana antes na mesma publicação. Machado reproduziu o poema do amigo nas "Notas" das *Falenas.**

Flor? Uma lágrima (Uma) Poesia datada de "outubro de 1858", assinada J. M. Machado d'Assis.* Transcrita no catálogo da *Exposição Machado de Assis.* O manuscrito pertence à Biblioteca Nacional. Reproduzida em *Obra completa* (Rio de Janeiro, Aguilar, 1962, vol. III).

Florêncio Contínuo do Ministério da Viação. Tinha o hábito de classificar os funcionários da repartição nas categorias de sangue enxuto e sangue doce. Estes eram os que atraiam as mulheres. Segundo esse personagem original,

Machado pertencia a uma categoria especial: os tipos de sangue temperado.

Flores e frutos Crítica ao livro de poemas com esse título, de Bruno Seabra,* publicada no *Diário do Rio de Janeiro*,* de 30 de junho de 1862, com a assinatura M.A.* Incluída em *Novas relíquias** e, posteriormente, em *Crítica literária*.*

Flores e os pinheiros (As) Poesia que figura nas *Falenas*,* na série intitulada "Lira chinesa".* Imitação de um poema de Tin-Tun--Sing,* baseada na tradução francesa de Judith Gautier,* intitulada *Les Petites Fleurs se Moquent des Graves Sapins*.

Folha do salgueiro (A) Poesia que figura nas *Falenas*,* na parte denominada "Lira chinesa".* Machado baseou-se na tradução francesa de Judith Gautier* intitulada *La Feuille de Saule*. A escritora francesa atribui a autoria a Tchan-Tiú-Lin,* cuja grafia correta em português seria Tyão Keuleq, segundo o sinólogo português Joaquim A. de Jesus Guerra, ou Chang-Chiu-Ling, de acordo com Edgar Colby Knowlton Jr.

Folha Nova Jornal de orientação republicana fundado em 1881, na cidade do Porto, por Emídio de Oliveira. Em 12 de outubro de 1882, iniciou a publicação das *Memórias póstumas de Brás Cubas** em folhetim. O romance não agradou ao público português. A publicação, bastante espaçada, se arrastou por mais de um ano. Saíram apenas 28 capítulos, cerca de 20% do texto completo. O último viu a luz em 22 de novembro de 1883, sendo então substituído por outra obra, sem qualquer explicação. O fracasso deve ter aborrecido Machado.

Folha rota Conto publicado no *Jornal das Famílias*,* de outubro de 1878, com a assinatura Machado de Assis.* Recolhido ao 2º volume das *Relíquias de casa velha*.*

Folhas velhas Artigo publicado em *O Espelho*,* de 4 de dezembro de 1859, com o subtítulo "O Mosteiro de São Bento", e a assinatura Gil.* A atribuição é de R. Magalhães Júnior, em *Vida e obra de Machado de Assis*, mas deve ser encarada com reserva. Transcrito em Machado de Assis. *O Espelho*, organização, introdução e notas de João Roberto Faria (Unicamp, Campinas, 2009).

Folhetinista (O) Crônica publicada na seção "Aquarelas",* que Machado mantinha em *O Espelho*,* em 30 de outubro de 1859, com a assinatura M-as.* Incluída nas *Crônicas*.*

Folhinha do Centenário de Camões Para o ano de 1881. Editada pela Laemmert, dentro das comemorações do terceiro centenário de nascimento do grande épico português. Reproduz um dos quatro sonetos com que Machado, na época, homenageou Camões,* o que começa pelo verso "Quando torcendo a chave misteriosa", publicado originalmente no *Jornal do Commercio*,* de 10 de junho de 1880.

Fon-Fon Revista fundada em 1907 por um grupo de escritores simbolistas, tendo à frente Álvaro Moreira, Mário Pederneiras, Hermes Fontes, Gonzaga Duque, Lima Campos. Raul Pederneiras.* K.Lixto e J. Carlos respondiam pelas ilustrações. A revista apresentava-se da seguinte maneira: "Semanário alegre, político, crítico e esfuziante. Tiragem: 100.000 quilômetros por ora. Colaboração de graça, isto é, de Espírito". No número de 3 de maio de 1907, Machado aparece pela primeira vez na revista, em foto com alguns amigos, tomando café na confeitaria Castelões. Reaparece um ano depois em caricatura de Raul, publicada no número de 20 de junho de 1908. Quatro meses depois (3 de outubro), o caricaturista prestou uma última homenagem a Machado, recém-falecido, com uma bela alegoria.

Fonseca, Dermeval da (D. José da F. Filho) Jornalista, médico e homem de teatro, nasceu em Resende (RJ), 1850. Em 1875, investiu duramente contra a posição do censor Machado em relação à peça *Os lazaristas.** O ataque foi formulado no panfleto mensal *Os Ferrões*, que Dermeval redigia com José do Patrocínio,* sob os pseudônimos de Euros Ferrão e Notus Ferrão. A ferroada não impediu a consolidação da amizade e a admiração por Machado. Em outubro de 1886, Fonseca compareceu ao banquete comemorativo dos vinte e dois anos de publicação das *Crisálidas,** tendo escrito para a ocasião um pequeno poema intitulado *Ao Corte do Machado*, lido por Filinto de Almeida,* que começava com a seguinte quadrinha: "O velho molde, antiquado, d'inchada literatura/ Foi-se aos golpes de Machado/ Vibrados por mão segura". Meses depois, em 21 de junho de 1887, na seção "Efemeridinas", que mantinha na *Gazeta de Notícias,** com o pseudônimo de Cantúmirim, publicou uma breve nota a respeito do aniversário de Machado, a quem chamava de "Mestre e amigo, o mais elegante e o mais correto dos nossos escritores". Nesse mesmo ano, foi eleito senador, sendo homenageado com um banquete, organizado por José do Patrocínio. Machado compareceu a esse banquete, assim como ao realizado em 18 de abril de 1891, no Derby Clube, uma nova homenagem a Dermeval, organizada por José do Patrocínio. Fonseca faleceu no Rio de Janeiro, em 1914.

Fontana Autor do quadro em que uma mulher, sentada num sofá, lê um livro. Machado apaixonou-se pela obra, ao vê-la exposta na vitrina de uma loja da rua do Ouvidor, que Lúcia Miguel Pereira assegurou ser a Galeria Jorge, ou a sua antecessora. Alguns amigos resolveram então se cotizar para adquirir o quadro e presenteá-lo ao fiel admirador. Os sete ofertantes foram Heitor de Basto Cordeiro,* Ernesto Cibrão,* Antonio da Rocha Miranda,* Caetano Pinto, Joaquim Xavier da Silveira,* Ferreira de Araújo* e Horácio Guimarães, que mandaram confeccionar outro quadro, de pequenas dimensões, com os seus nomes. A cada um deles, em agradecimento, Machado remeteu o soneto que começa pelo verso "A bela dama ruiva e descansada". O poema foi transcrito por Ferreira de Araújo na *Gazeta de Notícias,** de 18 de abril de 1895, com o título de "Soneto circular"* e a explicação de sua origem. O quadro foi colocado em lugar de honra na casa da rua Cosme Velho, na sala de visitas, em cima do sofá, segundo Francisca de Basto Cordeiro.* Há muita especulação sobre quem seria o Fontana autor do quadro. O brasileiro Carlos Fontana? O italiano Ernesto Fontana, natural de Lugano? Ou o milanês Roberto Fontana (1844-1907)? Os críticos apontam esse último como o mais provável autor. O problema, porém, permanece, até que se estabeleça um estudo comparativo e o confronto de assinaturas. No verso do quadro há uma etiqueta, redigida em francês, com as seguintes indicações: "*47 – Femme tenant un livre/ Signè à droite / Toile Haut, 77 cent; larg. 35 cent.*"

Fontes, Custódio Cardoso Advogado e político. Em 1869, eleito deputado pelo Espírito Santo, tornou-se proprietário do *Diário do Rio de Janeiro,** acertando com Machado uma série de críticas às apresentações de Adelaide

F

Ristori.* Sob o pseudônimo de Platão,* Machado escreveu cinco artigos (2, 10, 15, 18 e 30 de julho), comentando oito peças.

Forca por forca Drama de Jules Barbier,* *Maxwel* no original, estreou em Paris em 13 de fevereiro de 1867, no Teatro Ambigu Comique, tendo mais de duzentas representações consecutivas, segundo informação do *Jornal do Commercio*.* Machado traduziu-a para a Companhia de Furtado Coelho,* no final de 1867. Desde o início de dezembro desse ano já se anunciava que a peça estava em fase de ensaio. A seção "Teatros" da *Semana Ilustrada** colaborou na divulgação do trabalho, por meio de notas, provavelmente redigidas por Machado ou escritas a seu pedido. A expectativa de sucesso era grande. A estreia se deu no Teatro Ginásio Dramático, no dia 9 de janeiro de 1868, em benefício da atriz Ismênia dos Santos,* com cenário pintado pelos cenógrafos Tassani e Tenerelli. No elenco figuravam Furtado Coelho e Ismênia dos Santos, nos papéis principais, mais Guilherme Aguiar, Areas, Martinho, Martins. Voltou à cena nos dias 10, 11, 12, 16, 18, 19, 23, 25 de janeiro e 29 de fevereiro, espetáculo este em benefício do bilheteiro. Dez representações apenas, talvez o suficiente para cobrir os gastos, mas muito longe do que se esperava dela. A imprensa elogiou o "luxo de adereços" e a "propriedade dos cenários", que garantiriam a "esta notável composição êxito dos mais felizes" (*Jornal do Commercio*, 9 de janeiro de 1868). A *Semana Ilustrada** louvou o "singular esmero" da montagem (12 de janeiro de 1868), prevendo "uma carreira como talvez poucos dramas até agora fizeram" (19 de janeiro). Apenas o título escolhido por Machado desagradou: "A *Forca por forca*, que contra si somente tem o título", alfineta a *Semana Ilustrada* (19 de janeiro). A tradução machadiana foi redescoberta por Jean-Michel Massa, que a publicou em *Três peças francesas traduzidas por Machado de Assis* (Belo Horizonte, Crisálida, 2009).

Forcas caudinas (As) Comédia em dois atos, publicada pela primeira vez nos *Contos sem data*.* O manuscrito original (formado por 66 folhas de papel almaço) encontra-se na Biblioteca Nacional, assinado por XXX, tendo sido localizado e identificado por Eugênio Gomes, em 1952, quando diretor da instituição. Na peça, Machado utiliza o mesmo enredo do conto "Linha reta e linha curva".* Gomes acreditava que a peça tivesse sido escrita entre 1859 e 1864. J. Galante de Sousa data-a, com mais precisão, entre 1863 e 1865. O pesquisador carioca determinou as datas-limite de composição da peça baseado em dois pontos. O primeiro, uma alusão, em determinada cena, à revolução da Polônia contra o domínio russo, ocorrida em janeiro de 1863. Como data máxima, Galante admite outubro de 1865, quando o *Jornal das Famílias** inicia a publicação do conto "Linha reta e linha curva", que ele prova com argumentos irretorquíveis ser posterior à peça.

Fotografia Espírito progressista e atento à revolução silenciosa que a tecnologia começava a provocar na vida do homem do século XIX, Machado sentiu um interesse especial pela fotografia que, com certa audácia para a época, classificou de "arte moderna" (*Diário do Rio de Janeiro*,* 7 de agosto de 1864). Nessa mesma crônica, encantado com um novo "aparelho fotográfico" importado pelo fotógrafo Joaquim Insley Pacheco,* cujo estúdio costumava frequentar para admirar "a perfeição crescente dos trabalhos fotográficos e de miniatura" ali expostos, indagava: "Até onde chegará o aperfeiçoamento do invento do Daguerre?". Enquanto acompanhava essa evolução, gostava de solicitar retratos* dos amigos ou fotos de aspectos gerais, para colocar em álbum ou pendurar na parede, como era hábito à época. "Não me será dado obter igualmente um retrato seu para o meu álbum dos amigos?", indaga a José Carlos Rodrigues (carta de 25 de janeiro de 1873), ao lhe enviar a sua foto. Três anos depois, agradece a Salvador de Mendonça "as fotografias que daí me remeteste; são de excelente efeito" (carta de 13 de novembro de 1876). O gosto não diminuiu com a idade. Em 1904, pediu a Joaquim Nabuco* uma de suas últimas fotos, que colocou na sala, "com as de outros íntimos" (carta de 24 de junho de 1905). O romancista incorporou ao *Dom Casmurro** toda a sedução da fotografia, que nele desempenha um importante papel como fonte de sugestões e equívocos.

Fotonovela A única obra de Machado apresentada em fotonovela foi o romance *Helena*.

Fotos de Machado Vide "Retratos".

Fragmento Vide "Clódia".

França Despertando para a vida intelectual em pleno romantismo, Machado bebeu fartamente do leite da cultura francesa. O francês foi o primeiro idioma estrangeiro que aprendeu, e os escritores franceses, em grande parte, os principais formadores de seu espírito. Eles constituíram a base de sua cultura, influenciaram a sua filosofia de vida e as suas convicções pessoais, alicerce sob o qual, mais tarde, se assentaram as sugestões oriundas da língua e da literatura inglesa. A lista de admirações é extensa e inclui grandes nomes, marcos da literatura universal, e escritores que se distinguiram em sua época, para logo mergulharem no esquecimento. No primeiro time, figuram autores que, descobertos na mocidade, foram lidos, admirados, por vezes, parodiados, e relidos durante toda a vida: Pascal,* La Fontaine,* Molière,* Stendhal,* Montaigne,* Alfred de Musset,* Balzac, Voltaire,* Flaubert, Xavier de Maistre,* Alphonse de Lamartine,* Bernardin de Saint-Pierre (define *Paulo e Virgínia* como "celeste romance" – "O anjo Rafael"*), Prosper Mérimée, Benjamin Constant, cujo *Adolfo* considerava "divino" ("Gazeta de Holanda", 23 de agosto de 1887) e era um de seus deleites intelectuais e que assim definiu: "este romance tem de viver enquanto viver a língua em que foi escrito" (*A Semana*, 2 de julho de 1893). No segundo caso, autores como Octave Feuillet,* Eugène Scribe ("não é um dramaturgo, é um teatro" – *O Espelho*, 4 de dezembro de 1859), o "maravilhoso Dumas" (*Quincas Borba**), Eugène Pelletan,* que exerceu imensa influência em seu pensamento, na mocidade, e outros, secundários, prováveis leituras da adolescência, mas dos quais se lembrava, ainda na velhice, com precisão e, talvez, certo saudosismo, como Ponson du Terrail, com seu "estilo de telegrama" ("O anjo Rafael"), criador do "nunca assaz louvado Rocambole". Ainda jovem, no entanto, sentiu necessidade de diversificar o seu interesse, dirigindo a curiosidade intelectual para as letras da Espanha, Inglaterra,* Itália,* que lhe abriram novos e amplos horizontes espirituais (sobretudo Shakespeare* e Dante*), mas sem nunca se afastar da matriz francesa. Durante toda a vida, acompanhou o movimento literário parisiense, atento a escritores e obras de maior sucesso, avaliados sempre com seu implacável olho crítico. Demonstrava admiração por Zola, a quem chamou de "sucessor de

F

Balzac", "talento pujante, grande romancista" (*A Semana*,* 15 de abril de 1894), mas a quem fazia sérias restrições e cuja produção acompanhava, como sugere a crônica (*A Semana*,* 17 de julho de 1892) na qual alude ao recém-lançado *La Debâcle*. Em compensação, enchia-se de alegria com a leitura de seu irmão espiritual Anatole France ("delicioso Anatole!", carta a José Veríssimo, de 21 de março de 1900). A admiração pela literatura francesa foi intensa e constante, mas o que pensaria da França, como nação? Na adolescência, definiu-a como "a sede das civilizações modernas, o foco luminoso da literatura e das ciências" (*A comédia moderna*,* 31 de julho de 1856). À medida que amadureceu, transferiu o seu entusiasmo aos Estados Unidos e à Inglaterra, omitindo-se de opinar sobre a França, mas sem deixar de reconhecer, ainda na maturidade, que "o homem põe e Paris dispõe" ("Mariana",* *Várias histórias**). A cidade continuou sendo a síntese da civilização mais refinada, mas onde as conquistas do espírito conviviam com todos os desregramentos sexuais. Os seus personagens que visitaram a capital francesa ou viveram nela ficaram marcados para sempre pelo gosto excessivo dos prazeres mundanos e das aventuras eróticas, como o personagem do conto "A parasita azul".*

França Júnior, Joaquim José da França Júnior (Rio de Janeiro, RJ, 1838) foi um dos autores teatrais de maior sucesso no século XIX. As suas peças criticam, com graça e bom humor, os hábitos sociais e políticos da sociedade brasileira. Conheceu Machado quando este se iniciava no *Diário do Rio de Janeiro*,* no começo da década de 1860. Evocando aquela época, lembra França (*O Globo Ilustrado*, 28 de maio de 1882) que o Machadinho, "quase imberbe", nem sonhava com "as glórias de chefe da família e de seção de uma secretaria". Uma de suas melhores peças, *Caiu o Ministério!* (1882), foi inspirada na comédia *Quase ministro*,* de Machado. Cronista muito popular, ocupou-se dos *Contos fluminenses*,* numa nota ligeira publicada no *Jornal da Tarde*, de 4 de abril de 1870. Em janeiro de 1882, hospedou-se no Hotel Oriental,* em Petrópolis,* onde Machado encontrava-se com a esposa. Segundo o testemunho de Trop, em *O Binóculo*, de 28 de janeiro de 1882, todos os dias França Júnior e Machado mantinham "uma prosa animada e espirituosa". França Júnior morreu em Poços de Caldas, MG, em 1890.

Francês (idioma) Uma tradição narrada pela primeira vez por Hemetério dos Santos* afirma que Machado começou a aprender o idioma de Racine, entre os anos de 1850 e 1854, com o forneiro francês da padaria de Mme. Gallot,* em São Cristóvão. Lúcia Miguel Pereira diz que, adolescente, frequentou a casa de uma família, para aprimorar a pronúncia. Aos dezoito anos, efetuou a sua primeira tradução do francês, *A ópera das janelas** (1857). Aos vinte anos, já dominava perfeitamente o idioma, na forma escrita e falada. Por essa época, frequentava assiduamente o grupo de franceses que se reuniam na redação do *Courrier du Brésil*.* E foi em homenagem ao filho de um deles que escreveu o seu primeiro poema em francês, intitulado "A Ch. F., filho de um proscrito".* Ou seja, o pequeno Charles, filho de Victor Frond.* Por diversas vezes, em crônicas e poemas, Machado se expressou em francês. Em ordem cronológica são os seguintes os trabalhos escritos nessa língua: "A Ch. F., filho de um proscrito" (*Correio Mercantil*,* de 21 de julho de 1859); poema parodiando *Guitare*, de Victor Hugo,* incluído na crônica publicada em 2 de maio de 1865, no *Diário do Rio de Janeiro*;* "*Un vieux pays*",* poema incluído nas *Falenas** (1870); crônica em versos publicada na *Semana Ilustrada* (26 de maio de 1872); um pretenso diálogo entre Dumas Filho* e um funcionário da Justiça (*Ilustração Brasileira,** 1º de setembro de 1876); algumas palavras na polianteia *L'Anniversaire du 14 Juillet,* 14 de julho de 1883; "*Réfus*",* poema dedicado a Jayme de Séguier* (*Gazeta de Noticias,** 1º de setembro de 1890); "*Voulez-vous du Français*", quadra bilíngue, escrito em data incerta. Bem maior é o número de traduções efetuadas do francês, como língua matriz ou intermediária, 32 ao todo, abaixo relacionadas: *A ópera das janelas** (agosto de 1857), de L. Halévy; *A Literatura durante a Restauração** (setembro-dezembro de 1857), de Alphonse de Lamartine;* "A uma donzela árabe"* (janeiro de 1859), de Lamartine; *Souvenir d'Éxil** (janeiro de 1859), de Charles Ribeyrolles; "Bagatela"* (maio-agosto de 1859), conto traduzido do francês; *Brasil pitoresco** (1859), de Charles Ribeyrolles; "Maria Duplessis"* (1859), de Alexandre Dumas Filho; "Cleópatra"* (1860), de Mme. De Girardin; "Lúcia"* (1860), de Alfred de Musset; *Queda que as mulheres têm para os tolos** (abril de 1861), de Victor Hénaux; "A jovem cativa"* (setembro de 1862), de André Chénier; "Alpujarra"* (julho de 1863), de Adam Mickiewicz; "O casamento do diabo"* (março de 1863), de Gustave Nadaud; "As ondinas"* (agosto de 1863), de Heinrich Heine; *Montjoye** (1864), de Octave Feuillet; *Le Médecin Malgré Lui* (1864), de Molière;* "Versos a Ema"* (abril de 1865), de Alexandre Dumas Filho; *Suplício de uma mulher** (1865), de Émile de Girardin e Alexandre Dumas Filho; *Os trabalhadores do mar** (março-julho de 1866), de Victor Hugo; *O anjo da meia-noite** (1866), de Théodore Barrière e Édouard Plouvier; *O barbeiro de Sevilha** (1866), de Beaumarchais;* *A família Benoiton** (1867), de Victorien Sardou; *Como elas são todas** (1868), de Alfred de Musset; "Cegonhas e rodovalhos"* (janeiro de 1869), de Louis Bouillet; *A El...** (1869), de Lamartine; "Os deuses da Grécia"* (1870), de Schiller; *Higiene para uso dos mestres-escolas** (1873), de Dr. Théophile Gallard;* "Cantiga do rosto branco"* (1875), de Chateaubriand; *Os demandistas** (1876), de Jean Racine;* "Os animais enfermos da peste"* (1886), de La Fontaine; *Os burgueses de Paris** (sem data), de Dumanoir, Clairville e Cordier; *Tributos da mocidade** (sem data), de Léon Gozlan.

Francisca Conto publicado no *Jornal das Famílias,** de março de 1867, com o pseudônimo de Máximo.* Incluído nos *Contos recolhidos.**

Franco, Augusto Discípulo de Sílvio Romero,* o mineiro Franco (Barbacena, MG, 1877 – Alemanha, 1909) foi um dos poucos que saiu em defesa do mestre sergipano, quando este publicou o seu livro arrasador sobre Machado. O crítico mineiro contra-atacou Labieno,* em artigo incluído no volume de *Ensaios Literários* (Juiz de Fora, Livraria Pereira, 1899).

Frei Fidelis, o Casamenteiro Pseudônimo não identificado que na *Revista Ilustrada** (1878) redigiu um artigo brincalhão promovendo o casamento de Iaiá Garcia* com Mota Coqueiro, personagem que dá título ao livro de José do Patrocínio, publicado no ano anterior.

Frei Simão Conto publicado no *Jornal das Famílias,** em junho de 1864, assinado com as iniciais M.A.,* o primeiro que publicou naquela revista. Incluído nos *Contos fluminenses.**

Freitas, Leopoldo de (L. de F. Cruz) Diplomata e jornalista, Freitas (Porto Alegre, RS, 1865 – São Paulo, SP, 1940), exerceu também a crítica literária militante, tendo publicado quatro resenhas sobre Machado, em *O País*, 22 de janeiro de 1900, sobre as *Páginas recolhidas*;* no *Diário Popular*, de São Paulo, 5 de dezembro de 1904, a respeito de *Esaú e Jacó*;* no mesmo jornal paulista, 14 de março de 1906, sobre *Relíquias de casa velha*;* ainda no *Diário Popular*, 29 de setembro de 1908, sobre *Memorial de Aires*.*

Friburgo Vide "Nova Friburgo".

Frond, Charles Filho do exilado Victor Frond,* Charles nasceu no Rio de Janeiro, no início de janeiro de 1859. No dia 27 desse mês, na redação do *Courrier du Brésil*,* o pai reuniu os conterrâneos para comemorar o nascimento do garoto. Machado era o único brasileiro presente à reunião. Em comemoração ao fato, Charles Ribeyrolles* improvisou um poema em rimas cruzadas, intitulado *Souvenir d'Éxil*,* que Machado traduziu de imediato. Como testemunhas da façanha, assinaram Victor Frond,* Ribeyrolles,* Boulanger, Joseph Lacombe, Dr. H. Chomet, A. Lemaêl, L.Aubé, Vieu, Pailleux, Salaberry, Massy e o livreiro B. L. Garnier.* Quando Charles completou seis meses, Machado dedicou-lhe o poema "A Ch. F., filho de um proscrito",* o seu primeiro trabalho escrito em francês.

Frond, Victor Fotógrafo francês, antibonapartista rubro, exilado no Rio de Janeiro. Tinha ateliê na rua da Assembleia, nº 34, e residência ao lado, no nº 36. Desde 1857, anunciava a publicação de um álbum fotográfico, intitulado *Brasil pitoresco*.* A ideia se concretizou no ano seguinte, com a chegada de Charles Ribeyrolles* na cidade. Machado, amigo íntimo de Frond, e de seu grupo de franceses, foi um dos tradutores do livro. Frond teve um filho no Brasil, Charles Frond,* a quem Ribeyroles dedicou um poema, traduzido por Machado.

Fulano Conto que figura nas *Histórias sem data*.* Publicado pela primeira vez na *Gazeta de Notícias*,* de 4 de janeiro de 1884, com a assinatura Machado de Assis.*

Fumo Machado teria sido fumante de charuto até os quarenta anos, mais ou menos, quando resolveu abandonar o hábito, provavelmente por motivos de saúde. Essa é a opinião de Gondin da Fonseca, que chega a precisar até o ano: 1878, mas sem qualquer prova.

Fumo sem fogo Drama de Antonio Moutinho de Sousa,* publicado em Salvador, BA, 1861. O "Juízo Crítico"* de Machado está datado de janeiro de 1861, assinado J. M. Machado d'Assis.*

Funcionário público É curiosa a trajetória de Machado no funcionalismo público. A tradição afirma que ele exerceu a função de aprendiz de tipógrafo,* na Tipografia Nacional.* Se o foi, ficou pouco tempo. O verdadeiro ingresso no funcionalismo se deu no dia 7 de abril de 1867, quando foi nomeado ajudante do diretor de publicação do *Diário Oficial*.* Era um cargo modesto, no qual permaneceu durante sete anos. No dia 31 de dezembro de 1873, foi nomeado 1º oficial da segunda seção da Secretaria de Agricultura* pelo ministro da Agricultura, Comércio e Obras Públicas José Fernandes da Costa Pereira Júnior,* tomando posse a 7 de janeiro de 1874. Pela primeira vez, respirava aliviado em matéria de finanças. Logo se revelou um funcionário probo e meticuloso, respeitoso e polido no relacionamento com os colegas. Esse comportamento foi decisivo na sua nomeação como chefe de seção, por decreto de 7 de dezembro de 1876, em substituição a Rosendo Moniz Barreto,* depois de um incidente desagradável. Antes, por duas vezes, em 1874 e 1875, já havia respondido interinamente pela chefia da seção. Buarque de Macedo,* que assumiu o Ministério em março de 1880, nomeou Machado oficial de gabinete. Em 30 de março de 1889, Rodrigo Silva* promoveu-o a diretor da Diretoria de Comércio da Secretaria de Estado da Agricultura, Comércio e Obras Públicas, com o ordenado de oito contos anuais. Era "quase a riqueza", escreve Lúcia Miguel Pereira. Com a reforma administrativa de 1893, quando a secretaria passou a se chamar da Indústria, Viação e Obras Públicas,* o cargo de Machado passou a ser o de diretor-geral da Viação. Com a reunião dos Ministérios da Viação e das Obras Públicas, em novembro de 1897, Machado passou a adido, com vencimentos de nove contos anuais. Modelo de probidade, zeloso no trato da coisa pública, era tão consciencioso que nunca escrevia as informações diretamente no processo. Antes, fazia um rascunho, que corrigia até considerá-lo satisfatório e preciso, e só então o incluía no processo. Bernardo de Oliveira,* seu colega de seção, viu-o escrever nove versões de um despacho. Francisco Glicério,* em carta a Alfredo Pujol,* diz que Machado, como funcionário público, "jamais por ninguém foi excedido pela sua probidade, pelas suas maneiras, pela sua assiduidade notável e rara no trabalho da Secretaria de Estado, pela sua alta inteligência e cultura aplicadas no serviço de sua diretoria". Apesar dessa dedicação, foi colocado em disponibilidade pelo ministro Sebastião de Lacerda,* em 1898. Ficou onze meses em casa. Voltou ao serviço por iniciativa do novo ministro, Severino Vieira,* do qual foi nomeado secretário,* em 16 de dezembro de 1898, iniciando as suas funções no dia seguinte. Comunicou o fato ao amigo Magalhães de Azeredo, acrescentando: "O que não sabe talvez é que o meu trabalho é agora imenso, e dizendo-lhe eu que saio todos os dias da Secretaria ao anoitecer, e, não obstante, trabalho em casa, logo cedo, e aos domingos também" (carta de 25 de dezembro de 1898). A 18 de dezembro de 1902 foi nomeado pelo ministro Lauro Muller* diretor-geral de Contabilidade do Ministério da Indústria, Viação e Obras Públicas.* Era um cargo de altíssima responsabilidade e com um imenso volume de trabalho. Lindolfo Xavier,* colega de Machado na repartição, lembra que "todo o latejar das artérias do progresso vinha repercutir no Ministério da Viação". Por ali passavam "as verbas mais gordas, as concorrências mais polpudas, as tarefas e os fornecimentos mais cobiçados". Tudo isso desabava em cima do diretor de contabilidade, que examinava cada aspecto com minúcia, só dando o seu parecer quando não havia mais dúvida no processo. O trabalho, mesmo quando excessivo, deixava-o feliz. Sentia-se útil. Não queria saber de aposentadoria. Alguns meses antes de se licenciar, já bastante adoentado, escreve a Mário de Alencar,* com um indisfarçável prazer: "Adeus, meu querido amigo. Vou ler e informar papéis na Secretaria" (carta de 20 de abril de 1907). Não seria por muito tempo. Em 1º de junho de 1908, entra de licença, para tratamento de saúde, mas continua sendo convocado para reuniões de trabalho. Era um consolo. Talvez, a última alegria que o serviço público lhe deu.

Futuro (O) Revista literária, ilustrada, de circulação quinzenal, dirigida por Faustino Xavier de Novaes.* Os colaboradores eram portugueses (Camilo Castelo Branco,* Ana

Augusta Plácido, Ramalho Ortigão,* Reinaldo Carlos Montoro*) e brasileiros (Machado, Pinto de Campos,* Guilherme Bellegarde,* Macedo Soares*). Antes do seu lançamento, Machado fez propaganda da publicação, na qual via "um laço de união entre a nação brasileira e a nação portuguesa", além de louvar o nível dos colaboradores, entre os quais, afirmava em falso, figurava o "velho mestre Herculano" (*Diário do Rio de Janeiro*, 24 de março de 1862). Saíram 20 números, o primeiro em 15 de setembro de 1862 e o último em 1º de julho de 1863. Em *Manta de retalhos*, Faustino contou a história do periódico e como foi levado à falência. Colaborador de *O Futuro* desde o primeiro número, Machado publicou ali 23 trabalhos, sendo 16 colaborações na seção "Crônica"* (15 de setembro, 1º e 15 de dezembro de 1862; 1º e 15 de janeiro, 1º e 15 de fevereiro, 1º e 15 de março; 1º e 15 de abril, 1º e 15 de maio, 1º e 15 de junho, 1º de julho de 1863). Publicou ainda um conto, "O país das quimeras"* (1º de novembro de 1862) e seis poemas: "Aspiração"* (1º de outubro de 1862), "A estrela do poeta"* (1º de dezembro de 1862), "Fascinação"* (1º de janeiro de 1863), "O acordar da Polônia"* (15 de março de 1863), "As ventoinhas"* (1º de abril de 1863) e "Sinhá"* (15 de abril de 1863). Não confundir com o "semanário literário" *O Futuro*, lançado em 1869, que também teve vida curta, para o qual Artur de Oliveira* escreveu folhetins, um deles (o de 28 de outubro), defendendo Machado dos ataques de Joaquim Garcia Pires de Almeida.*

Futuro dos argentinos (O) Artigo publicado na *Gazeta de Notícias*,* de 9 de julho de 1888, em homenagem à Argentina e sua imprensa, com a assinatura M. de A.* *Poesia e prosa*.*

G

G. Viana & Cia. Editores Firma proprietária da Tipografia de *O Cruzeiro*, em 1878. Nesse ano, editou *Iaiá Garcia** e, no seguinte, mudou de dono. Funcionou até 1883.

Gabinete Português de Leitura Criado em 1837, o Gabinete teve a sua primeira sede na rua de São Pedro, nº 83. Em 1842, transferiu-se para a rua da Quitanda, nº 55, onde permaneceu até 1850. Em abril desse ano, passou para a rua dos Beneditinos, nº 12. Essas sucessivas mudanças eram determinadas pelo rápido aumento do acervo, que, em 1860, já chegava a 33 mil volumes. Na década de 1850, quando residia em São Cristóvão, o adolescente Machado frequentava muito o prédio da rua dos Beneditinos. Sócio da instituição, levava os livros emprestados, lendo-os na barca que então unia o cais Pharoux ao bairro imperial. As relações do escritor com o Gabinete permaneceram pela vida afora. Nas comemorações do tricentenário da morte de Camões,* o Gabinete convidou-o a escrever uma peça, a ser encenada na festa em homenagem ao grande épico. Surgiu, assim, *Tu só, tu, puro amor...*,* representada no dia 10 de junho de 1880, no Teatro D. Pedro II.* Por deferência, Machado enviou um dos dois manuscritos da peça, por meio de Ernesto Cibrão,* "para o repositório dos documentos que o Gabinete guarda". Em junho de 1881, foi nomeado sócio honorário da instituição. O vínculo afetivo continuou estreito. Quando o então presidente do Gabinete, Eduardo de Lemos,* faleceu, Machado colaborou no livro de ouro da instituição com três textos: como amigo, como bibliotecário do Clube Beethoven* e como representante da Secretaria de Agricultura.* Em julho de 1900, como a Academia Brasileira de Letras* estivesse sem sede, Machado, como presidente da instituição, negociou com Ernesto Cibrão para que a posse de Domício da Gama* (realizada a 1º de julho) se efetuasse na biblioteca do Gabinete, que, desde setembro de 1887, achava-se instalado em seu endereço atual, na rua Luís de Camões (então Lampadosa) nº 30. A posse de Oliveira Lima,* em 17 de julho de 1903, também se deu no Gabinete. Joaquim Nabuco,* que se encontrava na Europa, em carta a Machado, ironizou: "É singular que a Academia de Letras Brasileira [*sic*] precise do agasalho do Gabinete Português de Leitura. Nem nisso faremos a nossa independência literária?" (carta de 18 de agosto de 1903). A última sessão da Academia realizada no Gabinete foi a leitura da peça *O contratador de diamantes*, por seu autor, Afonso Arinos,* em 9 de setembro de 1904. Quando Machado faleceu, o Gabinete enviou representante ao enterro e lavrou um voto de pesar.

Sede do Gabinete Português de Leitura, na rua dos Beneditinos

Gabriela Drama em dois atos, encenado pela primeira vez em São Paulo, a 20 de setembro de 1862. Teve ali inúmeras representações, interpretado por Maria Veluti, José Luís, Eduardo, Ismênia Martins, Paulo. No dia da estreia, a seção de apedidos do *Correio Paulistano* publicou uma breve nota, assinada por Um amador,* a qual informa o enredo da peça: "a dedicação de um pai excessivamente extremoso que põe em ação tudo que a ternura, e amor paternal pode ditar para suavizar a cegueira de sua filha, seu único tesouro, sua alma, sua vida". A única crítica à peça saiu no *Correio Paulistano,** assinada por C. e transcrita nas "Publicações Apedidos" do *Jornal do Commercio,** do Rio de Janeiro, de 3 de outubro de 1862. Jean-Michel Massa opina ser tradução de peça francesa. R. Magalhães Júnior tem uma hipótese curiosa. Segundo ele, tratava-se de um original de Maria Ribeiro, "assim intitulado em homenagem à atriz portuguesa" Gabriela da Cunha* e que "alguns jornais, como o *Correio Paulistano*, talvez maliciosamente", atribuíram a autoria a Machado. "Contudo, ele não a escrevera, tendo se limitado a dar uma opinião sobre a mesma, a pedido da autora." De fato, Maria Ribeiro tem uma peça intitulada *Gabriela*, estreada no Teatro Ginásio, em 12 de março de 1863. Machado se referiu ao trabalho da colega em artigo publicado em 15 de março de 1863, em *O Futuro*.* A coincidência de título é a única identidade entre as duas peças. O drama de Machado tem dois atos e cinco personagens, o de Maria Ribeiro, quatro atos e dezesseis personagens. O breve resumo da peça machadiana, acima transcrito, sugere um enredo muito diverso da peça de Maria Ribeiro. O que sabemos desta encontra-se no parecer do Conservatório Dramático, transcrito no *Jornal do Commercio,** no dia de sua estreia: a tentativa de sedução de uma mulher casada, inocente, mas cuja reputação é manchada, a ponto de ser "posta em dúvida pelo marido, e feita o ludibrio do salão dourado de um titular dinheiroso". A peça de Maria Ribeiro parece não ter sido editada em livro. Sacramento Blake dá a indicação de inédita. O original machadiano encontra-se perdido.

Gabriela da Cunha Poema publicado no *Correio Mercantil,** de 29 de dezembro de 1859, com a assinatura M. d'A.* Transcrito em *Vida e obra de Machado de Assis*, de R. Magalhães Júnior, volume I.

G

Gaeta, Luiz Olona Poeta e autor dramático espanhol (1823-1863). Formado em direito, nunca exerceu a profissão. Sua vida foi o teatro. Libretista muito popular, criador do gênero lírico dramático na Espanha, empresário. Escreveu zarzuelas e comédias, como *Los Mistérios de Madrid* e *Las Bodas de Juanita*. Esta, musicada por Martin Allú,* teria sido o original traduzido por Machado com o título de *As bodas de Joaninha*.*

Gagueira Em sua mocidade, Machado não era gago, pois participava de saraus e recitativos em público. A gagueira manifestou-se após o casamento (1869), consequência talvez do agravamento da epilepsia.* É possível que os sintomas precursores tenham surgido aos 26 anos, quando parou de recitar em público. Na imprensa, as primeiras alusões ao tartamudeio do escritor aparecem em meados da década de 1870. A primeira referência encontra-se em uma crônica de D'Arlecchino (*O Mequetrefe*, 16 de outubro de 1875), que arremeda o gaguejar do escritor, numa conversa a respeito da encenação de *Os lazaristas*. Dias depois (21 de outubro), no mesmo jornal e tratando do mesmo tema, Pina Fava conta que, na confusão que se estabeleceu no teatro, Machado "começou a gaguejar e a tremer como se visse alguma alma do outro mundo". Os dois textos parecem indicar que o problema manifestava-se apenas em circunstâncias determinadas, sob forte emoção ou tensão. Com o agravamento da epilepsia, acentuou-se também a gagueira. Em 1876, durante a leitura de *Os demandistas*,* tradução de *Les Plaideurs*, de Racine,* a gagueira de Machado provocou uma piada infeliz do ator português Francisco Teixeira da Silva Pereira.* Em *O Besouro*,* de 8 de junho de 1878, já se diz claramente que Machado gaguejava: "Seu trêmulo ga-ga". Antonio Sales,* que o conheceu em 1897, portanto às portas da velhice, observa-lhe "dicção manquejante a denotar talvez uma gagueira infantil não completamente corrigida". Francisca de Basto Cordeiro* lembra que ele se exprimia com dificuldade, sobretudo "quando enervado". No entanto, tinha momentos de absoluta normalidade. "A gagueira de Machado desaparecia, quando contava um caso, referia uma impressão literária ou comentava assuntos de pensamento e arte", testemunha Lindolfo Xavier,* que o conheceu em 1907 e com ele trabalhou cerca de um ano. Explorando a gagueira machadiana, Sílvio Romero* inventou a piada infeliz de que "ele gagueja no estilo, na palavra escrita, como fazem outros na palavra falada". Medeiros e Albuquerque* endossou o argumento. Afrânio Peixoto* repetiu-o no prefácio à tradução francesa do *Dom Casmurro*,* de Francis de Miomandre, em 1936: "tinha um defeito físico: gaguejava. Daí a sua frase curta, cortada, na medida de sua respiração".

Galeria Contemporânea do Brasil A *Galeria Contemporânea do Brasil, Literária, Artística, Científica, Política, Agrícola, Industrial e Comercial* era uma publicação quinzenal, editada por Lombaerts & Comp. e organizada por Artur Barreiros* e Marc Ferrez.* Cada fascículo apresentava a biografia de uma figura de relevo na vida nacional, com texto de Barreiros e foto de Ferrez. O primeiro número circulou em julho de 1884, dedicado ao Dr. Luis Cruls. O segundo, e último, saiu em agosto, com texto de Barreiros apresentando um retrato de Machado e fac-símile do autógrafo do capítulo CLII das *Memórias póstumas de Brás Cubas*.* A foto é atribuída a Ferrez, mas as indicações são confusas. Embaixo do retrato de um lado está escrito: "Fotografia inalterável, Marc Ferrez"; do outro: "Cliché, Insley Pacheco". Alter, na *Revista Ilustrada* (31 de agosto de 1884), chamou atenção para o fato: "Como é que sendo o clichê do Sr. Insley Pacheco,* o fotografo é o Sr. Ferrez?".

Galeria Dramática Com esse título, *O Espelho** pretendia publicar uma série de biografias de artistas do palco, com texto de Machado e retratos de Gaspar Guimarães.* O anúncio saiu a 9 de outubro de 1859, sem que a ideia passasse de projeto.

Galeria póstuma Conto incluído nas *Histórias sem data*.* Publicado pela primeira vez na *Gazeta de Notícias*,* de 2 de agosto de 1883, com a assinatura Machado de Assis.*

Gallard, Dr. Théophile Médico francês, nascido em Guéres, em 1828. Oficial da Legião de Honra. Publicou artigos e estudos em diversos periódicos, livros e folhetos, como *Notions d'Hygiène à l'Usage des Instituteurs Primaires*, que Machado traduziu com o título de *Higiene para uso dos mestres-escolas*.*

Galot, Madame Em sua adolescência, quando morava em São Cristóvão, Machado teria aprendido francês com o forneiro da padaria de uma tal Madame Galot, na rua São Luís Gonzaga,* então rua do Pedregulho. Se assim foi, o fato ocorreu entre 1849, quando o futuro escritor mudou-se para o bairro, e 1855, ano em que saiu de casa para residir em outro local. A história foi contada por Hemetério dos Santos,* no *Almanaque Brasileiro Garnier** para 1910, e repetido por todos os biógrafos do escritor. Um levantamento minucioso do problema encontra-se em *A juventude de Machado de Assis*, de Jean-Michel Massa. O estudioso francês constata que havia uma padaria na rua do Pedregulho, nº 33, pertencente a Maria Rombo, que só em 1863 se tornaria propriedade da viúva Margarida Galot. A afirmação de Hemetério fica, pois, sem comprovação, o que não a invalida. O depoente pode ter se referido à padaria, lembrando o nome da proprietária que conhecera, sem averiguar se as datas se ajustavam. Quanto ao forneiro francês, poderia ter trabalhado com Maria Rombo e, depois, com a sua patrícia.

Galvão, Enéas Natural de São José do Norte, RS, 1863, Galvão formou-se em direito pela Faculdade de São Paulo. Ainda estudante, publicou *Miragens*,* volume de poemas com uma carta-prefácio de Machado. Lúcio de Mendonça classificou o livro de "pecado literário", desses que todos cometem, mas não "assim à luz pública e com uma carta de Machado de Assis!". Exerceu diversas funções na administração pública, no Império e na República: promotor público, delegado de polícia, pretor, ministro do Supremo Tribunal Federal. Quando Machado morreu, solicitou um voto de pesar no Tribunal de Apelação, pedido aceito. Faleceu em Teresópolis, RJ, em 1916.

Galvão, Ramiz (Benjamin Franklin de R.) Ramiz Galvão (Rio Pardo, RS, 1846 – Rio de Janeiro, RJ, 1938) formou-se em medicina, foi preceptor dos netos de D. Pedro II* e dirigiu a Biblioteca Nacional* no período de 1870 a 1882. Foi então que conheceu Machado, a quem, segundo seu depoimento, proporcionou "a leitura da *Secchia rapita*, o faceto e velho poema herói-cômico de Alexandre Tassoni". Mais tarde, convidou Machado para chefiar a seção de manuscritos da B. N. O romancista não aceitou, alegando as suas obrigações na Secretaria da Agricultura. Em 1928, Galvão foi eleito para a Academia Brasileira de Letras.*

Gama, Basílio da (José B. da G.) Nasceu em São José del-Rei (atual Tiradentes, MG), em 1740 e faleceu em Lisboa, em 1795. Membro da Arcádia Romana, com o nome de Termindo Sipílio. A sua principal obra, *O Uraguai*, foi publicada em 1769. Machado pensou em escrever "uma larga biografia* deste nosso maviosíssimo poeta" (carta a Porto-Alegre,* de 30 de julho de 1875). A ideia não foi adiante, mas a paixão se manteve. No ensaio "A nova geração"* (1879), aludindo a Gonzaga, observa que "José Basílio da Gama era ainda maior poeta", a sua imaginação "grandemente superior à de

Basílio da Gama

G

Gonzaga", "e quanto à versificação nenhum outro, em nossa língua, a possuiu mais harmoniosa e pura". Em crônica da série *A Semana* (7 de maio de 1893), refere-se àquela "nossa joia chamada *Uraguai*", e, algumas semanas depois, volta a insistir no paralelo entre os dois poetas, ao considerar o poema de Basílio "a certos respeitos, superior" à *Marilia de Dirceu* (*idem*, 7 de julho de 1895). Nessa mesma crônica sugeria que o Rio de Janeiro batizasse uma rua com o nome do poeta ou o mesmo fizesse Minas Gerais em relação a uma de suas cidades. Como o nome Basílio da Gama fosse extenso demais, admitia que fosse substituído pelo de Lindoia, a heroína d' *O Uraguai*. A sugestão foi aceita, mas por uma povoação paulista, então distrito de Serra Negra, atual cidade de Lindoia. Entusiasmo da mocidade, Machado permaneceu fiel a Basílio da Gama até a velhice. Em 1904, no *Esaú e Jacó** (capítulo LXXII), chama o poeta de "patrício da minha alma" e afirma que Voltaire se apropriou do nome Cacambo, personagem d' *O Uraguai*: "Voltaire pegou dele para o meter no seu livro, e a ironia do filósofo venceu a doçura do poeta". Em realidade, a obra do francês é dez anos anterior ao poema do brasileiro.

Gama, Domício da (D. Afonso Forneiro da G.) Machado manteve relações de amizade com esse escritor fluminense (Maricá, RJ, 1862 – Rio de Janeiro, RJ, 1925), diplomata de profissão, autor de apenas dois livros de contos (*Contos a meia-tinta* e *histórias curtas*). Fundador da Academia Brasileira de Letras,* Domício tomou posse apenas a 1º de julho de 1900, em solenidade realizada no Gabinete Português de Leitura,* presidida por Machado. Em resposta aos pêsames enviados a Machado, pela morte de Carolina,* o viúvo respondeu expressando seu desejo de se juntar "cedo à companheira de toda a minha vida". Em agosto de 1908, bem adoentado, Machado enviou o *Memorial de Aires** ao amigo, então residente em Buenos Aires.

Gama, Luiz (L. Gonzaga Pinto da G.) Filho de escrava e de um fidalgo de ascendência europeia, Luiz Gama (Salvador, BA, 1830 – São Paulo, SP, 1882) publicou apenas um livro, as *Trovas burlescas* (1859), assinadas com o pseudônimo de Getulino. Não conheceu Machado pessoalmente, mas interessou-se por ele, devido, por certo, à influência de Ferreira de Menezes,* amigo em comum. Em carta a Quintino Bocaiuva,* de 14 de janeiro de 1866, recomendava-se "aos amigos" Faustino Xavier de Novaes* e Machado de Assis.

Gamão Machado costumava jogá-lo sobretudo em casa do barão Smith de Vasconcelos.* Muitas vezes discutiam e o escritor ficava alguns dias sem aparecer. Voltava e, ao convite do amigo para uma partida, respondia: "Como posso resistir ao vício?".

Gana, Guillermo Blest Poeta e diplomata chileno, natural de Santiago (1829-1904), a quem Machado considerava "maviosíssimo poeta e um dos mais notáveis e polidos talentos do Chile" (*Guilherme Matta* – Carta ao Sr. Conselheiro Lopes Neto, *Jornal do Commercio*,* 2 de julho de 1872). Foi embaixador de seu país no Brasil de 1866 a 1876. Em junho desse ano, foi-lhe oferecido um banquete de despedida, com a presença de personalidades da vida diplomática e literária: visconde do Rio Branco,* Quintino Bocaiuva,* Machado e outros. Machado foi seu amigo durante dez anos, como declara em crônica publicada na *Ilustração Brasileira*,* de 1º de julho de 1876. Nesse trabalho, conta que possuía um retrato do amigo, com a seguinte dedicatória: "*Veras en ese retrato/ de semejanza perfecta/ la imagen de un mal poeta/ y un poco peor literato*". Machado traduziu um poema de Gana, "O primeiro beijo",* publicado na *Semana Ilustrada*,* em 1869, antecedido de uma nota sobre o poeta, assinada pelo Dr. Semana,* mas inegavelmente de Machado. O mesmo poema foi traduzido por Rosendo Moniz Barreto.*

Garnier Crônica que figura nas *Páginas recolhidas*.* Publicada originalmente na seção "A Semana",* da *Gazeta de Notícias*,* de 8 de outubro de 1893, sem título.

Garnier, Baptiste Louis Nasceu em Cotentin, França, em 1823. Iniciou a vida profissional trabalhando com seus irmãos, Augusto e Hippolyte, que haviam fundado, em Paris, a firma livreira Garnier Frères. Em 1844, transferiu-se para o Rio de Janeiro, estabelecendo-se como livreiro à rua do Ouvidor, nº 73 B. No ano seguinte, mudou-se para o nº 65 da mesma rua, onde permaneceu até 1881. Nesse ano, mudou-se para o nº 71 da mesma rua. A atividade editorial foi incrementada a partir da década de 1860. Em 1859, Garnier lançou a *Revista Popular*.* Por essa época, manteve os primeiros contatos com Machado. Na festa realizada a 27 de janeiro de 1859, em casa de Victor Frond,* em comemoração ao aniversário de seu filho, Charles,* Garnier foi uma das testemunhas da tradução efetuada por Machado do poema *Souvenir d'Éxil*,* de Charles Ribeyrolles.* O conhecimento recíproco acentuou-se a partir da colaboração machadiana no *Jornal das Famílias*,* iniciada em julho de 1863. No ano seguinte, B. L. Garnier – o Bom Ladrão Garnier, como dizia a malícia popular – editou as *Crisálidas*,* tornando-se o editor exclusivo de Machado durante doze anos. Machado retribuía

Baptiste Louis Garnier

à sua maneira, promovendo as publicações de Garnier em suas crônicas e reconhecendo no francês o lídimo sucessor de Paula Brito,* como editor. "Garnier ocupa hoje esse lugar, com as diferenças produzidas pelo tempo e pela vastidão das relações que possui fora do país" (*Diário do Rio de Janeiro*, 3 de janeiro de 1865). O bom relacionamento entre editor e escritor contribuiu, pelo lado financeiro, para a realização do casamento* de Machado. Em apenas quatro meses, ele recebeu 1 conto e 600 mil réis de direitos autorais, uma quantia razoável para a época, equivalente a uns oito meses de seu salário. Em maio de 1869, editor e editado assinam contrato para a publicação de duas obras, os *Contos fluminenses*,* primeiro livro de contos de Machado, e as *Falenas*.* Em setembro, novo contrato, no valor de 1 conto e 200 mil réis, referente ao romance *Ressurreição*,* as *Histórias da meia-noite** e o *Manuscrito do Licenciado Gaspar*.* A partir de 1876, houve um afastamento entre os dois, por razões não esclarecidas, que persistiu durante oito anos. Durante essa fase, Machado lançou por outros editores alguns de seus livros mais

G

importantes: *Iaiá Garcia,** *Memórias póstumas de Brás Cubas,** *Papéis avulsos.** Em 1884, a paz estava selada e Garnier editou as *Histórias sem data** e, em 1891, o *Quincas Borba,** nono e último livro machadiano editado pelo francês. Os demais foram: *Falenas** (1870), *Contos fluminenses**(1870), *Ressurreição** (1872), *Histórias da meia-noite** (1873), *Americanas** (1875) e *Helena** (1876), além dos já citados. Machado foi frequentador assíduo da Livraria Garnier, a partir da década de 1860, tornando-se íntimo do livreiro, cuja personalidade despertou sentimentos bastante contraditórios. A maioria dos escritores antipatizava com a sua figura. Machado tratava-o com respeito e amizade, talvez apenas superficial, como sugere o seu artigo publicado na seção "A Semana", na *Gazeta de Notícias,** de 8 de outubro de 1893, uma semana após a morte do editor. Machado foi um dos três únicos intelectuais (os outros foram Fernandes Pinheiro* e Melo Moraes Filho*) a comparecer ao enterro do editor, que lançou dezenas de escritores brasileiros.

Garnier, H. (François Hippolyte G.) Irmão mais velho de Baptiste Louis Garnier,* por cujo falecimento assumiu a direção da Editora e Livraria Garnier,* no Rio de Janeiro. Como residisse em Paris, houve um esvaziamento progressivo dos negócios da casa e o crescimento dos demais editores. Machado parece não ter se entendido muito bem, pelo menos comercialmente, com a orientação de Hippolyte. Quando *Quincas Borba** (1891) esgotou-se, em 1895, o editor preferiu não reeditá-lo. Em resposta, Machado confiou seu novo volume de contos, as *Várias histórias,** a Laemmert.* Mais tarde, Hippolyte empenhou-se em readquirir a liderança do mercado editorial. Em 1898, enviou para o Rio um novo gerente, Julien Lansac,* e inaugurou um novo prédio para a livraria, na rua do Ouvidor, nº 71. Em 16 de janeiro de 1899, Machado vendeu a H. Garnier a propriedade inteira e perpétua de sua obra literária, por oito contos. As obras mencionadas na escritura foram *Páginas recolhidas,** *Dom Casmurro,** *Memórias póstumas de Brás Cubas,** *Quincas Borba,** *Iaiá Garcia,** *Helena,** *Ressurreição,** *A mão e a luva,** *Papéis avulsos,** *Histórias sem data,** *Histórias da meia-noite,** *Contos fluminenses,** *Americanas,** *Falenas** e *Crisálidas.** De posse dos direitos autorais, Garnier vetou o projeto de tradução de obras de Machado para o alemão, planejado por Alexandrina Highland.*

Garrett Título adotado no volume *Novas relíquias** para o artigo publicado na *Gazeta de Notícias,** de 4 de fevereiro de 1899, sem título e sem assinatura. Reproduzido em *Crítica literária,** de W.M. Jackson,* com o mesmo título.

Garrett, Almeida (João Batista da Silva Leitão de A. G.) (Porto, Portugal, 1799 – Lisboa, 1854.) Um dos escritores prediletos de Machado, que o leu desde a mocidade e que influenciou o seu estilo, mas não a sua visão do mundo. Machado considerava-o ingênuo em certos aspectos, mas encarecia o seu legado cultural como uma das diretrizes indispensáveis à literatura brasileira: "A atual literatura brasileira é assaz rica de força e talento para podermos afiançar que este resultado será certo, e que a herança de Garrett se transmitirá intacta à geração vindoira". Não perdia ocasião de lembrá-lo como modelo. Em carta a Mário de Alencar,* cumprimentando-o pela escolha do verso solto, observa que "é o verso de Garrett e de Gonçalves Dias,* e ambos, aliás, sabiam rimar tão bem". São muitas as citações e reminiscências garrettianas na obra machadiana. Josué Montello lembrou que na bibliografia dos dois escritores figura um romance com o mesmo título: *Helena*. Por ocasião do centenário de nascimento do grande escritor, Machado lhe homenageou a memória em termos de uma admiração sem restrições, cujo tom é dado pela frase inicial: "Quem disse de Garrett que ele só por si valia uma literatura, disse bem e breve o que dele se poderá sempre escrever sem encarecimento nem falha" (*Gazeta de Notícias*, 4 de fevereiro de 1899).

Gatinho Preto Quando Carolina* morreu, em 1904, Alba Ribeiro de Araújo* procurou atenuar a solidão de Machado, presenteando-o com um pequeno gato preto. O escritor retribuiu a gentileza por meio de uma carta, na qual fingia ser escrita pelo bichano e assinada Gatinho Preto. A carta encontra-se reproduzida na *Revista da Sociedade dos Amigos de Machado de Assis*, nº 3, de 29 de setembro de 1959, e em *Vida e obra de Machado de Assis*, de R. Magalhães Júnior.

Gautier, Judith Filha do poeta Théophile Gautier, Judith (França, 1845-1917) começou a estudar chinês em 1863, com o professor Tin-Tun-Ling,* que a iniciou na poesia oriental. Em 1867, ela publicou em Paris *Le Livre de Jade*, sob o pseudônimo de Judith Walter, coleção de setenta poemas traduzidos do chinês, de diversos poetas. A identificação dos autores traduzidos é um problema bastante complexo, já que a escritora francesa distorceu os nomes chineses ou trocou-os, quando não atribuiu poemas clássicos da língua a desconhecidos. Apesar desses deslizes, os estudiosos contemporâneos reconhecem a originalidade e a liberdade de Judith no tratamento literário dado à sua versão do original chinês, mas alertam que *Le Livre de Jade* deve figurar na literatura francesa, e não na sinologia. Machado traduziu oito dessas poesias para o português, incluindo-as nas *Falenas*,* sob o título geral de "Lira chinesa".*

Gazeta da Tarde Jornal editado no Rio de Janeiro, de orientação abolicionista, fundado por Ferreira de Menezes.* Começou a circular em 10 de julho de 1880. Com a morte de seu fundador, foi adquirido por José do Patrocínio,* circulando até 1901. Machado nele colaborou apenas uma vez, numa polianteia em homenagem a Sant'Ana Néri,* publicada junto com a edição de 18 de agosto de 1882. O sábio, que vivia em Paris, encontrava-se então em visita ao Brasil. Os textos foram publicados no folheto *O Brasil literário*, sob a coordenação de Pedro do Rego, que redigiu também um artigo biográfico.

Gazeta de Holanda Seção de crônicas humorísticas em versos, distribuídas em quadras, de número variável, entre vinte e trinta, rimando sempre o primeiro verso com o terceiro e o segundo com o quarto. Foram publicadas na *Gazeta de Notícias*,* de 1º de novembro de 1886 a 24 de fevereiro de 1888, totalizando 48 crônicas e mais uma errata. Assinadas com o pseudônimo de Malvólio,* a seção utilizava como epígrafe os versos "*Voilà ce que l'on dit de moi/ dans la Gazette de Hollande*", extraídos da opereta *La Grande Duchesse de Gérolstein*, de Jacques Offenbach. As *Gazetas de Holanda*, segundo o *Larousse* do século XIX, eram jornais ou panfletos publicados em Amsterdã e Leiden, nos séculos XVII e XVIII, por refugiados franceses, "cuja característica principal seria a maledicência e a calúnia, explorando a curiosidade do público pelo escândalo e a destruição de reputações". As crônicas saíram numeradas até a de nº 46. As duas últimas, correspondentes aos n.os 47 e 48, não foram numeradas, assim como a primeira da série e a saída no dia 13 de maio de 1887, correspondente ao nº 18. Foram as seguintes as datas de publicação dos trabalhos: 1º, 5, 12, 17, 21 e 28 de novembro; 6, 21 e 24 de dezembro de 1886; 10 e 20 de janeiro; 5 e 24 de fevereiro; 7, 20 e 27 de março; 6 de abril; 13 de maio; 12 e 18 de junho; 4 de julho; 1º, 20, 23 e 30 de agosto; 6, 13, 20 e 27 de setembro; 4, 11, 18 e 29 de outubro; 2, 8, 15, 22 e 29 de novembro; 6, 14, 20 e 28 de dezembro de 1887; 3 e 18 de janeiro; 4, 10, 16 e 24 de fevereiro de 1888. No dia 28 de setembro de 1887, saía uma errata à crônica do dia anterior.

Gazeta de Notícias Fundada por Ferreira de Araújo,* Manoel Carneiro e Elísio Mendes,* em 2 de agosto de 1875, a *Gazeta de Notícias* revolucionou a imprensa brasileira, iniciando a entrevista, a reportagem fotográfica e a caricatura diária. Foi a primeira publicação nacional a utilizar a zincografia para a reprodução de ilustrações. Lembrando o início heroico do jornal, escreve Machado que "a folha era pequena; a mocidade do texto é que era infinita. A gente grave, que, quando não é excessivamente grave, dá apreço à nota alegre, gostou daquele modo de dizer as coisas sem retesar os colarinhos. A leitura impôs-se, a folha cresceu, barbou, fez-se homem, pôs casa: toda a imprensa mudou de jeito e de aspecto". (*A Semana*, 6 de agosto de 1893). Machado admitia que a *Gazeta* e o bonde haviam sido os dois maiores acontecimentos na vida da cidade, nos últimos trinta anos. Dois anos depois, quando se comemoravam os vinte anos do jornal, Machado insistiu na revolução por ele desencadeada na imprensa brasileira (*idem*, 4 de agosto de 1895). No entanto, custou a aderir ao jornal. Em 1876, por meio de Ramos Paz,* recebeu convite de Elísio Mendes* para redigir o folhetim. Esquivou-se: "São tantos e tais os trabalhos que pesam sobre mim, que não me atrevo a tomar o folhetim da *Gazeta*" (carta a Ramos Paz, de 14 de dezembro de 1876). No início, talvez para não melindrar os amigos, enviava de vez em quando uma colaboração: o soneto "Alencar",* em homenagem ao escritor cearense, em 23 de dezembro de 1877, outro em comemoração ao tricentenário de Camões, em 10 de junho de 1880 ("Quando transposta a lúgubre morada"). O primeiro conto ali publicado, "Teoria do medalhão",* saiu em dezembro de 1881. A partir do ano seguinte, intensificou a colaboração no gênero, que corresponde à fase mais brilhante de sua carreira de contista, uma sequência de obras-primas que se estende por dez anos. Por outro lado, desde 1883 a *Gazeta*, que dispunha do mais seleto corpo de colaboradores da imprensa brasileira (Artur Azevedo,* Olavo Bilac,* Pardal Mallet,* Raul Pompeia* etc.), passou a ostentar a presença permanente e regular de Machado, em seções fixas, além das colaborações esparsas. A primeira delas foi "Balas de Estalo",* que se estendem de 1883 a 1886. Em seguida, vieram "A + B",* em 1886; "Gazeta de Holanda",* de 1886 a 1888; "Bons Dias!",* em 1888, *A Semana*,* de 1892 a 1897. Neste ano, o cronista retirou-se de cena. Estava cansado e só voltaria ao gênero em duas ocasiões, em novembro desse mesmo ano, quando o novo titular da seção, Olavo Bilac, viajou para a Argentina. A partir daí, as colaborações na *Gazeta* se tornaram esparsas: duas em 1899, quatro em 1900, uma em 1902 e outra em 1904. Além de colaborador, Machado foi também um participante ativo das iniciativas do jornal. Quando a *Gazeta* endossou um projeto de Pardal Mallet para a criação de uma lei de direitos autorais (1890), logo aderiu à ideia, origem da Sociedade de Homens de Letras do Brasil.* Em 1893, por ocasião dos dezoito anos de vida do jornal, foi organizado um banquete no Hotel Globo.*

Machado compareceu e ergueu um brinde a Ferreira de Araújo. No ano seguinte, foi um dos membros do júri de um concurso de contos organizado pelo jornal. A *Gazeta* se referiu diversas vezes ao seu colaborador e à sua obra, sempre de maneira elogiosa. Em 26 anos de colaboração, Machado ali publicou 479 crônicas, 48 contos, sete poemas (incluindo uma tradução) e dez obras de vários gêneros, totalizando 537 trabalhos. Foram as seguintes as colaborações de Machado: 1877 – "Soneto" em homenagem a José de Alencar,* que começa pelo verso "Naquele eterno azul, onde Coema"* (23 de dezembro); 1880 – "Soneto", dedicado a Camões, que se inicia pelo verso "Quando transposta a lúgubre morada"* (10 de junho), Soneto em homenagem a Alencar ("Hão de os anos volver") (12 de dezembro); 1881 – "Teoria do medalhão"* (18 de dezembro); 1882 – "Uma visita de Alcebíades"* (1º de janeiro), "Um capítulo inédito de Fernão Mendes Pinto"* (30 de abril), "O anel de Polícrates"* (2 de julho), "O empréstimo"* (30 de julho), "A sereníssima república"* (20 de agosto), "O espelho"* (8 de setembro), "Verba testamentária"* (8 de outubro); 1883 – "Balas de Estalo"* (2 de julho a 22 de março de 1886), "A volta do poeta"* (8 de julho), e os contos "A igreja do diabo"* (17 de fevereiro), "Papéis velhos"* (14 de março), "A ideia do Ezequiel Maia" (30 de março), "O lapso"* (17 de abril), "Conto alexandrino"* (13 de maio), "Singular ocorrência"* (30 de maio), "Último capítulo"* (20 de junho), "Galeria póstuma"* (2 de agosto), "Anedota pecuniária"* (6 de outubro), "Primas de Sapucaia"* (24 de outubro), "Uma senhora"* (27 de novembro); 1884 – "Fulano"* (4 de janeiro), "Noite de almirante"* (10 de fevereiro), "Manuscrito de um sacristão"* (17 de fevereiro), "*Ex cathedra*"* (8 de abril), "A senhora do Galvão"* (14 de maio), "As academias de Sião"* (6 de junho), "Evolução"* (24 de junho), "Cousas íntimas"* (13 de julho), "Conto de escola"* (8 de setembro), "D. Paula"* (12 de outubro), "O diplomático"* (29 de outubro), "A cartomante"* (28 de novembro) – e dois artigos, uma homenagem à província do Ceará (25 de março) e sobre "Pedro Luís"* (17 de julho); 1885 – "Só!"* (6 de janeiro), Apólogos: I "A agulha e a linha" (Um apólogo),* II "Adão e Eva",* III, "O dicionário"* (1º de março), "A causa secreta"* (1º de agosto), "Habilidoso"* (6 de setembro), "Viagem à roda de mim mesmo"* (4 de outubro), "Uns braços"* (5 de novembro), "O cônego ou Metafísica do estilo"* (22 de novembro) – e o poema "1802-1885"* (23 de maio); 1886 – "A + B",* seção de crônicas sob o pseudônimo de João das Regras (12 de setembro a 24 de outubro), "Gazeta de Holanda"* (1º de novembro a 24 de fevereiro de 1888), os contos "Entre santos"* (1º de janeiro), "Trio em lá menor"* (20 de janeiro), "Viver!"* (28 de fevereiro), "Terpsícore"* (25 de março), "Pobre cardeal!"* (6 de julho), "A desejada das gentes"* (15 de julho), e o poema "26 de outubro"* (27 de outubro); 1887 – "Identidade"* (14 de março), "Sales"* (30 de maio) e "Eterno!"* (9 de setembro); 1888 – "Bons Dias!",* seção de crônicas (6 de janeiro a 29 de agosto de 1889), o conto "Um homem célebre"* (29 de junho), os artigos sobre "O futuro dos argentinos"* (9 de julho) e "Joaquim Serra"* (5 de novembro), e a tradução do poema "O corvo"* (16 de agosto); 1889 – o conto "D. Jucunda"* (1º de janeiro), um artigo sobre a morte de Francisco Otaviano* (29 de maio); 1890 – *Secretaria da Agricultura** (12 de setembro); 1891 – os contos, "O caso da vara" (1º de fevereiro) e "Mariana"* (18 de outubro); 1892 – "A Semana",* seção de crônicas (24 de abril a 28 de fevereiro de 1897); 1895 – "Que é o mundo?"* (15 de novembro); 1897 – duas crônicas (4 e 11 de novembro); 1899 – um artigo sobre o centenário de Garrett* (4 de fevereiro), crítica sobre *Cenas da vida amazônica** (11 de junho); 1900 – *Carta a* "Henrique Chaves"* (24 de agosto e 21 de setembro); 1902 – "Horas sagradas e versos"* (7 de dezembro); 1904 – *Secretário Del-Rei** (2 de junho).

Gazeta Literária Revista quinzenal, dirigida por Teixeira de Melo* e Vale Cabral,* impressa na tipografia de G. Leuzinger & Filhos. A assinatura e a venda avulsa eram efetuadas na livraria de Faro & Lino, à rua do Ouvidor, nº 74. Circulou de 1º de outubro de 1883 a 31 de dezembro de 1884, tendo saído ao todo 22 números. Machado colaborou três vezes na *Gazeta*, com os contos "Vidros quebrados",* em 15 de outubro de 1883, "A segunda vida",* em 15 de janeiro de 1884, e a fantasia "Metafísica das rosas",* em 1º de dezembro de 1883.

Gazeta Suburbana Jornal editado no subúrbio de Todos os Santos, no Rio de Janeiro, entre 15 de dezembro de 1883 e 21 de fevereiro de 1885. No dia 25 de março de 1884, saiu uma edição especial, "comemorativa da solene redenção dos escravos da Província do Ceará". Vários escritores e jornalistas colaboraram, tendo Machado escrito a frase: "A Pátria merece tudo: demos-lhe, ao menos, alguma cousa".

Gênio adormecido (O) Poema publicado na *Marmota Fluminense*,* de 28 de outubro de 1855, dedicado "ao Ilmo. Sr. Antonio Gonçalves Teixeira e Sousa",* com a assinatura J. M. M. d'Assis.* *Dispersos*.*

Geografia literária A maior parte das obras machadianas se passa no Rio de Janeiro, cujas ruas, praças, avenidas e becos, prédios públicos e monumentos são nomeados com volúpia e encanto pelo escritor, como se passeasse de mãos dadas com o leitor "por esta Glória adiante, costeando aqui a Secretaria de Estrangeiros... Lá está o outeiro célebre..." ("A desejada das gentes"*). A precisão é um dos deleites do narrador, atento a qualquer novidade: "Ontem, querendo ir pela rua da Candelária, entre as da Alfândega e Sabão (velho estilo), não me foi possível passar, tal era a multidão de gente" (*A Semana*,* 18 de dezembro de 1892). O centro geográfico e espiritual desse pequeno universo, cujos polos estão em Botafogo e na Tijuca, é uma rua comprida e estreita, que concentra o comércio elegante da cidade, onde se fazem e se destroem reputações e que se encrespa, como o mar em fúria, à menor novidade ou boato: "A notícia foi referida por ele na rua do Ouvidor,* esquina da rua Direita. Daí a dez minutos chegara à rua da Quitanda. Tão depressa correu que um quarto de hora depois era assunto de conversa na esquina da rua dos Ourives. Uma hora bastou para percorrer toda a extensão da nossa principal via pública" (*Ressurreição**). Os frequentadores fazem dela a sua casa. As mulheres volúveis vão ali se exibir; as caseiras não se sentem muito à vontade: "Chegaram à rua do Ouvidor. Era pouco mais do meio-dia. Muita gente, andando ou parada, o movimento do costume. Mariana sentiu-se um pouco atordoada, como sempre lhe acontecia". "Ela mal podia andar por entre os grupos, menos ainda sabia onde fixasse os olhos, tal era a confusão das gentes, tal era a variedade das lojas" ("Capítulo dos chapéus"*). A rua Direita apresenta a mesma palpitação de vida, sem o luxo e o carisma da Ouvidor. Seu trecho inicial é conhecido como bairro Carceler, nome de uma confeitaria famosa, a Carceler,* atração da cidade, que fazia muita gente dar longas caminhadas para tomar o seu sorvete famoso, chá ou um aperitivo: "Alfredo seguiu enfim pela (rua) da Quitanda na direção da de São José.

Sua ideia era subir depois por esta, entrar na da Ajuda, ir pela do Passeio, dobrar a dos Arcos, vir pela do Lavradio até ao Rocio, descer pela do Rosário até a Direita, onde iria tomar chá ao Carceler" ("Antes que cases..."*). Ao redor, a velha cidade é mais tranquila. Nas ruas de nomes coloniais (Vala, Hospício, Guarda Velha), que o progresso logo trata de rebatizar (Uruguaiana, Buenos Aires, 13 de Maio), fica o comércio mais modesto. Por ali, as pessoas andam com vagar, em direção ao Rocio (mais tarde praça da Constituição, atual praça Tiradentes), onde se localizam os principais teatros e importantes pontos de referência da cidade e da vida de Machado, como a livraria de Paula Brito.* Logo adiante, abre-se o campo da Aclamação, que o povo insiste em chamar pelo nome antigo (Campo de Santana), até meados do século "um espaço rústico, mais ou menos infinito, alastrado de lavadeiras, capim e burros soltos" ("Conto de escola"*). Por ali costumam passar os que seguem para a Saúde, onde Machado nasceu, parte velha da cidade, habitada pelos mais pobres, formada por "ruas esguias, outras em ladeira, casas apinhadas ao longe e no alto dos morros, becos, muita casa antiga, algumas do tempo do rei, comidas, gretadas, estripadas, o caio encardido e a vida lá dentro" (*Quincas Borba**). Quem sai do centro na direção sul vai encontrar o Passeio Público, com a sua fauna peculiar: "Algumas caras velhas, outras doentes ou só vadias espalhavam-se melancolicamente no caminho que vai da porta ao terraço" (*Dom Casmurro**). Pelas suas alamedas, o jovem Machado costumava passear com o desiludido José de Alencar.* Pela orla, vão se sucedendo Glória, Flamengo, Botafogo, bairro elegante, com as suas chácaras, de onde se avistava o mar, onde o *nouveau riche* Rubião escolheu para morar. Para o interior, Catete, "passagem obrigada de toda a gente" (*Esaú e Jacó**), e Laranjeiras, com as suas chácaras onde se levava uma vida "semi-urbana, semi-silvestre" (*Ressurreição**), Jardim Botânico. No outro extremo, ficam Catumbi, Rio Comprido, a longínqua Tijuca (onde Bentinho e Capitu passam a lua de mel), Andaraí (cenário de *Helena*,* que ama o bairro e sua tranquilidade: "O melhor de tudo é este meio-termo de Andaraí, nem estamos fora do mundo nem no meio dele"), São Cristóvão, onde ainda subsistiam casas "antigas, contemporâneas de el-Rei D. João VI" (*Memórias póstumas de Brás Cubas**). Além, espicham-se os subúrbios, que não chegam a figurar na geografia machadiana. É um mundo à parte. Um dos raros personagens que se integra a essa parte da cidade é Bento Santiago, que pretende recriar no Engenho Velho a casa da sua infância, na rua Matacavalos* (*Dom Casmurro*). São os limites extremos do universo machadiano, uma velha cidade de ruas estreitas e casas antigas, que no início do século XX, com a reforma de Pereira Passos, muda subitamente de fisionomia. Machado nem a reconhece mais. É como se tivesse mudado para outra terra, que não figura em sua obra. Além do Rio de Janeiro, há vários personagens de seus contos e romances que vivem em outras cidades. Nesse caso, elas são apenas nomeadas, sem nenhuma particularidade que as distinga: Paris, Itaguaí, Itaboraí. A exceção é Barbacena,* onde se desenrola uma parte do *Quincas Borba*, descrita com fidelidade, graças à visita que Machado fez à cidade, incorporando-a à sua geografia literária com precisão e fidelidade, como se retratasse um trecho do Rio de Janeiro.

Gil Pseudônimo utilizado quinze vezes por Machado, em diversas fases da juventude. A primeira vez foi em *O Espelho*,* nos artigos

G

"Folhas Velhas – O Mosteiro de São Bento"* e "As gralhas sociais",* nos dias 4 e 18 de dezembro de 1859. Só voltaria a usá-lo nos "Comentários da Semana",* no *Diário do Rio de Janeiro,** de 12 de outubro a 11 de dezembro de 1861, totalizando nove colaborações. O pseudônimo ressurgiu na *Semana Ilustrada,** firmando a seção "Vespas Americanas",* publicada apenas duas vezes, nos dias 5 e 19 de junho de 1864. Depois de um longo hiato, Gil reaparece em dois artigos na *Semana Ilustrada*, em 5 de setembro de 1869 e 30 de janeiro de 1870, este abordando o *Mosaico Brasileiro*, de Moreira de Azevedo.*

Girardin, Émile de O parisiense Émile de Girardin (1806-1881), um dos grandes jornalistas do século XIX, revolucionou a imprensa francesa, reduzindo o preço de venda dos jornais e transformando-os em veículos publicitários. Girardin cultivou, também, o teatro, tendo escrito em parceria com Dumas Filho* *Le Supplice d'une Femme* (1865), peça traduzida por Machado com o título de *Suplício de uma mulher.**

Girardin, Mme. de Delphine Gay (1804-1855) casou-se com o jornalista Émile de Girardin,* adotando a partir de então o nome literário de Mme. de Girardin. Em sua casa parisiense, funcionou um animado salão literário. Poetisa, romancista, cronista, escreveu também para o teatro. O canto do escravo de sua tragédia "Cleópatra", adaptada da novela "Une Nuit de Cléopâtre", de Théophile Gautier, foi parafraseado por Machado no poema "Cleópatra e o escravo".*

Glaucus Pseudônimo utilizado por Machado na *Imprensa Acadêmica,** de São Paulo, na seção "Correspondência da Corte",* em 1868. O próprio jornal tratou de revelar quem se escondia por trás do pseudônimo. No número de 14 de agosto dizia, em nota na primeira página: "A correspondência da Corte é do Sr. Machado de Assis".

Glicério, Francisco (F. G. de Cerqueira Leite) Político, propagandista da República, Glicério (Campinas, SP, 1846 – Rio de Janeiro, RJ, 1916), deputado, senador, ocupou a pasta de ministro da Agricultura, Comércio e Obras Públicas* de 31 de janeiro de 1890 a 22 de janeiro de 1891. No terceiro mês de sua gestão, aconteceu um dos fatos mais lamentáveis da vida de Machado, que exercia então o cargo de diretor de Comércio. Insultado por Luís Francisco da Veiga,* pediu demissão. Glicério mandou apurar os fatos e deu razão a Machado. Pouco depois, houve um novo incidente desagradável, quando Artur Azevedo* e João Chaves* trocaram socos, dentro da repartição. Glicério reuniu os diretores, que deliberaram punir os brigões. Machado ponderou que o mais razoável seria evitar o escândalo público, com o Ministério se abstendo de apurar os fatos, solução adotada por Glicério e que evitava também a punição dos dois funcionários. Anos mais tarde, em carta a Alfredo Pujol* (datada de 10 de outubro de 1915), Glicério elogiou a sabedoria de Machado e os argumentos apresentados "num longo e meditado parecer oral". O relacionamento entre o funcionário e o ministro foi distante e cerimonioso, conforme narra o próprio Glicério, na citada carta a Pujol. Lembra que cada parecer de Machado era "magnífico, longo, deduzido com aquela forma e pensamento inexcedíveis". Apesar disso, gostava de deixar o romancista aguardando, de propósito, à porta de seu gabinete. Essa descortesia não impediu Machado de colaborar numa polianteia* destinada a auxiliar

Francisco Glicério

um orfanato de Campinas, reduto eleitoral de Glicério, com o soneto "Pela inauguração do asilo de órfãos de Campinas".* Machado referiu-se ao antigo chefe em crônica na série *A Semana* (28 de agosto de 1892).

Globo (O) Jornal carioca de propriedade dos Editores Gomes de Oliveira & Cia. a que se associou Bernardo Caymari.* Trazia o subtítulo de "Órgão dedicado aos interesses do Comércio, Lavoura e Indústria". Fazia questão de manter e alardear "a mais absoluta neutralidade política". Teve duas fases, circulando de 7 de agosto de 1874 a 19 de março de 1878 e de 10 de novembro de 1881 a 31 de março de 1883. Ali, Machado publicou em folhetim os romances *A mão e a luva** (de 26 de setembro a 3 de novembro de 1874) e *Helena** (de 6 de agosto a 11 de setembro de 1876), a tradução em verso do canto XXV do *Inferno*, de *A divina comédia*,* intitulada "Dante",* e um texto em homenagem ao "Onze de Junho".* Como costumava fazer com os jornais em que colaborava, Machado elogiou-o de público. Em uma de suas crônicas publicadas na *Ilustração Brasileira** (15 de setembro de 1876), referiu-se ao jornal, então dirigido por Quintino Boicaiuva,* afirmando que ele "honra a nossa imprensa".

Goethe, Johann Wolfgang von Considerado o maior escritor alemão de todos os tempos, Goethe (1749-1832) exerceu influência universal no século XIX. Toda a mocidade da época leu e se deixou fascinar por *Os sofrimentos do jovem Werther*, *Fausto* e os poemas líricos. Em sua obra de juventude como de maturidade, Machado referiu-se várias vezes ao autor de *As afinidades eletivas*, tendo dele traduzido o poema "O rei dos olmos",* provavelmente através de um texto francês.

Gomensoro, Ataliba de (A. Gomes de G.) Nascido em Recife, PE, 1843, formou-se pela faculdade de Medicina do Rio de Janeiro. Fez diversas viagens à Europa, para aprofundar

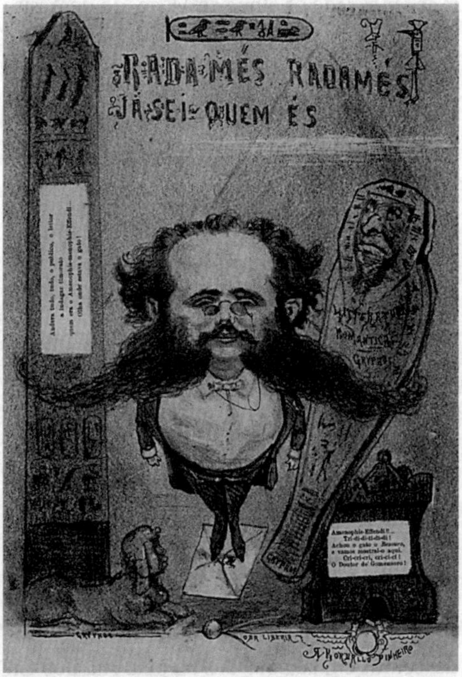

Ataliba de Gomensoro

os estudos de oftalmologia, especialidade na qual era considerado um dos melhores clínicos do país. Na década de 1870, tinha consultório na rua do Rosário, 69. Teatrólogo, *homme du monde* e jornalista, colaborou no *Bazar Volante*. Machado referiu-se às suas peças *Comunismo* (*Diário do Rio de Janeiro*,* 20 de junho de 1864) e *O Casal Pitanga* (*idem*, 26 de setembro de 1864), observando o progresso da segunda em relação à primeira. Em 1878, diante da crítica machadiana a *O primo Basílio*,* de Eça de Queirós,* Ataliba saiu em defesa do escritor português, rebatendo as acusações do colega brasileiro em dois artigos publicados na *Gazeta de Notícias* (24 de abril e 3 de maio de 1878), sob o pseudônimo de Amenophis-Effendi.* Dois anos depois, vitimado por problemas que pareciam levá-lo à cegueira, Machado tratou-se com o Dr. Ataliba, que o curou. Artur Azevedo diz que ele só gostava de "tratar os colegas e as pessoas *chics*", mas que "o seu maior título de glória é ter curado os olhos de Machado de Assis". Gomensoro faleceu no Rio de Janeiro, em 1895.

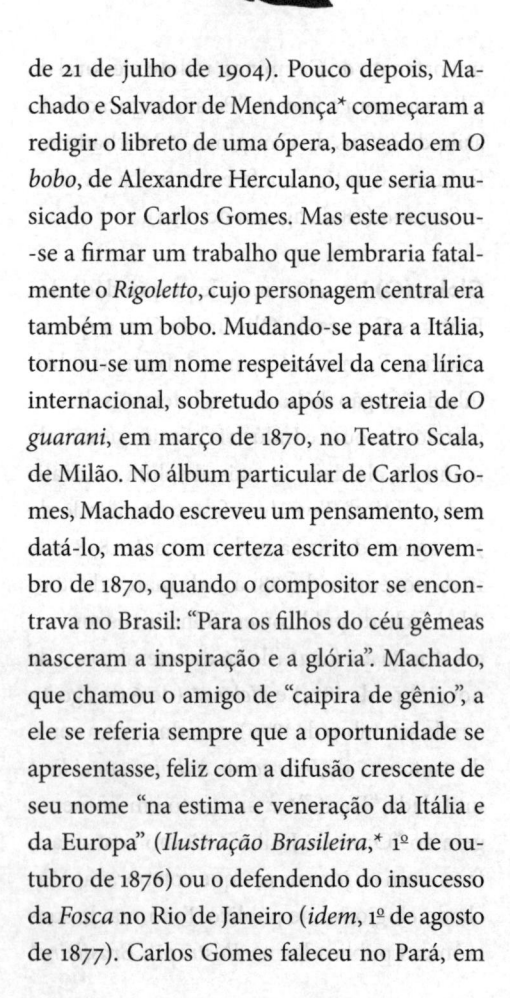

Gomes, Carlos (Antonio C. G.) Considerado o maior compositor brasileiro clássico do século XIX, Carlos Gomes nasceu em Campinas, SP, em julho de 1836. Em 1859, mudou-se para o Rio de Janeiro, com o objetivo de se aperfeiçoar no Conservatório da cidade. Em 1861 já conhecia Machado, tendo composto uma ária para a peça *As bodas de Joaninha*,* traduzida pelo escritor carioca. Nesse ano, fez a sua estreia retumbante com a ópera *A noite do castelo*. A primeira apresentação da ópera *Joana de Flandres* no Teatro Provisório, no dia 10 de novembro de 1863, provocou delírio entre a mocidade. Machado foi um dos rapazes que, com "tantos outros, cercando o Carlos Gomes, descemos em aclamações ali pela rua dos Ciganos abaixo" (carta a Salvador de Mendonça,

Carlos Gomes

de 21 de julho de 1904). Pouco depois, Machado e Salvador de Mendonça* começaram a redigir o libreto de uma ópera, baseado em *O bobo*, de Alexandre Herculano, que seria musicado por Carlos Gomes. Mas este recusou-se a firmar um trabalho que lembraria fatalmente o *Rigoletto*, cujo personagem central era também um bobo. Mudando-se para a Itália, tornou-se um nome respeitável da cena lírica internacional, sobretudo após a estreia de *O guarani*, em março de 1870, no Teatro Scala, de Milão. No álbum particular de Carlos Gomes, Machado escreveu um pensamento, sem datá-lo, mas com certeza escrito em novembro de 1870, quando o compositor se encontrava no Brasil: "Para os filhos do céu gêmeas nasceram a inspiração e a glória". Machado, que chamou o amigo de "caipira de gênio", a ele se referia sempre que a oportunidade se apresentasse, feliz com a difusão crescente de seu nome "na estima e veneração da Itália e da Europa" (*Ilustração Brasileira*,* 1º de outubro de 1876) ou o defendendo do insucesso da *Fosca* no Rio de Janeiro (*idem*, 1º de agosto de 1877). Carlos Gomes faleceu no Pará, em

1896, e, ao escrever sobre o amigo desaparecido, Machado lembrou, também, um pouco de sua mocidade (*A Semana*, 20 de setembro e 18 de outubro de 1896).

Gomes, Inês Durante os anos de 1882 e 1883, Machado manteve uma ligação amorosa com a atriz Inês Gomes, despertando os ciúmes de Carolina.* Portuguesa de nascimento, já passada, atriz secundária, nunca tendo conseguido qualquer projeção, Inês era mais comentada por seus imensos pés do que pelo seu talento. No "Álbum Teatral", seção da revista *Diabo a Quatro*, de 26 de outubro de 1881, Sphynx (pseudônimo de Augusto de Castro*) publicou a seguinte quadrinha sobre a atriz: "Um rolete de cana já chupado,/ uma espiga de milho sem caroço./ No drama e na comédia um pé apenas, mas um pé sem igual, comprido e grosso". Quando se divulgou o romance, o jornal *O Corsário*,* de Apulco de Castro,* dirigiu ferozes ataques a Machado.

Gomes de Oliveira & Cia Empresa jornalística e gráfica responsável pelo jornal *O Globo*,* que editou, em 1874, *A mão e a luva*.*

Gomes Neto, João de Sousa Médico carioca residente na rua Marquês de Abrantes, nº 120 e com consultório na rua dos Ourives, nº 38. Tratou de Carolina,* no período final de sua vida, "com inexcedível carinho", segundo o depoimento de Francisca de Basto Cordeiro.*

Gonçalves, Alfredo Compareceu ao banquete comemorativo dos vinte e dois anos de publicação das *Crisálidas*,* realizado em 1886. Não dispomos de dados a seu respeito.

Gonçalves Crespo Poema incluído nas *Ocidentais*.* Primeira publicação na *Gazeta de Notícias*,* de 8 de julho de 1883, com a assinatura Machado de Assis e o título de "A volta do poeta".

Gonçalves Dias Discurso lido na inauguração do busto de Gonçalves Dias,* no Passeio Público, em 2 de junho de 1901. No dia seguinte, a peça foi transcrita na *Gazeta de Notícias** e no *Jornal do Commercio*.* Incluído em *Relíquias de casa velha*,* com o título acima.

G

Gouvêa, Hilário (H. Soares de G.) Natural de Caeté, MG (1843), formou-se pela Faculdade de Medicina do Rio de Janeiro, em 1866, especializando-se em oftalmologia e otorrinolaringologia, cadeiras nas quais foi professor catedrático. Doutor em medicina pela Faculdade de Paris, era membro da Société d'Ophtalmologie de Paris. Em 1878, tinha consultório na rua dos Ourives, 145 e na rua Bela da Princesa, 7. Nesse ano, Machado teve um sério problema nos olhos,* recorrendo aos serviços do Dr. Gouvêa. Estabeleceu-se, então, certa amizade entre médico e paciente. Quando da morte de Carolina,* o clínico, que se encontrava em Paris, escreveu uma carta de pêsames a Machado, datada de 25 de janeiro de 1905. Faleceu em Angra dos Reis, Rio de Janeiro, em 1923.

Hilário Gouvêa

Gozlan, Léon Nascido em família rica, Gozlan (França, Marselha, 1803 – Paris, 1866) cedo conheceu a miséria, quando seu pai foi arruinado por corsários ingleses. Tentou recuperar a fortuna, embarcando para a África, mas perdeu toda a mercadoria. Durante algum tempo, engajou-se como marinheiro. De volta a Paris, trabalhou numa livraria. Jornalista popular, secretário de Balzac (a propósito escreveu o livro de reminiscências *Balzac en Pantoufles*), romancista, contista, não obteve o mesmo êxito no teatro, apesar de várias tentativas. Uma delas foi *Il Faut que Jeunesse se Paie*, estreada em Paris em 4 de setembro de 1858, que Machado traduziu com o título de *Tributos da mocidade*.*

Graça, Heráclito (H. de Alencastro Pereira da G.) Filólogo, tio de Graça Aranha, Heráclito (Icó, CE, 1837 – Rio de Janeiro, RJ, 1914) candidatou-se à Academia Brasileira de Letras,* em 1906, na vaga de Pedro Rabelo.* Autor de um único livro, *Fatos da linguagem*, foi apoiado por Rio Branco,* com quem trabalhava no Itamaraty, Graça Aranha,* José Veríssimo,* apesar de sua mediocridade. Elegeu-se com facilidade, com uma boa margem de votos sobre João do Rio.* Machado manteve-se isento, senão omisso.

Gralhas sociais (As) Artigo publicado em *O Espelho*,* de 18 de dezembro de 1859, com o pseudônimo de Gil. A atribuição é de R. Magalhães Júnior – que o transcreve parcialmente no primeiro volume de *Vida e obra de Machado de Assis* –, mas deve ser encarada com cautela. O texto integral encontra-se em Machado de Assis, *O Espelho*, organização, introdução e notas de João Roberto Faria (Campinas, Unicamp, 2009).

Grande Encyclopédie (La) Dirigida por M. Berthelot, *La Grande Encyclopédie* circulou de 1885 a 1902, totalizando 31 volumes. O nome de Machado aparece duas vezes na edição de 1889. Figura na parte da Imprensa, redigida pelo barão do Rio Branco,* e na seção de Língua e Literatura, cujo responsável, Eduardo Prado,* citou-o apenas como poeta. Isso depois da publicação das *Memórias póstumas de Brás Cubas*, dos *Papéis avulsos*,* das *Histórias sem data*.*

Graziela Cadelinha de estimação de Machado e Carolina.* O nome foi dado em homenagem à heroína de Lamartine,* uma das mais belas criações da ficção romântica. Era de raça tenerife, branquinha e de pelo encaracolado. Em fevereiro de 1879, o casal encontrava-se em Nova Friburgo,* tendo deixado a casa, na rua do Catete,* nº 206, aos cuidados de uma empregada chamada Clara,* quando Graziela fugiu. Avisado, Machado solicitou a um vizinho, Joaquim Arsênio Cintra da Silva,* para publicar anúncio na imprensa, com gratificação para quem localizasse o animal. Nos dias 2 e 3 de março, saíram anúncios no *Jornal do Commercio** e na *Gazeta de Notícias*.* Encontrada, a fujona foi entregue em casa do Dr. Henrique Carlos da Rocha Lima,* no largo do Machado, nº 15. Cega nos últimos anos de vida, Graziela morreu no final de 1891. Um cacho de seu pelo, emoldurado, foi pendurado na parede do quarto de dormir do casal. Machado escreveu o soneto "Um óbito"* – publicado no *Almanaque das Fluminenses** para 1892 –, no qual lamentava a morte da "companheira fiel dos anos idos".

Grécia Admirador da literatura grega clássica, Machado demonstrou especial predileção por Homero. Leu-o ainda na mocidade, a nos basearmos na epígrafe à parte VI dos "Versos a

Corina",* e citou-o a vida toda, com alguma frequência, sobretudo em suas crônicas. O velho épico fornecia-lhe referências graciosas e insólitas, bem ao gosto machadiano, introduzindo uma nota poética no prosaico cotidiano, como aquela referente aos modestos cavalos das carruagens estacionadas no largo de São Francisco: "As parelhas arrancavam os olhos à gente, todas pareciam descer das rapsódias de Homero, posto fossem corcéis de paz" (*Esaú e Jacó**). Servia-lhe também como avalista para reflexões: "E só há riso, e grande riso, quando é público, universal, inextinguível, à maneira dos deuses de Homero, ao ver o pobre coxo Vulcano" (*A Semana*, 4 de fevereiro de 1894). Como leitor, Machado confessou certa preferência pela descrição de combates ("A leitura de batalhas é agradável ao espírito", *A Semana*,* 14 de julho de 1895) e a atuação dos heróis, a cujo respeito construiu uma teoria interessante, no fundo um pouco zombeteira. Aquiles seria o primeiro herói símbolo do mundo ocidental, encarnado mais tarde em Enéas e Dom Quixote, e por fim, no mundo moderno, em Rocambole. Pelo que restou de sua biblioteca particular, verificamos que tinha a *Ilíada* e a *Odisseia*, ambas na tradução de Leconte de Lisle, obras de Aristóteles, Heródoto, Tucídides, Platão, Luciano de Samosata, alguns volumes de Plutarco, todos em francês. Perderam-se os volumes de Xenofonte, de quem cita um trecho extraído da *Ciropédia* (*Esaú e Jacó*,* capítulo LXI), lido no original pelo conselheiro Aires. Considerava o grego o "povo mais espirituoso da terra" ("Uma visita de Alcebíades",* 1ª versão). O fascínio pela Grécia levou-o a imitar, pelo menos em espírito, a velha literatura em "Uma ode de Anacreonte".* Manteve-se fiel à Hélade até a velhice. Em carta a Mário de Alencar, datada de 21 de janeiro de 1908, oito meses antes de sua morte, conta: "Agora, ao levantar-me, apesar do cansaço de ontem, meti-me a reler algumas páginas do *Prometeu* de Ésquilo, através de Leconte de Lisle; ontem entretive-me com o *Phedon* de Platão, também de manhã; veja como ando grego, meu amigo".

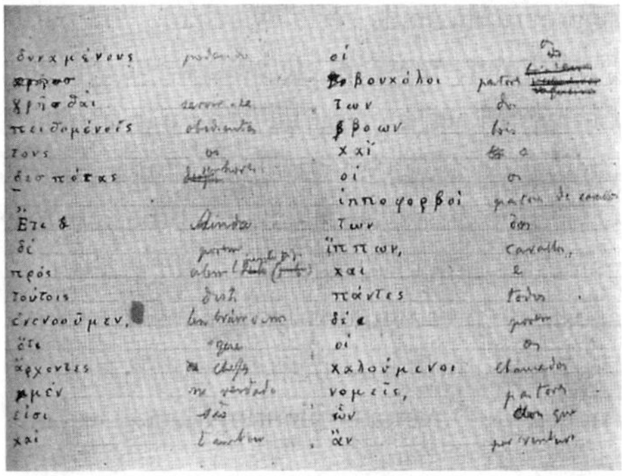

Caderno de exercícios de grego

Grego (idioma) Machado começou a estudar grego na maturidade, tentando logo traduzir a *Ciropédia*, de Xenofonte. Jean-Michel Massa considera a tradução hesitante. O caderno de exercícios tinha dezesseis páginas, das quais onze escritas. Depois desse *tour de force*, parece ter desistido de aprender a língua.

Grêmio de Letras e Artes Fundado a 12 de fevereiro de 1887, no Clube Tiradentes, propunha-se a efetuar reuniões semanais dos associados, para leitura de suas obras, assim como auxiliar a publicação de livros de autores nacionais. Machado, um dos fundadores, não compareceu à reunião inaugural, fazendo-se representar. Na segunda reunião, realizada no dia 19, sem a sua presença, foi eleito presidente, mas, por meio de carta dirigida a Rodrigo Otávio* (de 29 de março de 1887), recusou o cargo, alegando ter sido reeleito para a diretoria do Clube Beethoven,* cujos estatutos proibiam o exercício em diretoria de associações semelhantes. As reuniões realizaram-se sem periodicidade certa. Machado compareceu à quinta reunião, efetuada a 1º de junho. Carlos de Laet* atacou rijamente a instituição, chamando-a de Grêmio das Tretas e Partes. O Grêmio dissolveu-se em outubro, "morto a golpes de ridículo", segundo Artur Azevedo,* apesar do prestígio dos associados: Olavo Bilac,* Rodolfo Bernardelli,* Artur Azevedo,* Alberto de Oliveira,* Valentim Magalhães* etc.

Grêmio de Xadrez Fundado em maio de 1877, no edifício do Clube Politécnico.* Os jogadores reuniam-se às sextas-feiras. Numa crônica publicada na *Ilustração Brasileira*,* Machado referiu-se ao Grêmio, do qual foi frequentador assíduo e secretário, sublinhando o contraste do barulho no salão de baile do Clube Politécnico e do silêncio em cima. Ver o verbete "Enxadrista".

Grêmio Literário Português do Pará Instituição cultural fundada por portugueses em Belém, PA, em 1867. Em carta datada de 1º de setembro de 1895, Pará, o 1º secretário, Antônio Jerônimo Mendes Sampaio, expressa a "subida honra" de passar às mãos de Machado "o incluso diploma de sócio correspondente" do Grêmio. Não se sabe se Machado respondeu.

Grito do Ipiranga (O) Poema publicado no *Correio Mercantil**, de 9 de setembro de 1856, com a assinatura Machado de Assis, descoberto pelo professor Wilton Marques.

Guanabara, Alcindo Um dos maiores jornalistas de sua época, Guanabara (Magé, RJ, 1865 – Rio de Janeiro, RJ, 1918) dedicou-se também à política, tendo sido deputado e senador. Em abril de 1900, o seu jornal, *A Tribuna*, lançou um concurso para premiar quem melhor completasse o soneto deixado incompleto por

Alcindo Guanabara

Bentinho, no *Dom Casmurro*,* recém-lançado. Com o pseudônimo de Pangloss, Guanabara criticou o *Memorial de Aires*,* em *A Imprensa*, de 29 de julho de 1908. Guanabara considerava Machado "o maior dos nossos poetas", como afirmou no pequeno volume *A dor* (1905). Quando Machado faleceu, o jornalista, então deputado, discursou na Câmara, a 30 de setembro de 1908, sendo indicado pelo presidente da casa para representá-la nos funerais do escritor, junto com os deputados Luís Domingues e João Lopes. O discurso sobre Machado encontra-se em *Discursos fora da Câmara*, livro lançado em 1911.

Guarani (O) Romance de José de Alencar,* publicado em folhetins no *Diário do Rio de Janeiro*,* de fevereiro a abril de 1857, e lançado em livro nesse mesmo ano. Em 1887, os editores Pedro Sátiro de Sousa da Silveira e Ernesto Gonçalves Guimarães planejaram lançar uma edição especial da obra, em fascículos, em formato grande, com gravuras de página e prefácio de Machado. A impressão coube à tipografia a vapor de Lombaerts & Cia. O retrato de Alencar foi desenhado por F. Vilas Boas* e as ilustrações por B. Freidler, C. Idoux, C. Peinlich e A. Martinet. O primeiro fascículo, com o prefácio machadiano, saiu em julho de 1887. A edição não chegou a ser completada. Foram publicados apenas treze fascículos, sendo o último lançado em julho de 1888. O estudo de Machado figura em *Crítica literária*,* edição de W. M. Jackson.*

Gubernatis, Angelo de Foi o primeiro dicionarista de escritores a incluir Machado de Assis. No *Dictionnaire International des Écrivains du Jour*, publicado em Florença, 1891, consagrou o seguinte verbete ao escritor brasileiro: "Assis (Machado de), poète brésilien, a traduit en vers les *Plaideurs* de Racine". No *Dictionnaire International des Écrivains du Monde Latin*, editado pela Società Tipografia Fiorentina, 1905, ampliou consideravelmente o texto: "*Machado de Assis, poète, romancier et journaliste brésilien, membre et président de l'Académie brésilienne, né en 1839 à Rio de Janeiro*". Em seguida, relaciona catorze livros publicados por Machado até aquela data.

Guerra do Paraguai Através da imprensa e de poemas circunstanciais, Machado participou ativamente da Guerra do Paraguai, incentivando o patriotismo e alertando o público de que o país, como representante da cultura e da civilização ocidental, se empenhava numa guerra contra a barbárie. Antes do início das hostilidades, o jovem cronista já externava os seus receios, diante dos discursos bombásticos de Solano Lopes (*Diário do Rio de Janeiro*,* 24 de outubro de 1864) e de suas atitudes, classificadas de "arlequinadas" (*idem*, 3 de janeiro de 1865). Iniciada a guerra, não tem ilusões: "a luta há de ser longa e grande" (*idem*, 24 de janeiro de 1865), mas o cronista exalta a bravura do soldado brasileiro e, numa autêntica tática de guerra, baseado nas primeiras notícias vindas das frentes de combate, alerta para a falta de sentido humano do povo paraguaio: "Esperava-se ainda alguma cousa daquela gente; podia contar-se com certa sombra de lealdade e de humanidade. Os que mantinham esta ilusão acham-se diante de uma realidade cruel", constatada pelas orelhas cortadas dos brasileiros e "expostas às galhofas dos garotos de Assunção" (*idem*, 7 de fevereiro de 1865). Para criar uma atmosfera adequada aos interesses da pátria, o cronista não hesita em proclamar uma visão fantasista dos voluntários (boa parte deles caçados a laço), que "marcham para o campo de batalha como para uma festa" (*idem*, 7 de março de 1865). Consciente de sua missão, apela também para a insuperável arma de persuasão popular que era então a poesia. No dia 8 de maio, Furtado Coelho* apresentou no Teatro Ginásio* um espetáculo em favor da Sociedade União e Perseverança, instituição patriótica organizada para adquirir armamentos para as forças armadas nacionais. Para a ocasião, Machado escreveu o poema "A cólera do Império",* no qual advertia o ditador paraguaio: "Treme, opressor, da cólera do Império!". Logo, a guerra tornou-se rotina, mas o cronista manteve-se atento e, nas ocasiões oportunas, procurava contribuir para manter um clima de confiança na vitória. O assunto preocupava-o. Em carta a Quintino Bocaiuva,* exalta o fato de Saldanha Marinho,* exercendo então a presidência de Minas Gerais, ter conseguido mobilizar a província para organizar corpos de voluntários (carta de 25 de novembro de 1866). O tema da guerra tornou-se frequente em sua obra de ficção, surgindo ora como uma simples alusão na vida cotidiana ("O diplomático"* e "Ponto de vista"*), ora como motivo central, como nos contos "Um capitão de voluntários"* e "Uma noite".* O segundo evoca o ambiente da frente de batalha, em Tuiuti. O primeiro narra a história de Remígio de Sena Pereira.* A guerra estava também nos corações, e a ocasião era oportuna para revelá-la. No romance *Iaiá Garcia,** Valéria obriga o filho, Jorge, a se alistar como voluntário, para ver se ele se esquece de sua paixão. No *Memorial de Aires,** o Conselheiro Aires, por ocasião das comemorações da batalha de Tuiuti, recorda como recebera a notícia da vitória brasileira em seu posto diplomático, longe do país. Machado nunca deixou de exaltar a atuação das forças brasileiras, dando-lhe um halo de heroísmo, como na homenagem ao *Onze de Junho,** dia da batalha do Riachuelo, dezessete anos após o término da guerra (1882).

Guilherme Matta Carta ao Sr. Conselheiro Lopes Neto – crítica publicada no *Jornal do Commercio,** de 2 de julho de 1872, com a assinatura Machado de Assis.* Ver *Crítica.**

Guimarães, Augusto Loureiro da Costa Membro do Conservatório Dramático Brasileiro. Analisou *O protocolo,** emitindo parecer com data de 22 de novembro de 1862, liberando a peça para representação. Guimarães considerou-a "uma espirituosa comédia", com diálogos que muito poderiam render numa boa encenação.

Guimarães, Bernardo (B. Joaquim da Silva G.) Natural de Ouro Preto, MG, 1825, foi uma das mais gratas amizades da mocidade de Machado. Em 1860, os dois encontravam-se diariamente no Senado, incumbidos de cobrir as atividades parlamentares da casa, Machado para o *Diário do Rio de Janeiro** e Bernardo para o *Jornal do Commercio.** Apesar da diferença de idade de quase quinze anos,

Bernardo Guimarães

davam-se bem, e Machado apreciava a "nota juvenil" do amigo, que "era nele a expressão do humor e do talento", o costume de "pontuar o diálogo com um bom dito, um reparo, uma anedota". O mineiro, que já havia publicado um livro de poesia, *Cantos da solidão* (1852), não permaneceu muito tempo no Rio de Janeiro. Exerceu a magistratura em Catalão, Goiás, conseguindo transferência para a sua cidade natal, onde continuou dedicando-se à literatura. Quando da publicação das *Poesias* (1865), Machado escreveu uma de suas críticas mais longas, elogiosa ("livro excelente"), mas também com restrições aos descuidos de metrificação de Bernardo e à sua tendência de se deixar seduzir por "puras brincadeiras do espírito" (*Diário do Rio de Janeiro,** 31 de agosto de 1865). A partir daí, sem abandonar a poesia, o escritor mineiro passou a dar preferência ao romance, tornando-se bastante popular entre os leitores brasileiros, com obras como *Lendas e romances* (1871), *A escrava Isaura* (1875), *Rosaura, a enjeitada* (1883), *Folhas do outono* (1883). No ensaio "Instinto de nacionalidade",* Machado refere-se ao poeta e ao romancista de feição popular, que pintava "brilhante e ingenuamente" "os costumes da região em que nasceu". Machado lembrou a figura do amigo na página de reminiscências "O velho Senado".* Bernardo faleceu em Ouro Preto, em 1884.

Guimarães, J. F. Fotógrafo, com estúdio na rua Gonçalves Dias, nº 2. Anunciava-se como "cavaleiro, oficial e comendador da Ordem da Rosa", executando "retratos vitrificados a fogo, como as pinturas de Sévres". Machado foi fotografado em seu ateliê, no início do século XX.

Guimarães, Gaspar (G. Antonio da Silva G.) Um dos primeiros fotógrafos brasileiros, seria o responsável pelas fotos da seção "Galeria Dramática",* em *O Espelho*,* em 1859, com texto de Machado. Anunciada, a ideia não foi adiante. Guimarães teve um estúdio fotográfico na rua da Alfândega, nº 62, 2º andar, na década de 1850, junto com Joaquim Feliciano Alves Carneiro, formando a firma Carneiro & Gaspar Studio. Em 1862, os dois se transferiram para São Paulo. Gaspar faleceu em 1875.

Guimarães, Horácio Amigo de Machado, do qual não dispomos de dados. Um dos que se cotizaram para adquirir o quadro de Fontana,* oferecido ao escritor em 1895.

Guimarães, Manuel Joaquim Ferreira Autor teatral, nascido e falecido no Rio de Janeiro (1840-1905). Machado dedicou-lhe o poema "Os dous horizontes",* incluído em *Crisálidas*,* e colaborou em sua peça de estreia, *Cenas da vida do Rio de Janeiro*.*

Guimarães, Paula (Francisco de P. Oliveira G.) Nasceu na Bahia, em 1852. Formado em medicina, ingressou na política, atividade que exerceu até o fim da vida. Na República, presidiu a Câmara dos Deputados em várias legislaturas, entre 1900 e 1906. Nessa fase, recebeu diversas visitas de Machado, em busca de reconhecimento oficial para a Academia Brasileira de Letras.* Numa das vezes em que não o encontrou, Machado deixou um bilhete (datado de 31 de julho de 1900) no qual frisava que "a Academia está naturalmente ansiosa por ver fixados os seus destinos". Restam ainda mais três bilhetes de Machado a Guimarães e as quatro respostas respectivas do deputado. Machado ficou agradecido com a sua atuação no Congresso a favor da Academia e, como presidente da instituição, proclamou "o zelo e estima que lhe devemos como legislador e grande amigo" (carta de 17 de dezembro de 1900). Faleceu no Rio de Janeiro, em 1909.

Guimarães, Pinheiro (Francisco P. G.) Romancista e caricaturista, o médico Pinheiro Guimarães (Rio de Janeiro, RJ, 1832) foi o autor teatral de maior sucesso no Brasil Império. *História de uma moça rica*, estreada em outubro de 1861, no Teatro Ginásio Dramático,* teve centenas de representações em todo o país, ao longo dos anos. Machado, presente à estreia da peça, analisou-a nos "Comentários da Semana"* (*Diário do Rio de Janeiro*,*

Pinheiro Guimarães

18 de outubro de 1861) com simpatia, mas sem louvores, mais preocupado com o seu aspecto moral, já que o drama tratava de um problema muito debatido à época: a reabilitação da meretriz e sua reintegração à sociedade. Com o sucesso da peça, o autor foi coroado no palco, homenagem que Machado contou em sua crônica do *Diário do Rio de Janeiro,** de 1º de novembro de 1861. A amizade entre os dois deve datar dessa época. Em 1865, quando da eclosão da Guerra do Paraguai,* Guimarães incorporou-se às tropas brasileiras, como voluntário da pátria, no posto de 1º cirurgião. De volta ao Rio de Janeiro, para licença de tratamento de ferimentos, foi homenageado com "um esplêndido banquete" (*Jornal do Commercio**), realizado no dia 21 de setembro de 1868, no Clube Fluminense. Machado compareceu, erguendo um brinde ao homenageado: "Meus senhores. Temos saudado o guerreiro que tantos e tão grandiosos títulos adquiriu à gratidão nacional! Convido-os a saudar agora em Pinheiro Guimarães o poeta, o escritor inspirado!". Recuperado, Guimarães voltou ao campo de batalha, permanecendo até o final da guerra. Regressou do Paraguai como herói, sendo homenageado por Furtado Coelho,* no dia 18 de maio de 1870, com uma nova encenação da *História de uma moça rica.* O espetáculo terminou com Furtado recitando um poema de Machado, em homenagem ao autor, intitulado "A Francisco Pinheiro Guimarães".* Em seguida, ao som de uma banda de música e ao lado de Furtado e de Ismênia dos Santos,* Guimarães seguiu para a Casa Schroeder, onde lhe foi oferecido um banquete. O herói foi saudado por 41 brindes, entre os quais o de Machado. Guimarães publicou as suas recordações da guerra no livro *Um Voluntário da Pátria.* Quando de sua morte, no Rio de Janeiro, em 1877, Machado lembrou o amigo, em crônica publicada na série "História de Quinze Dias"* (*Ilustração Brasileira,** 15 de outubro de 1877), na qual prestava "a derradeira homenagem ao que admirei e estimei em vida".

Guimarães Filho, Luís Filho de um amigo querido de Machado, o poeta Luís Guimarães Júnior,* Guimarães Filho (Rio de Janeiro, RJ, 1878 – Petrópolis, RJ, 1940) recorreu algumas vezes a Machado, para obter favores. Em 1899, Joaquim Nabuco* partiu para a Europa, com o objetivo de estudar a questão fronteiriça com a Guiana Inglesa, levando dois secretários, Graça Aranha* e Caldas Viana,* que logo desistiu. Machado solicitou então o cargo para Guimarães Filho, em carta datada de 31 de outubro de 1899 ("Tenho indicação de um moço que desejaria ir, e é bastante inteligente para corresponder ao que V. lhe confiar"), mas Nabuco não lhe deu atenção. Aborrecido com o amigo, Machado ficou durante um ano sem lhe escrever. Em 1902, Guimarães ingressou na diplomacia, sendo designado para servir em Montevidéu. Na ocasião, o jornal *La Nación** publicava as *Memórias póstumas de Brás Cubas** em folhetim. Assim que o romance saiu em livro, o jovem diplomata enviou um exemplar ao autor, com uma carta. Machado respondeu, afirmando-se "velho amigo e admirador do filho, como do pai". No ano seguinte, descontente com o posto em Montevidéu, o poeta voltou a se dirigir a Machado, cuja influência parece ter sido decisiva na sua transferência para Londres. A partir daí, parecem ter perdido contato.

Guimarães Júnior, Luís (L. Caetano Pereira G. J.) O conhecimento de Machado e Luís Guimarães Júnior (Rio de Janeiro, RJ,

Luís
Guimarães
Júnior

1847) data de 1862. Dias antes de lançar o seu primeiro livro, *Lírio branco*, o jovem escritor de quinze anos abordou Machado na rua, falando-lhe de sua obra. Machado escreveu sobre o livrinho e o autor ("um talento que alvorece, terno e ingênuo") em *O Futuro*, de 1º de janeiro de 1863. Em agradecimento, o jovem escritor dedicou ao colega já conhecido a comédia *Uma cena contemporânea*. Como censor* do Conservatório Dramático,* Machado deu parecer sobre a comédia *Ao entrar na sociedade*, em 1864, identificando no jovem autor "vocação e facilidade para o gênero", apesar das falhas de composição. Na *Semana Ilustrada*,* de 2 de janeiro de 1870, criticou os *Corimbos*, lembrando o seu conhecimento com o autor. Guimarães também escrevia sobre o amigo. No dia 5 de fevereiro de 1870, no *Diário do Rio de Janeiro*,* analisou as *Falenas*,* sublinhando as sensíveis diferenças entre o novo livro e as *Crisálidas*.* Tudo indica que a pequena nota aparecida dias depois (17 de fevereiro) no mesmo jornal, sobre os *Contos fluminenses*,* seja de sua autoria. Ainda no *Diário*, de 13 de maio de 1872, publicou uma crítica sobre *Ressurreição*.* Nesse mesmo ano, Machado escreveu na *Semana Ilustrada* sobre *Noturnos* e *Curvas e Zig-Zags* (14 de abril) e *Filagranas* (20 de outubro). No ensaio "Instinto de nacionalidade"* (1873), elogiou a atividade do colega como "folhetinista elegante e jovial". Residindo no exterior, Guimarães escrevia constantemente ao amigo. De Santiago do Chile enviou carta, datada de 6 de junho de 1873, à qual juntou o seu retrato, que se "sofresse o que eu sinto, com o frio atual e os atuais tremores de terra, chegaria mais que desmaiado às tuas mãos". Na Inglaterra, queixava-se de não suportar o país e aproveitava para solicitar a Machado um prefácio para o "meu livro de versos", "que muito me penhorará" (carta de 22 de julho de 1874). O livro em questão, que o editor Garnier não se resolvia editar, talvez fosse uma primeira versão dos *Sonetos e rimas*, publicados em Roma, em 1880, edição paga pelo autor. Em 1876, Machado traduziu do português para o francês o poema *Inocência*,* de Guimarães, musicado por Luísa Leonardo.* Quando Machado publicou a sua crítica a *O primo Basílio*, Guimarães se solidarizou com o amigo, enviando-lhe "um beijo de todo o coração" e lamentando que "um talento da ordem do de Eça de Queirós* se filie numa escola brutal como um murro e asquerosa" (carta de 24 de junho de 1878). Em janeiro de 1886, viúvo recente, Guimarães Júnior chegou ao Rio de Janeiro, para descansar. Quando se preparava para voltar ao posto diplomático, em Lisboa, foi homenageado com um jantar de despedida no Hotel Globo* (18 de março), presidido por Machado, que fez vários brindes aos presentes. No dia 27 de março, retornou à Europa. De lá, escreveu a Machado, apresentando-o o poeta Antonio Feijó, nomeado cônsul no Brasil. A partir de então, seu nome praticamente desapareceu do noticiário literário. Em 1896, Olavo Bilac publicou dois sonetos de Guimarães, e Machado se referiu ao amigo na sua crônica de *A Semana*

G

(19 de janeiro de 1896), em tom saudosista, lamentando que estivesse esquecido. Por essa altura, dominado pela depressão, Guimarães só pensava em morrer. Desenganado de tudo, queimou os seus originais inéditos, poemas, prosa, peças teatrais. Machado tentou estimulá-lo a reagir, enviando-lhe um exemplar das *Várias histórias*,* acompanhado de palavras gentis. Em vão. Guimarães respondeu em carta comovida, datada de 22 de junho, na qual confessa: "Que saudade tenho do nosso passado, Machadinho! Mergulho, às vezes, nele, e afogo-me em lágrimas". Faleceu em Lisboa, em 1898.

Guitarra fim de século Subtítulo da crônica em versos publicada em 29 de novembro de 1896, na seção "A Semana",* na *Gazeta de Notícias*.* No dia seguinte, o jornal publicou uma errata ao texto. *A Semana*.*

H

H. Garnier Nome adotado pela editora B. L. Garnier após a morte de Baptiste Louis Garnier,* em 1893. Vide "Garnier, François Hippolyte".

Habilidoso Conto publicado na *Gazeta de Notícias,** de 6 de setembro de 1885, com a assinatura Machado de Assis.* Figura nos *Contos esparsos.**

Han-Tiê Poeta chinês traduzido por Judith Gautier* para o francês. Com base nessa tradução, Machado compôs o poema "O poeta a rir",* incluído nas *Falenas,** na parte denominada "Lira chinesa".* Gautier, em *Le Livre de Jade*, grafa o nome do poeta como Ouan-Tié.

Harmonias errantes Volume de versos de Francisco de Castro,* publicado no Rio de Janeiro, em 1878, pela tipografia de Moreira, Maximino & C., 194 pp., mais XII pp. A Introdução de Machado (pp. VII-XII), datada de 4 de agosto de 1878, segue o mesmo critério dos seus demais prefácios, não elogia nem censura, mas num tom cordial aponta o melhor caminho para o poeta: o estudo e o trabalho.

Heine, Heinrich Poeta alemão (Dusseldorf, Alemanha, 1797 – Paris, França, 1856) cuja obra, caracterizada por uma ironia quase melancólica, teve imensa repercussão em todo o século XIX. Heine traduziu as suas obras para o francês, reunidas no volume *Poèmes et Légendes*. Machado referiu-se à "sua pena mestra de *humour*" e, em fases bem distintas da sua vida, traduziu dois poemas de Heine, utilizando a versão francesa: "As ondinas",* em 1863, e o "Prólogo" do *Intermezzo** (a obra mais famosa do autor), em 1894. Em suas crônicas, costumava citá-lo, sobretudo a frase que Heine atribuía a seu alfaiate: "Há algumas ideias boas nesta casaca". Machado gostava de citar também o original.

Heinrich Heine

Helena Romance escrito a pedido de Quintino Bocaiuva,* para ser publicado em *O Globo.** Saiu em 35 folhetins, nos dias 6, 7-8, 9, 10, 11, 12, 13, 14, 15, 16-17, 18, 19, 20, 21, 22, 23, 24, 25, 26, 27, 28, 29, 30, 31 de agosto; 1º, 2, 3, 4, 5, 6, 7, 8, 9, 10 e 11 de setembro de 1876. Ao começar a publicação, *O Mosquito* (12 de agosto de 1876), através da pena de Bob, saudou o novo romance machadiano com a seguinte quadra: "Tenham outros embora Escrich ou Rocambole,/ *Segredos do Doutor, Tragédias de Paris...*/ Com Machado d'Assis que o gosto se

BIBLIOTHECA UNIVERSAL
Romances, Viagens, Politica, Poesias, etc.
Collecção in-8º a 2$000

HELENA

POR

MACHADO DE ASSIS

RIO DE JANEIRO
B. L. Garnier
Livreiro-editor do Instituto Historico Brasileiro
65 — Rua do Ouvidor — 65
PORTO: Ernesto Chardon | BRAGA: Eugenio Chardon
LISBOA: Carvalho & C.
1876

Folha de rosto da 1ª edição

console!.../ Mas, ai! leitor, jamais terás assás Assis". Em carta a Salvador de Mendonça (de 13 de novembro de 1876), enviando um exemplar do livro, Machado observava: "Dizem aqui que dos meus livros é o menos mau; não sei, lá verás". No dia 29 de abril de 1876, o escritor e o editor B. L. Garnier* assinaram contrato para a impressão da obra em livro, cujo lançamento seria "depois de ter saído em folhetim". O título constante do contrato era *Helena do Vale*. A primeira edição foi de 1.500 exemplares, pelos quais Machado ganhou a importância de 600 mil réis. O livro foi impresso na tipografia de *O Globo*, tendo 330 páginas. Integrava a Biblioteca Universal,* uma coleção de "romances, viagens, política, poesias etc" editada em 8º. Chegou às livrarias em outubro de 1876, vendido a 2 mil réis o exemplar. A segunda edição, de 1905, saiu "com várias emendas de linguagem e outras, que não alteram a feição do livro", conforme advertência do autor no prefácio, onde Machado afirmava ainda que, dos romances escritos na mocidade, "este me era particularmente prezado". Na 1ª edição, *Helena* recebeu as seguintes críticas: sem assinatura, *O Globo*, 6 de outubro; sem assinatura (Joaquim Serra*), *A Reforma*, 19 de outubro; Félix Ferreira,* *Imprensa Industrial*, 25 de outubro de 1876; A. C. Almeida,* *Pindamonhangabense*, Pindamonhangaba, 19 de novembro de 1876; C. (Carlos Ferreira), *Gazeta de Campinas*, 3 de dezembro de 1876.

Helena do Vale Nome primitivo pelo qual foi anunciado o romance *Helena*, constando inclusive do contrato firmado entre Machado e o editor B. L. Garnier,* no dia 29 de abril de 1876.

Hénaux, Victor Escritor belga, de expressão francesa, autor de *De l'Amour des Femmes pour les Sots* (4ª edição em 1859), publicado sem nome de autor. Machado traduziu o livrinho com o título *Queda que as mulheres têm para os tolos.** O *Larousse* do século XIX informa apenas que Hénaux foi advogado, tendo publicado, em 1844, com o pseudônimo de Paulus Studens, as alegres lembranças de sua vida universitária. Deve ter sido irmão de outros dois escritores, Étienne (1818-1843) e Ferdinand Hénaux (1815-1880), ambos nascidos em Liège.

Henrique Chaves Artigo publicado em *O Álbum*,* de maio de 1893, com a assinatura Machado de Assis.* Incluído em *Poesia e prosa.**

Henrique Lombaerts Artigo publicado por ocasião da morte de Lombaerts,* em *A Estação*,* de 15 de julho de 1897, com a assinatura Machado de Assis.* Figura em *Poesia e prosa.**

Henriqueta Renan Artigo publicado na *Revista Brasileira*,* de outubro de 1896, com a assinatura Machado de Assis.* *Páginas recolhidas.**

Herança (A) Conto publicado no *Jornal das Famílias,** de abril e maio de 1878, com a assinatura Machado de Assis.* Incorporado ao 2º volume das *Relíquias de casa velha.**

Heredia, José Maria de Poeta francês nascido em Cuba (1842-1905), foi um dos chefes da escola parnasiana na França, alcançando renome universal. Todas as noites, Machado e Carolina costumavam ir à casa do barão Smith de Vasconcelos* conversar, jogar xadrez,* ouvir música.* Às onze horas, Machado lembrava que era hora de dormir, citando dois versos de Heredia: "*Onze heures sonnaient à l'horloge de bronze:/ un, deux, trois, quatre, cinq, six, sept, huit, neuf, dix, onze...*".

Highland, Alexandrina Alemã de nascimento, residiu durante muitos anos em São Paulo. Em 1899, prestes a retornar à Alemanha, planejou traduzir para a língua materna algumas obras de Machado. Dirigiu-se, então, ao deputado Alfredo Ellis,* solicitando-lhe a intervenção junto ao escritor. Ellis escreveu a Machado, que, em carta de 10 de junho de 1899, lhe expôs a necessidade de pedir autorização ao editor, H. Garnier,* que detinha a propriedade de seus livros. O francês respondeu com uma carta antipática, datada de 8 de julho de 1899, cheia de ressentimentos contra os alemães e inviabilizando o negócio ao exigir a quantia de cem francos por volume traduzido. Machado deve ter enviado uma nova carta a Ellis, que não conhecemos.

Higiene para uso dos mestres-escolas Tradução das *Notions d'Hygiène à l'Usage des Instituteurs Primaires,* do Dr. Théophile Gallard.* Essa obra, editada por Hachette, em 1868, reunia quatro conferências pronunciadas na Sorbonne, no ano anterior. Machado traduziu-a a

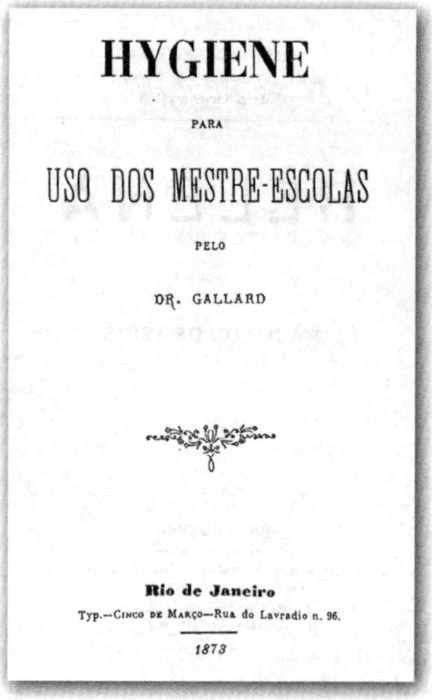
HYGIENE

PARA

USO DOS MESTRE-ESCOLAS

PELO

DR. GALLARD

Rio de Janeiro

Typ.—Cinco de Março—Rua do Lavradio n. 96.

1873

Folha de rosto da 1ª edição

pedido de Homem de Melo.* O texto foi publicado na revista *A Instrução Pública,** números de 13, 20, 27 de julho, 3, 10, 17, 24 de agosto, 7, 21, 28 de setembro, 9, 23 de novembro, 21 de dezembro de 1873 e 11 de janeiro de 1874, sem indicação do tradutor. No sumário do número de 13 de julho de 1873 consta ser "trad. de M.A.*". O trabalho saiu em livro com data de 1873, impresso na tipografia Cinco de Março, rua do Lavradio, nº 96. Na introdução, declarava-se ser tradução de Machado de Assis, tendo-se eliminado tudo o que, sendo privativo da França, não podia adaptar-se ao Brasil.

Hino da Arcádia Cantata apresentada no sarau da Arcádia Fluminense,* realizado em 25 de novembro de 1865, com a presença do imperador e da imperatriz. Com letra de Machado e música de D. José Amat,* o hino homenageava D. Pedro II,* que regressava do sul, onde assistira à rendição de uma tropa paraguaia. Na ocasião, o hino foi distribuído aos presentes, impresso em avulso. A seção "Gazetilha", do *Jornal do Commercio,** de 28 de novembro de 1865, reproduz cinco versos do poema machadiano, os únicos que se conhecem e se encontram transcritos no primeiro volume de *Vida e obra de Machado de Assis*, de R. Magalhães Júnior.

Hino do cristão Novo título para o poema "Fé",* quando de sua publicação no *Jornal das Famílias,** em julho de 1869.

Hino dos Voluntários Vide "Hino patriótico".

Hino Nacional Vide "Das florestas em que habito".

Hino patriótico Poema publicado na *Semana Ilustrada,** de 18 de janeiro de 1863, sem assinatura, e transcrito no *Diário do Rio de Janeiro,** da mesma data. Convocava os brasileiros a reagirem aos insultos ingleses, durante a Questão Christie.* Os versos foram musicados pelo maestro Júlio José Nunes* e, com o título de Hino dos Voluntários, recitado por Emília Adelaide,* acompanhada em coro por toda a companhia, no Teatro Ginásio,* em 25 de janeiro. Impresso em avulso, com um desenho de Henrique Fleiuss, o hino foi vendido, e a quantia arrecadada destinada à aquisição de armamentos. *Poesia e prosa.**

História comum Conto publicado em *A Estação,** de 15 de abril de 1883, com a assinatura Machado de Assis.* Recolhido ao 2º volume das *Relíquias de casa velha.**

História de Quinze Dias Seção que Machado manteve na *Ilustração Brasileira,** com o pseudônimo de Manassés,* totalizando 37 colaborações. As crônicas foram publicadas nos dias

Avulso vendido para arrecadar fundos para a aquisição de armamento durante a Guerra do Paraguai

1º e 15 de julho, 1º e 15 de agosto, 1º e 15 de setembro, 1º e 15 de outubro, 1º e 15 de novembro, 1º e 15 de dezembro de 1876; 1º e 15 de janeiro, 1º e 15 de fevereiro, 1º e 15 de março, 1º e 15 de abril, 1º e 15 de maio, 1º e 15 de junho, 1º e 15 de julho, 1º e 15 de agosto, 1º e 15 de setembro, 1º e 15 de outubro, 1º e 15 de novembro, 1º e 15 de dezembro de 1877; e 1º de janeiro de 1878. A partir de fevereiro desse ano, a revista passa a ser mensal e a seção muda o título para "História de Trinta Dias".* Essas crônicas, com exceção da publicada em 15 de setembro de 1877, foram reunidas pela primeira vez por Max Fleiuss,* em *Páginas de história* (2ª edição, Rio de Janeiro, Imprensa Nacional, 1930), pp. 657-822, e, posteriormente, em *Crônicas,** vol. III, da editora W. M. Jackson.* As quarenta crônicas da série (incluindo as três denominadas "História de Trinta Dias"*) foram reunidas no livro

História de quinze dias (Campinas, Editora Unicamp, 2009), com organização, introdução e notas de Leonardo Affonso de Miranda Pereira, e em *História de quinze dias, história de trinta dias,* com organização, prefácio e notas de Silvia Maria Azevedo (São Paulo, Editora Unesp, 2011).

História de Trinta Dias Durante 37 quinzenas, Machado publicou na *Ilustração Brasileira** a seção "História de Quinze Dias",* com o pseudônimo de Manassés.* A partir de fevereiro de 1878, a revista tornou-se mensal e a rubrica da colaboração foi trocada para "História de Trinta Dias", título que figurou nos números de fevereiro, março e abril. Essas três crônicas foram publicadas por Max Fleiuss* (*Páginas de história*), figurando depois nas *Crônicas*,* vol. III, da editora W. M. Jackson.*

História de uma fita azul Conto publicado no *Jornal das Famílias*,* de dezembro de 1875, janeiro e fevereiro de 1876, com a assinatura Machado de Assis.* Incluído no 2º volume dos *Contos fluminenses*.*

História de uma lágrima Conto publicado no *Jornal das Famílias*,* de novembro de 1867, com a assinatura J.B.* Incluído nos *Contos sem data*.*

História em quadrinhos A vida de Machado de Assis foi narrada em quadrinhos pelo menos em três ocasiões. A primeira, em *O Globinho* (suplemento de *O Globo*) de 23 de junho de 1939, com desenhos de Cléa. A segunda saiu no *Diário de Notícias*, do Rio de Janeiro, de 24 de março de 1955, com texto de Maria Lúcia e desenhos de Ézio. A versão mais completa, editada pela Ebal, em 1971, em revista, na série Grandes Figuras em Quadrinhos, apresenta texto de Nair da Rocha Miranda e desenhos de Nico Rosso. A partir do início do novo século, contos machadianos começaram a ser adaptadas em quadrinhos. O pioneiro foi "Pai contra mãe",* na publicação *Contos em Quadrinhos* (nº 1, Juiz de Fora: Editora Musa, 2002), adaptação de Célia Lima e desenhos de J. Rodrigues. Na coleção Literatura brasileira em quadrinhos, da Escala Educacional, foram editados, sem data de publicação, os volumes "O enfermeiro", "A causa secreta", "A cartomante", "Uns braços", "O alienista". Este teve, pelo menos, mais três adaptações, feitas por Fábio Moon e Gabriel Bá (Rio de Janeiro: Agir, 2007), Lailson de Holanda Cavalcanti (São Paulo: Companhia Editora Nacional, 2008), César Lobo (arte) e Luiz Antonio Aguiar (roteiro), pela paulistana Ática (2008). "A cartomante"* teve uma segunda versão, com desenhos de Flavio Pessoa e adaptação do mesmo e Maurício O. Dias (Rio de Janeiro: Zahar, 2008). O mesmo ocorreu com "Pai contra mãe",* ilustrado por Tati Móes (Porto Alegre: Artes e Ofícios, 2007). Outros contos apresentados em quadrinhos foram "Noite de almirante",* com ilustrações de Billy e projeto editorial de Alberto Guerra (Rio de Janeiro: Ao Livro Técnico, 2008), e "Conto de escola",* com ilustrações de Fernando Vilela (São Paulo: Escala Educacional, 2008).

Histórias da meia-noite No dia 30 de setembro de 1869, Machado assinou contrato com o editor B. L. Garnier,* referente a três obras: *Ressurreição*,* *O manuscrito do licenciado Gaspar** e as *Histórias da meia-noite*. O escritor recebeu 1 conto e 200 mil réis, ou seja 400 mil réis por cada obra. A última deveria ser entregue até o final de 1870. Machado talvez planejasse um volume de contos inéditos. O livro, porém, só foi lançado em novembro de

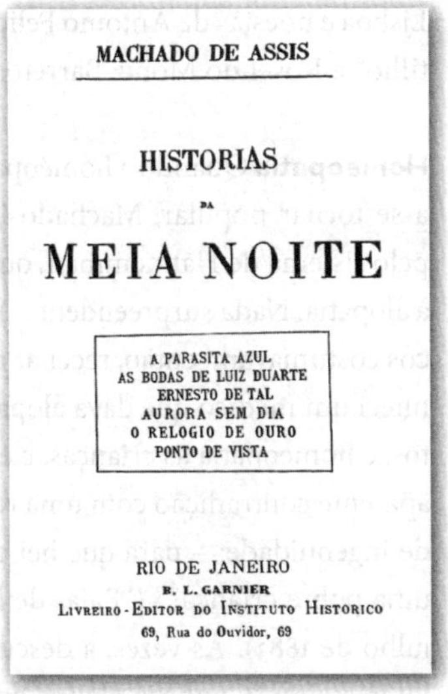
MACHADO DE ASSIS

HISTORIAS

DA

MEIA NOITE

A PARASITA AZUL
AS BODAS DE LUIZ DUARTE
ERNESTO DE TAL
AURORA SEM DIA
O RELOGIO DE OURO
PONTO DE VISTA

RIO DE JANEIRO
B. L. GARNIER
LIVREIRO-EDITOR DO INSTITUTO HISTORICO
69, Rua do Ouvidor, 69

Folha de rosto da 1ª edição

1873, impresso na tipografia Franco-Americana, rua da Ajuda, nº 18, com 241 páginas, sendo vendido a 3 mil réis o exemplar encadernado e 2 mil réis a brochura. Reunia seis trabalhos, cinco dos quais publicados no *Jornal das Famílias** ("A parasita azul";* "As bodas de Luís Duarte";* "Ernesto de Tal";* "O relógio de ouro";* "Ponto de vista"*) e um inédito ("Aurora sem dia"*). O livro teve recepção modesta na imprensa, acolhido em artigo anônimo, mas de autoria de Joaquim Serra,* em *A Reforma*, de 18 de novembro de 1873, e por Araucarius (pseudônimo do cônego Fernandes Pinheiro*), em *O Novo Mundo*,* de 23 de março de 1874.

Histórias românticas Volume póstumo, 463 páginas, editado em 1937, pelo editor W. M. Jackson,* nas obras completas de Machado. O livro reúne oito contos, publicados no *Jornal das Famílias** entre 1864 e 1876: "Questão de vaidade";* "Almas agradecidas";* "O caminho de Damasco";* "Quem não quer ser lobo";* "Qual dos dous?";* "Uma águia sem asas";* "Miloca";* "Encher tempo".*

Histórias sem data Quarto livro de contos de Machado, demonstra a excepcional qualidade que o autor alcançou no gênero, nesta fase de sua carreira. Publicado em 1884, por B. L. Garnier,* impresso na tipografia de Lombaerts,* começou a ser distribuído em agosto daquele ano. Uma advertência do autor precede os dezoito contos, escritos e publicados entre fevereiro de 1883 e junho de 1884, portanto, poucos meses antes de o livro sair dos prelos. São os seguintes os trabalhos: "A igreja do diabo";* "O lapso";* "Último capítulo";* "Cantiga de esponsais";* "Singular ocorrência";* "Galeria póstuma";* "Capítulo dos chapéus";* "Conto alexandrino";* "Primas de Sapucaia";* "Uma senhora";* "Anedota pecuniária";* "Fulano";* "A segunda vida";* "Noite de almirante";* "Manuscrito de um sacristão";* "*Ex cathedra*";* "A senhora do Galvão";* "As academias de Sião"* (esta é a sequência correta dos contos no volume, e não a apresentada na folha de rosto). Na ocasião, foram publicadas as seguintes notas e resenhas críticas: Alter, "Livros a ler",

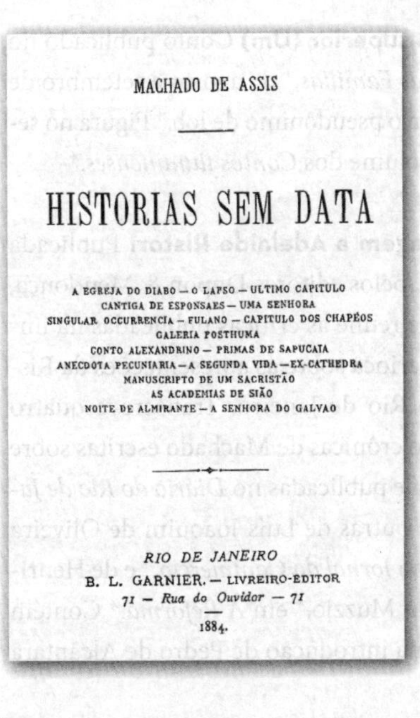
MACHADO DE ASSIS

HISTORIAS SEM DATA

A EGREJA DO DIABO — O LAPSO — ULTIMO CAPITULO
CANTIGA DE ESPONSAES — UMA SENHORA
SINGULAR OCCURRENCIA — FULANO — CAPITULO DOS CHAPÉOS
GALERIA POSTHUMA
CONTO ALEXANDRINO — PRIMAS DE SAPUCAIA
ANECDOTA PECUNIARIA — A SEGUNDA VIDA — EX-CATHEDRA
MANUSCRIPTO DE UM SACRISTÃO
AS ACADEMIAS DE SIÃO
NOITE DE ALMIRANTE — A SENHORA DO GALVAO

RIO DE JANEIRO
B. L. GARNIER. — LIVREIRO-EDITOR
71 — Rua do Ouvidor — 71
1884.

Folha de rosto da 1ª edição

Revista Ilustrada, 31 de agosto de 1884; V. (Valentim Magalhães*), Notas à Margem, *Gazeta de Notícias*,* 2 de setembro de 1884; Alzira C., *A Estação*,* 15 de setembro de 1884; sem assinatura, Movimento Literário, *Gazeta Literária*, 20 de setembro de 1884. O autor recebeu, também, uma carta de Franklin Dória,* que se encontra extraviada. Conhece-se apenas a resposta de Machado.

Hoje avental, amanhã luva Comédia em um ato imitada do francês. Publicada em *A Marmota*,* nos números de 20, 23 e 27 de março de 1860. Trata-se de uma adaptação resumida da peça *La Chasse au Lion*, de Gustave Vattier* e Émile de Najac,* estreada em Paris em 1852. Publicada em livro nas *Páginas esquecidas*,* com vários erros de transcrição, no *Teatro** e em *Dispersos*.*

Homem célebre (Um) Conto que figura nas *Várias histórias*.* Publicado pela primeira vez na *Gazeta de Notícias*,* de 29 de junho de 1888, com a assinatura Machado de Assis.*

Homem superior (Um) Conto publicado no *Jornal das Famílias*,* de agosto e setembro de 1873, com o pseudônimo de Job.* Figura no segundo volume dos *Contos fluminenses*.*

Homenagem a Adelaide Ristori Publicada em 1869, pelos editores Dupon & Mendonça, o volume reúne as críticas publicadas na imprensa carioca sobre as apresentações da Ristori* no Rio de Janeiro. Transcreve quatro das cinco crônicas de Machado escritas sobre a cantora e publicadas no *Diário do Rio de Janeiro*,* e outras de Luís Joaquim de Oliveira Castro, no *Jornal do Commercio*,* e de Henrique César Muzzio,* em *A Reforma*.* Contém ainda uma introdução de Pedro de Alcântara Lisboa e poesias de Antonio Feliciano de Castilho* e Rosendo Moniz Barreto.*

Homeopatia Quando a homeopatia começou a se tornar popular, Machado interessou-se pelo sistema de Hahnemman, que equiparava à alopatia. Nada surpreendente. Muitos médicos costumavam, então, receitar as duas. "Conheci um médico que dava alopatia aos adultos, e homeopatia às crianças, e explicava esta aparente contradição com uma resposta épica de ingenuidade: – para que hei de martirizar uma pobre criança?" ("Balas de Estalo",* 2 de julho de 1883). Às vezes, a desculpa era mais interesseira: "Conheço alguns que vão trocar a alopatia pela homeopatia, a ver se acham simultaneamente alívio à dor e às algibeiras". E concluindo o seu raciocínio, de forma irônica, classificou a homeopatia como "o protestantismo da medicina" (*A Semana*, 19 de janeiro de 1896), fazendo sua uma frase dos irmãos Goncourt. Ele mesmo costumava recorrer a remédios homeopáticos, orientado por Mário de Alencar.* Este, em carta datada de 11 de julho de 1897, aconselha: "Aí vão os remédios que ontem lhe prometi. Deve começar pela Briônia, uma gota em ½ cálice de água, de duas em duas horas. Se, passado dois dias, não notar melhora, convém mudar para Geselminum, dose idêntica, e idêntico intervalo". O ritual se prolongou até a sua morte. Em carta a Mário (datada de 30 de julho de 1908), Machado conta que tomou "a Nux-Vomica ontem e hoje à tarde". Recorreu também à doutrina de Hahnemman tentando aliviar os sofrimentos da esposa, à beira da morte. Um dos médicos que assinou o atestado de Carolina, e tratou-a nos últimos dias, foi o homeopata Licínio Cardoso.*

Horas sagradas e versos Crítica aos livros de versos de Magalhães de Azeredo* e Mário de

Alencar,* publicada na *Gazeta de Notícias,** de 7 de dezembro de 1902, sem assinatura. *Crítica.**

Horas vivas Poesia que figura nas *Crisálidas,** com a indicação "No álbum da Exma. Sra. D. C. F. de Seixas". O trabalho saiu pela primeira vez no *Diário do Rio de Janeiro,** de 1º de agosto de 1864, incluído no folhetim "Ao Acaso",* assinado M.A.* A senhora era Carlota Ferreira de Seixas.*

Hotel Aux Frères Provençaux Inaugurado em 1858, estava localizado na esquina da rua do Ouvidor, 126 B e da rua dos Latoeiros, 83. Era um hotel imenso, famoso nos anais galantes da cidade. Ali residiam muitas atrizes do Alcazar,* meretrizes, que recebiam os clientes em seus quartos, e hóspedes comuns. Em 1868, quando chegou da Bahia, com Eugênia Câmara, Castro Alves* ali se hospedou. No dia 25 de fevereiro, terça-feira de Carnaval, em seu quarto, o poeta leu para Machado o drama *Gonzaga* e alguns de seus poemas.

Hotel Aux Frères Provençaux

Hotel do Corcovado Situado na estação das Paineiras, considerado o local mais salubre da cidade, foi criado em 1884. Anunciava-se como "o primeiro panorama do mundo". Mais tarde, passou a chamar-se Hotel das Paineiras. O acesso fazia-se através da estrada de ferro da Companhia Ferro Carril Carioca, ou da estrada, cuja subida se iniciava na rua Cosme Velho,* nº 51. No dia 22 de fevereiro de 1896, o casal Machado de Assis hospedou-se ali, em busca de melhoras para a saúde de Carolina,* permanecendo durante algumas semanas.

Hotel Globo Nos últimos anos da monarquia e início da República, o Globo, de propriedade de Augusto José Gomes, localizado na rua Primeiro de Março, nº 7, era o melhor e mais luxuoso hotel do Rio de Janeiro. A cozinha não tinha igual, a adega era rica e variada, o sorvete, o mais saboroso da cidade. O salão, em estilo rococó, ostentava imensos espelhos, com molduras de madeira esculpida, apresentando frutas nacionais, paredes e tetos com belas pinturas, móveis finos, enfeites, jarras japonesas. Por tudo isso, tornou-se o local predileto para reuniões de políticos, diplomatas, escritores. Ali, Rio Branco* recebeu os representantes bolivianos, para debater a questão do Acre e o tratado de Petrópolis. Machado frequentou várias vezes o Globo, inclusive como homenageado. Foi assim no dia 6 de outubro de 1886, quando um grupo de amigos da *Gazeta de Notícias** lhe ofereceu um banquete. O

Hotel Engert

pretexto era os vinte e dois anos de publicação das *Crisálidas*.* A partir de maio de 1896, a *Revista Brasileira** começou a realizar jantares no hotel, organizados por José Veríssimo.* Machado era presença obrigatória. No hotel foi realizado, também, o quarto e último almoço da Panelinha,* em 5 de janeiro de 1902, com poucos participantes, entre os quais Machado.

Hotel Engert Hotel de Nova Friburgo* onde Machado e Carolina* hospedaram-se em 1904. Era um estabelecimento tradicional da cidade, fundado em 1861 pelo imigrante alemão Gohlistbei Leibvig, que chegou ao Brasil em 1824.

Hotel Leuenroth Hotel de Nova Friburgo* onde Machado e Carolina* se hospedaram de dezembro de 1878 ao final de março de 1879.

Hotel Oriental Situado em Petrópolis,* na "rua dos Artistas (atual Sete de Abril), em frente à de Bragança" (atual avenida Roberto Silveira), foi inaugurado em agosto de 1854. Ali, Machado e Carolina* se hospedaram em janeiro de 1882, passando uma temporada de dois a três meses. Segundo *O Binóculo*, de 28 de janeiro de 1882, o hotel não era "o preferido pela elegância pelintra da capital, conquanto seja um dos mais confortáveis".

Hotel Salusse Hotel de Nova Friburgo frequentado por Machado durante a sua temporada na cidade, de dezembro de 1878 a março de 1879. Em crônica publicada em *A Semana*,* de 22 de janeiro de 1893, o escritor lembra "as boas recordações dos hotéis Leuenroth e Salusse", reminiscências culinárias e coreográficas. "Oh! bons e saudosos bailes do salão Salusse!" Foi ali que dançou com uma mocinha que se tornaria uma escritora famosa, Júlia Lopes de Almeida.*

Hubert, Adolphe Exilado francês, fundador e diretor do *Courrier du Brésil*,* em cuja redação se reunia um grande número de franceses. Machado era assíduo a essas reuniões. Hubert foi o autor da primeira crítica a trabalho publicado por Machado, uma análise de *Desencantos*,* que saiu a 15 de setembro de 1861, em seu jornal, na qual incluiu um trecho da peça, vertido para o francês, primeira tradução de um original de Machado. O estudo está reproduzido em Ubiratan Machado, *Machado de Assis: Roteiro da consagração.*

Hudson, Otaviano Poeta e jornalista carioca (1837-1886), idealizador de um método de leitura adotado nas escolas primárias. Foi amigo de Fagundes Varela,* que prefaciou o seu volume de versos, *Peregrinas* (1874). Hudson dedicou "Ao Sr. Machado de Assis" o poema "Divinas crenças", publicado na *Semana Ilustrada*,* de 21 de outubro de 1866. Em 1877, divulgou-se que alguém descobrira que o famoso método Hudson de leitura era conhecido nos Açores. Sem tomar partido, Machado se referiu ao fato, de maneira bem-humorada e simpática a Hudson, em crônica da série "História de Quinze Dias",* que publicava na *Ilustração Brasileira** (15 de abril de 1877).

Victor Hugo

Hugo, Victor (V. Marie H.) O mais famoso poeta francês do século XIX, nasceu em Besançon, em 1802. Estreou aos vinte anos, com as *Odes*, foi consagrado aos 26, com as *Orientais*. O prefácio do *Cronwell* (1827) e a representação do *Hernani* (1830) elevaram-no a chefe da escola romântica. Publicou vários romances, sendo o mais famoso *Os miseráveis* (1862). Machado traduziu *Os trabalhadores do mar*,* em 1866, ano de lançamento do romance na França. Hugo influenciou o pensamento do jovem Machado, que admitiu ter "a inqualificável monomania" de não tomar a arte pela arte, "mas a arte, como a toma Hugo, missão social, missão nacional e missão humana" ("Revista de Teatros",* *O Espelho*,* 10 de dezembro de 1859), concepção que se tornava mais flagrante em relação ao teatro, considerado "uma escola de moral", uma tribuna, um púlpito (*Diário do Rio de Janeiro*, 16 de dezembro de 1861). O escritor carioca parodiou também o poema "*Guitare*" (cujo título ele cita, equivocadamente, como "*Gastibelza*", nome do personagem do poema), que ele considerava "uma das cousas mais preciosas da poesia francesa", em versos escritos em francês e incluídos na crônica publicada no *Diário do Rio de Janeiro*,* de 2 de maio de 1865. O poema, um ataque ao conselheiro Furtado, irritou o *Correio Mercantil*,* que replicou de forma violenta. Meses antes, Machado havia assistido à representação de *Angelo*, constatando que a obra dramática de Hugo "ainda granjeia o aplauso e a admiração" (*Diário do Rio de Janeiro*, 31 de janeiro de 1865). Sabendo do gosto de Machado pelo grande poeta, José do Patrocínio* presenteou-o com um original de Hugo, uma carta escrita em 1884, na qual estimulava os brasileiros a apressarem a abolição da escravatura. Quando Hugo morreu, em maio de 1885, houve luto universal. A *Gazeta de Notícias*,* do dia 23, circulou com tarja negra, publicando uma polianteia em homenagem ao grande morto. Machado colaborou com o poema "1802-1885".* Dias depois, dedicou à memória do poeta uma das crônicas da série "Balas de Estalo"* (28 de maio de 1885), na qual se mostra menos preocupado em louvá-lo do que zombar dos que se aproveitavam da ocasião para aparecer. *A Semana** também homenageou o grande poeta, lançando um concurso de sonetos, cuja comissão era integrada por Machado, Lúcio de Mendonça,* Adelina Lopes Vieira e Filinto de Almeida.* Em 1902, organizaram-se na França grandes festejos comemorativos do centenário de nascimento de Hugo. Como presidente da Academia Brasileira se Letras,* Machado incumbiu Rodrigo Otávio* de redigir um telegrama à França, comunicando a adesão da instituição. Ao longo de sua obra, Machado se referiu a Hugo ou citou seus versos dezenas de vezes, inclusive como puro efeito de associação de ideias, quando convida a leitora a encostar-se "no fofo da sua poltrona com toda indolência daquela *baigneuse* de V.

Hugo" (*Revista dos Teatros*, 11 de setembro de 1859), ou quando compara um debate político ao poema *Os Djins*, no qual os versos crescem de duas para dez sílabas, para irem diminuindo de novo, tal qual o debate, do qual podia-se dizer, "como dos djins orientais: "*Tout passe, tout fuit*" (*Diário do Rio de Janeiro*, 21 de março de 1865). Tinha especial preferência pelas *Orientais*: "Todas as orientais de Hugo vieram chover sobre mim as suas rimas de ouro e sândalo" (*A Semana*, 25 de dezembro de 1892).

Humor O humor ácido das *Memórias póstumas** causou alvoroço entre os críticos brasileiros. O que se entendia por humor, no Brasil, até então, eram as tiradas mais ou menos espirituosas, a graça com alguma malícia, as anedotas inconsequentes para rir e até a velha chalaça ao estilo lusitano, pesadona e grosseira. O humorismo machadiano, intelectualizado, galhofeiro e de uma tristeza pungente, foi recebido com espanto, reserva, e até mesmo antipatia. Urbano Duarte, autor de um livro intitulado *Humorismos* (publicado com o pseudônimo de J. Guerra), nem percebeu a novidade do humor machadiano, que para ele não passava de "certa veia cômica que faz rir para não fazer chorar" (*Gazetinha*, 2 de fevereiro de 1881). Tais palavras, de certa forma, traduziam a opinião média do intelectual brasileiro, após a leitura das *Memórias*, ainda meio grogue, procurando formas e fórmulas para reagir ao atordoamento. Inteligências mais abertas, como Carlos de Laet,* observando que a melancolia do humor machadiano ultrapassava em muito a dosagem habitual, "segundo os formulários em voga", que recomendavam "partes iguais de melancolia e jovialidade", encontravam aí mais um motivo de afirmação da originalidade do escritor: "Mas os poetas, como Heine e Machado de Assis sempre deitam mais absinto..." (*Jornal do Commercio*,* 29 de outubro de 1882). O absinto machadiano provocou reações e interpretações desencontradas. Graça Aranha considerava "o humorismo" machadiano de fundo romântico, que, se não chegava à "mistura do riso e da lágrima, como prescreve a escola", era devido ao "temperamento pundonoroso do escritor". Uma explicação que nada explica. Reconhecia em seu desenvolvimento "o artificialismo britânico, uma acrobacia que ilude o jogo e faz sorrir dele, como nos divertimentos dos cômicos excêntricos". Segundo o autor de *Canaã*, em 1923, esse humorismo já era coisa do passado, alterado pela "vitalidade moderna". E concluía: "O humorismo hoje é francamente alegre, alerta e sadio. Procura fazer rir à custa dos humanos, e apoia-se sobre a tolice, de preferência à maldade. Por ele sente-se um agradável desdém, um supremo desprezo de tudo, ao passo que no humorismo de Machado de Assis há uma irritação permanente, uma amargura, uma disfarçada intenção moralista, um ódio do gênero humano que lhe é uma homenagem". Ora, o humorismo que se apoia na tolice é que nos parece, hoje, uma grande tolice. Moralista ou revelando ódio à humanidade, o humor machadiano continua sendo um dos arcabouços de sua modernidade.

Hure, conde de La Vide "Baril, V. L.".

Iaiá Garcia Quarto romance de Machado e o último da denominada "primeira fase", *Iaiá Garcia* está datado de setembro de 1877. A obra foi publicada em 38 folhetins em *O Cruzeiro,** entre 1º de janeiro e 2 de março de 1878, de forma espaçada, deixando de aparecer em dezessete edições. A composição original foi aproveitada para a edição em livro, lançado por G. Viana & C., Editores, sendo impresso na tipografia do Cruzeiro, 1878. Em abril desse ano, os primeiros volumes chegavam às livrarias, vendidos a 2 mil réis. *Iaiá Garcia* teve uma recepção crítica não muito estimulante, sendo abordada em apenas quatro notas e resenhas: assinada Frei Fidélis, o Casamenteiro, *Revista Ilustrada,** 16 de janeiro de 1878, portanto, ainda durante a publicação do romance em folhetim. Após o lançamento do livro surgiram: Urbano Duarte,* *Revista da Sociedade Fênix Literária,** março de 1878; sem assinatura, *Revista Ilustrada*, 6 de abril de 1878; Rigoletto, *O Cruzeiro*, 11 de abril de 1878. Quase vinte anos depois, no dia 18 de dezembro de 1897, Machado firmava contrato com o editor H. Garnier* para o lançamento da 2ª edição do romance. Constava de 1.100 exemplares, tendo o autor recebido 250 mil réis. Na oportunidade, o livro recebeu as seguintes críticas: Fasio Sagah, seção "Cousas em Vigor"; *O Debate*, 17 de outubro de 1898; Antonio Sales,* seção "Vida Literária"; *A Imprensa*, 21 de outubro de 1898; J. dos Santos (pseudônimo de Medeiros e Albuquerque*), "Crônica literária", *A Notícia*, 5 de novembro de 1898; José Veríssimo,* na seção "Bibliografia", na *Revista Brasileira,** novembro de 1898.

Ícaro Poesia publicada em *O Espelho,** de 8 de janeiro de 1860, com a assinatura Machado de Assis,* e no *Correio Mercantil,** do dia seguinte, com a mesma assinatura. Feliciano Teixeira Leitão,* em artigo sobre as *Crisálidas** (*Revista Mensal da Sociedade Ensaios Literários,** 5 de junho de 1866), aludiu ao poema, considerando-o um "trabalho de muito mérito" e lamentando a sua não inclusão no livro *Poesia e prosa.**

Iconografia Vide verbetes "Fotos de Machado" e "Caricaturas".

Ideal do crítico (O) Artigo publicado no *Diário do Rio de Janeiro,** de 8 de outubro de 1865, com a assinatura Machado de Assis.* *Crítica literária.**

Ideia do Ezequiel Maia (A) Conto publicado na *Gazeta de Notícias,** de 30 de março de 1883, com a assinatura Machado de Assis.* Editado em livro por J. Galante de Sousa (Rio de Janeiro: Organizações Simões, 1954) e, depois, incluído nos *Contos esparsos.**

Ideias de canário Conto incluído nas *Páginas recolhidas.** Publicado pela primeira vez na *Gazeta de Notícias** de 15 de novembro de 1895, com o título "Que é o mundo?", assinado Machado de Assis.*

Ideias sobre o Teatro Série de artigos abordando três questões: o teatro como tablado, o teatro como literatura e a censura teatral. Os textos foram publicados em *O Espelho,** 25 de setembro, 2 de outubro, 25 de dezembro de 1859, e em *A Marmota*, de 16 de março de 1860, este sob o título “O Conservatório Dramático”. Todos saíram com a assinatura Machado de Assis. Incluídos em *Crítica teatral*.*

Ideias Vagas Seção que Machado manteve na *Marmota Fluminense*,* em 1856, com a assinatura As.,* na qual publicou os seus primeiros trabalhos em prosa. Saíram três artigos: “A poesia”,* em 10 de junho; “A comédia moderna”,* em 31 de julho; e “Os contemporâneos – Monte Alverne”,* nos números de 4 e 6 de setembro.

Identidade Conto publicado na *Gazeta de Notícias*,* de 14 de março de 1887, com a assinatura Machado de Assis.* Incluído nas *Outras relíquias** e, posteriormente, nas *Relíquias de casa velha*,* de W. M. Jackson.*

Igreja do diabo (A) Conto incluído nas *Histórias sem data*.* Publicado pela primeira vez na *Gazeta de Notícias*,* de 17 de fevereiro de 1883, com a assinatura Machado de Assis.* O conto se inspira no tema agostiniano de que “a igreja do diabo imita a igreja de Deus”, ideia que Machado voltaria a se referir em crônica da série *A Semana* (4 de setembro de 1892).

Ilustração (A) Revista quinzenal voltada ao público português, com a indicação de ser editada no Rio de Janeiro e em Lisboa. Direção de Mariano Pina. Circulou de 5 de maio de 1883 até 1891. Nela, Machado colaborou uma vez, no artigo necrológico de Pedro Luís,* estampado no número de 5 de outubro de 1884.

Ilustração Anglo-Brasileira Jornal ilustrado que seria impresso na Inglaterra, sob a direção de certo William Spaythe. Em outubro de 1870, saíram diversos anúncios no *Jornal da Tarde*,* nos quais se exigia o pagamento adiantado das assinaturas. A publicação teria “uma redação efetiva de escritores e artistas em Londres” e um grupo de colaboradores brasileiros, entre os quais Machado, Joaquim Serra,* Salvador de Mendonça,* Quintino Bocaiuva.* Não chegou a circular.

Ilustração Brasileira Revista quinzenal, fundada no Rio de Janeiro pelos irmãos Henrique* e Carlos Fleiuss, numa tentativa de modernizar a imprensa brasileira. Reproduzia o formato do *London Ilustrated News* e utilizava gravuras impressas no Imperial Instituto Artístico,* numa época em que a maioria dos jornais importava as estampas da Europa. Circulou de 1º de julho de 1876 até abril de 1878, sendo que a partir de fevereiro desse ano tornou-se mensal. Contou com a colaboração de grandes nomes da literatura: Augusto Emílio Zaluar,* Franklin Távora,* Teófilo Dias, barão de Paranapiacaba,* entre outros. Machado, com o pseudônimo de Manassés,* colaborou nos quarenta números, com a série de crônicas denominadas “História de Quinze Dias”* e “História de Trinta Dias”.* Com as iniciais M.A.* assinou a crítica às *Estrelas errantes*,* publicada no número de 15 de agosto de 1876. Participou, também, da solução de problemas de xadrez, propostos pela revista.

Imitação A imitação, no período romântico, chegou quase a constituir um novo gênero literário. Imitava-se por admiração, indigência intelectual (os poetas menores foram os que mais abusaram) e espírito de mistificação. Assim, no poema “O casamento do diabo”,* traduzido do original francês de Gustave Nadaud,* Machado indicou que se tratava de “imitação do alemão”. Com que objetivo mistificava? Como a maioria de seus contemporâneos, ele utilizou o processo, mas de forma moderada, algumas vezes sem identificar o autor imitado.

É o caso das peças *A ópera das janelas** e *Hoje avental, amanhã luva*,* ambas com a indicação de serem imitadas do francês. A autoria da primeira continua um mistério, que provavelmente nunca será solucionado. A segunda foi identificada por Jean-Michel Massa como a peça *La Chasse au Lion*, de Gustave Vattier* e Émile de Najac.* Por essa época, Machado já se habituara ao processo, no qual se iniciou aos dezessete anos, com a imitação do poema "Minha mãe",* de William Cowper.*

Imortais (Os) Sob essa rubrica, saíram dois artigos em *O Espelho*,* ambos com o subtítulo "Comentário a uma lenda alemã". O primeiro, "O caçador de Harz",* foi publicado nos números de 18 de setembro, 6 e 9 de outubro de 1859. O segundo, "O marinheiro batavo",* veio à luz em 25 de setembro do mesmo ano. Ambos saíram com a assinatura M.A.* Incluídos nas *Crônicas*,* edição W. M. Jackson.* A atribuição é discutível. Tudo indica que se trate de textos de Moreira de Azevedo,* que utilizava tais iniciais em *O Espelho*, e não de Machado, que ali se assinava M.-as.*

Imortal (O) Conto publicado em *A Estação*,* de 15 e 31 de julho, 15 e 31 de agosto, 15 de setembro de 1882, assinado Machado de Assis.* Incorporado ao 2º volume das *Relíquias de casa velha*.*

Imperador (O) Poesia que integra as *Falenas*,* na parte intitulada "Lira chinesa".* Imitação de um poema denominado *L'Empereur*, que figura em *Le Livre de Jade*, de Judith Gautier.* A autora francesa dá como seu autor Thu-Fu,* mas trata-se de um poema apócrifo atribuído ao grande poeta chinês do século VIII.

Imperial Academia de Música e Ópera Nacional Fundada em 25 de março de 1857, por D. José Amat,* propunha-se a incentivar a música lírica nacional e amparar o artista brasileiro. O primeiro espetáculo foi a 17 de junho, no Teatro Ginásio Dramático,* apresentando a zarzuela *A estreia de uma artista*, com a presença dos imperadores. Pouco depois, provavelmente sob encomenda, Machado traduziu *A ópera das janelas*,* seu primeiro trabalho teatral, que não chegou a ser encenado. No ano seguinte, a Ópera Nacional, como era popularmente conhecida, começou a ser questionada, devido ao comportamento pouco ético de Amat, empenhado em obter vantagens pessoais nas negociações com o governo. Acabou destituído da direção e a instituição, fechada. Pouco depois, a Ópera Nacional renascia, para alegria do cronista Machado, que lembrou "as belas noites que nos deu essa associação interessante" ("Revista de Teatros",* *O Espelho*,* 2 de outubro de 1859). Instalando-se no Teatro Lírico Fluminense,* a empresa encenou a 24 de novembro a ópera *Pipelet*,* traduzida por Machado. O jovem tradutor defendeu a instituição, em crônica publicada em *O Espelho*,* de 30 de outubro de 1859, atacando o preconceito dos que só admitiam em cena artistas nacionais. "Os que assim pensam parecem ignorar que o talento não tem localidade, fato reconhecido na Europa", escreve. No dia 12 de maio de 1860, o governo extinguiu a instituição, mas a 17 de junho assinou contrato para a formação de uma nova empresa, denominada Ópera Lírica Nacional. Em 14 de dezembro, uma representação histórica: a primeira ópera de assunto nacional, *A noite de S. João*, letra de José de Alencar* e música de Elias Álvares Lobo. Em 8 de julho de 1861, sob a presidência de Manuel Antônio de Almeida,* foi apresentada *As bodas de Joaninha*,* tradução de Machado. Nesse ano, a instituição abriu as portas para Carlos Gomes,* que fez uma estreia retumbante com a ópera *A noite do castelo*. Já então, subsistia com dinheiro proveniente de loterias, enfrentando sérios problemas. As dificuldades aumentaram, devido ao comportamento de Amat, acusado de apropriação de verbas, de sabotagem ao autor nacional, de não cumprimento de contratos. Acuado, o empresário mudou o nome da empresa para Ópera Nacional e Italiana, mas apenas prolongou a sua agonia, que chegou ao fim em 1864. Anos mais tarde, por ocasião da morte de Carlos Gomes, Machado voltou a se referir de forma tolerante à instituição,"que durou pouco e foi muito criticada, mas que se mereceu acaso o que se disse dela, tudo haverá resgatado por haver aberto as portas ao jovem maestro de Campinas" (*A Semana*,* 20 de setembro de 1896).

Imperial Instituto Artístico Tipografia e litografia, criada em fevereiro de 1863, no largo de São Francisco, 16, de propriedade de Karl Linde* e Henrique Fleiuss,* editor da *Semana Ilustrada*,* revista até então editada nas oficinas do *Diário do Rio de Janeiro*.* A inauguração de tipografia própria foi comemorada com um "Manifesto ao Mundo" publicado na *Semana*, de 22 de fevereiro daquele ano. Ali, em 1866, foi impressa a comédia de Machado *Os deuses de casaca*.*

Imprensa Acadêmica Jornal dos estudantes da Faculdade de Direito de São Paulo, de orientação abolicionista e liberal. Surgiu a 17 de abril de 1864, dirigido por Luís Ramos Figueira,* tendo como redatores José Joaquim Peçanha Póvoa, Joaquim Xavier da Silveira,* A. C. Negreiros de Saião Lobato e Emiliano Rodrigues. Machado, amigo do diretor, colaborou desde o primeiro número, atendendo a convite de Sizenando Nabuco.* Figueira, por meio de carta, agradeceu "o favor e a honra" de contar com tal colaborador. Ao todo, foram nove colaborações na seção "Correspondência"* (cujo nome foi mudado posteriormente para "Correspondência da Corte" e "Correspondência da Imprensa Acadêmica"), subscritas com o pseudônimo de Sileno.* Saíram nos dias 17 de abril, 1º e 12 de maio, 17 e 28 de julho, 25 de agosto, 7, 15 e 25 de setembro de 1864. Machado dirigiu ainda duas cartas ao jornal, publicadas na seção "O Que Há de Novo?", assinadas Machado de Assis,* rebatendo acusações de plágio levantadas contra a sua peça *O caminho da porta*.* Em 1868, quando a *Imprensa* passou a ser dirigida por Antonio Cândido da Cunha Leitão,* Machado voltou a colaborar na seção "Correspondência da Corte", com o pseudônimo de Glaucus.* As colaborações saíram nos dias 14 e 20 de agosto. Em carta de 14 de junho de 1870, o secretário da redação da *Imprensa*, Pedro W. de Melo e Cunha, convidava Machado para ser correspondente do jornal no Rio de Janeiro, convite que não foi aceito. A *Imprensa Acadêmica* circulou até 24 de setembro de 1871.

Imprensa Fluminense Com data de 20-21 de maio de 1888, saiu no Rio de Janeiro o único número da *Imprensa Fluminense*. Nesse dia, nenhum outro jornal circulou na Corte. Foi a maneira de a imprensa carioca comemorar a libertação dos escravos, assinada pela princesa Isabel* em 13 de maio. Machado colaborou na publicação com uma crônica da série "Bons Dias!",* firmada com o pseudônimo de "Boas-Noites",* normalmente publicadas na *Gazeta de Notícias*.*

Imprensa Nacional Vide "Tipografia Nacional". Em 1886, ainda com a denominação Imprensa Nacional, foi ali impresso o relatório *Terras*,* redigido por Machado.

I

Incêndio (Um) Conto publicado no *Almanaque Brasileiro Garnier,** 1906, com a assinatura Machado de Assis.* Incluído no 2º volume das *Relíquias de casa velha,** de W. M. Jackson.* Nele figura, como personagem, um amigo do autor, Abel Pereira de Matos.*

Incorrigível Conto publicado em *A Estação,** de 31 de dezembro de 1884, assinado com **.* Recolhido aos *Contos sem data.**

Inglaterra Grande admirador da literatura inglesa, Machado olhava com extrema reserva, ironia e revolta a política externa da Inglaterra e a brutalidade de alguns aspectos de sua vida, resumida na expressão "o país do boxe". Por diversas vezes, em suas crônicas, rebelou-se contra a arrogância daqueles que se diziam "diretores do mundo", agindo contra povos indefesos sem qualquer escrúpulo. A primeira manifestação pública contra o colonialismo britânico foi expressa aos dezessete anos, no artigo "A comédia moderna",* quando contrapõe a atividade industrial da Inglaterra, "centro de toda a revolução material", ao seu agressivo imperialismo: "Eis-te aí excêntrica e vaidosa, falando em progressos, mas ocultando debaixo dessas ideias progressistas os projetos de uma desmedida ambição". A revolta se acentua por ocasião de um pequeno incidente diplomático, quando um oficial inglês exigiu vistoriar um barco brasileiro, após a visita de praxe da polícia da terra, constituindo "uma grave ofensa à soberania nacional". O cronista observa que os ingleses "fazem muitas vezes profundas modificações no direito das gentes e no código social das nações, parecendo que os respeitam", atitude muito típica do colonialismo. Tal atitude, declarava, irritava a sua pena (*Diário do Rio de Janeiro*, 10 de novembro de 1861). A revolta contra o colonialismo britânico chega ao auge durante a Questão Christie.* O cronista volta a se inflamar, dois anos depois, quando, consideradas apenas razões humanitárias e não políticas, ocorreu um episódio ainda mais revoltante na costa brasileira. Abalroado por um navio britânico, os passageiros do patacho Mercúrio buscaram refúgio ali, sendo repelidos pelos ingleses e abandonados em pleno mar. "É um ato que envergonha uma nação inteira", comenta Machado (*Diário do Rio de Janeiro*, 10 de janeiro de 1865). Mas o sentimento de admiração pela *old England*, o reconhecimento de sua influência preponderante na sociedade brasileira ("Nos primeiros tempos éramos todos franceses: no segundo reinado passamos aos bretões", escreve, com evidente exagero, em *A Semana*, de 9 de julho de 1893) e da solidez de suas instituições eram mais fortes do que eventuais manifestações de repulsa. E pela mesma época em que comentava tais episódios, declarava-se "admirador da vida política da Inglaterra" (*Imprensa Acadêmica,** 14 de agosto de 1863). Como tal, não se cansava de louvar as instituições públicas britânicas, centralizadas na Câmara dos Comuns: "A ideia de liberdade esteve sempre ligada a essa casa célebre" (*A Semana,** 22 de julho de 1893). Citava-a como exemplo de dedicação aos interesses da pátria, em contraste com a câmara brasileira. A comparação das instituições políticas dos dois países era frequente, sempre com um ferrão de ironia ao brasileiro. Em crônica da série "Bons Dias!"* (*Gazeta de Notícias,** 28 de outubro de 1888), referindo-se ao fato de a polícia britânica não ter ainda descoberto o assassino de mulheres que ficaria conhecido como Jack, o Estripador, sugere a aposentadoria da Inglaterra "nos nossos discursos e citações". A propósito, lembrava ter ouvido centenas de vezes o aforismo inglês: "A câmara dos comuns pode tudo, menos fazer de um homem uma mulher, ou vice-versa", a que acrescentava:

"Justamente o que a nossa câmara faz, quando quer, dizia eu comigo". A admiração pelas instituições políticas conflitava com certa desconfiança do inglês, como ser humano, e sobretudo da inglesa, o que o levava a observações sumárias, como a de que "a mulher britânica é, por natureza, romanesca, e gosta dos sujeitos atrevidos" (*Ilustração Brasileira*,* 1º de fevereiro de 1877). Não é essa a psicologia de Mrs. Oswald, personagem de *A mão e a luva*,* mais interesseira do que romanesca e que se opõe ao "sujeito atrevido" do romance, o ambicioso Luís Alves, que supera os demais pretendentes e acaba conquistando a bela Guiomar. Tentativa de definir a psicologia dos britânicos no exílio, aliás das britânicas, Mrs. Oswald é uma grande leitora, embriagada de Shakespeare* e Walter Scott. Eram autores que interessavam a Machado, também curioso pela literatura inglesa contemporânea, como se comprova no elogio aos *Últimos dias de Pompeia*, de Bulwer-Lytton, que considerou "uma bela reconstrução da antiga vida elegante" daquela cidade romana ("Bons Dias!",* *Gazeta de Notícias*,* 21 de outubro de 1888), e leitor, em todas as épocas da vida, do *Times*, que considerava com uma espécie de bíblia da imprensa moderna, a voz sadia da Inglaterra.

Inglês (idioma) Desde jovem, Machado demonstrou gosto pelo estudo da cultura e da literatura de língua inglesa. Em crônica de 1864, incluiu uma poesia de John Greenleaf Whittier, com as traduções de Pedro Luís* e D. Pedro II.* Em 1866, em carta a Quintino Bocaiuva,* que se encontrava nos Estados Unidos, pedia que o amigo não se esquecesse de lhe enviar dois livros: *Our American Cousin*, peça do comediógrafo inglês Tom Taylor, e os poemas de Longfellow.* Não sabemos quando começou a estudar inglês, mas o pedido sugere que já lia, pelo menos razoavelmente, no idioma de Shakespeare.* Na obra da juventude foi deixando, aqui e ali, marcas desse interesse. A epígrafe das *Falenas* (1870) é um breve verso de Tennyson: "*Labouring up*". Há no livro mais duas citações em inglês, de Longfellow e de Shakespeare, colocadas como epígrafes aos poemas "Prelúdio"* e "Quando ela fala".* Nesse mesmo ano, traduziu o *Oliver Twist*,* para o *Jornal da Tarde*.* A tradução, porém, teve por base a versão francesa de Alfred Gerardin, conforme demonstrou Jean-Michel Massa. O estudioso francês sugere que a essa época Machado ainda não dominava inteiramente o idioma de Shakespeare para traduzir um autor complexo como Dickens. A explicação pode ser mais simples: na falta do original, Machado teria utilizado o exemplar disponível. Simples hipótese. O que há de certo é o seu interesse crescente pelas leituras em inglês, inclusive jornais e revistas, com destaque para o *Times*, disponíveis no órgão de imprensa em que trabalhava. Seu primeiro romance, *Ressurreição* (1872), não apenas traz epígrafe extraída de Shakespeare, como foi inspirado pelas palavras do bardo inglês. Seja como for, no início da década de 1880, empreendeu o estudo sistemático da língua, com o professor Alfred Alexander.* É mais que provável que o seu objetivo fosse o aperfeiçoamento da conversação, aproveitando para esclarecer aspectos mais complexos do idioma. Sentia-se então maduro para traduzir "O corvo",* de Edgar Allan Poe,* que Massa garante ter sido efetuada através do francês, tomando por base a tradução de Baudelaire. De qualquer forma, é indiscutível que Machado já dominava então, e amplamente, o idioma, como garantem os estudiosos machadianos de língua inglesa, os melhores juízes no caso.

Inglesinha Barcelos (A) Conto publicado em *A Estação*,* em 31 de maio, 15 e 30 de junho, e 15 de julho de 1894, com a assinatura Machado de Assis.* O trabalho, parcialmente, foi incluído em *Contos avulsos.** O texto integral, descoberto e revelado por R. Magalhães Júnior, saiu na revista *Ele Ela,* ano IX, dezembro de 1977, sendo transcrito em *Machado de Assis: Contos, uma Antologia* (1998), com seleção, introdução e notas de John Gledson.

Inimigos Nem tudo foram louvores e palavras gentis na carreira literária de Machado. Desde jovem, teve alguns inimigos, aos quais respondia, invariavelmente, com o silêncio. O primeiro foi o jornalista Antonio Arnaldo Nogueira Molarinho,* no *Arquivo Literário,** em 1863, autor de cinco ataques, mais ou menos grosseiros, por ocasião da estreia de *O caminho da porta.** Em um deles indaga: "Quem é que dá importância a esse improvisado escritor?". No ano seguinte, Machado teve de enfrentar a agressividade despeitada de Joaquim Garcia Pires de Almeida.* Inconformado com o parecer machadiano, como censor* do Conservatório Dramático,* proibindo a peça de seu irmão, José Ricardo Pires de Almeida,* atacou-o com violência, chamando-o de "literato maquiavélico", sem opinião e covarde. Os amigos do atacado saíram em sua defesa, o que ocorria pela primeira vez na biografia machadiana e que se repetiria, de maneira sistemática, sempre que ele foi atacado. Pois os desentendimentos não ocorriam apenas no terreno da literatura. Em 1876, Rosendo Moniz Barreto* foi demitido do serviço público, sendo o cargo que exercia preenchido por Machado. Tanto bastou para que o poeta baiano rompesse relações com o antigo amigo. Os jovens poetas simbolistas* também se voltaram contra Machado, com mais irreverência do que despeito ou ódio. No início da República, novos ataques, dessa vez por motivos políticos, desferidos pelo panfletário Diocleciano Mártir.* Os ataques mais grosseiros e persistentes vieram de Sílvio Romero.* Formulados num momento em que Machado era aclamado o maior escritor brasileiro, conseguiram magoá-lo, mas, de certa forma, contribuíram mais para a sua glória do que muito elogio inconsequente. Aquela velha história: "com as pedras que lhe atiraram, ergueu o seu monumento". Alguns discípulos do crítico sergipano também aproveitaram a ocasião para lançar as suas pedras: Tito Lívio de Castro,* Dunshee de Abranches,* Augusto Franco,* José Leão.* Em 1901, quando foram lançadas as *Poesias completas,** Machado teve a revelação de mais um inimigo oculto, até então elogioso à sua obra, o poeta gaúcho Múcio Teixeira.* Raivoso, despeitado, Múcio procurou diminuí-lo como poeta e negá-lo como ser humano. O inimigo mais surpreendente foi o poeta Luís Murat.* Enquanto Machado viveu, sempre o elogiou, manifestando os seus ressentimentos muitos anos após a morte do romancista. Outros inimigo póstumo foi o professor Hemetério dos Santos.*

In Memorian No dia 3 de outubro de 1908, em sessão de saudade a Machado de Assis, realizada pela Academia Brasileira de Letras,* José Veríssimo* propôs homenageá-lo com a publicação de um *In Memorian*, reunindo notícias e artigos publicados pela imprensa após a morte do escritor. Rui Barbosa,* então presidente da instituição, designou uma comissão para concretizar a proposta, formada por Veríssimo, Alberto de Oliveira* e Mário de Alencar.* O livro chegou a ser impresso, em 1911. Em carta a Mário de Alencar, datada de 21 de junho daquele ano, Veríssimo se queixava de que "o trabalho tipográfico é ruim, as páginas não trazem cabeça e falta mesmo uniformidade". Pouco depois, toda a edição foi destruída num incêndio nas instalações da Imprensa Nacional.* Veríssimo, que havia guardado as provas tipográficas, propôs na sessão de 7 de outubro de 1911, a publicação dos textos em um número especial da *Revista* da Academia, o que acabou não acontecendo. Os originais encontram-se perdidos.

Inocêncio Vide "Silva, Inocêncio Francisco da".

Innocence Romança de Luísa Leonardo,* com letra de Luís Guimarães Júnior* e "*paroles françaises de M. Machado de Assis**". É uma das oito peças do álbum *Souvenirs et Regrets, collection de morceaux pour piano et chant par* Louise Leonardo, publicado em 1876. Edição do Imperial Estabelecimento de Pianos e Músicas de Narciso & Artur Napoleão,* rua dos Ourives, n.os 56-8, Rio de Janeiro.

Instinto de nacionalidade Vide "Notícia da atual literatura brasileira – Instinto de nacionalidade".

Instituto Histórico e Geográfico Brasileiro Fundado em 21 de outubro de 1838, no Rio de Janeiro, contou com a proteção de D. Pedro II,* assíduo frequentador de suas sessões. Machado recorreu à instituição em 1871, quando Porto-Alegre* o aconselhou a utilizar temas da história brasileira em sua poesia, recomendando-lhe a leitura da *Revista do Instituto Histórico e Geográfico.* Machado se dirigiu a Joaquim Norberto,* que o encaminhou ao presidente, Cândido de Araújo Viana.* Este incumbiu o 1º secretário, cônego Joaquim Caetano Fernandes Pinheiro,* de entregar ao jovem escritor a coleção completa da *Revista,* formada então por 39 tomos. Machado agradeceu, em carta de 20 de outubro de 1871, dirigida ao cônego, e manteve os volumes em sua biblioteca* particular até a morte.

Instrução Pública (A) Semanário publicado no Rio de Janeiro, sob a direção de J. C. de Alambari Luz. Circulou de 13 de abril de 1872 a 4 de agosto de 1888. Machado publicou ali um poema original, um fragmento de "Os orizes",* em 29 de junho de 1873, e duas traduções. A de *Higiene para uso dos mestres-escolas** saiu em catorze números, entre 13 de julho de 1873 e 11 de janeiro de 1874. A tradução do canto XXV do *Inferno,* de *A divina comédia,** apareceu em 28 de fevereiro de 1875.

Intermezzo Livro de versos de Henrich Heine,* traduzido por diversos poetas brasileiros. As traduções foram publicadas em *A Semana,** entre 31 de janeiro e 28 de abril de 1894 e reunidas em livro pelo editor Fauchon & Comp., Rio de Janeiro, 1894, 90 + 4 pp. Machado traduziu o "Prólogo".* O livro teve uma segunda edição, pela Laemmert, Rio de Janeiro, 1902, 86 pp.

Introdução Prefácio ao livro *Harmonias errantes,** de Francisco de Castro, datada de Rio de Janeiro, 4 de agosto de 1878.

Introdução Prefácio às *Sinfonias,** de Raimundo Correia,* datada de julho de 1882.

Inventário O inventário dos bens deixados por Machado foi realizado por avaliadores nomeados e aprovados pelo juiz da Provedoria e Resíduos, Alexandre Jacques. É um documento pouco fidedigno e atabalhoado, que começa errando o nome do finado, denominado José (sic!) Maria Machado de Assis. O levantamento foi feito de forma apressada e sem atenção. Não foram arrolados diversos bens pertencentes ao escritor, como o jogo de xadrez em marfim, os vários tapetes e os quadros com retratos de amigos, que o escritor mantinha pendurados em sua sala. Na relação dos bens apresentados, há desatenções grosseiras. Assim, relaciona "um quadro a óleo (figura) original de Pontorn", provavelmente o quadro da mulher lendo um livro, pintado por Fontana.* Os bens totalizaram 2 contos e 718 mil réis.

"Irmão! É sangrenta a sina" Verso inicial de uma quadra, assinada M. de Assis,* transcrita por Artur Azevedo como epígrafe de sua dedicatória a Machado em *The Works*, de Lord Byron. O poema completo é: "Irmão! É sangrenta a sina/ mas os louros valem tanto/ cada uma gota de pranto/ é uma póstuma flor".

Isabel, princesa Monarquista convicto, Machado tratou sempre com respeito e simpatia a princesa Isabel Cristina Leopoldina Augusta Micaela Gabriela Rafaela Gonzaga de Bragança (Rio de Janeiro, RJ, 1846 – Castelo d'Eu, Dieppe, França, 1921). Em 1864, em crônicas no *Diário do Rio de Janeiro** e em sua correspondência para a *Imprensa Acadêmica*,* ocupou-se dos dezoito anos da herdeira do trono e de seu próximo casamento com o conde d'Eu,* enfatizando a necessidade de ela "observar os acontecimentos, estudar maduramente as instituições, os partidos e os homens; enfim, completar como que praticamente a educação política necessária à elevada posição a que deve assumir mais tarde" (*Diário do Rio de Janeiro*, 1º de agosto de 1864), pensando claramente no Terceiro Império. Por ocasião do casamento, Machado escreveu uma crônica francamente cortesã, na qual ressalta as "graças naturais, as virtudes do coração e o amor deste país" da princesa, para enfatizar, feliz, que a melhor festa foi a "da alegria íntima, natural, espontânea, a festa do cordial respeito que o povo tributa à primeira família da nação" (*idem*, 17 de outubro de 1864). Na ocasião, dedicou ainda três poemas à princesa, as "Estâncias nupciais",*

Princesa Isabel e D. Pedro II

a letra de uma cantata,* musicada pelo maestro Bezanzoni,* apresentada no Teatro Lírico Fluminense,* e o poema que se inicia pelo verso "Cubram embora as últimas montanhas",* todos reproduzidos na *Semana Ilustrada*.* Em 1878, na *Ilustração Brasileira*,* comentando o nascimento do primeiro filho varão do casal, o príncipe D. Luís, referia-se com carinho e reverência à princesa, "digna filha da virtuosa imperatriz". O seu sentimento monárquico deve ter se fortalecido quando, em 7 de dezembro de 1876, Isabel assinou decreto promovendo-o a chefe de seção. Manteve-se fiel na admiração e no respeito pela princesa até o fim do Império, exaltando a abolição, que a regente "assinou com sua mão delicada e superna" ("Bons Dias!",* 20/21 de maio de 1888), e demonstrando alegria pela "entrega da Rosa de Ouro a Sua Alteza", condecoração concedida pelo papa Leão XIII (*idem*, 6 de outubro de 1888).

Itália Tendo sugado o leite romântico, Machado herdou sobre a Itália a ideia de um país "delirante", como o chamou Álvares de

Azevedo, de noites belas, "um composto de estados minúsculos, convidando ao amor e à poesia" (*A Semana*,* 8 de março de 1896). "No meu tempo de rapaz, a Itália era o sonho comum, por causa de Byron, Musset* e Álvares de Azevedo. Ainda agora dou comigo a repetir os versos de Musset ao irmão que voltava da Itália, onde há entre outras tantas estrofes deliciosas aquela que alude a Stendhal" (carta a Magalhães de Azeredo, datada de 21 de fevereiro de 1901). Na juventude, com ímpeto político, poetou pela unidade italiana ("À Itália"), mal disfarçando o desejo de conhecer o país. Ao se referir ao livro *Trois ans em Italie*, de Nísia Floresta, declara: "Três anos na Itália devem ser um verdadeiro sonho de poeta" (*Diário do Rio de Janeiro*, 10 de julho de 1864). Era mais que um sonho, o encontro mágico com um dos países "que a providência das nações destina para ser um guia da raça latina, e conduzi-la através dos séculos ao aperfeiçoamento moral e intelectual de que ela é capaz" (*Diário do Rio de Janeiro*, 25 de novembro de 1861). Um pouco, ou muito, desse aperfeiçoamento se efetuaria pela influência de sua literatura, que, para Machado, quase se resumia em Dante Alighieri.* Outro tanto, por certo, viria do canto lírico, uma das grandes seduções do país, paixão alucinada do jovem Machado: "A Itália é a Danaide antiga. Podemos pedir-lhe e exaurir-lhe os talentos um a um; ela os inventará novos, ao lado de Salvini, Rossi; depois de Ristori, Duse-Cecchi; feições diversas, arte única" (*A Semana*,* 17 de julho de 1885). A paixão pela Itália, em verdade um país idealizado, que talvez só existisse em sua cabeça, manteve-se até a velhice, com a frustração de não conhecê-lo: "A Itália dá-me não sei que reminiscências clássicas e românticas, que faz crescer o pesar de não haver pisado esse solo tão amassado de história e de poesia" (carta a Magalhães de Azeredo, de 17 de novembro de 1896).

Italiano (idioma) Machado foi, provavelmente, autodidata em italiano, língua que dominava, e muito bem, como leitor. Em crônica da maturidade ("Balas de Estalo",* 26 de julho de 1885), confessou que "só entendo italiano cantado", ou seja, "por música", sugerindo dificuldade de entender a língua falada. Mera blague. Conhecia o suficiente para entender Shakespeare* interpretado por Rossi e perceber as nuanças da representação. Não se pode precisar quando começou a estudá-lo, mas o interesse data certamente da adolescência, estimulado pela paixão pela ópera lírica. Em 1859, aos vinte anos, traduziu do italiano a ópera cômica *Pipelet*.* Nesse mesmo ano, utiliza um verso de Metastasio como epígrafe ao poema "A um poeta" (1859): "*...Non é perduta/ ogni speranza ancor...*". Por essa época, nas crônicas escritas para *O Espelho*,* utiliza palavras e expressões italianas, provando o namoro com o idioma. Nas *Crisálidas* (1864), seu primeiro livro de poemas, há duas epígrafes em italiano, de Silvio Pellico e de Dante Alighieri* (extraída da *Vita Nuova*), de quem foi leitor constante e apaixonado por toda a vida. Traduziu o canto XXV do *Inferno*, de *A divina comédia** e, com o pseudônimo de Dr. Semana,* escreveu uma paródia ao *Inferno*, intitulada "Canto complementar ao poema de Dante",* ambas em 1874. *Esaú e Jacó*,* seu penúltimo romance, tem epígrafe extraída de *A divina comédia*. Na obra do cronista, da adolescência à velhice, há dezenas de citações oportunas em italiano, de *A divina comédia* a versos leves de velhas óperas líricas, como as palavras iniciais de *O barbeiro de Sevilha*, de Rossini: "*Ecco ridente in cielo/ già spunta la bella aurora...*".

Ite missa est Poesia incluída nas *Falenas*.*

J

J. Com essa inicial, Machado subscreveu as "Confissões de uma viúva moça",* publicadas no *Jornal das Famílias,** e um artigo no *Diário do Rio de Janeiro,** em 2 de abril de 1865, como participante da polêmica desencadeada por esse conto.

J. B. Iniciais usadas na assinatura do conto "História de uma lágrima",* publicado no *Jornal das Famílias,** de novembro de 1867.

J. J. Com essas iniciais, Machado assinou catorze contos no *Jornal das Famílias,** entre 1866 e 1875: "A pianista";* "A mulher de preto";* "Luís Soares";* "Mariana";* "Aires e Vergueiro";* "Quem não quer ser lobo";* "Qual dos dous?";* "Uma águia sem asas"* "Quem conta um conto";* "Ernesto de Tal"* (apenas a primeira parte do conto, a segunda tendo sida assinada Job*); "Nem uma nem outra";* "Os óculos de Pedro Antão";* "Miloca";* "A última receita".*

J. M. M. A. Com essas iniciais, Machado assinou a poesia "Não?",* publicada na *Marmota Fluminense,** de 15 de setembro de 1857.

J. M. M. Assis Assinatura utilizada por Machado em seu primeiro poema publicado, o "Soneto – À Ilma. Sra. D.P.J.A.", no *Periódico dos Pobres,** de 3 de outubro de 1854.

J. M. M. d'Assis Assinatura utilizada por Machado na *Marmota Fluminense,** no início de sua carreira, nos seguintes trabalhos: "Teu canto"* (15 de julho de 1855); "Meu anjo"* (24 de julho de 1855); "Um sorriso"* (10 de agosto de 1855); "Como te amo"* (12 de agosto de 1855); "Paródia"* (14 de agosto de 1855); "No álbum do Sr. F. G. Braga"* (9 de outubro de 1855); "A uma menina"* (21 de outubro de 1855); "O gênio adormecido"* (28 de outubro de 1855); "O profeta"* (2 de novembro de 1855); "O Pão d'açúcar"* (23 de novembro de 1855); "Soneto – A S. M. o Imperador, o Senhor D. Pedro II"* (2 de dezembro de 1855); "Dormir no campo"* (21 de fevereiro de 1856); "Minha musa"* (4 de março de 1856); "*Consummatum est!*"* (22 de março de 1856); "Um anjo"* (1º de abril de 1856); "*Cognac!*"* (12 de abril de 1856); "Minha mãe"* (2 de setembro de 1856); "Resignação"* (2 de outubro de 1857).

J. M. M. de Assis Dessa forma, Machado assinou algumas poesias na *Marmota Fluminense,** no início de sua carreira: "A saudade"* (20 de março de 1855); "Saudades"* (1º de maio de 1855); "Julia"* (18 de maio de 1855); "Lembrança de amor"* (1º de junho de 1855); "A lua"* (17 de julho de 1855); "A saudade"* (5 de outubro de 1855). Assinalem-se as variantes: J. M. M. d'Assis,* J. M. M. A.* e J. M. M. Assis.*

J. M. Machado d'Assis Essa assinatura foi utilizada apenas duas vezes, no manuscrito da poesia "Uma flor? – Uma lágrima",* datada de outubro de 1858, e em "Juízo crítico",* prefácio ao drama *Fumo sem fogo,** de Antonio Moutinho de Sousa,* datado de janeiro de 1861.

J. M. Machado de Assis Machado empregou essa assinatura cinco vezes, nos poemas "A Elvira"* (*Correio da Tarde,** 6 de agosto de 1858) "A missão do poeta"* (*O Universo ilustrado,* *pitoresco e monumental,** 20 de outubro de 1858), "Esperança"* ("No álbum do Sr. F. G. Braga"*) (*Correio Mercantil,** 25 de outubro de 1858), "*Mont'Alverne*"* (*Jornal do Commercio,** 6 de dezembro de 1858) e na tradução da romança *Innocence,** de Luisa Leonardo,* em 1876.

Jaceguai, barão de Vide "Mota, Artur Silveira da".

Jacobina Personagem não identificado, com quem Machado conviveu na década de 1860, como se comprova na dedicatória manuscrita que se encontra em um exemplar da primeira edição das *Crisálidas*:* "Ao meu amº Dr. Jacobina, como testemunho de afeto e admiração. Machado de Assis".

Janny Pseudônimo de Ferreira de Menezes* no jornal *Imprensa Acadêmica,** de São Paulo, com o qual criticou a peça *O caminho da porta** (14 de agosto de 1864).

Jansen, Carlos (C. Jacó Antonio Cristiano J.) Nascido em Colônia, na Alemanha, em 1829, foi jornalista, tradutor, romancista. Em outubro de 1882, Machado prefaciou a sua tradução dos *Contos seletos das mil e uma noites.** No ano seguinte, Machado e mais seis amigos formaram um grupo para aprender alemão* com Jansen. Machado abandonou o projeto quase no início. O professor faleceu no Rio de Janeiro, em 1889.

Jeremias Pseudônimo não identificado. Em *O Besouro,** de 27 de abril de 1878, publicou o poema "As botas de Eleazar", dedicado "Ao L. da Gazeta" (entenda-se Lélio*), satirizando o conto "Filosofia de um par de botas".* O primeiro verso diz: "Foi depois de um bom jantar/ que Eleazar/ empanturrado/ foi sentar-se à beira-mar./ E o mar rugindo, irado,/ atirava à praia um par/ de botas/ tão rotas!".

Jerusalém, por monsenhor Pinto de Campos Crítica de Machado publicada na rubrica "Literatura", do jornal *A Nação,** de 13 de agosto de 1874, com a assinatura Machado de Assis.* Descoberta do pesquisador Felipe Rissato. Transcrita na revista *Livro*, nº 5, de novembro de 2015.

Jó Poema publicado no *Almanach Brasileiro Ilustrado* para o Ano de 1878*, paráfrase ao Livro de Jó, com a assinatura Machado de Assis.* Descoberta do pesquisador Felipe Rissato, que a publicou na revista *Livro,* nº 5, de novembro de 2015.

João Caetano Título utilizado no volume *Novas relíquias** para o artigo publicado na seção "Conversas Hebdomadárias"* do *Diário do Rio de Janeiro,** de 1º de setembro de 1863.

João Ninguém Pseudônimo não identificado que na seção "Os nossos escritores", de *A Semana,** de 12 de março de 1887, definiu Machado como "um ótimo pessimista".

João das Regras Pseudônimo utilizado por Machado sete vezes, na seção "A + B",* na *Gazeta de Notícias.**

João Fernandes Conto publicado em *A Estação,** de 15 de janeiro de 1894, com a assinatura Machado de Assis.* Incluído nos *Contos sem data.**

Joaquim, Pedro (P. J. da Silva Amaral) Ator, bastante popular à época, casado com Adelaide Amaral.* Encarnou o papel título da peça *Montjoye,** de Octave Feuillet,* traduzida por

J

Machado, que considerou o seu "desempenho excelente", ficando como "um dos seus mais brilhantes títulos de artista".

Joaquim Maria Machado d'Assis Essa assinatura, com o nome completo e a vogal elidida, foi utilizada uma única vez, na poesia "Álvares de Azevedo",* em 1858.

Joaquim Maria Machado de Assis O escritor empregou essa assinatura apenas uma vez, ao subscrever o poema "À Madame Arsène Charton Demeur",* em 1856.

Joaquim Serra Crítica ao livro de poemas *Quadros*, de Joaquim Serra,* publicada na *Semana Ilustrada*,* de 2 de fevereiro de 1873, com a assinatura M. de Assis.* *Dispersos*.*

Joaquim Serra Artigo publicado na *Gazeta de Notícias*,* de 5 de novembro de 1888, com a assinatura Machado de Assis.* Escrito por ocasião da morte do jornalista maranhense. Recolhido às *Páginas esquecidas** e, posteriormente, a *Diálogos e reflexões de um relojoeiro*.*

Job Pseudônimo com que Machado assinou as "Cartas fluminenses",* no *Diário do Rio de Janeiro*,* em 1867, e onze contos no *Jornal das Famílias*,* entre 1865 e 1875: "Cinco mulheres";* "Linha reta e linha curva";* "Astúcias de marido";* "O rei dos caiporas";* "O caminho de Damasco";* "A parasita azul";* "Ernesto de Tal"* (apenas a segunda parte); "O relógio de ouro";* "Um homem superior";* "Valério";* "A mágoa do infeliz Cosme".*

Jogo do bicho Conto publicado no *Almanaque Brasileiro Garnier*,* 1904, com a assinatura Machado de Assis.* Incluído no volume póstumo *Outras relíquias** e, posteriormente, nas *Relíquias de casa velha*,* 1º volume, de W. M. Jackson.*

Jogos Machado apreciava os jogos familiares solitários, como a paciência,* ou em parceria: gamão,* besigue,* xadrez,* *nain jaune*,* sete e meio,* copas.* Francisca de Basto Cordeiro, cuja casa Machado frequentava, diz que não era um parceiro agradável. Demorava a jogar, irritando os demais. Se reclamavam, se abespinhava, ficando dias sem aparecer.

Jornal e o livro (O) Ensaio publicado no *Correio Mercantil*,* de 10 e 12 de janeiro de 1859, com a assinatura Machado de Assis.* Dedicado "Ao Sr. Dr. Manuel Antônio de Almeida".* Em nota, Machado informa que a ideia do trabalho lhe foi sugerida por Reinaldo Carlos Montoro.* *Poesia e prosa*.*

Jornal da Noite Diário lisboeta, circulou de 2 de janeiro de 1871 a 31 de março de 1892, sendo o primeiro vespertino do país, uma "novidade no periodismo português" (José Tangarrinha. *História da imprensa periódica portuguesa*). Na edição de 18 e 19 dezembro de 1873, publicou o poema "Adeus",* escrito por Machado para o espetáculo de despedida do ator José Antonio do Vale* do Brasil.

Jornal da Tarde Editado no Rio de Janeiro, começou a circular em 26 de novembro de 1869. Com o pseudônimo de Lara,* Machado publicou ali um folhetim no dia 20 de dezembro de 1869, prometendo escrever "todas as segundas-feiras". Uma manchete sensacionalista sobre o fim da Guerra do Paraguai* lançou o descrédito sobre o jornal, que deixou de circular entre 23 de dezembro de 1869 e 1º de fevereiro de 1870. Nesse período, os seus proprietários, Manuel Pacheco da Silva Júnior e Carlos Francisco Alberto de Vivaldi, acertaram a venda do periódico para Ângelo do Amaral,* Tomás do Amaral e Eduardo Augusto de Oliveira.* Machado reiniciou as suas crônicas, com o pseudônimo de Lara, publicadas nos dias 14 e 21 de fevereiro e em março de 1870. No dia 23 de abril de 1870, o *Jornal* iniciou a publicação , em folhetins, do romance *Oliveiro Twist*,* de Charles Dickens,* traduzido por Machado até o folhetim de 18 de junho. A tradução saiu anônima. Em carta datada de 14 de junho de 1870, dirigida aos proprietários do diário, Machado desligava-se da função, sendo substituído por um tradutor não identificado. O *Jornal da Tarde* circulou até 28 de junho de 1872.

Jornal das Famílias Mensário de literatura e modas, editado por B. L. Garnier,* com o subtítulo de "Publicação ilustrada, recreativa, artística, etc.". Foi lançado em janeiro de 1863, em substituição à *Revista Popular*, com apresentação luxuosa, impresso em Paris, com os mesmos requintes das similares francesas. Apresentava diagramação agradável, belas capitulares, várias ilustrações, a maior parte estranhas ao texto. A impressão litográfica dos figurinos é miraculosa e até hoje mantém o mesmo colorido. Circulou até dezembro de 1878. No início de sua colaboração, Machado elogiou a publicação em uma de suas crônicas no *Diário do Rio de Janeiro*,* de maneira quase escandalosa: "Não deixarei de recomendar aos leitores fluminenses a publicação mensal da mesma casa [a Garnier], o *Jornal das Famílias*, verdadeiro jornal para senhoras, pela escolha do gênero de escritos originais que publica e pelas novidades de modas, músicas, desenhos, bordados, esses mil nadas tão necessários ao reino do bom tom" (3 de janeiro de 1865). Cinco anos depois, diz que o *Jornal das Famílias* "continua a ser uma revista útil e lida, graças à variedade dos artigos, à perfeição dos desenhos e à novidade dos figurinos" (*Semana Ilustrada*,* 30 de janeiro de 1870). Propaganda pura. Machado iniciou a sua colaboração com um poema traduzido. A publicação do conto "Frei Simão"* agradou ao editor e às leitoras, ajustando-se ao espírito da revista de "comover sem corromper". Descoberto o seu talento para o gênero, intensificou os trabalhos, chegando a publicar três contos em um mesmo número. Para tanto, utilizava as mais diversas assinaturas e pseudônimos: Machado de Assis,* M.,* A.,* F.,* S.,* M.A.,* Max,* Máximo,* J.J.,* Lara,* Job,* J.,* Victor de Paula,* Marco Aurélio,* Otto,* J.B.,* x.,* O.O.,* B.B.,* Camillo da Anunciação.* A colaboração no *Jornal das Famílias* foi decisiva na opção de Machado pelo conto, permitindo-lhe aprender todos os truques do gênero e a acertar a mão para as obras-primas da maturidade. Ali, ele publicou cinco poemas (um traduzido e quatro originais) e 85 contos, a saber:

POEMAS: "Alpujarra",* tradução de Adam Mickiewicz,* julho de 1863; "Tristeza",* agosto de 1866; "Amor passageiro",* junho de 1869; Hino do cristão,* julho de 1869; "Em sonhos",* outubro de 1869.

CONTOS: "Frei Simão",* junho de 1864; "Virginius"* – Narrativa de um advogado, julho e agosto de 1864; "O anjo das donzelas",* setembro e outubro de 1864; "Casada e viúva",* novembro de 1864; "Questão de vaidade",* dezembro de 1864, janeiro, fevereiro, março de 1865; "Confissões de uma viúva moça",* abril, maio, junho de 1865; "Cinco mulheres",* agosto e setembro de 1865; "Linha reta e linha curva",* outubro, novembro, dezembro de 1865, janeiro de 1866; "O oráculo",* janeiro de 1866; "O pai",* fevereiro de 1866; "Diana",* fevereiro

J

de 1866; "Uma excursão milagrosa",* abril e maio de 1866; "O que são as moças",* maio e junho de 1866; "Felicidade pelo casamento",* junho e julho de 1866; "A pianista",* setembro e outubro de 1866; "Astúcias de marido",* outubro e novembro de 1866; "Fernando e Fernanda",* novembro e dezembro de 1866; "Possível e impossível",* janeiro e fevereiro de 1867; "Francisca",* março de 1867; "Onda",* abril de 1867; "O último dia de um poeta",* maio e junho de 1867; "História de uma lágrima",* novembro de 1867; "Não é o mel para a boca do asno",* janeiro de 1868; "O carro nº 13",* março de 1868; "A mulher de preto",* abril e maio de 1868; "Quinhentos contos",* junho e julho de 1868; "O segredo de Augusta",* julho e agosto de 1868; "Luís Soares",* janeiro de 1869; "O anjo Rafael",* outubro, novembro, dezembro de 1869; "A vida eterna",* janeiro de 1870; "O capitão Mendonça",* abril e maio de 1870; "O rei dos caiporas",* setembro e outubro de 1870; "Mariana",* janeiro de 1871; "Aires e Vergueiro",* janeiro de 1871; "A felicidade",* março e abril de 1871; "Almas agradecidas",* março e abril de 1871; "O caminho de Damasco",* novembro e dezembro de 1871; "Rui de Leão",* janeiro, fevereiro, março de 1872; "Quem não quer ser lobo",* abril e maio de 1872; "Uma loureira",* maio e junho de 1872; "A parasita azul",* junho, julho, agosto, setembro de 1872; "Canseiras em vão",* julho e agosto de 1872; "Qual dos dous?",* setembro, outubro, novembro, dezembro de 1872, janeiro de 1873; "Uma águia sem asas",* setembro e outubro de 1872; "Quem conta um conto",* fevereiro e março de 1873; "Ernesto de Tal",* março e abril de 1873; "Tempo de crise",* abril de 1873; "O relógio de ouro",* abril e maio de 1873; "Decadência de dois grandes homens",* maio de 1873; "As bodas do Dr. Duarte",* junho e julho de 1873; "Nem uma nem outra",* agosto, setembro, outubro de 1873; "Um homem superior",* agosto e setembro de 1873; "Quem desdenha",* outubro e novembro de 1873; "A menina dos olhos pardos",* dezembro de 1873, janeiro e fevereiro de 1874; "Os óculos de Pedro Antão",* março, abril e maio de 1874; "Um dia de entrudo", junho, julho, agosto de 1874; "Muitos anos depois",* outubro e novembro de 1874; "Miloca",* novembro e dezembro de 1874, janeiro e fevereiro de 1875; "Valério",* dezembro de 1874, janeiro, fevereiro, março de 1875; "Quem boa cama faz...",* abril, maio e junho de 1875; "Brincar com fogo",* julho e agosto de 1875; "Antes que cases...",* julho, agosto, setembro de 1875; "A mágoa do infeliz Cosme",* agosto e setembro de 1875; "A última receita",* setembro de 1875; "Um esqueleto",* outubro e novembro de 1875; "Onze anos depois",* outubro e novembro de 1875; "Casa, não casa",* dezembro de 1875, janeiro de 1876; "História de uma fita azul",* dezembro de 1875, janeiro e fevereiro de 1876; "*To be or not to be*",* fevereiro e março de 1876; "Longe dos olhos",* março, abril e maio de 1876; "Encher tempo",* abril, maio, junho, julho de 1876; "O passado, passado",* junho, julho, agosto de 1876; "D. Mônica",* agosto, setembro, outubro de 1876; "Uma visita de Alcebíades",* outubro de 1876; "O astrólogo",* novembro e dezembro de 1876, janeiro de 1877; "Sem olhos",* dezembro de 1876, janeiro e fevereiro de 1877; "Um almoço",* março, abril, maio de 1877; "Silvestre",* junho, julho, agosto de 1877; "A melhor das noivas",* setembro e outubro de 1877; "Um ambicioso",* novembro e dezembro de 1877, janeiro de 1878; "O machete",* fevereiro e março de 1878; "A herança",* abril e maio de 1878; "Conversão de um avaro",* junho, julho, agosto de 1878; "Folha rota",* outubro de 1878; "Dívida extinta", novembro e dezembro de 1878.

Jornal do Commercio Fundado por Pierre Plancher-Seignot, o *Jornal do Commercio*, do Rio de Janeiro, surgiu a 1º de outubro de 1827, em substituição ao *Diário Mercantil*. Iniciou uma nova fase na história do jornalismo brasileiro, apesar da falta de paixão. Foi sempre um jornal que se esquivou a tomar partido e até mesmo a expressar opinião. O seu prestígio, porém, foi imenso durante o Segundo Império, quando era conhecido como o quarto poder. Pela sua redação, passaram os maiores jornalistas do Império, bastando lembrar Justiniano José da Rocha. Machado nunca se identificou muito com o jornal. Ao longo de sua carreira jornalística e de escritor, colaborou ali apenas oito vezes, sendo duas delas anonimamente, atendendo a solicitação de amigos. Um de seus primeiros poemas, "Monte Alverne",* saiu na seção de apedidos, em 6 de dezembro de 1858. Seu nome só voltaria a aparecer no JC subscrevendo o poema "Potira",* publicado nos dias 29 de junho e 28 de agosto de 1870. Em 1872, saíram dois trabalhos, a crítica intitulada "Guilherme Malta"* (2 de julho) e o poema "À inauguração da estátua de José Bonifácio"* (7 de setembro). Em 10 de junho de 1880, durante os festejos do tricentenário de Camões,* publicou ali um dos quatro sonetos que dedicou ao épico português, aquele que começa pelo verso: "Quando torcendo a chave misteriosa". No Natal de 1903, a pedido de José Carlos Rodrigues,* redigiu um breve artigo, não assinado, publicado como editorial. Na Semana Santa do ano seguinte, atendendo à solicitação de Tobias Monteiro,* escreveu um artigo sobre *A Paixão de Jesus*,* que também saiu anonimamente, na edição de 1º de abril. Pouco interessado em literatura, o *Jornal do Commercio* publicou os seguintes artigos sobre Machado: C., "Teatro", em 3 de outubro de 1862; Faustino Xavier de Novaes,* "Riachuelo",* pedindo a opinião crítica de Machado, em 12 de abril de 1868; Ladislau Neto, "A Batalha de Campo Grande",* carta a Machado, em 3 de novembro de 1871; G. Planche,* sobre *Ressurreição*,* 12 de maio de 1872; sem assinatura, 30 de outubro de 1895, sobre *Várias histórias*;* Labieno (pseudônimo de Lafaiete Rodrigues Pereira*), artigos sobre o livro *Machado de Assis – Estudo comparativo*,* por Sílvio Romero,* 25 e 30 de janeiro, 7 e 11 de fevereiro de 1898; Magalhães de Azeredo,* *Estudos Comparativos – Machado de Assis e Sílvio Romero*, 9 de maio de 1898; José Veríssimo,* sobre *Páginas recolhidas*,* 18 de setembro de 1899; José Veríssimo, sobre *Dom Casmurro*,* 19 de março de 1900; José Veríssimo, sobre *Poesias completas*,* 21 de maio de 1901; Mário de Alencar, *Esaú e Jacó*,* 2 de outubro de 1904.

Jornal do Povo Editado no Rio de Janeiro, de 7 de abril a 12 de maio de 1862, publicou apenas cinco números. Machado saudou o seu aparecimento, em crônica publicada no *Diário do Rio de Janeiro*,* de 24 de março de 1862. No terceiro número do *Jornal*, de 18 de março, publicou uma "Carta ao Sr. bispo do Rio de Janeiro",* assinada **.*

Jornalista Machado exerceu a atividade jornalística desde a juventude, desempenhando as funções de revisor,* repórter,* redator,* cronista,* crítico literário* e teatral,* folhetinista,* tradutor.* Nunca dissociou a ideia de jornalismo e missão social. Como o teatro,* o jornal era um veículo de enriquecimento cultural e de difusão dos ideais de liberdade e progresso, em suma, uma afirmação democrática. Tinha uma visão muito peculiar da ética jornalística, que respeitou durante toda a sua longa atividade na imprensa. Em jornais e revistas publicou a quase totalidade de seus contos, centenas de crônicas e cinco romances. Trabalhou com vínculo empregatício e como colaborador avulso. O primeiro emprego na imprensa foi como revisor, no *Correio Mercantil,** em 1858. No segundo semestre do ano seguinte, desligou-se do jornal. Desde setembro de 1859 trabalhava como redator de *O Espelho,** no qual permaneceu até o último número, de janeiro de 1860. Nesse ano, a convite de Quintino Bocaiuva,* ingressou no *Diário do Rio de Janeiro** como repórter,* incumbido de cobrir as atividades parlamentares do Senado.* Começou a trabalhar em 11 de maio de 1860. No dia seguinte, aparecia a sua primeira colaboração. Logo passou a redator. Alfredo Pujol afirma que, com a saída de Saldanha Marinho* e Henrique César Muzzio* do jornal, ficou incumbido de "todo o noticiário" e "ainda o arranjo da algaravia dos anúncios levados ao balcão". Uma função estressante e mal remunerada, que exigia complemento em outra atividade. Em dezembro já estava na *Semana Ilustrada,** fundado por Henrique Fleiuss,* onde foi redator e cronista. Não tinha ilusões quanto à atividade do jornalista,"obra que desaparece todos os dias com o sol, para recomeçar com o mesmo sol, e não deixar nada na memória dos homens, a não ser o vago sulco de um nome, que se apaga (para os melhores) com a segunda geração" (*A Semana*, 24 de janeiro de 1897). Mesmo sem ilusões, precisava de dinheiro para sobreviver, o que obtinha com as inúmeras colaborações em jornais e revistas, depois de se livrar do trabalho diário na imprensa, em 1867. Desse ano, até 1897, quando se desligou da seção "A Semana",* da *Gazeta de Notícias,** publicou centenas de colaborações na imprensa, sobretudo crônicas e contos. A partir daí, com a entrada na velhice, a decadência da saúde e o imenso volume de trabalho na secretaria, reduziu sensivelmente a colaboração, que pode ser contada nos dedos. Afastou-se definitivamente da imprensa, sem nunca deixar de ser jornalista.

José Bonifácio Poema incluído nas *Americanas.** Com o título de "À inauguração da estátua de José Bonifácio" e a assinatura Machado de Assis,* foi publicado no *Jornal do Commercio,** de 7 de setembro de 1872, dia de inauguração do monumento ao patriarca. Em nota apensa às *Americanas*, Machado equivocou-se, dando 1873 como o ano de composição do poema.

José de Alencar Homenagem publicada na *Revista Literária,** "comemorativa do 6º aniversário do passamento do eminente escritor brasileiro José de Alencar", Rio de Janeiro, 1883. As palavras de Machado figuram entre várias outras opiniões. Reproduzida em *Poesia e prosa.**

José de Anchieta Poema que nasceu de um pedido do professor João Monteiro,* residente em São Paulo,* que desejava incluir um original de Machado em sua conferência sob o tema "Anchieta na poesia e na lenda brasileira", proferida em dezembro de 1897. Quatro anos mais tarde o poema foi incluído nas *Ocidentais.**

Jovem cativa (A) Poema incluído nas *Crisálidas,** tradução de *La Jeune Captive*, de André Chénier.* A primeira publicação foi em *A Saudade,** de 21 de setembro de 1862, com a assinatura M. de A.* A peça não foi incluída nas *Poesias completas.**

Juiz (de concurso literário) Nada mais natural que, com o seu prestígio, Machado recebesse convites para integrar o júri de concursos literários. O primeiro de que participou teve o patrocínio de *A Semana,** de Valentim Magalhães,* um certame poético em honra de Victor Hugo* lançado em 11 de junho de 1885, no dia seguinte ao enterro do poeta francês. Os demais jurados eram Lúcio de Mendonça,* Adelina Lopes Vieira* e Filinto de Almeida.* Concorreram 45 sonetos. As escolhas foram tão diversas para os segundo e terceiro lugares, que Valentim convidou o jovem poeta Afonso Celso para dar o voto de Minerva. O vencedor foi o próprio Valentim Magalhães. Machado voltou à ingrata posição de julgar, em outubro de 1888, a convite do jornal *Novidades*,* que instituíra um "Torneio de Rimas". Os concorrentes deviam traduzir dois sonetos do parnasiano francês José Maria de Heredia. Machado e os outros dois juízes, Artur Azevedo* e Luís Murat,* concluíram que nenhuma das traduções apresentadas eram perfeitas, indicando as três melhores, de autoria de Mário de Alencar,* Castro Fonseca e Osório Duque Estrada. Seis anos depois, Machado era convocado pela *Gazeta de Notícias** para integrar o júri de um concurso de contos, tendo como colegas de comissão Capistrano de Abreu,* Sílvio Romero,* Ferreira de Araújo* e Silva Ramos.* O concurso teve grande repercussão, com 91 concorrentes. O resultado foi publicado na edição de 9 de março de 1894 do jornal, tendo como vencedor o trabalho intitulado *Beijos...Beijos...*, de Magalhães de Azeredo.* Em 1900, a comissão organizadora dos festejos comemorativos do quarto centenário de descobrimento do Brasil, convidou Machado para um concurso de peças de teatro, tendo por tema assuntos históricos. Os outros juízes eram Artur Azevedo* e Araripe Júnior.* A comissão achou apenas uma peça aceitável, "não obstante graves defeitos", a que se intitulava *Secretário Del-Rei*, de autoria de Oliveira Lima.*

Juiz de Fora No início de 1890, Ernesto Cibrão* e Antonio Martins Marinhas,* diretores da Companhia Pastoril Mineira, reuniram alguns amigos para dar um passeio por Minas Gerais,* a fim de conhecerem as fazendas da empresa. Formavam o grupo, além dos diretores, Machado, Carolina,* Rodrigo Smith de Vasconcelos,* Alice Smith de Vasconcelos,* Francisca de Basto Cordeiro* e sua irmã, Guiomar.* No dia 18 de janeiro, Machado chegou a Juiz de Fora, onde permaneceu algumas horas. Dali seguiu para Benfica, onde visitou a fazenda Saudade, de propriedade da companhia. *O Pharol*,* jornal de Juiz de Fora, em sua edição de 19 de janeiro, registrou a presença de Machado na cidade: "Vindo da capital federal, chegou ontem, pelo expresso, à nossa cidade este aplaudido homem de letras, que aqui demorou-se apenas algumas horas".

Juízo Crítico Prefácio ao drama *Fumo sem fogo*,* de Antonio Moutinho de Sousa,* utilizando a assinatura J. M. Machado d'Assis,* datado de janeiro de 1861.

Júlia Primeira musa de Machado, ainda na adolescência, inspiradora dos poemas "Lembrança de amor"* (que se inicia pelo verso "Vem. Ó Júlia, vem ao prado") e "Júlia"* e, provavelmente, de "Meu anjo",* "Teu canto"* e "Ela",* todos escritos em 1855. Tudo indica que tenha sido, apenas, um rápido entusiasmo da juventude.

Júlia Poema publicado na *Marmota Fluminense*,* de 18 de maio de 1855, com a assinatura J. M. M. de Assis.* *Dispersos*.*

Julio Dast Pseudônimo não identificado que, na *Revista Ilustrada*,* narra a anedota da atriz Inês Gomes* saindo do banho, com os cabelos escorrendo água, ao que Machado exclamou: "Oh! Inês... gotável".

Junio Vide "D. Junio".

Junio Crítico teatral da *Revista Ilustrada*,* assistiu à estreia de *Tu só, tu, puro amor...*,* classificando-a como "um mimo de estilo, um requinte de arte" (19 de junho de 1880).

Junius Pseudônimo de Ernesto Augusto de Sousa e Silva Rio* em *O Mequetrefe*,* empregado em crítica ao romance *A mão e a luva*,* segundo R. Magalhães Júnior.

K

K.Brito Pseudônimo não identificado. Na *Revista Ilustrada,** de 15 de janeiro de 1881, comenta que no Rio de Janeiro* "não se fala, nem se lê" outra coisa que as *Memórias póstumas de Brás Cubas.**

K.Lixto O caricaturista Calixto Cordeiro (Niterói, RJ, 1877 – Rio de Janeiro, RJ, 1957), que usava a assinatura K.Lixto, foi um dos monstros sagrados da história da caricatura brasileira, senhor de um traço inconfundível, que deliciou o país durante mais de cinquenta anos. Como bom carioca, não pôde deixar de homenagear Machado. A sua caricatura do escritor foi publicada na seção "Poetas e Águias", do *Tagarela,** em 26 de abril de 1902.

Kopke, João Nascido em Petrópolis, RJ, em 1853, formou-se em direito pela Faculdade de São Paulo, onde se fixou como procurador. Trocando a magistratura pelo magistério, fundou a Escola da Neutralidade. Mais tarde, mudou-se para o Rio de Janeiro, onde faleceu, em 1926. Publicou um interessante depoimento sobre Machado na *Revista do Brasil* de dezembro de 1916.

K.Lixto

L

La Fontaine, Jean de Poeta francês (1621-1695) de estilo elegante. As suas *Fábulas*, assinaladas por uma graça simples e uma ironia por vezes amarga, foram traduzidas em todas as línguas cultas. Machado traduziu "*Les Animaux Malades de la Peste*", sob o título de "Os animais enfermos da peste",* para a edição das *Fábulas** de La Fontaine publicada em Lisboa, em 1886, com ilustrações de Gustave Doré. Machado citou o poeta francês e suas fábulas com frequência e encantamento, muitas vezes sem aludir ao nome do fabulista. Assim, em *Ressurreição*,* Félix e Lívia, falando de Menezes, se referem àquele "astrólogo antigo que, estando a contemplar os astros, caiu dentro de um poço". Trata-se do argumento do poema "*L'astrologue qui se laisse tomber dans un puits*", que Machado, algum tempo depois, parafraseou no conto "O astrólogo".* Machado parodiou ainda as fábulas *Le Loup et Le Renard* e *Les Femmes et Le Secret* nos contos "Quem não quer ser lobo"* e "Quem conta um conto"* (1873), respectivamente. Concluiu vários de seus escritos com uma citação de La Fontaine, como no artigo que trata de "O caso Ferrari"* (*O Cruzeiro*, 21 de maio de 1878) e na crônica em que narra um caso ocorrido com José Bonifácio ("Balas de Estalo",* 17 de dezembro de 1884). A fábula ajudava a tornar mais suave a verdade.

La Grange, Madame de Nome artístico da cantora lírica Anne de Stankovitch, que fez imenso sucesso no Brasil, na década de 1850. Machado dedicou-lhe o poema "A Mme. de La Grange – Na noite de 14 de novembro", publicado no *Correio Mercantil*,* de 16 de novembro

Madame de La Grange

de 1859, assinado com as iniciais M. d'A.* Em crônica publicada em *O Espelho*,* no dia 19 do mesmo mês, reconhecia que a La Grange era merecedora de "mais do que um direito de realeza, um direito de adoração". Um mês antes (*idem*, 23 de outubro de 1859) afirmara que "não são notas que aquela garganta solta, são ondas de melodia, doudas e lânguidas, que estremecem, que saltam, que se curvam, e que se embebem afinal nas almas absortas e prostradas".

La Grua, Emmy Cantora lírica, estreou em 1852, no Opéra de Paris. Em 6 de agosto de 1855 fez sua primeira apresentação no Rio de Janeiro, onde permaneceu até o ano seguinte, alcançando imenso sucesso entre os melômanos e o público jovem. Os aficionados do canto lírico se dividiam então em dois campos opostos, os admiradores da La Grua, chamados lagruístas, e os chartonistas, aficionados da Charton.* Machado diz que, até então, "nenhum cantor se benzeu com uma luta de partidos igual a que houve" entre as duas (*Diário do Rio de Janeiro*, 7 de fevereiro de 1865). A propósito da cantora, conta a história de um jovem espectador apaixonado, que lhe dedicava poemas e ria-se "muito de um senhor de suíças que, da plateia, devorava com os olhos a La Grua". Um dia, a diva desapareceu, o homem das suíças não apareceu mais na plateia "e o meu rapaz adoeceu, definhou, até morrer de melancolia" (*Gazeta de Notícias*, 8 de julho de 1894).

"Lá vai a flor que arremessara o vento" Verso inicial do poema escrito por Machado para ser apresentado no final do 5º ato de *A atriz hebreia*, de Giovanni Fonte Basso, traduzida por Francisco Gonçalves Braga.* A poesia, recitada por Adelaide Amaral,* intérprete da peça, foi transcrita pelo *Correio Paulistano*, na edição de 19 de março de 1867.

Labieno Pseudônimo com que Lafaiete Rodrigues Pereira* publicou, em janeiro e fevereiro de 1898, uma série de quatro cartas no *Jornal do Comercio*,* defendendo Machado dos ataques desferidos por Sílvio Romero.* Os artigos foram reunidos no livro *Vindiciae*.* No início, Machado julgava que o disfarce ocultava um genro de Lafaiete, o Dr. Alexandre Stocker, mas logo um amigo em comum lhe revelou a verdadeira identidade do autor. Machado agradeceu-lhe em carta datada de 19 de fevereiro de 1898, enfatizando que "a espontaneidade da defesa, o valor e a simpatia dão maior realce à benevolência do juízo que V. Exa aí faz a meu respeito".

Lacerda, Sebastião (S. Eurico Gonçalves de L.) Nascido em Vassouras, RJ, em 1864, formou-se em direito pela Faculdade de São Paulo. Deputado, combateu pela abolição e a República. Durante o governo de Prudente de Moraes foi ministro da Indústria, Viação e Obras Públicas,* assumindo o cargo em 13 de novembro de 1897. Procurou reformular o Ministério, contendo despesas e dinamizando a administração, mas agindo às vezes com certa afoiteza. Foi assim que colocou Machado em disponibilidade, com vencimentos integrais. A resolução, assinada pelo ministro e o presidente da República, datada de 1º de janeiro de 1898, foi publicada dois dias depois no *Diário Oficial*.* Artur Azevedo* conta que o ministro dirigiu ao funcionário um aviso "em que lhe dizia coisas muito amáveis em estilo oficial". Ao receber o texto, Machado comentou : "Fazem-me um enterro de primeira classe". Lacerda ainda reestruturava o Ministério, quando sua esposa faleceu. Desgostoso, demitiu-se a 27 de junho de 1898, tendo ocupado o cargo durante oito meses e catorze dias. Retornou a Vassouras,* abandonando a política, à qual só retornaria em 1909. Faleceu em 1925. Machado voltou à vida funcional em 15 de novembro de 1898, requisitado pelo ministro Severino Vieira,* que o nomeou seu secretário.

Lacombe, Domingos Lourenço Conviveu com Machado no Clube Beethoven,* onde exerceu o cargo de segundo secretário. No dia 11 de maio de 1885, Machado lhe escreveu uma breve carta, expondo os motivos que o impediram de comparecer ao clube e, na véspera, de ir à casa de Lacombe: uma pequena cirurgia para extração de um quisto na orelha.

Ladislau Neto (L. de Sousa Melo e N.) Arqueólogo, nascido em Maceió e falecido no Rio de Janeiro (1838-1894). Formado na França, exerceu diversos cargos públicos de relevo. Em artigo publicado na seção "Variedades" do *Jornal do Commercio*,* de 3 de novembro de 1871, Ladislau dirigiu-se a Machado, fornecendo-lhe elementos para um suposto trabalho sobre *A Batalha de Campo Grande*, que o destinatário estaria escrevendo. O escritor respondeu através do artigo "Pedro Américo – Carta ao Dr. Ladislau Neto",* no qual desmentia tal notícia e fazia algumas observações sobre a arte do pintor paraibano. Anos mais tarde, em crônica publicada na série "Bons Dias!",* na *Gazeta de Notícias** (13 de abril de 1888), Machado dirigiu-se "ao meu amigo Dr. Ladislau Neto", então diretor do Museu Nacional, alertando-o para a descoberta, nas escavações da praça do Comércio, de uma pedra histórica do século XVIII.

Laemmert Vide "Livraria Laemmert".

Laet, Carlos de (C. Maximiliano Pimenta de L.) Oito anos mais moço do que Machado, Carlos de Laet (Rio de Janeiro, RJ, 1847) era o oposto do criador de Capitu. Agressivo, combativo, sarcástico, manteve desde 1878, no *Jornal do Commercio*,* a seção "Microcosmo", das mais lidas e temidas do jornalismo carioca. Polemizou com meio mundo, inclusive com Camilo Castelo Branco.* Por isso mesmo, o conhecimento restringiu-se ao terreno social. "Nunca verdadeiramente privei com Machado", confessou. Conhecia-o das conversas de livrarias, sem que o outro jamais descesse a intimidades. Às vezes, porém, gostava de provocá-lo. Em certa ocasião, disse a Machado que se preparava para atraí-lo a uma polêmica. "Não faça tal, respondeu o provocado – os partidos não seriam iguais. Para você seria uma festa, uma missa cantada em sua capela. Para mim, uma aflição". Em 17 de dezembro de 1876, no *Diário do Rio de Janeiro*,* onde colaborava com o pseudônimo de Sic, Laet diz "que Machado de Assis asseverou-me que lia meus folhetins". Já se conheciam, portanto, antes da crítica elogiosa aos *Papéis avulsos** (*Jornal do Commercio*,* 29 de outubro de 1882). Confraternizaram no banquete comemorativo dos 22 anos de publicação das *Crisálidas*,* e no banquete oferecido a Machado por seus colegas do Ministério da Agricultura, em julho de 1888. No primeiro, o polemista proferiu um discurso e descreveu a festa em sua crônica no *Jornal do Commercio*, de 10 de outubro de 1886. Laet foi um dos prováveis organizadores do banquete oferecido a Machado pela *Tribuna Liberal*, em junho de 1889. Dois anos antes, entrara em polêmica com Artur Azevedo,* a propósito de um soneto de Machado. O debate ia escorregando para o mal-entendido, graças à habilidade do autor de *O plebiscito*, que dera a entender que seu opositor assumia uma posição de iconoclasta em relação à poesia machadiana. Laet procurou restabelecer a verdade, lembrando que, por ocasião do concurso para eleger o maior poeta do Brasil, se empenhara "para manter no trono o meu legítimo rei, o Sr. Machado", enquanto Artur defendera Luís Delfino.* Referia-se ao concurso instituído em 1885 por *A Semana*,* de Valentim Magalhães,* vencido por Gonçalves Dias,* seguido por Castro Alves* e Luís Delfino, que, dessa forma, era eleito o maior poeta vivo do Brasil. Guerrinhas literárias. Machado também reconhecia o valor do amigo. Quando Laet publicou *Em Minas*, escreveu sobre o livro, na *Gazeta de Notícias*,* de 19 de maio de 1895, ressaltando "a erudição e a graça do ilustre escritor". Em certa ocasião, o "ilustre escritor" socorreu o amigo, durante um ataque de epilepsia,* conduzindo-o a uma farmácia. Alguns dias depois, Machado procurou-o, para agradecer. Logo após a morte do criador de Capitu, Laet evocou a sua figura em artigo publicado no *Jornal do Brasil*, de 1º de outubro de 1908, que termina de forma patética, recomendando o morto "ao grande Espírito de amor e misericórdia" e chamando-o de "irmão e amigo". Em 1921, ao visitar o túmulo de Machado, Laet compôs um soneto, lido no cemitério, no qual o escritor e Carolina são equiparados aos grandes amantes Beatriz e Dante, Laura e Petrarca. Faleceu no Rio de Janeiro, em 1927.

Lágrimas (À memória de minha mãe) Poema publicado na *Marmota Fluminense*,* de 29 de julho de 1856, com a assinatura A.* Transcrito em *Vida e obra de Machado de Assis*, vol. 1, de R. Magalhães Júnior.

Lágrimas de cera Poema que figura nas *Falenas*.* Foi musicado pelo maestro Francisco Braga, alguns anos após a morte de Machado.

Lágrimas de Xerxes Conto incluído nas *Páginas recolhidas*.*

Lamartine, Alphonse de Um dos líderes do movimento romântico, historiador e político, Lamartine (1790-1869) tornou-se popular em todo o mundo após a publicação das *Meditações poéticas* (1820). Seu prestígio só fez crescer à medida que foram saindo as *Harmonias poéticas e religiosas* (1830), *Jocelyn* (1836) e outras obras universalmente traduzidas e imitadas. No início de sua carreira literária, Machado foi influenciado pelas ideias e o lirismo lamartiniano. O seu trabalho em prosa intitulado *A poesia** (*Marmota Fluminense*,* 10 de junho de 1856) não passa do desenvolvimento das ideias de Lamartine sobre o assunto, tendo ainda uma epígrafe extraída das *Méditations Poétiques*. Na mesma publicação, entre 15 de setembro e 4 de dezembro de 1857, Machado publicou *A Literatura durante a Restauração*,* sua primeira tradução do francês, texto extraído da *História da Restauração*. Traduziu ainda dois poemas de Lamartine: "A uma donzela árabe"* e "A El***".

Alphonse de Lamartine

Lamartinianas Antologia de traduções brasileiras de poemas de Alphonse de Lamartine,* organizada por Antonio Joaquim de Macedo Soares.* Editado em 1869, pela Livraria da Casa Imperial, de Dupont & Mendonça, Rio de Janeiro, o livro teve uma colaboração de Machado, a tradução da elegia "A El***".

Lamb, Charles Ensaísta, crítico e ficcionista inglês (Londres, 1775-1834), conhecido sobretudo pelos *Essays of Elia* (duas séries, publicadas em 1823 e 1833). Em parceria com sua irmã, Mary Lamb, escreveu *Tales from Shakespeare*

(1807), traduzidos como *Contos tirados de Shakespeare*. Machado, que o admirava muito, cita-o no conto "O lapso"* e no prólogo das *Memórias póstumas de Brás Cubas*.* Em sua biblioteca, o escritor possuía uma tradução francesa dos ensaios de Lamb intitulada *Essais Choisis* (1880).

Lansac, Julien (J. Emmanuel Bernard L.) Francês de nascimento, Lansac chegou ao Rio de Janeiro em 1899, com a missão de dirigir a Livraria Garnier.* Tornou-se amigo de Machado, socorrendo-o em um de seus ataques de epilepsia.* Ao redigir o seu testamento, Machado escolheu-o como terceiro testamenteiro. Foi com Lansac, como representante de Garnier, que Machado assinou o contrato para a edição do *Memorial de Aires*,* a 5 de julho de 1907.

Lapa (rua da) Machado e Carolina* residiram na rua da Lapa, nº 96, segundo andar, em 1874, ali permanecendo pouco tempo. O sobrado ainda existe, com o nº 264, sendo a única casa em que o escritor viveu que ainda permanece de pé.

Lapso (O) Conto que figura nas *Histórias sem data*.* Publicado pela primeira vez na *Gazeta de Notícias*,* de 17 de abril de 1883, com a assinatura Machado de Assis.*

Lara Esse pseudônimo, homenagem ao herói do poema de Byron, foi utilizado pela primeira vez na crônica "Chuva e bom tempo",* publicada na *Semana Ilustrada*,* de 15 de agosto de 1869. Machado voltou a usá-lo numa série de quatro folhetins, publicados no *Jornal da Tarde*,* em 20 de dezembro de 1869, 14 e 21 de fevereiro e março de 1870, este segundo indicação de R. Magalhães Júnior. No *Jornal das Famílias*,* Lara firmou ainda nove contos: "Uma loureira"* (maio e junho de 1872); "Tempo de crise"* (abril de 1873); "As bodas do Dr. Duarte"* (junho e julho de 1873); "Um dia de entrudo"* (junho, julho, agosto de 1874); "Muitos anos depois"* (outubro e novembro de 1874); "Brincar com fogo"* (julho e agosto de 1875); "O passado, passado"* (junho e agosto de 1876); "D. Mônica"* (agosto a outubro de 1876); "O machete"* (fevereiro e março de 1878).

Lara, Maria de Em 1904, Maria de Lara residia no Campo de São Cristóvão, 98. Nesse ano, Machado lhe dedicou uma quadra, em um postal. São os seguintes os versos: "Pensa em ti mesma, acharás/ Melhor poesia/ Viverás graça e alegria/ Doçura e paz". O poema está datado de 28 de agosto de 1904.

Laranjeiras (rua das) Machado e Carolina* mudaram-se para a rua das Laranjeiras, nº 4, em 1875. Ficaram nesse endereço até 1878, quando se transferiram para a rua do Catete,* nº 206. Em 1876, em uma de suas crônicas da série "História de Quinze Dias"* (15 de setembro), Machado põe as suas reivindicações de morador na pena do cronista, para reclamar o calçamento da rua, que em dias de chuva "fica pouco menos lamacenta que qualquer sítio do Paraguai". E dramatizando a situação: "Também é verdade que duas pessoas, necessitadas de comunicar uma cousa à outra, com urgência, podem vir desde o Cosme Velho até o largo do Machado, cada uma de sua banda, sem achar lugar em que atravessem a rua". Já sair de bonde, "em qualquer outra parte da dita rua, é empresa só comparável à passagem do mar Vermelho, que ali é escuro". Restava o consolo do nome: "Laranjeiras! Faz lembrar Nápoles: tem uns ares de idílio; a sombra de Teócrito deve por força vagar naquelas imediações".

Lassalle, Stephane Marie Etienne Francês, gerente da Livraria Garnier* e procurador do editor François Hippollyte Garnier.* Em 1896, assinou com Machado os contratos para a 3ª edição das *Memórias póstumas** e a 2ª edição dos romances *Quincas Borba** e *Iaiá Garcia*,* e, em 16 de janeiro de 1899, o contrato de cessão de toda a obra de Machado ao editor francês.

Latim (idioma) No caderno denominado *Memorabilia*,* no qual Machado transcrevia pensamentos e frases, em várias línguas, há citações em latim, sempre com a tradução anotada ao lado. Em sua biblioteca particular, ou pelo menos no que dela restou, não havia obras em latim, mas gostava de empregar expressões latinas. Um dos capítulos de *A mão e a luva** se intitula *Latet anguis*, abreviatura do verso de Virgílio (*Églogas*): *Latet anguis in herba* (uma serpente se esconde na grama). Alguns biógrafos, no entanto, afirmam, com exagero e sem provas, que aprendeu o idioma com o padre Silveira Sarmento,* sendo capaz de falá-lo fluentemente e de ler os clássicos. Balela.

Lazaristas (Os) O episódio que ficou conhecido como a questão de *Os lazaristas* começou com o parecer do Conservatório Dramático Brasileiro,* proibindo a encenação do drama no Brasil. Estreada dois meses antes, em Lisboa, a 17 de abril de 1875, a peça do português Antonio José Ennes* foi adotada pelos anticlericais brasileiros, Saldanha Marinho* à frente, que viam nela um vigoroso panfleto contra o catolicismo. Em seu parecer, Machado distinguiu com clareza a posição difícil do Conservatório: "Concedida a licença, não faltará quem o acuse de contribuir para o desprestígio da religião; negada, podem talvez censurá-lo por oprimir a liberdade de pensamento". Para liberá-la, Machado recomendava "profundas modificações na linguagem" e a supressão de um trecho, referente à "disciplina católica". Dois outros censores, Antonio Félix Martins* e Vitorino de Barros,* aprovaram a peça, porém, Taunay* e João Cardoso de Menezes e Sousa,* presidente da instituição, votaram pela sua proibição. A imprensa ficou revoltada e a posição dos censores foi duramente criticada. Machado não foi poupado. *O Mosquito** observava que ele "não disse – sim, nem disse – não. Procurou o fiel da balança e aí se equilibrou, acendendo uma vela a Deus e outra ao diabo". No auge da questão, alguém que se assinava com o pseudônimo de O Pina Fava (*O Mequetrefe*, 28 de outubro de 1875) dizia ter "medo de encontrarmos o Sr. Machado de Assis a ajudar missas e a escovar botinas de frades". Outro ataque sofrido por Machado foi no panfleto mensal *Os Ferrões*, redigido por José do Patrocínio* e Dermeval da Fonseca.* Apesar da proibição, houve uma tentativa de representação particular, impedida pela polícia. No início de novembro, o editor Serafim José Alves* aproveitou para lançar uma edição da obra, um folheto de 96 páginas. A tempestade já havia amainado, com outras notícias mais recentes abastecendo a imprensa. Três anos depois, a peça foi liberada e representada em dois teatros da Corte, sem problemas. Era a oportunidade para o público descobrir a sua mediocridade.

Leal, A. P. dos Santos Amigo da juventude de Machado, a cujo respeito nada sabemos. Seu primeiro livro, o drama teatral *Mistérios do Alcazar*, 1868, leva dedicatória a Machado, que começa da seguinte maneira: "Consagro-lhe o meu primeiro livro; ofereço-lhe o meu primeiro drama; e vai nisto o cumprimento d'um dever".

Leão, José (J. L. Ferreira Souto) As censuras formuladas por Machado em "A nova geração"* a escritores como Sílvio Romero* e Múcio Teixeira* irritaram o poeta e jornalista potiguar José Leão (Santana de Matos, RN, 1850 – Rio de Janeiro, RJ, 1904), autor de *Gritos da carne* e *Aves de arribação*. Na tentativa de refutar os argumentos machadianos, Leão publicou, sob o título de "A nova geração do Sr. Machado de Assis", uma série de cinco artigos, bastante agressivos, em *A Província de São Paulo*,* nos dias 25, 27, 31 de dezembro de 1879 e 10 e 23 de janeiro de 1880. Machado ignorou-os.

Lebesgue, Philéas Estudioso da literatura de língua portuguesa, Lebesgue (1869-1958) escreveu em francês um perfil de Machado publicado na *Revue Franco-Italienne*, de Nápoles, em 1901, reproduzido na revista carioca *A Nova Cruz*, de outubro de 1905. Naquele ano, pensou em traduzir Machado para o francês, o que só o editor Garnier podia autorizar, conforme observou Machado em carta a Figueiredo Pimentel,* datada de 31 de março de 1901. Garnier parece que não se interessou. Em 1911, com Manoel Gahisto, Lebesgue traduziu o conto "O enfermeiro" (*L'Infirmier*), publicado no nº 14 (de 15 de março) de *Les Mille Nouvelles Nouvelles* e na *Revue de l'Amérique Latine*, de 1º de setembro de 1922, a tradução de "A mosca azul".*

Leitão, Cândido (Antonio C. da Cunha L.) Quando da publicação das *Crisálidas*,* Leitão dirigiu um violento ataque ao livro de Machado, publicado em *A Crença*, de São Paulo, de outubro de 1864. A coleção do jornal perdeu-se. O que se conhece do artigo acha-se na resenha de Manuel Antonio Major,* também sobre as *Crisálidas*, publicada em 1º de novembro de 1864, na *Revista Mensal da Sociedade Ensaios Literários*.* Machado não guardou mágoa. Em 1868, quando Cândido Leitão assumiu a direção da *Imprensa Acadêmica*,* ele aceitou colaborar no jornal paulistano, redigindo a seção "Correspondência da Corte",* com o pseudônimo de Glaucus.*

Leitão, Feliciano Teixeira O jornalista F. T. Leitão, membro da Sociedade Ensaios Literários,* foi um dos primeiros a analisar as *Crisálidas*.* A crítica, datada de outubro de 1864, só foi publicada no nº 10 da *Revista Mensal da Sociedade Ensaios Literários*,* de 5 de junho de 1866. O artigo resenha o livro de Machado e as *Vozes da América*, de Fagundes Varela.* Em crônica publicada na mesma revista (1º de janeiro de 1866), Leitão referiu-se à comédia *Os deuses de casaca** de forma elogiosa.

Leitão, José Pereira Colega de Machado na diretoria da Arcádia Brasileira,* eleita a 17 de agosto de 1861, Leitão como 3º secretário e Machado bibliotecário.

Leitura Popular Revista mensal, editada por Cunha Vasco, no Rio de Janeiro. Saíram apenas dois números, em setembro e outubro de 1871. No nº 1, Machado publicou o poema "À memória do ator Tasso".*

Lel .·. Com esta assinatura, à maneira maçônica, Machado subscreveu a crônica da série "Balas de Estalo",* publicada a 9 de dezembro de 1883, na *Gazeta de Notícias*.* Na seção, Machado utilizava o pseudônimo de Lélio.*

Lélio Pseudônimo com que Machado assinou a seção "Balas de Estalo",* na *Gazeta de Notícias*,* entre 2 de julho de 1883 e 22 de março de 1886. Ao todo, foram publicadas 126 crônicas, 123 das quais subscritas por Lélio. Com esse pseudônimo, Machado firmou ainda a crônica "Antes a Rocha Tarpeia",* no *Almanaque da Gazeta de Notícias** para 1887. Lélio, personagem da *commedia dell'arte,* era mestre da irreverência, da zombaria, da arte de brincar, clima predominante nas "Balas de Estalo". A sugestão do pseudônimo pode ter sido bebida também no Lélio da peça *L'Étourdi* (*O Estouvado*), de Molière,* autor da preferência de Machado. A identidade de Lélio foi revelada pelo jornal de escândalo *O Corsário,** de Apulco de Castro,* em 25 de setembro de 1883, o que deve ter causado muito aborrecimento a Machado. O pasquineiro pedia ao ministro da Agricultura nada menos do que a demissão de Machado, o qual, dizia, "exorbita de sua posição" e "desmoraliza o governo" "escrevendo 'Balas de Estalo'". Talvez para demonstrar que não se abalara com a revelação, Machado admite a sua autoria em um trecho da crônica de 1º de janeiro de 1884, quando a identificação do pseudônimo já era um segredo de polichinelo: "Lélio é aquele literato chefe, poeta, dramaturgo e romancista, que depôs a sua coroa de burocrata da agricultura e a sua filosofia *brás cúbica* para fazer em "Balas de Estalo" uma boa *réclame* da Camisaria Especial".

Lembrança de amor Poema publicado na *Marmota Fluminense,** de 1º de junho de 1855, com a assinatura J. M. M. de Assis.* *Dispersos.**

Lembranças de minha mãe Reminiscências sentimentais publicadas na *Revista Luso-Brasileira,** em 31 de julho de 1860, sem assinatura. A atribuição de autoria é de Felipe Rissato.

Lemos, Eduardo Português, funcionário das livrarias Francisco Alves e Garnier. Era um homem impulsivo e por vezes grosseiro. Agripino Grieco chama-o de "petulante". Lemos se incumbiu de corrigir a caneta o erro tipográfico no prefácio da segunda edição das *Poesias completas** (1902).

Lemos, Eduardo de Capitalista português, exerceu a presidência do Gabinete Português de Leitura,* no Rio de Janeiro, a partir de 1878. Foi o responsável pelo lançamento da pedra fundamental da atual sede do Gabinete, na rua da Lampadosa (atual Luís de Camões). Durante a sua gestão, foram realizadas as comemorações do tricentenário da morte de Camões,* para as quais Machado escreveu a peça *Tu só, tu, puro amor...** Na ocasião, Lemos enviou ao amigo a medalha comemorativa do evento. Machado agradeceu em carta datada de 2 de agosto de 1880. Em visita à sua terra natal, Viana do Castelo ali faleceu em 14 de outubro de 1884, sendo homenageado no livro de ouro da instituição. Machado escreveu, então, três textos, como amigo (vide *Uma página é pouco**), como bibliotecário do Clube Beethoven* e como representante da Secretaria de Agricultura.*

Leonardo, Luísa Pianista e concertista, nascida no Rio de Janeiro, em 1859. Aos oito anos já se apresentava em público, diante de D. Pedro II,* seu padrinho, que lhe concedeu bolsa de estudos para a Europa. Estudou na Alemanha e na França. Entre 1875 e 1877, publicou o álbum *Souvenirs et Regrets, collection de morceaux pour piano et chant.* É uma coleção de oito peças, uma das quais, *Inocência,* apresenta letra em português, de Luís Guimarães Júnior,* e tradução para o francês, com o título *Innocence,** por Machado de Assis. Em 1879, regressou ao Brasil. Faleceu em Salvador, BA, em 1926.

Leopardi, Giacomo Poeta romântico italiano (1798-1837), de vida áspera e poesia amaríssima, mas de intensa beleza e perfeição formal, com o qual Machado muito se identificava: "Leopardi é um dos santos da minha igreja, pelos versos, pela filosofia, e pode ser que por alguma afinação moral; é provável que também eu tenha a minha corcundinha" (carta a Magalhães de Azeredo, de 25 de dezembro de 1898).

Leque (O) Poesia que figura nas *Falenas*,* na parte intitulada "Lira chinesa".* Imitação de um poema chinês do século I a.C., composto pela Dama Pan Chien-yu, que o escreveu num leque de seda, deixando-o como lembrança ao seu amante, o imperador Sintar, ao abandonar o palácio real. Machado utilizou-se da versão francesa de Judith Gautier* (intitulada *L'Éventail*), que atribuiu o poema a um tal Tan-Jo-Lu,* desconhecido pelos sinólogos.

Letra vencida Conto publicado em *A Estação*,* de 31 de outubro, 15 e 30 de novembro de 1882, com a assinatura Machado de Assis.* Recolhido ao 2º volume das *Relíquias de casa velha*.*

Libertad (La) Jornal argentino, publicado em Buenos Aires, em circulação em 1876. No início desse ano, publicou uma breve resenha crítica sobre as *Americanas*,* sem assinatura. O artigo foi reproduzido em *O Globo*,* de 18 de março de 1876.

Libretista Em 1863, ou início do ano seguinte, Carlos Gomes* começou a compor uma ópera, baseada em *O bobo*, de Alexandre Herculano. O libreto foi confiado a Machado e Salvador de Mendonça.* O maestro, no entanto, achou que a peça poderia ser comparada a *Rigoletto*, e desistiu da ideia. Machado, pelo menos na maturidade, achava que todos os libretos, "por via de regra", não prestavam, "mas leve o diabo libretos". Excetuava apenas o texto de *O trovador*, de Verdi. Recorda que, "antes do dilúvio", quando a Casaloni abria o vozeirão ou o "Manrico rompia o famoso: *Di quella pira l'orrendo fuoco*, rasgaram-se as luvas com palmas ao Tamberlick ou ao Mirate. Ninguém queria saber do Camarano, que era o autor dos versos" (*A Semana*,* 26 de março de 1893).

Lição de botânica Comédia em um ato publicada em *Relíquias de casa velha*.* Remonta, pelo menos, a março de 1905, quando Machado assinou contrato com o editor H. Garnier* para a edição do livro.

Liceu de Artes e Ofícios Criado em 1856, pela Sociedade Propagadora de Belas-Artes, por iniciativa de Bethencourt da Silva,* propunha-se divulgar o ensino das belas-artes aplicadas aos ofícios e indústrias. Machado aprovava o trabalho do Liceu e por três vezes pôs a sua pena a serviço da instituição. Em 1881, colaborou em duas polianteias em benefício do Liceu: a comemorativa da implantação de aulas para mulheres e uma outra denominada *Brasil-Espanha-Portugal*.* Sobre o primeiro fato, redigiu ainda um escrito intitulado "*Cherchez la femme*",* publicado em *A Estação** (15 de agosto de 1881). No início de 1893, a sede do Liceu, na rua da Guarda Velha, foi destruída por um incêndio, tragédia a que Machado aludiu em crônica publicada na *Gazeta de Notícias*.* Iniciou-se então uma grande campanha para a reconstrução do Liceu, com a realização de quermesses, bailes, espetáculos etc. Organizou-se também uma polianteia, distribuída em um baile beneficente para a instituição. Machado colaborou com um pequeno texto, transcrito em *O Álbum*,* de abril de 1893, na *Revista dos Amigos* de *Machado de Assis*, nº 12, de dezembro de 1958, e na *Vida e obra de Machado de Assis*, de R. Magalhães Júnior.

Liceu Literário Português (O) Livro comemorativo da inauguração do novo edifício do Liceu, na praça Vinte e Oito de Setembro, editado no Rio de Janeiro, 1884. O volume contém escritos de vários autores. Machado colaborou com "Carta a um amigo",* assinada Machado de Assis e datada de junho de 1884.

Liga do Ensino no Brasil Instituição fundada em 1883 por Machado e outros intelectuais. Ignoramos o seu destino, mas tudo indica que nem chegou a funcionar.

Lima, Abigail Amoroso Irmã de Alceu Amoroso Lima.* Na festa conjunta de batizado de Alceu e do casamento de uma tia sua, Machado escreveu alguns versos, solicitados por Antonio Martins Marinhas* e recitados por Abigail. O poema está transcrito em *Europa de Hoje*, em capítulo no qual Alceu evoca o triste destino da irmã.

Lima, Alceu Amoroso Um dos grandes intelectuais brasileiros do século XX, nasceu no Rio de Janeiro, em 1893. Foi batizado em 27 de janeiro de 1894, no mesmo dia em que se realizava o casamento de sua tia, Julieta Peixoto da Silva, com Alfredo Loureiro Ferreira Chaves. Machado escreveu versos para a ocasião, recitados pela irmã de Alceu, Abigail.* Formado em ciências e letras e em direito, Alceu entregou-se de corpo e alma à literatura, adotando o pseudônimo de Tristão de Ataíde. Iniciou a sua atividade crítica em 1919, em *O Jornal*. Com a eclosão do modernismo, em 1922, colocou-se ao lado do movimento. Deixou uma imensa obra de crítica, biografia, religião, ensaio, direito, pedagogia, psicologia. Sobre Machado publicou *Três ensaios sobre Machado de Assis* (1941), além da crônica em que evocou a vivência do menino Alceu com o grande escritor e diversos escritos avulsos. Faleceu em Petrópolis, RJ, em 1983.

Alceu Amoroso Lima

Lima, Augusto de (Antonio A. de L.) Nasceu em Nova Lima, MG, em 1860. Magistrado, professor, jornalista, poeta. Quando de sua eleição para a Academia Brasileira de Letras,* foi ao palácio do Catete, junto com Machado, convidar o presidente Afonso Pena* para a sua posse. Para tanto, Lima alugou um moderno automóvel, o que teria desagradado Machado, temeroso de viajar de carro. Faleceu no Rio de Janeiro, em 1934.

Lima, Francisco Rangel de Jornalista português. Quando do lançamento de *Ressurreição*,* publicou um artigo sobre o livro no número de junho de 1872 de *Artes e Letras*, de Lisboa.

Lima, J. Evangelista de Jornalista, redator de *A Saudade* (1862) e colaborador de *O Futuro*,*

L

de Faustino Xavier de Novaes.* No primeiro, saudou a estreia de *O caminho da porta* (crônica publicada em 21 de setembro de 1862, assinada E. L.), e no segundo elogiou os provérbios dramáticos "lindamente indecisos" que Machado adaptava ao teatro brasileiro (31 de janeiro de 1863). Nada sabemos de sua vida e obra.

Lima, Oliveira (Manuel de O. L.) A amizade de Machado e Oliveira Lima (Recife, PE, 1867) transcorreu quase toda à distância. Formado em letras em Lisboa, para onde se mudou aos oito anos, Lima só veio a conhecer o Rio de Janeiro em 1890. Nesse ano, ingressou na diplomacia, no cargo de secretário de legação em Lisboa, passando em seguida para Berlim. Na ocasião, não conheceu Machado, a quem elogiara no artigo "A evolução da literatura brasileira", publicado na *Revista de Portugal*, em novembro de 1889. Em 1895, depois de resistir "à tentação política que mais ou menos todos nutrem" (*Memórias*), passa uma breve temporada no Rio de Janeiro, onde se articula com o grupo da *Revista Brasileira*,* de onde surgiu a Academia Brasileira de Letras,* da qual foi fundador. Recordando os encontros diários na Livraria Laemmert,* lembra que "Machado constituía naturalmente o centro da reunião, com seu ligeiro gaguejar que dava mais graça às suas observações sempre delicadamente maliciosas, expressas como as suas páginas escritas com um humorismo de quilate em que havia, num boleio de frase que lhe era peculiar e em que se refletia o seu espírito avesso ao dogmatismo, traços da ironia de Swift na fluidez de prosa de Garrett". Numa dessas tardes, houve um tiroteio entre policiais e grevistas, na fábrica Aliança, na rua das Laranjeiras. Machado observou o perigo que havia em se passar por lá. "Mas isso só tem

Oliveira Lima

importância para os que residirem por aquelas bandas", disse o informante, ao que Machado, despertando o riso de todos, "respondeu, arregalando os olhos e com o seu ar mais ingênuo: 'Mas um desses sou eu'". De volta ao exterior, Lima serviu nas legações de Washington e Londres, correspondendo-se, eventualmente, com Machado. Em 1900, dentro dos festejos do quarto centenário de descobrimento do Brasil, Machado integrou o júri do concurso de peças teatrais, que escolheu *Secretário Del-Rei*, de Lima, com severas restrições. No final desse ano, Lima escreveu a Machado pedindo-lhe para quitar um débito da embaixada brasileira em Londres com a Eastern. Machado, com a sua habitual lisura, só saldou a dívida após consultar o ministro Alfredo Maia.* Em julho de 1903, o historiador pernambucano esteve no Rio, para ser empossado na Academia Brasileira de Letras.* A sessão durou duas horas, e Machado afirmou que "todos saíram contentes" (carta a Magalhães de Azeredo, 17 de julho de 1903). Machado admirava Lima como escritor e é possível que, ao escrever sobre a obra do amigo, adoçasse os seus juízos. Na *Gazeta de Notícias,** de 2 de junho de 1904, publicou uma crítica elogiosa, mas sem assinatura, à peça *Secretário Del-Rei*, que antes censurara. Pouco depois, Carolina falecia, e Lima foi um dos amigos que mais procurou consolar o viúvo, enviando-lhe sucessivas cartas. Escreveu também parabenizando-o pelo recebimento do ramo de carvalho de Tasso.* Quando do lançamento de *Esaú e Jacó,** publicou uma crítica na *Gazeta de Notícias*, de 21 de novembro de 1904. Nesse ano, foi transferido para Caracas, onde se sentia exilado. Machado escreveu-lhe uma carta, junto à qual enviava um exemplar de *Relíquias de casa velha,** que Lima agradeceu em missiva datada de 13 de abril de 1906. Em 1º de agosto de 1908, Machado enviou-lhe um exemplar do *Memorial de Aires,** acompanhado de uma carta gentil. A resposta de Lima chegou ao Rio quando Machado já estava à beira da morte. Em 3 de abril de 1909, Oliveira Lima pronunciou na Sorbonne uma conferência sobre Machado, em reunião presidida por Anatole France. O estudo faz parte do volume *Machado de Assis et son Oeuvre Littéraire*, publicado em Paris pelo editor Louis-Michaud (1909). Lima faleceu em Washington, em 1928, legando à universidade da capital americana a sua riquíssima biblioteca.

Lima, Rocha (Henrique Carlos da R. L.) Médico que residia perto de Machado quando o escritor morava na rua do Catete,* nº 206. Em fevereiro de 1879, o casal Machado de Assis encontrava-se em Nova Friburgo,* quando a cadelinha Graziela* fugiu de casa. Providenciados anúncios, o animal foi entregue em casa do Dr. Lima, no largo do Machado, nº 15. Machado ficou grato e dedicou-lhe uma das "Balas de Estalo",* escrita em versos, que publicava na *Gazeta de Notícias.** Saiu a 5 de agosto de 1883, data de aniversário do médico. O Dr. Rocha Lima faleceu em julho de 1896, após um longo período de sofrimento, "um triste suplício inútil", como registrou Machado em crônica de *A Semana*, de 26 de julho de 1896.

Limiar (No) Poesia que figura nas *Crisálidas,** não sendo incluída nas *Poesias completas.**

Linde, Karl Nascido na Alemanha, ao redor de 1830, mudou-se para o Rio de Janeiro em data desconhecida, trabalhando como pintor, litógrafo e fotógrafo. Como a maioria dos estrangeiros, logo tratou de aportuguesar o nome para Carlos Linde. Em fevereiro de 1860, ilustrou um poema de Machado, intitulado *A S.M.I.,** publicado em avulso, numa homenagem ao regresso da família imperial de uma viagem pelo norte. Linde trabalhou com Henrique Fleiuss,* na *Semana Ilustrada,** desde a fundação da revista, em 16 de dezembro de 1860. Em fevereiro de 1863, com o amigo Fleiuss, fundou o Imperial Instituto Artístico.* Faleceu no Rio de Janeiro, em 1873.

Lindoia Poema incluído nas *Ocidentais.**

Linha reta e linha curva Conto publicado no *Jornal das Famílias,** de outubro, novembro, dezembro de 1865 e janeiro de 1866, com o pseudônimo de Job.* É a mesma história da comédia *As forcas caudinas,** com ligeiras alterações. Incluído nos *Contos fluminenses.**

Lira, Augusto Tavares de Político, senador, membro do Instituto Histórico e Geográfico Brasileiro. Quando ministro do Interior e Justiça, no governo Afonso Pena,* Lira (Macaúba, RN, 1872-1958) sugeriu ao presidente

L

que os funerais de Machado fossem custeados pelo Estado.

Lira chinesa Coleção de poemas, imitados do chinês, incluídos nas *Falenas*.* Machado baseou-se no texto francês, em prosa ritmada, de Judith Walter (nascida Judith Gautier*), que os traduziu do chinês, reunindo-os na antologia *Le Livre de Jade*, publicada em Paris, em 1867, contendo setenta poesias, de diversos autores. Machado selecionou oito poemas, de seis poetas: "Coração triste falando ao sol",* de Su-Tchon;* "O poeta a rir",* de Han-Tiê;* "A uma mulher",* de Tchê-Tsi;* "O leque",* de Tan-Jo-Lu;* "As flores e os pinheiros",* de Tin-Tun-Sing;* "O imperador"* e "Reflexos"* de Thu-Fu;* "A folha do salgueiro",* de Tchan-Tiú-Lin.* Machado traduziu o texto francês com fidelidade e arte, ocidentalizando por vezes os aspectos chineses dos poemas. O padre Joaquim A. de Jesus Guerra, considerado o maior sinólogo português, opina que "a forma poética esmerada de Machado de Assis supera o modelo francês".

Lírica nacional Antologia de poesias de autores nacionais, organizada por Quintino Bocaiuva,* em maio de 1862. O livro integrava a coleção Biblioteca Brasileira,* sendo impresso nas oficinas do *Diário do Rio de Janeiro*.* Ao todo, são 45 trabalhos selecionados, dois dos quais de Machado: "Cleópatra e o escravo"* e "Coração perdido".*

Literatura brasileira – Instinto de nacionalidade Vide "Notícia da atual literatura brasileira – Instinto de nacionalidade".

Literatura durante a Restauração (A) Tradução de Lamartine,* publicada na *Marmota Fluminense*,* de 15, 18 e 29 de setembro, 6 de outubro, 6 e 13 de novembro, 4 de dezembro de 1857, com a assinatura M. de Assis.* Foi a primeira tradução em prosa efetuada por Machado do francês. O original encontra-se na *Histoire de la Restauration*, tomo segundo. *Dispersos*.*

Literatura pantagruélica Publicado no Rio de Janeiro (Tip. Progresso), em 1868, sem indicação de autor, é uma sátira à "literatura toda vaporosa" de Castro Alves e demais discípulos de Victor Hugo,* "inexcedíveis no estilo incompreensível". O título completo é *Literatura pantagruélica. Os abestruzes no ovo e no espaço* (*Ninhada de poetas*). O folheto de 32 páginas abre com um prefácio, intitulado "Não é prólogo nem tão pouco prefácio prefação ao leitor duas palavras nem mesmo etc. etc. etc." (pp. 3-4), assinado por Bernardo Senior. Seguem-se "Um poeta" (pp. 5-9), o artigo em que José de Alencar* apresentou Castro Alves* a Machado de Assis; a resposta de Machado (pp. 11-17); "Mais um poeta" (pp. 18-24), por F. G. de Freitas, paródia à carta de Alencar; "A S. Ex. o Sr. Mal das Vinhas G. de Freitas" (pp. 25-29), por N. Garcia, paródia à resposta de Machado; "Última palavra de Rocambole" (pp. 31-32), de G. A tradição atribuiu a autoria do folheto a Joaquim Manuel de Macedo,* mas as referências ao longo do texto evidenciam que a obra foi escrita por um português, sintonizado com o espírito satírico de José Agostinho de Macedo, do qual se proclama discípulo. Nesse sentido, todos os caminhos levam a Faustino Xavier de Novaes. O nome Bernardo foi de especial preferência de Xavier e com ele assinou as *Cartas de um roceiro* (publicadas no *Correio Mercantil*,* entre 1º de novembro de 1863 e 12 de junho de 1864 e em livro em 1867) até a sexta carta. A partir da sétima, optou pela forma Bernardo Junior, pseudônimo utilizado também na peça *Um Bernardo em dous volumes*. Nada mais plausível que, depois de Bernardo e Bernardo Junior, utilizasse a assinatura Bernardo Senior. Deve-se observar que as zombarias a Faustino que se encontram nos *Abestruzes* são amenidades, simples disfarce do autor para dificultar (ou até mesmo sugerir) a sua identificação. Nem chegam a arranhar. Assim, no prefácio, o autor chama Xavier de Juvenal lusitano e afirma que escrever cartas "é mais difícil do que remendar *mantas de retalhos*", o que não passa de uma gracinha inofensiva. *Manta de retalhos* é o título de um dos livros de Faustino, publicado ainda em Portugal, que poucos conheceriam no Brasil. Adiante, há um autoelogio inconsciente, quando lembra a raridade das cartas salvas "da indiferença pública", "sejam *cartas de um roceiro*, ou de gênero semelhante", como se as *Cartas de um roceiro* fossem a referência máxima no gênero. A indicação mais forte da autoria de Faustino encontra-se na identidade entre os parágrafos iniciais da *Literatura pantagruélica* e da carta aberta por ele dirigida a Machado, na qual critica o poema "Riachuelo",* de Luiz José Pereira da Silva.* As mesmas palavras e frases, a mesma linha de raciocínio. Como o artigo foi publicado após *Os Abestruzes*, a simples ordenação cronológica invalida a hipótese de um pretenso autor desconhecido do folheto parodiar o texto de Faustino para dele zombar. A paródia a seu próprio texto indica a intenção de Faustino em revelar a autoria da *Literatura pantagruélica* e soa como um desafio a Machado, três vezes citado no folheto. A primeira referência ao "cantor de Corina" não fede nem cheira. A segunda é uma clara indicação de despeito e de inveja. Censura a Machado o desconhecimento "das línguas para estudar e analisar clássicos", sendo devido apenas à "habilidade de ler e escrever folhetins [que] mereceu foros de cidade no jornalismo e o título pomposo de primeiro crítico brasileiro". Por fim, acentuando a maldade, diz que "as crisálidas já nos são um horrível pesadelo!". Tais ataques demonstram o despeito recalcado do autor, ante tantos elogios ao jovem escritor, aproveitando a ocasião para formular o que gostaria de dizer pessoalmente ou em artigo assinado, mas sem coragem de fazê-lo. Resta considerar o problema do distúrbio mental de Faustino. Quando da publicação dos *Abestruzes*, as crises se sucediam, com períodos nos quais ele não conhecia nem mesmo os íntimos. No entanto, nesta mesma fase publicou a citada crítica, bastante ponderada, ao poema "Riachuelo", de Luiz José Pereira da Silva, e enviou uma carta lúcida a Júlio Diniz, antes de mergulhar na noite mental definitiva.

Literatura realista – O *primo Basílio*, romance do Sr. Eça de Queirós Crítica ao romance de Eça, publicada em *O Cruzeiro*,* de 16 e 30 de abril de 1878, com o pseudônimo de Eleazar.* Mário de Alencar,* organizador do volume de *Crítica*,* de Machado, reduziu o título do trabalho para *O primo Basílio*, cortando a expressão "Literatura realista" e, de certa forma, alterando a intenção machadiana desenvolvida no texto.

Livramento (morro do) Situado no bairro da Saúde, foi o local onde Machado nasceu, em 1839, no Rio de Janeiro. Naquele ano, toda a área do morro era ocupada por uma imensa chácara, propriedade da família de Bento Barroso Pereira,* homem de prestígio, brigadeiro e senador do Império, falecido em 1837. Desde então, sua esposa, D. Maria José de Mendonça Barroso Pereira,* assumiu a administração da propriedade, formada por vários imóveis, o

Imagem muito divulgada do que seria o morro do Livramento. A seta indicaria a casa onde Machado nasceu. Na realidade, trata-se de foto do morro da Providência, tirada por Augusto Malta, em 1920

Capela do morro do Livramento, onde Machado foi batizado

palacete da proprietária, a capela consagrada a Nossa Senhora do Livramento, casas destinadas a escravos e a agregados. Foi ali que Machado passou os primeiros anos de vida, que o iriam marcar para sempre. Lúcia Miguel Pereira acha que o escritor recriou o ambiente da chácara na novela "Casa velha",* opinião aceita por outros biógrafos. Machado nasceu em casa não identificada, demolida no início do século XX. Alfredo Pujol contou que, em certa ocasião, José Veríssimo encontrou-se com o romancista, que "vinha das bandas do morro do Livramento. Pararam os dois amigos, trocando palavras de afeto. Machado contou então a Veríssimo que tinha ido ver a casinha pobre em que nascera. Tinham-lhe dito que estava em demolição; apressou-se por isso em ir arrecadar-lhe nos escombros algumas pedrinhas dos seus muros, que trazia no bolso do paletó, mostrando-as ao amigo" (Noronha Santos, in *Revista do Brasil*, 26 de julho de 1939). Nas *Memórias póstumas** refere-se por duas vezes ao morro, na primeira contando que Brás Cubas e Quincas Borba, na infância, deixavam de ir à escola para "caçar ninhos de passarinhos ou perseguir lagartixas nos morros do Livramento e da Conceição". Em outro capítulo, Brás lembra um domingo em que foi assistir à missa na capela do Livramento, quando "o morro estava ainda nu de habitações, salvo o velho palacete do alto, onde era a capela".

Desenho de Juvenal Prado, representação imaginária da casa onde Machado nasceu

Livraria Contemporânea Localizada na rua do Ouvidor, nº 74, de propriedade dos livreiros-editores Faro & Lino. A partir de 1885, tornou-se ponto de encontro de escritores e jornalistas, que se reuniam para conversar, buquinar e tomar café. Machado era assíduo. Diariamente, entre as 2 e 3 horas da tarde, encontrava-se ali "um círculo de homens espirituosos, em animada discussão", segundo Carlos von Koseritz. Os frequentadores eram Ferreira de Araújo,* Dermeval da Fonseca,* André Rebouças, Machado de Assis, Valentim Magalhães.*

Livraria Garnier Machado passou uma boa parte de sua vida literária na Livraria Garnier. O estabelecimento fundado pelo francês Baptiste Louis Garnier,* em 1844, ficava na rua do Ouvidor, nº 69, bem no coração da cidade. A partir do início da década de 1860, tornou-se o principal ponto de encontro de escritores, em substituição à livraria de Paula Brito,* no Rocio, cujo proprietário falecera em 1861. Machado tornou-se assíduo. Ali, ele viveu momentos inesquecíveis, sobretudo em companhia de José de Alencar: "Sentados os dous, em frente à rua, quantas vezes tratamos daqueles negócios de arte e poesia, de estilo e imaginação, que valem todas as canseiras deste mundo". Houve uma época, porém, entre 1876 e 1884, que se afastou da livraria e do editor Garnier, por motivos que ignoramos. Em 1885, já estava de volta à casa, que considerava o melhor local para marcar encontro com os amigos: "Manda-me pois dizer pelo bombeiro/ Se às três e meia te acharás postado/ Junto à porta do Garnier livreiro" (*A Estação*,* 15 de janeiro de 1885). Com o tempo, a livraria entrou em decadência. Coelho Neto retratou-a por essa época: "Casebre de aspecto ruinoso, acharrapado, poento, com o soalho frouxo, mole que nem palhada, o teto ensanefado a teias de aranha, tão escuro para o fundo que nem se distinguiam os vultos que por lá andavam em cuscuvilhice bibliófila". Foi então projetado pelos arquitetos franceses Belissime e Pedarrieu um novo prédio de quatro andares, localizado no nº 71 da mesma rua. Parecia uma catedral. Machado compareceu à inauguração, no dia 19 de janeiro de 1901, quando cada convidado recebeu um exemplar autografado de um romance de sua autoria, talvez o *Dom Casmurro*,* cuja segunda edição fora lançada em abril do ano anterior. E continuou assíduo à casa, amigo do gerente Julien Lansac.* Todo dia, ao sair da repartição – o expediente encerrava-se então às três horas –, dirigia-se à Garnier. Era o centro de um grupo de escritores, que o cercavam em sua cadeira especial, situada no fundo da loja, junto à mesa de Jacinto Silva.* Ali, Machado viveu um episódio desagradável, tendo como contendor Euclides da Cunha.* Por essa época, vários grupos de escritores frequentavam a livraria e se hostilizavam, disfarçadamente ou às claras. Os mais implicantes eram os simbolistas,* que gostavam de fustigar e ironizar os mais velhos, sobretudo o autor de *Quincas Borba** e os parnasianos. Machado manteve-se fiel ao estabelecimento até o fim da vida. Por ocasião da morte de B. L. Garnier* lembrou a "livraria tão copiosa e tão variada, em que havia tudo, desde a teologia até a novela, o livro clássico, a composição recente, a ciência e a imaginação, a moral e a técnica. Já a achei feita; mas vi-a crescer ainda mais, por longos anos" (*A Semana*, 8 de outubro de 1893). E frequentou-a até o fim. No dia 22 de agosto de 1908, um mês antes de morrer, em carta a Mário de Alencar, comunica: "Fui à cidade e tive notícias suas, pelo Estevão, do Garnier".

Livraria Laemmert Apesar do nome do estabelecimento ser Livraria Universal, o povo só a chamava de Livraria Laemmert. Fundada em 1833, pelo alemão Eduardo Laemmert, na rua da Quitanda, 139. Dois anos depois, o negócio crescera tanto que Eduardo partiu para a Alemanha, onde convenceu o irmão caçula, Henrique, a se mudar para o Brasil e compartilhar a direção da casa. Era uma loja elegante, que, além de livros e objetos de papelaria, vendia artigos importados, como água mineral francesa e escultura. Ingressando no ramo gráfico, a Laemmert se tornou uma das mais importantes editoras e gráficas do país, com publicações próprias, como o *Almanaque Laemmert*,* lançado em 1844. Em 1868, a livraria mudou-se para a rua do Ouvidor, nº 66. Tornou-se ponto de encontro de escritores, sobretudo durante os anos de 1885 a 1898. Essa época corresponde à decadência da Livraria Garnier, desde que Hippolyte Garnier* assumira a direção da empresa. Durante esse período, Machado frequentava a livraria diariamente, ao sair da repartição, lá pelas três horas, reunindo-se com Olavo Bilac,* Oliveira Lima,* Mário de Alencar,* Rodrigo Otávio* e outros amigos fiéis. "Machado constituía naturalmente o centro da reunião, com seu ligeiro gaguejar que dava mais graça às suas observações sempre delicadamente maliciosas", conta Oliveira Lima. Tornou-se também editado da casa, com as *Várias histórias* (1896).

Livraria Lombaerts Inaugurada em 1848, pelo belga Henri Baptiste Lombaerts, ficava na rua dos Ourives (atual Miguel Couto), nº 7, em trecho desaparecido com a construção da avenida Central. Era uma livraria elegante e sofisticada. Ao lado dos livros, vendia artigos de papelaria, selecionados e caros, e bebidas finas importadas. Sua principal atividade era no ramo de tipografia. Possuía a maior litografia da cidade, sendo encadernadora primorosa, a preferida de D. Pedro II.* Machado editou dois livros na Lombaerts, *Tu só, tu, puro amor...** e *Histórias sem data*,* e colaborou assiduamente em *A Estação*,* revista editada pela casa. Machado afeiçoou-se particularmente a Henri Gustave Lombaerts,* filho e sucessor do fundador, sendo assíduo frequentador da casa, como cliente e amigo. No início da década de 1880 – de 1880 a 1883, mais ou menos –, passou a se reunir ali com seus amigos mais chegados. Por essa época, de férias no Rio de Janeiro, o poeta mineiro Belmiro Braga* frequentava a livraria, apenas para ficar admirando Machado. Com a morte de Henri Gustave, em 1897, o estabelecimento entrou em decadência, sendo adquirida em 1904 pela Livraria Francisco Alves.

Livraria Paula Brito Muito ligada ao início da vida literária de Machado, que ali trabalhou como caixeiro* e como revisor* de provas, na tipografia situada nos fundos da loja. O estabelecimento, localizado na praça da Constituição (atual Tiradentes), nº 64, ao lado do Teatro S. Pedro, a meio caminho das ruas do Cano e dos Ciganos" ("O velho Senado"*), era um ponto de referência da cidade, com bancos e cadeiras alinhados na parte externa, onde as pessoas se sentavam para descansar e conversar. Era o principal ponto de reuniões literárias do Rio de Janeiro, frequentada pela nata dos escritores românticos, atores, políticos, curiosos. Serviu, também, de sede à Petalógica.* Entre 1855 e dezembro de 1861, data da morte de Paula Brito,* Machado foi frequentador assíduo da livraria. Em 1860, Quintino Bocaiuva,* após sondá-lo a respeito de seu interesse pela imprensa cotidiana, combinou um encontro para o dia seguinte, na livraria. Ali comunicou ao amigo que lhe arranjara um emprego como repórter do *Diário do Rio de Janeiro*,* com a missão específica de cobrir as atividades do Senado.* Mais tarde, Machado recordaria com saudade e carinho a velha livraria, que aparece em pelo menos dois de seus contos, "Quem conta um conto"* e "Singular ocorrência".*

Livraria Quaresma Em 1879, Pedro da Silva Quaresma adquiriu a Livraria do Povo, de Serafim José Alves, situada na rua São José, nº 57. Algum tempo depois, o estabelecimento passou a se chamar Livraria Quaresma, tornando-se o principal sebo da cidade. Machado frequentava-a quase diariamente. A loja ficava no meio do seu trajeto, entre o largo da Carioca, onde saltava do bonde, e a repartição, na praça XV. O escritor chegava mais ou menos às onze horas. O livreiro José Fernandes de Matos, então empregado da Quaresma, contava que Machado gostava da livraria por ser uma casa simples, escura, silenciosa. Certa vez, chegou mesmo a confessar: "Sabe?, gosto mais da sua casa, por que é silenciosa, não tem aquele zunzum da Garnier*".

Livraria Universal Vide "Livraria Laemmert".

Livro (Um) Crítica às *Cenas da vida amazônica*, de José Veríssimo,* publicada na *Gazeta de Notícias*,* de 11 de junho de 1899, com a assinatura Machado de Assis.* Incluída nas *Relíquias de casa velha** e, em seguida, no volume póstumo *Crítica** e em *Crítica literária*,* de W. M. Jackson,* com o título alterado para *Cenas da vida amazônica*.

Livro de versos (Um) Crítica às *Poesias*, de Bernardo Guimarães,* publicada no *Diário do Rio de Janeiro*,* de 31 de agosto de 1865, com a assinatura Machado de Assis.* *Dispersos*.*

Livro dos vinte anos Título de um livro de poemas planejado por Machado, com visível influência da *Lira dos vinte anos*, de Álvares de Azevedo. A primeira menção à obra aparece no *Correio Mercantil*,* de 20 de agosto de 1858, sem esclarecer o título. Uma nota publicada na edição de 19 de janeiro de 1860 cita o título e chama Machado de "talento viçoso e original". No mês seguinte, anúncio no mesmo jornal (20 de fevereiro de 1860) convida o público a participar da subscrição do referido livro, "um volume de 200 a 240 páginas", na livraria de Paula Brito,* seu editor. A referência foi localizada pelo professor Wilton Marques. (Vide "Poesias".)

Livros e flores – Poema incluído nas *Falenas*.*

Lobato, Gervásio (G. Jorge Gonçalves L.) Jornalista, dramaturgo, romancista e crítico português (1850-1895), desfrutou de alguma popularidade na época. Ao analisar o volume de versos *Sinfonias*,* de Raimundo Correa,* na revista *Ocidente*,* de 11 de maio de 1883, Lobato censurou o prefácio de Machado, que lhe pareceu reticencioso, hesitante e temeroso de dar o justo valor ao prefaciado.

Lobo, Gusmão (Francisco Leopoldino de G. L.) Jornalista e político, um dos mais ardentes defensores do abolicionismo, Gusmão Lobo (Recife, PE, 1838 – Rio de Janeiro, RJ, 1904) foi colega de Machado na Secretaria de Agricultura.* Quando morreu, Machado não pôde comparecer ao enterro, mas foi à missa de sétimo dia do amigo, cuja figura evocou em carta a Joaquim Nabuco (de 7 de dezembro de 1900): "Vivi anos com esse talento privilegiado, forrado de um bom coração, capaz de aturar trabalhos longos. Serviu a homens e ao seu partido, como poucos, e figura entre os principais *leaders* da abolição".

Lombaerts Vide "Livraria Lombaerts".

Lombaerts, Henri Gustave Em 1848, o belga Jean Baptiste Lombaerts (1821-1875) estabeleceu-se com livraria, na rua dos Ourives, nº 7. Com o tempo, a Lombaerts tornou-se, também, uma tipografia reputada, com a maior litografia da cidade e uma excelente encadernadora. A partir de certa época, Jean Baptiste dividiu a direção da empresa com seu filho, Henri Gustave (1845-1897), a quem todos chamavam de Henrique. Machado conheceu o pai, mas foi com o filho que manteve relações profissionais. Colaborou em *A Estação*,* editada e dirigida por Henri, frequentou assiduamente a livraria. Na Lombaerts foram impressos, para o editor Garnier, dois livros de Machado, *Quincas Borba** e *Histórias sem data*.* Quando Henri faleceu, Machado escreveu uma breve nota, exaltando-lhe as qualidades humanas e a competência profissional.

London and Brazilian Bank Limited Em 21 de julho de 1908, Machado dirigiu carta ao gerente desse banco, depositando o seu testamento,* datado de 31 de maio de 1906, que só poderia ser descerrado por ele ou pelo major Bonifácio Gomes da Costa.* O escritor tinha conta corrente no London e, ao morrer, achavam-se ali depositadas uma pequena quantia, não especificada, e doze apólices da dívida pública, cada uma no valor de 1 conto de réis.

Longe dos olhos Conto publicado no *Jornal das Famílias*,* de março, abril e maio de 1876, com a assinatura Machado de Assis.* Incluído nos *Contos recolhidos*.*

Longfellow, Henri Wadsworth Poeta norte-americano (Portland, 1807-1882), bastante popular no Brasil, no século XIX, devido ao seu poema *Evangelina*, que teve pelo menos cinco traduções em nosso país. Machado era seu grande admirador e, no sarau da Arcádia Fluminense,* realizado em 14 de dezembro de 1865, recitou um de seus poemas, "O velho relógio da escada", traduzido por Bittencourt Sampaio. Foi a única vez que declamou, em público, uma poesia de que não era autor. Quando Quintino Bocaiuva* embarcou para os Estados Unidos, no início de 1866, Machado escreveu-lhe (25 de novembro de 1866) pedindo que não se esquecesse de comprar as poesias de Longfellow. Em carta de 24 de dezembro, insistia: "Espero o Longfellow, se puderes arranjá-lo". "Prelúdio",* um dos poemas das *Falenas*,* tem epígrafe extraída de um poema de Longfellow. A admiração foi até a velhice, como se comprova da homenagem que Joaquim Nabuco* lhe prestou. Ao visitar a casa do poeta, em Boston, Nabuco escreveu o seu nome e o de Machado no livro de visitantes (carta a Machado, de 1º de agosto de 1908).

Lopes, Castro (Antonio de C. L.) Teatrólogo, poeta, latinista, médico, professor, deputado provincial, Castro Lopes (Rio de Janeiro, RJ, 1827-1901) foi uma das figuras mais curiosas da vida literária brasileira no século XIX. Foi colega de Machado na *Semana Ilustrada*,* onde publicou um breve comentário sobre as *Falenas** e os *Contos fluminenses** (27 de fevereiro de 1870), assinado com a inicial C.,* classificados "ambos de excelente poesia". Adiante afirmava que Machado era "um dos homens que mais conhecem e melhor escrevem a sua língua". Com o tempo, a amizade azedou e as gentilezas foram substituídas pela ironia recíproca. Preocupado em forjar neologismos que substituíssem galicismos e anglicismos, conseguiu introduzir algumas palavras no vocabulário corrente do brasileiro e nos dicionários da língua. No início de 1889, esses vocábulos, de sua criação, eram publicados nos apedidos da *Gazeta de Notícias*,* em artigos em prosa e em verso. Em certa ocasião, Lopes atacou ou fez uma alusão desdenhosa a Machado, provocando reações vulcânicas, como a de Luís Murat.* As lavas escorreram durante algum tempo, mas Machado parecia divertir-se com elas. Na série de crônicas denominadas "Bons Dias!",* por várias vezes ironizou a estreiteza dos pontos de vista de Lopes e a sua pretensão de expurgar o idioma de galicismos. Machado dedicou-lhe três crônicas, nos dias 7 e 22 de março e 20 de abril, com uma causticidade infernal sob a expressão polida, revelando suspeitar "que o fim secreto do nosso eminente latinista era pôr-nos a falar volapuque". E, introduzindo no texto algumas das palavras criadas por Lopes, ironiza: "Com efeito, no dia em que eu, pondo os meus *nasóculos*, comprar um *focale* e um *lucivelo*, para fazer *preconício* no *Concião*, se não falar volapuque, é que estou falando cartaginês". Alguns anos mais tarde (*A Semana*,* de 3 de março de 1895), esclarecia que, em suas referências ao gramático, não havia implicância. "O que eu nego ao nosso Castro Lopes é o papel de Cassandra que se atribui, afirmando que não é atendido em nada". E lembra que várias palavras propostas pelo inovador da língua entraram em circulação, como convescote, preconício e cardápio. Esta última se popularizou quando o Hotel de Paris passou a utilizá-la, substituindo o tradicional menu. Apesar das restrições, Machado acabou vencido, empregando em suas crônicas pelo menos um termo forjado pelo colega, cardápio, mas sem abdicar da ironia: "O cardápio (como se diz em língua bárbara) vinha encabeçado por duas epígrafes etc. (*A Semana*, 17 de maio de 1896).

Lopes, Tomás (T. Pompeu L. Ferreira) Natural de Fortaleza, CE, 1879, Tomás Lopes deixou uma obra de bom nível literário, composta por livros de poemas, de contos, de viagem e, sobretudo, romances, que aguardam a merecida reavaliação crítica. Autor da letra do Hino do Ceará, com música de Alberto Nepomuceno.* Participou do concurso instituído por *A Tribuna*, para completar o Soneto* deixado incompleto por Bentinho, no *Dom Casmurro*,* com duas versões, que agradaram a Machado, como se conclui da carta de agradecimento (datada de 30 de abril de 1900) que Lopes lhe dirigiu. Diplomata de carreira, o escritor faleceu na Suíça, em 1913.

Loureira (Uma) Conto publicado no *Jornal das Famílias*,* de maio e junho de 1872, com o pseudônimo de Lara.* *Contos esquecidos*.*

Lua (A) Poema oferecido "ao meu amigo o Ilmo. Sr. F. A. Vaz da Mota".* Publicado na *Marmota Fluminense*,* de 17 de julho de 1855, com a assinatura J. M. M. de Assis.* *Dispersos*.*

Lua da estiva noute Poema imitado do inglês, escrito em 1867 especialmente para ser musicado por Artur Napoleão,* em ritmo de serenata, tendo sido publicado no álbum *Ecos do passado*.* Transcrito em *Vida e obra de Machado de Assis*, de R. Magalhães Júnior, vol. II.

Lua nova Poesia que figura nas *Americanas*.*

Lucena, Henrique Pereira de O barão de Lucena (Limoeiro, PE, 1835 – Rio de Janeiro, RJ, 1913) foi deputado, quatro vezes presidente de província, durante o Império. Na República, ocupou os cargos de ministro da Fazenda e da Indústria, Viação e Obras Públicas,* permanecendo à frente dessa última de 22 de janeiro a 4 de julho de 1891. Não sabemos como foi o seu relacionamento profissional e pessoal com Machado, então diretor da Diretoria de Comércio.

Lúcia Poema incluído nas *Crisálidas*.* É tradução da elegia *Lucie*, de Alfred de Musset,* que figura nas *Poésies Nouvelles*. Machado não aproveitou o trabalho nas *Poesias completas*.*

Ludovina Moutinho Poesia que figura nas *Crisálidas*.* Primeira publicação no *Diário do Rio*

L

de Janeiro,* de 17 de junho de 1861, com a assinatura Machado de Assis* e o título "Sobre a morte de Ludovina Moutinho". Publicada em *Novas relíquias** com o título de "À morte de Ludovina Moutinho", e nas *Poesias completas** com o título de "Elegia".

Luís, Pedro (P. L. Pereira de Sousa) Um dos amigos mais queridos de Machado, nasceu em Araruama, RJ, em 1839. Bacharel em direito, iniciou a vida profissional como repórter do *Correio Mercantil*.* Cobria o Senado, conhecendo então Machado, que exercia a mesma função para o *Diário do Rio de Janeiro** (1860). Foi o início de uma amizade de quase vinte e cinco anos. Naquela época, Pedro Luís* escrevia poemas arrebatados, como "*Terribilis Dea*" e "Os voluntários da morte". Não tinha só a paixão poética, "mas ainda a graça, o sarcasmo, a observação fina e aquele largo riso em que os grandes olhos se faziam maiores" ("O velho Senado"*). Sócio de Francisco Otaviano* em seu escritório de advocacia, foi aos poucos se afastando da poesia. Em 1864, ingressou na política, pelo Partido Liberal, sendo deputado em duas legislaturas e cinco vezes ministro (duas vezes titular da pasta da Agricultura,* a primeira como interino (de 28 de maio a 4 de junho de 1880); dos Estrangeiros, do Império e da Marinha, sendo estas duas últimas interinamente). No mesmo ano, traduziu o poema "O grito de uma alma perdida", do poeta norte-americano John Greenleaf Whittier. Machado transcreveu o original e a tradução em sua crônica no *Diário do Rio de Janeiro*, de 22 de agosto de 1864, elogiando o poeta, "dotado de uma imaginação ardente e de uma inspiração arrojada e vivaz" e o "deputado eloquente, cuja estreia despertou todas as esperanças nacionais e pôs em atividade todas as reações do clero". Machado, que o chamou de "epigramático forrado de poeta", sabia que sob o sarcasmo costumeiro escondia-se um sujeito sentimentalão, que ao ouvir um realejo, em Roma, "não pôde suster as lágrimas". O episódio foi contado em crônica da série *A Semana* (16 de junho de 1895). Quando ministro da Agricultura, de 31 de agosto a 3 de novembro de 1881, teria convocado Machado a auxiliá-lo da seguinte maneira: "Vamos nós fazer uma comédia?". Esse tom brincalhão escondia um administrador sério, escrupuloso e exigente. Ao recordar essa fase, Machado lembrou que "o trabalho era intenso" e o ministro, "suposto sibarita e indolente, era nada menos que um trabalhador ativo, zeloso do cargo e da pessoa (*A Ilustração*,* 5 de outubro de 1884). Assumindo a presidência da Bahia, em março de 1882, renunciou no meio do mandato. Já estava com a saúde abalada. Isolou-se então em sua fazenda de Bananal, SP, onde faleceu em 1884. Machado escreveu o necrológio do amigo para a *Gazeta de Notícias** (17 de julho de 1884) e reescreveu-o, ampliando-o, para *A Ilustração** (5 de outubro de 1884), ambos com o título de "Pedro Luís".*

Luís d'Alva Pseudônimo sob o qual Luís de Alvarenga Peixoto* assinou o poema *O Gênio*, dedicado a Machado de Assis e publicado na *Semana Ilustrada*,* de 10 de janeiro de 1869.

Luís de Camões. Homenagem da Gazeta de Notícias. 10 de junho de 1880 Volume lançado nas comemorações do terceiro centenário da morte de Camões,* com a participação de vários escritores: Vale Cabral,* Melo Moraes Filho,* Luiz Delfino,* José do Patrocínio* e outros. Machado colaborou com o soneto que começa pelo verso "Quando, transposta a lúgubre morada", publicado na *Gazeta de Notícias** naquela mesma data.

Luís Soares Conto publicado no *Jornal das Famílias,** de janeiro de 1869, com o pseudônimo de J. J.,* sendo incluído nos *Contos fluminenses.**

Luso, João Pseudônimo literário de Armando Erse de Figueiredo (Portugal, 1875 – Rio de Janeiro, RJ, 1950). Emigrou para o Brasil em 1893, dedicando-se ao comércio e logo em seguida ao jornalismo e à literatura. Aqui, escreveu e publicou toda a sua obra, composta por livros de crônicas, contos, conferências, teatro. Colaborou em jornais do Rio e de São Paulo. No *Jornal do Commercio** carioca manteve, a partir de 1901, a seção de crônicas intitulada "Dominicais". Teve um breve encontro com Machado ("um senhor bastante idoso, de barba rala e grisalha, lábio inferior ligeiramente derramado, lunetas presas por um cordão de seda, chapéu na mão – todo ele respeitabilidade, embaraço e etiqueta..."), na redação do *Jornal*, narrado no livro *Assim falou Polidoro.*

Luz (A) Jornal literário e instrutivo, publicado no Rio de Janeiro, de 4 de setembro de 1870 a 15 de fevereiro de 1874. Machado, cujo nome consta da relação de colaboradores, publicou ali apenas uma poesia original, "Ontem, hoje, amanhã",* em 1872. Nesse periódico, encontram-se transcritos dois outros poemas machadianos: "A estrela da tarde"* (1872) e "O ciúme"* (1873), que, em primeira publicação, intitulou-se "O verme".

Luz entre sombras Poema incluído nas *Falenas.**

L

M

M. Com essa inicial foram assinados quinze trabalhos em *O Espelho*,* na *Semana Ilustrada*,* no *Jornal das Famílias** e em *A Estação*,* de forma esporádica, entre 1860 e 1879. R. Magalhães Júnior atribui ainda a Machado o poema "Meus versos",* publicado em *O Espelho*,* de 2 de outubro de 1859, e uma charada firmada com essa assinatura, publicada na *Marmota Fluminense*,* de 23 de outubro de 1857. Foram os seguintes os trabalhos subscritos com a inicial: em *O Espelho*, o poema "Escravo e rainha",* em 8 de janeiro de 1860; na *Semana Ilustrada*: "O dia dous de dezembro de 1862",* 7 de dezembro de 1862; "O Teles e o Tobias",* agosto a novembro de 1865; *Um poeta fluminense*,* 2 de janeiro de 1870; "Um poeta",* 30 de janeiro de 1870; *S. Luís*,* 11 de junho de 1871; *Macbeth e Rossi*,* 25 de junho de 1871; *O Taborda*,* 25 de junho de 1871; *Pecadora e mãe*,* 2 de julho de 1871; *O Sr. Pedro Américo e a Batalha de Campo Grande*,* 1º de outubro de 1871; "Dous livros",* 14 de abril de 1872; *Nebulosas*,* 29 de outubro de 1872; "Um novo livro",* 4 de outubro de 1874; no *Jornal das Famílias*: "O pai",* janeiro de 1866; em *A Estação*, "Curiosidade",* janeiro a junho de 1879.

M. Inicial com que Henrique César Muzzio* assinava as suas "Páginas Menores", no *Diário do Rio de Janeiro*.* Nessa seção, em 14 de setembro de 1862, escreveu sobre a estreia de *O caminho da porta*.*

M. A. Machado utilizou essas iniciais de maneira esporádica, ao longo de mais de vinte e cinco anos de colaboração na imprensa. Ao todo empregou-a 76 vezes, a partir de 1859, no *Correio Mercantil*,* em 1860, em *A Marmota** e em parte significativa da colaboração no *Diário do Rio de Janeiro*,* entre 1861 e 1865, nas seções "Comentários da Semana"* (onze vezes), "Conversas Hebdomadárias"* (duas vezes) e "Ao Acaso"* (42 vezes). Com elas, publicou ainda uma poesia em *A Primavera** (1861), um conto no *Jornal das Famílias** (1864), quatro poesias na *Semana Ilustrada** (1869), uma em *A Luz** (1872) e quatro trabalhos em *A Estação** (1882-84). Alguns estudiosos apontam que a assinatura foi também utilizada em *O Espelho** (1859), mas os trabalhos ali publicados com tal rubrica são nitidamente de Moreira de Azevedo.* As iniciais foram utilizadas nas seguintes peças: soneto dedicado ao rabequista Francelino Domingues de Moura Pessoa,* no *Correio Mercantil*, de 1º de março de 1859 e em 19 de agosto de 1860; os artigos "Carniceria a vapor",* "Anedota"* e "Termômetro Parlamentar",* em *A Marmota, nos dias* 8, 11 e 29 de maio de 1860; a poesia "No álbum – da artista Ludovina Moutinho",* em A *Primavera*, 17 de março de 1861; "Comentários da Semana", no *Diário do Rio de Janeiro* (16, 24 e 29 de dezembro de 1861; 7, 14, 26 de janeiro, 22 de fevereiro, 2, 24 de março, 1º de abril, 5 de maio de 1862); "Ao redator dos *Ecos marítimos*"* (8 de fevereiro de 1862) e a crítica sobre *Flores e frutos** (30 de junho de 1862), ambos no *Diário do Rio de Janeiro*; as "Conversas Hebdomadárias" (24 de agosto e 1º de setembro de 1863), no *Diário do Rio de Janeiro*; "Ao Acaso" (*Crônica da Semana*) no mesmo jornal, nos dias 5, 12, 20, 26 de junho, 3, 10, 17, 25 de julho, 1º, 7, 14, 22, 28 de agosto, 5, 11, 19, 26 de setembro, 3, 10, 17, 24 de outubro, 1º, 8, 14, 22, 29 de novembro de 1864,

3, 10, 24, 31 de janeiro, 7, 21, 28 de fevereiro, 7, 15, 21, 28 de março, 4, 11, 25 de abril, 2, 16 de maio de 1865. No *Jornal das Famílias*, o conto "Frei Simão"* (junho de 1864), na *Semana Ilustrada* as poesias "Cegonhas e rodovalhos"* e "Menina e moça"* (ambas em 24 de janeiro de 1869), *A F. X. de Novais** (29 de agosto de 1869) e "O primeiro beijo"* (19 de setembro de 1869); em *A Luz*,* o poema "Ontem, hoje, amanhã"* (1872, vol. I); em *O Globo*, "Dante – O canto XXV do *Inferno*"* (25 de dezembro de 1874); em *A Estação*, o breve estudo "O quadro do Sr. Firmino Monteiro"* (30 de abril de 1882) e os contos "Três consequências"* (31 de julho de 1883), "Médico é remédio"* (31 de outubro e 15 de novembro de 1883), "O melhor remédio"* (31 de março de 1884); na *Ilustração Brasileira*, a crítica sobre as *Estrelas errantes** (15 de agosto de 1876). Com as iniciais assinou ainda o prefácio às *Poesias póstumas*, de Faustino Xavier de Novais* (1870).

M-as. Com essas iniciais, Machado assinou as seções "Aquarelas"* (em 11 e 18 de setembro, 9, 16 e 30 de outubro de 1859) e "Revista de Teatros"* (11, 18 e 25 de setembro, 2, 9, 16, 23, 30 de outubro, 6, 13, 20 de novembro, 18 de dezembro de 1859 e 1º de janeiro de 1860), em *O Espelho*,* totalizando dezoito colaborações.

M. d'A. Assinatura utilizada nos poemas "A Mme. de La Grange – Na noite de 14 de novembro"* (*Correio Mercantil*,* 16 de novembro de 1859) e Gabriela da Cunha* (*Correio Mercantil*, 24 de dezembro de 1859).

M. de A. Assinatura utilizada a partir da década de 1860. O editor W. M. Jackson* incluiu de forma indevida nas obras de Machado dois trabalhos subscritos com essas iniciais (*Cousas que são maçantes** e a novela "Madalena"*), publicados em *A Marmota*,* em 1859. A assinatura M. de A. nessa publicação era utilizada apenas por Moreira de Azevedo.* Para evitar confusão, Machado assinava as suas colaborações como As.* Naquela época, a assinatura M. de A. só foi empregada na "Revista Dramática"* do *Diário do Rio de Janeiro*,* de 29 de março e 13 abril de 1860 e na crônica de 25 de julho de 1864, na seção "Ao Acaso",* no mesmo jornal. Machado só voltaria a utilizá-la dez anos depois, em crítica a *Rei morto, rei posto*,* na *Semana Ilustrada*,* de 10 de janeiro de 1875. A assinatura seria mais utilizada na década de 1880, em *A Estação*,* onde saíram as seguintes peças: "A mulher pálida"* (agosto e setembro de 1881); "O contrato"* (29 de fevereiro de 1884); "A carteira"* (15 de março de 1884); "A viúva Sobral"* (abril e maio de 1884); "Entre duas datas"* (maio e junho de 1884); "Uma carta"* (15 de dezembro de 1884). Em 1885, a assinatura foi empregada duas vezes, na crônica "Chovendo",* no *Almanaque da Gazeta de Notícias*, para 1885, e na *Homenagem à atriz Duse-Checchi*,* publicada em *A Semana*,* de 17 de julho. A assinatura foi ainda utilizada no relatório *Terras*,* 1886, na forma M. de A., Chefe de Seção; em "O futuro dos argentinos",* na *Gazeta de Notícias*, de 9 de julho de 1888; no conto "Como se inventaram os almanaques",* no *Almanaque das Fluminenses** para 1890; no conto "Pobre Finoca!",* em *A Estação*, 31 de dezembro de 1891 e 15 e 31 de janeiro de 1892.

M. de Assis Assinatura utilizada apenas oito vezes, ao longo de trinta anos. A primeira foi na tradução de *A Literatura durante a Restauração*,* de Lamartine,* na *Marmota Fluminense*,* em 1857. Só dezesseis anos depois voltaria a utilizá-la, em dois artigos na *Semana Ilustrada** sobre *Voos icários** (26 de janeiro de 1873) e *Joaquim Serra** (2 de fevereiro de

1873) e no *Monólogo de Hamlet*,* no *Arquivo Contemporâneo** (22 de fevereiro de 1873). Os demais trabalhos foram: "Um para o outro",* em *A Estação* (julho a outubro de 1879); "A chave",* em *A Estação** (janeiro e fevereiro de 1880); "O caso da viúva",* em *A Estação* (15 de janeiro de 1881) e "O diplomático",* na *Gazeta de Notícias* (29 de outubro de 1886).

M. O. Iniciais não identificadas utilizadas para assinar o artigo "Machado de Assis", publicado em *A Província de São Paulo*, no dia 10 de outubro de 1886. Em *A Semana* (30 de outubro de 1886), Abel d'Alba* respondeu a M. O. em texto com o subtítulo de "Notas e comentos a um seu admirador", apontando-lhe os inúmeros equívocos.

Macbeth e Rossi Artigo publicado na *Semana Ilustrada*,* de 25 de junho de 1871, com a assinatura M.* *Dispersos*.*

Macedinho Ver Macedo Júnior, José Joaquim Cândido de.

Macedo, Buarque de (Manuel B. de M.) Natural de Recife, PE, 1837, formou-se em engenharia pela Escola Central do Rio de Janeiro. Doutor em ciências políticas e administrativas pela Universidade de Bruxelas. Exerceu diversos cargos públicos e políticos. Quando inspetor de estradas de ferro conheceu Machado, então funcionário do Ministério da Agricultura, Comércio e Obras Públicas.* Deputado por Pernambuco, Macedo foi nomeado ministro da Agricultura, Comércio e Obras Públicas* em 28 de março de 1880, no gabinete de José Antonio Saraiva, promovendo Machado a oficial de gabinete. Entre 28 de março e 4 de junho de 1880, foi substituído por Pedro Luís,* que manteve Machado como seu oficial de gabinete. Homem inquieto, sempre em constantes viagens, costumava então deixar toda a responsabilidade do cargo nos ombros do amigo. Em consequência, Machado sofreu um processo de estafa que chegou ao auge no final de 1881. Para se recuperar, obteve licença, passando uma temporada em Petrópolis, no início de 1882. Macedo morreu subitamente, a 29 de agosto de 1881, em São João del-Rei, MG, no trem em que se encontrava, em companhia de D. Pedro II,* para inaugurar a Estrada de Ferro do Oeste. Machado não o esqueceu. Numa das crônicas em verso da "Gazeta de Holanda",* simula um pesadelo em dia de eleições, aparecendo então diversos mortos, "alguns que a pátria inda chora", entre os quais "vi a figura/ do Buarque de Macedo,/ labor, honradez, cordura".

Macedo, Joaquim Manuel de Nascido em Itaboraí, RJ, 1820, era estudante de medicina, quando a publicação de *A Moreninha*, em 1844, tornou-o famoso da noite para o dia. O êxito decidiu o seu destino. O jovem médico clinicou durante pouco tempo, preferindo dedicar-se ao magistério (professor do Pedro II e dos filhos do imperador), à política (deputado em três legislaturas) e ao jornalismo, mas sobretudo à literatura. Após o sucesso inicial, sucederam-se romances (*O moço loiro*, *Nina*), poemas (*A nebulosa*) e peças teatrais (*O fantasma branco*). O conhecimento pessoal com Machado data de 1857, segundo Salvador de Mendonça.* Nessa época, Macedo morava no largo do Rocio, próximo à livraria de Paula Brito,* onde Machado trabalhava. Aos sábados, todos se reuniam nos bancos da praça. Voltariam a se encontrar com alguma frequência na Livraria Garnier,* mas sem intimidade. "Pouco me dei com Macedo", contou Machado em crônica escrita por ocasião da morte de Garnier* (*A Semana*,* 8 de

Joaquim Manuel
de Macedo

outubro de 1893), o que deve ser entendido como um relacionamento pouco íntimo, pois que conviveram em diversas circunstâncias e ocasiões. Em 1871, os dois foram colegas no Conservatório Dramático,* como censores. Nos últimos anos de vida, Macedo sofreu um distúrbio psíquico, que afetou a qualidade de sua obra. Mesmo assim, escreveu até a morte, em abril de 1882, no Rio de Janeiro. Em sua juventude, Machado referiu-se ao colega mais velho de maneira quase reverenciosa. Em "O passado, o presente e o futuro da literatura"* (*A Marmota*,* 9 e 23 de abril de 1858) reconhece que as comédias de Macedo tiveram a mesma aceitação popular das de Martins Pena. Na "Revista de Teatros", que publicava em *O Espelho*, elogia sem restrições *Cobé*, "belo drama como verso, como ação, como desenvolvimento", insistindo em que os versos da peça "são de mestre" (11 de setembro de 1859). Apreciava Macedo, também, como político. No *Diário do Rio de Janeiro*,* de 26 de outubro de 1861, com uma agressividade extrema, defendeu-o dos ataques insolentes de um cronista, sugerindo que com este "se devia fazer o mesmo que se faz com certo animal doméstico inimigo do asseio: esfregar-se-lhe o rosto na própria prosa". Referindo-se ao segundo volume das *Lições de História do Brasil* (*O Futuro*,* de 15 de junho de 1863) chama o autor de Sr. Dr. Macedo e sintetiza que "o excelente poeta da *Nebulosa* estuda e sabe a fundo a história nacional". À medida que a sua personalidade literária foi se afirmando, passou a se referir à obra do colega com menos complacência. A crítica ao romance *O culto do dever* é demolidora, mas nem sempre justa (*Diário do Rio de Janeiro*, 16 de janeiro de 1866). O livro não tem nenhuma qualidade, os personagens são "pouco aceitáveis" e até a cena da qual participa o conde d'Eu é condenada, pois, alega Machado, "não é crível que a liberdade da ficção vá tão longe". Isso, depois de Balzac misturar personagens históricos e de ficção! No final do trabalho, numa espécie de prêmio de consolação, escreve: "*O culto do dever* é um mau livro, como *A nebulosa* é um belo poema". A mesma contundência assinala o estudo sobre *O teatro de Joaquim Manuel de Macedo** (*Diário*, 1º e 8 de maio de 1866), no qual faz sérias restrições a Macedo como autor cômico. No ensaio "Instinto de nacionalidade" (*O Novo Mundo*, 1873), na parte referente ao teatro, nem ao menos cita Macedo, apesar de se lembrar de Agrário de Menezes.

Macedo, Juvenal de Sá Jornalista atuante em Resende, em 1888. Nesse ano, fundou e dirigiu nessa cidade fluminense o jornal *O Garatuja*. Ali, com o pseudônimo de Also, publicou uma pequena nota sobre Machado (nº 17,

M

de 21 de novembro de 1888), na qual afirmava que seus romances eram "um misto carinhoso dos rugidos dos tigres e dos sorrisos doces de mulher formosa".

Macedo Júnior (José Joaquim Cândido de M. J.) Natural de Rio Grande, RS, 1842 (segundo Sacramento Blake) ou 1844 (conforme Casimiro de Abreu*), Macedinho mudou-se para o Rio de Janeiro no final de 1857, matriculando-se na Escola Militar. No dia 13 de maio de 1858, conheceu Casimiro de Abreu, que o considerou um gênio. O encontro se deu provavelmente no escritório de Caetano Filgueiras.* Se assim foi, deve ter conhecido também, naquele dia, Machado, frequentador assíduo das reuniões ali realizadas. A amizade durou pouco tempo. Em 1860, atacado de febre amarela, Macedo morreu, no Rio de Janeiro.

Machadinho Forma carinhosa pela qual o escritor, em sua juventude, era tratado pelos companheiros de vida literária. A primeira aparição escrita do diminutivo encontra-se em carta de Sizenando Nabuco* a Machado, datada de 4 de abril de 1864. Quando se demitiu do *Diário do Rio de Janeiro** (1867), alguém que utilizou o pseudônimo Dr. Bristol* saudou-o em um soneto, paródia ao camoniano "Alma minha gentil que te partiste", que se inicia da seguinte maneira: "Machadinho gentil que te partiste/ tão cedo do *Diário* descontente". Era dessa maneira que subscrevia as cartas dirigidas a Carolina, antes do casamento. Machado não gostava desse tratamento, quando dado por estranhos. Em certa ocasião, em plena maturidade, um sujeito cumprimentou-o, indagando: "Como vai, Machadinho?". O escritor teve um dos raros acessos de cólera que dele se conhece. Trêmulo, os dentes cerrados, replicou: "Machadinho? Vá...vá...ele!".

Machado, Júlio César Folhetinista muito popular em Portugal, nas décadas de 1860 a 1880, autor de romances realistas e do volume de *Contos ao luar* (1861), Júlio César (1835-1890), foi um dos primeiros a escrever sobre Machado, em Portugal. Na seção "Cartas Lisbonenses", na *Gazeta do Povo*, de Lisboa (11 de agosto de 1870), publicou uma crítica elogiosa às *Falenas*,* transcrita em outro jornal lisboeta, *A América*, de março de 1871. O criticado agradeceu, por meio de carta datada de 23 de julho de 1871, "o magnífico e mais que benévolo artigo", criando um vínculo de camaradagem. Tanto assim que, no ano seguinte, Júlio César enviou ao colega de além Atlântico uma carta de apresentação de um amigo, o médico Dr. Pedro Francisco da Costa Alvarenga, um dos grandes nomes da medicina portuguesa do século XIX, nascido no Piauí, que se encontrava em visita ao Brasil. Machado se referiu ao Dr. Alvarenga em carta a Júlio César, datada de 23 de outubro de 1872, na qual indagava se o colega português havia recebido um "romance meu, há algum tempo enviado por intermédio do meu amigo o Sr. Conselheiro J. F. de Castilho".* O romance citado, *Ressurreição*,* havia chegado, com a sua dedicatória carinhosa: "A Júlio César Machado, o príncipe do folhetim, oferece Machado de Assis".

Machado, Pinheiro (José Gomes P. M.) Um dos políticos mais poderosos da Primeira República, o senador Pinheiro Machado nasceu em Cruz Alta, RS, em 1851, e morreu assassinado no Rio de Janeiro, em 1915. Machado encontrou-se pessoalmente com ele pelo menos uma vez. Foi no banquete realizado no Hotel dos Estrangeiros, a 20 de maio de 1907, em homenagem a Rui Barbosa,* que se achava de partida para a Europa. Machado compareceu na condição de presidente da Academia

Brasileira de Letras,* um dos poucos presentes que não era político. Pinheiro Machado abordou-o com afabilidade e perguntou se estava com algum trabalho em via de conclusão. Machado respondeu afirmativamente, referindo-se ao *Memorial de Aires,** acrescentando que aquele seria talvez o seu último livro.

Machado d'Assis Essa assinatura, com a vogal da preposição elidida, foi utilizada com frequência durante os anos de 1857 a 1859. Após essa época, ela ressurge em 1862, num parecer do Conservatório Dramático,* em avulso sobre o casamento das princesas imperiais, datado de 10 de novembro de 1864, que se inicia pelos versos "Cubram embora as últimas montanhas",* e no "Soneto. A Ferreira d'Araújo"*, publicado no *Diário de Notícias,** de 1º de abril de 1887. Além dos citados, são os seguintes os trabalhos subscritos dessa forma: "Amanhã"* (23 de outubro de 1857); *A** (22 de dezembro de 1857); "Deus em ti"* (25 de dezembro de 1857); "Três tesouros perdidos"* (5 de janeiro de 1858); "O sofá"* (8 de janeiro de 1858); "Vai-te!"* (26 de janeiro de 1858); "Esta noite"* (16 de fevereiro de 1858); "Reflexo"* (23 de março de 1858), "O passado, o presente e o futuro da literatura"* (9 e 23 de abril de 1858), todos na *Marmota Fluminense;** "A uma donzela árabe"* (20 de janeiro de 1859); "A um poeta"* (17 de fevereiro de 1859); "S. Helena"* (22 de maio de 1859) em *O Paraíba;** "O progresso"* (30 de novembro de 1858), "A Ch. F., filho de um proscrito"* (21 de julho de 1859); no *Correio Mercantil*;* "A estrela da tarde"* (4 de setembro de 1859), em *O Espelho.**

Machado de Assis, Carolina Augusta Xavier de Novaes Carolina Augusta Xavier de Novaes nasceu no Porto, Portugal, em 20 de fevereiro de 1835, filha do ourives e negociante de joias Antonio Luís de Novaes e de Custódia Emília Xavier de Novaes. Foi batizada na paróquia de Santo Ildefonso, no centro comercial da cidade. Era a mais nova de seis irmãos. Um deles, Faustino Xavier de Novaes,* sobressaiu-se na imprensa e na literatura portuguesa, e muitos de seus amigos, poetas e jornalistas cortejavam-lhe a irmã. O álbum* de Carolina estava cheio de palavras gentis e declarações de amor em verso. Só que versos, pensava o irmão, não traziam prosperidade econômica. Fascinado pela ideia de riqueza, Faustino emigrou para o Brasil, em 1858. Alguns anos depois, o seu estado mental agravou-se, exigindo a presença da irmã. Teria sido essa a verdadeira causa da partida de Carolina para o Brasil, como afirmaram os biógrafos até certa época? O motivo teria sido diferente, ou pelo menos contaria com um elemento trágico, um tanto novelesco.

Carolina Augusta Xavier de Novaes Machado de Assis

M

Carolina em foto tirada no estúdio Insley Pacheco

Jean-Michel Massa, reproduzindo o testemunho de Artur Napoleão,* demonstrou que Carolina embarcou para o Brasil meio às pressas, para escapar de um drama familiar. R. Magalhães Júnior sugeriu que ela talvez tivesse a vida ameaçada por "um apaixonado desequilibrado e repelido". Talvez. Chegou ao Rio de Janeiro em 18 de junho de 1868, a bordo do navio francês Estrémadure, em companhia de Artur Napoleão.* Hospedou-se no Rio Comprido, em casa de Rita de Cássia Rodrigues,* filha da baronesa de Taquari,* onde Faustino vivia. Não se sabe exatamente quando conheceu Machado, amigo de seu irmão. De qualquer maneira, o namoro andou rápido, vencendo a oposição de Adelaide,* irmã de Carolina, escandalizada com o fato de Machado ser mulato.* Havia ainda outro obstáculo: a tristeza de Carolina, consequência provável de uma desilusão amorosa, que confiou ao namorado. Poderia ser feliz? Machado confiava que sim: "A responsabilidade de fazer-te feliz é decerto melindrosa; mas eu aceito-a com alegria, e estou certo que saberei desempenhar este agradável encargo" (carta de Machado a Carolina, datada apenas de 2 de março, de 1868 ou 1869). Era seguir em frente. Assim fizeram, resolvendo casar-se. Contando-se o tempo a partir da data de chegada de Carolina ao Brasil, o namoro durou menos de ano e meio. O casamento* foi realizado a 12 de novembro de 1869. O casal viveu modestamente os primeiros tempos. Todos os que a conheceram são unânimes em ressaltar a doçura e a bondade de Carola, tratamento que Machado lhe dava na intimidade. "Era uma figura estranha, algo monacal, a de D. Carolina. Alta. Magra. Tez alvíssima. Cabelos negros que se foram tornando grisalhos discretamente... Não me lembro de a ter visto sorrir. E, menos ainda, de rir. Dava impressão de mistério", depõe Francisca de Basto Cordeiro em *Machado de Assis na intimidade*. A mesma escritora prestou depoimento a Lúcia Miguel Pereira afirmando que "Carolina (era) risonha e expansiva", em contraste com Machado, "com seu ar embuçado". Onde a verdade? O segundo depoimento parece mais fiel à realidade. Herculano Borges da Fonseca recolheu em sua família o testemunho de que Carolina "tinha o espírito moço e preferia a companhia de pessoas mais jovens". Lindolfo Xavier diz que ela não tinha "nada de sedutora", sendo

Carolina em desenho de artista não identificado

Carolina na velhice

Machado e Carolina na conversadeira. Desenho de Miranda Júnior

"sóbria no vestir e no falar". Nunca perdeu o forte sotaque lisboeta. Era uma mulher do lar, como as esposas daquele tempo, ajustando as suas atividades domésticas às necessidades do marido e à sua vida externa. Caprichosa com a casa, perita em crochê, ornamentava portas e janelas das salas com "cortinas-reposteiros de linho pardo com entremeio e ponta de rendas feitas de bonitos desenhos, em barbante" (Francisca de Basto Cordeiro). Gostava de ler, sabia um tanto de francês, mas não era pessoa de instrução. Uma carta sua dirigida a Zina Martins mostra que conhecia o português de maneira muito precária. Não há pois o menor fundamento na história de que auxiliaria o marido na composição das *Memórias póstumas*. A partir de 1896, a saúde de Carolina começou a se agravar. Nesse ano, preocupado com a esposa, Machado passou uns dias com ela no Hotel do Corcovado.* O mal foi se acentuando lentamente. Em 1904, o casal subiu a serra, para uma temporada em Nova Friburgo.* Carolina deu a impressão de melhorar. Continuou fazendo sapatinhos de lã, para os filhos das amigas. Estas estavam sempre em sua casa, procurando auxiliá-la: Fany Ribeiro de Araújo,* Guiomar Smith de Vasconcelos,* Eugênia Virgínia Ferreira Felício.* Mas a 19 de outubro sofreu uma forte hemorragia, perdendo os sentidos. Ao se recuperar, não permitiu que chamassem o marido, que só veio a saber do fato ao regressar a casa. Chamaram-se vários médicos, inclusive Miguel Couto.* Era tarde. A agonia parecia que não ia terminar e ela queixou-se ao marido: "Machado... Como isto custa!". Morreu no dia seguinte, ao meio-dia. O Dr. Licínio Cardoso* assinou o atestado de óbito, dando como *causa mortis* "tumor no intestino". O enterro saiu da casa do Cosme Velho. Machado referiu-se à morte da companheira como a "minha grande desgraça". "Foi-se a melhor parte de minha vida, e aqui estou só no mundo", diz em carta a Joaquim Nabuco* (de 20 de novembro de 1904), num raro acesso de autopiedade. Atendendo aos pedidos da falecida, o viúvo mandou rezar missa de sétimo dia, na Igreja de São Francisco de Paula. Em casa, não permitiu que se modificasse a disposição dos objetos. Na mesa de jantar, colocava-se o talher que ela usava, o seu travesseiro permaneceu na cama do casal, a cesta de costura, com o bordado interrompido, no mesmo lugar em que ela o deixara. A figura de Carolina serviu de modelo à personagem mais doce criada pelo escritor, a D. Carmo do *Memorial de Aires*,* romance que

M

de certa forma recria o relacionamento do casal Machado de Assis.

Machado de Assis, Joaquim Maria O futuro escritor nasceu em uma chácara do morro do Livramento,* no Rio de Janeiro, a 21 de junho de 1839, uma sexta-feira, filho de Francisco José de Assis* e Maria Leopoldina Machado de Assis.* Sabe-se pouco de seus primeiros anos de vida: o tratamento carinhoso da madrinha e proprietária da chácara, D. Maria José de Mendonça Barroso Pereira,* o batismo,* aos cinco meses de vida, duas mortes que deixaram marcas fundas em sua sensibilidade. Em 1845, perdeu a única irmã, Maria,* e, quatro anos depois, a mãe. Ignora-se se frequentou escolas, mas, baseado em sua própria informação, sabemos que a paixão pela palavra escrita foi precoce. Aos 10 anos, já sabia de cor a "Canção do exílio", de Gonçalves Dias.* Lá pelos 14 ou 15 anos, conheceu o padre Antonio José da Silveira Sarmento,* que contribuiu para a formação de seu espírito. Viveu no Livramento até os 15 anos, quando seu pai contraiu segundas núpcias com Maria Inês da Silva.* A família mudou-se para a rua do Pedregulho (atual São Luís Gonzaga*), em São Cristóvão. Afastado da chácara, Machado nunca se libertou das sugestões de seu ambiente, onde aprendeu as primeiras lições sobre os contrastes dos destinos humanos e as desigualdades sociais. Ali, provavelmente, sentiu os primeiros impulsos de ascensão social, o inconformismo com a pobreza, a sedução pelo mundo dos ricos e dos poderosos, dos quais procurou se acercar durante toda a vida. Os primeiros passos nessa direção foram humildes. Uma tradição afirma que foi baleiro,* outra que foi coroinha.* O primeiro emprego teria sido numa papelaria. Permaneceu apenas três dias. Em datas incertas, trabalhou como caixeiro* e revisor* na livraria e tipografia de Paula Brito.* Naquele ambiente, frequentado por todos os escritores e artistas da cidade, sentia-se como peixe na água. Como o dinheiro era escasso para adquirir livros, tornou-se sócio do Gabinete Português de Leitura.* A tentação de escrever também começou cedo. O primeiro trabalho publicado foi o "Soneto"* dedicado à "Ilma. Sra. D.P.J.A.", que saiu no *Periódico dos Pobres*,* em 1854. Logo, passou a colaborador assíduo de *A Marmota Fluminense*,* editado por Paula Brito, onde publicou os seus dois trabalhos seguintes: os poemas "Ela"* e "A palmeira",* e teve a sua primeira seção fixa na imprensa, intitulada "Ideias Vagas".* Para os amigos da Petalógica* era o Machadinho.* Frequentava também o escritório de Caetano Filgueiras,* reunindo-se com outros jovens para discutir, falar de Deus e do amor, recitar. O rapazinho gostava também de declamar em saraus, o que pulveriza a história de sua gagueira* juvenil. Dizem que trabalhou na Tipografia Nacional,* lá pelo ano de 1857. Foi um acidente de percurso. O que lhe interessava era escrever. Desde a estreia até o final de 1858, publicou mais de cinquenta trabalhos na imprensa, a maioria poemas. Nesse ano, ingressa como revisor no *Correio Mercantil*,* mas tem de se desdobrar em múltiplas colaborações para garantir a sobrevivência. Trabalha em *O Espelho*,* onde mantém pela segunda vez uma seção fixa e regular: a "Revista dos Teatros".* Em 25 de março de 1860, a convite de Quintino Bocaiuva,* inicia-se como repórter* do *Diário do Rio de Janeiro*,* incumbido de cobrir as atividades do Senado. Passa a ser cada vez mais solicitado. Desde o primeiro número colabora na *Semana Ilustrada*,* de Henrique Fleiuss.* Com a melhoria nas finanças, divide com Ramos Paz* um sobrado na rua Matacavalos,* atual

Riachuelo. Graças à confiança de Saldanha Marinho* e Quintino, que tiveram de se ausentar durante um período, o rapaz de pouco mais de 20 anos responde sozinho pela direção do *Diário*, onde assume também o posto de cronista.* A essa altura, tinha muitos amigos nos meios intelectuais, inclusive entre os portugueses que aqui viviam e escreviam: José Feliciano de Castilho,* Augusto Emílio Zaluar,* Faustino Xavier de Novaes,* Ernesto Cibrão,* Ramos Paz. Assíduo ainda ao círculo de exilados franceses, que se reuniam na redação do *Courrier du Brésil*,* de Adolphe Hubert.* Escreve cada vez melhor e, com a volúpia da mocidade, flerta com vários gêneros. O teatro, mais do que flerte, foi paixão. Aos dezoito anos, escreveu a sua primeira peça, *A ópera das janelas*.* A estreia em livro seria também no gênero teatral, os *Desencantos*,* em 1861. Meses antes, publicara *Queda que as mulheres têm para os tolos*,* que hoje se sabe ser tradução do francês. Até 1865, mantém intensa atividade como teatrólogo,* produzindo dez peças, sendo quatro traduzidas. Os anos seguintes, até 1868, representam o auge de sua atividade como tradutor teatral, totalizando oito peças. Nessa época, viveu alguns romances, um deles com a Corina* dos versos. Em 1868, conhece aquela que seria sua esposa e o grande amor de sua vida: Carolina.* Desde o ano anterior Machado deixara o trabalho desgastante no *Diário do Rio de Janeiro* para ingressar no *Diário Oficial*,* como ajudante do diretor de publicações. Era também uma sensível melhoria financeira. Quase ao mesmo tempo, foi nomeado cavaleiro da Ordem da Rosa.* O futuro se tornava promissor. Por que não casar logo? O casamento* é realizado no dia 12 de novembro de 1869. No plano literário, também vinha mudando de rumo. Até 1864, quando o editor B. L. Garnier* publica *Crisálidas*,* ainda era sobretudo poeta. A partir desse ano, começa a escrever prosa de ficção para o *Jornal das Famílias*.* Agradou tanto às leitoras que, até 1878, publicou ali 85 contos e novelas, assinadas com seu nome ou pseudônimos.* A parceria com B. L. Garnier* se mostrou pródiga. Em 1870, saiu o seu primeiro livro de ficção, os *Contos fluminenses** e, nesse mesmo ano, as *Falenas*.* Machado começava a firmar-se como ficcionista. *Ressurreição*,* o primeiro romance, é de 1872, e as *Histórias da meia-noite*,* de 1873. Já é considerado um dos mestres da literatura brasileira, ao lado de José de Alencar, como prova a capa do *Archivo Contemporâneo*,* apresentando a fotografia dos dois escritores. À estabilidade da vida matrimonial e ao êxito literário, soma-se a ascensão burocrática, com a nomeação para primeiro oficial da secretaria da Agricultura, Comércio e Obras Públicas.* O ordenado era excelente, e o casal muda-se para uma nova residência. A colaboração na imprensa continua intensa. Aos poucos, Machado firma-se como o grande cronista da época, legítimo sucessor de Francisco Otaviano e Alencar. No jornal *O Globo** publica em folhetins o seu segundo romance, *A mão e a luva*,* editado em livro em 1874. No ano seguinte, um novo volume de poesias, *Americanas*,* a que se segue o romance *Helena** (1876). Nesse ano, em decreto assinado pela princesa Isabel,* é promovido a chefe de seção. Agora, sente-se convicto de que o seu futuro como escritor está na ficção. *Iaiá Garcia** sai em 1878. A vida parecia deslizar nos eixos, quando o destino começou a lhe desferir alguns piparotes, o pessimismo natural se agravou em descrença e temor da loucura. O excesso de trabalho leva-o ao estresse, os ataques de epilepsia tornam-se mais frequentes. Os médicos diagnosticam uma tísica mesentérica. Como se não bastasse, sofre uma grave crise nos olhos.* No final de 1878, consegue uma licença do serviço público, recuperando-se em Nova Friburgo.* O sofrimento amadureceu o artista, mas também lhe aguçou o pessimismo em relação à crueldade da vida e à incerteza do destino humano. Ainda em fase de recuperação, começa a ditar a Carolina um romance estranho, escrito com "a pena da galhofa e a tinta da melancolia", as *Memórias póstumas de Brás Cubas*.* Esse estado de espírito, embora atenuado, também preside os seus volumes de contos dessa fase: *Papéis avulsos* (1882) e *Histórias sem data* (1884). Equilibrada a saúde, falta recuperar a tranquilidade de espírito. A fase é de conflitos íntimos e de desequilíbrio emocional. Teme enlouquecer e, pela primeira e única vez, tem um romance extraconjugal, com a atriz Inês Gomes.* A mudança para a rua Cosme Velho* reaproxima o casal. A vizinhança é formada por diplomatas, nobres, comerciantes ricos, com os quais Machado e Carolina logo se harmonizam. A obsessão pela loucura, que continua a fustigá-lo, é o tema central de seu novo romance, *Quincas Borba*.* Na repartição, é um modelo de funcionário,* minucioso e íntegro. Dentro do espírito da lei, sem usar artifícios, contribuiu para o êxito da abolição* mais do que muitos propagandistas que berravam pelas esquinas. Recebeu com euforia a libertação dos escravos, mas a proclamação da República* despertou-lhe desconfianças e receios. No plano profissional, porém, continuou ascendendo, com a nomeação para diretor-geral da Comércio. Acusado de monarquista e traidor da pátria por Diocleciano Mártir,* encontra amigos resolutos que saem em sua defesa. Um desses amigos, Lúcio de Mendonça,* sugere a criação de uma academia de letras, nos moldes da instituição francesa. Surgia assim a Academia Brasileira de Letras,* para a qual Machado é aclamado presidente, cargo que exerce até a sua morte. No início de 1898, o ministro Sebastião de Lacerda* coloca-o em disponibilidade remunerada. O escritor sofre com a injustiça e queixa-se que lhe fizeram "um enterro de primeira classe". Aproveita para concluir uma obra na qual vinha trabalhando desde 1895, um romance intrigante e pérfido que se chamou *Dom Casmurro*,* publicado em 1899. No mesmo ano, foram lançadas as *Páginas recolhidas*.* São muitas as homenagens, mas surgem também algumas agressões. Sílvio Romero* desfechou-lhe um ataque impiedoso no volume *Machado de Assis*.* Sob o pseudônimo de Labieno, o jurista Lafaiete Rodrigues Pereira* saiu em defesa do escritor. Em carta a Magalhães de Azeredo,* Machado diz que o livro serviu ao menos para lhe ensinar "a virtude da humildade". Após um ano de licença, volta ao serviço, como secretário do novo ministro da Indústria, Viação e Obras Públicas, Severino Vieira.* Só em 1902, com a posse de Lauro Muller* no Ministério, reassume as suas funções de diretor-geral, na diretoria de contabilidade. Alegria de um lado, desgosto do outro. Desde 1896, a saúde de Carolina vinha piorando. A doença era incurável: tumor no intestino. O epílogo chegou em 20 de outubro de 1904. A morte da companheira de trinta e cinco anos deixou Machado arrasado. Em carta a Joaquim Nabuco, prevendo a sua hora, escreve: "Irei vê-la, ela me esperará". Dois meses antes de Carolina morrer, Machado lança o seu oitavo romance, *Esaú e Jacó*.* Após a morte da companheira, passa a visitar o seu túmulo todos os domingos, levando um ramo de flores. E continua trabalhando, uma forma de enganar a imensa tristeza que o dominava. "Há quanto tempo o mestre, que dantes falava de tudo, e de tudo sorria, não falava senão da morte, e não sorria mais", testemunhou Artur Azevedo. Em 1906, são lançadas as *Relíquias de casa velha.** Adoentado, enfraquecido pela longa doença, "lamparina da madrugada", ainda encontra forças para disciplinar os "pensamentos idos e vividos" e redigir o derradeiro romance, no qual evoca e homenageia a companheira querida, o *Memorial de Aires.** Dois meses após a publicação do livro, na madrugada de 29 de setembro de 1908, Machado de Assis morre na casa do Cosme Velho, onde viveu momentos de felicidade e escreveu algumas de suas maiores obras-primas.

REVISTA DA SEMANA

Edição semanal illustrada do JORNAL DO BRASIL

DOMINGO, 4 DE OUTUBRO — Numero: 300 réis

MACHADO DE ASSIS

Machado de Assis. Desenho de Belmonte

Machado de Assis Com essa assinatura, o escritor subscreveu a maior parte de sua colaboração na imprensa e todos os seus livros. A princípio preferia a forma Machado d'Assis,* com a elisão da vogal da preposição, sugerida talvez pela pronúncia dos amigos portugueses, que tanto influenciaram os seus primeiros passos na literatura. A primeira vez a se firmar Machado de Assis foi no poema "A morte no calvário",* publicado em *A Marmota,** de 2 de abril de 1858, quase quatro anos depois de sua estreia na imprensa. Encontrara a forma definitiva, que não mais abandonou. Foram os seguintes os trabalhos publicados com a assinatura Machado de Assis: "A morte no calvário",* *A Marmota,** 2 de abril de 1858; "Vem!", *O Paraíba,** 11 de abril de 1858; "O jornal e o livro",* *Correio Mercantil,** 10 e 12 de janeiro de 1859; "À Itália",* *Correio Mercantil,* 10 de fevereiro de 1859; "A partida",* *Correio Mercantil,* 14 de fevereiro de 1859; "Condão",* *Correio Mercantil,* 28 de março de 1859; "A redenção",* *Correio Mercantil,* 4 de maio de 1859; "Bagatela",* *A Marmota,* 10, 13, 17 de maio, 3, 14, 26 de junho e 26 e 30 de agosto de 1859; "Nunca mais",* *O Paraíba,* 12 de junho de 1859; "A odisseia econômica do Sr. Ministro da Fazenda",* *O Paraíba,* 26 de junho de 1859; *Ideias sobre o teatro,** *O Espelho,** 2 de outubro, 25 de dezembro de 1859 e 16 de março de 1860; "Ofélia",* *Correio Mercantil,* 21 de outubro de 1859; *Sonhos,** *O Espelho,* 23 de outubro de 1859; "Travessa",* *O Espelho,* 18 de dezembro de 1859; "A D. Gabriela da Cunha",* *O Espelho,* 25 de dezembro de 1859; "Ícaro",* *Correio Mercantil,* 9 de janeiro de 1860; *Hoje avental, amanhã luva,** *A Marmota,* 20 e 27 de março de 1860; "Perdição",* *Semana Ilustrada,** 16 de dezembro de 1860; *Queda que as mulheres têm para os tolos,** Rio de Janeiro, Paula Brito, 1861; "Sobre a morte de Ludovina Moutinho",* *Diário do Rio de Janeiro,** 17 de junho de 1861; "Revista Dramática",* *Diário do Rio de Janeiro,* 24 de julho de 1861; *Desencantos,** Rio de Janeiro, Paula Brito, 1861; *Crônica,** *O Futuro,** 15 de setembro de 1862; "A Augusta",* *O Binóculo,** 23 de setembro de 1862; "Aspiração",* *O Futuro,* 1º de outubro de 1862; "O país das quimeras",* *O Fu-*

Machado de Assis. Desenho de Belmonte

turo, 1º de novembro de 1862; *Crônica*, *O Futuro*, 1º de dezembro de 1862; *A estrela do poeta*,* *O Futuro*, 1º de dezembro de 1862; *Teatro*, volume I, Rio de Janeiro, Tipografia do Diário do Rio de Janeiro, 1863; *Crônica*, *O Futuro*, 1º de janeiro de 1863; "Fascinação",* *O Futuro*, 1º de janeiro de 1863; *Crônica*, *O Futuro*, 15 de janeiro, 31 de janeiro, 15 de fevereiro, 1º de março, 15 de março, 1º de abril, 15 de abril, 15 de maio, 1º de junho, 15 de junho, 1º de julho de 1863; "O acordar da Polônia",* *O Futuro*, 15 de março de 1863; *Parte Literária*,* *Diário do Rio de Janeiro*, 30 de março de 1863; "As ventoinhas",* *O Futuro*, 1º de abril de 1863; "Sinhá",* *O Futuro*, 15 de abril de 1863; "As ondinas",* col. Biblioteca Brasileira, agosto de 1863; *Quase ministro*.* Rio de Janeiro, Imperial Instituto Artístico, 1864; *Crisálidas*.* Rio de Janeiro, B. L. Garnier, 1864; "Versos a Corina",* parte V, *Diário do Rio de Janeiro*, 21 de abril de 1864; "Virginius",* *Jornal das Famílias*, julho/agosto de 1864; "O Que Há de Novo?",* *Imprensa Acadêmica*,* 28 de agosto de 1864; "Casada e viúva",* *Jornal das Famílias*, novembro de 1864; "Questão de vaidade",* *Jornal das Famílias*, dezembro 1864 a março 1865; "Ao Acaso",* *Diário do Rio de Janeiro*, 3 de janeiro de 1865; "Versos a Ema",* *Diário do Rio de Janeiro*, 6 de abril de 1865; "Confissões de uma viúva moça", *Correio Mercantil*, 2 de maio de 1865 (defesa do autor do conto, publicado no *Jornal das Famílias*, com a assinatura J., a ataques formulados ao seu trabalho); "A cólera do Império",* *Diário do Rio de Janeiro*, 17 de maio de 1865; *Uma estreia literária*,* *Diário do Rio de Janeiro*, 24 de junho de 1865; "Os primeiros amores de Bocage",* *Diário do Rio de Janeiro*, 15 de agosto de 1865; "Um livro de versos",* *Diário do Rio de Janeiro*, 31 de agosto de 1865; *Suplício de uma mulher** – História deste drama, *Diário do Rio de Janeiro*, 28 de setembro de 1865; *Suplício de uma mulher*,* *Diário do Rio de Janeiro*, 3 de outubro de 1865; "O ideal do crítico", *Diário do Rio de Janeiro*, 8 de outubro de 1865; *Os deuses de casaca*.* Rio de Janeiro, Imperial Instituto Artístico, 1866; "Semana Literária",* *Diário do Rio de Janeiro*, 9, 16, 23, 30 de janeiro, 6, 13, 20, 27 de fevereiro, 6, 13, 20, 27 de março de 1866; "Correio da Corte",* *Diário do Rio de Janeiro*, 17 de fevereiro de 1866; "Os polacos exilados",* *Diário do Rio de Janeiro*, 22 de fevereiro de 1866; "Vitor Hugo",* *Diário do Rio de Janeiro*, 15 de março de 1866; "Tristeza",* *Jornal das Famílias*,* agosto de 1866; *Aerólitos*,* *Diário do Rio de Janeiro*, 22 de fevereiro de 1867; "A S. Exc. O Sr. conselheiro José de Alencar",* *Correio Mercantil*, 1º de março de 1868; "Um poeta",* *Diário do Rio de Janeiro*, 24 de abril de 1868; "O segredo de Augusta",* *Jornal das Famílias*, julho/agosto de 1868; *Prólogo a A casa de João Jacques Rousseau*,* Rio de Janeiro, 1868; *Fale-*

*nas,** Rio de Janeiro, B. L. Garnier (1870); *Contos fluminenses,** Rio de Janeiro, B. L. Garnier, (1870); "O capitão Mendonça",* *Jornal das Famílias*, maio de 1870; "Almas agradecidas",* *Jornal das Famílias*, março e outubro de 1871; Rossi,* A Reforma,* 20 de julho de 1871; "À memória do ator Tasso",* *Leitura Popular,** setembro de 1871; *Pedro Américo,** *A Reforma*, 10 de novembro de 1871; *Carta Preliminar** (prefácio de *Névoas matutinas*, de Lúcio de Mendonça), 1872; *Ressurreição,** Rio de Janeiro, B. L. Garnier, 1872; *Guilherme Malta,** *Jornal do Commercio*, 2 de julho de 1872; "À inauguração da estátua de José Bonifácio",* *Jornal do Commercio*, 7 de setembro de 1872; "Notícia da atual literatura brasileira – Instinto de nacionalidade",* *O Novo Mundo*, Nova York, 24 de março de 1873; "Os orizes",* *A Instrução Pública,** 29 de junho de 1873; "Quem desdenha",* *Jornal das Famílias*, outubro/novembro de 1873; *Histórias da meia-noite*, Rio de Janeiro, B. L. Garnier, 1873; *A mão e a luva,** Rio de Janeiro, Gomes de Oliveira & C., 1874; "A J. Tomás de Porciúncula",* *A Crença*, 20 de agosto de 1875; "Onze anos depois",* *Jornal das Famílias*, outubro/novembro de 1875; "A chinela turca",* *A Época,** 14 de novembro de 1875; "Casa, não casa",* *Jornal das Famílias*, dezembro de 1875, janeiro de 1876; "História de uma fita azul",* *Jornal das Famílias*, dezembro de 1875, janeiro/fevereiro de 1876; *Americanas,** Rio de Janeiro, B. L. Garnier, 1875; *O anjo da meia-noite,** Rio de Janeiro, A. A. da Cruz Coutinho, 1876; "*To be or not to be*",* *Jornal das Famílias*, fevereiro/março de 1876; "Longe dos olhos",* *Jornal das Famílias*, março/abril/maio de 1876; "Encher tempo",* *Jornal das Famílias*, abril/maio/junho/julho de 1876; *Helena,** Rio de Janeiro, B. L. Garnier, 1876; "O astrólogo",* *Jornal das Famílias*, novembro/dezembro de 1876, janeiro de 1877; "Sem olhos",* *Jornal das Famílias*, dezembro de 1876, janeiro/fevereiro de 1877; "Um almoço",* *Jornal das Famílias*, março/abril/maio de 1877; *Iaiá Garcia*, Rio de Janeiro, G. Viana & C., 1878; "Um ambicioso",* *Jornal das Famílias*, novembro/dezembro de 1877, janeiro de 1878; "Soneto",* sem título, que começa pelo verso "Naquele eterno azul, onde Coema", *Gazeta de Notícias,** 23 de dezembro de 1877; "História de trinta dias",* *Ilustração Brasileira*, fevereiro de 1878; "A herança",* *Jornal das Famílias*, abril/maio de 1878; "Conversão de um avaro",* *Jornal das Famílias*, junho/julho/agosto de 1878; Introdução (prefácio a *Harmonias errantes*, de Francisco de Castro*), 1878; "Folha rota",* *Jornal das Famílias*, novembro/dezembro de 1878; "Círculo vicioso",* *Revista Brasileira,** junho de 1879; "Versos – Escritos no álbum da Exma. Sra. D. Branca P. da C.", *A Estação,** 15 de julho de 1879; "Antônio José e Molière",* *Revista Brasileira*, 15 de julho de 1879; "A nova geração",* *Revista Brasileira*, 1º de dezembro de 1879; "A chave",* *A Estação*, 15 e 30 dezembro de 1879, 15 e 30 janeiro de 1878; "Uma criatura",* *Revista Brasileira*, 15 de janeiro de 1880; "O desfecho",* *Revista Brasileira*, 15 de janeiro de 1880; "A mosca azul",* *Revista Brasileira*, 15 de janeiro de 1880; "No alto",* *Revista Brasileira*, 15 de janeiro de 1880; "Espinosa",* *Revista Brasileira*, 15 de janeiro de 1880; "*Suave mari magno*",* *Revista Brasileira*, 15 de janeiro de 1880; "Num álbum",* *A Estação*, 29 de fevereiro de 1880; "Soneto",* sem título, que começa pelo verso "Quando transposta a lúgubre morada", *Gazeta de Notícias*, 10 de junho de 1880; "Soneto",* sem título, que começa pelo verso "Quando torcendo a chave misteriosa", *Jornal do Commercio*, 10 de junho de 1880; "Soneto",* sem título, que começa pelo verso "Tu quem és? Sou o século que passa", *Terceiro Centenário de Camões,** 10 de junho de 1880; "Soneto",* sem título, que começa pelo verso "Um dia, junto à foz do brando e amigo", *Revista Brasileira*, 10 de junho de 1880; "Soneto",* sem título, que começa pelo verso "Hão de os anos volver – não como as neves", *Gazeta de Notícias*, 12 de dezembro de 1880; *Memórias póstumas de Brás Cubas*,* Rio de Janeiro, Tipografia Nacional, 1881; *Tu só, tu, puro amor...*,* Rio de Janeiro, 1881; "O caso da viúva",* *A Estação*, 31 de janeiro, 15 e 28 de fevereiro, 15 de março de 1881; "*Cherchez la femme*",* *A Estação*, 15 de outubro de 1881; "Soneto",* sem título, que começa pelo verso "Dai à obra de Marta um pouco de Maria", *Polianteia Comemorativa da Inauguração das Aulas para o Sexo Feminino do Imperial Liceu de Artes e Ofícios*, 1881; "O alienista",* *A Estação*,* 15 e 31 de outubro, 15 e 30 de novembro, 15 e 31 de dezembro de 1881, 15 e 31 de janeiro, 15 e 28 de fevereiro, 15 de março de 1881; "Teoria do medalhão",* *Gazeta de Notícias*, 18 de dezembro de 1881; "D. Benedita",* *A Estação*, 15 e 30 de abril, 15 e 31 de maio, 15 de junho de 1882; "Um capítulo inédito de Fernão Mendes Pinto",* *Gazeta de Notícias*, 30 de abril de 1882; *Onze de Junho*,* *O Globo*,* 11 de junho de 1882; "Bibliografia",* *A Estação*, 15 de junho de 1882; "O anel de Polícrates",* *Gazeta de Notícias*, 2 de julho de 1882; "O imortal",* *A Estação*, 15 e 31 de julho, 15 e 31 de agosto, 15 de setembro de 1882; "O empréstimo",* *Gazeta de Notícias*, 30 de julho de 1882; "A sereníssima república",* *Gazeta de Notícias*, 20 de agosto de 1882; Artur de Oliveira,* *A Estação*, 31 de agosto de 1882; "O espelho",* *Gazeta de Notícias*, 8 de setembro de 1882; homenagem a Sant'Ana Néri,* em *O Brasil literário*, de Pedro do Rego, 1882; "Verba testamentária",* *Gazeta de Notícias*, 8 de outubro de 1882; "Letra vencida",* *A Estação*, 31 de outubro, 15 e 30 de novembro de 1882; *Prefácio*, datado de outubro de 1882, aos *Contos seletos das mil e uma noites*; "O programa",

Machado de Assis. Desenho de Mussa

A Estação, 31 de dezembro de 1882, 15 e 31 de janeiro, 15 e 28 de fevereiro, 15 de março de 1883; "A igreja do diabo",* *Gazeta de Notícias*, 17 de fevereiro de 1883; "O corvo",* *A Estação*, 28 de fevereiro de 1883; "Papéis velhos",* *Gazeta de Notícias*, 14 de março de 1883; "A ideia do Ezequiel Maia", *Gazeta de Notícias*, 30 de março de 1883; *Subsídios literários*,* *A Estação*, 31 de março de 1883; "História comum",* *A Estação*, 15 de abril de 1883; "O lapso",* *Gazeta de Notícias*, 17 de abril de 1883; "O destinado",* *Gazeta de Notícias*, 30 de abril de 1883; "Conto alexandrino",* *Gazeta de Notícias*, 13 de maio de 1883; "Cantiga de esponsais",* *A Estação*, 15 de maio de 1883; "Singular ocorrência",* *Gazeta de Notícias*, 30 de maio de 1883; "Troca de datas", *A Estação*, 31 de maio, 15 e 30 de junho de 1883; "Último capítulo",* *Gazeta de Notícias*, 20 de junho de 1883; "A volta do poeta",* *Gazeta de Notícias*, 8 de julho de 1883; "Questões de maridos",* *A Estação*, 15 de julho de 1883; "Galeria póstuma",* *Gazeta de Notícias*, 2 de agosto de 1883; "Capítulo dos chapéus",* *A Estação*, 15 e 31 de agosto, 15 de setembro de 1883; "Anedota pecuniária",* *Gazeta de Notícias*, 6 de outubro de 1883; "Vidros quebrados", *Gazeta Literária*,* 15 de outubro de 1893; "Primas de Sapucaia",* *Gazeta de Notícias*, 24 de outubro de 1883; "Uma senhora",* *Gazeta de Notícias*, 27 de novembro de 1883; "Cantiga velha",* *A Estação*, 30 de novembro, 15 e 31 de dezembro de 1883; "Metafísica das rosas",* *Gazeta Literária*, 1º de dezembro de 1883; "José de Alencar",* *Revista Literária*, 1883; Introdução (prefácio a *Sinfonias*, de Raimundo Correia), 1883; "Fulano",* *Gazeta de Notícias*, 4 de janeiro de 1884; Introdução, em *Meridionais*, de Alberto de Oliveira, 1884; "A segunda vida",* *Gazeta Literária*, 15 de janeiro de 1884; "Trina e uma",* *A Estação*, 15 e 31 de janeiro, 15 de fevereiro de 1884; "Noite de almirante",* *Gazeta de Notícias*, 10 de fevereiro de 1884; "Manuscrito de um sacristão",* *Gazeta de Notícias*, 17 de fevereiro de 1884; homenagem à província do Ceará, *Gazeta de Notícias*, 25 de março de 1884; homenagem à província do Ceará, *Gazeta Suburbana*,* 25 de março de 1884; "*Ex cathedra*",* *Gazeta de Notícias*, 8 de abril de 1884; "A senhora do Galvão",* *Gazeta de Notícias*, 14 de maio de 1884; "As academias de Sião",* *Gazeta de Notícias*, 6 de junho de 1884; "Evolução",* *Gazeta de Notícias*, 24 de junho de 1884; "Carta a um amigo",* *O Liceu Literário Português*,* 1884; "Cousas íntimas",* *Gazeta de Notícias*, 13 de julho de 1884; "Vinte anos! Vinte anos!",* *A Estação*, 15 de julho de 1884; "Conto de escola",* *Gazeta de Notícias*, 8 de setembro de 1884; "O caso do Romualdo",* *A Estação*, 15 e 30 de setembro, 15 e 31 de outubro, 15 e 30 de novembro de 1884; "Pedro Luís",* *A Ilustração*,* 5 de outubro de 1884; "D. Paula",* *Gazeta de Notícias*, 12 de outubro de 1884; "3 de novembro", "O poeta",* 3 de novembro de 1884; "Balas de Estalo",* *Gazeta de Notícias*, 21 de novembro de 1884; "A cartomante",* *Gazeta de Notícias*, 28 de novembro de 1884; "Só!",* *Gazeta de Notícias*, 6 de janeiro de 1885; "Casa velha",* *A Estação*, 15 e 31 de janeiro, 15 de fevereiro, 15 e 31 de março, 30 de abril, 15 e 31 de maio, 15 e 30 de junho, 15 e 31 de julho, 31 de agosto, 15 e 30 de setembro, 15 e 31 de outubro, 15 e 30 de novembro, 15 e 31 de dezembro de 1885, 15 e 31 de janeiro, 15 e 28 de fevereiro de 1886; "Artur Barreiros",* *A Semana*,* 28 de setembro de 1884; "Adão e Eva",* *Gazeta de Notícias*, 1º de março de 1885; "A agulha e a linha",* *Gazeta de Notícias*, 1º de março de 1885; "O dicionário",* *Gazeta de Notícias*, 1º de março de 1885; "1802-1885",* *Gazeta de Notícias*, 23 de maio de 1885; prefácio a *Miragens*, de Enéas Galvão,* 1885; "A causa secreta",* *Gazeta de Notícias*, 1º de agosto de 1885; "Habilidoso",* *Gazeta de Notícias*, 6 de setembro de 1885; homenagem ao Sete de Setembro, *Diário de Notícias*,* 7 de setembro de 1885; "Viagem à roda de mim mesmo",* *Gazeta de Notícias*, 4 de outubro de 1885; "Uns braços",* *Gazeta de Notícias*, de 5 de novembro de 1885; "O cônego ou Metafísica do estilo", *Gazeta de Notícias*, 22 de novembro de 1885; "A derradeira injúria",* em *O Marquês de Pombal*,* Rio de Janeiro/Lisboa, 1885; "Entre santos",* *Gazeta de Notícias*, 1º de janeiro de 1886; "Trio em lá menor",* *Gazeta de Notícias*, 20 de janeiro de 1886; "Mundo interior",* *A Quinzena*,* 20 de fevereiro de 1886; "Curta história",* *A Estação*, 31 de maio de 1886; "Um dístico",* *A Quinzena*, 1º de junho de 1886; "Perguntas sem resposta",* *A Semana*, 19 de junho de 1886; "Pobre cardeal!",* *Gazeta de Notícias*, 6 de julho de 1886; "Os animais enfermos da peste",* *Fábulas* de La Fontaine,* Lisboa – Rio de Janeiro, 1886; "A desejada das gentes",* *Gazeta de Notícias*, 15 de julho de 1886; Prefácio a *Tipos e quadros*, de Luis Leo-

LITERATURA DE CORDEL, Nº 1.713
Autor: Rodolfo Coelho Cavalcante
Trovador Brasileiro
MACHADO DE ASSIS — FUNDADOR E PRIMEIRO PRESIDENTE DA "ACADEMIA BRASILEIRA DE LETRAS"
JRG
ESCRITOR MACHADO DE ASSIS
(Xilogravura de JUSSANDIR RAIMUNDO DE SOUZA)
1a. edição 1984

Machado de Assis em literatura de cordel

poldo Fernandes Pinheiro Júnior,* 1886; *28 de Outubro,* *Gazeta de Notícias*, 27 de outubro de 1886; "Identidade",* *Gazeta de Notícias*, 14 de março de 1887; "As náufragas",* *Gazeta de Notícias*, 17 de abril de 1887; "Sales",* *Gazeta de Notícias*, 30 de maio de 1887; "Eterno!",* *Gazeta de Notícias*, 9 de setembro de 1887; "Um homem célebre",* *Gazeta de Notícias*, 29 de junho de 1888; *Joaquim Serra,* *Gazeta de Notícias*, 5 de novembro de 1888; "D. Jucunda",* *Gazeta de Notícias*, 1º de janeiro de 1889; artigo sobre "Francisco Otaviano",* *Gazeta de Notícias*, 29 de maio de 1889; "*Réfus*",* *Gazeta de Notícias*, 1º de setembro de 1890; "O caso da vara",* *Gazeta de Notícias*, 1º de fevereiro de 1891; "Mariana",* *Gazeta de Notícias*, 18 de outubro de 1891; *Quincas* Borba, Rio de Janeiro, H. Lombaerts, 1891; "O caso Barreto",* *A Estação*, 15 e 31 de março, 15 de abril de 1892; "Um sonho e outro sonho",* *A Estação*, 31 de maio, 15 de junho, 31 de julho, 15 de agosto de 1892; "Uma partida",* *A Estação*, 31 de outubro, 15 de novembro, 15 e 31 de dezembro de 1892; "Vênus! Divina Vênus!",* *Almanaque da Gazeta de Notícias,** 1893; "Henrique Chaves",* *O Álbum*, maio de 1893; "Um quarto de século",* *A Estação*, 15 e 31 de agosto, 15 e 30 de setembro; "João Fernandes",* *A Estação*, 15 de janeiro de 1894; "Prólogo" do *Intermezzo,** *A Semana*, 14 de abril de 1894; "Missa do galo",* *A Semana*, 12 de maio de 1894; "A inglesinha Barcelos",* *A Estação*, 31 de maio, 15 e 30 de junho, 15 de julho de 1894; "Um erradio",* *A Estação*, 15 e 30 de setembro, 15 e 31 de outubro, 15 e 30 de novembro de 1894; "Orai por ele",* *Almanaque da Gazeta de Notícias*, 1895; "Soneto circular",* *Gazeta de Notícias*, 18 de abril de 1895; "Que é o mundo?",* *Gazeta de Notícias*, 15 de novembro de 1895; "Uma noite",* *Revista Brasileira,** dezembro de 1895; "Soneto"* – No álbum de D. Maria de Azambuja, *A Cigarra,** 2 de janeiro de 1896; "Henriqueta Renan",* *Revista Brasileira*, outubro de 1896; "Soneto de Natal",* *A Bruxa,** dezembro de 1896; "Flor anônima",* *Almanaque da Gazeta de Notícias*, 1897; "Henrique Lombaerts",* *A Estação*, 15 de julho de 1897; "Uma por outra",* *A Estação*, 15 e 30 de setembro, 15 e 31 de outubro, 15 e 30 de novembro, 15 de dezembro de 1897; "Notas e observações",* *Revista Brasileira*, dezembro de 1897; "Relógio parado",* *A Estação*, 15 e 31 de janeiro, 28 de fevereiro, 15 e 31 de março de 1898; "O velho Senado",* *Revista Brasileira*, junho de 1898; *Procelárias,** *Revista Brasileira*, outubro de 1898; *Dom Casmurro,** Rio de Janeiro, H. Garnier, 1899; "Um livro",* *Gazeta de Notícias*, 11 de junho de 1899; "Carta a Henrique Chaves", *Gazeta de Notícias*, 24 de agosto de 1900; "Carta a Henrique Chaves", *Gazeta de Notícias*, 20 de setembro de 1900; *Poesias completas,**

Rio de Janeiro, H. Garnier, 1901; "Eduardo Prado",* *O Comércio de São Paulo*,* 30 de setembro de 1901; "Pílades e Orestes",* *Almanaque Brasileiro Garnier*, 1903; "Jogo do bicho",* *Almanaque Brasileiro Garnier*, 1904; *Esaú e Jacó*,* Rio de Janeiro, H. Garnier, 1904; "Anedota do cabriolet",* *Almanaque Brasileiro Garnier*, 1905; *Relíquias de casa velha*,* Rio de Janeiro, H. Garnier, 1906; "Um incêndio",* *Almanaque Brasileiro Garnier*, 1906; "O escrivão Coimbra",* *Almanaque Brasileiro Garnier*, 1907; *Memorial de Aires*,* Rio de Janeiro, H. Garnier, 1908.

Machado de Assis – Estudo Comparativo de Literatura Brasileira Obra de Sílvio Romero,* lançada em 1897 (Rio de Janeiro, Laemmert & Cia, XXXII mais 348 pp.). O estudo, bastante polêmico, procurava derrubar o mito Machado de Assis, mediante comparação com Tobias Barreto. Conseguiu apenas provocar algumas dores de cabeça no criticado e desencadear uma violenta contraofensiva dos amigos de Machado: Artur Azevedo,* Lafaiete Rodrigues Pereira,* Magalhães de Azeredo.* Os discípulos de Romero também se assanharam na defesa do mestre, dirigindo as suas baterias contra Machado. Estão neste caso Tito Livio de Castro,* Dunshee de Abranches,* Augusto Franco,* entre outros. Mas o livro causou mais aborrecimento do que prazer a Romero, como se depreende de uma carta que dirigiu a seu discípulo Artur Guimarães, em 2 de fevereiro de 1898. Expondo os motivos que o levaram a escrever a obra, dá a entender que Machado foi apenas uma espécie de bode expiatório, em meio ao seu ressentimento contra o ambiente literário carioca. "No fundo, o paralelo com Tobias só foi feito como resposta indireta a certos críticos, que tinham aqui, a propósito da minha *Doutrina contra Doutrina*, e bem fora de propósito, falar em *péssima escola de Tobias*, ao passo que sempre têm andado a babar-se de gozo falando de Machado de Assis!" E justificando essa forma de defesa da memória de Tobias: "É uma clava que costumo brandir contra certos semideuses cá da terra. O famoso Machado, a quem aliás não nego grande mérito, é um destes, e por isso atirei-lhe em cima o outro". Machado absorveu o golpe com resignação, confortado por amigos e admiradores. Em carta a Magalhães de Azeredo, datada de 7 de dezembro de 1897, referindo-se ao livro, diz que "é preciso que quando os amigos fazem *um triunfo* à gente (leia esta palavra no sentido modesto) haja alguém que nos ensine a virtude da humildade".

Machado de Assis e Joaquim Nabuco Organizado por Graça Aranha,* o livro saiu em 1923 (São Paulo, Monteiro Lobato & Cia.) com o subtítulo: "Comentários e notas à correspondência entre estes dous escritores". Divide-se em três partes: uma longa introdução de Graça Aranha, analisando a relação de amizade dos dois escritores; a correspondência trocada entre Machado (31 cartas) e Nabuco* (19), e um complemento com artigos e estudos sobre Nabuco.

Machete (O) Conto publicado no *Jornal das Famílias*,* de fevereiro e março de 1878, com o pseudônimo de Lara.* Incluído nos *Contos esquecidos*.*

Madalena "Romance original", publicado em *A Marmota*,* nos dias 4, 7, 11, 14, 18, 21, 25 de outubro, 1º e 4 de novembro de 1859, com a assinatura M. de A.* Há controvérsias na atribuição desse trabalho a Machado. Moreira de Azevedo* colaborava também no jornal de Paula Brito,* na mesma ocasião, utilizando tal assinatura. Sacramento Blake informa que Moreira publicou naquele jornal um trabalho

M

intitulado *Madalena*, editado em volume em 1860. Será o mesmo? Como o livro de Moreira ainda não foi localizado, o problema continua. O trabalho figura nos *Dispersos.**

Mãe Título adotado no volume *Novas relíquias** para a crítica sobre o drama de José de Alencar, publicada originalmente na seção "Revista Dramática",* do *Diário do Rio de Janeiro,** de 29 de março de 1860. Machado voltou a escrever sobre *Mãe* no mesmo jornal, nos "Comentários da Semana",* em 22 de fevereiro de 1863, na seção "Ao Acaso",* de 16 de maio de 1865, e na "Semana Literária",* de 13 de março de 1866.

Mãe de Família (Uma) Pseudônimo não identificado de um participante da polêmica sobre as "Confissões de uma viúva moça".* Publicado no *Jornal das Famílias,** o conto foi atacado por certo O Caturra,* que o tachou de imoral. Uma Mãe de Família saiu em defesa do autor, nas "Publicações Apedidos", do *Correio Mercantil,** de 9 de maio de 1865.

Magalhães, Gonçalves de (Domingos José G. de M.) Considerado o introdutor do romantismo na literatura brasileira, com os *Suspiros poéticos e saudades* (1836), Gonçalves de Magalhães (Rio de Janeiro, RJ, 1811 – Roma, Itália, 1882) deixou uma obra ampla, formada por poesia, teatro, filosofia, de grande influência à época. Formado em medicina, o futuro visconde de Araguaia ingressou na diplomacia em 1847. Machado, que não o conheceu pessoalmente, confessa: "li os seus versos, e regalei-me em criança com o 'Antônio José', representado por João Caetano,* para não falar no *Waterloo*, que mamávamos no berço, com a *Canção do Exílio*, de Gonçalves Dias*" (*A Semana*, 25 de agosto de 1895). A admiração levou o jovem escritor a incluir em sua peça

Gonçalves de Magalhães

*Desencantos** (1861) um diálogo em que são lembrados uns "versos lindíssimos" de Magalhães. Quando da publicação dos *Cantos fúnebres* (1864), Machado abordou a obra a *vol d'oiseau*, destacando os *Mistérios*, nos quais "nunca o autor dos *Suspiros poéticos* tinha realizado tão brilhante a união da poesia e da filosofia" e a tradução da *Morte de Sócrates*, de Lamartine, na qual o tradutor conservou "a frescura original e os toques ligeiros e transparentes do poema" (*Diário do Rio de Janeiro*, 17 de outubro de 1864). No ano seguinte, referiu-se à reedição de *A Confederação dos Tamoios*, corrigida pelo autor, mas na qual ainda encontra versos que deviam ser mais bem trabalhados (*idem*, 16 de maio de 1865). Com o ensaio "O teatro de Gonçalves de Magalhães" (1866), no qual analisa as peças *Antonio José* e *Olgiato*, Machado reconhece os méritos de Magalhães para a reforma da cena e a modernização da arte de declamar, ressaltando que não se tratava de "um talento dramático na acepção restrita da expressão". Em 1873, Machado planejou escrever uma biografia de Basílio da Gama.* Como a maior parte da documentação estivesse em Portugal, recorreu a Porto-Alegre,* então em Roma, solicitando-lhe a intervenção junto a Gonçalves de Magalhães, ministro em Lisboa. Ignora-se se teve resposta, mas o fato é que desistiu do projeto.

Magalhães, Valentim (Antonio V. da Costa M.) Valentim Magalhães (Rio de Janeiro, RJ, 1859) fez muito barulho, publicou diversos livros, mas nunca conseguiu se impor como escritor. Foi antes de tudo um agitador intelectual e um centralizador de vida literária. Machado incluiu-o no estudo "A nova geração"* (*Revista Brasileira,** 1879), de maneira elogiosa, mas com algumas restrições. Desde 1883, pelo menos, já desfrutava da amizade de Machado. Editou a revista *A Semana** (1885-1895), na qual Machado colaborou. Na *Gazeta de Notícias** (de 2 de setembro de 1884) publicou um longo e elogiosíssimo artigo sobre as *Histórias sem data.** Foi o primeiro de uma série de escritos (*A Semana,** de 11 de novembro de 1893, sob o pseudônimo de José do Egypto; *A Notícia*, de 24 de outubro de 1895, sobre *Várias histórias;** *O Estado de S. Paulo*, São Paulo, 31 de outubro de 1895) em louvor ao mestre, que culminou em *A Literatura Brasileira* (1870-1895), escrito para o público português. Em 1885, *A Semana* instituiu um concurso destinado a premiar o melhor soneto sobre Victor Hugo,* que acabara de falecer. Machado integrou a comissão, que escolheu um original de Valentim. Com o entusiasmo que punha em tudo o que fazia, Valentim foi o principal articulador do banquete oferecido a Machado em comemoração aos vinte e dois anos de publicação das *Crisálidas.** Na ocasião, presenteou o homenageado com um exemplar dos *Vinte contos.* Conta-se que um colega de repartição de Machado, impressionado com o presente, felicitou-o, ao que o escritor teria respondido: "Qual, meu amigo,

Valentim Magalhães

aqueles *Vinte contos* são histórias". Machado não se enganava com a mediocridade literária do amigo, cujos livros comentava, como tantos outros, com aquela polidez graciosa, que era a melhor escusa para nada dizer. Mas como punha a lealdade acima de tudo, defendeu o amigo em duas ocasiões. Na primeira, encrespou-se com Euclides da Cunha,* que reduzira a zero a obra de Valentim, num dos episódios mais ríspidos que dele se conhece. A segunda vez foi em 1896, quando da publicação do romance *Flor de sangue*, alvo de duras críticas. Atordoado, Valentim dirigiu-se a Machado, solicitando-lhe a "fineza e o obséquio de dizer algo" (carta de 25 de dezembro de 1896) sobre o livro. Meses antes, Machado registrara o lançamento de *Bric-à-brac* de forma descompromissada, mas quase elogiosa. "A variedade agrada, o tom leve põe relevo à observação graciosa ou cáustica, e o todo exprime bem o espírito agudo e fértil deste moço", escreveu na seção "A Semana"* da *Gazeta de Notícias,** de 5 de abril de 1896. No mesmo jornal, em 27 de dezembro, referiu-se a *Flor de sangue* de forma restritiva, sem ao menos esboçar um elogio. Valentim ficou decepcionado. No dia seguinte escreveu a Machado, justificando-se de não poder comparecer à sessão da

M

Academia Brasileira de Letras,* que se realizaria naquele dia. Dizia-se adoentado e prestes a partir para Lambari. Valentim Magalhães morreu prematuramente, em maio de 1903. Machado ficou tão abalado que não teve ânimo para comparecer ao enterro, pedindo a Rodrigo Otávio* para representá-lo.

Magalhães Sobrinho, Couto de (José Vieira C. de M. S.) Jornalista, sobrinho do autor de *O selvagem*, trabalhou em *O Comércio de São Paulo.** Em 1901, quando Eduardo Prado* morreu, solicitou para esse jornal um artigo de Machado sobre o colega falecido. O artigo saiu no número de 30 de setembro daquele ano.

Mágoa do infeliz Cosme (A) Conto publicado no *Jornal das Famílias*,* de agosto e setembro de 1875, com o pseudônimo de Job.* Incluído no 2º volume das *Relíquias de casa velha.**

Maia, Alcides (A. Castilhos M.) O gaúcho Alcides Maia (São Gabriel, RS, 1878 – Rio de Janeiro, RJ, 1944) foi um dos escritores das novas gerações que demonstrou mais entusiasmo por Machado. Chegou a visitá-lo em sua casa na rua Cosme Velho,* episódio narrado no artigo "Velho tempo... (Evocação de Machado de Assis)" (*Diário de Notícias*, 8 de outubro de 1939). Ali, conta que Machado retribuiu a visita, indo à rua das Laranjeiras, 2, onde Maia residia com outros jovens escritores: Gregório Fonseca, Bastos Tigre, Leal de Sousa etc. Maia escreveu um dos primeiros livros sobre o amigo, *Machado de Assis* (Algumas notas sobre o *humour*), editado pela Livraria Editora Jacinto Silva, em 1912.

Maia, Alfredo Eugênio de Almeida Ministro da Indústria, Viação e Obras Públicas,* de 27 de janeiro a 13 de dezembro de 1900. Maia (Cabo Frio, RJ, 1856 – Suíça, 1915), engenheiro de formação, afastou-se do cargo por divergências com o ministro da Fazenda, Joaquim Murtinho. Reassumiu a pasta de 25 de fevereiro de 1901 a 8 de março de 1902. Machado foi seu secretário. Na época, ocorreu um episódio que mostra a preocupação do escritor com o dinheiro público. Oliveira Lima,* então servindo na embaixada de Londres, telegrafou solicitando para o amigo pagar uma pequena dívida que tinha com a Eastern. O escritor só pagou após consultar o ministro e ser autorizado.

Maia, Cláudio Velho da Mota Em sua juventude, Machado foi seu colega na diretoria da Sociedade Arcádia Brasileira,* eleita a 17 de agosto de 1861. O escritor era bibliotecário* e o outro, 4º secretário. Maia tornou-se médico famoso, agraciado por D. Pedro II* com o título de conde de Mota Maia. Monarquista intransigente, acompanhou o imperador ao exílio.

Maio de 1888 Volume organizado e prefaciado por José Américo Miranda, reunindo as "poesias distribuídas ao povo, no Rio de Janeiro, em comemoração à Lei de 13 de maio de 1888". Machado figura com o poema "13 de maio".* Edição da Academia Brasileira de Letras,* na coleção Afrânio Peixoto, Rio de Janeiro, 1999, 218 pp.

Maistre, Xavier de Escritor francês (1763-1852) leve, irônico, espirituoso, autor da *Viagem ao redor do meu quarto* (1795), que Machado considerava "uma obra-prima" (*A Semana*,* 19 de fevereiro de 1893). No prólogo "Ao leitor", das *Memórias póstumas de Brás Cubas*,* pela pena do defunto autor, admite ter adotado a forma livre de "um Sterne, de um Lamb, ou de um de Maistre".

Major, Manuel Antonio Nascido e falecido no Rio de Janeiro (RJ, 1838-1873), Major foi contemporâneo, mas não íntimo de Machado. Membro da Sociedade Ensaios Literários, colaborador de diversas publicações cariocas, crítico literário e teatral, escreveu três vezes sobre Machado. Quando do lançamento das *Crisálidas** publicou uma crítica na *Revista Mensal da Sociedade Ensaios Literários*,* nº 6, de 1º de novembro de 1864. Em seu livro *Uma fisionomia de artista*, dedicado a Furtado Coelho,* analisou a tradução machadiana de *O barbeiro de Sevilha*.* A terceira referência encontra-se no prefácio à peça *As deusas de balão*, de Félix Ferreira.*

Mallet, Pardal (João Carlos de Medeiros P. M.) As relações de Machado com Pardal Mallet (Bagé, RS, 1864 – Caxambu, MG, 1895) não passaram do formalismo gentil. Em 1890, os dois colaboravam na *Gazeta de Notícias*,* quando Mallet formulou um projeto em defesa dos direitos autorais do escritor brasileiro, endossado pelo jornal. Machado apoiou a ideia, que deu origem à natimorta Sociedade de Homens de Letras do Brasil.*

Pardal Mallet

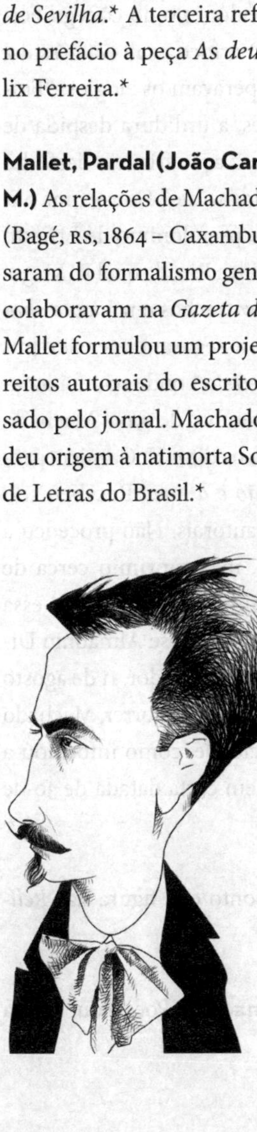

Augusto Malta

Malta, Augusto (A. César M. de Campos) Nascido em Mata Grande, AL (1864), Malta mudou-se para o Rio de Janeiro em 1888. Contratado pelo prefeito Pereira Passos* para documentar a vida da cidade, por meio de suas fotos, manteve-se no cargo até 1930, quando se aposentou. Malta fotografou Machado duas vezes. A primeira, no Clube dos Diários, em setembro de 1906, por ocasião do almoço oferecido pelo general Uribes y Uribes, presidente da Venezuela, ao prefeito Pereira Passos. A outra, no dia 1º de setembro de 1907, quando Machado compareceu ao cais Pharoux para recepcionar o estadista francês Paul Doumer,* sofrendo um ataque de epilepsia na rua. Achava-se sentado em um banco da praça XV, atendido por amigos, quando foi surpreendido pela lente de Malta. Malta faleceu no Rio de Janeiro, em 1957.

Malvólio Com esse pseudônimo, tirado de um personagem de *A Noite de Reis*, de Shakespeare,* Machado assinou as 49 crônicas rimadas da "Gazeta de Holanda",* na *Gazeta de*

Notícias,* e mais a errata, publicada no dia 28 de setembro de 1887.

Manassés Pseudônimo empregado 42 vezes, sendo duas em 1875, em *A Época*,* nos contos "A chinela turca"* e "O sainete",* e 40 vezes na *Ilustração Brasileira** (1876-78), na série de crônicas denominadas "História de Quinze Dias"* e "História de Trinta Dias".* Manassés, que em hebraico significa "aquele que faz esquecer (uma pessoa falecida)", foi nome de vários personagens bíblicos, entre os quais o décimo segundo rei de Judá (693-639), do qual provavelmente derivou o pseudônimo machadiano.

Manhã de inverno Poesia incluída nas *Falenas*.*

Manuscrito de um sacristão Conto incluído nas *Histórias sem data*.* Primeira publicação na *Gazeta de Notícias*,* de 17 de fevereiro de 1884, com a assinatura Machado de Assis.*

Manuscrito do Licenciado Gaspar (O) Obra citada no contrato assinado entre Machado e B. L. Garnier,* em 30 de setembro de 1869. Pela importância de 1 conto e 200 mil réis, o escritor cedia ao editor os direitos do romance *Ressurreição*,* do volume de contos *Histórias da meia-noite** e do trabalho, de gênero não especificado, intitulado *O Manuscrito do Licenciado Gaspar*, que provavelmente nunca foi escrito.

Mão e a luva (A) Segundo romance de Machado, publicado em vinte folhetins em *O Globo*,* de 26 de setembro a 3 de novembro de 1874. Ainda durante essa fase, Napoleão da Silva (provavelmente um pseudônimo), em *O Mosquito*, de 17 de outubro de 1874, ironizava a obra, considerando-a "pesadona". O texto do jornal, em tipo grande, a fim de aproveitar a composição para o livro, apresentava várias falhas em relação a este. O livro foi lançado em dezembro, com a indicação: "Biblioteca do Globo/Rio de Janeiro/Editores, Gomes de Oliveira & C./Tipografia do Globo/Ourives, 51/1874". A repercussão foi modesta. Saíram notas na *Semana Ilustrada** e na *Vida Fluminense*,* ambas em 12 de dezembro, e no *France et Brésil*, do dia 13, todas sem assinatura, e duas brevíssimas resenhas em *A Semana Ilustrada*, 13 de dezembro, não assinada, e em *O Novo Mundo*,* de 22 de fevereiro de 1875, firmada por Araucarius, pseudônimo do cônego Fernandes Pinheiro.* O crítico exaltava o estilo, mas as restrições superavam os elogios: "Fracos são os caracteres, a urdidura despida de interesse comovente, a ação fria, e o desfecho intuitivo desde o primeiro ato". Houve uma outra crítica, de Junius, pseudônimo de Ernesto Augusto de Sousa e Silva Rio, da qual R. Magalhães Júnior reproduz trechos em *Vida e obra de Machado de Assis*, assegurando ter sido publicada em *O Mequetrefe*,* onde não foi localizada. Em 14 de novembro de 1906, Machado assinou contrato com o editor H. Garnier* para a 2ª edição de *A mão e a luva*. Recebeu 500 mil réis de direitos autorais. Não procedeu a nenhuma alteração, mas suprimiu cerca de quinze linhas da primeira edição. Sobre essa segunda edição, manifestou-se Almáquio Diniz, no *Diário da Bahia*, Salvador, 11 de agosto de 1908. Dois meses antes de morrer, Machado releu a obra da mocidade, como informou a Mário de Alencar,* em carta datada de 30 de julho de 1908.

Marcha fúnebre Conto que figura nas *Relíquias de casa velha*.*

Marchesa de Miramar (La) Poesia que figura nas *Falenas*.*

Marco Aurélio Pseudônimo utilizado no conto "Possível e impossível",* publicado no *Jornal das Famílias,** de janeiro e fevereiro de 1867. Identificado por Carlos Drummond de Andrade, com o endosso de R. Magalhães Júnior.

Maria Soneto que figura nas *Ocidentais.** Primeira publicação no *Almanaque das Fluminenses** para o ano de 1891, com o título de "Soneto"* (No álbum de D. Maria de Azambuja). Transcrito em *A Cigarra,** de 2 de janeiro de 1896.

Maria Cora Conto incluído nas *Relíquias de casa velha.** Primeira publicação em *A Estação,** de 15 e 31 de janeiro, 28 de fevereiro, 15 e 31 de março de 1898, com o título de "Relógio parado". O texto em livro contém várias alterações em relação ao do periódico, que saiu com a assinatura Machado de Assis.*

Maria Duplessis Poesia incluída nas *Crisálidas.** Publicada pela primeira vez no *Diário do Rio de Janeiro,** de 15 de abril de 1860, assinada Machado de Assis,* com a indicação: "(*A dama das camélias*) – (Imitação de Alexandre Dumas Filho)". No livro consta apenas: "(Al. Dumas Filho – 1859)". A peça não foi incluída nas *Poesias completas.**

Maria Inês Vide "Silva, Maria Inês da".

Mariana Com esse título, Machado publicou dois contos, em fases bem distintas de sua atividade literária. O primeiro saiu no *Jornal das Famílias,** de janeiro de 1871, com o pseudônimo de J.J.* Publicado em livro por Galante de Sousa (Rio de Janeiro, Organização Simões, 1954), foi incluído em seguida nos *Contos avulsos.** O segundo conto intitulado "Mariana" figura nas *Várias histórias,** sendo publicado pela primeira vez na *Gazeta de Notícias,** de 18 de outubro de 1891, com a assinatura Machado de Assis.*

Marinhas, Antonio Martins Comerciante e industrial português. Em 1890, quando diretor da Companhia Pastoril Mineira, junto com seu sócio Ernesto Cibrão,* organizou uma excursão a Minas Gerais,* para os convidados conhecerem as fazendas da empresa. O grupo reuniu Machado, Carolina* e mais cinco pessoas. No início de 1894, seu amigo e patrício Manuel José Amoroso Lima convidou-o para ser padrinho de batismo de seu filho, o futuro escritor Alceu Amoroso Lima,* e de casamento de sua cunhada, Julieta Peixoto da Silva. A dupla cerimônia foi celebrada em casa de Marins. Machado compareceu à festa, tendo escrito cinco quadras,* que enviou ao amigo, acompanhadas de outra quadra: "Aí vão cinco quadrinhas,/ para que a flor das sobrinhas/ recite. Adeus. Sê feliz./ O teu, Machado de Assis". O poema, em honra dos noivos, foi recitado por Abigail,* filha mais velha de Manuel José. Faleceu em 1909, com 50 anos.

Marinheiro Batavo (O) Vide "Imortais (Os)".

Marinho, Saldanha (Joaquim S. M.) Um dos grandes jornalistas do Império, nasceu em Olinda, PE, em 1816. Bacharel em direito, foi eleito deputado por Pernambuco, em 1848, ano em que se mudou para a Corte. Exerceu a advocacia até 1860, quando passou a dirigir o *Diário do Rio de Janeiro.** Machado foi admitido no jornal por essa época, início do relacionamento entre os dois, que com o tempo se tornou íntimo, com Machado frequentando a casa de Marinho, centro de reunião de jornalistas e políticos. Por algumas vezes, Machado defendeu o desempenho de seu chefe

Saldanha
Marinho

como deputado. No gabinete de Zacarias de Góes e Vasconcelos,* Marinho se candidatou à presidência da Câmara, sem receber o apoio do ministro, com o qual rompeu, assumindo "a posição que sua consciência lhe indicara e que por mais de uma vez tentara assumir", sintetiza Machado (*Imprensa Acadêmica*,* 25 de agosto de 1864), tentando atrair as simpatias do leitor paulista para Marinho. Pouco depois, a respeito da crise financeira, surgida com a falência do banqueiro Souto, o cronista exalta a atuação de Marinho "na imprensa, como pelos conselhos parciais" que deu, merecendo "por isso as simpatias do público e da praça" (*idem*, 25 de setembro de 1864). No final de 1865, deixou a direção do jornal para assumir a presidência de Minas Gerais, levando consigo Henrique César Muzzio* e entregando praticamente o jornal a Machado. Liberal, maçom, republicano, gostando de assumir posições avançadas, Marinho atacou rijamente a Igreja Católica e rompeu com a monarquia, ao assinar o Manifesto Republicano, em 1870. Quando morreu, em junho de 1895, no Rio de Janeiro, Machado dedicou-lhe uma crônica inteira na seção "A Semana", da *Gazeta de Notícias*,* exaltando a retidão de caráter, a dignidade e a coerência do falecido, mas sem lembrar as suas ideias políticas radicais e o seu intransigente anticlericalismo.

Marmota (A) Vide "*Marmota Fluminense*".

Marmota Fluminense Fundada em 1849, *A Marmota na Corte** passou a se chamar *Marmota Fluminense* a partir de 4 de maio de 1852. A mudança não alterou em nada o espírito do jornal, dedicado às "modas e variedades", compreendendo-se nesse item a literatura: poesia e ficção. Era de propriedade da Empresa Tipográfica Dous de Dezembro, de Paula Brito,* localizada na praça da Constituição (atual Tiradentes), nº 64. Era bissemanal, saindo às terças e sextas-feiras. Lúcia Miguel Pereira não teve a menor complacência com a modesta publicação, que dava "a medida da indigência intelectual dessa gente": "Um irrespirável ambiente de beletrismo, propício à floração da literatura de folhinha. Saía com uma epígrafe em verso que variava, mas era sempre deste quilate: "Eis a Marmota/ Bem variada/ Pra ser de todos/ Sempre estimada./ Fala a verdade/ diz o que sente,/ ama e respeita/ a toda a gente". Esqueceu-se de ressaltar que foi importantíssima na formação intelectual e profissional de Machado, que, nessa fase, trabalhou ali como revisor* e iniciou a sua colaboração, com alguns poemas. Pela primeira vez, teve a responsabilidade de manter uma seção, denominada "Ideias Vagas",* efêmera, mas muito importante na formação do rapaz de dezessete anos. A partir de 3 de julho de 1857, o jornal passou a se denominar apenas *A Marmota*. Vendia razoavelmente para os padrões da época. Paula Brito orgulhava-se da tiragem de mil exemplares "e, às vezes, de muito mais". Com a sua morte, em 1861, *A Marmota* deixou de circular, para ressurgir em 1864, publicando então apenas três números, o último de 10 de abril de 1864. Machado foi colaborador assíduo da publicação, nela utilizando diversas assinaturas (Machado de Assis,* Assis,* As.,* J.M.M.

N. 654 Domingo 2 de Dezembro 1855.

MARMOTA FLUMINENSE

JORNAL DE MODAS E VARIEDADES

A MARMOTA.

SONETO

S. M. O IMPERADOR, O SENHOR

D. PEDRO II.

...sse throno, Senhor, que foi erguido
...um povo já livre, e sustentado
...ti, que alimentando as leis, o estado
...na Historia teu Nome engrandecido;

...se throno, Senhor, onde esculpido
...a dextra do Eterno um nome amado,
...nascer este dia abrilhantado
...udo a ti, Monarcha esclarecido!

...saúdo neste dia immenso!
...Clemencia, Justiça e sãa Verdade
...imando ás pyras perfumoso incenso!

...rado aos umbraes da immensidade
...sta fama, respeito, e amor intenso,
Nome transmittindo á Eternidade!

...io de Janeiro, 2 de Dezembro de 1855

Pelo seu reverente subdito.

J. M. M. d'Assis.

DOUS DE DEZEMBRO.

E' este um dia Dia, cuja radiante aurora todos os Brasileiros deveriam saudar cheios de jubilo, e de um verdadeiro enthusiasmo; porque depois do Dia 7 de Setembro de 1822, e do Dia 25 de Março de 1824, nenhum outro como elle deve ser desejado, porque, como elle, nenhum outro faz a gloria do Brasil, o orgulho dos Brasileiros!

A vida do Senhor D. Pedro II é uma garantia de paz, de união, e de estabilidade para o Imperio em geral; porque essa vida pertence mais ao paiz, do que A'quelle que, cheio de privações a desfructa, como a Entidade precisa para curar de todos mais do que de Si proprio, vida á que se prendem milhares de outras vidas, e cuja morte seria causa forçada de milhares de outras mortes!

Assim, pois Quando as distinctas qualidades do Augusto Imperante, que felizmente nos Rege, não fizessem jus ao amor e á dedicação de todos os Brasileiros; o ser o Senhor D. Pedro II Imperador do Brasil, bastava para que fervorosas preces subissem ao Céo em Seu louvor, a fim de alcançarmos do Poderoso Rei dos Reis, que seus dias, tão uteis á Patria, tivessem, a ser possivel, a duração dos seculos!

Mas os homens avaliam em tão pouco o bem, quando délle se acham de posse; nós os Fluminenses deixamos-nos tão pouco impressionar pelo que de melhor entre nós se passa, pelo que de mais perto nos toca; esquecemos tão facilmente n'um dia aquillo que se nos fez em outro, que a indifferença pelo Dia Dous de Dezembro passaria certamente por criminosa, se com igual desapêgo não vissemos tambem passar o Dia 7 de Setembro, anniversario da Independencia do Imperio, e o Dia 25 de Março, anniversario do Juramento da Constituição politica, que tão liberalmente nos rege!

Se, pois, o indifferentismo por todos e por tudo, pelos homens e pelas cousas, não fôsse (com mágoa o digo!) da indole de quasi todos os Brasileiros, se não fôsse elle um dos vicios da nossa educação; se não fôsse uma das manchas da vida de qualquer de nós; oh! notavel, e muito notavel seria a falta de

Vou passar uma bella vida!

Agora devo encetar seriamente a minha

de Assis,* J. M. M. d'Assis,* J.M.M.A*), e tendo publicado os seguintes trabalhos: 1855 – "Ela"* (12 de janeiro), "A palmeira"* (16 de janeiro), "A saudade"* (20 de março), "Saudades"* (1º de maio); "Júlia"* (18 de maio), "Lembrança de amor"* (1º de junho), "Teu canto"* (15 de julho), "A lua"* (17 de julho), "Meu anjo"* (24 de julho), "Um sorriso"* (10 de agosto), "Como te amo"* (12 de agosto), "Paródia"* (14 de agosto), "A saudade"* (5 de outubro), "No álbum do Sr. F. G. Braga"* (9 de outubro), "A uma menina"* (21 de outubro), "O gênio adormecido"* (28 de outubro), "O profeta"* (2 de novembro), "O Pão d'açúcar"* (23 de novembro), "Soneto* – A S. M. O Imperador, o senhor D. Pedro II" (2 de dezembro); 1856 – "Dormir no campo"* (21 de fevereiro), "Minha musa"* (4 de março), "*Consummatum est!*"* (22 de março), "Um anjo"* (1º de abril), "*Cognac!*"* (2 de abril), "Ideias Vagas"* (10 de junho, 31 de julho, 4 de setembro), "Minha mãe"* (2 de setembro); 1857 – "Não?"* (15 de setembro), "A literatura durante a Restauração"* (15, 18, 29 de setembro, 6 de outubro, 6 e 13 de novembro, 4 de dezembro), "Resignação"* (2 de outubro), "Amanhã"* (23 de outubro), "A***" (22 de dezembro), "Deus em ti"* (25 de dezembro); 1858 – "Três tesouros perdidos"* (5 de janeiro), "O sofá"* (8 de janeiro), "Álvares de Azevedo"* (12 de janeiro), "Vai-te!"* (26 de janeiro), "Esta noite"* (16 de fevereiro), "Os cegos"* (polêmica) (5, 16 e 30 de março), "Reflexo"* (23 de março), "A morte no calvário"* (2 de abril), "O passado, o presente e o futuro da literatura"* (9 e 23 de abril); 1859 – "Bagatela"* (10, 13, 17 de maio, 3, 14 de junho, 26 e 30 de agosto), "Cousas que são maçantes"* (4 de outubro), "Madalena"* (4, 7, 11, 14, 18, 21, 25 de outubro, 1º e 4 de novembro); 1860 – "Ao Carnaval de 1860"* (21 de fevereiro), "O Conservatório Dramático"* (13 e 16 de março), *Hoje avental, amanhã luva** (20, 23, 27 de março), "Odisseia dos vinte anos"* (30 de março), "Carniceria a vapor"* (8 de maio), "Anedota"* (11 de maio), "O termômetro parlamentar"* (29 de maio); 1861 – "Queda que as mulheres têm para os tolos"* (19, 23, 26 e 30 de abril e 3 de maio).

Marquelou, Antonina Atriz, trabalhou com João Caetano,* tendo falecido no Rio de Janeiro em 1877. No dia 28 de setembro de 1866, no Teatro Lírico Fluminense,* num benefício da Real Sociedade Amante da Monarquia e Beneficente, Antonina recitou um poema de Machado, escrito para a oportunidade e que se encontra perdido.

Marques, Narciso José de Morais Padre que batizou Machado.

Marquês de Pombal (O) Obra comemorativa do centenário da morte do estadista português, editada pelo Clube de Regatas Guanabarense do Rio de Janeiro. Impressa em Lisboa, 1885, na Imprensa Nacional. O livro divide-se em duas partes. A primeira, com 515 pp., apresenta a biografia do marquês, redigida por Latino Coelho.

M

A segunda, com 233 pp., está formada por diversas colaborações, entre as quais a de Machado, "A derradeira injúria",* único poema do volume.

Martins, Antonio Félix Barão de São Félix. Natural do Rio de Janeiro (RJ, 1812-1892), poeta, médico da Imperial Câmara. Em 1871, foi colega de Machado, como censor do Conservatório Dramático Brasileiro.*

Martins, Cândido Durante muitos anos, Cândido e sua mulher, Zina (Eufrosina), foram amigos fiéis dos Machado de Assis. Dessa amizade, restou uma carta escrita por Carolina* à amiga, no início da década de 1890, agradecendo as felicitações pelo seu aniversário e referindo-se com carinho às filhas do casal, Guiomar e Margarida. Quando Carolina morreu, Cândido e Zina encomendaram missa pelo descanso de sua alma. Em carta de 23 de junho de 1897, Machado desculpa-se com Cândido pela pequena gafe cometida ao agradecer a mensagem de felicitações pelo dia de seu aniversário, enviada pelo casal Martins. Machado respondera dirigindo-se apenas a D. Zina.

Mártir, Diocleciano Nos primeiros anos da República criou-se um clima intenso de denuncismo contra monarquistas, autênticos ou supostos. O ambiente acirrou-se sobretudo durante o governo tenso de Floriano Peixoto, pela ação de demagogos e fanáticos políticos. Um deles, o panfletário Diocleciano Mártir, divulgou nos apedidos de *O Tempo* uma lista de "monarquistas inimigos do novo regime", na qual Machado foi incluído. No número de 12 de abril de 1894 do mesmo jornal, Mártir publicou uma lista de "inimigos da República", classificados como "maus patrícios e hipócritas monarquistas, pagos fartamente pelos cofres da nação para dizerem mal de si próprios e cavarem a ruína da Pátria". Machado voltava a figurar na relação, ao lado de figuras como Melo Moraes Filho* e José Veríssimo.* O demagogo divulgou outras listas, com dezenas de nomes. A reação veio brutal. Mártir levou uma surra, que quase o matou. Como era de seu temperamento, Machado não respondeu. Mas em *A Semana** Lúcio de Mendonça,* republicano histórico acima de qualquer suspeita, sob o pseudônimo de Z. Marcas, saiu em sua defesa, numa linguagem virulenta na qual não se esquecia de ironizar o fato de Mártir ser perneta e usar muleta para caminhar.

Matacavalos (rua) Em sua juventude, Machado residiu em um sobrado na rua Matacavalos (atual Riachuelo), em companhia de Francisco Ramos Paz.* Os dois moraram juntos longos anos, provavelmente a partir de 1860 até 1869, quando Machado se casou, passando a residir na rua dos Andradas.* Foi nessa rua tão carioca que o escritor localizou quase toda a ação do *Dom Casmurro*.* Mas não gostava do nome Matacavalos, que, para ele, "não queria dizer coisa nenhuma de jeito". A rua foi rebatizada com o nome de Riachuelo, em homenagem à batalha naval da Guerra do Paraguai.*

Matos, Abel Ferreira de Engenheiro, consultor técnico do Ministério da Viação.* Machado costumava procurá-lo, em momentos de menos trabalho, para conversarem. Quando da publicação do *Dom Casmurro*, Abel escreveu uma carta a Machado alertando que havia uma operação aritmética errada no livro, estranhando o cochilo, não do romancista, mas do chefe da contabilidade do Ministério. Em certa ocasião, Abel acusou o escritor de materialista. A réplica foi imediata: "Materialista, eu? Absolutamente...". Machado fez do amigo personagem do conto "Um incêndio".*

Max Pseudônimo utilizado no *Jornal das Famílias*,* de maneira bastante irregular, entre 1864 e 1873, subscrevendo seis contos: "O anjo das donzelas"* (setembro e outubro de 1864); "O oráculo"* (janeiro de 1866); "O que são as moças"* (maio e junho de 1866); "O último dia de um poeta"* (maio e junho de 1867); "Rui de Leão"* (janeiro, fevereiro, março de 1872); "Decadência de dois grandes homens"* (maio de 1873).

Máximo Com esse pseudônimo foram assinados no *Jornal das Famílias*,* em 1866-67, os contos "Fernando e Fernanda"* (novembro e dezembro de 1866); "Onda"* (abril de 1867); "Francisca" (março de 1867).

Médico é remédio Conto publicado em *A Estação*,* de 31 de outubro e 15 de novembro de 1883, com a assinatura M.A.* Foi incluída nos *Dispersos** apenas a parte final, pois o exemplar de 31 de outubro da Biblioteca Nacional encontrava-se então extraviado. O trabalho completo foi publicado em Machado de Assis. *Contos/ Uma Antologia* (1998), seleção, introdução e notas de John Gledson.

Melhor das noivas (A) Conto publicado no *Jornal das Famílias*,* de setembro e outubro de 1877, com o pseudônimo de Victor de Paula.* Incorporado aos *Contos esquecidos*.*

Melhor remédio (O) Conto publicado em *A Estação*,* de 31 de março de 1884, com a assinatura M.A..* Recolhido ao 2º volume das *Relíquias de casa velha*.*

Melo, Antonio Gonçalves de Agiota, teve escritório em várias ruas do Rio de Janeiro. Em 1861, estabelecido à rua da Alfândega, nº 48, emprestou 79 mil réis a Machado. A letra foi assinada no dia 15 de março, comprometendo-se o devedor a pagar, no prazo de trinta dias, a importância de 82$950. Passados quatro meses, sem que a dívida fosse saldada, Machado foi citado, mas não compareceu à audiência marcada para o dia 20 de agosto. Nova audiência, a 6 de setembro, e mais uma vez o devedor não compareceu. No dia 27 desse mês, Machado foi condenado à revelia a pagar 125$333, equivalente ao principal, juros e custas judiciais. A experiência amarga foi a origem do conto "Letra vencida".*

Melo, Homem de (Francisco Inácio Marcondes H. de M.) Paulista de Pindamonhangaba (1837), o barão Homem de Melo formou-se em direito. Poeta e historiador. Machado escreveu sobre *A Constituinte perante a história** (*Diário do Rio de Janeiro*,* 24 de agosto de 1863), frisando o pensamento "altamente patriótico" do autor. Em 1873, solicitou a Machado a tradução do livro *Higiene para uso dos mestres-escolas*,* do Dr. Gallard,* publicado na revista *Instrução Pública** e, posteriormente, em volume. Faleceu em Campo Belo, RJ, em 1918.

Melo, Joaquim (J. da Silva M. Guimarães) Irmão mais velho de Manuel de Melo,* nasceu em Aveiro, Portugal, em 1831. Chegou ao Brasil em 1845, dedicando-se à vida comercial. A casa em que morava com o irmão, na rua da Quitanda, nº 6, era frequentada por artistas e intelectuais, local de saraus literomusicais e de encenação de peças. Foi ali que, a 22 de novembro de 1863, foi representada pela primeira vez *Quase ministro*.* Machado era íntimo dos irmãos e, para escrever o seu poema "O Almada",* pediu emprestado a Joaquim o livro *O Tombo das Terras Municipais*, do Dr. Haddock Lobo. Parece que se esqueceu de devolvê-lo.

Em carta de 5 de setembro de 1883, o dono solicitava a Machado a devolução do livro.

Melo, Manuel de (M. de Silva M. Guimarães)
Manuel de Melo (Aveiro, Portugal, 1834) chegou ao Brasil no início de 1845, com o objetivo de fazer carreira no comércio. Iniciou a vida profissional como caixeiro, tornando-se mais tarde contador. Em 1857, com seus irmãos Joaquim e José, organizou a *Lísia Poética*, coleção de poemas de autores portugueses contemporâneos. A partir dos anos 1860, publicou em jornais cariocas uma série de artigos sobre a sua paixão, a filologia. Bibliotecário do Gabinete Português de Leitura,* organizou o seu *Catálogo suplementar*, editado em 1870. Era uma figura popular na colônia lusa. Em sua casa, na rua da Quitanda, nº 6, Manuel e seu irmão, Joaquim Melo,* promoviam saraus e representações teatrais de amadores. As reuniões eram frequentadas exclusivamente por homens. Manuel foi um dos intérpretes de *Quase ministro*,* escrita por Machado para ser ali encenada, em 22 de novembro de 1863, o que explica por que a peça só tem personagens masculinos. Manuel foi um dos fundadores da Arcádia Fluminense.* Em 1870, Machado dedicou-lhe o poema "Uma ode de Anacreonte"* e ofereceu-lhe um de seus livros com a seguinte dedicatória: "A Manuel de Melo/ seu velho/ Machado de Assis". O amigo aparece ainda no "Soneto"* machadiano que se inicia pelo verso "Caro Rocha Miranda e companhia". Pujol sugere que Melo tenha influenciado Machado no gosto pelos clássicos portugueses, acrescentando que foi com ele e Ramos Paz* "que Machado de Assis iniciou seus estudos da língua pátria". Como Machado, era melômano e sócio do Clube Beethoven.* Manuel e seu irmão foram colaboradores valiosos do *Dicionário bibliográfico português* de Inocêncio F. da Silva,* fornecendo subsídios sobre escritores brasileiros e portugueses residentes no Brasil. Exercendo o importante cargo de secretário do Banco Rural e Hipotecário, não abandonou os seus estudos. Na *Revista Brasileira** manteve a seção "Notas Lexicográficas". Em 1883, viajou em férias para a Europa, morrendo em um hotel de Milão, em fevereiro de 1884. Publicou apenas um livro, *Da Glótica em Portugal. Carta ao autor do Dicionário bibliográfico português* (Rio de Janeiro, Tipografia Perseverança, 1872). O livro não está assinado na capa nem na folha de rosto, mas na apresentação e no final do volume. Em 1889, Ramos Paz* planejou reunir alguns escritos de Melo em livro, convidando Machado a escrever o prefácio. Quando o volume já se achava em prova, Paz cobrou o texto de Machado, que alegou não ter tido tempo para escrevê-lo.

Melo, Teixeira de (José Alexandre T. de M.)
Natural de Campos, RJ, 1833, formou-se em medicina em 1859. Já era então amigo de Machado fazia pelo menos dois anos. Teixeira foi um dos seis rapazes que frequentavam o escritório de Caetano Filgueiras,* a partir, provavelmente, de 1856. Em 1859, escreveu uma carta a Luís Delfino,* apresentando-o Machado, "um desses filhos queridos e privilegiados das musas". Em artigo intitulado "Da Imprensa Literária no Brasil", publicado em *O Futuro*,* de 15 de novembro de 1862, elogia a colaboração de Machado em *O Espelho*,* "artigos de bastante animação, de mui vivaz colorido, cheios de muito sal e fina crítica". Clinicando em Campos, Teixeira continuou se correspondendo com Machado, de quem transcreveu um poema na *Alvorada Campista*, sem pedir autorização ao autor. Quando Teixeira publicou *Sombras e sonhos*, Machado

aludiu ao fato e aos "tantos rodeios, tantos sustos, tantos perdões" com que Teixeira se desculpou. Na mesma crônica lamentava a resolução do amigo de se refugiar em Campos e lembrava que Teixeira e Casimiro foram "os mais tímidos, os mais delicados, os mais receosos caracteres que tenho visto" ("Ao Acaso",* *Diário do Rio de Janeiro*,* 22 de novembro de 1864). Na mesma série, em 28 de fevereiro de 1865, transcreve um poema do amigo, referente à Guerra do Paraguai. Em 1883-84, com Veiga Cabral,* Teixeira dirigiu a *Gazeta Literária*,* na qual Machado publicou três contos: "Vidros quebrados",* "A segunda vida",* "Metafísica das rosas".* Foi um dos fundadores da Academia Brasileira de Letras.* Faleceu no Rio de Janeiro, em 1907. Machado refere-se ao fato em carta dirigida a Mário de Alencar,* datada de 11 de abril de 1907, na qual observa que ele "desaparecera, há muito, presa de um mal cruel".

Melômano Consultar verbete "Música".

Memorabilia Cadernos de apontamentos nos quais Machado transcrevia pensamentos, expressões e frases famosas de vários autores, em diversas línguas. Quando a frase era em latim, anotava a tradução ao lado.

Memorial de Aires A mais antiga referência ao *Memorial* encontra-se numa carta de Machado a Joaquim Nabuco,* datada de 7 de fevereiro de 1907: "Não sei se terei tempo de dar forma e termo a um livro que medito e esboço; se puder, será certamente o último". Apesar da idade e da doença, o livro ficou pronto em cinco meses. No dia 5 de julho do mesmo ano, Machado entregou os originais a Julien Lansac,* representante do editor H. Garnier,* e assinou o contrato de cessão de direitos autorais da obra. Recebeu 1 conto e 500 mil réis.

MACHADO DE ASSIS
DA ACADEMIA BRAZILEIRA

Memorial de Ayres

H. GARNIER, LIVREIRO-EDITOR
7, RUA DO OUVIDOR, 7 | 6, RUE DES SAINTS-PÈRES, 6
RIO DE JANEIRO | PARIS

Folha de rosto da 1ª edição

Quando as provas do livro chegaram às suas mãos, a reforma ortográfica havia sido aprovada pela Academia Brasileira de Letras,* obrigando-o a efetuar inúmeras correções no texto. Em carta a Julien Lansac,* o escritor adverte: "*Pour éviter de perdre du temps, en demandant des nouvelles épreuves, je vous prie de bien recommander à Paris la plus grande attention à mes corrections; elles sont nombreuses*". Contrariando o hábito de não permitir a ninguém a leitura de suas obras, antes de editadas, Machado enviou uma cópia a Mário de Alencar,* que percebeu ser a figura de D. Carmo baseada em Carolina.* Machado ficou feliz com a argúcia do amigo, "que achou o modelo íntimo de uma das pessoas do livro, que eu busquei completa sem designação particular, nem outra evidência que a da verdade humana" (carta de 22 de dezembro de 1907). Em julho de 1908, o *Memorial* era distribuído à crítica e às livrarias. No volume de 273 páginas, impresso na França, não constavam essa indicação nem o ano da edição. O romance surpreendeu a muita gente, acostumada com uma história tradicional, com princípio, meio e fim. Conta-se que

M

um amigo de Salvador de Mendonça* lamentou a falta de enredo. Salvador respondeu que "na idade de Machado de Assis não se enreda: desenreda-se". Machado classificou a obra de "lamparina de madrugada" (carta a Magalhães de Azeredo, 1º de agosto de 1908). A crítica manifestou-se através dos seguintes trabalhos: Mário de Alencar, *Jornal do Commercio*,* 24 de julho de 1908; Pangloss (Alcindo Guanabara*), em *A Imprensa*, de 29 de julho; Cândido, no *Correio da Manhã*, de 3 de agosto; V., em *O Comércio de São Paulo*, de 9 de agosto; Almáquio Diniz, no *Diário da Bahia*, Salvador, de 11 de agosto; Salvador de Mendonça, no *Jornal do Commercio*,* de 6 de setembro ; Medeiros e Albuquerque,* em *A Notícia*, de 16 e 17 de setembro; Leopoldo de Freitas,* no *Diário Popular*, São Paulo, de 29 de setembro, todos de 1908. O livro teve boa receptividade popular. No mesmo ano de 1908, saiu a 2ª edição.

Memórias póstumas de Brás Cubas As *Memórias* foram publicadas na *Revista Brasileira*,* nos números de 15 de março, 1º e 15 de abril, 1º e 15 de maio, 1º de junho, 1º e 15 de julho, 1º e 15 de agosto, 1º e 15 de setembro, 1º e 15 de outubro, 1º de novembro, 1º e 15 de dezembro de 1880. Em janeiro do ano seguinte já se encontrava nas livrarias a primeira edição em livro, impressa na Tipografia Nacional, "um bonito volume, in 8º, nitidamente impresso" (*Jornal do Commercio*, 11 de janeiro de 1881), em brochura, vendido a 3 mil réis. Entre o texto da revista e o publicado em livro, houve várias alterações, o total de capítulos foi reduzido de 163 para 160, devido à supressão de dois capítulos e a incorporação de um outro a um terceiro. A epígrafe da obra, extraída da peça *As You Like It*, de Shakespeare,* e traduzida por Machado ("Não é meu intento criticar nenhum fôlego vivo, mas a mim somente,

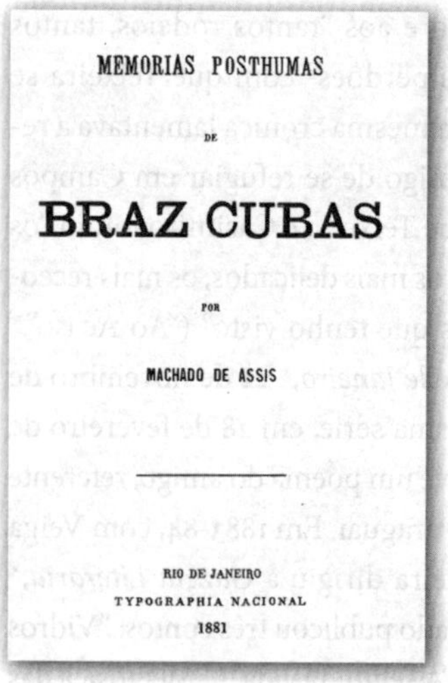
MEMORIAS POSTHUMAS
DE
BRAZ CUBAS
POR
MACHADO DE ASSIS
RIO DE JANEIRO
TYPOGRAPHIA NACIONAL
1881

Folha de rosto da 1ª edição

em que descubro muitos senões"), foi substituída em livro pela dedicatória "Ao verme que primeiro roeu as frias carnes do meu cadáver dedico com saudosa lembrança estas MEMÓRIAS PÓSTUMAS". Machado procedeu a novas alterações na 3ª edição, considerada definitiva, cujo contrato foi firmado com o editor H. Garnier* em 17 de junho de 1896. Constava de 1.100 exemplares, tendo o autor recebido 250 mil réis. Deve-se observar que, para a 3ª edição, considerou-se o texto da *Revista* como 1ª edição e a edição princeps em livro como 2ª edição. Assim, não houve edição designada como 2ª em livro. As *Memórias* correspondem à fase mais atormentada da vida de Machado, exaurido pelo excesso de trabalho, doente dos olhos, o que o obrigou a ditar parte do texto a Carolina,* "creio que meia dúzia de capítulos", confidencia o romancista em carta (de 2 de abril de 1895) a Magalhães de Azeredo.* O quadro explica um pouco o pessimismo e o tom da obra, escrita "com a pena da galhofa e a tinta da melancolia". O romance ainda estava sendo publicado e já recebia aplausos, como o de Raul Pompeia* (*Revista Ilustrada*,* 3 de abril de 1880). Romance?

A crítica da época ficou em dúvida. Notas e resenhas críticas publicadas na imprensa: sem assinatura, *Almanaque da Gazeta de Notícias** para o ano de 1881; sem assinatura, *Jornal do Commercio,** 12 de janeiro de 1881; sem assinatura, *A Gazetinha*, 12 de janeiro; D. Junio (pseudônimo), *Revista Ilustrada*, 15 de janeiro; sem assinatura (Capistrano de Abreu), *Gazeta de Notícias*, 30 de janeiro e 1º de fevereiro; U.D. (Urbano Duarte*), *Gazetinha*, 2 de fevereiro; Abdiel, *A Estação*, 28 de fevereiro, todos de 1881. Através de carta, manifestaram-se Macedo Soares* e Franklin Dória.* As *Memórias póstumas* foram o primeiro livro de Machado a ser traduzido e um dos dois únicos publicados no exterior, em vida do autor. Saiu em folhetim no jornal uruguaio *La Razón*, em janeiro de 1902, traduzido por Julio Piquet* e editado em livro no mesmo ano. Machado considerou a tradução "tão fiel como elegante". *Roman à clef*? Em 1881, a *Revista Ilustrada*, de Ângelo Agostini, afirmou que várias figuras da sociedade fluminense haviam se reconhecido nos personagens do livro.

Mendès, Catulle Nascido em Bordeaux (França, 1841-1909), poeta, contista e jornalista, foi uma das figuras mais representativas do parnasianismo francês. Quando secretário-geral da Sociedade Internacional de Poetas, que vinha sendo organizada na França, escreveu a Machado, solicitando que este se incumbisse da organização da sociedade no Brasil. A carta de Catulle está perdida.

Mendes, Elísio Natural de Figueira da Foz, Portugal. Jornalista, conhecia Machado desde os tempos da Sociedade Ensaios Literários* (1859-60). Diretor da *Gazeta de Notícias,** em sua fase inicial, Mendes convidou Machado a colaborar no jornal, mas este recusou em carta datada de 14 de dezembro de 1876, dirigida a Ramos Paz,* acionista da empresa. Mais tarde, Machado seria colaborador assíduo da publicação. Elísio participou do banquete comemorativo dos vinte e dois anos de publicação das *Crisálidas,** realizado em 1886, quando propôs que todos os brindes fossem dirigidos a Machado, assim como do banquete em homenagem aos dezoito anos da *Gazeta*, a 2 de agosto de 1893, ao qual Machado também compareceu. Faleceu no Rio de Janeiro, em 1909.

Mendonça, Alberto Carneiro de Vizinho de Machado no Cosme Velho. Quando Machado adoeceu, foi visitá-lo e perguntou como estava. "Muito mal", respondeu Machado. E como o outro procurasse consolá-lo, sorriu e, indicando a sala com o dedo, disse: "Escuta. Não reconhece esse zum-zum? É de velório".

Mendonça, Antonio Augusto de Poeta de alguma reputação à época, nasceu e faleceu em Salvador (BA, 1830-1880). Quando da publicação das *Americanas,** escreveu um soneto dedicado a Machado. Intitulava-se "Potira", sendo publicado em *A Reforma,** de 8 de abril de 1876.

Mendonça, Henrique Lopes de Escritor português (1856-1931), autor de dramas e romances históricos, com fortes reminiscências românticas. Membro da Academia das Ciências de Lisboa,* Mendonça foi um dos dois diretores da classe de letras que, a 3 de junho de 1904, aprovou o parecer do conselheiro Silveira da Mota,* propondo Machado para sócio correspondente da instituição.

Mendonça, Joaquim José de Uma das duas testemunhas do casamento dos pais de Machado. Filho de Maria José Mendonça Barroso

M

Pereira,* em seu primeiro casamento com Joaquim José de Mendonça Cardoso. Era militar e na época ocupava o posto de alferes.

Mendonça, Lúcio de (L. Eugênio de Menezes e Vasconcelos Drummond Furtado de M.) Irmão mais moço de Salvador de Mendonça,* um dos grandes amigos de Machado, Lúcio de Mendonça (Piraí, RJ, 1854) estreou na literatura aos 18 anos, com o volume de versos *Névoas matutinas** (1872), prefaciado por Machado. No ano seguinte, por meio de Machado, dirigiu-se ao editor Garnier, oferecendo-se para traduzir obras literárias para a editora. Garnier recusou a oferta, fato comunicado por Machado em carta de 16 de abril. Machado incluiu-o no ensaio "A nova geração"* (*Revista Brasileira,** 1879), ressaltando a evolução de sua poesia e reconhecendo que o poeta tinha "o segredo da arte". Ausente do Rio, Lúcio não compareceu ao banquete comemorativo dos vinte e dois anos das *Crisálidas,** justificando a ausência com um telegrama. Advogado e jornalista, Lúcio aproximou-se mais de Machado nos primeiros anos da República. Em 1894, defendeu-o dos ataques de Diocleciano Mártir.* Ao lado de Machado, Lúcio foi o principal articulador da Academia Brasileira de Letras.* Machado referiu-se às *Canções do Outono*, observando a desigualdade das peças do livro (*A Semana*, 27 de dezembro de 1896). Com a convivência na Academia, a amizade estreitou-se. Em Teresópolis, onde se encontrava em repouso, Lúcio leu e se encantou com o *Dom Casmurro,** a sua "pureza cristalina de forma", a "singeleza desesperadora" (carta de 7 de abril de 1900). Pouco depois, sugeriu a Alcindo Guanabara,* diretor de *A Tribuna*, que o seu jornal efetuasse um concurso para completar o soneto deixado incompleto por Bentinho, no romance. No dia 3 de maio de

Lúcio de Mendonça

1901, Machado presidiu o almoço comemorativo do lançamento das *Horas do Bom Tempo*, que Lúcio acabava de lançar. No ano seguinte, segundo Lúcia Miguel Pereira, Lúcio teria indicado Machado para um cargo importante, mas o amigo esquivou-se. Quando recebeu o *Memorial de Aires,** Lúcio já se encontrava cego. "Será o primeiro livro seu que eu leia por olhos de outrem", escreve em carta (de 29 de julho de 1908) ao amigo. Machado encontrava-se doente quando Lúcio lhe endereçou uma carta pedindo que prefaciasse um livro de Iracema Vilela Guimarães.* Lúcio faleceu no Rio de Janeiro, em 1909.

Mendonça, Salvador de (S. de Menezes Drummond Furtado de M.) Salvador de Mendonça (Itaboraí, RJ, 1841) foi um dos amigos queridos da mocidade de Machado, amizade que se estendeu por mais de cinquenta anos, "sem uma nuvem, sem um arrufo, sem uma palavra menos amiga", como lembrou o próprio Salvador em carta a Machado, datada de 25 de julho de 1907. Os dois rapazes se conheceram em 1857, quando o provinciano, recém-chegado à Corte, passou a frequentar as reuniões realizadas aos sábados num banco do largo do Rocio, em frente à loja de Paula Brito.* A amizade foi imediata. Formado em direito em São Paulo, Salvador retornou ao Rio de Janeiro, exercendo o jornalismo. No *Diário do Rio de Janeiro** elogiou a tradução machadiana de *O barbeiro de Sevilha*.* Diretor de *A República*, insistia sempre na colaboração do amigo. Machado esquivava-se, devido por certo à orientação republicana do jornal. Afinal, quando publicou o artigo "Rossi – Carta a Salvador de Mendonça"* em *A Reforma*,* de 20 de julho de 1871, *A República* reproduziu o escrito. A partir de 1875, a amizade subsistiu por meio de correspondência. Para atenuar a saudade, Machado mantinha na sala de sua casa, no Cosme Velho, um retrato do amigo. Aquele foi um ano decisivo na vida de Salvador. Nomeado cônsul nos Estados Unidos, enviuvou, ficando responsável pelos quatro filhos. Pouco depois, casou-se com uma norte-americana, procurando se manter atualizado com o que ocorria no Brasil. Em ensaio não assinado, publicado no número de agosto

Salvador de Mendonça

de 1876 de *O Novo Mundo*,* criticou as *Americanas*.* Machado agradeceu "o belo artigo", com "muita reflexão e forma esplêndida", em carta datada de 13 de novembro. No final do ano seguinte, quando *O Cruzeiro** foi lançado, Machado atuou como intermediário entre o proprietário do jornal, Henrique Corrêa Moreira,* e Salvador, propondo-lhe uma tríplice missão: dois artigos de correspondência mensal, remessa de cotação de gêneros e obtenção de anúncios. A correspondência manteve-se. Durante a sua estada no Brasil, em 1881, Salvador visitou Machado, mas o escritor não se encontrava em casa. Lamentando a ausência, o visitante deixou-lhe como presente as obras de Charles Dickens,* dedicadas com as seguintes palavras: "Ao seu caro amigo Machado de Assis, companheiro de banco na aula de costumes da tragicomédia humana, oferece as postilas do professor Dickens o Salvador de Mendonça". Em nova visita ao Brasil, em 1891, Salvador estranhou a cidade, sentindo-se um tanto desambientado, pretexto para lembrar os velhos tempos. Machado (em carta de 22 de setembro de 1895) lembra o fato, observando que "alguns intrusos vingam-se em rir do que passou, datando o mundo em si, e crendo que o Rio de Janeiro começou depois da Guerra do Paraguai". Em 1904, Salvador compareceu ao enterro e à missa de sétimo dia de Carolina.* O viúvo agradeceu em carta pungente, datada de 28 de outubro. No ano seguinte, por ocasião da entrega do ramo do carvalho de Tasso* a Machado, Salvador dedicou ao amigo um poema. A última homenagem e prova de admiração foi a crítica ao *Memorial de Aires*,* em forma de carta aberta ao autor, publicada no *Jornal do Commercio*.* Machado respondeu com uma carta comovida, datada de 7 de setembro, talvez a última que tenha escrito, na qual recorda os "vinte anos, verdes, quentes e

M

ambiciosos", quando os dois se conheceram. Salvador aposentou-se em 1911, em consequência de cegueira, falecendo no Rio de Janeiro, em 1913.

Menezes As Menezes, segundo Francisca de Basto Cordeiro,* eram proprietárias de um colégio para meninas no Rio Comprido. Maria Inês,* a madrasta de Machado, teria sido cozinheira do estabelecimento e conseguido permissão para que o rapazinho assistisse às aulas a um canto, sem perturbar a atenção das meninas. Gondin da Fonseca endossa a história, mas diz que o colégio ficava em São Cristóvão. O que há de verdade nisso? É bom lembrar que Francisco José de Assis,* o pai de Machado, casou-se com Maria Inês em 1854. O futuro escritor já tinha quinze anos e, pelos critérios da época, dificilmente um adolescente teria permissão para frequentar a sala de aulas de meninas ricas.

Menezes, Emílio de As relações de Machado com o poeta paranaense (Curitiba, PR, 1866) foram sempre distantes e cautelosas. Havia algo a separá-los, talvez o temperamento. A exuberância de vida e a irreverência de Emílio não agradavam a Machado. O poeta até que tentou se aproximar. Em 1894, enviou dois livros ao esquivo romancista. O primeiro, *Marcha fúnebre* (1893), seu livro de estreia, traz a seguinte dedicatória: "A Machado de Assis, o mestre querido e incontestado da 'Mosca azul' e inimitável prosador do *Brás Cubas*, esta humilde prova de incondicional admiração de um independente. Emílio de Menezes. 1894". O segundo, *Les Poèmes d'Edgard Poe*, tradução em prosa de Stéphane Mallarmé, com ilustrações de Edouard Manet, com as seguintes palavras: "Ao grande Mestre Machado de Assis peço permissão para oferecer (fazendo-o ao

Emílio de Menezes

maior intérprete de Poe) o presente volume. Rio 1894 Emílio de Menezes". Dois anos depois, adaptando em sonetos "O corvo",* de Edgar Allan Poe,* Emílio desejou consultar a tradução de Machado que, certamente, havia lido em *A Estação** e que ainda não havia sido recolhida em volume. Desconfiado de que não seria bem recebido, pediu que sua segunda mulher, Rafaelina de Barros,* escrevesse ao criador de *Dom Casmurro*,* solicitando o texto. A resposta veio com a habitual cortesia de Machado, a quem o poema, incluído nas *Últimas rimas* (1909), foi dedicado. Quando José do Patrocínio morreu, em 1905, a candidatura de Emílio à sua vaga começou a crescer de forma a ameaçar a vitória de Mário de Alencar,* candidato da preferência de Machado. Diante dos debates calorosos provocados pelo fato, Machado procurou não intervir. Em vez disso, convidou os amigos a segui-lo até uma cervejaria na rua da Assembleia. Ali, erguendo o dedo, sem dizer palavra, apontou para um quadro, de cores vivas, no qual Emílio, em tamanho quase natural, exibia um imenso copo de cerveja. Não foi preciso dizer nada. Mário de Alencar foi eleito. Emílio ingressou na Academia após a morte de Machado, mas não chegou a tomar posse. Faleceu no Rio de Janeiro, em 1918.

Menezes, Ferreira de (José F. de M.) O mulato carioca Ferreira de Menezes (1845) foi amigo de juventude de Machado, que criticou a sua peça *A Mancenilha*, em *O Futuro*, de 31 de janeiro de 1863. Por essa época, publicou o livro de poemas *Flores sem cheiro* (1863). Mudando-se para São Paulo, com o objetivo de cursar a faculdade de direito, permaneceu ali algum tempo, depois de formado, atuando como promotor público. Gozou de grande prestígio entre os estudantes, sendo um dos redatores da *Imprensa Acadêmica*,* onde assinava Janny. Com esse pseudônimo criticou a peça *O caminho da porta** (14 de agosto de 1864). Em setembro de 1866, atuou como intermediário entre Machado e o *Diário de São Paulo*,* convidando o escritor carioca a se tornar correspondente na Corte, o que não aconteceu. Os dois amigos mantiveram correspondência, da qual sobraram apenas quatro cartas. De volta ao Rio, Menezes viveu como jornalista, tendo sido redator da *República*, cronista da *Gazeta de Notícias** e diretor da *Gazeta da Tarde*.* Elogiou a tradução machadiana de *O barbeiro de Sevilha*.* Gozou de um prestígio que hoje mal podemos avaliar, chamado de "o folhetim vivo, o boêmio da esperança" por Rui Barbosa.* Faleceu no Rio de Janeiro, em 1881. Machado não foi ao enterro, mas compareceu à missa de sétimo dia.

Ferreira de Menezes

Menina dos olhos pardos (A) Conto publicado no *Jornal das Famílias*,* de dezembro de 1873, janeiro e fevereiro de 1874, com o pseudônimo de Otto.* Figura nos *Contos esparsos*.*

Menina e moça Poesia publicada na *Semana Ilustrada*,* de 24 de janeiro de 1869, com a assinatura M.A.,* dedicada a Ernesto Cibrão.* Este, assinando com a inicial E., respondeu com o poema "Flor e fruto", estampado em 31 de janeiro, na mesma publicação. Ambas as peças foram incluídas em *Falenas*,* a de Cibrão nas notas, no final do volume. "Menina e moça" foi o poema mais elogiado do livro. Luís Guimarães Júnior, em crítica publicada no *Diário do Rio de Janeiro*,* em 5 de fevereiro de 1870, observou: "É um graciosíssimo painel em que se debuxa a vida misteriosamente encantadora da donzela nesse meigo albor da existência, cujas extremidades tocam nas duas arrebatadoras quadras da vida, a infância e a adolescência". No entanto, o poema não foi incorporada às *Poesias completas*,* por causa da menção em um de seus versos à Geslin e à Dazon, uma modista e outra mestra daquele tempo. As referências, segundo Machado, obrigariam a inclusão de uma nota explicativa, o que desagradava ao seu gosto. Mais tarde, em carta a Magalhães de Azeredo* (datada de 15 de agosto de 1901), admitia arrepender-se "de alguns cortes (de poemas das *Falenas*), como a 'Menina e moça', por exemplo".

M

Menina que se perde (A) Poesia recitada por Machado na festa da Sociedade Ensaios Literários* comemorativa do 7 de setembro de 1863. Galante acredita que se trate do poema "Perdição",* com o título alterado. Se assim não for, o original encontra-se extraviado.

Mequetrefe (O) Jornal irreverente e brincalhão criado em 1875, com um excelente time de caricaturistas e de redatores, entre os quais Olavo Bilac,* Artur Azevedo,* Filinto de Almeida.* Por ocasião do banquete comemorativo dos vinte e dois anos de publicação das *Crisálidas*,* apresentou na primeira página de sua edição de 10 de outubro de 1886 o retrato de Machado, a quem chamava de "príncipe atual das letras brasileiras". Quando do lançamento de *A mão e a luva*,* publicou uma análise da obra, de autoria de Junius, pseudônimo de Ernesto Augusto de Sousa e Silva Rio. Em *Vida e obra de Machado de Assis*, R. Magalhães Júnior publica trechos do artigo, que não foi localizado na data citada.

Meridionais Segundo livro de poemas de Alberto de Oliveira,* editado pela tipografia da *Gazeta de Notícias*,* Rio de Janeiro, 1884, 168 páginas. Com predomínio absoluto do soneto, divide-se em duas partes: "Santuários" e "Por montes e vales". Machado escreveu a *Introdução*, obtida por intermédio de Artur Barreiros,* e datada de 14 de janeiro de 1884. As restrições são quase amigáveis e servem para realçar as qualidades de Alberto, apontado como "poeta e artista dos melhores da atual geração".

Metafísica das rosas Fantasia publicada na *Gazeta Literária*,* de 1º de dezembro de 1883, com a assinatura Machado de Assis.* Ao incluí-la no volume póstumo *Outras relíquias*,* o editor alterou o título para "As rosas" e suprimiu a epígrafe de Fontenelle. O mesmo fez W. M. Jackson* ao incorporá-la, abusivamente, às *Relíquias de casa velha*.*

Meu anjo Poema publicado na *Marmota Fluminense*,* de 24 de julho de 1855, com a assinatura J. M. M. d'Assis.* *Dispersos*.*

Meu viver (O) Poema publicado na *Marmota Fluminense*,* de 16 de fevereiro de 1856, com a assinatura A.* Transcrito em *Vida e obra de Machado de Assis*, vol. I, de R. Magalhães Júnior.

Meus versos Poema publicado em *O Espelho*,* de 2 de outubro de 1859, assinado com a inicial M.* e com o subtítulo "Primeira página de um livro inédito". A atribuição é de R. Magalhães Júnior – que a transcreve em sua *Vida e obra de Machado de Assis*, vol. I –, sendo bastante discutível.

Mickiewicz, Adam (A. Bernard M.) Poeta polonês (1798-1855), identificado com o movimento de libertação da Polônia. Machado traduziu o seu poema "Alpujarra",* valendo-se de um texto francês e incluindo-o nas *Crisálidas*.* Nesse mesmo livro, utilizou dois versos de Mickiewicz como epígrafes aos poemas "Polônia"* e a parte III dos "Versos a Corina",* ambos em português.

Midosi, Nicolau Midosi (1838-1889) foi editor da *Revista Brasileira** em sua primeira fase, quando foram publicados dez volumes, entre 15 de junho de 1879 e 15 de dezembro de 1881.

Mil e uma noites (As) Vide "*Contos seletos das Mil e uma noites*".

Milliès Pseudônimo com que foi subscrita "As botas",* publicada na *Semana Ilustrada*,* em

1866. A atribuição da autoria machadiana é de Augusto Fragoso, tendo recebido o aval de R. Magalhães Júnior.

Miloca Conto publicado no *Jornal das Famílias,** de novembro e dezembro de 1874, e janeiro e fevereiro de 1875, com a assinatura J. J.* Incorporado às *Histórias românticas.**

1802-1835 Poesia em homenagem a Victor Hugo,* incluída nas *Ocidentais.** Primeira publicação na *Gazeta de Notícias,** de 23 de maio de 1885, assinada Machado de Assis.*

Minas Gerais Machado visitou Minas em janeiro de 1890, a convite de Ernesto Cibrão* e Antonio Martins Marinhas,* diretores da Companhia Pastoril Mineira.* O escritor viajou em companhia da esposa, Carolina,* de Rodolfo Smith de Vasconcelos,* de sua irmã Alice* e de suas filhas Francisca* e Guiomar,* visitando as cidades de Juiz de Fora,* Barbacena* e Sítio* (atual Antonio Carlos). A excursão prosseguia em direção a Três Corações, quando os viajantes, pouco à vontade em seus cavalos, resolveram regressar no meio do caminho. Em carta a Magalhães de Azeredo,* datada de 14 de janeiro de 1894, escreve Machado: "Tenho saído algumas vezes; já fui, raro e de corrida, a essa própria Minas – o bastante para bendizê-la". No mesmo ano, em carta (de 24 de fevereiro) a Antonio Sales,* então em temporada no estado montanhês, observa: "Conheço pouco de Minas, mas é o bastante para conhecer a sua hospitalidade". Muito antes da viagem, desde a mocidade, Machado demonstrou simpatia pelo estado e seus habitantes. No conto "Ernesto de Tal",* escrito em 1873, sintetizou a psicologia do mineiro em duas linhas: "Era laborioso, benquisto, econômico, singelo e sincero, um verdadeiro filho de Minas". Minas e os mineiros figuram em diversas obras de ficção machadiana, sendo a principal *Quincas Borba,** que se inicia e termina em Barbacena. Quando da construção da nova capital mineira, demonstrou não gostar do nome escolhido, afirmando que preferia outro: "Belo Horizonte parece antes uma exclamação que um nome" (*Gazeta de Notícias*, 28 de janeiro de 1894).

Mineiros da desgraça (Os) Título adotado no volume *Novas relíquias** para a crítica sobre o drama de Quintino Bocaiuva,* publicada na "Revista Dramática"* do *Diário do Rio de Janeiro,** de 24 de julho de 1861.

Minha mãe Poesia publicada na *Marmota Fluminense,** de 2 de setembro de 1856, com a assinatura J. M. M. d'Assis* e a indicação de ser "imitação de Cowper*". Transcrita na *Revista da Sociedade dos Amigos de Machado de Assis*, nº 4, de 21 de junho de 1960, e em *Obra completa*, Rio de Janeiro: Aguilar, 1962.

Minha musa Poema publicado na *Marmota Fluminense,** de 4 de março de 1856, com a assinatura J. M. M. d'Assis.* *Poesia e prosa.**

Ministério da Agricultura, Comércio e Obras Públicas Vide "Secretaria de Estado da Agricultura, Comércio e Obras Públicas".

Ministério da Indústria, Viação e Obras Públicas Vide "Secretaria de Estado da Agricultura, Comércio e Obras Públicas".

Miragens Livro de versos de Enéas Galvão,* então estudante da Faculdade de Direito de São Paulo, contendo uma carta-prefácio de Machado, datada de 30 de julho de 1885.

Miragens foi publicado no Rio de Janeiro, tipografia de G. Leusinger & Filhos, 1885.

Miranda, Fernando Antonio Pinto de Natural de Portugal, estabeleceu-se com comércio no Rio de Janeiro, amealhando uma imensa fortuna. Casado com Maria da Conceição da Silveira. Recebeu o título de visconde de Thayde, concedido pelo governo português. O casal residia na rua Cosme Velho, nº 20, ao lado da casa de Machado. O escritor e Carolina* costumavam frequentar as reuniões organizadas pelos vizinhos, com os quais mantinham bom relacionamento. Como procurador de Miguel de Novaes,* proprietário da casa onde residia Machado, o visconde estava incumbido de receber os aluguéis. Em 31 de maio de 1895, de maneira um tanto grosseira e fria, dirigiu-se a Machado, por meio de carta, solicitando "o obséquio de mandar satisfazer, na minha residência, à rua do Cosme Velho nº 20, até o dia 5 de cada mês, o aluguel vencido no último dia do mês precedente". Teria Machado atrasado o pagamento? Ainda que assim fosse, a grosseria não era menor. Mas a amizade continuou. Em 5 de junho de 1898, o casal Machado de Assis compareceu ao casamento da neta do visconde, Alice Albertina de Sousa da Silveira. A revista *Rua do Ouvidor* elegeu as dezessete mulheres mais elegantes da festa, entre as quais figurava Carolina.*

Miranda, Antonio da Rocha Amigo da mocidade de Machado, fez carreira na burocracia, exercendo em 1908 a chefia da Contabilidade da Comissão de Obras do Porto. Em sua casa, realizavam-se saraus musicais, nos quais era presença constante Artur Napoleão.* Um dos fundadores da Arcádia Fluminense,* em 1865, com Machado e outros rapazes e um dos organizadores da homenagem a Pinheiro Guimarães,* em 1868, festa da qual Machado também participou. A amizade prosseguiu vida afora. Em meados da década de 1870, Machado, provavelmente ausente do Rio, dirigiu a Miranda e outros amigos um soneto que lhes falava de sua saudade e que se inicia da seguinte maneira: "Caro Rocha Miranda e companhia". Em 1895, Miranda figurou entre os sete amigos de Machado que se cotizaram para presenteá-lo com o quadro de Fontana.* Machado agradeceu com o "Soneto circular".*

Mirandola Pseudônimo não identificado, em artigo na *Revista Musical e de Belas Artes,** de 6 de dezembro de 1879, elogioso ao ensaio "A nova geração".*

Miss Dollar Conto incluído nos *Contos fluminenses.**

Missa do galo Conto publicado pela primeira vez em *A Semana,** de 12 de maio de 1894, com

Ilustração de Moura para "Missa do galo"

a assinatura Machado de Assis.* A seção "Gazetilha Literária" comemorou o fato: "'Missa do galo' é um conto delicioso, expressamente escrito para as nossas colunas e escusado é dizer a alegria que vai cá por casa com hospedagem tão honrosa". O *Correio Paulistano*,* de 15 de maio do mesmo ano, reproduziu-o sem autorização, provocando protestos de *A Semana*. Incluído nas *Páginas recolhidas*.*

Missão do poeta (A) Poema publicado em *O Universo ilustrado, pitoresco e monumental*,* de 20 de outubro de 1858, com a assinatura J. M. Machado de Assis* e a indicação: "No álbum do Sr. João Dantas de Sousa*". O poema, descoberto por Plínio Doyle, foi publicado na *Revista da Sociedade dos Amigos de Machado de Assis*, nº 8, de 29 de setembro de 1968, acompanhado de uma crônica de C. D. A. (Carlos Drummond de Andrade).

Mocidade (A) Quinzenário, subtitulado "periódico literário", trazia a seguinte epígrafe de Machado: "A mocidade é a esperança da pátria". Durou apenas três números, o primeiro de 15 de janeiro e o último de 15 de fevereiro de 1862.

Molarinho, Antonio Arnaldo Nogueira Jornalista atuante no Rio de Janeiro, na década de 1860. Em 1863, dirigiu cinco ataques a Machado, publicados no *Arquivo Literário*,* números de 16 e 23 de agosto, 27 de setembro, 1º e 7 de novembro, o primeiro assinado Carlos, o quarto firmado ** e os demais sem assinatura.

Molière Jean-Baptiste Poquelin, que adotou o nome artístico de Molière, nasceu e morreu em Paris (França, 1622-1673). Foi ator, autor, empresário. O começo difícil foi atenuado pela proteção de Luís XIV e o entusiasmo de Boileau. Morreu no palco, durante

Molière, Jean-Baptiste Poquelin

a representação de sua última peça, *O doente imaginário*. Outras peças: *O burguês gentil-homem* (ou *O burguês fidalgo*) e *Médico contra a vontade* (*Le Médecin malgré lui* – 1666), da qual Machado traduziu, em 1864, em forma livre, o célebre diálogo entre Geronte e Sganarelo. "Li muito Molière" (*A Semana*, 26 de janeiro de 1896), confessou, e conhecia-lhe bem a obra, como se comprova no ensaio "Antônio José e Molière"* e em inúmeras citações esparsas, *ipsis litteris* ou parodiadas, em sua crítica teatral e em suas crônicas. Na mocidade, costumava lembrar peças ou trechos de peças de Molière como padrões de excelência do teatro cômico. Assim fez ao comparar um lance de *A torre em concurso*, de Joaquim Manuel de Macedo,* com uma cena de *O avarento*, esclarecendo os limites entre o cômico e o burlesco. Dividia a produção do autor francês em peças de "alto cômico" e de "baixo cômico", entre estas incluindo *M. de Pourcegnac* e *Le Malade Imaginaire*. Sua preferência pessoal ia para *Tartufo* e, sobretudo, *O misantropo*, chegando a dizer

M

desta que "eu dava todos os louros juntos do complexo Dumas e do complexo Scribe para ter escrito aquela obra-prima do engenho humano" ("Os primeiros amores de Bocage",* 15 de agosto de 1865).

Monarquista Adepto da monarquia constitucional, Machado era um liberal-monarquista, que defendia ideias avançadas, como a abolição da escravatura e a separação de Igreja e Estado. Até certa época, acreditou firmemente no Terceiro Império. Nunca simpatizou com os ideais republicanos. Aliás, repudiava-os. Dizia ter duas "opiniões públicas", uma impossível, outra realizada. "A impossível é a república de Platão. A realizada é o sistema representativo. É sobretudo como brasileiro que me agrada esta última opinião, e eu peço aos deuses (também creio nos deuses) que afastem do Brasil o sistema republicano, porque esse dia seria o do nascimento da mais insolente aristocracia que o sol jamais iluminou..." ("Cartas fluminenses",* *Diário do Rio de Janeiro*,* 5 de março de 1867). Achava que esta era também a opinião da maioria, não perdendo ocasião de ressaltar "os sentimentos monárquicos da população" e "a sua adesão especial à pessoa do imperante e à dinastia de que S. M. é chefe" (*Ilustração Brasileira*,* 1º de outubro de 1877). Não mudou de opinião com a República,* se bem que tenha se ajustado ao regime, ao qual serviu com a habitual lealdade e competência, como tantos outros monarquistas. Mas nunca escondeu as suas preferências, o que lhe valeu ataques intempestivos e grosseiros de republicanos intolerantes, como Raul Pompeia* e Diocleciano Mártir.*

Monclair Menino que recitou a poesia "Um neto de don Juan",* no Teatro Ginásio,* em 6 de dezembro de 1866. Nada se sabe a seu respeito.

Monólogo de Hamlet Vide "*To be or not to be*".

Montaigne, Michel de (M. Eyquem de M.) Escritor e filósofo francês (1533-1592), autor dos *Ensaios*, uma das obras capitais da literatura universal. A filosofia de Montaigne, com seu espírito de tolerância e seu ceticismo suave, proclamando a impossibilidade humana de conhecer a verdade, influenciaram Machado, que constantemente recorria ao velho mestre para entender ou justificar problemas de seu tempo, mas eternos. Em crônica da série "Bons Dias!"* (*Gazeta de Notícias*,* 7 de junho de 1889), utiliza-se como argumento para combater o espiritismo uma frase de Montaigne ("*C'est un grand ouvrier de miracles que l'esprit humain!*"), confessando que o escritor francês, com "aquela sutileza que Deus lhe deu", era muito apreciado "por este seu criado". Alguns anos depois, Machado refere-se à "deliciosa língua dele" (*A Semana*, 1º de setembro de 1895). Ao publicar as *Páginas recolhidas**

Michel de Montaigne

(1899), justificou a falta de unidade do livro adotando como epígrafe uma frase do escritor francês, retirada do ensaio "*Des Noms*": "*Quelque diversité d'herbes qu'il y ayt, tout s'enveloppe sous le nom de salade*".

Mont'Alverne Poema publicado na seção de apedidos do *Jornal do Commercio*,* de 6 de dezembro de 1858, com a assinatura J. M. Machado de Assis,* dedicado "Ao meu mestre e amigo, o padre-mestre A. J. da Silveira Sarmento"*. Com alguns versos reescritos e a supressão de duas quintilhas, o trabalho foi incluído nas *Crisálidas*,* com a dedicatória alterada ("Ao padre mestre A. J. da Silveira Sarmento") e o título modificado para "Monte Alverne".* Transcrito em *Machado de Assis e a magia da música*, de Carlos Wehrs.

Monte Alverne Poema que figura nas *Crisálidas*.* Machado não o incluiu nas *Poesias completas*.* Vide "Mont'Alverne".*

Monte Alverne, Francisco de Como a maioria dos intelectuais de sua geração, Machado era fascinado pela figura dramática de frei Francisco de Monte Alverne, nome religioso de Francisco José de Carvalho (Rio de Janeiro, RJ, 1784 – Niterói, RJ, 1858), o maior orador sacro brasileiro do século XIX. Em 1856, em artigo publicado nas "Ideias Vagas",* na *Marmota Fluminense*,* o jovem jornalista considerava-o "um Bossuet nascido nas plagas brasileiras". Machado foi um dos muitos cariocas que se comprimiram na Capela Imperial, em 19 de outubro de 1854, para ouvir a última oração do velho sacerdote, cego e arrebatador. Quando ele morreu, o admirador dedicou-lhe a elegia "Monte Alverne",* no *Jornal do Commercio*, transcrita nas *Crisálidas** com alterações.

Monte Alverne

Monteiro, Domingos Jaci Nasceu no Rio de Janeiro, em 1831, formando-se em medicina e em direito. Professor do Colégio Pedro II, presidente da província do Amazonas, de 1876 a 1877. Como membro do Conservatório Dramático,* emitiu parecer favorável à declamação de um poema de Machado (três oitavas referentes à união dos povos brasileiro e português) que Miguel Antonio do Sacramento* desejava apresentar em cena. O parecer está datado de 13 de junho de 1863. No ano seguinte, aprovou também a comédia *O pomo da discórdia*.* Faleceu em 1896.

Monteiro, João (J. Pereira M.) Nascido no Rio de Janeiro, em 1845, bacharelou-se em ciências sociais e jurídicas pela Faculdade de Direito de São Paulo, da qual se tornou professor catedrático e diretor, de 1902 até sua morte. Em carta a Machado, datada de 6 de outubro de 1896, conta ter representado em sua juventude um papel em *O caminho da porta*,* integrando um grupo teatral de amadores. A

M

peça foi apresentada numa casa da rua Marquês de Abrantes. Adiante, pede que Machado enriqueça o discurso que ia pronunciar, sob o tema "Anchieta na poesia e na lenda brasileira". Machado respondeu-lhe em carta de 11 de outubro, concordando com o pedido. Como o poema tardasse, Monteiro escreveu-lhe nova carta, datada de 1º de novembro, cobrando o cumprimento da promessa. No dia 12, nova carta, dessa vez de agradecimento: acabara de receber os versos, "tão cheios de inspiração verdadeiramente brasília!". O escritor lhe enviara o poema "José de Anchieta",* incluído nas *Ocidentais.** Monteiro colaborou em diversos jornais do Rio de Janeiro e São Paulo e escreveu vários livros de direito; faleceu em São Paulo, SP, em 1904.

Monteiro, José Maria de Sousa Diplomata, jornalista, poeta, contista, teatrólogo e deputado português. Nasceu na vila de Praia, em Cabo Verde, em 1846. Membro da Academia das Ciências de Lisboa,* foi o primeiro tradutor de Ibsen em Portugal. Em 13 de dezembro de 1900, quando Machado foi proposto para sócio correspondente da instituição, coube a ele responder pela admissão do colega brasileiro. Monteiro emitiu parecer favorável, datado de 7 de junho de 1901, no qual elogiava a fecundidade e o humor de Machado e o seu "fino amor à senhoril, à altiva, à amorosíssima língua portuguesa". O parecer só foi votado, e aprovado, três anos depois.

Monteiro, Tobias (T. do Rego M.) Jornalista e historiador (Natal, RN, 1866 – Rio de Janeiro, RJ, 1952). Em 1903, trabalhando no *Jornal do Commercio,** serviu de intermediário para que Machado publicasse ali um artigo anônimo sobre o Natal. No início do ano seguinte, voltou a fazer nova solicitação a Machado, que enviou *A Paixão de Jesus,** também publicada anonimamente durante a Semana Santa. Três anos depois, Tobias convidou Machado para, na condição de presidente da Academia Brasileira de Letras,* recepcionar a Paul Doumer,* que chegou ao Rio em agosto. Machado dirigiu-se ao cais, mas teve um ataque de epilepsia* na praça XV, não podendo receber o político francês.

Montjoye Comédia em 5 atos e 6 quadros, de Octave Feuillet,* traduzida por Machado. Representada pela primeira vez no Teatro Ginásio,* em 12 de outubro de 1864, pela Sociedade Dramática Nacional. Nos principais papéis, Emília Adelaide* e Pedro Joaquim,* este num desempenho considerado excelente por Machado. A estreia brasileira deu-se um ano após a francesa, ocorrida em 24 de outubro de 1863, no Théâtre Gymnase. Dessa forma, como observou Massa, o tradutor integrava-se "ao movimento teatral de sua época". Em crônica publicada no *Diário do Rio de Janeiro,** de 17 de outubro de 1864, Machado explicou o significado da peça na trajetória teatral de Feuillet. A tradução de Machado está perdida.

Montoro, Reinaldo Carlos Poeta, romancista, ensaísta, nasceu no Porto, Portugal, em 1831. Crítico de alguma influência nas décadas de 1850 e 1860, amigo de Machado, foi quem lhe sugeriu escrever "O jornal e o livro",* um dos artigos mais importantes de sua mocidade. Em 1858, ao lado de Machado e mais três escritores, foi um dos tradutores de *Brasil pitoresco,** de Ribeyrolles.* Faleceu no Rio de Janeiro, em 1889.

Moraes Filho, Melo (Alexandre José de M. M. F.) O baiano Melo Moraes Filho (Salvador, BA, 1844 – Rio de Janeiro, RJ, 1919) deixou uma obra vasta, em diversos gêneros, sendo a parte mais interessante a referente à história do Rio de Janeiro. As suas relações com Machado foram cordiais, tendo se iniciado, provavelmente, na época da Arcádia Fluminense* (1865), associação que ambos frequentavam. Foi um dos raros escritores, junto com Machado, a acompanhar o féretro do editor B. L. Garnier.*

Morando, Antonio Maximiano Proprietário e redator de vários jornais, impressos em sua própria tipografia, como *A Palestra das Priminhas*, "crítico e jocoso"; *A Palmatória*; *Periódico dos Pobres.** Neste, Machado publicou o seu primeiro trabalho na imprensa, o "Soneto"* dedicado à Sra. D.P.J.A.

Moreira, Henrique Corrêa Nascido em Portugal, formou-se em direito pela Universidade de Coimbra. Como jornalista, colaborou no *Jornal do Commercio,** na década de 1870. Advogado, tinha um dos escritórios mais procurados da cidade. Publicou diversas obras jurídicas. Como empresário, tornou-se um dos proprietários de *O Cruzeiro,** jornal no qual Machado colaborou, atuando também como intermediário entre Moreira e Salvador de Mendonça.* O empresário propunha a Salvador se tornar uma espécie de representante do jornal nos Estados Unidos, enviando correspondência e também corretando anúncios. Machado intermediou a proposta, por meio de carta datada de 8 de outubro de 1877. Como Machado, Moreira colaborou no livro *O Marquês de Pombal:* Centenário da sua morte*, com um ensaio intitulado "Sebastião José de Carvalho e Mello – O eminente propulsor da evolução social em Portugal no século XVIII". Em um exemplar das *Memórias póstumas de Brás Cubas*, Machado fez uma dedicatória manuscrita ao amigo: "A S. Ex. o Sr. Dr. D. Henrique Moreira, em sinal de admiração e estima, of. M. de A. 28-8-81". Faleceu no Rio de Janeiro, em 1884.

Moreira, Henrique José Primo de Machado, provavelmente do ramo materno, a quem o escritor dedicou um de seus primeiros trabalhos, o poema "A saudade",* em 1855.

Morte de João Caetano (A) Artigo publicado na série intitulada "Conversas Hebdomadárias",* no *Diário do Rio de Janeiro,** de 1º de setembro de 1863. O título foi acrescentado em *Crítica teatral.**

Morte de Ofélia (A) Poesia incluída nas *Falenas,** paráfrase do episódio do *Hamlet*, de Shakespeare.* A peça não foi aproveitada nas *Poesias completas.**

Morte do Sineiro da Glória (A) Crônica publicada na *Gazeta de Notícias,** de 4 de novembro de 1900, sem assinatura. Incluída por Mário de Alencar* em *A Semana** (1914). O título foi dado por Laudelino Freire, no volume II da Estante da Língua Portuguesa (1921), dedicado a Machado.

Morte no calvário (A) Poesia publicada em *A Marmota,** de 2 de abril de 1858, assinada Machado de Assis.* Dedicada "ao meu amigo o Padre Silveira Sarmento".* *Novas relíquias.**

Mosca azul (A) Poema que figura nas *Ocidentais.** Primeira publicação na *Revista Brasileira,** de 25 de janeiro de 1880.

Mota, Artur Silveira da Nasceu em São Paulo, SP, em 1843. Oficial da Marinha, destacou-se na Guerra do Paraguai,* de onde retornou aclamado como herói. Recebeu o título de barão de Jaceguai. Publicou diversas obras, ligadas a temas militares. Tudo indica que, sob a polidez com que o tratava, Machado não lhe tinha muita simpatia. Em 1868, quando Jaceguai e Pinheiro Guimarães,* de volta da Guerra do Paraguai, foram homenageados com um banquete, Machado ergueu um brinde a Guimarães, sem se manifestar em relação a Mota. Louvou o primeiro diversas vezes em suas crônicas, sem se referir ao outro. Em 1907, depois de ter seu nome indicado por duas vezes, mas recusando-se a oficializar a candidatura, o almirante Jaceguai foi eleito para a Academia Brasileira de Letras,* por pressão de Joaquim Nabuco.*

Mota, F. A. Vaz da Amigo da mocidade de Machado, que lhe dedicou o poema "A lua",* publicado na *Marmota Fluminense*,* em 1855.

Mota, Inácio Francisco Silveira da Formado pela Universidade de Coimbra, político, deputado em várias legislaturas. Silveira (Lisboa, Portugal, 1836) exercia a presidência da Classe de Letras da Academia das Ciências de Lisboa, em 13 de dezembro de 1900, quando apresentou a seus colegas os nomes de três escritores brasileiros, para sócios correspondentes: Machado, José Veríssimo* e Sílvio Romero.* Mais tarde, assinou o parecer de admissão de Machado como sócio correspondente. Faleceu no Rio de Janeiro, em 1914.

Moura, João Ferreira de Natural da Bahia, bacharel em direito, foi deputado em cinco legislaturas e três vezes ministro de Estado, tendo ocupado a secretaria de Agricultura* de 6 de maio a 20 de agosto de 1885. Na ocasião, Machado exercia a função de chefe de seção.

Moutinho, Ludovina Ludovina Júlia da Cunha De-Vecchy nasceu no Rio de Janeiro, em 1843. Filha da atriz Gabriela da Cunha,* trabalhou no palco desde a infância, tendo estreado como uma das crianças da comédia *O noviço*, de Martins Pena, especializando-se mais tarde no papel de ingênua, tão comum nos dramas românticos. Em 28 de julho de 1858, com 15 para 16 anos, casou-se com o ator português Antonio Moutinho de Sousa,* passando a se chamar Ludovina Moutinho. Machado, que escreveu uma poesia "No álbum"* da artista, admirava o seu talento e, em crônica publicada em *O Espelho*,* em 1859, confessa ter ido ao Teatro São Pedro apenas para vê-la, sem interesse pela peça. A atriz achava-se em excursão pela Bahia, quando faleceu de septicemia, em 1861. Machado dedicou-lhe então a elegia "Sobre a morte de Ludovina Moutinho".*

Muitos anos depois Conto publicado no *Jornal das Famílias*,* de outubro e novembro de 1874, com o pseudônimo de Lara.* Incluído nos *Contos esquecidos*.*

Mulato Há muita especulação a respeito de como Machado encarava o fato de ser mulato. Alguns estudiosos insinuam que ele se ressentia de sua cor, numa sociedade dominada por brancos. Simples hipótese. Nenhuma prova, nenhum registro contemporâneo. Há depoimentos, contraditórios, prestados após a sua morte, por pessoas que com ele conviveram. Em certa ocasião, teria dito à condessa de São Mamede que a mulatice era para ele "um simples acidente". Francisca de Basto Cordeiro, sua vizinha e amiga por longos anos, garante que "jamais conseguiu dominar o complexo de inferioridade que lhe amargurou a existência a ponto de evitar em todas as suas obras a palavra 'mulato' e, se acaso a ouvia em conversas entartarugava-se todo, franzia o sobrolho como se nela houvesse uma indireta com o fito de magoá-lo e, por mais interessante que fosse a conversa, dava o assunto por encerrado". Esse depoimento deve ser encarado com extrema cautela, pois a depoente encontrava-se em idade avançada e, em vários trechos, conta um fato para logo adiante afirmar o contrário. A obra machadiana também o desmente. Assim, em "A parasita azul",* conto da mocidade, quando se é mais sensível à crítica alheia, empregou a palavra, sem revelar qualquer ressentimento, mas com simpatia: "Camilo olhou para a porta da cabana e viu uma mulatinha alta e elegante, que olhava para ele com curiosidade". Há trechos semelhantes em outras obras. Isso não significa que não tenha sentido na pele a discriminação racial. Teve de enfrentar o problema pelo menos em uma ocasião, durante o seu noivado, quando encontrou oposição de alguns parentes de Carolina, por ser mulato. Socialmente, impôs-se sem demonstrar qualquer ressentimento racial, e nunca evitou, também, como os mulatos arrivistas, entre brancos, a amizade com pessoas de sua cor, como provam os inúmeros negros e mulatos de suas relações: Paula Brito,* Teixeira e Sousa,* Ferreira de Menezes,* Francisco Otaviano.* No entanto, havia receio de feri-lo, chamando-o de mulato. Um homem da inteligência de Joaquim Nabuco,* abordando a psicologia do amigo, considerou que jamais "teria chamado o Machado *mulato* e penso que nada lhe doeria mais do que essa síntese" (carta a José Veríssimo,* datada de Washington, 25 de novembro de 1908). Evidente que sim, pois indicaria uma clara discriminação ou desejo de ferir. De qualquer maneira, se teve ressentimentos raciais, soube com eles conviver e dificilmente o problema assumiria nele, como em Lima Barreto, um aspecto trágico. Machado detestava a autopiedade. Inclusive a autopiedade racial. Procurou ajustar-se e se embranquecer através da ascensão social, o que irritou alguns contemporâneos. O professor Hemetério José dos Santos,* em seu famoso artigo publicado após a morte de Machado, diz que ele foi um trânsfuga e um traidor de sua raça. Essa opinião teve, e ainda tem, seguidores. Os que consideram que superou os conflitos íntimos decorrentes da mestiçagem lembram a carta que Gonçalves Crespo* lhe enviou, datada de 1871, na qual o poeta das *Miniaturas* escreve que já o conhecia de nome havia algum tempo: "De nome e por uma secreta simpatia que se me levou quando disseram que era... de cor como eu. Será?". O fato de conservar a carta seria uma prova de superação do problema. A atenuação simbólica da mestiçagem de Machado, e até o seu desaparecimento, por uma espécie de mágica social, encontra um advogado em Joaquim Nabuco, que, na carta acima mencionada, diz considerá-lo "um grego da melhor época", "um branco, e creio que por tal se tornava; quando houvesse sangue estranho, isto em nada afetava a sua perfeita caracterização caucásica". Esse processo de embranquecimento culminou com a sua certidão de óbito, onde consta que o falecido era de cor branca. Uma fantasia semelhante à tese de uma corrente atual de que o escritor era negro e determinada foto sua teria sido forjada, como vemos adiante. Machado não era negro. Nem branco. Mas mulato, mestiço, resultado da intensa miscigenação racial brasileira, como demonstra sua ascendência. O pai, Francisco José de Assis*, era "pardo forro" (isto é, mulato livre), como consta de sua certidão de batismo, realizado em 11 de outubro de 1806. A mãe, Maria Leopoldina, nasceu na ilha de São Miguel, nos Açores. Branca pura. O filho do casal era, pois, mestiço. Os testemunhos de época são abundantes e unânimes ao falar de sua mulatice. Nenhum deles lhe atribui a cor branca ou negra. Um dos depoimentos mais importantes é o de um seu inimigo e detrator implacável, o verrineiro Apulco de Castro.* Como Machado, era pardo, mas bem mais escuro. Jornalista venal, atacou o colega por diversas vezes. Pois bem, esse sujeito hostil, ao retratar o escritor de forma satírica na série "Retratos a Carvão", no jornal de escândalos *O Corsário*,* informa com muita clareza a cor de sua pele: "*Espiègle*, macambúzio, preocupado, um Hamlet em brochura... porém moreno. Um talento modesto. Dorme no Clube Beethoven".* Moreno, isto é, uma forma brasileira de dizer mulato. Não poderia haver esclarecimento mais imparcial sobre a cor de Machado, exatamente por vir de um inimigo violento, sem qualquer escrúpulo, e pardo. Entre os vários outros testemunhos, podemos lembrar o de Olavo Bilac,* que conviveu com Machado por mais de vinte anos e ao retratá-lo nos informa ser ele "um homem de altura regular, de 68 anos, mais ou menos. Moreno". Há inúmeros outros depoimentos de contemporâneos, de José Verissimo* ("mulato, foi de fato um grego da melhor época"), de Joaquim Nabuco,* de Francisca de Basto Cordeiro,* do negro Hemetério José dos Santos.* Apesar de tudo, a citada corrente proclama que uma das fotos mais divulgadas de Machado, tirada na década de 1890, teria sido forjada, embranquecendo a tez negra do escritor. A tal foto utilizou filme fotográfico, inventado poucos anos antes, cuja baixa sensibilidade exigia exposição demorada à luz. O que explica pessoas e paisagens saírem mais claras (e, quanto mais claras, mais indistintas, sem contraste, lavadas, como se diz), mas sem chegar à mágica de mudar a cor de ninguém. Não é o caso da foto em questão, perfeita, de alta qualidade, sem sombra de manipulação. As várias outras fotos de Machado, sozinho ou em grupo, são o melhor desmentido a tal tese. Nos retratos coletivos, o criador de Capitu aparece ao lado de várias personalidades, sendo a sua pele levemente mais escura do que a dos brancos que o cercam. É o que se pode comprovar nas fotos com Joaquim Nabuco, Pereira Passos* etc., numa reunião da Panelinha* em que se encontra entre João Ribeiro* e Lúcio de Mendonça,* e em outra fixada em 1906, no almoço oferecido ao presidente da Venezuela Uribes y Uribes. Será que os fotógrafos, durante mais de meio século (a primeira foto conhecida de Machado é de 1864), conspirando entre si e apesar de não haver tecnologia disponível para tal, fizeram o milagre de embranquecer a figura de Machado, sem tocar nos demais do grupo? Como explicar tal fenômeno?

Mulher de preto (A) Conto publicado no *Jornal das Famílias*,* de abril e maio de 1868, com o pseudônimo de J.J.* Incluído nos *Contos fluminenses*.*

Mulher pálida (A) Conto publicado em *A Estação*,* de 15 e 31 de agosto, 15 e 30 de setembro de 1881, assinado com as iniciais M. de A.* *Contos sem data*.*

Mulheres de mármore (As) Drama de Théodore Barrière* e Lambert Thiboust* (*Les Filles de Marbre*, no original) que Múcio da Paixão afirma ter sido traduzido por Machado. A atribuição não é verossímil, pois a peça já havia sido traduzida, em 1855, por J. J. Vieira Souto.

Muller, Lauro Severino Militar de carreira, Lauro Muller (Itajaí, SC, 1863) ocupava o cargo de governador de Santa Catarina, quando foi convidado por Rodrigues Alves para assumir o Ministério da Indústria, Viação e Obras Públicas.* Empossado no dia 15 de novembro de 1902, logo sondou Machado sobre sua disposição de reassumir as suas antigas funções. Machado teria respondido com uma pergunta, que mal escondia a sua satisfação: "Então o ministro acha que não sou um incapaz, um inútil?". Reconduzido à função de diretor, o escritor ficou comovido e grato ao ministro, que sempre o tratou com consideração e respeito. Em 1904, quando Machado pediu licença para tratamento de saúde, em Nova Friburgo,* o ministro autorizou-o a permanecer um mês na cidade serrana, após o término do prazo. Machado pagava na mesma moeda. Quando Muller seguiu viagem para Minas, apesar de adoentado, o escritor foi à estação ferroviária despedir-se do amigo. Muller permaneceu no cargo até 15 de novembro de 1906, com uma atuação considerada brilhante. Em 1912, foi eleito para a Academia Brasileira de Letras,* na vaga do barão do Rio Branco,* a quem sucedeu também no Ministério das Relações Exteriores. Foi ainda deputado e senador, falecendo no Rio de Janeiro, em 1926.

Mundo interior Soneto incluído nas *Ocidentais*,* cuja primeira publicação foi em *A Quinzena*,* de Vassouras, de 20 de fevereiro de 1886.

Murat, Luís (L. Barreto M.) Diplomado em direito, jornalista, poeta, Luís Murat (Resende, RJ, 1861 – Rio de Janeiro, RJ, 1929) tornou-se inimigo póstumo de Machado. Ignoram-se os motivos de uma reviravolta tão radical. Ainda em 1887, por ocasião do aniversário de Machado, escreveu uma nota na seção "De Arco e Flecha", que mantinha em *Novidades*, saudando efusivamente o aniversariante. Reconhecia-o como "ilustre chefe da literatura nacional" e se dizia "disposto a prestar todas as homenagens devidas a um chefe de tal ordem", nele reconhecendo "o ponto culminante das letras pátrias". No ano seguinte dedicou-lhe

Luís Murat

a poesia *Laís*, publicada em *Novidades* (6 de agosto de 1888). Com pompa e fúria, defendeu Machado de um pretenso ataque ou ironia de Castro Lopes.* Machado, que lhe demonstrava afeto, tratou com certa ironia o fracasso de sua candidatura a deputado geral, pelo Partido Republicano, na seção "Bons Dias!"* (*Gazeta de Notícias*,* 29 de julho de 1888), aproveitando para felicitá-lo pela derrota, que o libertava da política e o deixava livre para "compor versos". Ainda neste ano, os dois, e mais Artur Azevedo,* trabalharam juntos, como juízes do "Torneio de Rimas", um concurso de traduções instituído em outubro pelo jornal *Novidades*.* Em *A Semana* (8 de março de 1896) Machado criticou em linguagem gentil o segundo volume de *Ondas*, pedindo ao poeta moderação no emprego da antítese, à maneira de Victor Hugo* e Guerra Junqueiro, "posto reconheça que a sabe empregar com arte". Enquanto Machado viveu, Murat não demonstrou qualquer prevenção contra a sua pessoa. A reviravolta ocorreu dezoito anos depois da morte do criador de Capitu. Em 1926, na *Revista da Academia Brasileira de Letras*, Murat publicou uma série de cinco artigos reduzindo a zero a figura do antigo ídolo, de "natureza caótica, rebarbativa, antipática". Alguns estudiosos veem no episódio um desabafo do poeta, ressentido por Machado não valorizar devidamente os seus versos. O ressentimento é indiscutível. O difícil de aceitar é que o tenha guardado por tanto tempo. Talvez, seja mais razoável atribuir o fato ao desequilíbrio das faculdades mentais sofrido pelo poeta em seus últimos anos de vida.

Murphey A esse senhor, cujo nome completo se ignora, Machado dirigiu uma carta, provavelmente escrita em 1866, a respeito da Exposição Nacional, realizada no Rio de Janeiro. A carta figura no *Catálogo de um selecionado leilão de manuscritos, autógrafos, fotografias e efêmera*, editado em Lisboa, Fotogravura União, 2012.

Murtinho, Joaquim (J. Duarte M.) Engenheiro e médico homeopata, senador em três legislaturas, ministro da Fazenda, Murtinho (Cuiabá, MT, 1848 – Rio de Janeiro, RJ, 1911) ocupou o cargo de ministro da Indústria, Viação e Obras Públicas* no período de 20 de novembro de 1896 a 1º de outubro de 1897. Machado, que então respondia pela diretoria-geral da Viação, foi encarregado de redigir o edital de concorrência pública para arrendamento das estradas de ferro federais. O documento foi divulgado em quatro países da Europa e nos Estados Unidos, mas o projeto não foi levado adiante.

Musa consolatrix Poema que figura nas *Crisálidas*.*

Musa dos olhos verdes Poesia incluída nas *Falenas*.*

Música Melômano, Machado gostava de proclamar o seu amor pela música: "É a nossa única paixão, a maior pelo menos". Desde a mocidade, a paixão se identificou sobretudo com a música lírica italiana, em sintonia com o tempo, a moda e as circunstâncias. O Rio de Janeiro vivia então em plena febre operística. Verdi, Rossini, Donizetti eram os deuses do dia, ou pelo menos os deuses da preferência de Machado. Idolatrava-se ainda Bellini e Mozart. As grandes divas do *bel canto* vinham da Europa para interpretá-los, despertando admirações alucinadas entre a mocidade. Machado dizia que a Candiani "não cantava, punha o céu na boca e a boca no mundo". O mundo aplaudia, os rapazes elegiam as suas divas prediletas e por elas trocavam insultos e até sopapos. A ópera era uma metáfora do mundo. A propósito, Machado chegou até a fazer blague: "*Tout finit par des chansons*, em França. No Brasil, *tout finit par des operas, et même um peu par des operettes...*". Não exagerava. A opereta, isto é, Offenbach, embalava a cidade. A paixão se dirigia também à música clássica, mas com menos intensidade. Ou menos espalhafato. Nas décadas de 1850 e 1860, bem menos na de 70, a difusão da música clássica era bastante restrita, apresentada quase tão somente em salas de sociedades musicais ou saraus domésticos e em clubes, muitas vezes a cargo de amadores. Machado deliciava-se com esses saraus, recitando poemas e ouvindo música. Num deles, realizado no dia 19 de julho de 1862, no Retiro Literário Português,* a parte musical ficou por conta de André Reichert (flauta), Muniz Barreto (rabeca), Von Sydow (piano). No início da década de 1880, o mundo musical carioca foi sacudido com a fundação do Clube Beethoven,* cujas apresentações abriram novas perspectivas artísticas e mudaram o gosto musical da cidade. E também o de Machado, que, a partir de então, passou a demonstrar clara preferência pela música alemã. Foi a época da descoberta da "grande ópera" de Wagner, "criador genial" (*A Semana*,* 2 de outubro de 1892), cuja influência se refletiria até na arte do romance machadiano. O *Memorial de Aires* deu a um estudioso norte-americano "a impressão de ser uma refundição em prosa do drama musical de Wagner, *Tristan und Isolde*" (Raymond S. Sayers). O processo não era novidade. As *Memórias póstumas* como uma ópera. Toda a obra de Machado, ficção, poesia, crônica, está repleta de referências à música, citações de árias e cavatinas, momentos de magia captados no cotidiano, como o personagem "cantando uma reminiscência de Offenbach" ("João Fernandes"*). No casamento de Carlos Maria e Maria Benedita, no *Quincas Borba*,* "a alma de dona Fernanda debruçou-se-lhe dos olhos, fresca, ingênua, cantando um trecho italiano, – porque a soberba guasca preferia a música italiana – talvez esta ária da *Lucia*: *Ó bell'anima innamorata*, ou este pedaço do *Barbeiro*: *'Ecco ridente in cielo/ spunta la bella aurora'* ". A admiração pelos clássicos também se manifesta em suas crônicas e em sua ficção, mas menos constante. Constante era a presença do piano, instrumento incorporado à vida cotidiana das famílias cariocas. Chegava a ser enervante. Um dos personagens do conto "As bodas de Luís Duarte"* suspeitava que "entre as pragas do Egito devia ter figurado o piano". O Rio, segundo um cronista da época, tornou-se Pianópolis. Os personagens de Machado vivem com a mão nas teclas ou o ouvido atento ao som tirado delas. Era instrumento musical e veículo de evasão, abertura para o sonho, fuga às decepções. No conto "Questão de vaidade",* encontramos Maria Luísa tocando e cantando ao piano "as palavras daquela ária deliciosa da *Favorita*: *Ó mio Fernando*". Fazia também parte da educação feminina. Sofia, do *Quincas Borba*, lamentava não tocar piano. O interesse pela música popular era de outra natureza. Se raras vezes se referiu à música folclórica, demonstrava ternura pelos ritmos tradicionais. "Modinhas e serenatas brasileiras iam de par com árias italianas" ("Um agregado"*). Quanto aos novos ritmos, acompanhava-os da mesma forma que se mantinha atento aos mais diversos acontecimentos culturais. É dessa forma, como manifestação social, que a polca, a música da moda, ocupa um espaço importante em suas crônicas e na ficção. Sobre ela, compôs até um poema leve e saltitante como a própria polca: "É simples, quatro bons passos,/ e muito saracoteio./ Criaturas presas nos braços,/ gravatas cheirando o seio". Mas fazia distinção entre o clássico e o popular, como formulou, de maneira clara, no conto "O machete":* uma é arte, outra passatempo. Tinha eventual curiosidade por esta, amava a outra, se bem que sem pretensões técnicas e teóricas. "Não tenho mais que ouvidos, e ouvidos de curioso, que não valem muito" (*A Semana*). Valiam mais do que proclamava, tendo extrema acuidade para distinguir "o belo do sublime, e o sublime do fraco" (*A Semana*, 2 de outubro de 1892). Nessa condição, foi dos primeiros a exaltar Carlos Gomes, a quem chamou de "caipira de gênio", e o padre José Maurício, então em fase de redescoberta, afirmações do talento nacional e da sublime arte da música, diante da qual "tudo cessa".

Musset, Alfred de Nascido em Paris, Musset (1810-1857) foi poeta de um romantismo apaixonado, que encantou o jovem Machado e, de alguma forma, o influenciou. Um crítico sagaz, Pinheiro Chagas,* percebeu o "parentesco distante" do prólogo dos *Deuses de casaca** com o do *Spectacle dans um Fauteuil*. A admiração se prolongou até a velhice. Já na maturidade, confessava colocar Musset acima de Baudelaire, "poeta original e pujante" (*A Estação*, 15 de junho de 1882), e, traduzindo uma opinião pessoal, afirmava que na França "toda a gente continua a deliciar-se nas estrofes de Musset e a preferir *L'Espoir en Dieu à La Charogne*" (*O Cruzeiro*, 7 de julho de 1878). Essa admiração se revelou de muitas formas, como na utilização de versos de Musset como epígrafe a seus poemas, como em "Quinze anos",* na tradução do poema "Lúcia",* em 1860, e da peça *Como elas são todas** (1868). Em 1883, quando Artur Azevedo* foi à Europa, trouxe-lhe um galho do salgueiro plantado no túmulo do poeta, no cemitério de Pére-Lachaise. Machado referiu-se ao fato, em carta (de 21 de julho de 1897) a Magalhães de Azeredo (que lhe havia enviado algumas folhas da mesma árvore) e em crônica publicada na seção "A Semana",* da *Gazeta de Notícias** de 1º de dezembro de 1895: "Musset – que Heine dizia ser o primeiro poeta lírico da França –, pedia aos amigos, em belos versos, que lhe plantassem um salgueiro ao pé da cova. Possuo umas lascas e folhas do salgueiro que está plantado na sepultura do autor das *Noites*, e que Artur Azevedo me trouxe em 1883".

Muzzio, Henrique César Oito anos mais velho do que Machado, Muzzio (Rio de Janeiro, RJ, 1831 – Paris, França, 1874) já era um jornalista conceituado quando Machado dava os primeiros passos na imprensa. Formado em medicina, nunca exerceu a profissão. A amizade dos dois se iniciou em 1859, segundo Artur Barreiros.* No entanto, se for correta a informação de que Muzzio teria conseguido emprego para Machado como revisor* do *Correio Mercantil*,* o conhecimento entre os dois se deu, pelo menos, no ano anterior, quando Machado iniciou-se naquela função, no citado jornal. Em 1859, Quintino Bocaiuva convidou os dois a ingressarem na redação do *Diário do Rio de Janeiro*.* Muzzio, como Machado, frequentava as reuniões realizadas sábado à tarde, no largo do Rocio, próximo à livraria de Paula Brito.* Quando da estreia de *O caminho da porta*,* comentou a peça em artigo publicado no *Diário do Rio de Janeiro*, de 14 de setembro de 1862, assinado com a inicial M. O relacionamento entre os dois era repleto de brincadeiras, "andavam sempre de ponta um com o outro por mera divergência de opiniões artísticas ou literárias, e perseguiam-se mutuamente em coisas mínimas, sem se descobrirem" (Salvador de Mendonça). Num dia,

Henrique César Muzzio

Muzzio trocava o *cache-nez* colorido de Machado por outro de lã preta, no qual pregava um bilhete: "Quem anda de luto não deve usar *cache-nez* de cor". Noutro dia, o chapéu preto de Muzzio era substituído por uma cartola cinzenta, acompanhada da mensagem: "Para dizer com as barbas". Mas tudo indica que, quando se tratava da atividade profissional, Muzzio procurava manter certa ascendência sobre o colega mais jovem, por vezes opressiva. No final de 1865, Saldanha Marinho,* que fora presidir a província de Minas Gerais, levou Muzzio como secretário. Assim que se instalou na capital mineira, convidou Machado a se tornar correspondente do diário publicado em Ouro Preto. O convidado recusou e, diante da insistência do amigo, indicou para a função um colega, não aprovado por Muzzio. Fazia, também, constantes reclamações, por vezes ásperas, sobre fatos que Machado nada tinha a ver, como a distribuição do jornal para outros estados. Dessa correspondência com Machado, restaram pelo menos três cartas, datadas de 1866 e 1867.

M

N

Na arca Conto que figura nos *Papéis avulsos*,* com o subtítulo "Três capítulos (inéditos) do Gênesis". Publicado pela primeira vez em *O Cruzeiro*,* de 14 de maio de 1878, assinado com o pseudônimo de Eleazar.*

Nabuco, Joaquim (J. Aurélio Barreto N. de Araújo) Amigo da família Nabuco, em especial de Sizenando,* Machado saudou com um entusiasmo surpreendente a estreia poética de Joaquim Nabuco (Recife, PE, 1849), em crônica publicada no *Diário do Rio de Janeiro*,* de 31 de janeiro de 1865. O adolescente, na flor dos quinze anos e ainda estudante do Colégio Pedro II, publicara o poema "O Gigante da Polônia". Ressaltando os defeitos da peça e a inexperiência do poeta, Machado asseverava que ele tinha "o direito de contar com o futuro". Agradecido, o jovem poeta dirigiu uma carta ao crítico benevolente, datada de 1º de fevereiro de 1865, início da amizade que se prolongou por mais de quarenta anos, parte dela à distância, devido às obrigações de Nabuco no exterior. Em 1875, já formado em direito, em São Paulo, e militando na imprensa, Quincas, o Belo, como era chamado, convidou Machado a colaborar em *A Época*.* O convidado aceitou, enviando os contos "A chinela turca"* e "O sainete"* No ano seguinte, após uma viagem educativa pela Europa (1873-74), Nabuco ingressou na diplomacia, nomeado para a legação brasileira em Washington. Permaneceu um ano nos Estados Unidos. De volta ao Brasil, eleito deputado (dezembro de 1878 – janeiro de 1881), atirou-se impetuosamente à luta pela abolição. Sem conseguir reeleger-se, seguiu para a Europa, com o plano de se articular com associações antiescravocratas e personalidades simpáticas à abolição, fixando-se em Londres. A partir daí, a amizade manteve-se quase exclusivamente por meio de cartas, que acentuavam os pontos de interesse em comum, como a admiração por Renan,* mas sobretudo o contraste entre o entusiasmo e a vitalidade do jovem Nabuco e o espírito desiludido do amigo. "A impressão que V. me faz é a que faria (suponhamos) um grego dos bons tempos da Hélade no espírito desencantado de um budista" (carta a Nabuco, de 29 de maio de 1882). Por essa época, Nabuco escrevia para o *Jornal do Commercio* umas cartas de Londres, apreciadas "e grandemente" (carta de 14 de novembro de 1883) pelo amigo. Quando publicou o primeiro capítulo de *Um estadista do Império*, na *Revista Brasileira*,* Machado referiu-se de forma entusiástica ao texto, em crônica publicada na *Gazeta de Notícias*,* de 11 de agosto de 1895, e voltou ao assunto em 22 de março de 1896, observando que a obra não seguia a "maneira seca das biografias de almanaque", mas o "estilo dos ensaios ingleses". A criação da Academia Brasileira de Letras,* da qual Nabuco foi fundador, em 1897, estreitou a amizade, na busca de ideais comuns, e introduziu um novo assunto na correspondência mútua. Rara a carta trocada em que não trate de um aspecto da vida da instituição: a morte de um acadêmico, uma recepção, a avaliação dos candidatos a uma cadeira. Em 1899, apesar de declaradamente monarquista, Nabuco foi incumbido pelo governo brasileiro de tratar as questões de fronteira com a Guiana Inglesa. Machado exultou: "Vi que o governo, sem curar de incompatibilidades políticas, pediu a V. o seu talento, não a sua opinião, com o fim de aplicar em benefício do Brasil" (carta de 10 de março de 1899). Nabuco partiu para a Europa, levando como secretários Graça Aranha* e Caldas Viana,* que logo renunciou. Ao saber da renúncia, Machado escreveu ao amigo, solicitando o cargo para Luís Guimarães Filho* (carta de 31 de outubro de 1899). Nabuco esquivou-se, magoando Machado, que ficou um ano sem lhe escrever, não respondendo nem mesmo à carta de cumprimentos pelo lançamento do *Dom Casmurro*.* Só voltou a restabelecer o diálogo epistolar quando recebeu um exemplar de *Minha formação*, que considerou "melhor que memórias" (carta de 7 de dezembro de 1900). Apesar da distância, o diplomata não perdia de vista os acontecimentos do país, preocupando-se em particular com a sobrevivência da Academia Brasileira de Letras,* devido à falta de um local para reunião e a quase indiferença de muitos acadêmicos. Em carta datada de 12 de junho de 1900, apela a Machado: "Não deixe morrer a Academia". Ao saber da morte de Carolina, enviou ao viúvo um telegrama de pêsames. Machado respondeu com uma única palavra: Obrigado. Logo, abriu a alma ao amigo: sentia-se solitário e sem forças (carta de 20 de novembro). Não havia, então, recebido a carta de Londres (datada de 17 de novembro de 1904), na qual Nabuco procurava consolá-lo: "Que lhe hei de dizer? Morrer antes de V. foi um ato de misericórdia que a Providência dispensou a D. Carolina". Recebeu-a no início de dezembro, quando se preparava para responder à carta anterior. Na resposta comovida (datada de 6 de dezembro), agradece as "palavras de animação, quais poderiam ser ditas por V., tão altas, cabais e verdadeiras".

Joaquim Nabuco

Uma semana depois, solicita ao amigo "algumas de suas últimas fotografias"(carta de 13 de dezembro de 1904). A foto foi colocada na sala, "com as de outros íntimos" (carta de 24 de junho de 1905). Era uma forma de vencer a distância. À longa amizade, Machado juntava um sentimento de admiração crescente pelo homem, cujos méritos soubera discernir ainda na adolescência. Em carta de 24 de junho de 1905 lembra aquela fase e classifica o amigo de "brilhante". Nabuco retribui. Através de um colega do corpo diplomático, obtém junto à prefeitura de Roma autorização para cortar um ramo do carvalho nascido à beira da sepultura do poeta Torquato Tasso,* no monte Janículo. O troféu foi oferecido a Machado em solenidade realizada na Academia Brasileira de Letras,* em 10 de agosto de 1905. No ano seguinte, nomeado embaixador nos Estados Unidos, recebe cumprimentos de Machado. Os dois voltaram a conviver, com a vinda de Nabuco ao Brasil, para presidir a III Conferência Pan-Americana. Chega ao Rio

N

em 17 de julho de 1906, e logo se encontra com Machado, oferecendo-lhe um exemplar do recém-publicado *Pensées Detachées et Souvenirs*. O agradecimento veio em carta datada de 9 de agosto, na qual se entrelaçam a amizade e a admiração intelectual pelo amigo. No dia 8 de setembro, os dois compareceram ao banquete oferecido pelo prefeito Pereira Passos* ao presidente da Venezuela, Uribes y Uribes, que se encontrava na cidade para a Conferência Pan-Americana. Nessa ocasião, foi tomada a foto em que aparecem num grupo, sendo a última vez que se encontraram. A correspondência prosseguiu até a morte de Machado. A derradeira carta deste ao amigo, junto a um exemplar do *Memorial de Aires*,* tem a data de 1º de agosto de 1908 e traz os últimos lampejos daquela lamparina de madrugada a que o escritor se referiu em carta a outro amigo. Joaquim Nabuco pouco lhe sobreviveu, falecendo em Washington, em 1910.

Nabuco, José Tito (J. T. N. de Araújo) Dos irmãos Nabuco – ele, Sizenando* e Joaquim* –, José Tito foi o menos próximo a Machado. Natural do Rio de Janeiro (RJ, 1832), exerceu a advocacia, sem desdenhar das belas letras, como era tradição familiar. Escreveu biografias, romances (*Zaíra*, *Mimi*), peças teatrais (*Rosina*, *Casta Suzana*). Um exemplar desta última foi enviado à redação da *Semana Ilustrada*,* para ser entregue a Machado. Como não houvesse resposta, em carta datada de 5 de abril de 1871, José Tito indagou se o livro havia chegado às mãos do destinatário. Algum tempo depois, junto à carta não localizada, enviou a Machado vários exemplares de *Os filhos da fortuna*, com a solicitação de serem encaminhados a amigos diversos. A *Semana Ilustrada* (9 de abril de 1871) noticiou a edição do drama. Ignorando talvez a nota, o autor voltou a dirigir-se a Machado, em carta, um tanto irritada, datada de 20 de julho, solicitando resposta. Em 1873, o Conservatório Dramático, de que Machado era censor, vetou a sua peça *Os maridos*, sob a alegação de imoralidade. Aborrecido, José Tito escreveu a Machado uma carta datada de 1º de abril pedindo que este usasse a sua influência para liberar a peça. Machado deve ter respondido, mas ignora-se se por meio de carta ou pessoalmente. José Tito faleceu em 1879.

Nabuco, Sizenando (S. Barreto N. de Araújo) Filho do senador José Tomás Nabuco de Araújo, nasceu em Recife PE, em 1842. Foi o primeiro amigo de Machado na família Nabuco. Ainda estudante de direito, em São Paulo, já se correspondia com Machado, então colaborador da *Imprensa Acadêmica*.* Há três cartas de Sizenando a Machado, datadas de São Paulo, abril de 1864. No ano anterior, ao publicar o drama *A túnica de Nessus*, solicitou a opinião do amigo. A crítica machadiana, publicada em *O Futuro** (15 de janeiro de 1863), era polida, mas restritiva. Lúcia Miguel Pereira acha que com isso Machado traía certo sentimento de inferioridade diante do filho elegantíssimo do conselheiro Nabuco. Seja como for, a amizade continuou sem melindres e sem desestimular Nabuco, que escreveu outras peças (*O cínico*, *Olga*, *A mulher do século*). Machado parece ter frequentado as elegantíssimas reuniões em casa dos Nabuco. De uma delas, realizada em agosto de 1877, deu notícia em sua crônica na *Ilustração Brasileira** (15 de agosto de 1877), como se lá estivesse, sem deixar de informar que "o cotilhão foi brilhantemente dirigido pelo Sr. Dr. Sizenando Nabuco". Sizenando faleceu no Rio de Janeiro, em 1892. Em carta dirigida a Joaquim Nabuco,* em 5 de janeiro de 1902, Machado lembra: "fui íntimo do nosso Sizenando".

Nação e rei Poema recitado por G. Freire, no dia 31 de outubro de 1877, no Teatro Providência, em Belém, PA, em homenagem a Luís I, rei de Portugal. A referência foi localizada por Felipe Rissato. O poema está perdido.

Nación (La) Jornal argentino, com sede em Buenos Aires, fundado em 1870 pelo general Mitre, ainda em circulação. Em 1905, publicou *Esaú e Jacó*,* em folhetim e depois em livro. A edição, em dois volumes, sem declaração do nome do tradutor, fazia parte da *Biblioteca de La Nación*, sendo distribuída aos assinantes do jornal.

Nadaud, Gustave Compositor e *chansonnier* francês (1820-1893), autor de centenas de canções – alegres, ligeiras, maliciosas –, que logo se tornaram popularíssimas, sendo reunidas no volume de *Chansons*. Nadaud foi acusado de não saber escrever e de não conhecer contraponto e harmonia. O que não atrapalhou o seu prestígio, inclusive no Brasil, onde o imperador Pedro II traduziu três de suas poesias. Machado traduziu o poema *Satan Marié*, com o título de "O casamento do diabo".*

Nain Jaune Jogo de cartas de origem francesa. Foi pouco praticado no Brasil, durante o século XIX. Machado costumava jogá-lo nas reuniões noturnas em casa do barão Smith de Vasconcelos.*

Najac, Émile de Nascido em Lorient (1828), autor de dezenas de comédias, *vaudevilles* e libretos de ópera, destinados aos teatros de *boulevard*. Espirituoso, hábil no tratamento de temas considerados livres, compôs várias obras em parceria, com Eugène Scribe, Edmond About e outros. Com Gustave Vattier* escreveu *La Chasse au Lion* (1852), peça em um ato que Machado traduziu e adaptou, de forma resumida, com o título de *Hoje avental, amanhã luva*.* Faleceu em Paris, em 1889.

Não? Poesia publicada na *Marmota Fluminense*,* de 15 de setembro de 1857, com a assinatura J. M. M. A.* *Dispersos*.*

Não consultes médico Comédia em um ato publicada na *Revista Brasileira*,* de dezembro de 1896, com a assinatura Machado de Assis.* Incluída nas *Relíquias de casa velha** e, após a morte de Machado, no *Teatro*,* organizado por Mário de Alencar.* Referindo-se à peça, em carta de 1º de setembro de 1908 a José Veríssimo,* que fez questão de vê-la, escreve Machado: "Aquilo foi uma comédia de sala, feita a pedido, para satisfazer particulares amadores, e destinada a uma só representação que teve". A primeira encenação foi no Cassino Fluminense, em 18 de novembro de 1896, durante o terceiro festival promovido pelas Senhoras Protetoras da Capela do Sagrado Coração de Jesus. O elenco, dirigido pelo Dr. Luís de Castro,* foi o seguinte: Emília Barros Barreto* (Leocádia); Lucina de Andrade Pinto (Carlota); Francisca de Saldanha da Gama (Adelaide); F. Barros Barreto (Magalhães) e Carlos de Carvalho (Cavalcante). Machado elogiou a interpretação, em carta datada de 24 de dezembro de 1896, publicada na *Revista Brasileira*,* de janeiro de 1897. A comédia voltou a ser representada em 12 de agosto de 1908, sob a direção de Artur Azevedo,* no Teatro da Exposição Nacional, na praia Vermelha, com os seguintes atores: Lucilia Peres (Leocádia); Cinira Polônio (Carlota); Gabriela Montani (Adelaide); Antonio Ramos (Cavalcante) e Francisco Marzulo (Magalhães). Adoentado, Machado não pôde assistir ao espetáculo. No dia 30 daquele mês, *Não consultes médico* – que R. Magalhães Júnior afirma ter sido inspirada

N

no romance *Mon Oncle et Mon Curé*, de Jean de la Brète – voltou à cena, novamente sem a presença do autor.

Não consultes médico Carta dirigida por Machado a José Veríssimo* a respeito da representação de *Não consultes médico*,* publicada na *Revista Brasileira** (janeiro a março de 1897) e transcrita em *Dispersos*.*

Não é o mel para a boca do asno Conto publicado no *Jornal das Famílias*,* em janeiro de 1868, com o pseudônimo de Victor de Paula.* Figura nos *Contos esparsos*.*

Não há pensamento raro Quadra escrita num cartão-postal destinado a Francisca de Basto Cordeiro.* Publicado em cópia fotográfica na *Ilustração Brasileira*, de junho de 1939. *Dispersos*.*

Napoleão, Artur (A. N. dos Santos) Nasceu no Porto, em 1843. Pianista precoce, fez a sua estreia em publico aos seis anos. Camilo Castelo Branco chamou-o de criança angélica e dizia serem os seus "dedos orlas das asas de um querubim" (*Coisas leves e pesadas*). Deu concertos na França e na Inglaterra. Napoleão esteve pela primeira vez no Brasil em 1857, quando deve ter conhecido Machado. Pelo menos, assim sugere a crônica machadiana escrita por ocasião da segunda visita de Napoleão ao Brasil, em 1862 (*O Futuro*, 15 de setembro de 1862). Nessa temporada, o músico foi assíduo aos saraus realizados em casa dos irmãos Manuel* e Joaquim de Melo,* na rua da Quitanda, 6. A última festa de que participou, organizada em sua homenagem, foi no dia 22 de novembro de 1863. Preparava-se, então, para retornar à Europa. Na reunião, Machado recitou o poema "Epitáfio do México"* e assistiu à encenação de

Artur Napoleão

sua peça *Quase ministro*.* A pedido do pianista, Machado escreveu a letra de uma serenata para canto, flauta e piano, denominada "Lua da estiva noute",* musicada por Napoleão e incluída no álbum *Ecos do passado*,* publicado em 1867. No dia 18 de junho de 1868, o músico retornava ao Rio de Janeiro, a bordo do navio Estrémadure, em companhia da futura esposa de Machado, Carolina Novaes.* Essa temporada no Brasil quase se transformou em drama, não fosse a firmeza de sua decisão. Apaixonado por Lívia de Avelar, filha do rico comerciante português Miguel de Avelar,* o romance teve a mais dura oposição do pai da moça, preocupado com a fama de boêmio do pianista. Da discussão entre os dois nasceu o entendimento, e o casamento se realizou. Incluído no rol dos homens sérios, Napoleão foi padrinho de casamento de Machado. A propósito das relações do pianista com o casal Machado de Assis conta-se que, em certa ocasião, ao chegar em casa e encontrá-lo sozinho com Carolina, o escritor tratou-o com tanta frieza que ele nunca mais apareceu em sua casa. Balelas. A amizade entre os dois foi sólida e confiante, e a convivência harmoniosa, de vez em quando virgulada por expressões de gentileza. Dedicatória de Napoleão a Machado no volume *Tragédie* de Vittorio Alfieri: "Vai, livro fatídico, para as mãos do teu digno êmulo. Se eu te aprecio, ele melhor te compreende. Oferece, Artur Napoleão dos Santos. Rio, 5 de agosto de 1874". Unia-os ainda a paixão pela música (ambos foram sócios fundadores do Clube Beethoven*) e pelo xadrez. Machado e Napoleão disputaram o primeiro campeonato brasileiro desse jogo. Artur foi o campeão. Era um enxadrista* forte. Aos dezesseis anos, enfrentou o campeão mundial Paul Charles Morphy, partida transcrita por P. W. Sargeant em sua obra *Morphy's Games of Chess*. No arquivo de Machado foram encontradas três cartas e dois cartões de Napoleão, que morreu no Rio de Janeiro, em 1925.

"Naquele eterno azul, onde Coema" Vide os verbetes "Alencar" e "Soneto".

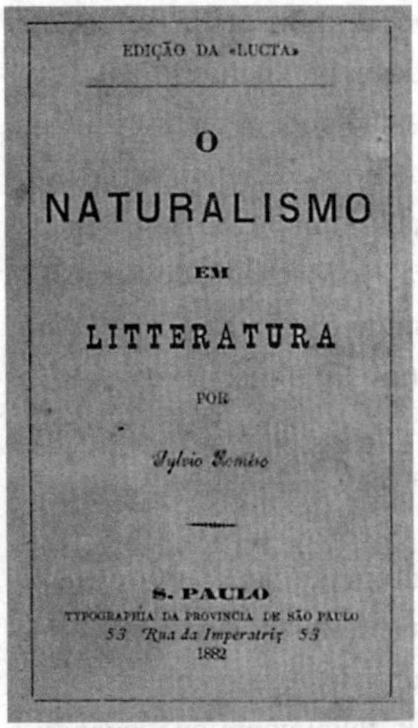
EDIÇÃO DA «LUCTA»

O

NATURALISMO

EM

LITTERATURA

POR

Sylvio Romero

S. PAULO

TYPOGRAPHIA DA PROVINCIA DE SÃO PAULO

53 Rua da Imperatriz 53

1882

Naturalismo em Literatura (O) Sem a repercussão de Machado de Assis – Estudo Comparativo de Literatura Brasileira* (1897), o folheto de Sílvio Romero *O Naturalismo em Literatura* (São Paulo, Tipografia da Província de São Paulo, 1882, 50 pp.) foi muito mais violento e desrespeitoso. Na imprensa da época, não há comentários a respeito. Talvez, procurassem combatê-lo pela indiferença. Na obra de Machado e em sua correspondência também não há referência à obra, mas dificilmente ele deixaria de tomar conhecimento do trabalho, num ambiente tão acanhado como era a vida literária de então. O escrito teve a sua origem no despeito com a admiração despertada pelas *Memórias póstumas*,* que o crítico zangado considerava uma "bolorenta pamonha literária". A maior parte da obra analisa o naturalismo, as teorias e a obra de Émile Zola, pretexto para Romero, como era do seu feitio, distribuir pancada e ajustar contas com adversários, no caso o poeta Luís Delfino* e Machado. O início é promissor: "A passagem de Émile Zola para o Sr. Machado de Assis é um destes saltos mortais da inteligência provocados pela lei dos contrastes. Depois de um talento, de um estilista, de um crítico sincero, de um romancista de força, de um homem, avistar um meticuloso, um lamuriento, um burilador de frases banais, um homenzinho sem crenças... é uma irrisão". A continuação não decepciona. Sem objetivo de análise definido, a não ser o do insulto, considera Machado uma "tênia literária", uma "sereia matreira", um "pequeno representante do pensamento retórico e velho no Brasil", "o mais pernicioso enganador que vai pervertendo a mocidade", "frívolo e inofensivo", devendo ser combatido "pela dubiedade de seu caráter político e literário" e pela posição de representante do "nosso romantismo velho, caquético, opilado, sem ideias, sem vistas...". Insatisfeito com as restrições de ordem intelectual, como a falta de "uma educação científica indispensável a quem quer ocupar-se hoje com certas questões", parte para o ataque pessoal, buscando ferir o mais fundo possível. Machado, "auxiliar de todos os ministérios", "rábula de todas as ideias", "conselheiro da comodidade letrada",

N

"é um desses tipos de transição, criaturas infelizes, pouco ajudadas pela natureza, entes problemáticos", que não podem representar "um papel mais ou menos saliente no desenvolvimento intelectual de um povo". Faltou apenas falar na gagueira* de Machado, de que não se esqueceu no "estudo comparativo". *O Naturalismo em Literatura* foi transcrito em *Estudos de Literatura Contemporânea*, mas em termos bem mais amenos.

Natureza O sentimento de Machado em relação à natureza tem sido mal compreendido, quando não deturpado. A incompreensão vem de longe. Alfredo Pujol conta que, quando o escritor expôs a Ramos Paz* o enredo de *A mão e a luva*,* o amigo lhe sugeriu descrever o jardim do palacete do conde de S. Mamede:* "A natureza vai inspirar uma bela página ao seu romance...". Machado reagiu: "A natureza não me interessa; o que me interessa é o homem". A descrição do jardim no livro é econômica, parecendo mais, segundo Pujol, "o laudo de uma vistoria forense...". A frase de Machado, se é que foi dita com aquelas palavras, foi tomada ao pé da letra, e a ausência da natureza em suas obras interpretada como prova da indiferença do homem. Na realidade, é tomar a nuvem por Juno, para usar uma expressão de agrado do escritor. A resolução do artista em evitar descrições que desviassem a atenção do leitor do drama humano não significa que o homem Machado de Assis fosse indiferente à natureza. Não era. Tanto assim que ao se levantar, ainda de madrugada, a primeira coisa que fazia era descer ao quintal, admirar as rosas, que nasciam e morriam no pé, e as borboletas, conforme narrou em crônica (*A Semana*, 19 de fevereiro de 1893). Em carta (de 2 de fevereiro de 1898), a Magalhães de Azeredo,* explicitou: "É certo que sou parco em descrições; e, quanto aos quadros naturais, raro achará nos meus livros. Não é, relativamente a estes, que eu não receba a impressão estética que eles dão, é a minha preocupação exclusiva do homem que toma o papel todo nos meus escritos; mas talvez esteja disfarçando com isto uma virtual incompetência técnica". Por outro lado, Machado irritava-se com o deslumbramento exagerado e muitas vezes convencional dos estrangeiros ante a natureza brasileira, que, segundo ele, fazia-os esquecer os esforços dos habitantes para ali construir uma civilização original e moderna. Assim, quando Sarah Bernhardt repetiu o elogio baboso de todo estrangeiro, o cronista pisou nas trouxas: "O meu sentimento nativista, ou como quer que lhe chamem – patriotismo é mais vasto –, sempre se doeu desta adoração da natureza. Raros falam de nós mesmos", o que lhe parecia um "modo de pisar o homem e as suas obras", que não mandara "fazer o céu e as montanhas, as matas e os rios. Já os achei prontos, e não nego que sejam admiráveis, mas há outras cousas que ver" (*A Semana*, 20 de agosto de 1893). Não havia, pois, frieza diante da natureza, mas recusa em permanecer inerte, esmagado por ela. No plano filosófico, existe ainda o problema da indiferença da natureza – uma metáfora da condição humana, esmagada pela imensidão do universo, de origem pascalina –, proclamado tantas vezes pelo escritor, em sua obra de ficção, de poeta e de cronista, sendo a referência mais famosa o final do *Quincas Borba*,* no pequeno capítulo da morte do Quincas Borba, o cão: "O Cruzeiro, que a linda Sofia não quis fitar, como lhe pedia Rubião, está assaz alto para não discernir os risos e as lágrimas dos homens".

Náufragas (As) Soneto com o subtítulo "Duas meninas cearenses que vinham no vapor

'Bahia'", publicado na *Gazeta de Notícias,** de 15 de abril de 1887, com a assinatura Machado de Assis.* Incluído em *Poesia e prosa.**

Nebulosas Crítica ao livro de Narcisa Amália, publicada na *Semana Ilustrada,** de 29 de dezembro de 1872, assinado com a inicial M.* Transcrito por Jean-Michel Massa no estudo "*Autres Textes Retrouvés de Machado de Assis*" (*Études Luso-Brésiliennes,* volume XI, Presses Universitaires de France, Paris, 1966).

Nei, Paula (Francisco de P. N.) O cearense Paula Nei (Aracati, 1858) foi uma espécie de boêmio exemplar do final do século XIX, espirituoso, sarcástico, amigo do copo, mas sem nunca perder a ternura humana. Compareceu ao banquete comemorativo dos vinte e dois anos de publicação das *Crisálidas,** realizado no Hotel Globo,* em 1886. Machado gostava dele e admirava o seu espírito, erguendo-lhe um brinde no banquete oferecido a Luís Guimarães Júnior, em 18 de março de 1886. "Nei, o marechal do riso, consolador de misérias", escreveu em uma das crônicas em verso da "Gazeta de Holanda".* Faleceu no Rio de Janeiro, em 1897.

Nem uma nem outra Conto publicado no *Jornal das Famílias,** de agosto, setembro e outubro de 1873, assinado com as iniciais J.J.* Incluído no segundo volume dos *Contos fluminenses.**

Nepomuceno, Alberto O cearense Alberto Nepomuceno (Fortaleza, CE, 1864), considerado o fundador do nacionalismo musical brasileiro e o nosso compositor mais importante do período de transição do século XIX para o XX, iniciou os estudos de música em sua terra e no Recife. Em 1885, instalado no Rio de Janeiro, lecionava piano no Clube Beethoven.* Data dessa época a sua amizade com Machado. Em 1888, parte para a Europa, em viagem de estudos, retornando ao Brasil sete anos depois. Compôs ópera, música vocal e de câmara, sendo o mais importante autor de canções da história da música brasileira. Nepomuceno musicou o poema "Coração triste falando ao sol",* com o título de "Coração triste", incluindo-o no primeiro volume de suas *Canções.** Faleceu no Rio de Janeiro, em 1920.

Néri, Sant'Anna (Frederico José de S'A. N.) O barão de Sant'Ana Neri (Belém, PA, 1848 – Rio de Janeiro, RJ, 1901), título concedido pelo papa Leão XIII, viveu quase toda a sua vida na França, deixando uma vasta bibliografia sobre economia, folclore, história etc., a maioria publicada em francês. Machado colaborou no livro *O Brasil literário,** homenagem a Sant'Anna Neri, com um pequeno texto, reproduzido em *Poesia e prosa.**

Neto de don Juan (Um) Poema recitado pelo menino Monclair,* no Teatro Ginásio,* em 6 de dezembro de 1866, quando da segunda representação da peça *A filha do mistério*. Perdido.

Neumann, Hermann-Kuniber Poeta e militar alemão (1808-1875), escreveu poesias épicas e líricas que se caracterizam pela leveza de estilo e a suavidade de sentimentos. Em seu número de 1º de dezembro de 1875, *A Época** convidava os poetas brasileiros a traduzirem o poema "*Das Herz*", de Neumann, com a mesma simplicidade e sabor do original. O jornal oferecia ao autor do melhor trabalho uma assinatura trimestral. Machado aceitou o desafio. Sua tradução, intitulada "O coração",* saiu na *Semana Ilustrada*,* de 5 de dezembro de 1875, com uma ilustração de Henrique Fleiuss.*

Neves, Emília das Considerada a maior atriz portuguesa de sua época, nasceu em 1820, numa família paupérrima. Aconselhada a ingressar no teatro, estreou aos 18 anos numa peça de Almeida Garrett,* que a escolheu para o papel. Em 1864, excursionou pelo Brasil, obtendo um grande triunfo no Rio de Janeiro. Machado, em crônica para a *Imprensa Acadêmica** (17 de julho de 1864), depois de falar de vários acontecimentos do dia, comenta que "de tudo isto creio que o mais importante e o mais ansiosamente esperado é o talento celebrado da Emília das Neves", que se preparava para estrear na cidade. A estreia só aconteceu em setembro, na peça *Joana, a douda*. Foi uma temporada breve. O crítico se entusiasmou com a voz da atriz, "a gravidade do gesto, a eloquência da fisionomia, a distinção do porte, uma natureza abundante casada a uma arte profunda" (*Diário do Rio de Janeiro*,* 5 de setembro de 1864), mas parece não ter tido nenhum contato pessoal com ela. Emília das Neves faleceu em Lisboa, em 1883.

Emília das Neves

Névoas matutinas Livro de estreia de Lúcio de Mendonça,* na época acadêmico da Faculdade de Direito de São Paulo, "com uma carta preliminar por Machado de Assis". Reúne a produção de 1870-71, totalizando 38 poemas. O volume, com 123 páginas (mais sete de prefácio e três de índice), foi editado no Rio de Janeiro, por Frederico Thompson, em 1872. No prefácio machadiano, datado de 24 de janeiro de 1872, predomina o tom paternalista, sem elogios eloquentes ou restrições ásperas.

Niani Poema que integra as *Americanas*,* inspirado em um hábito dos índios guaicurus. No início, Machado havia escolhido para a heroína o nome de Nanina. Em carta que lhe dirigiu (datada de 15 de outubro de 1873), Taunay* esclarece que "o vocábulo legítimo, e que serve de apelido a algumas mulheres guaicurus é Niani". E adiante: "Nanina é por demais voltairiano". Machado aceitou a sugestão do amigo.

Niterói A capital do estado do Rio de Janeiro foi uma referência amável da mocidade de Machado, quando a cidade ainda se chamava Praia Grande, a travessia da baía fazia-se "de falua, antes e ainda depois das primeiras barcas" e ali se ia para fazer "patuscadas" (*A Semana*, 18 de dezembro de 1892). Em 1862, jornalista e poeta conhecido, mas sobretudo entusiasta de música,* atravessou a baía "debaixo de copiosa chuva" para assistir a um concerto de Antonio Luís de Moura, "distinto professor de clarineta" (*O Futuro*, 1º de janeiro de 1863). Dois anos depois, o melômano participou da inauguração de uma sociedade de canto e dança na cidade, entusiasmando-se com a simplicidade das toaletes e "a beleza natural das damas, a graça, a jovialidade" (*Diário do Rio de Janeiro*, 14 de agosto de 1864). Lá residia também um amigo querido: Alberto de Oliveira,* a quem Machado visitou várias vezes.

No álbum da artista Ludovina Moutinho Poesia publicada em *A Primavera*,* de 17 de março de 1861, com a assinatura M.A.* *Dispersos*.*

No álbum da rainha D. Amélia Soneto sem título, datado de 1907, incluído em *Outras relíquias*,* com o título acima.

No álbum de D. Branca P. da Cunha Poema publicado em *A Estação*,* de 15 de julho de 1879, com a assinatura Machado de Assis* e o título "Versos – Escritos no álbum da Exma. Sra. D. Branca P. da C. 1874". Incluído em *Outras relíquias*,* com o título acima.

No álbum de D. Maria de Azambuja Vide "Maria".

No álbum do Sr. F. G. Braga Poesia publicada na *Marmota Fluminense*,* de 9 de outubro de 1855, com a assinatura J. M. M. d'Assis.* Francisco Gonçalves Braga* respondeu com o poema intitulado "Ao senhor J. M. M. d'Assis (em resposta)", publicado na *Marmota Fluminense*, de 14 de outubro de 1855. Ambos foram incluídos em *Dispersos*.*

No álbum do Sr. Quintela Quadra publicada em *O Besouro*,* de 22 de fevereiro de 1879, com a assinatura Machado de Assis.* Reproduzida em *A Estação*,* de 29 de fevereiro de 1880, com o título de "Poesia" e o subtítulo "Num álbum". Foi dessa publicação, e utilizando esse título, que Jean-Michel Massa transcreveu o poema em *Dispersos*,* desconhecendo a publicação primitiva.

No alto Poesia que figura nas *Ocidentais*.* Primeira publicação na *Revista Brasileira*,* de 15 de janeiro de 1880, com a assinatura Machado de Assis.*

No espaço Poema que figura nas *Falenas*.* Recitado pelo autor no primeiro sarau da Arcádia Fluminense,* realizado no Clube Fluminense,* em 14 de outubro de 1865. O *Correio Mercantil* (de 17 de outubro de 1865) escreve que "não se sabe o que mais admirar, se a originalidade da ideia, se a delicadeza da forma". Primeira publicação na *Semana Ilustrada*,* de 3 de março de 1866, com a assinatura Machado de Assis.* Quando do lançamento das *Falenas*, Luís Guimarães Júnior* classificou o poema de "canto cintilante, vivo, delicioso" (*Diário do Rio de Janeiro*,* 5 de fevereiro de 1870). Com alguns versos cortados e o acréscimo de outros, "No espaço" saiu na *Gazeta de Notícias** com o título de "O Eco".* Não foi aproveitado nas *Poesias completas*.*

No limiar Poesia que figura nas *Crisálidas*.* Não foi incluída nas *Poesias completas*.*

Noite (Uma) Conto publicado na *Revista Brasileira*,* de dezembro de 1895, assinado

N

Machado de Assis.* Magalhães de Azeredo,* que se encontrava em Montevidéu, escreveu ao autor, comentando o "delicioso conto": "Este mais uma vez prova como o seu gênio é arguto e penetrante, e com que magistral sutileza sabe esquadrinhar o coração humano, descobrindo e analisando as mais íntimas nuanças do sentimento" (carta de 23 de dezembro de 1895). Incorporado à edição W. M. Jackson* das *Páginas recolhidas.**

Noite de almirante Conto que figura nas *Histórias sem data.** Publicado pela primeira vez na *Gazeta de Notícias,** de 10 de fevereiro de 1884, com a assinatura Machado de Assis.*

Noivado Poesia incluída nas *Falenas.**

Nome (Um) Poesia publicada em *O Espelho,** de 27 de novembro de 1859, com a assinatura Machado de Assis* e a indicação "No álbum da Exma. Sra. D. Luísa Amat".* *Dispersos.**

Norberto, Joaquim (J. N. de Souza e Silva) Quando Machado se iniciava na literatura, Joaquim Norberto (Rio de Janeiro, RJ, 1820 – Niterói, RJ, 1891) já era uma figura ilustre na vida intelectual brasileira. Autor de inúmeros volumes de poesia – como *Modulações poéticas* (1841), *Dirceu de Marília* (1845) –, ficção (*Romances e Novelas*, 1852) e peças teatrais, pertencia ao Instituto Histórico e Geográfico Brasileiro,* cargo de grande prestígio na época. Machado deve tê-lo conhecido na Livraria Garnier,* onde ambos eram assíduos. Em 1871, o jovem escritor solicitou a Norberto a coleção da *Revista* do Instituto. O solicitante foi encaminhado a Cândido José de Araújo Viana, futuro marquês de Sapucaí, que autorizou o Dr. Joaquim Caetano Fernandes Pinheiro* a oferecer a Machado os 39 tomos da publicação. No ano seguinte,

Norberto pediu para Machado escrever um poema para as festas de inauguração da estátua de José Bonifácio,* no largo de São Francisco. Machado atendeu ao pedido. "À inauguração da estátua de José Bonifácio"* foi publicada no *Jornal do Commercio** de 7 de setembro de 1872, no dia da cerimônia em homenagem ao estadista. A amizade continuou até a morte de Norberto. Em carta datada de 2 de abril de 1891, Machado atende à solicitação do companheiro de letras e subscreve declarando-se "amigo velho e admirador".

Nostalgia Poesia recitada no sarau realizado pelo Retiro Literário Português,* em 5 de julho de 1862, nos salões da Fil'Euterpe.* Perdida.

Nota idílica (Uma) Crônica publicada em 9 de outubro de 1892, na seção "A Semana",* da *Gazeta de Notícias.** Transcrita com o título acima no volume *A Semana.**

Notas e observações Artigo publicado na *Revista Brasileira*,* de dezembro de 1897, com a assinatura Machado de Assis,* antecedendo a poesia *Saint François d'Assise*, de Magalhães de Azeredo.* *Dispersos*.*

Notas Semanais Seção de crônicas que Machado manteve em *O Cruzeiro*,* com o pseudônimo de Eleazar.* Os trabalhos saíram nos dias 2, 9, 16, 23 e 30 de junho, 7, 14, 21 e 28 de julho, 4, 11, 18 e 25 de agosto, e 1º de setembro de 1878, totalizando catorze colaborações. Incluídas no quarto volume das *Crônicas*,* edição Jackson, 1937. Com organização, introdução e notas de John Gledson e Lúcia Granja, as "Notas Semanais" foram publicadas em livro pela Editora Unicamp, Campinas, 2008.

Notícia Bibliográfica Seção de crítica publicada no *Diário do Rio de Janeiro** apenas uma vez, em 16 de novembro de 1863, com a assinatura M.A.,* analisando a *Peregrinação pela província de S. Paulo*, de Augusto Emílio Zaluar.* As críticas de Machado continuaram saindo no jornal, sob novas rubricas: "Parte Literária"* e "Conversas Hebdomadárias".*

Notícia da atual literatura brasileira – Instinto de nacionalidade Ensaio publicado em *O Novo Mundo*,* de 24 de março de 1873, com a assinatura Machado de Assis.* Incluído em *Crítica*,* com o título de "Literatura brasileira – Instinto de nacionalidade". O escrito nasceu por sugestão de José Carlos Rodrigues,* que em carta de 22 de setembro de 1872, de Nova York, escrevia: "Este jornal (*O Novo Mundo**) precisa de um bom estudo sobre o caráter geral da literatura brasileira contemporânea, criticando suas boas ou más tendências, no aspecto literário e moral".

Nova Crônica Seção assinada com o pseudônimo de Sileno,* na *Semana Ilustrada*,* saindo sem periodicidade certa. Apareceu nos dias 4 e 25 de julho de 1869, 23 e 30 de janeiro e 20 de fevereiro de 1870. Justificando o imenso intervalo em relação à crônica anterior, a de 23 de janeiro de 1870, começa: "Aparecendo de longe em longe tenho a esperança de não fatigar os assinantes da *Semana*".

Nova Friburgo Machado esteve nessa cidade fluminense por duas vezes, sempre em companhia de Carolina.* A primeira no verão de 1878, para se recuperar de estafa física e de uma doença dos olhos* que o ameaçava de cegueira. A temporada durou três meses, do final de dezembro ao fim de março de 1879, hospedado no Hotel Leuenroth.* Frequentou também o Hotel Salusse,* famoso pelos seus bailes, os quais evocou mais tarde: "Oh! bons e saudosos bailes do salão Salusse!". Anos depois, em carta a José Veríssimo, datada de 1º de dezembro de 1897, lembrando sua temporada na cidade, conta que havia subido a serra "cadavérico", retornando "gordo, *ce qu'on appelle* gordo". Voltou a aludir ao fato em carta ao mesmo amigo (de 1º de fevereiro de 1901), na qual conta que ali, "depois de longa moléstia me refiz das carnes perdidas e do ânimo abatido" e "consegui engordar como nunca, antes nem depois". Na segunda temporada, em janeiro e fevereiro de 1904, o casal permaneceu pouco mais de um mês, hospedado no Hotel Engert,* numa tentativa de recuperar a saúde de Carolina. Uns quinze dias após a chegada, Machado adoeceu, teve febre, a garganta inflamada, ficando alguns dias de cama. Em carta a Veríssimo (datada de 31 de janeiro de 1904) ironiza a situação: "Veja o que são as coisas deste mundo. Entrei com saúde em cidade, onde outros vêm convalescer de moléstia, e

N

apanhei moléstia. Imagine-me um pouco mais magro, e cheio de saudades". Friburgo, então com cerca de 10 mil habitantes, orgulhou-se da visita, através de notícia publicada no *Correio Popular.** O casal retornou ao Rio no final de fevereiro. Machado gostava da cidade, que chamou de "terra abençoada" (carta a José Veríssimo, de 1º de fevereiro de 1901). Em crônica publicada em *A Semana,** de 22 de janeiro de 1893, abordando a questão da mudança da capital do estado do Rio de Janeiro, escreveu lembrando a temporada friburguense de 1878: "Também há quem indique Nova Friburgo; e, se eu me deixasse levar pelas boas recordações dos hotéis Leuenroth e Salusse, não aconselharia outra cidade". Num gesto de gratidão, fez a D. Carmo, do *Memorial de Aires,** personagem de sua predileção, nascer em Friburgo.

Nova geração (A) Crítica publicada na *Revista Brasileira,** de 1º de dezembro de 1879, com a assinatura Machado de Assis.* O trabalho feriu melindres, mas também recebeu elogios. Foi elogiado por Mirandola (*Revista Musical e de Belas Artes*, 6 de dezembro de 1879), que o considerou "uma peça crítica de primeira ordem". Mas indignou a José Leão,* discípulo de Sílvio Romero,* que atacou Machado em cinco artigos agressivos e chochos, publicados em *A Província de São Paulo* (25, 27 e 31 de dezembro de 1879, 10 e 23 de janeiro de 1880). *Crítica.**

Nova do Livramento (rua) Machado morou na rua Nova do Livramento, nº 131, conforme se comprova no *Almanaque Laemmert** para o ano de 1846. Nesse ano, seu pai figura como um dos assinantes da publicação, residente no endereço acima.

Novaes, Adelaide Xavier de Irmã mais nova de Carolina Augusta Xavier de Novaes Machado de Assis* e Faustino Xavier de Novaes,* veio para o Brasil em 1868, em companhia de outro irmão, Miguel de Novaes.* Opôs-se tenazmente ao casamento de Carolina com Machado, inconformada com o fato de um mulato ingressar em sua família. Apesar dessa intransigência, foi a principal beneficiada no segundo testamento* do escritor, datado de 12 de outubro de 1905, substituído pelo definitivo, com data de 31 de maio de 1906, do qual foi excluída. Detestou o cunhado até morrer, solteira, no Rio de Janeiro, em julho de 1906.

Novaes, Emília Xavier de (E. X. de N. Braga) Irmã de Carolina.* Emigrou para o Brasil na década de 1860, em companhia do marido, Artur Ferreira Braga,* cônsul de Portugal em Recife. Mais tarde, o casal mudou-se para o Rio de Janeiro, mantendo relações cordiais com Machado. Emília faleceu em 1903.

Novaes, Ermelinda Esposa de Faustino Xavier de Novaes.* Tinha um temperamento terrível, que a mudança para o Brasil agravou ainda mais. Em 16 de janeiro de 1860, o poeta abandonou o lar. Ermelinda reagiu, provocando um escândalo que exigiu até a intervenção da polícia. Acabou convencida por amigos do marido a retornar a Portugal. Passou a residir no Porto e, depois de enviuvar, contraiu segundas núpcias, mas continuou a assinar-se Ermelinda Novaes.

Novaes, Faustino Xavier de Nascido no Porto, em 1820, foi frequentador assíduo dos meios literários da cidade, colaborador dos jornais, amigo de Camilo Castelo Branco.* Em Portugal publicou os seus primeiros livros de poemas, *A vespa no parnaso* e *Poesias*, com os quais obteve algum prestígio no

Faustino Xavier de Novaes

ambiente literário. Mudou-se para o Rio de Janeiro em junho de 1858, a convite da família de Rodrigo Pereira Felício,* conde de São Mamede, que tinha origens no Porto. Como tantos portugueses à época, vinha com o objetivo declarado de fazer fortuna. A impressão inicial da cidade e do ambiente literário não foi nada boa. Instalado como comerciante, explorando uma pequena livraria e papelaria na rua Direita, fracassou. Por outro lado, não economizava munição poética, colaborando em vários jornais cariocas. Como os membros da colônia com inclinações literárias, Faustino passou a frequentar o Grêmio Literário Português,* onde, segundo Francisca de Basto Cordeiro,* teria conhecido Machado. Se assim foi, a aproximação entre os dois se deu após 1862, quando a instituição abriu as portas a brasileiros. No entanto, o conhecimento deve ter ocorrido bem antes. Em 2 de outubro de 1859, em sua "Revista de Teatros",* no jornal *O Espelho*,* Machado referiu-se de maneira simpática à peça *Um Bernardo em dous volumes*, de Faustino, encenada no Teatro Ginásio Dramático.* Na época, era o suficiente para aproximar dois escritores, e consolar Faustino de suas dificuldades econômicas e da vida doméstica, que desmoronava. Sua esposa, Ermelinda,* era uma mulher irritadiça e intolerante, que transformara o lar em sucursal do inferno. A desavença doméstica terminou em janeiro de 1860, quando o poeta saiu de casa. Dois anos depois, Faustino fundou *O Futuro*,* no qual Machado colaborou. A revista durou dez meses, indo à falência. A amizade continuou. Em 1864, ao publicar seu primeiro livro de poemas, *Crisálidas*,* Machado incluiu um poema do amigo, *Embirração*,* um gesto mais de amizade do que de admiração. Por essa época, Faustino começava a sofrer de distúrbios mentais, recebendo auxílio da baronesa de Taquari. Esses distúrbios eram cíclicos e não o impediam de escrever.

Em 1º de fevereiro de 1866, Novaes publicou no *Diário do Rio de Janeiro* uma longuíssima "Carta a Machado de Assis", sobre o flautista M. A. Reichert. E em 12 de abril de 1868, uma crítica no *Jornal do Commercio** ao poema "Riachuelo", de Luiz José Pereira da Silva, dirigida também a Machado. Este respondeu com o artigo "Um poeta"* (Carta a F. X. de Novaes), no qual analisa o poema de Pereira da Silva e corteja o amigo: "Tu não és só um poeta satírico; és também um poeta sonhador. Quando compões uma sátira para o público suspira contigo uma elegia". A essa altura, o estado mental de Faustino era assustador, as crises cada vez mais frequentes. Em 23 de março de 1868, ele enviou uma carta lúcida a Júlio Diniz. Três meses depois, mal reconheceu a irmã Carolina, que havia chegado à cidade em junho daquele ano. Faleceu no Rio de Janeiro, em agosto de 1869. Machado escreveu um poema em sua homenagem ("A F. X. de Novaes"*) e prefaciou as suas *Poesias póstumas**(1870).

Novaes, Miguel de Nasceu no Porto, Portugal, em 1830, irmão de Faustino Xavier de Novaes* e de Carolina.* Em companhia da irmã

N

Adelaide,* viajou para o Brasil em 1868, estabelecendo-se como fotógrafo na rua da Quitanda, nº 44. Fracassando nessa profissão, arranjou emprego no consulado de Portugal, devido talvez à interferência do conde de São Mamede.* Conta-se que, junto com Adelaide, formou a frente de oposição ao casamento de Carolina com Machado, não podendo admitir um mestiço em sua família. Gondin da Fonseca defende-o de racismo, alegando que a oposição de Miguel seria devido aos poucos recursos do noivo. Em 1876, casou-se com Joana Maria Ferreira Felício,* condessa de São Mamede, viúva desde 1872. O casamento foi com separação de bens, mas Joana assegurou a independência financeira do marido, a quem confiou a administração de sua imensa fortuna. Em 1881, o casal mudou-se para Lisboa. Ao chegar à capital portuguesa, Miguel e a esposa foram obrigados a permanecer de quarentena. Revoltado, escreveu um artigo, enviando-o ao cunhado com o pedido de o divulgar através da imprensa. Machado atendeu-o, publicando o escrito no *Jornal do Commercio*.* Da Europa, manteve uma correspondência ativa com Machado, cujas cartas perdeu; as suas foram preservadas pelo cunhado. Graças a isso, sabemos de sua opinião lisonjeira sobre as *Histórias sem data** e dos votos de felicitação a Machado, quando este foi posto em disponibilidade pelo ministro Sebastião de Lacerda.* Miguel deu-lhe os parabéns por ter se tornado "vadio" e continuar ganhando. Enviuvou em 1897, casando-se com Rosa Augusta de Paiva Gomes, passando a viver em sua quinta, em Lumiar. Miguel morreu em novembro de 1904, deixando testamento em favor de suas irmãs favoritas, Emília e Carolina. Como ambas já tivessem morrido, a herança foi para Adelaide e os filhos de Emília. Em 1964, foram descobertas 24 cartas de Miguel dirigidas a Machado, publicadas no *Suplemento Literário* de *O Estado de S. Paulo*, de 20 de junho. Mais três cartas inéditas de Novaes ao cunhado, datadas de 1896 e 1897, figuram no tomo III da *Correspondência de Machado de Assis*, coordenada por Sergio Paulo Rouanet.

Novas relíquias Volume póstumo, organizado por Fernando Néri, publicado pela editora Guanabara, Rio de Janeiro, 1932. Divide-se em três partes: Fantasias, Revista Dramática e Crítica literária. Contém os seguintes trabalhos: "Um cão de lata ao rabo";* "Filosofia de um par de botas";* "*Mãe*, drama de José de Alencar";* "*Dalila – Espinhos e flores*";* "*Os mineiros da desgraça*, drama de Quintino Bocaiuva";* "João Caetano";* "O Caso Ferrari";* "Compêndio de Gramática Portuguesa – À Memória de Pedro V – Memória acerca da 2ª égloga de Virgílio* – Mãe, drama do Sr. conselheiro José de Alencar – Desgosto pela política";* "Flores e frutos, poesias por Bruno Seabra";* "Revelações, poesias de A. E. Zaluar";* "A Constituinte perante a História, pelo Sr. Homem de Melo – Sombras e luz, do Sr. B. Pinheiro";* "Peregrinação pela província de S. Paulo, de A. E. Zaluar";* "Iracema, romance de José de Alencar";* "Lira dos vinte anos, poesias de Álvares de Azevedo";* "Castro Alves, carta a José de Alencar";* "Garrett";* "Cognac!";* "Vai-te!";* "A morte no calvário";* "Reflexo";* "Perdição";* "O sofá";* "Álvares de Azevedo";* "Maria Duplessis" (*A dama das camélias* – Imitação de Alexandre Dumas Filho);* "À morte de Ludovina Moutinho";* "Coração perdido";* "As ondinas" (noturno de H. Heine);* "Antes da missa".*

Novidades Jornal fundado em 1887, com o objetivo de defender a manutenção do regime escravocrata, sendo dirigido por Alcindo

Guanabara.* Em outubro de 1888, convidou Machado a integrar a comissão julgadora de um concurso denominado Torneio de Rimas. O convite foi aceito. Os demais membros eram Luís Murat* e Artur Azevedo.* Os concorrentes deviam traduzir dois sonetos do parnasiano francês José Maria de Heredia.* O vencedor foi Mário de Alencar.* *Novidades* circulou até 1892.

Novidades da Semana Crônica em versos, publicada na *Semana Ilustrada*,* de 9 de setembro de 1866, com a assinatura Dr. Semana.* A atribuição é de R. Magalhães Jr., que incluiu o trabalho em *Contos e crônicas.**

Novo livro (Um) Nota sobre o primeiro volume do romance *A revolta*, de Sabas da Costa, publicada na *Semana Ilustrada*,* de 4 de outubro de 1874, com a assinatura M. *Dispersos.**

Novo Mundo (O) Revista fundada e dirigida por José Carlos Rodrigues* em Nova York. Foi lançada em 24 de outubro de 1870, com o subtítulo de "Periódico ilustrado de política, literatura e belas-artes", legenda mais tarde mudada para "Revista brasileira". Circulou até 1º de dezembro de 1879. Fugia aos padrões da imprensa brasileira, tendo as características das publicações norte-americanas. Machado colaborou em *O Novo Mundo* com o ensaio "Notícia da atual literatura brasileira – Instinto de nacionalidade",* publicado no nº 30, de 24 de março de 1873. A colaboração havia sido solicitada por Rodrigues, em carta datada de 22 de setembro de 1872. Por três vezes, a revista publicou artigos sobre obras recém-lançadas de Machado. No número de 23 de dezembro de 1872, José Carlos Rodrigues, em crítica anônima, analisava *Ressurreição.** Em 23 de março de 1874, Araucarius, pseudônimo do cônego Fernandes Pinheiro,* comentava as *Histórias da meia-noite.** Por fim, em artigo publicado em agosto de 1876, sem assinatura, Salvador de Mendonça* criticou as *Americanas.** *O Novo Mundo* estampou também um retrato de Machado (nº 58, de 23 de julho de 1875).

Num álbum Vide "No álbum do Sr. Quintela".

Nunca mais Poesia publicada em *O Paraíba*,* de 12 de junho de 1859, com a assinatura Machado de Assis.* *Dispersos.**

Nunes, Júlio José Maestro carioca, estreou em 1860, regendo a ópera *Belisário*, de Donizetti. Musicou o Hino dos Voluntários,* com letra de Machado, escrito no auge da Questão Christie,* em 1863. Quatro anos mais tarde, musicou o poema escrito por Machado para figurar na peça *A atriz hebreia*,* do italiano Giovanni Fonte Basso.

O

O. de S. Iniciais com que Machado firmou o soneto "Relíquia íntima",* publicado em *A Estação*.* O último verso comprova a autoria: "E continua a crer no teu Machado". Galante de Sousa acredita que a assinatura tenha sido um erro de revisão.

O. O. Com esse pseudônimo foram publicados no *Jornal das Famílias** os contos "Canseiras em vão"* (julho e agosto de 1872) e "Quem boa cama faz..."* (abril, maio, junho de 1875). A atribuição é de R. Magalhães Júnior.

O Que Há de Novo? Seção da *Imprensa Acadêmica*,* de São Paulo, na qual Machado publicou duas cartas, defendendo-se das acusações de plágio, formuladas por Silvio-Silvis,* contra a sua peça *O caminho da porta*.* Saíram nos dias 28 de agosto e 9 de outubro de 1864, estando transcritas em *Dispersos*.*

O que são as moças Conto publicado no *Jornal das Famílias*,* de maio e junho de 1866, com o pseudônimo de Max.* Incluído nos *Contos recolhidos*.*

Óbito (Um) Soneto publicado no *Almanaque das Fluminenses** para 1892, por ocasião da morte da cadelinha Graziela.* O poema foi transcrito em artigos de Lindolfo Gomes (*Jornal do Commercio*,* 4 de outubro de 1950) e de Augusto Fragoso (*Revista do Livro*, nº 11, setembro de 1958).

Ocidentais Em 30 de outubro de 1899, Machado escreve ao editor H. Garnier* propondo a edição de sua última coleção de poemas, intitulada, a princípio, *Cantos Ocidentais*. Sugeria que fosse publicada junto com os seus três volumes anteriores de versos, formando assim as suas *Poesias completas*.* Garnier respondeu em 23 de novembro, aceitando a sugestão. As *Ocidentais* constam de trinta poemas, dos quais quatro são traduções ("O corvo",* de Edgar Allan Poe;* "Os animais iscados da peste",* de La Fontaine;* "*To be or not to be*",* de Shakespeare;* "O canto XXV do *Inferno*",* de Dante Alighieri*). Quase todas as peças já haviam sido divulgadas na imprensa, havendo apenas quatro inéditas: "Lindoia";* "Antônio José";* "José de Anchieta";* "A Felício dos Santos".* O livro reúne a produção poética da maturidade de Machado, a maior parte dela, dezenove poemas, escrita na década de 1880: "O desfecho";* "O corvo"; "Mundo interior";* "Perguntas sem resposta";* "*Suave mari magno*";* "A mosca azul";* "Gonçalves Crespo";* "Espinosa";* "Alencar";* "Camões (quatro sonetos); 1802-1835";* "Os animais iscados da peste"; "No alto";* "A uma senhora que me pediu versos";* "A Artur de Oliveira, enfermo";* "Uma criatura".* Dois estão datados dos anos 1890: "Soneto de Natal"* e "Maria".* Os quatro trabalhos inéditos, não datados, devem ser considerados do final dos anos 1890. Apenas cinco poemas são anteriores a 1880: "Círculo vicioso";* "Velho fragmento";* as traduções de Dante e Shakespeare; e "Clódia",* o mais antigo, que remonta a 1869.

Óculos de Pedro Antão (Os) Conto publicado no *Jornal das Famílias*,* de maio, junho e julho de 1874, com o pseudônimo de J.J.* *Contos avulsos*.*

Ode de Anacreonte (Uma) Peça teatral, com o subtítulo "Quadro antigo", incluída nas *Falenas.** Dedicada a Manuel de Melo.* A ideia da composição surgiu após a leitura da ode "Metamorfose de Cubiçar", que figura na *Lírica de Anacreonte*, de Antonio José de Castilho,* como conta Machado, em nota às *Falenas.* Luís Guimarães Júnior,* em crítica publicada no *Diário do Rio de Janeiro* (5 de fevereiro de 1870), classificou-a de "verdadeiro prodígio de versificação e de construção rítmica". Incluída nas *Poesias completas,** com um verso a mais do que nas *Falenas.*

Odisseia dos vinte anos Com o subtítulo de "Fantasia num ato", foi publicado apenas o início da peça, sem nome de autor, em *A Marmota,** de 30 de março de 1860. O trabalho não teve continuação. No índice de março do periódico é declarada a autoria. *Dispersos.**

Odisseia econômica do Sr. Ministro da Fazenda (A) Artigo de ataque ao ministro Sales Torres Homem, publicado em *O Paraíba,** de Petrópolis,* de 26 de junho de 1859, com a assinatura Machado de Assis. Incluído em *Poesia e prosa.**

O'Dwyer, João Colega de Machado no Ministério da Viação,* exercia o cargo de controlador da contabilidade geral. Engenheiro, geógrafo, era um homem seco e ríspido, culto, cumpridor rigoroso de seus deveres. Machado dedicava-lhe especial estima, consultando-o com frequência a respeito de assuntos de trabalho. Nesses momentos, os maliciosos piscavam os olhos e diziam, em surdina: "Está ali o mestre a receber lições".

Ofélia Poema dedicado "A J...", publicado no *Correio Mercantil,** de 21 de outubro de 1859, com a assinatura Machado de Assis.* Inspira-se em episódio do *Hamlet. Dispersos.**

Off, Augusto Mestre da litografia brasileira, o alemão Off (Berlim, Alemanha, 1838 – Rio de Janeiro, RJ, 1883) estudou em Paris, antes de emigrar para o Brasil. No Rio, foi professor de pintura e teve uma oficina litográfica, em associação com o patrício Karl Schmidt. Executou litografias para várias revistas, como *O Besouro** e *Revista Ilustrada.** Para *Pena & Lápis** fez a litografia de Machado, que figura na capa do número de 10 de junho de 1880.

Olhos Machado sofreu de deficiência visual desde a mocidade. Com 25 anos já usava pincenê, como documenta a caricatura* de Henrique Fleiuss,* publicada na *Semana Ilustrada,** de 4 de dezembro de 1864. As suas lentes eram para perto, com grau quatro em ambos os olhos. Com o tempo, o problema visual se agravou, exigindo lentes para longe. No entanto, segundo depoimento unânime dos contemporâneos, não as possuía. Devido à inadequação das lentes, o desajustamento do pincenê, que usava em posição incorreta, e ao esforço visual constante, sofreu, ao longo da vida, graves crises dos olhos. No segundo semestre de 1878, esteve ameaçado de cegueira. Lia ou escrevia com o auxílio de Carolina.* Em carta a Magalhães de Azeredo (de 2 de abril de 1895) refere-se à doença como uma retinite. Foi então assistido pelos Drs. Ataliba de Gomensoro* e Hilário de Gouvêa.* Este aplicou-lhe injeções subcutâneas de estricnina, substância considerada à época fortificante do "nervo ótico" e o aconselhou repouso visual, no campo. Assim que melhorou, licenciou-se da repartição, subindo para Nova Friburgo* no final de dezembro, lá permanecendo três meses. Em fevereiro de 1880, voltou a licenciar-se, em consequência de nova crise.

Sofria de amaurose. Recorreu ao Dr. Ataliba de Gomensoro, que também se dedicava à literatura, ficando curado. Um novo problema surgiu em 1891. José Veríssimo conta que, a partir daí, nunca mais pôde trabalhar assiduamente à noite. As crises se sucederam, de maneira mais ou menos periódica. Em 1893, o problema voltou a assustar. Incapacitado de ler ou escrever, a crônica da série *A Semana*,* de 22 de outubro, ficou por conta de Ferreira de Araújo. Na semana seguinte, de volta ao seu espaço, explicava que estivera "enfermo dos olhos". Nos últimos anos começou a sofrer de fotofobia e outras anomalias que se acentuaram com o uso incorreto do pincenê e o esforço visual constante. O escritor, que na mocidade tinha olhos belos e expressivos, segundo o depoimento de Caetano Filgueiras* ("Aprazia-me ler-lhe no olhar móvel e ardente a febre da imaginação"), a partir de certa época revelou constante temor da cegueira. "Eu, meu querido, vou andando como posso, já um pouco fraco, e com o temor de perder os olhos se me der a longos trabalhos" (carta a Joaquim Nabuco, de 8 de maio de 1908).

Olinto, Antonio (A. O. dos Santos Pires) Antonio Olinto (Serro, MG, 1860 – Belo Horizonte, MG, 1925) foi um republicano histórico, tendo sido nomeado governador interino de Minas Gerais logo após a proclamação da República. No período de 15 de novembro de 1894 a 20 de novembro de 1896 foi ministro da Indústria, Viação e Obras Públicas.* Machado ocupava então o cargo de diretor-geral da Viação. Desconhecemos qualquer testemunho sobre as relações profissionais ou pessoais entre os dois.

Oliveira, Alberto de (Antonio Mariano A. de O.) Em 1879, escrevendo sobre "A nova geração"* de escritores brasileiros, Machado analisou as *Canções românticas*, lançadas àquele ano por Alberto de Oliveira (Saquarema, RJ, 1857), com simpatia, mas sem deixar de lado algumas restrições. Os dois ainda não se conheciam, como se comprova do texto. Machado prefaciou o segundo livro do poeta, as *Meridionais*, publicadas em 1884, concluindo que o prefaciado era "poeta e artista dos melhores da atual geração". Tornou-se também um de seus amigos preferidos, entre os jovens. Por ocasião do banquete comemorativo dos vinte e dois anos de publicação das *Crisálidas*,* Oliveira encontrava-se ausente do Rio de Janeiro, enviando um cartão de cumprimentos. Machado referiu-se de forma elogiosa, na *Gazeta de Notícias*,* de 19 de maio de 1895, aos *Versos e rimas*. "Título simples, mas não te fies em títulos simples; são inventados para guardar versos deleitosos", sintetiza. Machado visitou o amigo algumas vezes, em Niterói.* Nesta cidade, Alberto de Oliveira faleceu, em 1937.

Alberto de Oliveira

Oliveira, Artur de Uma das figuras mais curiosas da vida literária brasileira, no século XIX, Artur (Porto Alegre, RS, 1851) foi um eterno desadaptado, um eterno mitômano, confundindo sempre sonho e realidade. Aproximou-se de Machado ainda muito jovem, em 1868, antes de seguir para Minas Gerais, onde permaneceu um ano, como interno do Caraça. Em setembro de 1869, quando Joaquim Garcia Pires de Almeida* atacou Machado em *Leitura para Todos*, Artur saiu em defesa do atacado (*Folhetim*, em *O Futuro*,* de 28 de outubro de 1869). Pela sua vivacidade intelectual, as histórias fantasistas, as frases de efeito, Machado chamou-o de "saco de espantos". Era também pródigo em surpresas e atitudes inesperadas. Em janeiro de 1870, partiu para Recife, sem se despedir de nenhum amigo. Ao chegar à capital pernambucana, porém, desculpou-se com Machado, a quem chamava de "o mais belo manifesto da mocidade estudiosa e inteligente". No período de 1871-72 viveu na Alemanha e em Paris, graças à generosidade da bolsa paterna, conhecendo alguns dos grandes parnasianos franceses. De volta da Europa, fixou-se no Rio de Janeiro, colaborou em jornais e revistas e publicou o folheto *A Rua do Ouvidor*, sob o pseudônimo de Bento Gonçalves. A saúde já dava os primeiros sinais de fraqueza. Em carta datada de 7 de fevereiro de 1874, confessava-se doente e pedia a Machado o seu último livro (*Histórias da meia-noite**) e um exemplar das *Falenas*,* "para um trabalho que estou escrevendo sobre os poetas nacionais". Em busca de saúde, peregrinou por várias localidades do Rio de Janeiro. Em 1876, casou-se com Francisca Teixeira Leite Ten-Brinck, viúva, mãe de quatro filhos, que conhecera em Vassouras. Ao completar 27 anos, convidou Machado para jantar em sua casa. De vez em quando oferecia um livro ao amigo, com dedicatória amável: "Ao seu prezadíssimo e nobilíssimo amigo, Machado de Assis, humildemente oferece os *Poèmes Barbares*, o discípulo, admirador e servo, Artur de Oliveira. Rio, 22 de agosto de

Artur de Oliveira

1878". No ano seguinte, quando publicou a sua *Tese do Concurso à Cadeira de Professor Substitutto de Retórica, Poética e Literatura Nacional no Imperial Colégio de D. Pedro II*, exagerou a dedicatória: "A Machado de Assis. Quando Henrique Heine viu o grande Deus de Weimar, pela primeira vez, não pôde arrancar de sua profunda admiração mais do que estas palavras: 'Oh! Como são boas as ameixas de Dusseldorf, para matar a sede!'. É também o que me acontece, meu mestre e meu indulgente amigo, escrevendo o teu glorioso nome: fico perplexo, sem poder aludir à intensidade do sol que me deslumbra, porque há quinze anos aqueço-me no irradiar do teu gênio. Teu humilde discípulo, A. de Oliveira". Machado apreciava a sua companhia e, durante uma fase em que o amigo esteve desaparecido, dirigiu-lhe o seguinte bilhete: "A Artur de Oliveira,/ O Fugitivo,/ O Impalpável,/ O Invisível,/ O Incoercível,/ O Morto,/ cumprimenta/ M.A. 13-1-81". Com o agravamento da doença, Machado dedicou-lhe o soneto "A Artur de Oliveira, enfermo",* continuando a visitá-lo e enviando-lhe livros e outros mimos, como comprova a carta que Artur lhe dirigiu em 10 de agosto de 1882: "Meu querido Machado, agradeço-te imenso

O

o vinho que me mandaste, bem como o excelente doce de cidra". Artur faleceu prematuramente no Rio de Janeiro, em agosto de 1882. Machado compareceu ao enterro do amigo e traçou-lhe o perfil, publicado em *A Estação,** de 31 de agosto de 1882. Artur inspirou ainda a Machado o personagem Xavier, do conto "O anel de Polícrates",* segundo confessou o próprio autor. Apesar de ter deixado uma obra literária de escasso mérito, foi escolhido por Filinto de Almeida para patrono de sua cadeira na Academia Brasileira de Letras,* segundo Afrânio Peixoto* para agradar a Machado.

Oliveira, Bernardo de Irmão do poeta Alberto de Oliveira, funcionário do Ministério da Viação,* trabalhou cerca de vinte anos ao lado de Machado, tendo mais tarde ocupado a cadeira de diretor-geral, na qual se sentara o amigo. Bernardo era um dos dois funcionários da repartição que Machado mais estimava. Foi ele quem divulgou a história de que o escritor, próximo à morte, desejou casar-se com uma moça pobre, da vizinhança, para beneficiá-la com o montepio. Bernardo teria sido incumbido de preparar os papéis para o casamento. Tendo, porém, se ausentado do Rio, ao regressar já encontrou Machado morto. Escreveu dois artigos sobre o criador de *Dom Casmurro:** "Reminiscências de Machado de Assis" (*Revista das Academias de Letras*, Rio de Janeiro, junho de 1939) e "Lembrança de Machado de Assis" (*Autores e Livros*, 28 de setembro de 1941). Foi um dos funcionários encarregados de representar o Ministério da Indústria, Viação e Obras Públicas* no enterro de Machado.

Oliver Twist Ver "Oliveiro Twist".

Oliveiro Twist Com esse título, o *Jornal da Tarde** publicou em 1870 o romance *Oliver Twist*, de Charles Dickens,* apresentado como Carlos Dickens, em 101 folhetins. Machado traduziu, sem assinatura, os 47 primeiros folhetins, referentes aos capítulos I a XXVIII, publicados nos dias 23, 25, 26, 27, 28, 30 de abril, 2, 3, 4, 5, 6, 7, 9, 10, 11, 12, 13, 14, 16, 17, 18, 19, 20, 21, 23, 24, 25, 26, 27, 28, 30, 31 de maio, 1º, 2, 3, 4, 6, 7, 8, 9, 10, 11, 13, 15, 16, 17, 18 de junho. Através de carta datada de 14 de junho, Machado desligou-se do trabalho, mas, "não querendo pôr embaraços ao *Jornal da Tarde*", comunicava que prosseguiria "a tradução até sábado, 18". Justificava-se então ter feito o trabalho "com maior vontade que aptidão". Foi substituído por um outro tradutor, não identificado? Ou teria voltado atrás e completado a tradução, como sugerem alguns biógrafos? O pesquisador Jean-Michel Massa verificou que Machado não traduziu diretamente do inglês, mas da versão francesa de Alfred Gerardin, editada em 1864. A tradução machadiana figura nos *Dispersos*.*

Onda Conto publicado no *Jornal das Famílias,** de abril de 1867, com o pseudônimo de Máximo.* Recolhido ao volume de *Contos avulsos*.*

Ondinas (As) Poema incluído nas *Crisálidas,** cuja primeira publicação foi na coleção Biblioteca Brasileira,* nº 2, de agosto de 1863, com a assinatura Machado de Assis. Trata-se de tradução de um noturno do poeta alemão Heine,* tendo por base, provavelmente, a edição dos *Poèmes et Légendes* de 1855. Não foi aproveitado nas *Poesias completas*.*

Ônibus Literário Jornal literário e científico, de circulação quinzenal, planejado por uma sociedade de jovens intelectuais. Machado seria um dos redatores. Anunciado em meados de 1860, acabou não publicando nenhum número.

Ontem, hoje, amanhã Poesia publicada em *A Luz*,* vol. I, 1872, com a assinatura M.A.,* forma utilizada por muitos colaboradores no período. Pelo mau gosto, os lugares-comuns românticos, é difícil endossar a atribuição de tal trabalho a Machado. *Dispersos*.*

Onze anos depois Conto publicado no *Jornal das Famílias*,* de outubro e novembro de 1875, com a assinatura Machado de Assis.* Incluído no segundo volume dos *Contos fluminenses*.*

Onze de Junho Homenagem à Batalha do Riachuelo, comemorada nessa data, publicada em *O Globo*,* de 11 de junho de 1882, com a assinatura Machado de Assis.* Incluído em *Poesia e prosa*.*

Ópera *Dom Casmurro** foi a única obra machadiana adaptada à cena lírica. A primeira versão intitulada *D. Casmurro* (*Il Misantropo*), em três atos, com palavras de Antonio Piccarolo e música do maestro João Gomes Júnior, foi publicada na *Revista do Brasil* de outubro de 1916 (São Paulo, ano I, vol. III) e editada em livro em 1922 (Tip. Pasquino, São Paulo, 45 pp.), tendo estreado no Teatro Municipal, do Rio de Janeiro, em 12 de outubro de 1922, com "um sucesso retumbante", segundo a imprensa da época. A segunda versão, em três atos, com música de Ronaldo Miranda e libreto de Orlando Codá, estreou no Teatro Municipal de São Paulo no dia 19 de maio de 1992, sendo transmitida ao vivo pela Rádio Cultura, de São Paulo.

Ópera das janelas (A) Primeiro trabalho de Machado para o teatro. A peça foi traduzida ou imitada do francês, provavelmente de *L'Ópera aux Fênetres*, escrita por Ludovic Halévy e musicada por L. Gastinel. Destinava-se ao repertório da Ópera Nacional,* tendo dado entrada no Conservatório Dramático* em agosto de 1857. Recebeu parecer favorável em 24 de setembro, assinado por José Rufino Rodrigues de Vasconcelos,* que lamentava apenas que não houvesse mais pureza de linguagem e mais vivacidade nos diálogos. Não chegou a ser representada. O texto encontra-se perdido.

Ópera Lírica Nacional Vide "Imperial Academia de Música e Ópera Nacional".

Ópera Nacional Nome como era normalmente chamada a Imperial Academia de Música e Ópera Nacional.*

Oráculo (O) Conto publicado no *Jornal das Famílias*,* de janeiro de 1866, com o pseudônimo de Max.* Incluído nos *Contos recolhidos*.*

Orador Apesar da timidez* e da gagueira* que se acentuou a partir da maturidade, Machado proferiu orações em diversas solenidades. O primeiro discurso em público foi no banquete realizado no Hotel Globo,* no dia 6 de outubro de 1886, comemorativo dos vinte e dois anos de lançamento das *Crisálidas*.* Machado frisou a dupla importância do fato para ele: aniversário de seu primeiro livro de poemas e seu primeiro discurso. Dois anos depois, quando a princesa Isabel* assinou a Lei Áurea, apresentada pelo ministro Rodrigo Silva,* os funcionários da Secretaria de Agricultura resolveram homenageá-lo, elegendo Machado para falar em nome de todos. A cerimônia se realizou no dia 16 de maio de 1888, e uma parte do discurso de Machado foi reproduzido na *Gazeta de Notícias*. Em 12 de dezembro de 1891, voltaria a orar em público, na solenidade de lançamento da pedra fundamental da estátua de José de Alencar. Quando da fundação da Academia Brasileira de Letras,* discursou duas vezes com poucos meses de intervalo, na sessão inaugural da Academia, em 20 de julho, e na sessão de encerramento, em 7 de dezembro de 1897, ambos publicados no *Boletim da Academia Brasileira de Letras.** O dia 6 de junho de 1901 foi um marco em sua carreira de orador, discursou duas vezes: em solenidade na Academia Brasileira de Letras, com a presença do presidente Campos Sales, agradecendo o projeto que colocava a instituição sob proteção governamental e na inauguração da herma de Gonçalves Dias,* no Passeio Público. Mais um longo salto, e voltou a discursar em 31 de outubro de 1907, em saudação a Guglielmo Ferrero.* No final desse ano, em 7 de dezembro, efetuou o seu último discurso, na sessão de encerramento da Academia.

Orai por ele Conto publicado no *Almanaque da Gazeta de Notícias** para 1895, com a assinatura Machado de Assis.* Figura nos *Contos esparsos.**

Ordem da Rosa Machado foi nomeado cavaleiro da Ordem da Rosa em 16 de março de 1867, junto com José da Silva Costa e dois franceses, o jornalista Carlos Emílio Adet e o livreiro B. L. Garnier.* A iniciativa partira do ministro do Império, José Joaquim Fernandes Torres.* Um contemporâneo, Augusto de Castro,* afirma que foram as *Falenas** "que valeram ao autor o hábito da Rosa". Joaquim Serra,* então na Paraíba, provocou o amigo com versos jocosos, que começam pela quadra "Meu cavaleiro da Rosa,/ – Da rosa purpúrea e bela!/ Desta vez dispenso a prosa,/ em verso dou a taramela". Em 18 de abril de 1888, D. Pedro II* conferiu a Machado o oficialato da Ordem, acolhendo sugestão do ministro do Império, José Fernandes da Costa Pereira Júnior.* O escritor recebeu, então, diversas homenagens no ambiente de trabalho, com mesa enfeitada de flores, cumprimentos de amigos e autoridades, como Tomás Coelho* e Ewbanck da Câmara. A ideia de criação da Ordem da Rosa foi sugerida a D. Pedro I, ao ver a imperatriz Amélia de Leuchtenberg desembarcar na cidade com um vestido de gaze branco, enfeitado de rosas semiabertas. O decreto de criação da ordem foi assinado a 17 de outubro de 1829, com o objetivo de recompensar pessoas que se distinguissem por serviços prestados ao país ou pela fidelidade ao imperador. Havia seis classes: grão-cruzes, grandes dignitários, dignitários, comendadores, oficiais e cavaleiros. O agraciado devia pagar uma taxa – 500 mil réis –, em 1888, para fazer jus ao diploma e a insígnia.

Orizes (Os) Poema incluído nas *Americanas,** com o subtítulo "Fragmentos". Primeira publicação em *A Instrução Pública,** de 29 de junho de 1873, com a assinatura Machado de Assis.* O poema foi escrito por sugestão de Porto-Alegre,* que aconselhou Machado a abordar temas nacionais em sua poesia, recomendando-lhe a leitura de *Os orizes conquistados*, de Monterroyo Mascarenhas, na *Revista do Instituto Histórico e Geográfico.*

Ortigão, Ramalho (José Duarte R. O.) Em 1887, o escritor português Ramalho Ortigão (Porto, 1836 – Lisboa, 1915) esteve no Brasil, onde gozava de imenso prestígio, permanecendo a maior parte do tempo em São Paulo. Visitou o Rio de Janeiro na ida e na volta do estado bandeirante. Nessa ocasião, participou de um banquete oferecido por Ferreira de Araújo, em sua casa, no dia 22 de outubro, com a presença de políticos e intelectuais. Machado foi um dos participantes, comentando a festa em sua crônica da *Gazeta da Holanda,** de 29 de outubro, na qual se refere ao escritor português chamando-o de "meu amigo,/ honra do engenho e trabalho". Em dezembro, em carta a Miguel de Novaes,* então residente em Portugal, Ramalho revelava o seu entusiasmo por Machado e pela sociedade brasileira. Nessa época, Machado, em sua função de censor, voltou-se contra a peça *O Ramalho*, de Oscar Pederneiras, sugerindo que só fosse representada quando os personagens com nomes de pessoas vivas, entre os quais Ramalho Ortigão, fossem substituídos por outros. Cinco anos antes, em 1882, o escritor enviara a Miguel um exemplar dos *Papéis avulsos*,* que este presenteou a Ramalho. Parece que o escritor português leu o livro, mas não se conhece a sua opinião. Em 1864, porém, Ortigão publicara no *Jornal do Porto* um folhetim intitulado *Versos de Machado de Assis* (*Escritor Brasileiro*), no qual o classificava de "poeta indubitavelmente fadado para grandes destinos". Enaltecendo os "Versos a Corina",* que o jornal portuense transcrevia, alerta o leitor para "as belezas do mais subido quilate que abundam" no poema. Trinta anos depois, em 1894, no prefácio à edição portuguesa de *As primaveras*, de Casimiro de Abreu,* Ramalho, inteiramente desatualizado, exalta a "glória da poesia brasileira contemporânea, tão brilhantemente polida nos últimos anos deste século por operários" como Machado de Assis, Gonçalves Dias (falecido em 1864), Porto Alegre (em 1879) e Magalhães (em 1882). Nunca fez qualquer referência à obra de ficção de Machado. O silêncio pode esconder certa mágoa em relação à dura crítica de Machado a *O primo Basílio*. Ortigão era amigo íntimo de Eça de Queirós* e talvez tenha se melindrado tanto, ou mais, do que o criticado. Ao ignorar os romances e contos de Machado, era como se os considerasse indignos de comparação com a obra de Eça.

Orzali, Ignácio Jornalista argentino. Em 1906, veio ao Rio de Janeiro cobrir a Conferência Pan-Americana para *La Nación*,* de Buenos Aires. Na ocasião, entregou a Machado vinte exemplares da tradução de *Esaú e Jacó*,* publicado em folhetim naquele jornal e depois em livro, um exemplar de luxo, com dedicatória de Luís Mitre, e uma carta deste, na qual afirmava que o romance de Machado era "*una de las más preciadas producciones de la literatura brasileira dentro de la cual ocupa Ud. tan distinguido puesto*".

Osório, Manoel Luís Machado foi admirador do general Osório (Conceição do Arroio, RS, 1808), que considerava "grande demais para as páginas minúsculas de um triste cronista" (*A Semana*,* 24 de julho de 1892). Talvez por isso tenha escrito tão raras vezes sobre o "glorioso Osório" (*idem*). Uma delas foi quando o triste cronista viu pessoalmente o militar, em sarau realizado no Clube Politécnico, "que esteve animado e concorrido como poucos" (*Ilustração Brasileira*,* 1º de junho de 1877). No dia anterior, o general havia sido homenageado com um jantar político, em comemoração ao aniversário da batalha de 24 de Maio. Osório era então um dos homens mais venerados do país, enobrecido com o título de marquês de Herval, senador, ministro da Guerra, cargo que ocupava quando morreu, em outubro de 1879, no Rio de Janeiro.

Osório, Paulo Jornalista português, polemista, autor de estudos sobre Camilo Castelo Branco, Osório (1882-1965) figura na galeria dos inimigos gratuitos de Machado. Em 1905, atacou José Veríssimo, em artigo denominado "Da Academia Brasileira", incluído em *Notas à margem* (Porto, Empresa Literária e Tipográfica, 1905). Como o crítico brasileiro havia elogiado *Esaú e Jacó*, Osório, por pirraça, desanca o livro, "um deplorável documento da inferioridade duma literatura que pretende ostentar fama de grande", "uma ação grotesca exposta numa forma ultrapassada" etc. A violência esconde o despeito. No ano anterior, ao publicar *História d'um morto*, Osório enviou um exemplar ao colega brasileiro com a seguinte dedicatória: "Ao eminente escritor Sr. Ilustre Machado d'Assis com muita admiração. Paulo Osório 20/8/04 250, avenida de Carreiros Porto". A conclusão é fácil. Esperava ser elogiado. Não o sendo, vingou-se.

Otaviano, Francisco (F. O. de Almeida Rosa)
Quando Machado buscava abrir caminho na vida, Francisco Otaviano (Rio de Janeiro, RJ, 1825) já era um mestre consagrado no jornalismo e na literatura, e uma figura respeitada da vida pública brasileira. Formado em direito em São Paulo, ingressou na Câmara dos Deputados em 1853, mantendo-se no cargo até 1866, quando foi eleito senador do Império. Desde 1854, trabalhava no *Correio Mercantil*,* sendo um dos criadores da crônica brasileira e considerado a pena de ouro da imprensa brasileira, segundo Joaquim Nabuco.* Em 1858, quando Machado ingressou no jornal como revisor,* exercia o cargo de redator-chefe. O conhecimento gerou a imediata admiração recíproca. O jovem aspirante às Letras reverenciava o colega famoso. Um de seus primeiros poemas, "A redenção"* (*Correio Mercantil*, 4 de maio de 1859), foi dedicado "Ao Sr. Dr. Francisco Otaviano", o que prova a distância que ainda havia entre os dois homens. Machado tomou-o visivelmente como modelo em suas primeiras incursões jornalísticas. Por sua parte, Otaviano logo percebeu o talento excepcional do jovem. Em pouco tempo se tornaram amigos íntimos. Machado frequentava

Francisco Otaviano

a casa do colega famoso, sucessivamente nas ruas São Cristóvão, Evaristo da Veiga e Cosme Velho,* nas reuniões a que comparecia toda a intelectualidade brasileira: José de Alencar,* Taunay,* Joaquim Manuel de Macedo,* Joaquim Serra,* José Bonifácio, o moço,* Salvador de Mendonça,* Quintino Bocaiuva* e tantos outros. "As horas da noite eram passadas ali entre os seus livros, falando de coisas do espírito, poesia, filosofia, história ou da vida da nossa terra, anedotas políticas e recordações pessoais" (*A Semana*, 22 de setembro de 1895), lembrou Machado, quando da morte da esposa de Otaviano, Eponina de Almeida Rosa.* Essas reuniões só eram interrompidas quando o dono da casa via-se obrigado a participar de momentos críticos da história do país. Assim, por ocasião da Guerra do Paraguai, quando viajou como ministro plenipotenciário e enviado extraordinário à Argentina e ao Uruguai. Escapando da política, a "Messalina impura", Otaviano continuava admirando a literatura e, cada vez mais, o amigo. Em carta a Machado, de 22 de maio de 1881, na qual solicitava colocação para um amigo, diz que "de nossos contemporâneos és o príncipe". Reverências à parte, os dois tinham os mesmos ideais e crenças, que os levaram a participar da efêmera Associação de Homens de Letras* (1883). Por essa época, Otaviano já era uma sombra do homem que fora, enfraquecido e triste, "com um rosto pálido", com aquele "riso que Voltaire lhe mandou do outro mundo", que tanto impressionava Machado. Faleceu em sua cidade natal, em 1889. Machado escreveu uma breve crônica sobre a morte do amigo, o "mestre da pena elegante e vibrante", na *Gazeta de Notícias*, de 29 de maio de 1889.

Otávio, Rodrigo (R. O. Langaard de Menezes) Rodrigo Otávio (Campinas, SP, 1866) conheceu Machado no banquete oferecido a Luís Guimarães Júnior,* em 18 de março de 1886. Pouco depois, em artigo anônimo publicado em *A Estação*,* de 31 de março, o escritor consagrado elogiava os *Pâmpanos*, estreia poética do novo amigo. Nesse ano, antes de seguir para São Paulo, onde estudava direito, Otávio foi se despedir de Machado, na redação de *A Estação*.* Não pôde, pois, comparecer ao banquete em homenagem aos vinte e dois anos de publicação das *Crisálidas*,* mas enviou um soneto, lido na ocasião por Olavo Bilac.* Em agosto de 1896, quando Otávio foi nomeado examinador dos candidatos a cônsul e chanceler, Machado recorreu à sua boa vontade, solicitando-lhe intervir a favor de Rodrigo Pereira Felício,* "para o qual peço a sua indulgência em tudo o que não for contrário à justiça" (carta de 19 de agosto de 1896). A justiça reprovou o candidato. Nos tempos heroicos da Academia Brasileira de Letras,* quando a instituição ainda não tinha sede, Otávio apresentou Machado a Epitácio Pessoa* (carta de 3 de dezembro de 1898), em busca de apoio oficial para a instituição. Por essa época,

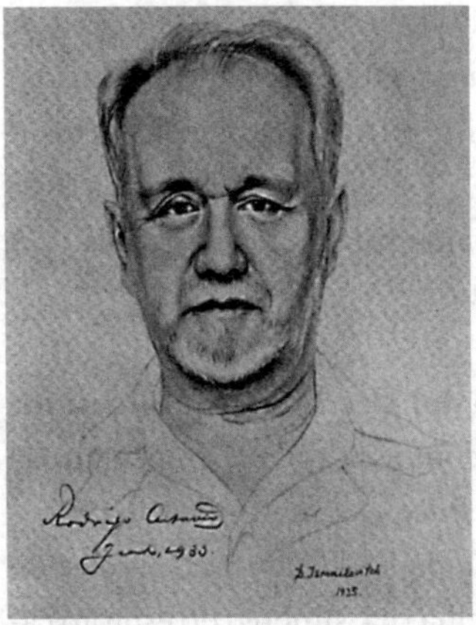
Rodrigo Otávio

várias sessões foram realizadas no escritório de Rodrigo Otávio, na rua da Quitanda, 47. Em 1902, quando a Academia Brasileira de Letras associou-se às comemorações do centenário de nascimento de Victor Hugo,* Machado incumbiu-o de redigir o telegrama. No mês seguinte, Otávio partiu para a Europa, licenciando-se do cargo de secretário da Academia. Machado encaminhou-lhe dois bilhetes apressados, preocupado em saldar um pequeno débito que tinha com o amigo. Otávio visitou Machado em seus últimos dias e deixou um importante depoimento a seu respeito, que figura no 2º volume de *Minhas memórias dos outros* (1935). Faleceu no Rio de Janeiro, em 1944.

Otto Com esse pseudônimo, foram publicados no *Jornal das Famílias** os contos "Quinhentos contos"* (1868) e "A menina dos olhos pardos"* (1873). A atribuição de autoria a Machado é de R. Magalhães Júnior.

Outras relíquias Volume póstumo, editado por H. Garnier,* em 1910, com o subtítulo "Prosa e verso". Organizado por Mário de Alencar, transcreve de maneira infiel várias peças. Contém os seguintes trabalhos: "Identidade";* "Jogo do bicho";* "Viagem à roda de mim mesmo";* "Só!";*

"O escrivão Coimbra";* "As rosas";* *Eça de Queiroz*;* *Páginas da Academia*;* "O Almada* – Poema herói-cômico em 8 cantos"; "Réfus";* "A Guiomar";* "No álbum de D. Branca P. da Cunha";* "No álbum da rainha D. Amélia";* "A derradeira injúria".*

Ouvidor (rua do) Machado frequentou a rua do Ouvidor, com assiduidade e encanto, da mocidade à velhice, e durante sete anos trabalhou no *Diário do Rio de Janeiro*,* localizado no nº 97. Na velha rua, símbolo do espírito carioca, transcorreram alguns fatos importantes de sua vida intelectual, como o encontro com Castro Alves, no Hotel Aux Frères Provençaux,* e as longas conversas com José de Alencar na Livraria Garnier,* situada no nº 69, um dos locais que, em certa fase de sua vida, frequentava todos os dias. Em crônica publicada em *O Comércio de São Paulo* (20 de outubro de 1895), Olavo Bilac* pinta Machado como uma figura típica da rua, fazendo paradas diárias à porta da Livraria Laemmert* e da *Gazeta de Notícias*,* ali permanecendo até as cinco horas da tarde, quando tomava o bonde para casa. Nessa época, deixara de frequentar a Livraria Garnier, por motivo que ignoramos. Em sua obra, há inúmeras referências à rua, irônicas ou apaixonadas, das quais apresentamos uma breve seleção: (a) "Esta rua chega a irritar um homem pelo excesso de descuriosidade. Nenhum dos seus transeuntes quer saber nada de nenhuma outra criatura humana; nunca ali circula o mínimo boato, e quando se inventa alguma coisa é sempre um rasgo de virtude" (*O Cruzeiro*, 9 de junho de 1878); (b) "A minha rua habitual é a do Ouvidor, onde a gente é tanta e tais as palestras, que não há tempo nem espaço..." ("Bons Dias!",* 27 de abril de 1888); (c) "Naturalmente, cansadas as pernas, meto-me no primeiro bonde, que pode trazer-me

Rio machadiano. Rua do Ouvidor, coração da cidade, "a via dolorosa dos maridos pobres"

à casa ou à rua do Ouvidor, que é onde todos moramos" (*idem*, 21 de janeiro de 1889); (d) "A rua do Ouvidor é a principal causa desta tal ou qual inércia de que nos acusam. Em três pernadas a andamos toda, e se o não fazemos em três minutos, é porque temos o passo vagaroso; mas em três horas vamos do Beco das Cancelas ao largo de S. Francisco" (*A Semana*,* 2 de julho de 1893); (e) "Uma viela como a chama a Gazeta, um canudo, como a chamava Pedro Luís* (*idem*, 13 de agosto de 1893); (f) "Na rua do Ouvidor, um homem que está à porta do Laemmert, aperta a mão do outro que fica à porta do Crashley, sem perder o equilíbrio. Pode-se comer um sanduíche no Castelões e tomar um cálix de madeira no Deroche, quase sem sair de casa. A característica desta rua é ser uma espécie de loja, única, variada, estreita e comprida" (*idem*); (g) "A rua do Ouvidor, se não tem notícias, cai nos boatos" (*idem*, 8 de novembro de 1896).

P

P.S. Iniciais de um redator não identificado de *O Mosquito*, responsável pela seção "Biografias Instantâneas", que, no número de 12 de maio de 1877, publicou a seguinte quadra sobre Machado: "É pequeno e vê mal; quando fala gagueja;/ em pobreza nascido, eis que o tipo o seduz./ Quando canta de amor parece que nos beija:/ – Mimo e graças na voz, por dentro manha e luz".

Pacheco, Insley (Joaquim I. P.) Nascido em Portugal, chegou ao Rio de Janeiro em 1854, procedente de Nova York. Pintor por formação, aperfeiçoou-se em fotografia nos Estados Unidos. No Brasil, estudou pintura, tornando-se exímio em guache e em aquarela. Obteve reputação como fotógrafo, frisando em seus anúncios ser "fotografista da Casa Imperial". Manteve um concorrido estúdio na rua do Ouvidor, nº 102. Ali, Machado foi fotografado, em 1864, aos 25 anos, descrevendo-o em crônica publicada no *Diário do Rio de Janeiro*,* de 7 de agosto de 1864, como o "mais luxuoso templo de Delos da nossa capital". Ao longo dos anos, o escritor frequentou com alguma constância o estúdio do amigo, onde foi fotografado mais quatro ou cinco vezes (vide verbete "Retratos"). Pacheco faleceu na Itália, em 1912.

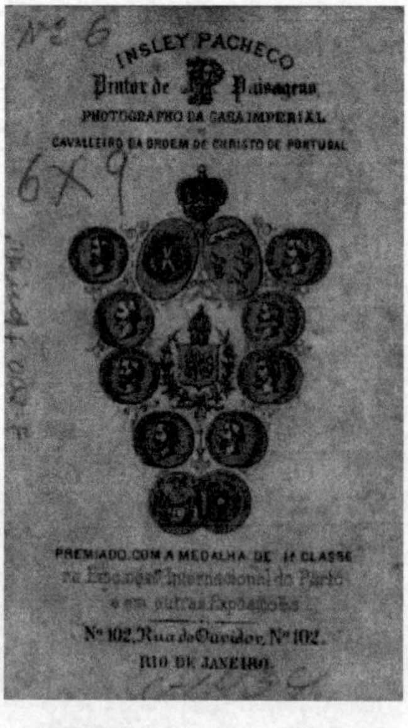

Logo do estúdio fotográfico de Insley Pacheco

Paciência Machado gostava desse jogo de cartas e costumava praticá-lo. "Estou passando a noite a jogar paciências", escreve em carta a Mário de Alencar (6 de agosto de 1908).

Pacotilha Semanário "de pitadas, carapuças, novidades e literatura", conforme o seu subtítulo. Começou a circular em 26 de maio de 1866. Na capa do número de 15 de setembro publicou uma caricatura de Machado, assinada por Leopoldino de Faria. A partir do nº 33, de 18 de novembro de 1866, passou a se chamar *Pandokeu*.*

Padrinho Machado e Carolina foram padrinhos de batismo de Jaime Smith de Vasconcelos* e de Laura Leitão de Carvalho.* Foram também padrinhos de casamento de Guiomar Eugênia Smith de Vasconcelos* e Frederico Smith de Vasconcelos.

Página é pouco (Uma) Pequena homenagem a Eduardo de Lemos,* escrita no Livro de Ouro do Real Gabinete Português de Leitura,* em 1884. *Dispersos*.*

Página íntima Artigo publicado na *Marmota Fluminense*,* de 30 de setembro de 1856, dividido em três partes e publicado com a assinatura A.* A atribuição é de R. Magalhães Júnior.

Páginas da Academia Com esse título, foram incluídos em *Outras relíquias** três discursos de Machado, proferidos na Academia Brasileira de Letras:* o de abertura dos trabalhos, em 20 de julho de 1897; o da sessão de encerramento, em 7 de dezembro de 1897; e o de saudação a Guglielmo Ferrero,* em 31 de outubro de 1907.

Páginas esquecidas Volume de trabalhos esparsos de Machado, organizado por Elói Pontes. Publicado pela editora Mandarino, Rio de Janeiro, na coleção Vida Literária, sem indicação de data (1939), 110 pp., com uma pequena introdução do organizador a cada artigo. Contém os seguintes trabalhos: *Hoje avental, amanhã luva** – Comédia em um ato, imitada do francês; "A carteira";* "Rossi – Carta a Salvador de Mendonça";* "Pedro Américo – Carta ao Dr. Ladislau Neto";* *Joaquim Serra;** "A Pinheiro Guimarães";* "Alencar";* "No álbum de D. Maria de Azambuja";* *Petição do Sacristão.** Deve-se ter cautela, ao consultá-lo, pois o texto foi bastante adulterado.

Páginas recolhidas Volume com peças de vários gêneros, lançado em agosto de 1899. Editado nesse ano por H. Garnier* e impresso em Paris, trazia como epígrafe uma frase de Montaigne, extraída dos *Essais*, livro I, capítulo XLVI: "*Quelque diversité d'herbes qu'il y ayt, tout s'enveloppe sous le nom de salade*". O autor procura justificar essa falta de unidade do livro no prefácio. A mais antiga referência às *Páginas recolhidas* encontra-se em carta de Machado a Magalhães de Azeredo,* datada de 10 de maio de 1898, na qual conta: "Quero ver se colijo certo número de escritos que andam esparsos". Parecia sem pressa. Tanto assim que o editor Garnier, na segunda edição de *Iaiá Garcia,** lançada em setembro de 1898, anunciava

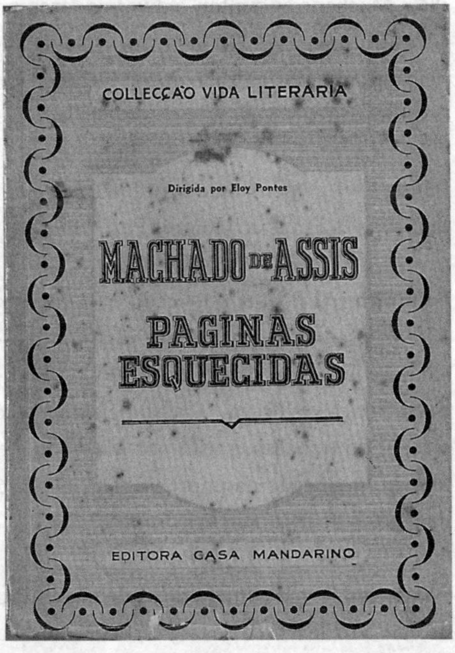

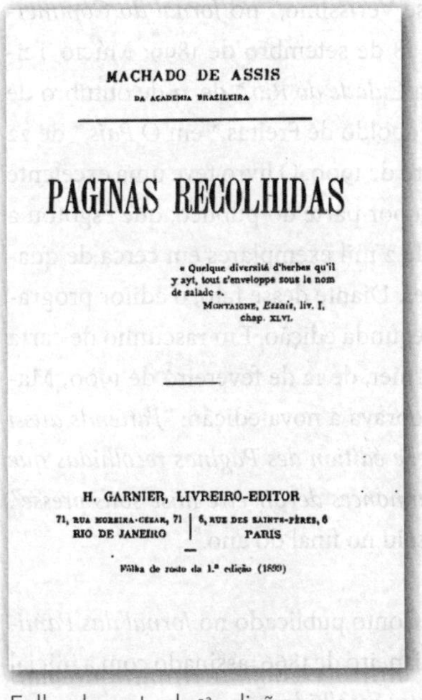
MACHADO DE ASSIS
DA ACADEMIA BRAZILEIRA

PAGINAS RECOLHIDAS

« Quelque diversité d'herbes qu'il y ayt, tout s'enveloppe sous le nom de salade ».
MONTAIGNE, *Essais*, liv. I, chap. XLVI.

H. GARNIER, LIVREIRO-EDITOR
71, RUA MOREIRA-CESAR, 71 RIO DE JANEIRO | 6, RUE DES SAINTS-PÈRES, 6 PARIS

Folha de rosto da 1.ª edição (1899)

Folha de rosto da 1ª edição

que o livro já estava no prelo. Era uma forma de obrigar o escritor a acelerar o seu trabalho: "Isso vai obrigar-me a corrigi-lo mais depressa do que contava", diz em carta a Azeredo, de 9 de setembro de 1898. Afinal, em janeiro de 1899, Machado e François Hippolyte Garnier* assinavam o contrato da obra. As *Páginas recolhidas* reúnem dezoito trabalhos: oito contos ("O caso da vara";* "O dicionário";* "Um erradio";* "Eterno!";* "Missa do galo";* "Ideias de canário";* "Lágrimas de Xerxes";* "Papéis velhos"*); seis crônicas, publicadas entre 1892 e 1894 ("Vae Soli"!;* "Salteadores da Tessália";* "O sermão do diabo";* "A cena do cemitério";* "Canção de piratas";* "Garnier"*); um discurso ("A Estátua de José de Alencar"*); uma peça teatral (*Tu só, tu, puro amor...**); uma crítica ("Henriqueta Renan")* e uma página de reminiscências ("O velho Senado"*). Todas publicadas na imprensa, com exceção de "Lágrimas de Xerxes". Apesar de o livro conter algumas das maiores obras-primas machadianas, as notas e resenhas críticas foram pouquíssimas: José Veríssimo,* no *Jornal do Commercio*,* de 18 de setembro de 1899; Múcio Teixeira, na *Cidade do Rio*,* de 21 de outubro de 1899; Leopoldo de Freitas,* em *O País*,* de 22 de janeiro de 1900. O livro teve uma excelente acolhida por parte do público, que esgotou a edição de 2 mil exemplares em cerca de quatro meses. Diante desse fato, o editor programou a segunda edição. Em rascunho de carta a H. Garnier, de 12 de fevereiro de 1900, Machado cobrava a nova edição: "*J'attends aussi la nouvelle édition des Páginas recolhidas que vous m'annonces devoir être mise sous presse*". O livro saiu no final do ano.

Pai (O) Conto publicado no *Jornal das Famílias*,* de janeiro de 1866, assinado com a inicial M.* *Contos recolhidos.**

Pai contra mãe Conto que figura nas *Relíquias de casa velha*.* José Veríssimo considerou-o o melhor do livro, "um modelo raro de sobriedade, ironia discreta e um pessimismo que, por amargo, não deixa de ser delicioso" (carta de 19 de fevereiro de 1906).

País das quimeras (O) Com o subtítulo de "Conto fantástico", foi publicado em *O Futuro*,* de 1º de novembro de 1862, com a assinatura Machado de Assis.* Recolhido ao 2º volume das *Relíquias de casa velha*.*

Paixão de Jesus (A) Artigo publicado no *Jornal do Commercio*,* de 1º de abril de 1904, sem assinatura, tendo sido solicitado por Tobias Monteiro,* então redator daquele diário. A autoria foi revelada no *Mensário do Jornal do Commercio*, de junho de 1939. *Diálogos e reflexões de um relojoeiro*.*

Palhares, Joaquim Foi um dos ases do xadrez* no Brasil, no século XIX. Na década de 1860, Machado enfrentou-o diversas vezes, no Clube Fluminense.* Em 1880, no primeiro torneio de xadrez organizado no Brasil, Machado disputou quatro partidas contra Palhares.

Pálida Elvira Poema que figura nas *Falenas*,* dedicado "a Francisco Ramos Paz".*

Palmeira (A) Poema publicado na *Marmota Fluminense*,* de 16 de janeiro de 1855, com a assinatura Assis* e o subtítulo "O. D. C. A Francisco Gonçalves Braga".* Cronologicamente, é o segundo trabalho escrito por Machado e o terceiro publicado na imprensa. Datado de 6 de janeiro de 1855. *Poesia e prosa*.*

Pandokeu Jornal editado de 25 de novembro de 1866 a 10 de março de 1867. Era continuação do *Pacotilha do Tio Inácio das Mercês*, segundo Gondin da Fonseca (*Biografia do Jornalismo Carioca*). Na capa do número de 30 de dezembro de 1866, publicou uma caricatura de Machado, não assinada.

Panelinha Artística Sociedade gastronômica organizada por Urbano Duarte* no segundo semestre de 1900. O objetivo era reunir os membros em um almoço mensal, à semelhança do Clube Rabelais.* O símbolo da Panelinha – uma frigideira, da qual um ourives fez uma miniatura em prata, que passava às mãos do encarregado de organizar o próximo almoço – foi desenhado por Rodolfo Amoedo* ou Rodolfo Bernardelli.* Os membros fundadores foram Afonso Celso,* Alberto de Oliveira,* Araripe Júnior,* Artur Azevedo,* Filinto de Almeida,* Inglês de Sousa,* João Ribeiro,* Lúcio de Mendonça,* Rodolfo Amoedo, Rodolfo Bernardelli, Pereira Braga, Urbano Duarte,* Valentim Magalhães,* Rodrigo Otávio,* Machado de Assis, Sousa Bandeira.* Depois, juntaram-se à sociedade Silva Ramos,* Olavo Bilac,* José Veríssimo,* Heitor Peixoto, entre outros. Machado não compareceu ao primeiro banquete, realizado a 8 de julho, por se encontrar adoentado. Esteve presente, porém, aos 2º, 3º e 4º almoços, realizados em agosto, setembro e outubro, no Hotel Globo.* Compareceu, também, ao realizado em homenagem a Lúcio de Mendonça, em 3 de maio de 1901, no Hotel do Minho, na rua do Ouvidor. No dia 5 de janeiro de 1902, após vários meses sem reunião, foi realizado o último almoço da sociedade, no Hotel Globo, com a presença de poucos membros. Machado compareceu. Um mês depois, no dia 10 de fevereiro, Urbano Duarte morreu e com ele as reuniões da Panelinha.

Pão d'açúcar (O) Poema publicado na *Marmota Fluminense*,* de 23 de novembro de 1855, com a assinatura J. M. M. d'Assis.* *Dispersos*.*

Papéis avulsos O livro assinala o grande salto qualitativo de Machado no conto, correspondendo às *Memórias póstumas de Brás Cubas** no romance. Editado por Lombaerts & C.,* em cuja tipografia foi impresso, em 1882, apareceu nas livrarias em outubro desse ano, vendido ao preço de 3 mil réis a brochura e 4 mil réis o volume encadernado. Reúne doze trabalhos publicados em jornais e revistas, entre novembro de 1875 e outubro de 1882, precedidos de um prefácio do autor. Em carta a Joaquim Nabuco* (de 14 de abril de 1883), Machado enfatiza a unidade do livro ao afirmar que "tudo que ali está (exceto justamente a 'Chinela turca') foi escrito com o fim especial de fazer parte de um livro". São os seguintes os contos: "O alienista";* "Teoria do medalhão";* "A chinela turca";* "Na arca";* "D. Benedita";* "O segredo do bonzo";* "O anel de Polícrates";* "O empréstimo";* "A sereníssima república";* "O espelho";* "Uma visita de Alcebíades";* "Verba testamentária".* Os *Papéis avulsos* foram acolhidos com as seguintes notas e resenhas críticas: Araripe Júnior,* na *Gazeta da Tarde*,* de 28 de outubro de 1882; Carlos de Laet,* "Microcosmo", *Jornal do Commercio*,* 29 de outubro de 1882; Xavier de Carvalho,* *Le Messager du Brésil*, Paris, 29 de outubro de 1882; Gama Rosa,* *Gazeta da Tarde*, 2 de novembro de 1882; Julio Dast, "Crônicas Fluminenses", *Revista Ilustrada*,* 4 de novembro de 1882; A., *Revista Ilustrada*, 4 de novembro de 1882; Turff, "Notas Semanais", *O Cruzeiro*,* 12 de novembro de 1882.

Papéis velhos Conto que integra as *Páginas recolhidas*.* Publicado pela primeira vez na

P

*Gazeta de Notícias,** de 14 de março de 1883, assinado Machado de Assis.*

Paráfrases Machado praticou com alguma constância a paráfrase e a paródia. A escolha dos modelos indicava admirações e afinidades espirituais. Começou praticando o gênero à sombra de Shakespeare.* O poema "Ofélia"* (1859) parafraseia episódio do *Hamlet*, ao qual voltaria mais tarde com "A morte de Ofélia" (1870). Ainda na mocidade se aventurou pelos caminhos de *A divina comédia,** no *Canto Suplementar ao poema de Dante,** com a assinatura Dr. Semana.* Lacordaire foi parafraseado no pequeno texto comemorativo da queda da Bastilha, incluído no volume *L'Anniversaire du 14 Juillet.** A saudosa e melancólica "Canção do exílio", de Gonçalves Dias,* serviu de base à sátira demolidora dirigida à Câmara dos Deputados ("Balas de Estalo",* 5 de setembro de 1884). Mas a fonte de inspiração preferida, ao longo de toda a atividade literária, foi a *Bíblia,** parafraseada e parodiada em prosa e em verso, em crônica e em conto. No "Soneto"* que se inicia pelo verso "E falou Jeová dentre uma nuvem", parafraseia o *Livro de Job*. O estilo bíblico foi desenvolvido na crônica publicada na série "Bons Dias!"* (*Imprensa Fluminense,** 20/21 de maio de 1888), que trata da abolição da escravatura; e na intitulada "O sermão do diabo"* (*A Semana*, 4 de setembro de 1892), desenvolvimento do tema agostiniano da "igreja do diabo", numa paródia satírica ao Sermão da Montanha. Em ficção, pode ser lembrado o conto "Na arca",* com o subtítulo "Três capítulos (inéditos) do Gênesis".

Paraíba (O) Jornal editado em Petrópolis,* Rio de Janeiro, de 2 de dezembro de 1857 a 27 de novembro de 1859, num total de 99 números. Era propriedade de Augusto Emílio Zaluar* e Remígio de Sena Pereira,* e de tendência liberal. Entre outros, nele colaboraram Quintino Bocaiuva,* Manuel Antônio de Almeida,* Ramos Paz.* Machado foi redator do jornal, como conta em carta a Quintino Bocaiuva, tendo publicado ali os seguintes trabalhos: "Vem!";* "A uma donzela árabe";* "A um poeta";* "S. Helena";* "Nunca mais";* "A odisseia econômica do Sr. Ministro da Fazenda".*

Paraíso perdido (O) Título de uma peça teatral que Machado esboçou ou começou a escrever. A referência ao trabalho encontra-se numa carta de Joaquim Serra* a Machado, escrita no Maranhão e datada de 2 de janeiro de 1868.

Paranapiacaba, barão de Vide "Sousa, João Cardoso de Menezes e".

Paranhos, José Maria da Silva A admiração de Machado pelo visconde do Rio Branco data de sua juventude, quando cobria os trabalhos do Senado, como repórter do *Diário do Rio de Janeiro.** Recordando essa época, na crônica de reminiscências "O velho Senado",* lembra que Paranhos foi responsável por "uma das mais fundas impressões que me deixou a eloquência parlamentar". Por essa época, o estadista já contabilizava um número imenso de serviços prestados ao país. Nascido em Salvador, Bahia, em 1819, formado em engenharia, foi homem de múltiplas atividades. Jornalista, deixou nas *Cartas ao Amigo Ausente*, publicadas no *Jornal do Commercio* (dezembro de 1850 a dezembro de 1851), um delicioso depoimento sobre a vida carioca naquele início de década. Dedicando-se à política, foi membro da Assembleia Legislativa da Província do Rio de janeiro (1845), deputado em quatro legislaturas, presidente da província do Rio de Janeiro (1859), dez vezes ministro de Estado, secretário da missão especial ao

José Maria da Silva Paranhos

Rio da Prata (1851) e, nos anos tensos que antecederam a Guerra do Paraguai,* enviado extraordinário à Argentina, Uruguai e Paraguai. Como presidente do 25º gabinete do Segundo Império, foi o ministro responsável pelo projeto de libertação dos filhos de escravos, conhecido como Lei do Ventre Livre, assinado em 28 de setembro de 1871 pela princesa Isabel.* Machado, sob o pseudônimo de Manassés (*Ilustração Brasileira*,* 1º de outubro de 1876), comentou a libertação dos escravos por conta do fundo de emancipação, criado pela lei, em linguagem abolicionista. Rio Branco procurou descobrir o autor do artigo e, ao consegui-lo, agradeceu por escrito. A revista de Henrique Fleiuss* era antedatada, o que explica o fato de a carta de agradecimento de Machado estar datada de 30 de setembro. Nela, o jovem cronista, lisonjeado, proclamando-se apenas "um eco da opinião contemporânea e ainda mais das gerações vindouras", expressava toda a sua admiração: "Quando um alto espírito, lançando os olhos por cima da cabeça do seu século, presta à terra de que é filho um serviço tão assinalado como o que V. Ex. fez ao Brasil com a lei que iniciou e defendeu, não se pertence mais, é patrimônio comum, e recordar-lhe a glória equivale a participar dela". Poucos meses antes, em junho, Machado e o visconde tinham participado do banquete de despedida ao diplomata chileno Blest Gana.* Machado deu notícia do fato em crônica publicada na *Ilustração Brasileira** de 1º de julho de 1876. Paranhos faleceu em novembro de 1880, no Rio de Janeiro. Machado compareceu à missa de sétimo dia, tendo passado mal, provavelmente sofrendo um ataque epilético. No dia seguinte, não foi trabalhar.

Paranhos Júnior, José Maria da Silva De seu pai, o visconde do Rio Branco,* o futuro barão do Rio Branco herdou o nome, o gênio inquieto e o talento. Nascido no Rio de Janeiro, em 1845, formou-se em direito em Recife. De volta à cidade natal, Juca Paranhos, como era conhecido, viveu um período de intensa vida boêmia, frequentador assíduo do Alcazar.* Militou no jornalismo, conseguindo uma cadeira de deputado, graças ao prestígio do pai. É possível que já por essa época tenha conhecido Machado, que sempre o tratou com extrema cerimônia. De qualquer forma, o relacionamento entre os dois intensificou-se na maturidade, numa admiração recíproca. Em 1889, Rio Branco escreveu dois verbetes para *La Grande Encyclopédie*,* editada na França, referentes à história e a imprensa brasileira. Neste, cita Machado como o primeiro homem de letras do Brasil. Em setembro de 1891, quando morreu sua mãe, D. Teresa Figueiredo Rodrigues Farias da Silva Paranhos, recebeu de Machado uma carta de condolências, ao mesmo tempo afetuosa e cerimoniosa. Eleito para a Academia em outubro de 1898, Paranhos tomou posse por meio de carta, sem a cerimônia de recepção e o discurso de posse. Machado idealizava coisa muito diferente. "A minha ideia secreta era que quando o Rio Branco viesse ao Brasil, fosse recebido por V. na Academia", escreveu a Joaquim Nabuco* (carta de 10 de março de 1899). Apesar do aparente desdém pela instituição, o novo acadêmico usava toda a sua experiência diplomática sempre que desejava o ingresso de um amigo. Persuasão era arte em que era mestre, em qualquer circunstância. Em 1905, por ocasião da terceira temporada de Sarah Bernhardt no Brasil, temeroso com as restrições da crítica à grande trágica, pediu a Machado para localizar um velho artigo de Joaquim Nabuco, endeusando a atriz, e mandou reproduzi-lo na seção de apedidos do *Jornal do Commercio*.* Em 1902, na Europa, o barão conseguiu uma vitória diplomática retumbante, na disputa territorial do Amapá com a França. No Brasil, recebeu uma consagração calorosa, com desfile sob o arco triunfal armado no largo de São Francisco. Em nome da Academia Brasileira de Letras,* Machado deu as boas-vindas ao "egrégio membro" da instituição. Quando da morte de Carolina, o barão enviou os pêsames ao viúvo, que agradeceu em carta datada de 28 de outubro de 1904. Os dois mantiveram correspondência assídua, cartas e bilhetes. Machado dirigia-se ao barão sempre da mesma maneira: "Meu eminente e querido amigo". Rio Branco sempre o tratava de "querido amigo e mestre". A amizade sem atritos prolongou-se até a morte de Machado. Quando o escritor agonizava, recebeu a visita do diplomata. Apesar de quase sem forças, o moribundo fez questão de se sentar na cama, exclamando: "Senhor barão". Rio Branco apertou-lhe a mão, evitando maiores contatos. Imediatamente saiu do quarto e lavou as mãos numa torneira, com o moribundo ouvindo o ruído da água. Pouco depois, Machado morria. Paranhos faleceu no Rio de Janeiro, em 1912.

Barão do Rio Branco

Parasita (O) Publicada na seção "Aquarelas",* que Machado mantinha no jornal *O Espelho*,* a crônica saiu nos dias 18 de setembro e 9 de outubro de 1859, com a assinatura M-as.* Incorporada às *Crônicas*.*

Parasita azul (A) Conto que figura nas *Histórias da meia-noite*.* Primeira publicação no *Jornal das Famílias*,* de junho, julho, agosto e setembro de 1872, com o pseudônimo de Job.*

Pareceres Não sabemos o número de pareceres redigidos por Machado, em sua função de censor* do Conservatório Dramático Brasileiro,* nas três fases de existência da instituição. Da primeira fase, restaram dezesseis pareceres, da segunda fase, um, e, da terceira fase, onze pareceres, relacionados no verbete "Censor".

Paródia Poema publicado na *Marmota Fluminense*,* de 14 de agosto de 1855, com a assinatura J. M. M. d'Assis.* Trata do tema "se eu fora", explorado por centenas de poetas românticos, desde Álvares de Azevedo. *Dispersos*.*

Paródias Vide verbete "Paráfrases".

Parte Literária Seção de crítica publicada no *Diário do Rio de Janeiro*,* com a assinatura Machado de Assis.* Com essa rubrica, saiu apenas uma colaboração, no dia 30 de março de 1863, enfocando o livro *Revelações*, de Augusto Emílio Zaluar.* As críticas continuaram saindo, mas o nome da seção mudou para "Conversas Hebdomadárias".*

Partida (A) Poesia publicada no *Correio Mercantil*,* de 14 de fevereiro de 1859, com a assinatura Machado de Assis.* *Dispersos*.*

Partida (Uma) Conto publicado em *A Estação*,* nos dias 31 de outubro, 15 e 30 de novembro, 15 e 31 de dezembro de 1892, com a assinatura Machado de Assis.* *Dispersos*.*

Pascal, Blaise Pascal (França, 1623-1662) foi um dos escritores decisivos na formação espiritual e intelectual de Machado. "Desde cedo, li muito Pascal, [...] e afirmo-lhe que não foi por distração", admite, em crítica aos *Pensées Détachées et Souvenirs*, de Joaquim Nabuco.* A desconfiança pelas seduções do mundo, o pessimismo, a relatividade dos conceitos humanos são motivos pascalinos presentes na obra de Machado. Uma de suas citações prediletas era a frase "*Verité au deçà des Pyrénées, erreur au delà!*", muito citada em crônicas da mocidade (*Diário do Rio de Janeiro*,* 20 de junho de 1864; "Ao Acaso",* 7 de fevereiro de 1865) e em trabalho da maturidade, e com a qual faz um trocadilho envolvendo o filósofo francês e o confeiteiro Pascoal ("Bons Dias!",* *Gazeta de Notícias*,* 13 de fevereiro de 1889). As *Memórias póstumas de Brás Cubas** podem ser consideradas uma obra pascalina. O defunto autor lembra-se do "caniço pensante" do filósofo, reflete sobre a dualidade humana entre *l'ange et la bête*, e, a propósito da consciência da morte, privilégio do ser humano e motivo de superioridade sobre as demais criaturas, admite, com alguma condescendência, que "Pascal é um dos meus avós espirituais; e conquanto a minha filosofia valha mais que a dele, não posso negar que era um homem" ("capítulo CXLII – O pedido secreto").

Pascual, Antonio Diodoro de Com certo espírito aventureiro, o espanhol Pascual (1822-1874 ou 1875, segundo Sacramento Blake) percorreu vários países da Europa e das Américas, até fixar residência no Brasil, em 1852. Naturalizado brasileiro, funcionário público, publicou diversas obras, romances, estudos críticos, teatro. Em 1863, idealizou a criação de uma sociedade literária dedicada à leitura pública de trabalhos inéditos, executada por seus autores. Machado aprovou a ideia, em crônicas publicadas em *O Futuro** (1º e 15 de março de 1863), mas a iniciativa não foi adiante.

Passado, passado (O) Conto publicado no *Jornal das Famílias*,* de junho, julho e agosto de 1876, com o pseudônimo de Lara.* *Contos esquecidos*.*

Passado, o presente e o futuro da literatura (O) Ensaio publicado em *A Marmota*,* de 9 e 23 de abril de 1858, com a assinatura Machado d"Assis.* Incluído em Machado de Assis. *Obra completa*. Rio de Janeiro, José Aguilar, 1962.

Pássaros Poema incluído nas *Falenas** com a indicação de ter sido escrito no álbum de Manuel de Araújo.*

Passos, Pereira (Francisco P. P.) Machado e Pereira Passos encontraram-se pelo menos uma vez, em 8 de setembro de 1906. Nessa data, o presidente venezuelano Uribes y Uribes, representante de seu país na Conferência Pan-Americana, ofereceu ao então prefeito carioca um banquete, realizado no Clube dos

Diários. Na ocasião, Augusto Malta* fotografou um grupo de personalidades presentes, entre os quais estavam Machado, Pereira Passos, Joaquim Nabuco* e Gastão da Cunha.

Pátria (A) Jornal editado em Niterói,* RJ. Na seção "Publicações Apedidos", de 5/6 de julho de 1858, Machado publicou o poema que se inicia pelo verso "Vem! penetra no templo das artes!",* com a assinatura J. M. Machado de Assis.* Descoberta do pesquisador Felipe Rissato.

Patrocínio, José do (J. Carlos do P.) Filho do padre João Carlos Monteiro e da escrava Justina Maria do Espírito Santo, nasceu em Campos, RJ, em 1853. Diplomado em farmácia, ingressou no jornalismo em 1877, distinguindo-se pelo espírito combativo. Fundou o jornal *Cidade do Rio*, dedicando-se também à literatura. Deixou os romances *Mota Coqueiro*, *Os retirantes*, *Pedro Espanhol*. Os depoimentos sobre as suas relações com Machado são contraditórios. Luís Murat* garante que em certa ocasião Patrocínio despejou uma série de insultos contra Machado, chegando a clamar: "Odeiem-no porque é mau; odeiem-no porque odeia a sua raça, a sua pátria, o seu povo". A afirmação contradiz os fatos, que demonstram um relacionamento cordial entre os dois homens. O primeiro fato envolvendo o nome dos dois escritores data de 1875, quando Patrocínio, no panfleto mensal *Os Ferrões*, que redigia com Dermeval da Fonseca,* atacou duramente a posição de Machado como censor da peça *Os lazaristas*.* Três anos depois, Machado publicava o romance *Iaiá Garcia*,* em folhetins no jornal *O Cruzeiro*,* e Patrocínio o *Mota Coqueiro*, na *Gazeta de Notícias*.* A *Revista Ilustrada** fez uma brincadeira, assinada por Frei Fidélis, o Casamenteiro, promovendo o casamento dos dois personagens. Em

José do Patrocínio

O Besouro,* de 27 de abril de 1878, Rafael Bordalo Pinheiro* publicou uma caricatura representando o casamento dos dois personagens. Em 1881, pela seção de apedidos da *Gazeta de Notícias*,* saiu em defesa de Machado, contra Sílvio Romero,* que, no ano anterior, havia publicado o livro *A Literatura Brasileira e a Crítica Moderna*, no qual o nome de Machado era citado apenas numa nota. Patrocínio aproveitou para extravasar o seu ressentimento contra as ideias racistas do crítico sergipano, que considerava os negros incompatíveis com a civilização. No dia 17 de maio de 1888, foi realizada uma missa campal em homenagem à princesa Isabel,* que assinara a Lei Áurea. Após a cerimônia, Patrocínio convidou Machado e Ferreira Viana* a almoçarem em sua casa, na rua do Riachuelo. Aproveitou para presentear Machado com uma carta autógrafa de Victor Hugo,* que recebera em 1884. Machado e Patrocínio conviveram no Clube Beethoven,* do qual ambos eram sócios, participaram do banquete oferecido ao cômico francês Coquelin* por Ferreira de Araújo.* Foi Patrocínio quem convidou Machado a participar do banquete oferecido a Dermeval da Fonseca,* no Derby

Clube, em 18 de abril de 1891. Os dois participaram de outro banquete, comemorativo dos dezoito anos da *Gazeta de Notícias*, em 2 de agosto de 1893. Patrocínio publicou um artigo sobre a festa na *Cidade do Rio*, tecendo elogios a Machado. No ano seguinte, escrevendo sobre a *Gazeta de Notícias*, citava Machado como um dos pilares do grande jornal. Patrocínio foi um dos fundadores da Academia Brasileira de Letras,* votando sempre em Machado para a presidência da instituição. Faleceu no Rio de Janeiro, em janeiro 1905. Machado compareceu ao seu enterro.

Paz, Francisco Ramos Nascido em Viana do Castelo, Portugal, em 1838, migrou para o Brasil aos doze anos, chegando ao Rio de Janeiro em 14 de dezembro de 1850. Na viagem, um passageiro perguntou-lhe se sabia ler. Ante a resposta afirmativa, lhe deu um livro. O menino abriu-o e soletrou "pró-lo-go", acentuando todas as sílabas. O homem deu-lhe um tapinha no ombro: "Mais um jumento que segue para o Brasil". No Rio, o "jumento" trabalhou como caixeiro, mas sem se esquecer de aprimorar os seus conhecimentos e cultivar seus dotes literários. Colaborou no jornalzinho *O Paraíba*,* de Petrópolis, quando deve ter conhecido Machado, também colaborador. Com Machado e outros, participou da tradução de *Brasil pitoresco*.* Mais ou menos no início dos anos 1860, passou a morar com Machado, em um sobrado na rua Matacavalos.* Em diversas circunstâncias, em aperto financeiro, Machado recorreu ao amigo. Em 1º de maio de 1869, escreveu-lhe um bilhete desesperado, solicitando auxílio: "Ajuda-me, Paz; eu não tenho ninguém que o faça". Com certeza, foi socorrido, pois a amizade se tornou cada vez mais sólida. *Falenas*,* publicada em 1870, contém um poema dedicado a Paz: "Pálida Elvira".* Paz foi intermediário de Elísio Mendes* no convite para Machado colaborar na *Gazeta de Notícias*,* em 1876. Sempre que podia, Machado fazia gentilezas ao amigo. Junto a um bilhete, de 1º de outubro de 1883, envia a Paz uma entrada para recital no Cassino Fluminense, "se queres ouvir boa música". A recíproca era verdadeira. Paz foi um dos promotores do banquete comemorativo dos vinte e dois anos de publicação das *Crisálidas*,* realizado em 1886, no Hotel Globo,* ao qual não pôde comparecer. Paz esteve presente ao banquete comemorativo dos dezoito anos da *Gazeta de Notícias*, em 2 de agosto de 1893, e no banquete em homenagem a Assis Brasil, em 17 de julho de 1896. Quando Carolina morreu, enviou pêsames a Machado, que agradeceu, em carta datada de 15 de dezembro de 1904, na qual dizia sentir no gesto do amigo "o afeto antigo, tão necessário nesta minha desgraça". Bibliófilo, Paz reuniu uma das maiores bibliotecas particulares do Brasil. Quando Alfredo Pujol* recolhia material para as suas conferências sobre Machado, Paz forneceu-lhe material abundante, como se comprova na correspondência entre os dois, recolhida à Biblioteca Nacional.* Faleceu no Rio de Janeiro, em 1919.

Pecadora e mãe Crítica ao drama de Ernesto Biester com esse título, publicada na *Semana Ilustrada*,* de 2 de julho de 1871, com a assinatura M.*

Pedagogium Museu de pedagogia e escola complementar para professores, o Pedagogium funcionava na rua do Passeio, 64. Em seu início, sem sede própria e local de reunião, a Academia Brasileira de Letras* funcionou numa sala do prédio, ali permanecendo de 10 de agosto de 1899 a 23 de junho de 1900. Machado ficou satisfeito com o local, apesar de

P

Pedagogium

nela funcionar a Academia de Medicina. "Fui ver a sala, é vasta, tem mobília e serve bem aos nossos trabalhos", escreveu em carta a Rodrigo Otávio,* datada de 22 de novembro de 1899. Ali, Machado presidiu a sessão inaugural da Academia, na noite de 20 de julho de 1897, com a presença de dezessete acadêmicos.

Pederneiras, Raul (R. Paranhos P.) Poeta, teatrólogo, mas sobretudo caricaturista, Raul nasceu e morreu no Rio de Janeiro (1874-1953), cidade cujos personagens retratou com seu traço inconfundível. No *Fon-Fon*, de 20 de junho de 1908, traçou uma caricatura de Machado na série intitulada "Sombrinhas... Imortais". Quatro meses depois, homenageou o escritor, recém-falecido, com uma bela alegoria publicada no número de 3 de outubro da mesma publicação.

Pedintes de Opa (Os) Vide "Cham".

Pedregulho (rua do) Vide "São Luís Gonzaga (rua)".

Pedro II Sem ser um palaciano ou um bajulador, Machado demonstrou diversas vezes a sua admiração pelo imperador. Ainda adolescente, dedicou um "Soneto a S. M. o Imperador, o senhor D. Pedro II",* trabalho publicado na *Marmota Fluminense,** de 2 de dezembro de 1855, assinado "Pelo seu reverente súdito J. M. M. d'Assis*". Na ocasião, o monarca completava 30 anos e quinze como ocupante do trono. Em 11 de fevereiro de 1860, quando a família imperial retornava de uma viagem pelo norte, Machado publicou em *O Espelho,** o poema intitulado "A S. M. I."* Por ocasião do aniversário do imperador, em 1862, o escritor refere-se à "costumada benevolência" de D. Pedro II", "sempre disposto a aliviar os seus súditos de tudo o que lhes possa trazer algum dano" (*Semana Ilustrada*, 7 de dezembro de 1862). Em 1872, à época do regresso de D. Pedro II da Europa, foi organizado um espetáculo no Teatro Lírico, com a presença dos imperadores. Furtado Coelho* recitou um soneto de Machado, presente, em homenagem ao imperador. Em crônica publicada na *Semana Ilustrada,** Machado chama o imperador de "egrégio filho da América" e diz que ele "reúne às mais elevadas virtudes cívicas as mais austeras virtudes domésticas". Na primeira das "Cartas fluminenses",* publicadas no *Diário do Rio de Janeiro* (5 de março

Pedro II

de 1867), declara com todos os efes e erres: "Não frequento o paço, mas gosto do imperador. Tem as duas qualidades essenciais ao chefe de uma nação: é esclarecido e honesto. Ama o seu país e acha que ele merece todos os sacrifícios". Jamais mudou de opinião. Anos mais tarde, quando do regresso da família imperial de uma viagem pelo exterior, afirmava que em D. Pedro II "respeita-se o príncipe e ama-se o homem, – um homem probo, lhano, instruído, patriota, que soube fazer do sólio uma poltrona, sem lhe diminuir a grandeza e a consideração" (*Ilustração Brasileira*,* de 1º de outubro de 1877). D. Pedro esteve presente à estreia de *Tu só, tu, puro amor...*,* no dia 10 de junho de 1880. Gostou da peça, elogiando-a em carta (de 11 de junho de 1880) à condessa de Barral: "Pequeno drama de Machado de Assis inspirado todo pelos versos de Camões e escrito com muito talento". Em agosto de 1888, quando D. Pedro regressou da Europa, Machado demonstrou a sua alegria com a recepção popular ao monarca ("Bons Dias!", *Gazeta de Notícias*, 26 de agosto de 1888) e colaborou no álbum de autógrafos que lhe foi oferecido, textos mais tarde reunidos na *Polianteia** oferecida a Sua Majestade o imperador D. Pedro II por ocasião de seu regresso à pátria em 1888. Algumas raras vezes, o escritor compareceu ao paço, nas audiências públicas do monarca, assinando no livro de visitantes. Seu nome figura nos dias 21 de outubro de 1882, 13 de setembro de 1884 e 6 de junho de 1885, conforme levantamento de R. Magalhães Júnior. Salvador de Mendonça afiança que Machado compareceu a algumas das reuniões literárias, organizadas pelo imperador, no palácio da Quinta da Boa Vista.

Pedro Américo – Carta ao Dr. Ladislau Neto Artigo publicado em *A Reforma*,* de 10 de novembro de 1871, com a assinatura Machado de Assis.* *Páginas esquecidas*.*

Pedro Luís

Pedro Luís Com esse título, por ocasião da morte de Pedro Luís,* Machado escreveu dois artigos, nos quais lembrava o amigo. O primeiro saiu na *Gazeta de Noticias*,* de 17 de julho de 1884, sem assinatura, sendo identificado por Teixeira de Melo.* O segundo, publicado em *A Ilustração*,* Rio de Janeiro-Lisboa, em 5 de outubro do mesmo ano, estava assinado Machado de Assis.* Ambos foram incluídos em *Poesia e prosa*.*

Pedro Malas Artes Pseudônimo não identificado. Durante a questão de *Os lazaristas*,* atacou a posição adotada por Machado de "fiel da balança e aí se equilibrou, acendendo uma vela a Deus e outra ao diabo" (*O Mosquito*, 18 de setembro de 1875).

Peixoto, Afrânio (Júlio A. P.) Natural de Lençóis, BA, 1876, formou-se em medicina, dedicando-se ao magistério. Em 1903, transferiu-se para o Rio de Janeiro, vencendo o concurso

P

Afrânio Peixoto

para professor da Faculdade de Medicina. Assim que chegou à cidade, procurou Machado na Livraria Garnier.* "Pouco a pouco, lentamente, fiz-me, aí, seu amigo", exagera. Em seu romance *A esfinge* nos apresenta o escritor, na livraria: "Frágil de compleição, minguado de corpo, severamente vestido, falando pouco, hesitante e às vezes gago, reflexo material de grande reserva, ele ali ficava horas inteiras, observando aquela gente a exibir vaidades, a espostejar reputações, miúdas e clamorosas. Na ironia tranquila que andava por seus olhos malinos, não se podia adivinhar se era de piedade dos algozes ou de simpatia pelas vítimas... talvez compassividade de quem duvida se vale a pena o sacrifício de tanta agitação estéril...". Afrânio embalsamou o corpo do escritor, junto com o médico Alfredo de Andrade.* Em 1936, prefaciou a tradução francesa de *Dom Casmurro*,* realizada por Francis de Miomandre, onde faz afirmações levianas, como a de que as frases curtas de Machado foram devidas à sua gagueira.* Faleceu no Rio de Janeiro, em 1947.

Peixoto, Luís de Alvarenga (L. Antônio de A. da Silva P.) Jornalista, poeta e historiador, Peixoto (Rio de Janeiro, RJ, 1836 – Lisboa, Portugal, 1876) foi um dos que se entusiasmaram com o talento do jovem Machado, seu companheiro de redação na *Semana Ilustrada*.* No número de 10 de janeiro de 1869 dessa revista, onde colaborava com o pseudônimo de Luiz d'Alva, dedicou a Machado a poesia "O gênio", com os seguintes dizeres: "Qual vaga que murmura as vibrações harmônicas,/ que vem do alto mar na voz da viração,/ ao bardo de Corina, ao poeta das *Crisálidas*,/ saúda jubiloso o mais obscuro irmão". Machado retribuiu a gentileza, oferecendo a Peixoto a poesia "Visão",* que figura nas *Falenas*.*

Peixoto, M. A. Calasans Colaborador da *Marmota Fluminense*,* Peixoto ali publicou, em 4 de junho de 1858, o poema "Desejo", dedicado "Ao meu amigo J. M. Machado de Assis". Uma das quadras dizia: "Para ser, em conclusão,/ dos homens o mais feliz,/ quisera ter o talento/ do meu – Machado d'Assis". O poema, incluído nos *Dispersos*,* está datado de São Cristóvão,* local onde Machado residiu, sugerindo que se tratava de um vizinho, talvez companheiro eventual nas viagens de barca para a praça XV. Peixoto participou, também, da polêmica sobre *Os cegos*,* na qual Machado debateu com Joaquim Serra.*

Peixoto, Pinto (José Maria P. P.) Jornalista, integrou a redação de *O Paraíba*,* junto com Machado. Colaborou em outras publicações, como *O Mercantil*, também de Petrópolis,* o que sugere que residisse na cidade serrana. Quando da morte de Remígio de Sena Pereira,* Peixoto teve ideia de mandar rezar uma missa pelo amigo, convocando para o ato Machado, Augusto Emílio Zaluar,* Guilherme

Belegarde* e Quintino Bocaiuva,* que haviam integrado a redação de *O Paraíba*, junto com o falecido.

Pela inauguração do asilo de órfãos de Campinas Soneto publicado na polianteia organizada, em 1890, em benefício do Asilo. Não figura nas obras de Machado, tendo sido transcrito no *Correio Popular de Campinas*, de 21 de agosto de 1957 e em artigo de Plínio Doyle na *Revista da Sociedade dos Amigos de Machado de Assis*,* nº 6, de 21 de julho de 1961.

Pelletan, Eugène (Pierre Clément E. P.) Um dos escritores mais influentes do século XIX, deputado e senador, Pelletan (1813-84) foi defensor inflamado do progresso e da máquina, que considerava como uma extensão do corpo humano. As suas obras, *Profession de Foi du XIxème Siècle*, *Le Monde Marche* e *Les Droits de l'Homme*, tiveram grande repercussão entre os românticos brasileiros. Machado admirava-o, dedicou-lhe o poema "O progresso" (Hino da Mocidade)* e foi influenciado pelo seu pensamento em diversos aspectos, como no ideal de libertação feminina (*Diário do Rio de Janeiro*,* 21 de novembro de 1861) e no repúdio ao luxo excessivo da sociedade (*Diário do Rio de Janeiro*, 1º de maio de 1866).

Pelo seu reverente súdito J. M. M. d'Assis Forma com que Machado assinou um de seus primeiros poemas publicados, o "Soneto – a S. M. o Imperador, o senhor D. Pedro II",* estampado na *Marmota Fluminense*,* de 2 de dezembro de 1855.

Pena & Lápis Revista teatral que circulou a partir de 3 de junho de 1880. Em seu segundo número, datado de 10 de junho, publicou retrato litografado de Machado de Assis, de autoria de Augusto Off * e texto biográfico de Artur Barreiros.* Teve vida breve, publicando o último número em 12 de agosto de 1880.

Pena, Afonso (A. Augusto Moreira P.) As relações bastante cordiais de Machado com Afonso Pena (Santa Bárbara, MG, 1847) sugerem certa intimidade e atestam admiração recíproca. Durante o curso de direito, na Faculdade de São Paulo, Pena foi redator da *Imprensa Acadêmica*,* na qual Machado colaborava. Formado em 1870, dedicou-se à política, sendo deputado provincial e geral em várias legislaturas, ministro da Guerra, da Justiça e da Agricultura, Comércio e Obras Públicas,* que assumiu em 24 de maio de 1883, permanecendo no cargo até 6 de junho de 1884. Machado era então chefe de gabinete, devendo datar daí o conhecimento e a simpatia em comum. Após ocupar uma série de cargos na República (presidente de Minas Gerais, presidente do Banco da República, senador, vice-presidente da nação), Pena teve seu nome cogitado para a presidência da República, dentro da política do café com leite. Machado compareceu, como presidente da Academia Brasileira de Letras,* ao banquete de lançamento de sua candidatura, realizado no Clube dos Diários. Eleito quinto presidente da República, Afonso Pena tomou posse em 15 de novembro de 1906. O cargo não o afastou do amigo. No dia 24 de setembro de 1907, Machado foi ao palácio do Catete, de tílburi, convidar Pena para a primeira conferência de Guglielmo Ferrero* no Brasil. O evento foi realizado dois dias depois, no palácio Monroe, com a presença do presidente, apesar do temporal violento. Dois meses depois, Machado voltou ao palácio, dessa vez em companhia de Augusto de Lima,* recém-eleito para a Academia Brasileira de Letras, a fim de convidar o presidente para a posse

P

do novo imortal. Pena não compareceu, mas enviou representante. No ano seguinte, atendendo a sugestão do ministro Tavares de Lira,* Afonso Pena determinou que o Estado custeasse os funerais de Machado, que viu passar diante do palácio do Catete. Em seu nome enviou telegrama de pêsames à Academia. Não muito tempo depois, em 14 de junho de 1909, faleceu, antes de completar o quadriênio presidencial.

Pensa em ti mesma, acharás Vide "Soneto".

Perdição Vide "Quinze anos".

Perdoa-me Poema publicado na *Semana Ilustrada*,* em 13 de setembro de 1868, com a assinatura A.*

Pereira, Astrogildo (A. P. Duarte Silva) Em 28 de setembro de 1908, Machado agonizava, quando um jovem entrou em seu quarto, ajoelhou-se ao lado da cama e beijou a mão do escritor, indo embora sem pronunciar uma palavra. Machado morreu no dia seguinte. Impressionado com aquela homenagem, Euclides da Cunha* escreveu a crônica "A última visita", publicada no *Jornal do Commercio*,* de 30 de setembro daquele ano. A figura do admirador machadiano anônimo foi identificada por Lúcia Miguel Pereira como sendo Astrogildo Pereira (Rio Bonito, RJ, 1890 – Rio de Janeiro, RJ, 1965), uma das grandes figuras da história do comunismo no Brasil, jornalista, ensaísta, autor de vários ensaios sobre o grande escritor, reunidos no volume *Machado de Assis* (Rio de Janeiro, São José, 1959).

Pereira, Bento Barroso Natural de Minas Gerais, filho do intendente dos diamantes do arraial do Tijuco. Foi ministro da Guerra por duas vezes e ministro da Marinha uma vez. Senador, ocupou por dois anos a presidência da casa. Em 1826, casou-se com a portuguesa Maria José Mendonça,* futura madrinha de Machado. Em 10 de fevereiro de 1827, Bento recebeu de Ana Teresa Angélica da Cunha e Sousa, em doação por serviços prestados, uma imensa chácara no morro do Livramento,* onde Machado iria nascer. Faleceu em Niterói, em 9 de fevereiro de 1837.

Bento Barroso Pereira

Pereira, Bento Barroso Sobrinho e homônimo do senador, foi padrinho de batismo de Maria,* irmã de Machado.

Pereira, João Felipe Engenheiro cearense (1863), republicano histórico, foi nomeado por Floriano Peixoto para ministro da Indústria, Viação e Obras Públicas, com apenas 31 anos. Permaneceu no cargo pouco mais de sete meses, de 8 de setembro de 1893 a 24 de abril de 1894. Durante esse período, Machado, que exercia o cargo de diretor da diretoria-geral de Comércio da Secretaria da Indústria, Viação e Obras Públicas,* foi acusado de monarquista e inimigo do regime republicano, pelo panfletário Diocleciano Mártir.* Pereira foi prefeito do Distrito Federal (1900-1901).

Lafaiete Rodrigues Pereira

Pereira, Lafaiete Rodrigues Formado em direito em 1857, o mineiro Lafaiete Rodrigues Pereira (Queluz, 1834) já se fazia notar desde os tempos de estudante. Em 1855, o diretor da faculdade destacou o seu nome em ofício enviado ao ministro do Império. Após estágio em Ouro Preto, mudou-se para o Rio de Janeiro, dedicando-se à advocacia, ao jornalismo e à política. Fundou *A Atualidade*, redigiu *A República*, colaborou em outros jornais. Em 1897, quando Sílvio Romero* publicou o seu *Machado de Assis – Estudo Comparativo de Literatura Brasileira*,* Lafaiete era uma figura de relevo na vida pública brasileira. Exercera a presidência do Ceará e do Maranhão, ocupara o Ministério da Justiça e uma cadeira no Senado do Império. Em uma de suas crônicas da série "Balas de Estalo"* (20 de julho de 1884), Machado referiu-se com simpatia à sua atitude de citar Molière na Câmara, para escândalo e irritação dos políticos brasileiros. Machado voltou a se referir ao fato, na mesma série de crônicas (29 de outubro de 1884), ironizando que "a indignação parlamentar e pública lavou a câmara e o país de tão grave mancha". Tudo indica que, a essa altura, não se conheciam pessoalmente ou se conheciam apenas de cumprimento. Diante do ataque devastador do crítico sergipano, Lafaiete saiu em defesa de Machado, publicando quatro artigos no *Jornal do Commercio** (nos dias 25 e 30 de janeiro, 7 e 11 de fevereiro de 1898), intitulados "*Vindiciae*"* e assinados com o pseudônimo de Labieno. Os textos foram reunidos em volume no ano seguinte. Josué Montello sugere que Lafaiete tivera menos preocupação em defender Machado do que em vingar-se de Romero, com quem tivera atritos. Daí, o título da obra. No início, Machado pensou que seu defensor era o Dr. Alexandre Stocker, genro de Lafaiete. A revelação do nome do autor levou-o a redigir uma carta de agradecimento, bastante cerimoniosa, datada de 19 de fevereiro de 1898. Ignoramos se houve resposta. Lafaiete foi eleito para a Academia Brasileira de Letras* em substituição ao próprio Machado de Assis. Faleceu no Rio de Janeiro, em 1917, mas não se interessou em tomar posse de sua cadeira.

Pereira, Maria José de Mendonça Barroso A madrinha de Machado nasceu em 1773, em Portugal, recebendo o nome de Maria José Mendonça. Em seu registro de batismo foi declarada criança abandonada (exposta), mas o pai, Manuel Cardoso de Mendonça Figueira de Azevedo, era figura influente na sociedade lusa. Em 1802, por meio de procuração, casou-se no Porto com seu primo, Joaquim José de Mendonça Cardoso, juiz de fora em Cachoeira, Bahia. Mais tarde, ele foi nomeado desembargador intendente do ouro, no Rio de Janeiro, atestando o poderio da família Mendonça. Joaquim José faleceu prematuramente em 1807, com 31 anos, deixando a esposa com dois filhos menores: Joaquim José de Mendonça* e Antonia Margarida de Mendonça Figueira de Azevedo. Em 1826, Maria

P

José casou-se em segundas núpcias com Bento Barroso Pereira,* na capela da Senhora do Livramento, na chácara onde passou a residir e na qual Machado nasceu. Maria José batizou o menino e lhe deu o nome: Joaquim Maria é uma homenagem ao padrinho, Joaquim, e a D. Maria José. Não há dúvida de que foi uma figura carinhosa para o afilhado. Sara Braga Gomes da Costa,* sobrinha de Carolina,* contou a Lúcia Miguel Pereira que Machado costumava "referir-se com elogios e gratidão à madrinha". D. Maria José faleceu em 11 de outubro de 1845, de sarampo, quando o afilhado tinha apenas seis anos, sendo sepultada no convento de Santo Antônio.

Pereira, Remígio de Sena Nasceu ao redor de 1825, filho do português Jacinto Roque de Sena Pereira, militar com grandes serviços prestados ao Brasil nas campanhas do Prata, três vezes ministro da Marinha e uma vez ministro da Guerra, e da uruguaia Eugenia Gadea. Jornalista, redator do *Diário do Rio de Janeiro** e *do Correio Mercantil,** sócio de Augusto Emílio Zaluar* em *O Paraíba.** Machado colaborou nesse jornal a partir de abril de 1858, provável início da amizade entre os dois. No ano seguinte, ambos participavam da tradução de *Brasil pitoresco,** de Ribeyrolles.* Em maio desse ano, Machado dedicou-lhe a poesia "S. Helena",* de forma cerimoniosa: "Ao Sr. Remígio de Sena Pereira". No início da Guerra do Paraguai, ao descobrir a infidelidade da mulher com quem vivia, Remígio alistou-se como voluntário da pátria. Partiu para o campo de batalha em maio de 1866, com o evidente propósito de morrer. Faleceu em novembro desse ano, em consequência de ferimentos recebidos na Batalha de Tuiuti, após ser citado várias vezes por atos de heroísmo. Tinha cerca de quarenta anos. Em carta a Quintino Bocaiuva,* narra Machado que Pinto Peixoto* teve ideia "de uma missa mandada dizer pelos antigos redatores do *Paraíba*, ele, o Zaluar,* o Belegarde,* tu e eu". Machado inspirou-se no drama do amigo para escrever o conto "Um capitão de voluntários".*

Remígio de Sena Pereira

Pereira, Silva (Francisco Teixeira da S. P.) Ator nascido em 1839, em Portugal, iniciou-se cedo no teatro. Em 1863, já trabalhando na empresa Vale, chegou ao Brasil. Regressou a Portugal em 1881, tendo ainda voltado algumas vezes, em excursão artística, ao Rio de Janeiro. Silva Pereira teria sido o responsável por Machado ter rasgado a sua tradução de *Les Plaideurs*, de Racine,* intitulada *Os demandistas.**

Pereira Júnior, José Fernandes da Costa Natural de Campos, RJ, 1833, formou-se pela Faculdade de Direito de São Paulo. Deputado em quatro legislaturas, pelo Partido Conservador, presidiu as províncias do Espírito Santo, Ceará, São Paulo, Rio Grande do Sul e Pernambuco. Ministro da Agricultura, Comércio e Obras Públicas, de 28 de janeiro de 1873 a 25 de junho de 1875. No dia 31 de dezembro de 1873, assinou a nomeação de Machado como 1º oficial do Ministério. Quinze anos mais tarde, como ministro do Império do gabinete João Alfredo, nos estertores da monarquia, nomeou Machado oficial da Ordem da Rosa.* Faleceu no Rio de Janeiro, em dezembro de 1889.

Perguntas sem resposta Poema incluído nas *Ocidentais.** Primeira publicação em *A Semana,** de 19 de junho de 1886, com a assinatura Machado de Assis.*

Periódico dos Pobres Nesse jornal, Machado publicou o seu primeiro trabalho na imprensa, o "Soneto"* dedicado "À Ilma. Sra. D.P.J.A.".* O *Periódico dos Pobres* surgiu em 15 de abril de 1850, em substituição a *O Anunciador*. No início era trissemanal, "escrito em tom joco-sério e não ofensivo", passando mais tarde a bissemanal. Durou pelo menos até 22 de março de 1856. Era impresso na tipografia de Antonio Maximiano Morando,* seu proprietário e redator.

Pertence, Francisco Praxedes de Andrade Doutor em medicina, Pertence (Rio de Janeiro, RJ, 1823-1886) escreveu com o padre Vergueiro o *Compêndio de Gramática Portuguesa,* que Machado comentou em crítica publicada no *Diário do Rio de Janeiro,* de 22 de fevereiro de 1862. Confessando-se incompetente "para avaliar pelo justo e pelo miúdo a importância e superioridade de uma gramática", o crítico exaltou "o método do plano e a limpidez e concisão das definições", sublinhando o conhecimento da língua do Dr. Pertence, "dos mais raros e incontestados". Machado conhecia pessoalmente o médico e gramático, como declara na mesma crítica.

Pessoa, Epitácio (E. da Silva P.) No dia 13 de dezembro de 1900, Epitácio Pessoa (Umbuzeiro, PB, 1865) assumiu interinamente a secretaria da Indústria, Viação e Obras Públicas.* Dessa forma, Machado passava a ser o secretário do jovem ministro, inquieto e ambicioso, já com um notável currículo político. Os dois já se conheciam e haviam conversado, alguns dias antes. Machado, em busca de um local para instalar a Academia Brasileira de Letras,* falou ao político, que parece não ter lhe dado muita oportunidade de se expressar. "Falei-lhe de passagem sobre o projeto, mas não há intimidade entre nós, e estávamos com outras pessoas", conta Machado a Lúcio de Mendonça, em carta de 29 de novembro de 1900. No trabalho, os dois não se ajustaram. Machado, metódico e minucioso, não agradou ao ministro, apressado e impaciente. O desajuste durou pouco mais de dois meses, pois Epitácio deixou o Ministério em 25 de fevereiro de 1901. Anos mais tarde, em depoimento a José Vieira, o político acusou Machado de ser "um péssimo secretário" e falava "na falta de método e na demora e confusão de que se ressentira a sua ação no preparo, exposição e despacho do expediente do Ministério da Viação". É possível que, acima de tudo, tenha havido um choque de temperamentos, pois outros ministros ressaltaram exatamente as qualidades funcionais depreciadas pelo futuro presidente. A carreira de Epitácio prosseguiu com brilho: ministro do Supremo Tribunal Federal, representante do Brasil no Congresso de Versalhes, presidente da República de 1919 a 1922. Faleceu em Petrópolis, em 1942.

Pessoa, Francelino Domingues de Moura Violinista. Machado compareceu ao seu benefício, realizado em 1859, dedicando-lhe um soneto em que o chama de "exímio rabequista".

Petalógica Sociedade fundada em 1853, na livraria de Paula Brito,* na praça da Constituição, nº 64. O nome deriva de peta, mentira, dando o tom das reuniões. Mentia-se por brincadeira e por irreverência, fazia-se graça, conversava-se sobre literatura e teatro, declamavam-se versos. Valia tudo. Com exceção de ficar triste ou discutir política. Era frequentada por poetas, dramaturgos, políticos, jornalistas, atores, viajantes, curiosos. "Assim como tinham entrada os conservadores e os liberais, tinham igualmente entrada os lagruístas e os chartonistas; no mesmo banco, às vezes, se discutia a superioridade das divas do tempo e as vantagens do ato adicional; os sorvetes do José Tomás e as moções de confiança aqueciam igualmente os espíritos; era um verdadeiro *pêle-mêle* de todas as cousas e de todos os homens", lembrou Machado em crônica publicada no *Diário do Rio de Janeiro*,* 3 de janeiro de 1865. A conversa abrangia tudo, "desde a retirada de um ministro até a pirueta da dançarina da moda" e a discussão ia "desde o dó do peito de Tambelick até os discursos do marquês de Paraná". Nem tudo era brincadeira. A sociedade tinha um "lado sizudo, para os casos que demandassem gravidade" (*Diário do Rio de Janeiro*, 11 de setembro de 1864). Atuava politicamente, com orientação nacionalista, "sempre à frente das manifestações públicas nos dias santos da história brasileira" (*idem*). Machado, frequentador assíduo, a partir dos quinze ou dezesseis anos, chamou-a de café Procópio da época e deixou diversos testemunhos sobre a instituição, inclusive na peça *Hoje avental, amanhã luva*,* em que um dos personagens cita a Petalógica como um dos grandes divertimentos da cidade. Depois da morte de Paula Brito (1861), a sociedade ainda se manteve viva e ativa, mas sem o mesmo prestígio. Ao escrever sobre ela, em 1865, Machado sugere que havia muito não a frequentava.

Petronilha O primeiro poema publicado por Machado na imprensa foi o "Soneto"* dedicado "À Ilma. Sra. D.P.J.A.". O último verso revela que se tratava de certa D. Petronilha, senhora casada e mãe de família. Resta identificar o sobrenome da homenageada.

Petrópolis Antes mesmo de conhecer a cidade, Machado já colaborava em um periódico petropolitano, *O Paraíba*, entre 1858 e 1860. Em uma de suas crônicas, explicou que Petrópolis "é o partido do verão, como o Rio de Janeiro é o partido do inverno". "Em chegando a época marcada, a cidade dominante passa as rédeas da governança à dominada e esta recebe em si a sociedade distinta". A sua primeira obra original, a peça *Desencantos*,* decorre parcialmente em Petrópolis, cenário de outras obras, como a peça *As forcas caudinas** e o conto "Linha reta e linha curva".* Machado foi duas vezes, pelo menos, à cidade imperial. A primeira, em março de 1869, para encontrar-se com sua então noiva Carolina,* que subira a serra em companhia de Faustino Xavier de Novaes,* na esperança de que o clima ajudasse a melhorar a saúde do irmão. A segunda ocasião foi em janeiro de 1882, para se recuperar de uma estafa por excesso de trabalho, como auxiliar do ministro Buarque de Macedo.* Hospedou-se no Hotel Oriental,* em companhia de Carolina, permanecendo ali de dois a três meses. *O Binóculo*, de 28 de janeiro de 1882, pela pena do colunista Trop, comentou as férias de Machado e os seus debates diários com França Júnior,* hospedado no mesmo hotel. Foi nessa ocasião, provavelmente, que dedicou à cidade um poema que se iniciava pelo verso "Baias era a Petrópolis latina". "Entende-se que a comparação vinha da vida elegante e risonha da antiga Baias, tão buscada daqueles romanos nobres e opulentos, que ali iam descansar de Roma", explicou Machado, em crônica da série *A Semana* (7 de março de 1896), na qual informa também que esqueceu o poema. Mas nunca se esqueceu da cidade, tantas vezes citada e elogiada em suas obras. Assim, quando se tratava de mudar a capital do estado do Rio de Janeiro para Petrópolis, vencendo o interesse de outros municípios, Machado observa que "Petrópolis é tão cheia de graça que não lhe foi difícil ouvir: *Ave Maria; a assembleia é contigo; bendita és tu entre as cidades*" (*Gazeta de Notícias*, 28 de janeiro de 1894).

Pharol (O) Jornal de Juiz de Fora, publicou a notícia da chegada e partida de Machado à cidade, em sua edição de 19 de janeiro de 1890.

Pianista (A) Conto publicado no *Jornal das Famílias*,* de setembro e outubro de 1866, com as iniciais de J.J.* Incluído nos *Contos esquecidos.**

Pílades e Orestes Conto que figura nas *Relíquias de casa velha.** Publicado originalmente no *Almanaque Brasileiro Garnier* de 1903, com a assinatura Machado de Assis.*

Pimentel, Figueiredo (Alberto F. P.) Integrado ao simbolismo, como poeta, e ao naturalismo, como ficcionista, Figueiredo Pimentel (Macaé, RJ, 1869 – Rio de Janeiro, RJ, 1914) cultivou a poesia, o romance, a crônica, o jornalismo, sendo o criador da literatura infantil brasileira. Em 1901, quando residia em Paris, escreveu a Machado revelando a disposição de Phileas Lebesgue* de traduzir algumas obras machadianas para o francês. Machado agradeceu em carta datada de 31 de março de 1901, reproduzida no *Catálogo da Exposição Machado de Assis*, na qual explica que a propriedade de sua obra pertencia ao editor Garnier.* A ideia não foi avante, mas Lebesgue, junto com Manuel Gahisto, traduziu o conto "O enfermeiro"* (*L'Infirmier*) e, sozinho, o poema "A mosca azul".*

Pina Fava (O) Pseudônimo não identificado. Em artigo publicado em *O Mequetrefe*,* de 21 de outubro de 1875, conta a confusão ocorrida durante o ensaio da peça *Os lazaristas** e a reação de Machado, que "começou a gaguejar e a tremer". Uma semana depois, criticando a posição de Machado como censor,* contrário à apresentação da peça, dizia ter medo de encontrá-lo "a ajudar missas e a escovar botinas de frades" (28 de outubro de 1875).

Pinheiro, cônego Joaquim Caetano Fernandes Nascido no Rio de Janeiro, em 1825, estudou teologia em Roma. Dedicou-se à poesia e à história. Em 1852 publicou o *Curso Elementar de Literatura Nacional*, sendo considerado por alguns o fundador da historiografia e da crítica literária no Brasil. Em 1871, Machado recebeu a coleção completa da *Revista do Instituto Histórico e Geográfico Brasileiro* das mãos de Pinheiro, primeiro secretário da instituição, agradecendo em carta datada de 20 de outubro de 1871. Com o pseudônimo de Araucarius, o cônego referiu-se às *Histórias da meia-noite** na *Resenha Bibliográfica* de 1873, publicada em *O Novo Mundo*,* de 23 de março de 1874. No ano seguinte, escreveu para a mesma revista uma resenha crítica sobre *A mão e a luva** (22 de fevereiro de 1875). Machado referiu-se por duas vezes à produção literária do cônego (*Diário do Rio de Janeiro*, 14 e 22 de novembro de 1864), observando que não era "um talento criador, mas

P

tem a discrição e a paciência para os trabalhos de compilação e investigação". Faleceu na sua cidade natal, em 1876.

Pinheiro, Rafael Bordalo (R. Augusto B. Prostes P.) Considerado o criador da caricatura em Portugal, Bordalo Pinheiro nasceu em Lisboa, em 1846. Depois de fustigar a sociedade lusa em publicações como *Calcanhar de Aquiles* e *O Binóculo* e alguns livros, partiu para o Brasil em 1875. No Rio de Janeiro, colaborou em *O Mosquito*, do qual se tornou proprietário até o desaparecimento do jornal. Logo em seguida, lançou *Psit!!!* e *O Besouro.** Integrado à vida brasileira, participou da polêmica gerada na imprensa brasileira pela crítica de Machado a *O primo Basílio*. Em *O Besouro*, Bordalo fustigou o crítico brasileiro, mas sem agressividade, de forma amigável. Nessa revista, publicou também algumas caricaturas* de Machado. Conta-se que num dia de Carnaval o escritor foi detido por um mascarado, fantasiado de dominó. "Você conhece-me?", indagou o carnavalesco. "Conheço pela colocação do pronome. É o Rafael Bordalo Pinheiro", respondeu Machado. Bordalo retornou a Portugal em 1879, ali falecendo em janeiro de 1905.

Pinheiro, Xavier (José Pedro X. P.) Funcionário público, Xavier Pinheiro (Salvador, BA, 1822 – Rio de Janeiro, RJ, 1882) foi colega de Machado na Secretaria de Agricultura e Comércio* durante mais de vinte anos. Jornalista, teatrólogo, poeta e historiador, ficou conhecido sobretudo como tradutor de *A divina comédia,** publicada postumamente. Segundo Elói, o Herói, pseudônimo de Artur Azevedo* (*Diário de Notícias,** 8 de julho de 1885), a ideia de traduzir a epopeia de Dante surgiu quando Xavier leu em *O Globo** a tradução machadiana do canto XXV do *Inferno*. No dia seguinte, traduziu o canto subsequente. Machado cumprimentou-o e "perguntou-lhe porque não traduzia o poema inteiro". A sugestão caiu em bom terreno. Daí em diante, sempre que dispunha de tempo livre, empregava-o na "tradução integral do assombroso livro".

Pinheiro Júnior, Luis Leopoldo Fernandes Natural de Campos, RJ, 1855. Poeta, tradutor e romancista. Funcionário público, foi chefe de seção na Secretaria de Negócios Estrangeiros. Era sobrinho e afilhado do cônego Joaquim Caetano Fernandes Pinheiro,* a quem dedicou seu primeiro livro, *Primícias*. É provável que, através do padrinho, tenha se comunicado com Machado, que lhe dirigiu uma carta analisando os seus versos. Pinheiro Júnior publicou essa carta como prefácio de seu livro de poemas *Tipos e quadros** (1886). Faleceu em Niterói, RJ, em 1955.

Pinto, Caetano Amigo de Machado, foi um dos sete que se cotizaram para presenteá-lo com o quadro de Fontana.*

Pipelet Ópera em três atos, baseada em episódios dos *Mistérios de Paris,* de Eugène Sue, com música do maestro Serafino Amedeo de Ferrari* e libreto de Rafaelle Berninzone. O original intitula-se *Pipele ossia il portinaio di Parigi*, tendo estreado no Teatro São Pedro, de Veneza, em 25 de novembro de 1855. Foi um sucesso estrondoso, encenada em todos os grandes teatros italianos. Machado traduziu-a em verso, do original ou de alguma versão francesa, como sugere a adoção da grafia para o nome do personagem: Pipelet. A peça começou a ser promovida desde outubro de 1859, quando Machado se referiu a ela em crônica publicada em *O Espelho,** mas a estreia teve sucessivos adiamentos. Acabou subindo ao palco no Teatro de São Pedro de Alcântara,* em 24 de novembro de 1859, representada pela companhia da Ópera Nacional.* Os intérpretes foram Eduardo Medina Ribas, como Pipelet; Carlota Milliet, no papel de Rigoletta; Virginia Belli, como Madalena, em substituição a Luísa Amat,* que se encontrava adoentada; José Amat* (Carlo Devresnel); Soares (D. Jacopo); Trindade (Cabrion) e N.N., como o meirinho. Em sua "Revista de Teatros", publicada em *O Espelho,* Machado se referiu a *Pipelet* como "uma das partituras mais cômicas e mais iguais de repertório moderno" (27 de novembro de 1859). A ópera voltou ao palco, parece que pela última vez, em 12 de fevereiro de 1860, no Teatro Lírico Fluminense,* com Luísa Amat no papel de Madalena. Talvez tenha havido outra representação no teatro de Santa Teresa, em Niterói, tendo sido anunciado espetáculo para o dia 4 de dezembro de 1859. A tradução de Machado está perdida.

Piquet, Julio Escritor uruguaio, foi o primeiro tradutor de um romance de Machado. Sua tradução das *Memórias póstumas de Brás Cubas** foi publicada em folhetim no jornal *La Razón,** de Montevidéu, antecedida das seguintes considerações: "*Si esta traducción llegara a adolecer de más defectos que los tolerables, seria injusto atribuirlo a incuria, pues la acometo com el mayor deseo de que corresponda á la belleza del original, no solamente por lo mucho que este vale, sino porque el propósito que principalmente tengo al emprender este modesto trabajo es expresar mi gratitud por las muchas atenciones que debo a mis colegas y amigos del Brasil. J. P.*". Em janeiro de 1902, a obra foi editada em dois volumes. Machado considerou a tradução "tão fiel como elegante, merecendo Julio Piquet ainda mais por isso os meus agradecimentos" (Carta a Luís Guimarães Filho, datada de 10 de julho de 1902).

Planche, G. Abeviatura do nome ou pseudônimo de jornalista ativo no Rio de Janeiro, no século XIX. Em 1º de maio de 1872, ele publicou no *Jornal do Commercio** uma crítica sobre *Ressurreição.**

Platão Pseudônimo utilizado por Machado na série de cinco artigos de crítica a Adelaide Ristori,* publicados no *Diário do Rio de Janeiro,** em 1869.

Plouvier, Édouard Nascido em família pobre, autodidata, Plouvier (Paris, França, 1821-1876) foi um autor prolífico. Deixou dezenas de obras: romances, contos, canções, dramas, comédias. A crítica acusava seu teatro de monótono e sobrecarregado de incidentes inúteis. Uma boa parte de sua produção teatral foi escrita em colaboração, como o drama fantástico *L'Ange du Minuit* (1861), em parceria com Théodore Barrière,* que Machado traduziu com o título de *O anjo da meia-noite.**

P

Pobre cardeal! Conto publicado na *Gazeta de Notícias,** de 6 de julho de 1886, com a assinatura Machado de Assis,* figurando pela primeira vez em livro na edição das *Relíquias de casa velha,** de W. M. Jackson.*

Pobre Finoca! Conto publicado em *A Estação,** de 31 de dezembro de 1891, 15 e 31 de janeiro de 1892, com a assinatura M. de A.* Figura no segundo volume dos *Contos fluminenses.**

Poder do Ouro (O) Nota sobre o drama com esse título, de Dias Guimarães, publicada no *Correio Mercantil,** de 21 de novembro de 1863, com a assinatura M.A.*

Edgar Allan Poe

Poe, Edgar Allan Escritor norte-americano (Boston, 1809 – Baltimore, 1849) que se tornou universalmente conhecido graças à tradução francesa de sua obra, realizada por Charles Baudelaire. Machado, que o admirava muito, traduziu o seu poema mais famoso, "O corvo",* e a ele se referiu em diversos trechos de sua obra.

Poesia Nota publicada no *Diário do Rio de Janeiro*,* de 17 de outubro de 1866, sem assinatura, antecedendo uma poesia de José Dias de Oliveira. *Dispersos.**

Poesia (A) Primeiro trabalho em prosa publicado por Machado. Saiu na *Marmota Fluminense*,* de 10 de junho de 1856, na seção "Ideias Vagas".* O estreante ainda não completara dezessete anos. *Dispersos.**

Poesia (sem título) Inicia-se pelo verso: "– Dize o que queres! murmurava o príncipe". Enviada por Machado a Furtado Coelho,* em 1876, para ser recitada antes da apresentação de uma peça não identificada, como se deduz das palavras que antecedem o poema. Publicado na revista *América Brasileira*, de 1º de junho de 1921. Reproduzido na parte de "Inéditos" do presente livro.

(Poesia dedicada às marinhas portuguesa e brasileira) Poesia recitada pelo ator Miguel de Sacramento,* no Teatro São Januário,* em 14 de junho de 1863. Ignora-se o título do poema, que está perdido.

Poesia e prosa Volume organizado por José Galante de Sousa, reunindo 36 trabalhos de Machado, inéditos em livro (vinte poemas e dezesseis artigos vários), além de doze textos curtos de "homenagens diversas". Edição da Civilização Brasileira, Rio de Janeiro, 1957, 195 pp. São os seguintes os poemas transcritos: "A palmeira";* "Ela";* "Teu canto";* "Minha musa";* "Um anjo";* "Condão";* "A Augusta";* "Ícaro";* "Fascinação";* "Hino patriótico";* "A cólera do Império";* "Daqui, deste âmbito estreito";* "À memória do ator Tasso";* "Dai à obra de Marta um pouco de Maria";* "Relíquia íntima";* "26 de outubro";* "As náufragas";* "Entra cantando, entra cantando, Apolo!";* "Soneto circular";* "Soneto"* (Caro Rocha Miranda e companhia). Os artigos são: "O jornal e o livro";* "A odisseia econômica do Sr. Ministro da Fazenda";* "Carta ao Sr. bispo do Rio de Janeiro";* "Carta à redação da *Imprensa Acadêmica*";* "O visconde de Castilho";* "*Cherchez la femme*";* "Carta a um amigo";* "Pedro Luís"* (dois artigos com o mesmo título); "Artur Barreiros";* "O futuro dos argentinos";* "Artigo a propósito da morte de Francisco Otaviano";* "Secretaria de Agricultura";* "Henrique Chaves";* "Henrique Lombaerts";* "Carta a Henrique Chaves, a propósito da morte de Ferreira de Araújo".*

Poesia. Num álbum Vide "No álbum do Sr. Quintela".

Poesias Machado pensou em publicar uma coleção de poemas com esse título. O livro chegou a ser anunciado, pelo menos uma vez, na edição de 7 de outubro de 1862 do *Jornal do Commercio*.* Seria um dos volumes da coleção Biblioteca Brasileira,* de Quintino Bocaiuva.* Deve-se supor que os trabalhos selecionados, todos ou parte deles, figurem nas *Crisálidas** (1864).

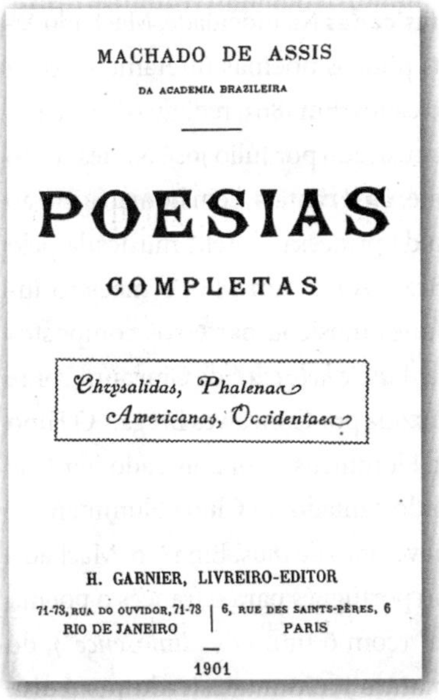
MACHADO DE ASSIS

DA ACADEMIA BRAZILEIRA

POESIAS

COMPLETAS

Chrysalidas, Phalenas
Americanas, Occidentaes

H. GARNIER, LIVREIRO-EDITOR

71-73, RUA DO OUVIDOR, 71-73 | 6, RUE DES SAINTS-PÈRES, 6
RIO DE JANEIRO | PARIS

1901

Folha de rosto da 1ª edição

Poesias completas A primeira referência às *Poesias completas* encontra-se em carta de Machado ao editor H. Garnier,* de 30 de outubro de 1899, propondo a reedição conjunta de seus três livros de poemas (*Crisálidas,* Falenas,* Americanas**), acrescidos de um novo, intitulado *Ocidentais*.* Em carta de 23 de novembro do mesmo ano, Garnier concordou com a ideia. O contrato para a edição da obra foi assinado em 7 de agosto de 1900, tendo o autor recebido 800 mil réis pela cessão perpétua dos direitos autorais. O volume de 376 páginas, impresso na tipografia Garnier, em Paris, trazia a data de 1901. Em maio desse ano, talvez em abril, o livro já se encontrava nas livrarias. Das obras já publicadas, Machado conservou 50 poemas e suprimiu 26. As *Crisálidas** foram o volume mais expurgado. Dos 28 trabalhos que compõem a primeira edição, foram reeditados apenas 12, sendo abandonado ainda o prefácio de Caetano Filgueiras.* Dos 35 poemas das *Falenas*, restaram 26. Das *Americanas* foram aproveitados 12 poemas, sendo suprimido apenas a "Cantiga do rosto branco".* As *Ocidentais* reuniam 30 poemas, quase todos já divulgados em jornais e revistas. O livro contava ainda com uma "Advertência" do autor, datada de 22 de julho de 1900. As *Poesias completas* receberam as seguintes críticas: Múcio Teixeira,* *Jornal do Brasil*, 20 e 27 de maio, 3, 10 e 17 de junho de 1901; José Veríssimo,* *Jornal do Commercio*,* 21 de maio de 1901; J. dos Santos (pseudônimo de Medeiros e Albuquerque*), *A Notícia*, 25-26 de maio de 1901; Sílvio Romero, uma resenha datada de junho de 1901, incluída em *Outros estudos de literatura contemporânea*; Magalhães de Azeredo,* em carta dirigida a Machado, datada de Roma, 20 de junho de 1901. O livro teve boa aceitação popular. Tanto assim que, já em 1902, saía a 2ª edição, em cujo prefácio houve um erro de revisão grotesco. Onde Machado escrevera: "que lhe cegara o juízo", o tipógrafo trocou a primeira vogal do verbo por a. Eduardo Lemos,* então funcionário da Livraria Garnier,* emendou os exemplares ainda não vendidos à tinta. Escaparam alguns com o erro grosseiro, hoje raridades bibliográficas.

Poesias musicadas Na mocidade, Machado escreveu uns poucos poemas diretamente para serem musicados. Em 1863, redigiu o "Hino patriótico",* musicado por Júlio José Nunes* e, no ano seguinte, uma cantata,* em homenagem ao casamento da princesa Isabel,* musicada pelo maestro Bezanzoni.* Em 1867, o maestro Júlio José Nunes musicou os versos compostos para a peça *A atriz hebreia*,* de Giovanni Fonte Basso, traduzida por Gonçalves Braga.* O Hino da Arcádia Fluminense* foi musicado por José Amat,* sendo cantado no Clube Fluminense,* em 25 de novembro de 1865. Em 1876, Machado traduziu do português para o francês o poema "Inocência" (com o título de "*Innocence*"), de Luiz Guimarães Júnior,* musicado por Luísa Leonardo.* Os demais poemas de Machado musicados foram escritos com simples finalidade literária, devendo-se sua escolha à admiração dos compositores. Em *Ecos do passado** – 1º Álbum de Romances para canto com acompanhamento de piano, de Artur Napoleão* (Rio de Janeiro, s/data (1867) – figura a "Lua da estiva noute".* Anos mais tarde, Alberto Nepomuceno* musicou "Coração triste falando ao sol",* incluído no álbum de *Canções*,* e o pianista e compositor português Oscar da Silva,* o poema "Quando ela fala",* em ritmo de mazurca. Após a morte de Machado, Francisco Braga compôs música para "Lágrimas de cera".*

Poesias perdidas Há diversas poesias de Machado, em geral obras de juventude, recitadas em festas e solenidades, noticiadas em jornais da época, que se encontram perdidas. A mais remota foi declamada por Gabriela da Cunha* na récita em favor das irmãs de Manuel Antônio de Almeida,* no Teatro Ginásio,* em 6 de fevereiro de 1862. Nesse mesmo ano, no dia 5 de julho, o poema "Nostalgia"* foi apresentado em sarau do Retiro Literário Português. Poema cujo título ignoramos foi recitado por Gabriela da Cunha, na récita em favor da Devoção da Piedade, realizada no Ateneu Dramático,* em 3 de outubro de 1862. No dia 14 de junho de 1863, no Teatro São Januário,* o ator Miguel do Sacramento recitou um poema dedicado às marinhas portuguesa e brasileira, de título ignorado. Na sessão comemorativa da independência, realizada em 7 de setembro de 1863, pela Sociedade Ensaios Literários,* foi apresentado o poema "A menina que se perde".* Na reunião comemorativa do centenário de nascimento de Bocage, realizada em 15 de setembro de 1865, no Clube Fluminense,* Machado recitou dois poemas, sendo um soneto. A atriz Antonina Marquelou* recitou um poema de Machado, escrito para o benefício da Real Sociedade Amante da Monarquia e Beneficente, no Teatro Lírico Fluminense,* em 28 de setembro de 1866. Por fim, o poema "Um neto de don Juan",* declamado pelo menino Monclair em 6 de dezembro de 1866, no Teatro Ginásio.

Poesias póstumas Volume de poemas de Faustino Xavier de Novaes,* impresso no Rio de Janeiro, na Tipografia do Imperial Instituto Artístico, 1870. Machado é o autor da introdução, assinada com as iniciais M.A.*

Poeta Iniciando a atividade literária pela poesia, Machado foi durante muito tempo considerado e louvado acima de tudo como poeta. Mesmo após a construção de parte significativa de sua obra de ficção, alguns críticos continuavam vendo nele, sobretudo, o cultor amável das musas. Esse prestígio provocou alguns equívocos graves. Em 1889, em artigo para *La Grande Encyclopédie*,* Eduardo Prado* cita-o apenas como poeta, esquecido das *Memórias póstumas de Brás Cubas*,* dos *Papéis avulsos*,* das *Histórias sem data*.* A essa altura,

Machado pouco escrevia poesia, depois de uma produção razoável, iniciada aos quinze anos, com a publicação do soneto dedicado "À Ilma. Sra. D.P.J.A.",* no *Periódico dos Pobres*,* de 3 de outubro de 1854. Em termos quantitativos, a poesia predominou em sua produção até os 20/25 anos, quando o trabalho na imprensa, como cronista, acentuando a tendência à reflexão crítica e a paixão pelo teatro, diversificaram e equilibraram seus focos de interesse. Nessa época era, se assim podemos dizer, um romântico desconfiado, imune ao sentimentalismo, mas envolvido e seduzido por temas caros ao romantismo: o amor, como revelação e salvação individual, preocupações com problemas sociais e políticos e com a missão evangélica do poeta num mundo conturbado. Essas características de sua obra poética, predominantes até os 25 anos, encontram-se nas *Crisálidas*,* seu primeiro livro de poemas, publicado em 1864. Nos anos subsequentes, o poeta começa a demonstrar cansaço com o romantismo, enquanto se acentuam sentimentos de perplexidade e revolta com as limitações da condição humana. Na busca por caminhos próprios, começa a se identificar com os ideais de equilíbrio clássico, que se acentuam também em sua prosa. *Falenas** (1870), seu segundo livro de poesia, é uma súmula dessa transição e uma afirmação de maturidade. O poeta passa a olhar o mundo com uma visão bastante pessoal, mescla de amargura e desencanto, com laivos de revolta contida, característica que se acentua em sua produção posterior, poética e em prosa. Na primeira metade da década de 1870, à medida que se entrega cada vez mais à prosa, por gosto e por obrigação profissional, a produção poética diminui sensivelmente. Além de eventuais poemas de circunstância, o poeta passa a dar primazia a assuntos relacionados com a história do país e ao sinuoso conflito e ajustamento de raças, que assinala a formação do povo brasileiro, tema de poemas como "Potira",* "Niani",* "A cristã nova",* "Sabina".* Essa produção foi englobada nas *Americanas** (1875), que a crítica tradicional vê apenas como uma adesão tardia ao indianismo, mas que deve ser considerada também como uma reflexão sobre as relações raciais no Brasil. Esquivando-se à simples exaltação do indígena, como em Gonçalves Dias* e seus discípulos, a obra questiona os impactos raciais experimentados por indígenas, negros e judeus na sociedade brasileira. Essa fase, reflexo talvez de um conflito íntimo, logo se diluiu diante de um tema muito mais absorvente: a dor e a angústia do ser humano, sem preocupação de raça, tratado sobretudo em prosa de ficção. O exercício da poesia se torna quase circunstancial. A obra escassa da maturidade, mais ligada à reflexão do que à emoção, afirma a identificação definitiva do escritor com os ideais clássicos. Os poemas desse longo período (1875-1900) foram reunidos nas *Ocidentais*.* O título é significativo, quando cotejado com o do livro anterior. *Americanas* refletem preocupações do poeta com aspectos típicos do ambiente brasileiro, com predomínio de visão social. O novo livro é uma espécie de integração definitiva à cultura ocidental, através do que ela tem de mais persistente, a herança clássica. O poeta, porém, ainda não havia alcançado o melhor de suas possibilidades. A ocasião que lhe permitiu tal surgiu com a morte da companheira, inspiração amarga para o mais belo poema de sua vida, um dos mais belos do idioma, o soneto "A Carolina".* A partir daí, pouco acrescentou à sua produção poética, 251 poemas, originais e traduções, ao longo de cinquenta e quatro anos de atividade. O suficiente para lhe garantir um lugar muito peculiar na evolução da poesia no Brasil, apesar de nunca ter tido a aceitação de um Casimiro de Abreu,* de um Castro Alves,* de um Gonçalves Dias.* Os seus livros vendiam pouco. Em 1881, ainda se encontravam no catálogo do editor Garnier as *Crisálidas** (1864), as *Falenas** (1870) e as *Americanas** (1875). O que talvez tenha influenciado o julgamento da crítica, que considera pouco representativa a sua obra poética, invertendo a afirmação do início de sua carreira, quando era visto como uma das grandes vozes da poesia brasileira. Opiniões extremas, como tais discutíveis.

Poeta (O) Órgão do Congresso Literário Gonçalves Dias, publicação mensal editada no Rio de Janeiro. Circulou de 15 de junho de 1883 a 31 de novembro de 1884, apenas cinco números. Machado colaborou uma única vez, com o artigo intitulado "3 de novembro",* em homenagem à data de morte de Gonçalves Dias.* Saiu no nº 5, de 3 de novembro de 1884.

Poeta (Um) Crítica ao poema "Riachuelo", de L. J. Pereira da Silva, publicada no *Diário do Rio de Janeiro,** de 24 de abril de 1868, com a assinatura Machado de Assis.* Trata-se de resposta a uma crítica de Faustino Xavier de Novaes.* *Dispersos.**

Poeta (Um) Crítica a *Entre o Céu e a Terra*, de Flávio Reimar (pseudônimo de Gentil Homem de Almeida Braga*), publicada na *Semana Ilustrada,** de 30 de janeiro de 1870, com a assinatura M.* *Dispersos.**

Poeta a rir (O) Poesia incluída nas *Falenas,** na parte denominada "Lira chinesa".* Imitação de um poema de Han-Tiê,* baseado na tradução francesa de Judith Gautier,* intitulada "*Un Poète Rit dans Son Bateau*".

Poeta e o Livro (O) Prefácio de Caetano Filgueiras* à primeira edição das *Crisálidas,** datado de "Corte em 22 de julho de 1864", ocupando as páginas 7-20. Escrito em tom de nostalgia, rico em informações biográficas sobre Machado, foi suprimido na edição das *Poesias completas,** de 1901.

Poeta Fluminense (Um) Crítica aos *Corimbos*, de Luiz Guimarães Júnior,* publicada na *Semana Ilustrada,** de 2 de janeiro de 1870, com a assinatura M.* *Dispersos.**

Polacos exilados (Os) Artigo publicado no *Diário do Rio de Janeiro,** de 22 de fevereiro de 1866, com a assinatura Machado de Assis.*

Polêmicas Em sua mocidade, Machado não demonstrou qualquer "tédio à controvérsia", mas uma disposição decidida e agressiva, apesar de polida, para o debate de ideias e, até mesmo, a polêmica. Polemizou duas vezes por meio de jornais, e não se esquivou a descer à arena uma terceira ocasião, quando cutucado com vara curta. Em *A Marmota** de 12 de fevereiro de 1858, Paula Brito* propôs à discussão o problema resumido na seguinte quadrinha: "Qual dos dois cegos mais sente/ o penoso estado seu:/ o que cegou por desgraça,/ o que cego já nasceu?". Machado entusiasmou-se, mas, com disposição de polemista, aguardou uma resposta contrária ao seu ponto de vista. A resposta surgiu no dia 26, com a publicação da opinião de Jq. Sr. (Joaquim Serra*), considerando o pior estado o de quem cegou por acidente: "Não ver é uma privação; ter visto e não ver, é um castigo". A resposta de Serra foi o estímulo que faltava a Machado. "Esperávamos que alguém agitasse esta questão", escreveu. E decidido: "Vamos entrar na questão". No dia 5 de março, com a assinatura As.,* era publicada a sua resposta, na qual, como bom polemista, procurava logo reduzir a zero os argumentos do opositor: "À parte alguns absurdos, nada disse sobre a questão", concluindo ser "mais doloroso o estado do cego de nascença, comparado ao cego por acidente". Jq. Sr. replicou no dia 9, com imediata tréplica de Machado, publicada no dia 16. Houve uma nova resposta de Jq. Sr., no dia 19, e um último artigo de Machado, saído no dia 26, pingando o ponto-final na polêmica. Além da resposta dos dois contendores, duas outras pessoas entraram no debate, nos dias 9 e 12 de março, utilizando respectivamente os pseudônimos de Alcipe e a inicial A. Após o encerramento da polêmica, a questão continuou sendo debatida nos números subsequentes de *A Marmota*, por T. C. Castelo Branco, M.A. Calasans Peixoto,* Antonio Manuel dos Reis. No final de 1861, Machado manteve polêmica com Macedo Soares* sobre a questão dos subsídios governamentais ao teatro. Mas logo se desencantou, adotando como princípio pessoal os conselhos dados a um colega: "Amigo, abre mão de pequenas polêmicas de que não poderás tirar glória, não malbarates em pouquidades o talento que Deus te concedeu" ("Ao redator dos *Ecos marítimos*", *Diário do Rio de Janeiro*, 8 de fevereiro de 1862). Só se afastou destes princípios quando o seu conto "Confissões de uma viúva moça"* (1865) foi acusado de imoralidade por um leitor. Foi a terceira e última polêmica de sua vida. No ano anterior, quando da estreia da peça *O caminho da porta** em São Paulo, Machado havia sido acusado de plagiário por alguém que se assinava Silvio-Silvis.* A resposta foi imediata, mas Silvis se esquivou ao debate. Machado escreveu um artigo encerrando a questão, que não chegou a se transformar em polêmica.

Polianteia *Álbum de autógrafos oferecido a Sua Majestade o Senhor D. Pedro II Imperador do Brasil por ocasião de seu regresso à pátria em setembro de 1888*. Voiron, Typographie et Lithographie A. Mollaret, 1892. Apresentação assinada por Isabel, condessa d'Eu, e Gastão de Orléans, datado do Rio de Janeiro, 18 de agosto de 1888. A publicação conta com a colaboração de ministros de Estado, políticos, jornalistas, escritores. Machado colaborou com as seguintes palavras: "Nesta nossa Ítaca falta agora uma instituição secular. Mas o velho e sábio Ulisses, tornando à pátria, não a desconhece, como o de Homero desconheceu a sua. Acha a mesma terra que o ama, e mais a liberdade que ele sempre amou", datadas de 22 de agosto de 1888.

Polianteia *Comemorativa da inauguração das aulas para o sexo feminino do Imperial Liceu de Artes e Ofícios*. Edição de trezentos exemplares, editada no Rio de Janeiro, 1881, impresso na Tip. e Lit. de Lombaerts. Machado colaborou com o soneto sem título, que começa pelo verso: "Dai à obra de Marta um pouco de Maria".*

Polianteia Organizada em Benefício do Asilo de Órfãos de Campinas.* A publicação de doze páginas, mais duas não numeradas, foi editada em 1890, com a colaboração de vários escritores: Júlia Lopes de Almeida,* Alfredo Pujol,* Quirino dos Santos, Horácio de Carvalho, entre outros. Machado colaborou com o soneto intitulado "Pela inauguração do Asilo dos Órfãos de Campinas".*

Polianteias Machado detestava as polianteias, um hábito frequente na vida literária do século XIX, sobretudo nas décadas de 1880 e 1890. Chegou a sugerir: "excluam a polianteia", em crônica publicada em *A Semana*,* de 7 de julho de 1895. Apesar dessa prevenção, colaborou em algumas, que enumeramos, em ordem cronológica: (a) *Álbum Literário – Consagrado à Memória do Conselheiro Dr. Adolfo Manuel Vitório da Costa, Fundador e Diretor do Colégio Vitório.* 17 de maio de 1881. Apenas uma frase. (b) *Polianteia comemorativa da inauguração das aulas para o sexo feminino do Imperial Liceu de Artes e Ofícios*. Publicada em 1881. Um soneto, que se inicia pelo verso "Dai à obra de Marta um pouco de Maria".* (c) *Brasil-Espanha-Portugal*,* em homenagem ao bicentenário da morte de Calderón de la Barca.* Rio de Janeiro, 1881. Algumas palavras. (d) Álbum literário que figura no volume *O Brasil literário*,* Rio de Janeiro, 1882. Algumas palavras. (e) *L'Anniversaire du 14 Juillet*. Comemorativa da queda da Bastilha. Rio de Janeiro, 14 de julho de 1883. Algumas palavras em francês. (f) *Gazeta Suburbana*,* número especial em homenagem à província do Ceará, 25 de março de 1884. (g) *O Marquês de Pombal*. Obra comemorativa do centenário de sua morte mandada publicar pelo Clube de Regatas Guanabarense do Rio de Janeiro. Lisboa, 1885. O poema "A derradeira injúria".* (h) *L'Anniversaire du 14 Juillet*. Comemoração da queda da Bastilha, 14 de Julho de 1888. (i) *Polianteia. Álbum de autógrafos oferecido a Sua Majestade o Senhor D. Pedro II Imperador do Brasil por ocasião de seu regresso à pátria em setembro de 1888*.* Voiron, Typographie et Lithographie A. Mollaret, 1892. Algumas palavras, datadas de 22 de agosto de 1888. (j) *Polianteia*. Organizada em Benefício do Asilo de Órfãos de Campinas. Soneto intitulado "Pela inauguração do Asilo dos Órfãos de Campinas",* 1890. (k) Polianteia para obter fundos para a reconstrução do Liceu de Artes e Ofícios, 1893.

Política Machado viveu duas fases bem distintas em relação à política, caracterizadas pelo interesse apaixonado na juventude e, na maturidade, pela prevenção e, por vezes, um indisfarçável sentimento de repulsa. Vem daí a ideia de que teria sido, a vida toda, indiferente à política e até à realidade social do país. Essa opinião começou a se divulgar com o artigo de Pedro do Couto, no *Almanaque Garnier** de 1910. Com evidente prevenção, sem consultar as crônicas e a obra ficcional de Machado, um retrato fiel e minucioso da realidade social do Segundo Império, o crítico garante que, nela, "os fatos sociais são postos à margem, nem indiretamente, mesmo, eles se fazem sentir". No aspecto político, Machado seria um "absenteísta", voltado para dentro de si, como um caramujo. Essa ideia falsa se manteve durante muitos anos, por falta de análise. Em sua mocidade, identificado com os ideais do Partido Liberal – o "partido dos impulsos generosos" (*Diário do Rio de Janeiro*, 25 de abril de 1865), "que corresponde imediatamente às aspirações populares" (*idem*, 24 de março de 1862) –, Machado analisou as personalidades políticas em cena e os acontecimentos de forma clara e apaixonada, por vezes desaforada. O início de sua carreira de cronista, ainda na faixa dos vinte anos, foi de extremo radicalismo. Influenciado pelo pensamento de Eugene Pelletan* e pelo convívio diário com Saldanha Marinho,* não houve fato político da época que o cronista se abstivesse de examinar, em geral com acidez: as medidas propostas pelo ministro da Fazenda, Sales Torres Homem, para estancar a crise financeira vivida pelo país a partir do gabinete do Marquês de Olinda (1859), os ataques desassombrados aos gabinetes conservadores de Caxias, Zacarias de Góes e Vasconcelos* e Francisco José Furtado, a posição hostil à inauguração da estátua equestre* de D.

Pedro I, as arbitrariedades do senador Jobim contra os estudantes de São Paulo, as ironias às trampolinagens políticas e às conveniências pessoais colocadas acima do interesse público. Revelava também descrença com as instituições, revoltando-se com a recusa popular em participar do processo político-social. Que era o Brasil? "Dissera-se um país onde o povo só sabe que existe politicamente quando ouve o fisco bater-lhe à porta" (*idem*, 1º de novembro de 1861). Nada esperava dos donos do poder. Algumas de suas ideias ainda há alguns anos seriam enquadradas como subversivas: "Se há alguma cousa a esperar é das inteligências proletárias, das classes ínfimas; das superiores, não" ("A reforma pelo jornal",* *O Espelho*, 23 de outubro de 1859). Neste período, pensou em ingressar na política, como tantos de seus amigos. Em 1866, com 27 anos, especulou sua candidatura a deputado.* Retirou-se a tempo. Com o amadurecimento, o crescente desencanto pela humanidade, a saída do *Diário do Rio de Janeiro* e o ingresso no funcionalismo público, passou a se esquivar a manifestar opiniões políticas, o que não significava desinteresse pelo assunto, mas uma posição cautelosa de quem, sendo funcionário público, não devia manifestar-se contra o governo. A análise do mundo da política e dos políticos se deslocou do jornalismo para os romances e contos. O fenômeno se acentua a partir da década de 1870, quando a mão do ficcionista começa a se tornar segura e se aguça a capacidade de análise do ser humano. Alguns trabalhos de ficção da maturidade são mais incisivos que o mais violento artigo. Atingem longe. Como o conto "A sereníssima República",* que tanto irritou o deputado Leonel de Alencar.* A política se insinuava em toda parte no mundo de seus personagens. Mas preferia não se manifestar sobre os acontecimentos políticos do momento e os seus personagens. Na maturidade, sempre que se referia a um fato político gostava de ressaltar distância em relação a ele: "Não entendo de política, limito-me a ouvir as considerações alheias" (*Gazeta de Notícias*,* 25 de fevereiro de 1894). Não apenas por questões de conveniência, por tédio à controvérsia, mas também por cansaço: "a política, que é a velhice precoce" (*A Semana*,* 1º de dezembro de 1895), em contraste com a eterna juventude da arte.

Político diletante (O) Vide "Cham".

Polônia Poesia que faz parte das *Crisálidas*.* Primeira publicação em *O Futuro*,* de 15 de março de 1863, assinada Machado de Assis* e com o título de "O acordar da Polônia".

Pomo da discórdia (O) Comédia em três atos, cujos originais estão perdidos. No dia 18 de março de 1864, Machado submeteu o trabalho ao Conservatório Dramático Brasileiro,* recebendo parecer favorável de Domingos Jaci Monteiro.* A peça deveria ser encenada no Teatro Ginásio Dramático,* segundo o próprio Machado, em correspondência publicada em 10 de abril, na *Imprensa Acadêmica*,* de São Paulo. Ignoram-se as razões por que não subiu à cena.

Pompeia, Raul (R. d'Ávila P.) Da geração de jovens escritores surgida na década de 1880, Pompeia (Angra dos Reis, RJ, 1863) foi, até certa época, o admirador mais veemente de Machado. Em 1880, quando as *Memórias póstumas de Brás Cubas** estavam sendo publicadas na *Revista Brasileira*,* o jovem de dezessete anos, sob o pseudônimo de Raul D, já tinha a audácia de elogiar o romance (*Revista Ilustrada*, 3 de abril de 1880), quando muitos críticos ainda não sabiam o que pensar.

Raul
Pompeia

"É ligeiro, alegre, espirituoso, é mesmo mais alguma cousa; há muita crítica fina e frases tão bem subscritadas que, mesmo pelo nosso correio, hão de chegar ao seu destinatário", escreveu. A admiração deixava-o cerimonioso diante de Machado, como confidenciou a João Ribeiro: "Eu não sei que tratamento hei de dar a Machado de Assis, quando nos encontrarmos. Chamar-lhe Machado, seria uma familiaridade que nem por sombras ousaria cometer. 'Seu' Machado seria uma fórmula de respeito, mas de tão pífia vulgaridade que me embaraçaria. 'Doutor' Machado seria um insulto à sua vaidade, sutil e delicada, porque ele valia muito mais que os doutores e certamente receberia mal essa mentira inferior e desagradável". Três anos depois, ao lado de Machado, Pompeia integrou o grupo de sete alunos que estudou alemão* com Carlos Jansen.* O jovem escritor fez questão de participar do banquete comemorativo dos vinte e dois anos de publicação das *Crisálidas*,* realizado em outubro de 1886, no Hotel Globo.* Machado lembra que o conheceu "ainda no tempo das puras letras", aludindo à fase em que o escritor redigia *O Ateneu* (1888). Mais tarde, Pompeia tornou-se florianista rubro. A paixão política parece ter agravado o seu estado psíquico, levando-o a uma extrema agressividade. Mudou radicalmente em relação a Machado, em quem passou a ver antes de tudo o monarquista e o conservador. Capistrano de Abreu* conta que nessa época Pompeia definia Machado como "escritor correto e diminuído". Pompeia suicidou-se no dia de Natal de 1895. Machado comentou o episódio trágico em crônica publicada na seção "A Semana",* da *Gazeta de Notícias*,* de 29 de dezembro daquele ano, na qual observa que "Raul era todo letras, todo poesia, todo Goncourts" e demonstra não ter guardado ressentimento com a atitude do amigo, pois mesmo entre os "que não comungavam com as suas ideias políticas, nenhum deixou de lhe fazer justiça à sinceridade".

Ponto de vista Vide "Quem desdenha".

Pontos e Vírgulas Seção da *Semana Ilustrada*,* surgida no nº de 4 de novembro de 1866, em substituição às "Novidades da Semana", mais tarde chamada de "Badaladas",* assinada pelo Dr. Semana,* pseudônimo que encobria vários colaboradores, entre os quais Machado. R. Magalhães Júnior considerou como sendo de Machado as colaborações publicadas nos dias 10 de novembro e 1º de dezembro de 1867; 5 e 12 de julho, 13 e 20 de dezembro de 1868; 3, 24, 31 de janeiro, 7 de março de 1869, incluindo-as em *Contos e crônicas*.*

Por ora sou pequenina Poesia escrita para ser recitada por uma menina, em 27 de janeiro de 1894, dia do casamento de Alfredo Loureiro Ferreira Chaves e Julieta Peixoto da Silva. *Dispersos.**

Por ora sou pequenina Vide "Quadras".

Porciúncula, J. Tomás de (José T. de P.) Natural de Petrópolis, RJ, 1854, formou-se em medicina pela Faculdade do Rio de Janeiro. Dedicado à política, foi deputado, ministro e presidente do estado do Rio de Janeiro. Quando ocupava o cargo de redator de *A Crença*, Machado dirigiu-lhe uma carta através da imprensa intitulada "A J. Tomás de Porciúncula",* referente a Fagundes Varela.*

Porto-Alegre, Manuel de Araújo Machado conheceu Porto-Alegre em 1857, nas reuniões realizadas aos sábados no Rocio, diante da livraria de Paula Brito,* conforme o testemunho de Salvador de Mendonça.* Porto-Alegre (Santo Ângelo, RS, 1806) já era uma figura importante: pintor, discípulo de Debret, autor de várias peças teatrais, diretor da revista *Guanabara*. A simpatia foi recíproca, e a amizade se consolidou, apesar de Porto-Alegre ingressar no serviço diplomático em 1858 e, a partir daí, passar boa parte do tempo no exterior. Em 1866, quando saiu o *Colombo*, Machado elogiou-o, mesmo conhecendo apenas fragmentos "primorosos" do poema, em crítica publicada no *Diário do Rio de Janeiro*,* de 5 de junho de 1866, e, muitos anos mais tarde (*A Semana*, 6 de outubro de 1895), aludiu ao "magnífico intróito" do poema: "Jaz vencida Granada...". Quando Artur de Oliveira* partiu para a Europa, no início de 1870, Machado confiou-lhe um exemplar autografado das *Falenas*,* a ser entregue a Porto-Alegre, em Lisboa. Este respondeu numa carta gentil, datada de 4 de agosto de 1870, na qual afirmava que "Gonçalves Dias deixou um digno sucessor!". Em uma de suas temporadas no Brasil, em 1871, o poeta gaúcho aconselhou Machado a tratar de temas nacionais, indicando a leitura da *Revista do Instituto Histórico e Geográfico*.* Chamou-lhe a atenção para a narração *Os orizes conquistados*, de Monterroyo Mascarenhas, reproduzida na revista, origem do poema "Os orizes",* incluído nas *Americanas*.* Quatro anos depois, planejando escrever a biografia de Basílio da Gama,* Machado dirigiu a Porto-Alegre carta, datada de 30 de julho de 1875, solicitando-lhe dados inéditos sobre o poeta ou a indicação de nomes que pudessem lhe auxiliar. O início da carta é particularmente eloquente, demonstrando a atenção e o respeito com que Porto-Alegre tratava o jovem escritor: "V. Excia. É tão bom que me anima a recorrer à sua competência". Porto-Alegre faleceu em Lisboa, em 1879.

Manuel de Araújo Porto-Alegre

Portugal A presença portuguesa na vida de Machado começou na infância, através da influência de sua mãe, natural dos Açores, da madrinha, D. Maria José Barroso Pereira,* e de parentes dela, que conviviam na chácara do morro do Livramento.* Ficou marcado e encantado pelo resto da vida. Frequentador do Gabinete Português de Leitura* desde adolescente, embebedava-se de autores portugueses, clássicos e modernos, com os quais ia aprendendo os segredos do idioma, louçanias de linguagem, graças de expressão. A lista é grande. Basta lembrar os favoritos, os que deixaram marcas para toda a vida, relidos com constância: Luís de Camões,* Almeida Garrett,* Bocage, Fernão Mendes Pinto, Sá de Miranda. Na mocidade, aproximou-se dos rapazes da imensa colônia lusa, que viviam e poetavam na Corte. Nessa fase, alguns de seus principais amigos eram portugueses: Ernesto Cibrão,* Gonçalves Braga,* Ramos Paz.* Um pouco mais tarde, Faustino Xavier de Novaes,* Augusto Emílio Zaluar,* Antonio Martins Marinhas,* Reinaldo Carlos Montoro,* Artur Napoleão,* vários outros. Essas relações de amizade, e mais tarde o casamento com mulher portuguesa, mérito artístico à parte, facilitaram a divulgação de sua obra em Portugal. Ainda muito jovem, já encontrava além-mar uma receptividade que nenhum outro autor brasileiro da época desfrutou, com exceção de Gonçalves Dias.* Nem Alencar* era tão aceito, apesar de estar no auge de sua carreira. O brasileirismo do autor de *O guarani** irritava os portugueses, enquanto Machado aparecia como um autor de formação clássica, sem ousadias de linguagem ou emprego de brasileirismos chocantes aos ouvidos lusos. A primeira referência a Machado no país encontra-se no quinto volume do *Dicionário bibliográfico português* (1860), de Inocêncio F. Silva,* no verbete dedicado a Alencar. O dicionarista registrava a crítica machadiana sobre *A mãe*. Mas em carta que lhe dirigiu, em 1866, Gomes do Amorim* atribuía-lhe "uma reputação que atravessou os mares e o fez conhecido na Europa como uma das futuras glórias de seu país". Referia-se à crítica de Pinheiro Chagas* a *Os deuses de casaca* (1866), que, comparada com as modestas resenhas publicadas na imprensa brasileira, era no mínimo consagradora. A consagração se consolidaria, pelo menos nos meios intelectuais, através da crítica de Júlio César Machado* às *Falenas** (1870) e do reconhecimento de Antonio José de Castilho,* citando-o como modelo de tradutor e chamando-o de "meu admirável poeta" no prefácio de sua tradução do *Fausto* (1872). Até mesmo intelectuais antipáticos e intolerantes em relação a autores brasileiros condescendiam em elogiar o jovem escritor, talvez sem nenhuma convicção ou sem ao menos o ter lido. Como Camilo Castelo Branco,* em *Noites de insônia* (1874), influenciado com toda probabilidade pela lembrança de Faustino Xavier de Novaes,* amigo de ambos. Na década de 1870, a difusão dos romances machadianos não teve a mesma acolhida de sua obra poética. *Ressurreição*,* lançado em 1872, foi analisado por Francisco Rangel de Lima* (*Artes e Letras*, junho de 1872) e por Pinheiro Chagas, em dois artigos publicados em *Artes e Letras* (abril de 1872) e em *O Brasil* (nº 69, de 1873). Ambos louvaram a sobriedade do estilo, a delicadeza de traços, mas faziam sérias restrições ao romance que, para o segundo, não passava de um esboço. Para os portugueses, Machado continuava sendo sobretudo poeta, e, ao longo da década, vários de seus poemas foram divulgados em publicações como o *Novo Almanaque de Lembranças* ("O verme",* em 1873; "Coração triste falando ao sol",* 1878), no *Almanaque de Senhoras* ("No espaço",* 1875; "No limiar",* 1878; "Sinhá",* 1879) e nas antologias *Parnaso Português Moderno*, de 1877 ("Quando ela fala"* e "O leque"*), de Teófilo Braga,* *Tesouro do Trovador* (1878), de João Diniz,* e *Tesouro Poético da Infância*, de Antero de Quental* ("Fé"*), publicada em 1883. Machado, por sua parte, sempre se mostrou disposto a promover autores portugueses contemporâneos no Brasil, como atestam os seus artigos sobre Mendes Leal, Gomes do Amorim, Camilo Castelo Branco, entre tantos outros. Em 1878, porém, irritou os portugueses e provocou reações por vezes violentas com a sua crítica a *O primo Basílio*, de Eça de Queirós.* Passada a tempestade, teve a primeira oportunidade de divulgar um de seus romances em Portugal. As *Memórias póstumas de Brás Cubas** começaram a ser publicadas em 12 de outubro de 1882, em folhetim no jornal *A Folha Nova,** de Lisboa. O livro não interessou ao público. A publicação, bastante espaçada, se arrastou por mais de um ano. Saíram apenas 28 capítulos, cerca de 20% do texto completo do romance. O último viu a luz em 22 de novembro de 1883, sendo então substituído por outra obra. Não houve qualquer explicação. O fracasso deve ter aborrecido Machado. O romancista parecia não agradar os portugueses. Em 1884, ao publicar no *Jornal do Porto* uma resenha crítica sobre os versos de Machado, Ramalho Ortigão* ignorava o romancista das *Memórias póstumas* e o contista de tantas obras-primas. Nesse mesmo ano, Brito Aranha incluiu um verbete, bastante lacunoso, sobre Machado, no volume XII do *Dicionário* de Inocêncio F. da Silva, no qual se referia ao poeta e ao crítico, revelando total indiferença pela obra do ficcionista, como se ele não existisse. A exceção ficava por conta do entusiasmo de Eça de Queirós,* que sabia de cor o delírio de Brás Cubas, mas vivia na França. Durante a década de 1880, o prestígio de Machado se manteve, sobretudo, graças à divulgação de seus versos, em publicações como o *Novo Almanaque de Lembranças* (*A amante de Camões* – título arbitrário para o soneto que começa pelo verso "Quando transposta a lúgubre morada" –,* em 1882; "Círculo vicioso",* 1886; "Quando ela fala",* 1891), *Jornal do Commercio* ("Elegia"* pela morte de Gonçalves Crespo – novo título para "A volta do poeta" –,* 1883; Soneto sobre a morte de José Bonifácio, o moço* – novo título para "26 de outubro" –,* 1886), *Correio da Manhã* (tradução de "O corvo",* de Poe, 1892; "Uma criatura",* 1895, precedida de uma nota que a classificava de "maravilha"), *A Madrugada* ("A festa de Lindoia" – novo título para "Lindoia" –,* 1896), *Branco e Negro* ("A mosca azul",* 1897). Por essa época, Sousa Bastos* incluiu-o na *Carteira do Artista* (Lisboa, Bertrand, 1898), um importante levantamento sobre autores e atores do teatro português e brasileiro. Numa época em que praticamente inexistiam direitos autorais, os contos de Machado foram reproduzidos em diversas publicações portuguesas, sem autorização do autor, como se conclui do fato de ele nem ao menos conhecê-las. "A igreja do diabo",* publicada na *Gazeta de Notícias,** em fevereiro de 1883, foi reproduzida no mesmo ano, em folhetins, no jornal *Constituinte*, de Braga. "Ideias de canário",* com o título "Que é o mundo?", saiu na *Revista Moderna*, em 1896. "Um cão de lata ao rabo"* foi pilhado por vários jornais portugueses, conforme carta de Miguel Novaes* a Machado. A falta de remuneração era compensada pelo prazer de ser divulgado em outro país.

Possível e impossível Conto publicado no *Jornal das Famílias,** de janeiro e fevereiro de 1867, com o pseudônimo de Marco Aurélio.* Figura nos *Contos avulsos.**

Potira Poema das *Americanas.** Publicado pela primeira vez no *Jornal do Commercio,** de 29 de junho e 28 de agosto de 1870, com o subtítulo "Fragmento de uma elegia americana", sendo assinada com a inicial Y.*

Prado, Antonio (A. da Silva P.) Durante os dois anos em que ocupou o Ministério da Agricultura, Comércio e Obras Públicas* (de 20 de agosto de 1885 a 10 de maio de 1887), Antonio Prado preocupou-se em organizar o serviço de imigração, a fim de acelerar a substituição do escravo pelo trabalhador livre. Dentro desse objetivo, incumbiu Machado – então chefe de seção – de redigir uma monografia destinada a criar facilidades para a imigração europeia. Surgiu assim o folheto *Terras.** Bacharel em direito, deputado em quatro legislaturas, senador, três vezes ministro de Estado, Prado (São Paulo, 1840) reassumiu o Ministério no curto período de 27 de junho de 1888 a 5 de janeiro de 1889, já após a abolição do cativeiro, procurando dar continuidade ao seu trabalho. A proclamação da República mudou os quadros do poder, mas não o afastou da política, sendo prefeito de São Paulo e fundador do Partido Democrata Paulista. Faleceu em 1929.

Prado, Eduardo (E. Paulo da Silva P.) O relacionamento de Machado e Prado (São Paulo, SP, 1860-1901) foi apenas esporádico. Falaram-se quatro ou cinco vezes, sem chegarem à intimidade, segundo o depoimento machadiano. Natural que assim fosse. Prado passou boa parte da maturidade na Europa e, quando no Brasil, ficava sobretudo em São Paulo. No entanto, a impressão deixada pelo autor das *Viagens* e de *A ilusão americana* em Machado foi forte e agradável. Prado talvez não desse tanto valor ao colega. No verbete sobre literatura brasileira, redigido para *La Grande Encyclopédie*, editada em 1889, relaciona Machado apenas como poeta, entre muitos outros, sem citar-lhe nenhum livro. Isso depois das *Memórias póstumas de Brás Cubas.** Por ocasião da morte do paulista, Machado redigiu o artigo intitulado "Eduardo Prado".*

Prefácio Aos *Contos seletos das mil e uma noites,** "extraídos e redigidos por Carlos Jansen.* O prefácio de Machado, datado de outubro de 1882, ocupa as páginas V-IX.

Prefaciador Machado não gostava de escrever prefácios para obras alheias, como se deduz de seu legado nessa área. Em mais de cinquenta anos de atividade literária, desfrutando de imenso prestígio, contam-se apenas onze prefácios de sua autoria, sendo dois deles simples cartas de cortesia transcritas pelos autores. Os demais foram ditados pela amizade e apenas um – o de *O guarani* – pela admiração. Foram as seguintes as obras prefaciadas por Machado: 1) *Fumo sem fogo*, Antonio Moutinho de Sousa,* 1861; 2) *A casa de João Jacques Rousseau,** Ernesto Cibrão,* 1868; 3) *Poesias póstumas,** Faustino Xavier de Novaes,* 1870; 4) *Névoas matutinas,** Lúcio de Mendonça,* 1872; 5) *Harmonias errantes,** Francisco de Castro,* 1878; 6) *Contos seletos das mil e uma noites,** Carlos Jansen,* 1882; 7) *Sinfonias,** Raimundo Correia,* 1883; 8) *Meridionais,** Alberto de Oliveira,* 1884; 9) *Miragens,** Enéas Galvão,* 1885; 10) *Tipos e quadros,** Luis Leopoldo Fernandes Pinheiro Jr.,* 1886; 11) *O guarani,** José de Alencar,* 1887.

Prefácios às obras de Machado de Assis Em sua juventude, ainda no embalo do espírito romântico, Machado admitia que amigos queridos prefaciassem os seus livros. Em 1863, por meio de carta, solicitou a Quintino Bocaiuva* um prefácio para o seu volume de *Teatro*,* que o amigo atendeu. Dois anos depois, outro amigo querido, o baiano Caetano Filgueiras, prefaciava as *Crisálidas*.* A partir daí, Machado deixou de solicitar prefácios aos amigos, consciente talvez da absoluta inutilidade de tais escritos e da flagrante superioridade do prefaciado sobre os prefaciadores.

Prelúdio Poema escrito no álbum* de Carolina,* sem título, datado de Rio de Janeiro, 23 de outubro de 1868, assinado Machado de Assis. Incluído nas *Falenas*,* com título e epígrafe de Longfellow.* Não foi aproveitado nas *Poesias completas*.*

Presidente Machado ocupou a presidência da Academia Brasileira de Letras* desde a fundação da instituição, eleito com apenas um voto contrário: o seu. Na primeira sessão preparatória, realizada nos escritórios da *Revista Brasileira*,* em 15 de dezembro de 1896, foi aclamado

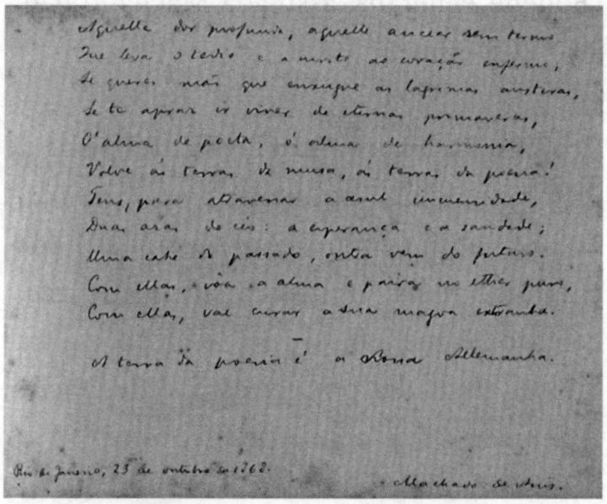
Aquella dor profunda, aquelle anceiar sem termo
Que leva o tedio e a morte ao coração enfermo,
Se queres mais que enxugue as lagrimas austeras,
Se te apraz o viver de eternas primaveras,
O'alma de poeta, ó alma de harmonia,
Volve á terra da musa, á terra da poesia!
Tens, para atravessar a azul immensidade,
Duas azas do céo: a esperança e a saudade;
Uma vem do passado, outra vem do futuro.
Com ellas, vôa a alma e paira no ether puro,
Com ellas, vae curar a sua magua estranha.

A terra da poesia é a nossa Allemanha.

Rio de Janeiro, 23 de outubro de 1868.

Machado de Assis.

Manuscrito do poema "Prelúdio" escrito no álbum de Carolina

por unanimidade, mantendo-se no cargo até setembro de 1908. Durante esses doze anos, a Academia realizou 96 sessões. Machado deixou de presidir, apenas, as efetuadas nos dias 28 de setembro de 1897 e 6 de junho de 1908, sendo substituído, respectivamente, por Joaquim Nabuco* e Medeiros e Albuquerque.* Dez anos antes da fundação da Academia, havia sido eleito presidente do Grêmio de Letras e Artes,* que recusou, alegando outras ocupações.

Primas de Sapucaia Conto que figura nas *Histórias sem data*.* Publicado pela primeira vez na *Gazeta de Notícias*,* de 24 de outubro de 1883, com a assinatura Machado de Assis.*

Primavera (A) Revista semanal de literatura, modas, indústria e artes na qual Machado publicou o poema "No álbum* – da artista Ludovina Moutinho".* Impressa na tipografia Popular de Azevedo Leite, rua Nova do Ouvidor nº 9, no Rio de Janeiro, *A Primavera* teve apenas quatro números. Os dois últimos datados de 17 e 24 de março de 1861 e os dois primeiros não datados.

P

Primeiro beijo (O) Tradução do poema de G. Blest Gana,* publicada na *Semana Ilustrada*,* de 19 de setembro de 1869, assinada com as iniciais M.A.* O trabalho foi precedido de uma pequena introdução, assinada pelo Dr. Semana.* *Dispersos*.*

Primeiros amores de Bocage (Os) Crítica à comédia assim intitulada de Mendes Leal, publicada no *Diário do Rio de Janeiro*,* de 15 de agosto de 1865, com assinatura Machado de Assis.* Saiu com o subtítulo "Carta ao Sr. conselheiro J. F. de Castilho".* Reunida posteriormente à obra *Crítica teatral*.*

Primo Basílio (O) Vide o verbete "Literatura realista - O primo Basílio".

Procelárias Crítica ao livro de versos de Magalhães de Azeredo* com este título, publicada na *Revista Brasileira,** de outubro de 1898, com a assinatura Machado de Assis.* Incluída em *Obra completa* (Rio de Janeiro, Aguilar, 1962).

Profeta (O) Poema publicado na *Marmota Fluminense,** de 2 de novembro de 1855, com a assinatura J. M. M. d'Assis.* *Dispersos.**

Programa (O) Conto publicado em *A Estação,** de 31 de dezembro de 1882, 15 e 31 de janeiro, 15 e 28 de fevereiro, 15 de março de 1883, com a assinatura Machado de Assis.* Incorporado ao segundo volume das *Relíquias de casa velha.**

Progressista Uma das facetas menos abordadas, aliás quase ignorada, da personalidade de Machado é o seu interesse pelo progresso. Sempre atento às mudanças sociais que a tecnologia ia introduzindo na vida do cidadão do século XIX, demonstrou especial entusiasmo pela fotografia.* Em crônica de 1878 revela a sua admiração pelo fonógrafo, o telégrafo e o microfone, "um instrumento que dá maior intensidade ao som e permite ouvir, ao longe, muito longe, até o voo de um mosquito" (*O Cruzeiro*, 23 de junho de 1878). Zombava dos conservadores, que se referiam ao progresso com desprezo ou se opunham a ele como a uma entidade malévola: "Há quem diga com desdém que este século é do vapor e da eletricidade, como se essas duas conquistas do espírito não viessem ao mundo como dous grandes agentes da civilização e da grandeza humana, e não merecessem por isso a veneração e a admiração universal" (*O Futuro*, 1º de abril de 1863). Outra faceta de seu espírito progressista era o interesse pelas conquistas femininas. Assim, quando na Bahia se formou a primeira dentista do Brasil, observou com "prazer" o fato de ir se acabando a tradição "que excluía o belo sexo do exercício de funções até agora unicamente masculinas" (*O Cruzeiro,** 30 de junho de 1878). "Eu quisera uma nação onde a organização política e administrativa parasse nas mãos do sexo amável, onde, desde a chave dos poderes até o último lugar de amanuense, tudo fosse ocupado por essa formosa metade da humanidade" (*Diário do Rio de Janeiro*, 21 de novembro de 1861). Aos homens, caberia unicamente o direito de votar. Em 1895, quando não se falava ainda em direitos políticos para a mulher, Machado defendeu o voto feminino e, ainda mais ousadamente, o direito da mulher ocupar cargos políticos. "Por que se não há de abolir a Lei Sálica nas repúblicas? Se a mulher pode ser eleitora, porque não poderemos elevá-la à presidência?" (*A Semana*, 20 de janeiro de 1895).

Progresso (O) (Hino da Mocidade) Poesia publicada no *Correio Mercantil,** de 30 de novembro de 1858, dedicada "Ao Sr. E. Pelletan" (Eugène Pelletan), assinada Machado d'Assis.* *Dispersos.**

Prólogo do Intermezzo Poesia traduzida de Heinrich Heine,* publicada em *A Semana,** de 14 de abril de 1894, com a assinatura Machado de Assis. Transcrita em *Intermezzo,** coleção de poemas do poeta alemão, em traduções efetuadas por vários, Rio de Janeiro, *A Semana*, 1894, 90 + 4 pp.

Próspero Pseudônimo que teria sido utilizado no conto "Duas juízas",* publicado em

*A Estação,** em 1883. A atribuição é de R. Magalhães Júnior.

Protocolo (O) Comédia em um ato incluída no volume *Teatro* (1863), junto com *O caminho da porta.** A peça recebeu parecer do Conservatório Dramático,* em 22 de novembro de 1862, redigido por Augusto Loureiro da Costa Guimarães.* Encenada pela companhia do Teatro Ateneu Dramático,* estreou em 4 de dezembro de 1862, interpretada por Lopes Cardoso* (Pinheiro), Pimentel (Venâncio Alves), Maria Fernanda (D. Elisa Pinheiro) e Jesuína Montani (Lulu). O espetáculo começou com a encenação de *As leoas pobres*, prosseguiu com um concerto sobre motivos da ópera *O baile de máscaras*, concluindo com o trabalho machadiano. "Finalizará o espetáculo com a primeira representação da comédia em um ato, original brasileiro do Sr. Machado de Assis, *O protocolo*", dizia o anúncio. Machado referiu-se à sua peça na *Crônica** quinzenal que escrevia para *O Futuro** (15 de dezembro de 1862), afirmando "que muito a meu contento a representaram os artistas do Ateneu". Em 1959, a peça foi encenada no auditório da Faculdade de Filosofia de Assis, dirigida por Ziembinski, tendo como principais intérpretes Cleyde Yaconis e Walmor Chagas.

Pseudônimos Ao longo de sua intensa e longa atividade jornalística e literária, Machado utilizou diversos pseudônimos, iniciais e assinaturas. Alguns estão comprovados, como os pseudônimos de Dr. Semana,* Manassés,* Eleazar,* Gil,* Sileno,* Job,* Victor de Paula,* Platão,* Lara,* Lélio,* Malvólio,* Boas-Noites,* Otto,* Max,* Máximo* e as iniciais A.,* As.,* M.A.,* M. de A.,* M.as.,* M.,* J.,* J.J.,* Y.,*B.B.,* O.O.,* O. de S.,* X.,* F.,* S.,* J.B.* Mesmo comprovadas essas assinaturas, o problema exige cautela. O pseudônimo Dr. Semana, por exemplo, era coletivo, sendo difícil comprovar o que foi escrito por Machado. Quando se trata de iniciais, o problema se complica ainda mais. Apenas um exemplo: a assinatura M.A. Machado utilizou-a no *Correio Mercantil,** em *A Marmota** e no *Diário do Rio de Janeiro,** mas não se pode atribuir a ele a colaboração com essas iniciais que se encontra em *O Espelho.** Nessa publicação, elas eram empregadas por Moreira de Azevedo,* e Machado, para se distinguir do colega, utilizava a forma M-as.* A tendência de alguns pesquisadores é a de atribuir a Machado qualquer texto assinado com tais iniciais. Assim, Jean-Michel Massa conclui ser de Machado o poema "Ontem, hoje, amanhã",* atribuição difícil de ser aceita. Há ainda muitas atribuições que aguardam confirmação, mas são perfeitamente aceitáveis, como Próspero,* Glaucus,* Camilo da Anunciação,* Marco Aurélio,* Victor de Parma,* Souza Barradas,* D. Juan,* Próspero,* Brás de Cubas.* Um caso à parte é o da assinatura Cham,* atribuída por R. Magalhães Júnior.

Publicações apedido As seções de apedidos dos jornais brasileiros do século XIX publicavam tudo: poesias, contos, recados de namorados, relatórios, fofocas políticas, insultos de vizinhos, reclamações, ameaças, calúnias, garantindo o anonimato de quem escrevia. Machado recorreu algumas vezes às seções de apedidos. Em 6 de dezembro de 1858, no *Jornal do Commercio,** publicou poesia dedicada a Monte Alverne,* que acabava de falecer. Com o pseudônimo de Brás de Cubas* divulgou uma nota nessa seção do *Correio Mercantil,** em 20 de julho de 1859. A polêmica sobre o conto "Confissões de uma viúva moça",* 1865, desenrolou-se nos apedidos do *Correio Mercantil.* Na maturidade, voltaria a recorrer à seção, na *Gazeta de Notícias,** para responder aos ataques de João Brígido.* Sua resposta saiu em 12 de setembro de 1890.

Pujol, Alfredo (A. Gustavo P.) Desde a mocidade, Pujol (São João Marcos, RJ, 1865) fez questão de frisar a admiração por Machado. Em 1886, quando fundou *A Quinzena,** em Vassouras,* convidou-o para colaborar na revista. Nesse mesmo ano, dedicou ao escritor o conto *Confissões de um viúvo* (*O Mequetrefe,* de 30 de novembro). Em 1917, Pujol publicou o seu *Machado de Assis,* reunindo sete conferências que proferira na Sociedade de Cultura Artística de São Paulo sobre o escritor, constituindo um trabalho pioneiro, de valor inestimável. Faleceu em São Paulo, em 1930.

Pujol, Hippolyte Educador francês estabelecido em São Paulo com colégio. Pujol apreciava a poesia e traduziu diversos autores

Alfredo Pujol

brasileiros para o francês, nos livros intitulados *Loisirs* (*Vers et Versions*) (1904) e *Anthologie des Poètes Brésiliens* (1912). No primeiro, incluiu a tradução do soneto "Círculo vicioso"* e no seguinte a dos poemas "Menina e moça",* "O verme"* e "Uma criatura".*

Punhal de Martinha (O) Crônica publicada a 5 de agosto de 1894, na seção "A Semana",* da *Gazeta de Notícias.** O título foi incorporado no volume *A Semana.**

Q

Quadra Sem título, dedicada a Ricardo Xavier da Silveira,* que completava 3 anos. Datada de 15 de novembro de 1893. Transcrita na *Revista da Sociedade dos Amigos de Machado de Assis,** nº 6, de 21 de julho de 1961.

Quadra Escrita em homenagem a Jaime Smith de Vasconcelos,* no final da década de 1870 ou início da seguinte. Começa pelo verso "Viva o dia Onze de Junho". Transcrita por Francisco de Basto Cordeiro em "O Machado de Assis que eu conheci menina" (*Jornal do Commercio*, 21 de junho de 1939) e em *Dispersos*.*

Quadras Poema sem título, composto de cinco quadras, começando pelo verso: "Por ora sou pequenina". Escrito para ser recitado pela menina Abigail Amoroso Lima,* em homenagem ao casamento de Julieta Peixoto da Silva e Alfredo Loureiro Ferreira Chaves, realizado em 27 de janeiro de 1894. *Dispersos*.*

Quadro do Sr. Firmino Monteiro (O) Artigo publicado em *A Estação*,* de 30 de abril de 1882, com a assinatura M.A.,* sobre o quadro *Fundação da cidade do Rio de Janeiro*. *Dispersos*.*

Qual dos dous? Conto publicado no *Jornal das Famílias*,* de setembro, outubro, novembro e dezembro de 1872, e janeiro de 1873, com a assinatura J.J.* *Histórias românticas*.*

Quando ela fala Poesia incluída nas *Falenas*.* Os versos foram musicados por Oscar da Silva,* em ritmo de mazurca. Foi o primeiro poema de Machado traduzido. A tradução alemã, de Wilhelm Storck, saiu na antologia *Aus Portugal und Brasilien* (1892).

"Quando torcendo a chave misteriosa" Vide verbete "Camões".

"Quando transposta a lúgubre morada" Vide verbete "Camões".

Quase ministro Comédia em um ato, representada pela primeira vez em 22 de novembro de 1863, no sarau literário e artístico realizado em casa dos irmãos Joaquim* e Manuel de Melo,* na rua da Quitanda, nº 6. Era uma festa de despedida a Artur Napoleão,* que embarcava para a Europa. O elenco, formado por amadores, contava com os seguintes intérpretes: Morais Tavares como o deputado Luciano Martins; Manuel de Melo interpretando o Dr. Silveira; Ernesto Cibrão* como José Pacheco; Artur Napoleão era Luís Pereira; Insley

BIBLIOTHECA THEATRAL

QUASI MINISTRO

COMEDIA EM UM ACTO

POR

MACHADO DE ASSIS

RIO DE JANEIRO
TYP. DA—ESCOLA—DO EDITOR SERAFIM JOSÉ ALVES
83—Rua Sete de Setembro—83

Folha de rosto da 1ª edição

Pacheco* vivia Mateus; Bento Marques, Carlos Bastos; Carlos Schram, Muller; Moniz Barreto,* Agapito. Antes de ser editada em livro – Rio de Janeiro, Tipografia da Escola, do editor Serafim José Alves, sem data (1864) –, a peça figurou no *Almanaque Ilustrado da Semana Ilustrada** para o ano de 1864, Tipografia do Imperial Instituto Artístico, 1864, pp. 9-34.

Que é o mundo? Vide "Ideias de canário".

Queda que as mulheres têm para os tolos Primeira obra publicada por Machado. O livro foi editado por Paula Brito, em 1861. Trazia a indicação: "Tradução do Snr. Machado de Assis", sem informar o autor e o título do original, nem a língua do qual havia sido traduzido. Posto à venda em junho, ao preço de 500 réis, e *A Marmota,** de 4 de junho, anunciava o lançamento. Antes de sair em livro, a *Queda* foi publicada em folhetins em *A Marmota*, nos dias 19, 23, 26 e 30 de abril, e 3 de maio de 1861, sem indicação de autor ou tradutor. Houve alterações no texto em livro, em relação ao publicado no jornal. Durante muito tempo, a crítica acreditou que fosse um original machadiano. Surgiram teses engenhosas em defesa desse ponto de vista. Lúcia Miguel Pereira concluiu que o texto surgiu em consequência "da amargura do amor desprezado", acrescentando que "embora diga explicitamente 'tradução do Snr. Machado de Assis' sem todavia declarar o nome do autor, é tão pessoal, tem tanto o aspecto de um desabafo que parece obra original". Afrânio Peixoto* endossou essa interpretação, atribuindo o fato de Machado se valer do artifício da tradução à sua timidez. O problema só foi esclarecido em 1966, por Jean-Michel Massa, que comprovou tratar-se de tradução de *De l'Amour des Femmes pour les Sots*, de Victor Hénaux,* publicado em 1859, em Liège e Paris, sem nome de autor. Em 1943, a Academia Brasileira de Letras* publicou uma edição fac-similar da obra, com nota preliminar assinada por Afranio Peixoto.*

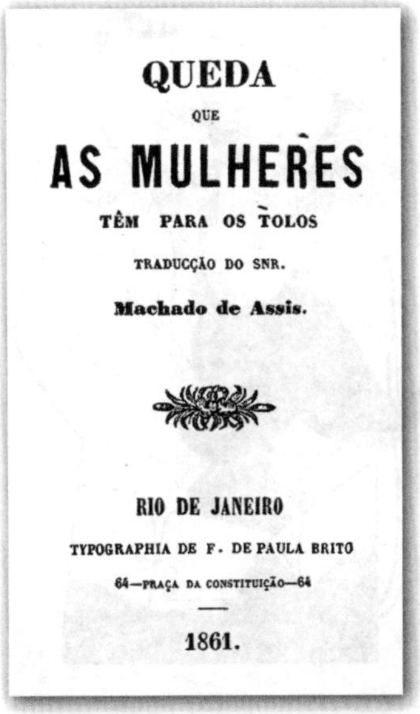
QUEDA

QUE

AS MULHERES

TÊM PARA OS TOLOS

TRADUCÇÃO DO SNR.

Machado de Assis.

RIO DE JANEIRO

TYPOGRAPHIA DE F. DE PAULA BRITO

64—PRAÇA DA CONSTITUIÇÃO—64

1861.

Folha de rosto da 1ª edição

Queirós, Eça de (José Maria E. de Q.) Escritor português, nascido em Póvoa do Varzim, em 1845. Formado em direito pela Universidade de Coimbra, integrou a chamada geração de 70. Ingressando no serviço diplomático, passou a maior parte da vida longe de Portugal.* Estreou no romance com *O crime do Padre Amaro* (1876). Dois anos depois, publicou *O primo Basílio*, que causou sensação no Brasil, muito bem vendido e elogiado na imprensa. A *Gazeta de Notícias** chegou a comentar que acabara a febre amarela e começara outra praga, o basilismo. A primeira manifestação contrária surgiu no número de 16 de abril de *O Cruzeiro,** uma crítica áspera ao romance, assinada por Eleazar,* pseudônimo que escondia Machado. As reações foram imediatas. O português Henrique Chaves* e o médico Ataliba de Gomensoro* contra-atacaram os argumentos

Eça de Queirós

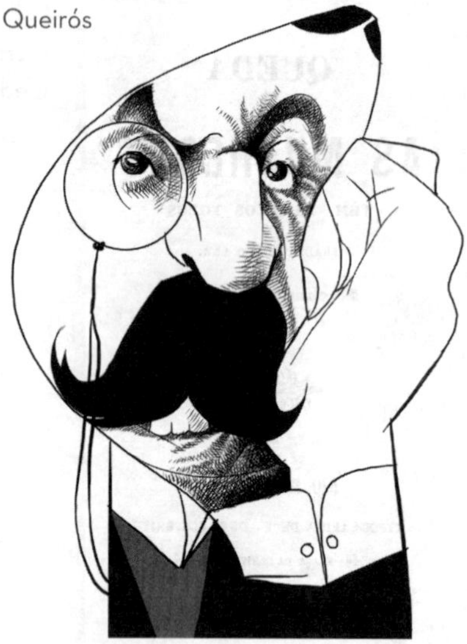

machadianos. Eleazar replicou em novo artigo, publicado a 30 de abril. Ataliba respondeu mais uma vez. A crítica machadiana, que fez restrições também ao *Crime do Padre Amaro*, melindrou Eça, que, ao tomar conhecimento de quem se encontrava por trás do pseudônimo, escreveu uma carta a Machado, datada de 29 de junho, em estilo seco e formal, agradecendo a crítica, mas discordando dela em alguns pontos. O ressentimento se manifestaria de maneira clara no prefácio à segunda edição de *O crime do Padre Amaro* (1880), no qual Eça dava uma resposta indireta a Machado. Aliás, bastante direta, na qual dizia que os críticos que haviam afirmado que o seu romance era uma imitação de *La Faute de l'Abbé Mouret* não haviam lido a obra de Zola, pois "com conhecimento dos dois livros, só uma obtusidade córnea ou má fé cínica poderia assemelhar esta bela alegoria idílica" ao *Crime do Padre Amaro*. Machado manteve-se imperturbável. Ao comentar o fracasso da adaptação teatral do romance, realizada por Antonio Frederico Cardoso de Menezes e Sousa* (*O Cruzeiro*,* 7 de julho de 1878), procurou atenuar a rudeza de sua crítica, exaltando as qualidades "aliás fortes" do livro, mas "as mais avessas ao teatro". Dessa forma, procurava ficar bem com Eça e com o seu adaptador para o teatro, sem renunciar à sua opinião. Muitos críticos admitem a influência da crítica machadiana sobre o escritor português, que teria inclusive provocado um desvio em sua carreira de romancista. Superados os atritos e melindres, firmou-se um sentimento de forte admiração recíproca entre os dois escritores. Por diversas vezes, em seus escritos, Machado referiu-se ao colega português de maneira simpática. Uma das crônicas da série "Bons Dias!" (*Gazeta de Notícias*,* 6 de setembro de 1888) começa da seguinte maneira: "Não é pelo gosto de imitar o Fradique Mendes, que uso tomar nota de algumas frases parlamentares". Apesar disso, Machado enviou apenas uma de suas obras ao colega português, *Quincas Borba*,* com uma dedicatória lacônica: "A Eça de Queiroz, Machado de Assis, 15-4-92". Eça não acusou o recebimento do livro. Teria recebido? Por sua vez, Eça nunca enviou nenhum livro autografado ao colega de além-mar, apesar da admiração pelas *Memórias póstumas*.* Domício da Gama* informou a Machado que o escritor português aprendera de cor o capítulo do delírio, "e gostava de declamá-lo pausadamente, com inflexões estudadas, que sublinhavam e esclareciam como um comentário as passagens de mais apurada análise psicológica ou de mais sutil ironia" (Olavo Bilac,* em *A Notícia*, 6 de outubro de 1908). Esse mesmo Bilac conta que estando em Paris, no inverno de 1890, participava quase todas as noites de reuniões em casa de Eça, nas quais um dos assuntos prediletos era Machado. O escritor português "não podia compreender certos aspectos de sua figura de homem e de escritor", e procurava aclará-los com perguntas embaraçosas aos brasileiros presentes, que replicavam: "O Machado não pensa nada sobre isso; o Machado escreve romances e contos!". No plano pessoal, Machado parece ter adotado uma posição de reserva, quase secura, em relação ao colega português. Em carta dirigida a Magalhães de Azeredo,* datada de 21 de julho de 1897, informa ter recebido "mandados pelo editor, dois números da *Revista Moderna*, que me parecem, literária e materialmente bem feitos. Os dois contos de Eça de Queirós, 'Perfeição' e 'José Matias' são lindos". Em *A Semana*,* de 28 de fevereiro de 1897, ressalta a "graça viva e cintilante" dos *Bilhetes Postais* de Eça. Nesse mesmo ano, em carta datada de Paris, 11 de novembro, Magalhães de Azeredo* escreve que "Eça de Queiroz me encarrega de mandar-lhe *um grande abraço espiritual*; não imagina que simpatia e entusiástico apreço ele manifesta a seu respeito". Machado agradeceu, afirmando que o seu "grande talento tem aqui a admiração de todos, novos e velhos". Em carta a Magalhães de Azeredo, de 10 de janeiro de 1898, Machado informa estar lendo *A Ilustre Casa de Ramires*, observando que "a arte com que está posta, desenhada e pintada a principal figura é realmente admirável, e não preciso falar particularmente da língua e do estilo". Quando soube da morte de Eça, em agosto de 1900, Machado escreveu uma comovida apologia do colega de ofício, na qual dizia que é como "se perdêssemos o melhor da família, o mais esbelto e o mais válido". Convidado por estudantes da Faculdade Livre de Direito a comparecer a uma cerimônia em homenagem à memória de Eça, atendeu ao convite, solicitando a Rodrigo Otávio que dissesse algumas palavras na ocasião. Foi a sua última homenagem ao colega português.

Queirós, Eusébio de (E. de Q. Coutinho Matoso da Câmara) Um dos grandes políticos do Império nasceu em São Paulo de Loanda, Angola, em 1812. Deputado em várias legislaturas, senador, ministro da Justiça. Machado conheceu-o no início de sua atividade jornalística, quando cobria as atividades do Senado. Privou também de sua intimidade, já que ambos frequentavam a casa de Saldanha Marinho.* A verdade é que, pelo resto da vida, ficou fascinado pelo "chefe dos conservadores, respeitado pela capacidade política, admirado pelos dotes oratórios, invejado talvez pelos seus célebres amores. Uma grande beleza do tempo andava desde muito ligada ao seu nome" (*A Semana*,* 11 de agosto de 1895). Em "O velho Senado",* voltou a evocar-lhe a figura: "Uma só vez ouvi falar a Eusébio de Queiroz, e a impressão que me deixou foi viva; era fluente, abundante, claro, sem prejuízo do vigor e da energia". Eusébio morreu no Rio de Janeiro, em 1868.

Quem boa cama faz... Conto publicado no *Jornal das Famílias*,* de abril, maio, junho de 1875, assinado com as iniciais O.O.* Incluído nos *Contos esparsos*.*

Quem conta um conto Conto publicado no *Jornal das Famílias*,* de fevereiro e março de 1873, assinado com as iniciais J.J.* Incluído no segundo volume dos *Contos fluminenses*.*

Quem desdenha Conto publicado no *Jornal das Famílias*,* de outubro e novembro de 1873, assinado Machado de Assis.* Figura nas *Histórias da meia-noite** com o título de "Ponto de vista".

Quem não quer ser lobo Conto publicado no *Jornal das Famílias*,* de abril e maio de 1872, com a assinatura J.J.* *Histórias românticas*.*

Quental, Antero de (A. Tarquínio de Q.) Iniciando-se nas letras muito cedo, como poeta

Q

romântico, Quental (Ponta Delgada, Açores, 1842) tornou-se na década de 1860 um dos líderes da renovação da literatura portuguesa. Angustiado, faminto de infinito, em permanente conflito íntimo, suicidou-se em sua terra natal, em 1891. Foi um dos grandes poetas da língua no século XIX, mestre do soneto. Como a maioria dos escritores portugueses do século XIX Quental ignorava a obra de ficção de Machado, conhecendo apenas as suas poesias. Em carta de 1880, informava que "do Machado de Assis só pude alcançar as *Crisálidas*, de que gostei, mas onde nada colhi que me servisse". Mas no *Tesouro poético da infância* (Porto, Ernesto Chardron, 1883), no qual figuram vários poetas brasileiros (Gonçalves Dias, Junqueira Freire, Álvares de Azevedo, Fagundes Varela), incluiu o poema machadiano "Fé", colhido exatamente nas *Crisálidas*.*

Questão Christie No dia 30 de dezembro de 1862, o ministro inglês no Brasil, William Dougal Christie, enviou um ultimato ao governo brasileiro, ameaçando tomar medidas enérgicas caso não fosse atendido em suas exigências. O diplomata britânico queria indenização pelo saque ao navio Prince of Wales, naufragado nas costas da localidade gaúcha de Romeiro, no início de junho de 1861, e também pelo pretenso assassinato dos súditos ingleses que deram à praia. O governo imperial admitiu que houve pilhagem, mas comprovou que os náufragos britânicos morreram afogados. A questão se achava nesse ponto quando, em junho de 1862, a polícia carioca prendeu três oficiais da marinha inglesa, integrantes da fragata Forte, que faziam arruaça na Tijuca. Foi a gota d'água que enfureceu o diplomata inglês. Depois das ameaças, Christie ordenou o bloqueio ao porto do Rio de Janeiro por navios britânicos, que durou de 31 de dezembro de 1862 a 6 de janeiro de 1863. Refletindo a indignação popular, Machado atacou rijamente a posição do embaixador inglês, em crônica publicada em *O Futuro** (15 de janeiro de 1863), e compôs o Hino dos Voluntários,* musicado pelo maestro Júlio José Nunes,* convocando o povo a se mobilizar contra a prepotência britânica. Interpretado por Emília Adelaide,* o hino foi cantado no Teatro Ginásio,* a 25 de janeiro de 1863. Mas a pressão inglesa não foi suavizada. O Brasil pagou a quantia exigida por Londres e logo em seguida as relações diplomáticas entre os dois países foram suspensas. Machado voltou a demonstrar preocupação com as consequências da Questão Christie, na crônica publicada em 3 de julho de 1864, quando da substituição, na estação naval inglesa de Montevidéu, da fragata Forte pela nau Bombay. "Uma adiçãozinha de força", observa o cronista, irônico e desconfiado.

Questão de vaidade Conto publicado no *Jornal das Famílias*,* de dezembro de 1864, janeiro, fevereiro e março de 1865, assinado Machado de Assis.* Figura nas *Histórias românticas*.*

Questões de maridos Conto publicado em *A Estação*,* de 15 de julho de 1883, com a assinatura Machado de Assis.* Incluído no 2º volume das *Relíquias de casa velha*.*

Quincas Borba A primeira versão do *Quincas Borba* foi publicada em *A Estação*,* de 15 de junho de 1886 a 15 de setembro de 1891, totalizando 91 folhetins. A composição tipográfica foi preservada para a edição em livro. Machado ia reformulando a obra e os tipógrafos efetuavam as alterações determinadas pelo autor. Da publicação em revista para o livro, as mudanças foram radicais. Pode-se dizer que as versões na revista e em livro constituem duas obras diversas. Foram suprimidos

Folha de rosto da 1ª edição

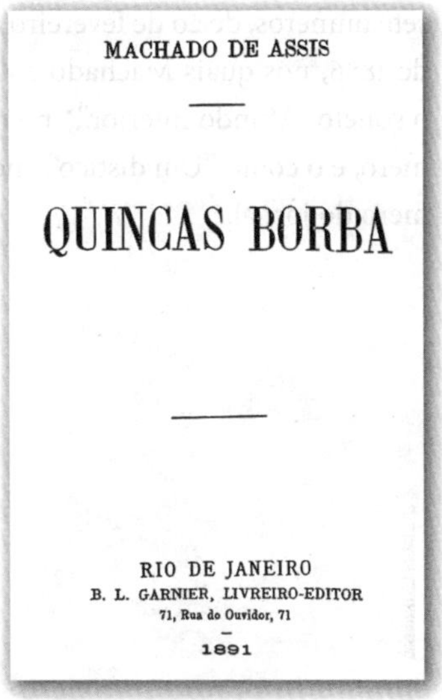
MACHADO DE ASSIS

QUINCAS BORBA

RIO DE JANEIRO
B. L. GARNIER, LIVREIRO-EDITOR
71, Rua do Ouvidor, 71
1891

trechos inteiros, outros acrescentados. Diversos capítulos mudaram de lugar. Até o personagem central foi rebatizado: Rubião José de Castro passou a se chamar Pedro Rubião de Alvarenga. No dia 17 de outubro de 1891, Machado e o editor B. L. Garnier* assinavam contrato no qual o editor adquiria os mil exemplares da obra, já impressos por H. Lombaerts & Comp. Em novembro, o livro já estava à venda nas livrarias. A repercussão foi favorável, mas o número de resenhas e notas críticas limitadas: José Veríssimo,* no *Jornal do Brasil*, de 11 de janeiro de 1892; Araripe Júnior,* *Gazeta de Notícias*, 12 e 16 de janeiro de 1892; José Anastácio, *O Tempo*, 25 de janeiro de 1892; Magalhães de Azeredo,* *O Estado de S. Paulo*, 19, 20, 21, 24, 26 e 27 de abril de 1892; Araripe Júnior, *Gazeta de Notícias*, 5 de fevereiro de 1893. A segunda edição foi lançada em 1896, sendo o contrato assinado em 17 de junho daquele ano. A edição era de 1.100 exemplares, pela qual Machado recebeu 250 mil réis. A primeira versão do romance, apresentada em *A Estação*, foi editada em livro (com o subtítulo "Apêndice") pelo Instituto Nacional do Livro/Ministério da Educação e Cultura, Rio de Janeiro, 1970, 242 pp., sob responsabilidade de Antonio José Chediak.

Quinhentos contos Conto publicado no *Jornal das Famílias*,* de junho e julho de 1868, com o pseudônimo de Otto.* Figura nos *Contos esparsos*.*

Quintela, Francisco José Corrêa Natural de Portugal, amigo de Faustino Xavier de Novaes,* publicou alguns poemas avulsos, exercendo a presidência do Retiro Literário Português.* Machado escreveu o poema "No álbum do Sr. Quintela",* publicado com esse título em *O Besouro*,* de 22 de fevereiro de 1879.

Quinze anos Poesia incluída nas *Crisálidas*.* Primeira publicação na *Semana Ilustrada*,* de 16 de dezembro de 1860, com a assinatura Machado de Assis* e o título de "Perdição". Nessa ocasião, o poema foi elogiado pelo *Courrier du Brésil** como uma "*charmante conception* de M. Machado d'Assis". A poesia figura no álbum da atriz Júlia Carlota de Azevedo,* em autógrafo de 1862, com o título "A uma criança". Machado recitou uma poesia com esse título no sarau do Retiro Literário Português,* realizado a 5 de julho de 1862, tratando-se, provavelmente, do mesmo trabalho. É o único poema de Machado que teve três títulos.

Quinzena (A) Jornal literário editado em Vassouras,* Rio de Janeiro, dirigido e redigido por Jorge Pinto e Alfredo Pujol.* Na lista de colaboradores figuravam os principais escritores da época: Machado, Artur Azevedo,* Bilac,* Luís Delfino,* Raimundo Corrêa,* Luís Murat,* Valentim Magalhães,* Júlia Lopes* (ainda não era de Almeida). Em *A Estação*, de 31 de março de 1886, Machado escreveu sobre o segundo número, observando que, datado de Vassouras, o jornal vivia "como se o centro fosse aqui mesmo, na rua do Ouvidor". E era, desde a redação até a impressão, feita nas oficinas da Casa Lombaerts. Circularam apenas sete números, de 20 de fevereiro a 1º de junho de 1886, nos quais Machado colaborou com o soneto "Mundo interior",* no primeiro número, e o conto "Um dístico",* no último número do jornal.

R

Rabelo, Laurindo (L. José da Silva R.) Quando Machado se iniciou na literatura e na vida literária, Laurindo (Rio de Janeiro, 1826) já era uma figura popular na cidade. Mestiço, descendente de ciganos, autor de modinhas de sucesso, muitas vezes pornográficas, gozava fama de grande improvisador e tocador de viola. Em 1853 lançou o seu único livro, *Trovas*, sendo as suas poesias eróticas publicadas postumamente, com o título de *Obras poéticas livres* (1882). Machado conheceu-o em 1859. Nessa época, ele era uma espécie de faz-tudo em *O espelho*, quando Laurindo foi admitido na redação, para auxiliá-lo. Deram-se bem, apesar da diferença de idade. Quando o "poeta lagartixa" morreu, em setembro de 1864, Machado dedicou-lhe (*Diário do Rio de Janeiro*,* 3 de outubro de 1864) uma das crônicas mais elogiosas que escreveu em sua longa carreira. Elogiosa e revoltada com a indiferença do país a "um dos seus primeiros poetas", "dotado de asas capazes de subir às mais elevadas esferas", "uma grande consciência, um grande coração".

Rabelo, Pedro (P. Carlos da Silva R.) Jornalista e poeta, Rabelo (Rio de Janeiro, RJ, 1868-1905) escreveu uma série de contos, reunidos no volume *Alma alheia* (1895), nos quais procurava reproduzir o estilo e a maneira machadiana. O próprio Machado, referindo-se ao livro, aliás de maneira elogiosa, comentou: "Tem-se notado que o seu estilo é antes imitativo, e cita-se um autor, cuja maneira o jovem contista procura assimilar. Pode ser exato em relação a alguns contos" (*A Semana*, 27 de outubro de 1895). Apesar da admiração, nunca se aproximou do mestre, mas procurou homenageá-lo sempre que surgisse ocasião. Em 1896, quando diretor de *A Cigarra*,* solicitou colaboração de Machado, que enviou o "Soneto – No álbum de D. Maria de Azambuja".* Em outubro desse ano, compareceu ao banquete comemorativo dos vinte e dois anos de publicação das *Crisálidas*.* Rabelo deixou ainda o livro de poemas *Ópera lírica* (1894) e duas obras de "leitura para maiores", *Filhotadas* (1897) e *Casos alegres* (1905), ambos publicados com o pseudônimo de Pierrot.

Racine, Jean Dramaturgo francês (1639-1699), cujo primeiro grande êxito foi *Andromaque* (1667). O fracasso de *Fedra* (1677) fê-lo desistir do teatro, ao qual voltou encorajado por Mme. de Maintenon. A sua única comédia, *Les Plaideurs*, publicada em 1668, critica os costumes judiciários do século XVII, tendo sido traduzida por Machado, com o título de *Os demandistas*.*

Rádio Alguns trabalhos de Machado foram apresentados através do rádio ou adaptados à sua linguagem. Num levantamento bastante precário conseguimos identificar as seguintes adaptações: *A festa dos personagens de Machado de Assis*, original de Joracy Camargo, com personagens extraídas de obras machadianas. A peça, escrita a pedido de Lourival Fontes, foi apresentada no dia 21 de junho de 1939, na *Hora do Brasil*. Na mesma data, a Rádio Clube do Brasil levou ao ar a peça *Suplício de uma mulher*,* de Émile de Girardin,* na tradução de Machado. Em 1953, a BBC, de Londres, apresentou dois contos de Machado,

"A cartomante"* e "D. Paula",* adaptados por Sérgio Luís Viotti. No ano seguinte, a mesma emissora transmitiu "A causa secreta",* em adaptação de Viotti. O mesmo profissional apresentou pela editora londrina *Uma história antiga*, adaptação de um conto não identificado de Machado, em 3 de fevereiro de 1957.

Ramos, Eduardo (E. Pires R.) O baiano Eduardo Ramos (Salvador, 1854) foi poeta, cronista, jurista e político. Quando exercia o mandato de deputado federal, redigiu projeto (1º de julho de 1898) autorizando o governo a estabelecer a Academia Brasileira de Letras* em um de seus inúmeros imóveis, pressionado por Lúcio de Mendonça.* Pouco antes, em carta (de 21 de junho de 1897) a Magalhães de Azeredo, Machado contava: "Há um deputado, poeta também, Eduardo Ramos, que se propõe a encabeçar a medida na Câmara". No entanto, só um ano depois o deputado apresentou o projeto, que ficou pendente ainda outro ano. Diante da situação, Machado procurou Ramos e outros deputados, tentando acelerar a tramitação e a aprovação do projeto, o que só ocorreu no final de 1900, de onde seguiu para o Senado. Começava uma nova batalha. Ramos faleceu no Rio de Janeiro, em 1923.

Ramos, Silva (José Júlio da S. R.) Filólogo e ensaísta, professor de português do Ginásio Nacional, Silva Ramos (Recife, PE, 1853 – Rio de Janeiro, RJ, 1930) foi também poeta (*Adejos*) e cronista (*Pela vida afora*). Aproximou-se de Machado algumas vezes, pelas circunstâncias. Em fevereiro de 1894, ambos integraram o júri de três escritores do concurso de contos instituído pela *Gazeta de Notícias*.* Dois anos depois, em 17 de julho de 1896, participou do banquete em homenagem a Assis Brasil,* ao qual Machado também compareceu.

Rangel, Godofredo (José G. de Morais R.) Romancista mineiro (Três Corações, MG, 1884 – Belo Horizonte, MG, 1951), integrou o grupo de Monteiro Lobato quando ambos eram estudantes de direito, em São Paulo. Sua obra mais conhecida é o romance *Vida ociosa* (1920). Em 18 de janeiro de 1907, Rangel escreveu uma carta a Machado, na qual a admiração era atenuada pela irreverência. Começava da seguinte forma: "Machado de Assis. Não vai senhoria antes do nome. Senhor é tudo que há, desde meu boticário ao Chico Bigorna, exceto gente. Dar-lhe esse prenome seria o mesmo que lhe enfiar no corpo um fato de aluguer, coisa parecida com a beca que trinta bacharelandos vestem sucessivamente para o quadro de fim de ano, ou botinas que se impregnaram de exalações de pés alheios". E segue nessa toada, até o fim. Machado guardou a carta, mas provavelmente não a respondeu.

Raul D Pseudônimo com que Raul Pompeia, na *Revista Ilustrada*,* de 3 de abril de 1880, criticou as *Memórias póstumas de Brás Cubas*,* ainda em via de publicação na *Revista Brasileira*.*

Razón (La) Jornal editado em Montevidéu, Uruguai. Publicou em folhetins as *Memórias póstumas*,* em tradução de Júlio Piquet,* durante o ano de 1902. No lançamento do romance, em 21 de janeiro, publicou biografia e retrato de Machado.

Rebelo Júnior, Castro (João Batista de C. R. J.) Poeta e jornalista baiano (Salvador, 1853-1911). Em 1886, compareceu ao banquete comemorativo dos vinte e dois anos de publicação das *Crisálidas*.*

Recitador Em sua mocidade, Machado gostava de recitar em público. Declamou em

R

diversos saraus apenas poemas de sua autoria. A única exceção se deu na festa da Arcádia Fluminense,* realizada em 14 de outubro de 1865, quando recitou "O velho relógio da escada", de Longfellow,* traduzido por Bittencourt Sampaio. O fato prova que a gagueira* manifestou-se bem mais tarde, por volta dos 30 anos, segundo testemunhos contemporâneos. O declamador sabia entusiasmar a assistência, colhendo vivos aplausos. No noticiário da época levantamos as seguintes apresentações em público: 1) No sarau do Grêmio Literário Português,* efetuado em 5 de julho de 1862, recitou "Nostalgia",* hoje perdido, e "A uma criança";* 2) Na festa comemorativa de fundação do Retiro Literário Português,* em 19 de julho de 1862, declamou "A caridade";* 3) No benefício realizado no Teatro Lírico Fluminense, em 26 de julho de 1862, a favor dos asilos da Infância Desvalida de Portugal, o poema "A caridade"; 4) Em 7 de setembro de 1863, na sessão comemorativa da independência, organizada pela Sociedade Ensaios Literários,* recitou os poemas "Maria Duplessis",* tradução de Alexandre Dumas Filho,* e "Quinze anos".* A *Revista da Sociedade Ensaios Literários* (vol. 1, p. 194) diz que, na oportunidade, Machado declamou ainda a poesia "A menina que se perde";* 5) Na reunião de despedida a Artur Napoleão,* que ia retornar à Europa, recitou "Epitáfio do México".* A festa foi realizada em casa dos irmãos Manuel* e Joaquim de Melo,* na rua da Quitanda, nº 6, em 22 de novembro de 1863; 6) "Os arlequins",* recitado em sarau no Clube Fluminense,* em 4 de abril de 1864. Machado deu notícia dessa festa – despedida de João Cardoso de Menezes e Sousa,* que partia para Pernambuco – em sua colaboração para a *Imprensa Acadêmica*,* de São Paulo, edição de 17 de abril; 7) Lúcia Miguel Pereira afirma que Machado recitou diante da família imperial, antes de um espetáculo no Ateneu Dramático,* em 1864. Não conseguimos documentação a respeito; 8) Em 15 de setembro de 1865, em reunião no Clube Fluminense, comemorativa do centenário de nascimento de Bocage e de fundação da Arcádia Fluminense,* declamou um poema na primeira parte e um soneto na segunda, ambos perdidos; 9) No sarau da Arcádia Fluminense, efetuado no Clube Fluminense, em 14 de outubro de 1865, recitou "No espaço".* O cronista do *Correio Mercantil** (17 de outubro de 1865) observa que "não se sabe o que mais admirar, se a originalidade da ideia, se a delicadeza da forma. Foi vivamente aplaudido"; 10) Na festa da Arcádia Fluminense, em 28 de dezembro de 1865, declamou um poema não identificado. A atividade pública de Machado, como recitador, parece encerrar-se em 1865, aos 26 anos. A partir dessa época, os poemas de sua autoria passam a ser recitados por atrizes como Emília Adelaide* e Gabriela da Cunha.* Entre íntimos, no entanto, manteve o hábito de recitar, pelo menos até a década de 1880. João Kopke assinala que um amigo o viu recitar a sua tradução de "O corvo",* em 1883, e "que ele o fazia em tom de conversa" (João Kopke. "O corvo". *Revista do Brasil*, dezembro de 1916, p. 368).

Recordações da casa dos mortos Obra de Dostoiévski, publicada em 1861-62 no jornal *Mundo Russo* primeiro e depois no *Tempo*. Saiu em livro em 1863. A obra inicia a segunda fase do escritor russo (1821-1881), aquela em que alcança a plena genialidade. Era o romance preferido de Carolina.* Após a sua morte, Machado presenteou com um exemplar do livro Eugênia Virginia de Vasconcelos,* que prestou grande auxílio durante a doença de sua esposa.

Redator Machado foi redator de três jornais, atividade iniciada em *O Espelho*.* Ali permaneceu do primeiro número, de setembro de 1859, a janeiro de 1860, quando a revista deixou de circular. Nesse ano, ingressou no *Diário do Rio de Janeiro*,* como repórter, passando logo ao cargo de redator, que ocupou por sete anos, de maio de 1860 a 9 de abril de 1867. Era um trabalho desgastante e, a partir do final de 1865, quando o outro redator, Henrique César Muzzio,* foi servir ao governo mineiro, ficou quase insuportável. Mal remunerado e recebendo de maneira irregular, Machado ficou com a incumbência de redigir todo o jornal, do pequeno noticiário cotidiano ao editorial. Para cumprir a tarefa, inventou um expediente: recortava artigos de jornais portugueses, dava-lhes um novo título e colocava-os numa cesta. Quando a oficina solicitava um número determinado de colunas, ele escolhia um dos recortes, no tamanho certo, e entregava-o ao paginador. A operação se repetia, noite afora, tantas vezes quanto necessária. Sentiu-se aliviado quando pôde deixar o jornal, graças ao ingresso no funcionalismo público. Mas o cargo era modesto e, para sobreviver, continuou como redator da *Semana Ilustrada*,* função que exercia em paralelo à atividade no *Diário*. Na revista de Henrique Fleiuss, trabalhou de dezembro de 1860 a março de 1876, do primeiro ao último número da publicação, de periodicidade semanal, menos trabalhosa e com muito menos texto que um jornal diário.

Redenção (A) Poema dedicado "Ao Sr. Dr. Francisco Otaviano", publicado no *Correio Mercantil*,* de 4 de maio de 1859, com a assinatura Machado de Assis.* Incluído em *Dispersos*.*

Reflexo Poesia publicada em *A Marmota*,* de 23 de março de 1858, com a assinatura Machado d'Assis.* Transcrita em *Novas relíquias*.*

Reflexos Poesia incluída nas *Falenas*,* na parte intitulada "Lira chinesa".* Imitação de um poema de Thu-Fu,* baseado na tradução francesa de Judith Gautier,* denominada *Sur le Fleuve Tchou*.

Reforma (A) Jornal oficial do Partido Liberal, editado no Rio de Janeiro. Circulou de 12 de maio de 1869 a 31 de janeiro de 1879. Em seu corpo de colaboradores figuravam Afonso Celso de Assis Figueiredo,* futuro visconde de Ouro Preto, Cesário Alvim, Joaquim Serra,* este pedindo insistentemente a colaboração de Machado. O solicitado atendeu timidamente ao amigo, colaborando apenas três vezes na publicação, com os trabalhos "Rossi – Carta a Salvador de Mendonça",* em 20 de julho de 1871; "Pedro Américo – Carta ao Dr. Ladislau Neto",* em 10 de novembro de 1871; e "Voos icários",* crítica ao livro com este livro, em 26 de janeiro de 1873.

Reforma pelo jornal (A) Artigo publicado em *O Espelho*,* de 23 de outubro de 1859, com a assinatura M.-as.* Figura nas *Crônicas*.*

R

Réfus Poesia dedicada a Jayme de Séguier,* publicada na *Gazeta de Notícias*,* de 1º de setembro de 1890. Incluída em *Outras relíquias*.* O soneto, em francês, responde a outro, na mesma língua, de Jayme de Séguier, intitulado *Marché*, aparecido no mesmo jornal, em 31 de agosto de 1890. Com o título de "Recusa", o poema foi traduzido para o português por Modesto de Abreu.

Rei dos caiporas (O) Conto publicado no *Jornal das Famílias*,* de setembro e outubro de

1870, com o pseudônimo de Job.* Incluído nos *Contos avulsos.**

Rei dos olmos (O) Tradução do poema de Goethe,* publicada na *Semana Ilustrada,** de 23 de julho de 1865, com a assinatura de Y.* A atribuição é de R. Magalhães Júnior, que transcreve o poema no primeiro volume da *Vida e obra de Machado de Assis.*

Rei morto, rei posto Crítica sobre a peça com esse título, de Joaquim Serra,* publicada na *Semana Ilustrada,** de 10 de janeiro de 1875, com a assinatura M. de A.* Incluída em *Crítica teatral.**

Reis, José Maria dos Proprietário do Grande Armazém de Ótica e Instrumentos Científicos, na rua do Hospício (atual Buenos Aires), 71, Reis (c. 1800-1875) trabalhava "com todos os instrumentos de ótica", dos ramos de engenharia, matemática, física, química, mineralogia etc. Costumava convidar jornalistas e escritores a visitar sua loja. É possível que presenteasse os visitantes, estimulando-os a escrever sobre o estabelecimento, como alguns o fizeram. Em junho de 1862, Luís Delfino* publicou na seção de apedidos de *O Mercantil* uma série de artigos sobre a "Visita Imperial ao Estabelecimento de Ótica de José Maria dos Reis". Outro convidado, V. L. Baril,* conde de La Hure, retribuiu o convite com um longo artigo publicado no *Diário do Rio de Janeiro*, de 19 de dezembro de 1866. A visita foi realizada em companhia de Machado, que se absteve a respeito. Anos mais tarde, no conto "Os óculos de Pedro Antão",* falando de óculos, Machado se refere à "arte do Reis".

Religião Machado perdeu a fé cedo. A formação católica começou a desmoronar, provavelmente, na adolescência. Na mocidade, já se confessava cético, e logo descrente, sem meias palavras. Em crônica publicada no *Diário do Rio de Janeiro** (3 de julho de 1864) admitia descrer de tudo, ou quase tudo, "até dos cometas". Assim, é preciso discernir algumas afirmações em sua obra, em particular a de cronista. Quando escrevia a "nossa religião" não se referia à sua crença pessoal, mas ao catolicismo como religião oficial do Estado brasileiro. Dessa forma, assumia uma posição de independência, que lhe permitia enxergar e fustigar, com lucidez e acidez, os recursos utilizados pela religião oficial para impedir a livre circulação de ideias e a expansão dos demais credos religiosos. Com luvas de pelica, mas sem omitir uma vírgula de seu modo de pensar, defendeu as ideias de Ernest Renan* contra a intolerância do clero, expressa pela pena do padre Pinto de Campos,* que propunha a queima pública dos livros do filósofo francês. Descalçando as luvas e dando um passo além, defendeu a liberdade de cultos e o direito de atuação do protestantismo e do espiritismo. A esta última ironizava crenças e práticas, que lhe pareciam ridículas e perigosas, mas sem deixar de defender o seu direito à liberdade. Nunca abriu mão dessas ideias, nem mesmo no momento mais difícil de sua vida, ao redor dos quarenta anos, quando a descrença se aguçou até quase o niilismo. Foi a época das *Memórias póstumas** e das reflexões sobre a "voluptuosidade do nada". No entanto, nunca se esquivou de assistir à missa, para satisfazer a esposa, Carolina,* ou a amigos, por respeito pela crença individual e, talvez, até atraído pelo espetáculo estético. E sempre negou ser materialista. Acusado de tal por Abel Ferreira de Matos,* seu colega de trabalho, respondeu com surpresa e certo melindre. Descria das religiões, organizações humanas como quaisquer outras, mas acreditava no espírito e em sua sobrevivência. Pouco após a morte de Carolina, em carta (de 20 de novembro de 1904) a Joaquim Nabuco,* confessava sem qualquer disfarce a esperança de reencontrar a companheira em outra vida: "Como estou à beira do eterno aposento, não gastarei muito tempo em recordá-la. Irei vê-la, ela me esperará".

Relíquia íntima Soneto publicado em *A Estação*,* de 15 de janeiro de 1885, um recado em forma de verso, assinado O. de S.* Recolhido ao volume de *Poesia e prosa*.*

Relíquias de casa velha Machado e H. Garnier* assinaram contrato para a publicação das *Relíquias de casa velha* em 9 de março de 1905, ocasião em que o escritor entregou os originais e recebeu a importância de 1 conto e 500 mil réis de direitos autorais. Em carta a José Veríssimo* (de 22 de fevereiro de 1906), Machado afirmou que foi por teimosia, "como para enganar a velhice", que resolveu "pesquisar, ligar e imprimir" aquelas páginas. "Não sei se serão derradeiras, creio que sim", acrescentou.

MACHADO DE ASSIS
DA ACADEMIA BRASILEIRA

Reliquias
de
Casa Velha

H. GARNIER, LIVREIRO-EDITOR
71, RUA DO OUVIDOR, 71 | 6, RUE DES SAINTS-PÈRES, 6
RIO DE JANEIRO | PARIS
1906

Folha de rosto da 1ª edição

O livro foi impresso em Paris, em outubro de 1905, mas com a indicação 1906 na folha de rosto. Chegou às livrarias brasileiras em fevereiro de 1906. Antecedido por uma *Advertência* do autor, as *Relíquias* reuniam dezesseis trabalhos de vários gêneros – poesia, contos, discursos, páginas de crítica, duas peças teatrais –, oito dos quais inéditos: "A Carolina";* "Gonçalves Dias";* "Pai contra mãe";* "Marcha fúnebre";* "Um capitão de voluntários";* "Suje-se gordo!";* "Umas férias";* *Lição de botânica*.* Entre julho de 1879 e 1905, haviam sido publicadas na imprensa as seguintes peças: "Maria Cora";* "Evolução";* "Pílades e Orestes";* "Anedota do cabriolet";* "Um livro";* "Eduardo Prado";* "Antônio José";* *Não consultes médico*.* Na imprensa da época, as *Relíquias* mereceram as seguintes resenhas e notas críticas: J. dos Santos (Medeiros e Albuquerque*), *A Notícia*, 23 e 24 de fevereiro de 1906; L. F. (Leopoldo de Freitas*), *Diário Popular*, São Paulo, 14 de março de 1906; Nunes Vidal (Nestor Vítor*), *Os Anais*, 15 de março de 1906; sem assinatura, *O Estado de S. Paulo*, São Paulo, 25 de junho de 1906.

Relógio de ouro (O) Conto que figura nas *Histórias da meia-noite*.* Primeira publicação no *Jornal das Famílias*,* de abril e maio de 1873, com o pseudônimo de Job.*

Relógio parado Vide "Maria Cora".

Remorso vivo (O) Drama lírico-fantástico em um prólogo, quatro atos e oito quadros, de Joaquim Serra* e Furtado Coelho,* com música de Artur Napoleão.* Representado pela primeira vez em 21 de fevereiro de 1867, no Teatro Ginásio.* Machado, Vieira de Castro* e Ferreira de Menezes* também colaboraram, não se sabe em que medida. A peça "foi mina abundante de grande receita" (Sanches de Frias) para Furtado Coelho, mas insuficiente para a sua ostentação.

Renan, Ernest Escritor francês (Tréguier, 1823 – Paris, 1892), historiador, renovou os estudos sobre as *Origens do Cristianismo*, título de sua principal obra, com interpretações e argumentos considerados audaciosos à época, repudiados pela Igreja Católica, mas de repercussão universal. No Brasil, a reação dos padres foi extrema. Monsenhor Pinto de Campos sugeriu a queima dos livros de Renan. Machado respondeu numa crônica (*Diário do Rio de Janeiro*,* 8 de novembro de 1864), na qual se dizia pasmo, mas não surpreso, com a intolerância do clero. "Eu de mim digo que li a *Vida de Jesus* sem perder a mínima parte das minhas crenças", dizia, com certa malícia, pois a essa altura, como admitira em crônica anterior, já descria de tudo, ou quase tudo, "até dos cometas" (*idem*, 3 de julho de 1864). Renan foi admiração de toda a vida, tanto pela novidade de seu pensamento como pela insuperável beleza e sedução de seu estilo: "Renan defendeu a banalidade com tal graça, que eu, apesar de ter opinião adversa, acabei crendo nela e pu-la na minha ladainha: Santa Banalidade, *ora pro nobis*" (*A Semana*, 19 de maio de 1895). Em crônica escrita por ocasião de sua morte, Machado referiu-se à sua ação esclarecedora contra a superstição e o convencionalismo: "uma obra vasta e luminosa, universalmente aclamado como sábio e como artista" (*A Semana*, 9 de outubro de 1892). Anos depois, por ocasião da publicação da correspondência do pensador francês com sua irmã, escreveu um de seus textos mais belos, o estudo intitulado *Henriqueta Renan** (*Revista Brasileira*, outubro de 1896), no qual se misturam a admiração pelos dois irmãos. Machado leu o escritor francês até o fim. Em carta a Mário de Alencar,* datada de 6 de agosto de 1908, conta que passou o dia "a reler a *Oração sobre a Acrópole* e um livro de Schopenhauer".

Repórter Apesar do termo ainda não ser corrente no Brasil, a atividade já existia, de forma incipiente, quando Machado se iniciou na imprensa. Após uma fase como revisor,* sua primeira atividade jornalística, foi convidado por Quintino Bocaiuva* para trabalhar no *Diário do Rio de Janeiro*.* Começou no dia 11 de maio de 1860, incumbido de cobrir as atividades parlamentares do Senado.* Era, então, "um adolescente espantado e curioso", impressionado com as figuras dos senadores. A matéria saía sem assinatura. Foi a única atividade de Machado como repórter. Impondo-se de imediato pelo seu talento, logo passaria a redator* e cronista.*

República Monarquista* convicto, Machado parece ter aceitado a República com tédio e sem surpresa. Não adiantaria se voltar contra o irremediável. Como servidor público, tratou de se adaptar à nova realidade. Quando os retratos do ex-imperador começaram a ser removidos das repartições, Machado opôs-se. Convocado pelo ministro, explicou: "Excelência, eu recebi o retrato do imperador acompanhado de um ofício com ordem de o colocar na parede; agora, ele só sai de lá mediante outro ofício". Algumas vezes, com intenção quase moleque, fazia comparações entre os dois regimes. Assim, quando o vice-presidente Manuel Vitorino falou da inscrição "O governo ao povo," colocada na entrada de uma escola, no ato de sua inauguração, Machado observou: "A minha ideia é que éramos, politicamente, uma nação representativa, e tanto fazia dizer povo como governo, não sendo o governo mais que o povo governando". Ironias, saudosismo, com que compensava a adaptação aos tempos. No entanto, urgia ser realista e, nas comemorações do terceiro aniversário do 15 de Novembro, proclamava como louvável o "acordo em reconhecer a aceitação geral das instituições, e a necessidade de esforço para evitar erros cometidos".

República (A) Com esse título, houve três jornais no Rio de Janeiro. O primeiro, fundado em 1870, pertencia ao Clube Republicano. O segundo surgiu em 1877. O terceiro começou a circular em 15 de novembro de 1896. Era propriedade de Joaquim Xavier da Silveira Júnior,* Alcindo Guanabara,* Tomás Delfino dos Santos, Francisco Glicério,* Lauro Muller,* João Lopes Ferreira Filho e João Cordeiro. Machado publicou neste o esboço de alguns capítulos do *Dom Casmurro*,* intitulado "Um agregado"* (15 de novembro de 1896), com o subtítulo de "Capítulo de um livro inédito", do qual se originaram os capítulos III, IV e V do romance. *A República* circulou até 31 de março de 1897.

Residências Pode-se estabelecer com segurança um roteiro das residências de Machado, desde o nascimento até a sua morte. Nascido no morro do Livramento,* o futuro escritor ali viveu os primeiros anos de vida, na chácara de D. Maria José Barroso Pereira.* Só não se conhece a casa onde nasceu, já que a propriedade era formada pela casa-grande e várias casas de empregados. Sobre o assunto, tudo é especulação. Em 1845, a família Assis achava-se estabelecida na rua Nova do Livramento,* nº 131. Em 1854, o pai de Machado, Francisco José,* contraiu segundas núpcias, passando a residir num sobrado situado na rua do Pedregulho, atual São Luís Gonzaga,* 48, em São Cristóvão. O rapaz acompanhou o casal. Quanto tempo permaneceu nesse endereço? Não sabemos. É um período do qual pouco se conhece da vida de Machado e menos ainda de suas residências. Sabemos que foi uma época difícil. Por volta de 1860, com uma ligeira melhoria nas finanças, passou a compartilhar um sobrado com Ramos Paz,* na rua Matacavalos* (atual Riachuelo). Os dois amigos moraram juntos muitos anos, segundo o testemunho de Paz. Talvez até 1869, quando Machado se casou com Carolina,* indo morar em um sobrado na rua dos Andradas,* nº 119, de onde se mudaram, em 1871, para a rua Santa Luzia,* nº 54. Em 1873 ou 1874, nova mudança, para um segundo andar da rua da Lapa,* nº 96. Machado e Carolina permaneceram ali cerca de um ano. Em 1875, já estavam vivendo na rua das Laranjeiras,* nº 4, onde ficaram uns três anos. Mudaram-se em 1878 para a rua do Catete,* nº 206. Afinal, em 1884, o casal se transferiu para a rua Cosme Velho,* nº 14 (em 1895 foi renumerado com o nº 18), onde Machado permaneceu os últimos vinte e quatro anos de vida, ali falecendo em 29 de setembro de 1908.

Resignação Poema publicado na *Marmota Fluminense*,* de 2 de outubro de 1857, com a assinatura J. M. M. d'Assis.* *Dispersos*.*

Ressurreição Primeiro romance de Machado, publicado por B. L. Garnier,* Rio de Janeiro, 1872, impresso na tipografia Franco-Americana, na rua da Ajuda, nº 18. O contrato da obra foi assinado em 30 de setembro de 1869, dele constando ainda as *Histórias da meia-noite** e *O manuscrito do licenciado Gaspar*.* O escritor recebeu 1 conto e 200 mil réis pelas três obras, ou seja, 400 mil réis por cada uma. O contrato especificava que *Ressurreição* devia ser entregue até meados de novembro daquele ano. O texto atrasou bastante, talvez não por

Folha de rosto da 1ª edição

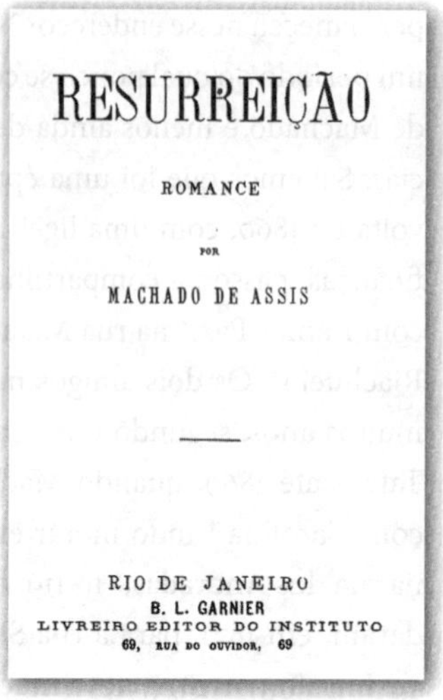
RESURREIÇAO

ROMANCE

POR

MACHADO DE ASSIS

RIO DE JANEIRO
B. L. GARNIER
LIVREIRO EDITOR DO INSTITUTO
69, RUA DO OUVIDOR, 69

culpa exclusiva do autor. Em seu número de maio de 1871, *O guarani* já anunciava que o romance estava no prelo. O livro chegou às livrarias no final de abril de 1872, vendido ao preço de 2 mil réis a brochura e 3 mil réis a obra encadernada. A *Advertência* de Machado está datada de 17 de abril de 1872, sugerindo que tenha sido escrita quando o livro já se encontrava impresso, aguardando a distribuição. *Ressurreição* foi bem recebido pela imprensa, merecendo os seguintes artigos: sem assinatura, seção "Altos e Baixos", *Jornal do Commercio*, 28 de abril de 1872; sem assinatura (Joaquim Serra*), *A Reforma,** 28 de abril de 1872; G. Planche,* *Jornal do Comercio,** 1º de maio de 1872; sem assinatura, *O Mosquito*, 4 de maio de 1872; C. (Carlos) Ferreira,* *Correio do Brasil,** 12 de maio de 1872; Luís Guimarães Júnior,* *Diário do Rio de Janeiro,** 13 de maio de 1872; Dr. Fausto (pseudônimo de Augusto Fausto de Sousa*), *Semana Ilustrada,** 19 e 26 de maio de 1872; Rangel de Lima, *Artes e Letras*, Lisboa, junho de 1872; sem assinatura (José Carlos Rodrigues*), *O Novo Mundo,** 23 de dezembro de 1872; Pinheiro Chagas, *O Brasil*, Lisboa, 1873.

Retiro Literário Português Fundado no Rio de Janeiro, em 30 de junho de 1859. Editou a revista *A Messe* (1860) e o *Arquivo do Retiro Literário Português* (1870). A sede ficava na rua de São Pedro, nº 88, onde se realizavam os saraus literomusicais. Machado foi um assíduo frequentador deles. O realizado em 19 de julho de 1862, com o apoio do Grêmio Literário Português* e da Sociedade Ensaios Literários,* contou com mais de quinhentos convidados. Iniciado às nove horas da noite, só terminou às quatro e meia da manhã. Machado recitou o poema "A caridade".*

Retratos Machado era fascinado pela fotografia. Chegou a dizer, com malícia, crer "nos retratos – às vezes mais ainda nos retratos que nas pessoas" (*O Cruzeiro*, 23 de junho de 1878). Gostava de ser fotografado e enviar retratos aos amigos, como era costume então. Na faixa dos 20 anos, posou em estúdio pelo menos três vezes, seguindo o ritual da época. Todas as fotos tiradas no mesmo dia, provavelmente em 1864, no estúdio de Insley Pacheco,* quando escreveu uma crônica sobre esse fotógrafo português. Na primeira, o escritor está sentado, o braço esquerdo apoiado a uma mesa, as pernas cruzadas, pose típica da época, os olhos vivos, um bigodinho em flor (foto 1). Na segunda, vê-se apenas o busto (foto 2), o olhar firme, a posição e a roupa são as mesmas. Ainda no mesmo dia e cenário, está com um livro nas mãos, como se o estivesse lendo (foto 3). Em foto da mesma época, dedicada ao amigo Antonio Moutinho de Sousa* e tomada possivelmente no mesmo estúdio, aparece em meio busto, um pouco de lado, bigode, a cabeleira farta (foto 4). A mesma cabelama ressurge em flagrante no qual se exibe com a mão enfiada no jaquetão, como um aprendiz de Napoleão. É a primeira

1

2

3

4

5

ARCHIVO
CONTEMPORANEO
PERIODICO ILLUSTRADO
José de Alencar
Machado de Assis

6

O SR. MACHADO DE ASSIS

7

8

9

R

10

11

12

13

14

15

16

17

18

19

20

21

22

23

24

26

25

27

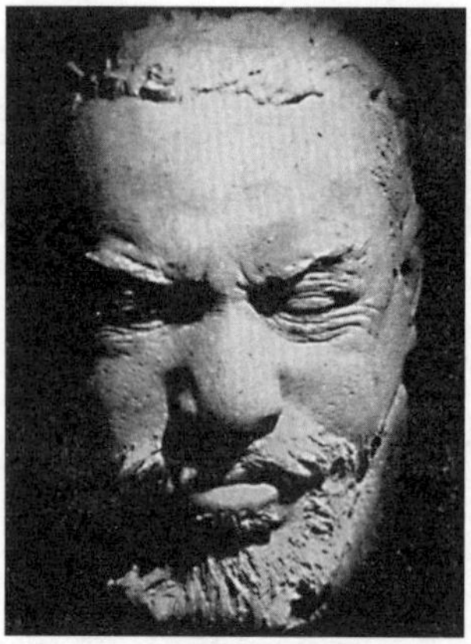

28

29

30

31

32

33

34

R

35

36

37

38

39

R

40

41

42

43

vez que aparece de pincenê (foto 5). Na década seguinte, já escritor conhecido, sua imagem surge pela primeira vez na imprensa, na capa da revista *Arquivo Contemporâneo*,* de 30 de janeiro de 1873, ao lado de José de Alencar* (foto 6). Está com um bigode de foca, o ar sério. É quase uma consagração. Pelo menos um reconhecimento. Dois anos depois, *O Novo Mundo** (nº 58, de 23 de julho de 1875) republica este retrato, invertido e emoldurado ao gosto norte-americano (foto 7). Por essa época, em data difícil de identificar, volta a posar no estúdio de Pacheco. Aparenta tranquilidade, de colete, o pincenê com o cordão comprido, até a gravatinha (foto 8). Há outra foto tomada no estúdio do mesmo fotógrafo, em 1880, em pose um pouco de lado, o usual jaquetão, com a barbicha que passou a usar a partir dos 30 e tantos anos. É a quarta, ou quinta, foto conhecida posada para Pacheco (foto 9). No retrato litografado por Augusto Off para a capa da revista *Pena & Lápis** (foto 10), de 10 de junho de 1880, ostenta um sorriso meio diabólico, meio amargurado, mais feio e com o nariz diferente do que aparece em retratos da época. A imagem encontra-se invertida, pois o cordão do pincenê está à esquerda do rosto, quando Machado o usava à direita. Do quarentão temos ainda o célebre retrato tirado por Marc Ferrez, em 1890, com ar solene, o jaquetão fechado, como se estivesse no inverno europeu e não nos trópicos (foto 11). Na faixa dos 50 anos, conhecemos o retrato litografado por José Villas-Boas,* sobre desenho de Manuel Lopes Rodrigues, publicado em *A Semana*,* de 9 de outubro de 1886 (foto 12). O desenho de Rodrigues baseia-se na foto de Ferrez, mas com a imagem invertida. No dia seguinte, *O Mequetrefe** também homenageia o escritor em sua capa (foto 13), com uma litografia, em realidade uma reimpressão do original de Augusto Off, mas com a imagem invertida e retocada. Ou seja, inversão de inversão, devolvendo a fidelidade à imagem. Há outras fotos do cinquentão, tiradas por Insley Pacheco (foto 14), de 1891, por Alberto Henschel (foto 15), e outra com barba e cabelo encanecidos, o eterno pincenê e o colete desafiador ao calor carioca (foto 16). O escritor está um pouco mais envelhecido nos retratos seguintes: (foto 17), posada no estúdio Juan Gutierrez, em 1892, e (foto 18), esta mais uma vez de Insley Pacheco. Ao se aproximar do grupo dos sessentões, Machado parece ter se tornado mais sensível em relação à própria pessoa. Assim, reclama do retrato publicado pelo editor Laemmert, no livro *Machado de Assis – Estudo Comparativo de Literatura Brasileira** (1897), de Sílvio Romero* (foto 19), executado por artista desconhecido, que o teria enfeado, segundo se queixou a Magalhães de Azeredo.* Na mesma época, posa para a revista *Renascença* (foto 20), exibindo um ar austero de celebridade, e, no ano seguinte, para o Ateliê Daguerre (foto 21). Em data posterior, vamos encontrá-lo em foto tomada no estúdio de J. F. Guimarães,* com uma gravata de laço imenso, na qual se encontra preso um alfinete (foto 22). Da mesma época, um pouco antes ou um pouco depois, é a foto publicada na revista portuguesa *Brasil-Portugal* (16 de dezembro de 1900), com aparência de conselheiro do extinto Império (foto 23). Ainda dessa época, há outra foto, cedida ao Centro Acadêmico Machado de Assis (foto 24), ao lado de Carolina (foto 25), na realidade uma montagem, no qual aparece de busto inteiro, bastante magro, e a pose solene, tirada em 1905, no período em que posava para o quadro a óleo de Henrique Bernardelli (foto 26). Na foto de corpo inteiro, publicada na revista argentina *Caras y Caretas*, de 21 de janeiro de 1908, talvez a última tirada em vida, exibe um ar de cansaço, abatimento, desamparo (foto 27). Por fim, quase em afinidade com o espírito galhofeiro de Brás Cubas, temos as fotos da máscara mortuária do escritor, moldada por Rodolfo Bernardelli (fotos 28 e 29). O número de fotos em que Machado aparece em público ou em grupo é bem menor. Três delas foram tomadas em reuniões da Panelinha,* em 1901. Na primeira talvez um pouco tenso, olhando atento para a máquina do fotógrafo (foto 30), na segunda na ponta da mesa (foto 31). Em outra, ao lado de João Ribeiro,* Lúcio de Mendonça,* Antonio Sales,* Rodolfo Amoedo e um sorridente José Verissimo* (foto 32), apresenta-se sério e com ar um tanto desafiador. Mas transmite calma e satisfação nas fotos tiradas pelo fotógrafo Augusto Malta* no almoço oferecido pelo prefeito do Rio de Janeiro Francisco Pereira Passos* ao general Uribes y Uribes, delegado da Venezuela à III Conferência Pan-Americana, realizado no Clube dos Diários, em 8 de setembro de 1906, em grupo (fotos 33, 34 e 35) e no detalhe desta última (foto 36). No ano seguinte, o *Fon-Fon** (de 3 de maio de 1907) surpreende o escritor, sentado numa mesa, diante da Confeitaria Castelões, em companhia de amigos (foto 37). Seu rosto aparece discretamente na sessão da Academia Brasileira de Letras, de 31 de outubro de 1905, dia de eleição do amigo Mário de Alencar* (foto 38) e na missa campal em ação de graças pela abolição (foto 39), conforme detalhe (foto 40). A mesma discrição involuntária encontra-se nas duas fotos tomadas na recepção ao secretário de Estado norte-americano Elihu Root (1º de agosto de 1906), no Hotel das Paineiras (fotos 41 e 42). A foto mais dramática de todas foi também a última tirada em público. No dia 1º de setembro de 1907, Machado aguardava o político francês Paul Doumer,* no cais Pharoux, quando foi surpreendido por um ataque epilético e pela câmera de Augusto Malta,* que mostra o escritor sentado num banco da praça, socorrido por amigos (foto 43). Haverá ainda alguma foto inédita do escritor? É possível e até provável. Mas desde logo é bom advertir que a foto tantas vezes reproduzida de um homem alto saudando com o chapéu, ao lado de uma senhora, um carro ao fundo, numa rua do Rio de Janeiro, não é de Machado, mas de Osório de Almeida, pai do escritor Miguel Osório de Almeida.

Revelações Crítica ao volume de poemas com esse título de Augusto Emílio Zaluar,* publicada na seção "Parte Literária"* do *Diário do Rio de Janeiro*,* de 30 de março de 1863. O título saiu, equivocadamente, *As revelações*. Transcrita em *Novas relíquias** e no volume de *Crítica literária*,* de W. M. Jackson.*

Revisor Machado foi revisor de provas na tipografia de Paula Brito,* na praça da Constituição, nº 64, em data não determinada, provavelmente em 1857 ou início do ano seguinte. Ali, Salvador de Mendonça* o conheceu, início de uma longa amizade. Em 1858, entrou para a revisão do *Correio Mercantil*,* graças a Henrique César Muzzio,* segundo uns, Francisco Otaviano, segundo outros, ou Manoel Antonio de Almeida,* de acordo com R. Magalhães Júnior. No segundo semestre do ano seguinte, desligou-se da função, primeiro degrau de sua carreira de jornalista.* Pouco depois, em 11 de maio de 1860, iniciava-se como repórter* no *Diário do Rio de Janeiro*.*

Revista Brasileira A *Revista Brasileira* teve duas fases. Machado colaborou em ambas. Na primeira, sob direção de Nicolau Midosi, estava estabelecida na rua Gonçalves Dias, nº

47, publicando ao todo dez volumes. Contava com uma excelente equipe de colaboradores: Franklin Távora,* Taunay,* Sílvio Romero,* Luiz Delfino,* Carlos de Laet,* Inglês de Sousa,* Joaquim Nabuco,* José Veríssimo,* o que havia de melhor na literatura e no pensamento brasileiro. Essa fase coincide com a dolorosa época de renovação espiritual e artística de Machado, que ali deixou colaboração de importância sem precedentes na literatura brasileira, basta lembrar as *Memórias póstumas de Brás Cubas.** No primeiro número, de 15 de junho de 1879, Machado colaborou com o soneto "Círculo vicioso"* e, no número seguinte, de 15 de julho, com o ensaio "Antônio José e Molière".* No mesmo ano, saíram o poema herói-cômico "O Almada"* (15 de outubro de 1879) e o estudo "A nova geração"* (1º de dezembro de 1879). No ano seguinte, a colaboração machadiana aumentou sensivelmente. No número de 15 de janeiro, sob o título de *Cantos Ocidentais,** apareceram os poemas "Uma criatura",* "A mosca azul",* "O desfecho",* "Espinosa",* "*Suave mari magno*",* "No alto".* Dentro das comemorações do tricentenário camoniano, a *Revista* publicou o soneto que começa pelo verso "Um dia, junto à foz do brando e amigo"* (10 de junho) e a peça *Tu só, tu, puro amor...** (1º de julho). As *Memórias póstumas* foram publicadas em dezessete folhetins, de 15 de março a 15 de dezembro de 1880. O último número da *Revista* circulou em 15 de dezembro de 1881. Machado lamentou o seu desaparecimento, em crônica publicada em *A Estação,** de 31 de março de 1883: "Não é este o lugar de dizer as causas do fenômeno; e aliás são óbvias; todas se resumem nesta, que podia ser inventada por La Palisse: – Não há revistas sem um público de revistas". Catorze anos depois, a publicação renasceu, agora sob a direção de José Veríssimo. Rodrigo Otávio lembra que, surgindo em uma época em que o país emergia de uma grave crise política, "a *Revista Brasileira* teve o dom da tolerância e da concórdia", sendo "um encanto" encontrarem-se ali "monarquistas militantes", "republicanos destemidos", socialistas e anarquistas. "A política não turvava aquele remanso literário." Os colaboradores eram os mesmos da primeira fase. Machado exultou e, em crônica da série *A Semana* (6 de janeiro de 1895), considerou o lançamento da revista "o acontecimento literário da semana" e convocou o público a assiná-la. Nessa mesma série de crônicas, voltou a promover a publicação, desculpando-se que não estava fazendo "reclamo", mas que "a revista é ótima". A redação, na rua Nova do Ouvidor, 31 (atual Travessa do Ouvidor), tornou-se centro de intensa vida literária. Era "uma sala pobre, mobiliada apenas com uma carteira e algumas cadeiras" e "cortada em um terço por um tabique, do outro lado o qual havia prateleiras com exemplares da *Revista*" (Antonio Sales). Todas as tardes, entre quatro e cinco horas, os colaboradores ali se reuniam, presididos pela "graça perene de Machado" (Rodrigo Otávio). A partir de maio de 1896, Veríssimo organizou jantares mensais de confraternização. Machado era assíduo e, em crônica publicada na *Gazeta de Notícias,** descreveu o primeiro deles, realizado em 16 de maio no Hotel Globo.* "E todos se toleravam uns aos outros. Não se falou de política, a não ser alguma palavra sobre a fundação dos Estados, mas curta e leve. Também se não falou de mulheres. O mais do tempo foi dado às letras, às artes, à poesia, à filosofia. Comeu-se quase sem atenção. A comida era um pretexto. Assim voaram as horas, duas horas deleitosas e breves." Voltou a se referir aos jantares da *Revista* (*A Semana*, 19 de julho de 1896), contando que uma das novidades, a cada reunião, era "a lista dos pratos", No mês seguinte, referiu-se ao quarto jantar, observando que, em época de tantas falências, a única falência que a Revista temia "deveras é a do espírito" (*idem*, 16 de agosto de 1896). Nessa segunda fase, a *Revista* publicou vinte volumes, de 1º de janeiro de 1895 a dezembro de 1899. A colaboração de Machado foi menor do que na primeira fase, apenas sete trabalhos: o conto "Uma noite"* (dezembro de 1895), a crônica sobre *Henriqueta Renan** (outubro de 1896), a comédia *Não consultes médico** (dezembro de 1896), uma *Carta ao diretor da revista, a propósito da comédia Não consultes médico* (janeiro de 1897), um breve artigo intitulado "Notas e observações"* (dezembro de 1897), a crônica de lembranças "O velho Senado"* (junho de 1898) e o estudo crítico sobre *Procelárias*, de Magalhães de Azeredo, na seção "Bibliografia" (outubro de 1898).

Revista Contemporânea de Portugal e Brasil Publicação semanal, editada em Lisboa, a partir de 1º de abril de 1859. Seguia o modelo da francesa *Revue des Deux Mondes*, contando com um elenco notável de colaboradores: Alexandre Herculano, Camilo Castelo Branco,* Rebelo da Silva, Mendes Leal etc. Machado colaborou no número de agosto de 1864, com a primeira parte dos "Versos a Corina",* datados do Rio de Janeiro e assinados Machado de Assis.* Essa parte do poema já havia saído no *Correio Mercantil** de 21 de março daquele ano, mas sem data e sem assinatura.

Revista da Sociedade dos Amigos de Machado de Assis Publicação sem periodicidade certa, prestou um papel importante na difusão de estudos sobre Machado, na edição de originais inéditos, na apresentação de material iconográfico. Com o patrocínio do livreiro Carlos Ribeiro e dirigida por Plínio Doyle, o primeiro número apareceu com o título de *Boletim da Sociedade dos Amigos de Machado de Assis*, datado de setembro de 1958. Os demais números saíram nas seguintes datas: nº 2, em 21 de junho de 1959; nº 3, em 29 de setembro de 1959; nº 4, em 21 de junho de 1960; nº 5, em 29 de setembro de 1960; nº 6, em 21 de julho de 1961; nº 7, em 29 de setembro de 1961; nº 8, em 29 de setembro de 1968.

Revista de Teatros Seção de crítica teatral, que Machado manteve em *O Espelho*,* de 11 de setembro de 1859 a 1º de janeiro de 1860, na qual comentou mais de quarenta peças teatrais. A seção foi publicada dezessete vezes, nos dias 11, 18 e 25 de setembro, 2, 9, 16, 23 e 30 de outubro, 6, 13, 20 e 27 de novembro, 4, 11, 18 e 25 de dezembro de 1859 e 1º de janeiro de 1860. Os trabalhos saíam com a assinatura M-as.,* excetuados os publicados nos dias 4, 11 e 25 de dezembro, sem assinatura.

Revista Dramática Seção de crítica teatral que Machado manteve no *Diário do Rio de Janeiro*,* a primeira que escreveu para um grande jornal. Saía de forma espaçada, sem regularidade nem dia certo da semana. Apareceu nos dias 29 de março (sobre *Mãe*, de José de Alencar*), 13 de abril de 1860 (sobre *Dalila*, de Octave Feuillet,* e *Espinhos e flores*, de Camilo Castelo Branco*) e 24 de julho de 1861 (sobre *Os mineiros da desgraça*, de Quintino Bocaiuva*), as duas primeiras com a assinatura M. de A.* e a última firmada Machado de Assis.*

Revista Ilustrada Fundada e dirigida por Angelo Agostini, cujo lápis ali traçou um retrato sarcástico e insuperável do Segundo Império. O primeiro número saiu em 1º de janeiro de 1876. A *Revista* referiu-se diversas vezes a Machado, que, curiosamente, não foi caricaturado pelo diretor. No nº de 15 de janeiro de 1881, no qual vem reproduzido o capítulo "A propósito de botas", das *Memórias póstumas*,* K. Brito (pseudônimo não identificado) comenta que "não se fala noutra cousa. Não se fala, nem se lê; relê-se". Quatro meses depois (21 de maio), Junio (outro pseudônimo não identificado) escreve sobre *Tu só, tu, puro amor...*,* "um mimo de estilo, um requinte de arte", e a edição da peça em livro, "um apuro de bom gosto na escolha do papel, do tipo e na nitidez da impressão". No número de 4 de novembro de 1882, Julio Dast (pseudônimo desconhecido) alerta o leitor para o lançamento dos *Papéis avulsos** e aproveita para divulgar, maliciosamente, os amores de Machado com a atriz Inês Gomes.* Quando do aparecimento das *Histórias sem data*,* o livro foi saudado por Alter (31 de agosto de 1884), que observa que "as suas histórias, mesmo sem data, são todas cheias de interesse, alegres, perfumadas de humor e muito agradáveis de ler-se". Consta que, durante as comemorações do tricentenário camoniano, em 1880, a *Revista* teria publicado, em suplemento, um soneto de Machado sobre o poeta português. A *Revista Ilustrada* circulou até 1898.

Revista Literária Revista do Centro Literário e Científico José de Alencar, fundado no Rio de Janeiro, em 10 de junho de 1883. Machado colaborou no número comemorativo do sexto aniversário da morte de Alencar (1883), com um pequeno texto que se acha transcrito em *Poesia e prosa*.*

Revista Luso-Brasileira Publicada no Rio de Janeiro, nos anos 1860. O nome de Machado figura no expediente, apesar de não constar nenhuma colaboração sua assinada. No segundo número da publicação, de 31 de julho de 1860, aparece o escrito intitulado "Lembranças de minha mãe",* sem assinatura, que seu descobridor, Felipe Rissato, atribui a Machado.

Revista Mensal da Sociedade Ensaios Literários Publicação editada no Rio de Janeiro, teve duas fases. Na primeira, circulou de 1863 a 1865, quando foi dissolvida. Voltou a ser editada em 1872, com o nome de *Revista Mensal da Sociedade Brasileira Ensaios Literários*, indo até 1874. Machado colaborou apenas na primeira fase e com um único trabalho: "Quinze anos",* publicado no número de maio de 1864. Não era um texto inédito. O poema havia saído quatro anos antes, na *Semana Ilustrada*.*

Revista Musical e de Belas Artes Publicação quinzenal, de propriedade de Artur Napoleão* e Miguez, ativa em 1879-80. No nº de 6 de dezembro de 1879, Mirandola* publicou um artigo elogioso ao ensaio "A nova geração".*

Revista Ocidental Editada em Lisboa, a partir de 15 de fevereiro de 1875. Num anúncio publicado em *O Globo*,* de 9 de setembro de 1874, o representante da publicação no Brasil, Otaviano Hudson,* apresentava a lista de brasileiros que iriam colaborar na publicação, entre os quais constavam Machado, José de Alencar,* Tavares Bastos, Joaquim Manuel de Macedo.* Machado, no entanto, não chegou a fazer qualquer colaboração para a revista.

Riachuelo (rua do) Vide "Matacavalos (rua)".

Ribas, Eduardo Medina Ator. Foi o principal intérprete de *As bodas de Joaninha*,* no papel de João.

Ribeiro, Alcina Martins Machado e a esposa consideravam-na como uma filha. Quando

Carolina* morreu, Alcina passou a frequentar diariamente a casa do Cosme Velho, tentando suavizar a solidão do escritor e dar, aqui e ali, um toque feminino ao ambiente. Espalhou-se então o boato de que Machado pretendia esposá-la, antes de morrer, deixando-lhe o montepio como prova de gratidão. Bernardo de Oliveira* teria se encarregado de preparar os papéis para o casamento. Achando-se ausente da cidade, quando regressou já encontrou o escritor morto. Essa história do casamento de Machado à beira da morte teve outra versão ou outra personagem. Lúcia Miguel Pereira fala numa tal de Rosalinda, moça pobre, sem fornecer maiores detalhes a respeito.

Ribeiro, Demétrio O positivista gaúcho Demétrio Ribeiro foi o primeiro ministro da Agricultura na República. A sua gestão foi curta, de 7 de dezembro de 1899 a 31 de janeiro de 1890, quando pediu demissão, depois de um violento atrito com o ministro da Fazenda, Rui Barbosa.* Na ocasião, Machado era diretor da Viação e secretário do ministro, mas nada sabemos de seu relacionamento com Ribeiro.

Ribeiro, João A convivência de Machado e João Ribeiro (Laranjeiras, SE, 1860) começou quando ambos colaboravam em *A Semana*,* de Valentim Magalhães,* em 1885. Foram colegas na tradução do *Intermezzo*,* de Heine,* que aquele órgão da imprensa carioca publicou integralmente, aos poucos. A gentileza dava o toque. Pintor amador, Ribeiro ofereceu um quadro de sua autoria a Machado, que o colocou na sala de sua casa. Em 1895, com a mudança do filólogo para a Alemanha, os amigos organizaram um álbum em sua homenagem, no qual Machado colaborou. "Vá ao seu sonho de Berlim", escreveu. Na terra de seu sonho, Ribeiro editou um jornal intitulado *O Novo Mundo*, em cujo primeiro número publicou o apólogo "A agulha e a linha".* Em 1898, tomou posse na Academia Brasileira de Letras.* Apesar da cordialidade recíproca, João Ribeiro não tinha em boa conta o homem Machado, cujas "delicadeza aparente" e "elegância e gentileza pessoal" escondiam um "profundo escárnio pela sociedade". Acusava-o ainda de contemporizar "com a maldade" e de ser "um anticristão" no sentido da caridade. "A sua insensibilidade pela dor humana é absoluta; o seu egoísmo é sem limites", acrescentava em artigo crítico sobre o *Machado de Assis*, de Alfredo Pujol. Nas *Cartas Devolvidas* reafirma a indiferença de Machado, inclusive pelos problemas sociais e conclui que ele só tivera dois amigos (José Veríssimo* e Mário de Alencar*), sendo "um eterno desinteressado das coisas". Ribeiro faleceu no Rio de Janeiro, em 1934.

Ribeiro, Maria (M. Angélica R.) Natural de Paraty, RJ, 1829; faleceu no Rio de Janeiro, em 1880. Esposa do mais famoso cenógrafo da época, João Caetano Ribeiro, deixou diversas peças teatrais. Em 1863, antes da estreia de sua peça *Gabriela*, Maria Ribeiro submeteu-a a Machado, solicitando a sua opinião. "Transmiti-lhe as minhas impressões em uma carta, impressões e não juízo, que tal não me cabia na ocasião fazer", impressões essas que "foram das melhores" (*O Futuro*, 15 de março de 1863). Em relação à segunda peça da autora, *Os cancros sociais*, Machado fez uma leve e breve crítica, observando "uma notável diferença, um incontestável progresso" em relação à peça anterior (*Diário do Rio de Janeiro*, 16 de maio de 1865).

Ribeiro, Tomás (T. Antonio R. Ferreira) Poeta português, nascido em 1831. Com *D.*

Jaime (1862), Tomás Ribeiro obteve um sucesso fulminante em Portugal e no Brasil. Machado entusiasmou-se e em crônica publicada em *O Futuro** (15 de setembro de 1862) saudou-a como "uma obra de elevado merecimento". A popularidade do poema se manteve intacta no Brasil por mais de quarenta anos, mas o êxito não se repetiu na carreira do poeta, que nos últimos anos do século estava em plena decadência. Em paralelo à atividade poética, Ribeiro teve uma carreira política e diplomática vitoriosa. Talvez devido à sua habilidade como diplomata, foi nomeado pelo rei D. Carlos, em maio de 1895, ministro plenipotenciário de Portugal no Brasil. A situação entre os dois países era delicada, com as relações rompidas desde 1893, no governo Floriano Peixoto. O *agrément* concedido a Ribeiro pelo presidente Prudente de Morais despertou ataques irados dos jacobinos, que viam em alguns versos do poeta insultos ao Brasil. A situação tornou-se tensa. Para amenizar o clima, o *Jornal do Commercio** organizou um banquete em homenagem a Tomás Ribeiro. Machado, uma das personalidades convidadas, compareceu à festa, agradeceu por escrito o convite, mas nada escreveu a respeito na imprensa. Ribeiro permaneceu no Brasil até outubro de 1896, quando pediu exoneração, alegando motivos de ordem pessoal. Retornou a Portugal, onde faleceu em 1901.

Ribeiro, Walfrido Quando da publicação de *Esaú e Jacó,** estampou uma crítica em *Os Anais*, do Rio de Janeiro, no número de 5 de novembro de 1904, com a assinatura Walfrido.

Ribeyrolles, Charles Escritor e jornalista francês, Ribeyrolles foi um republicano convicto, tendo lutado de arma em punho nas barricadas de Paris, em 1848. Exilado por pressão

Charles Ribeyrolles

política, deixou a França em 1849, vivendo em diversos países. Esteve exilado em Guernsey, com Victor Hugo,* dali passando para a Inglaterra, onde se encontrava à beira da miséria, quando recebeu um convite de Victor Frond* para viver no Brasil. No dia 7 de julho de 1858, desembarcava no Rio de Janeiro, proveniente de Southampton. Dez dias depois, publicou no *Diário do Rio de Janeiro** um artigo intitulado "*Aux Brésiliens*". Logo, começou a pesquisar material para o seu livro *Brasil pitoresco.** A mocidade brasileira acolheu-o como a um deus. Ribeyrolles chegou a se queixar dos exageros, lembrando que era apenas um homem. Machado, a quem ele só chamava de "mon cher Machadô", foi um de seus primeiros amigos brasileiros. Entusiasta do francês, cujo pensamento o influenciou, traduziu *Souvenir d'Éxil,** poema que Ribeyrolles improvisou na redação do *Courrier du Brésil.** Meses depois, publicava em *O Espelho,** de 18 de setembro de 1859, o poema "A um proscrito", mais tarde rebatizado com o título de "Ao proscrito Ch.

Ribeyrolles".* Foi ainda um dos tradutores de *Brasil pitoresco*, publicado em 1859, e citou uma expressão do amigo ("cárcere que anda", referindo-se a navio) no conto "Frei Simão"* (1864). Ribeyrolles morreu a 1º de junho de 1860. Victor Hugo* escreveu para o amigo um epitáfio em versos, publicado no *Diário do Rio de Janeiro** (7 de dezembro de 1860) e gravado em seu túmulo no cemitério de Maruí. Trinta anos após a morte de Ribeyrolles, Machado voltou a escrever sobre o velho amigo (*Gazeta de Noticias*,* 24 de abril de 1890), ocasião em que os seus restos mortais foram transferidos para um túmulo definitivo.

Rigoletto Pseudônimo não identificado. Autor de uma crítica a *Iaiá Garcia*,* publicada em *O Cruzeiro*,* de 11 de abril de 1878.

Rio, João do Vide "Barreto, Paulo".

Rio Branco, barão do Vide "Paranhos Júnior, José Maria da Silva".

Rio Branco, visconde Vide "Paranhos, José Maria da Silva".

Rio de Janeiro Carioca* típico, Machado não gostava do nome da cidade, "que não é bonito nem exato" (*A Semana*, 24 de julho de 1892), um "mero qualificativo" (*idem*, 22 de janeiro de 1893), carente de eufonia, "um nome tão áspero, tão surdo, tão comprido" (*O Cruzeiro*, 21 de julho de 1878). Defendia a denominação Guanabara, "nome simples, eufônico, e de algum modo histórico, espécie de vínculo entre os primeiros povoadores da região e seus atuais herdeiros" (*idem*). No início da República, quando se pensou em uma nova denominação para a capital federal, excluiu logo Rio de Janeiro, "já porque há outro

Rio Machadiano. Praça Ferreira Viana, atual José de Alencar, em 1906

estado com esse nome", mas sobretudo por que "basta de aguentar com um rio que não é rio" (*A Semana*,* 20 de novembro de 1892). Continuava insistindo no nome Guanabara ou Carioca, como o gentílico dos naturais da cidade. Algumas vezes referiu-se à "minha Carioca", sintetizando dessa forma a sua relação com a cidade para melhor lhe declarar o seu amor: "Terá defeitos esta minha boa cidade natal, reais ou fictícios, nativos ou de empréstimo, mas eu execro as perfeições" (*idem*, 21 de janeiro de 1894). Admitindo o papel da imperfeição como estímulo, amava a terra, sem gostar do clima, muito quente e abafado. "Nunca pude entender o verso de Álvares de Azevedo: 'Sou filho do calor, odeio o frio'. Não odeio o frio, adoro-o, este daqui, ao menos, que é apenas uma fresca e deliciosa primavera" (carta a Magalhães de Azeredo, de 14 de janeiro de 1894). Observador atento do cotidiano, registrou, sobretudo em suas crônicas, as mudanças de hábitos e costumes da cidade: a chegada do bonde (*A Semana*, 6 de agosto de 1893), a modernização, o aumento da população. Tinha as

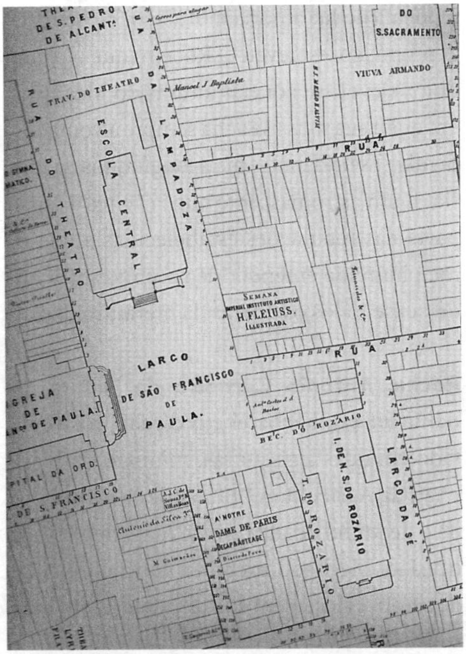

Rio Machadiano. Mapa do centro da cidade na década de 1860

suas preferências e as suas implicâncias. Uma delas era com a igreja da Glória, do largo do Machado: "Quem não conhece esse templo grego, imitado da Madalena, com uma torre no meio, imitada de cousa nenhuma?" (*A Semana*, 6 de novembro de 1892). Estranhava a rapidez das transformações: "Aqui nasci, aqui morrerei; terei conhecido apenas duas cidades, a de minha infância e a atual, que na verdade são bem diversas" (carta a Magalhães de Azeredo, de 17 de novembro de 1896). E se identificava cada vez mais com a velha cidade de sua juventude: "Este Rio de Janeiro de hoje é tão outro do que era, que parece antes, salvo o número de pessoas, uma cidade de exposição universal. Cada dia espero que os adventícios saiam; mas eles aumentam, como se quisessem pôr fora os verdadeiros e antigos habitantes" (carta a Salvador de Mendonça, de 22 de setembro de 1895). Com a reforma urbana de Pereira Passos, em particular a inauguração da avenida Central, em 15 de novembro de 1905, começou a se sentir como um estranho em sua própria terra: "Não imaginará a mudança que foi e está sendo, nem a rapidez do trabalho. Mudaram-me a cidade ou mudaram-me para outra. Vou deste mundo, mas já não vou da colônia em que nasci e envelheci, e sim de outra parte para onde me desterraram" (carta a Oliveira Lima, 20 de novembro de 1905). O que não alterou o espírito da sua "boa e leal cidade", "animada, jovial e ordeira, pronta para rir, quando for necessário, e não menos para venerar, quando preciso", escreve, contente com a boa ordem do Carnaval de 1896 (*A Semana*, 23 de fevereiro de 1896).

Rio de Janeiro, 14 Juillet Em 14 de julho de 1881, data da queda da Bastilha, foi publicada no jornal *Rio de Janeiro, 14 Juillet*, uma poliantеia sobre a Revolução Francesa, com colaborações em francês e português. Machado contribuiu com uma frase, transcrita na *Revista Ilustrada*, de 16 de julho de 1881, na *Revista da Sociedade dos Amigos de Machado de Assis*,* nº 7, de 29 de setembro de 1961, pp.18-9, e em *Poesia e prosa*.* (Ver "*L'Anniversaire du 14 Juillet*".)

Ristori, Adelaide Atriz italiana, uma das grandes intérpretes trágicas do século XIX. Elogiada pelos maiores poetas da época: Lamartine,* Musset,* George Sand, Giacometti. Em 1869, a companhia dramática da Ristori apresentou-se no Rio de Janeiro. Estreou no Teatro Lírico Fluminense,* a 28 de junho de 1869, diante de D. Pedro II* e de D. Teresa Cristina,* com a *Medeia*, de Legouvé. Permaneceu na Corte até 21 de agosto, tendo apresentado 18 peças, num total de 39 espetáculos. Machado, sob o pseudônimo de Platão,* analisou a estreia e mais oito peças: *Pia de*

R

Adelaide Ristori

Tolomei, de Carlo Marengo; *Judite*, de Giacometti; *Maria Stuart*, de Schiller;* *Elisabetta, Reina d'Inglaterra*, de Giacometti; *Fedra*, de Racine;* *Sóror Teresa*, de Camoletti; *Mirra*, de Alfieri, e *La Locandiera*, de Goldoni. Os artigos foram publicados nos *Diário do Rio de Janeiro*,* de 2, 10, 15, 18 e 30 de julho. Com exceção do terceiro, os demais foram transcritos nos volumes *Homenagem a Adelaide Ristori** e *Adelaide Ristori*.* O breve artigo publicado no dia 15 foi transcrito nos *Dispersos*.*

Rivista Ítalo Brasiliana Publicação editada em Roma. Em 1895, dedicou um breve perfil biográfico a Machado, em italiano e assinado por a. r., iniciais que escondiam o poeta Magalhães de Azeredo.* Este, em carta (de 6 de junho de 1897) ao amigo, explicava que "o artigo, além de não estar muito bem traduzido do francês, não saiu todo como fora escrito".

Roceiro na Corte (O) Pseudônimo não identificado, provavelmente de Faustino Xavier de Novaes.* Na edição de 13 de julho de 1862 de *A Saudade*, narrou o sarau literário realizado no salão da Fil'Euterpe,* no qual Machado recitou o poema de sua autoria intitulado "Nostalgia".* A propósito, escreveu O Roceiro que o recitador* "elevou-se àquelas alturas do idealismo, em que a sua musa se acha sempre à vontade, e divulga os horizontes mais longínquos da poesia. É um astro nascente que já vence a maior parte das reputações estabelecidas e que no meu humilde entender de roceiro está acima de quase todos os poetas da literatura oficial".

Rocha, Antonio Carneiro da Natural da Bahia (1842), bacharel em direito, foi deputado em duas legislaturas, ministro da Marinha e da Agricultura,* titular desta no período de 6 de junho de 1884 a 6 de maio de 1885. Na ocasião, Machado exercia a função de chefe de seção. Faleceu em sua terra natal, em 1925.

Rocha, Manoel (M. Jorge de Oliveira R.) Por ocasião do banquete comemorativo dos vinte e dois anos de publicação das *Crisálidas*,* realizado no Hotel Globo,* no dia 6 de outubro de 1886, foi lida uma carta de Rocha, parabenizando Machado. A carta, redigida num formulário de telegrama da Repartição Geral de Telégrafos e datada do dia do evento, está assinada por Rocha de Campinas. Rochinha, como era chamado pelos amigos, foi fundador do jornal *A Notícia*.

Rodrigues, Antonio Coelho Advogado, primeiro benfeitor da Academia Brasileira de Letras.* Em 17 de janeiro de 1897, doou 100 mil réis à instituição, uma quantia significativa para a época. Em carta escrita na mesma data, atribui o ato generoso a uma terceira pessoa, história em que ninguém acreditou. Machado agradeceu-lhe em carta amável, datada de 7 de março de 1897, na qual, com a sua habitual lisura, informa que a quantia "foi por mim transmitida ao Sr. Dr. Inglês de Sousa, tesoureiro da Academia". Em 1904, Coelho tinha consultório na rua do Núncio, nº 11 e residia na rua Bingen, nº 10, em Petrópolis.

Rodrigues, Jerônimo Herculano de Calazans Colega de Machado no Ministério da Agricultura, Comércio e Obras Públicas,* para onde entrou em 1861, chegando a chefe de seção. Irmão de Rita de Cássia Calazans,* em cuja casa Machado conheceu Carolina.*

Rodrigues, José Carlos Jornalista e advogado, Rodrigues (Cantagalo, RJ, 1844) emigrou para os Estados Unidos em 1867, após uma tentativa de fraude contra o Estado. Em Nova York, fundou e dirigiu *O Novo Mundo*,* revista em cujo número de 23 de dezembro de 1872 publicou uma crítica anônima à *Ressurreição*.* O artigo fora prometido em carta datada de 22 de setembro de 1872, Nova York, na qual Rodrigues felicita o amigo pelo "brilhante sucesso" do romance. Em carta de 25 de janeiro de 1873, Machado agradeceu o artigo, enviou o seu retrato e solicitou o de Rodrigues. Machado admirava o seu arrojo e competência e, em carta a Salvador de Mendonça (de 24 de dezembro de 1875), observa que "o Rodrigues é bom mestre, e o *Novo Mundo* um grande exemplo". De volta ao Brasil, tornou-se proprietário do *Jornal do Commercio*,* que dirigiu durante vinte e cinco anos (1890-1915), dando-lhe uma nova feição. Para o velho órgão da imprensa carioca, solicitou dois artigos a Machado (o editorial do Natal* de 1903 e "A Paixão de Jesus"*), ambos publicados anonimamente. Dono de uma imensa e valiosa brasiliana, faleceu em Paris, em 1923.

Rodrigues, Manuel Lopes Autor do retrato de Machado, xilografado por José Villas Boas,* publicado em *A Semana*,* de 9 de outubro de 1886. Natural de Salvador (1861), foi jornalista, professor, desenhista, pintor, com curso de aperfeiçoamento em Paris. Residiu no Rio de Janeiro de 1882 a 1886, período em que atuou como crítico de arte na *Gazeta Literária*.* Rodrigues, que utilizava a assinatura Lopes Roiz, faleceu em sua terra natal, em 1917.

Rodrigues, Maria da Conceição Calazans Baronesa de Taquari, viúva do general Manuel Jorge Rodrigues, barão de Taquari. Em 1861, ou 1862, encantada com os recitativos e os solos de flauta de Faustino Xavier de Novaes* e comovida com a sua situação de penúria, convidou-o a morar em sua casa, na rua do Estácio, nº 18 (mais tarde, 30). O poeta aceitou o convite, ali vivendo até a morte de sua benfeitora, em 23 de outubro de 1866.

Rodrigues, Rita de Cássia Calazans Filha dos barões de Taquari, general Manuel Jorge Rodrigues e D. Maria da Conceição Calazans Rodrigues.* O poeta Faustino Xavier de Novaes,* que morava na casa de sua mãe, por morte desta passou a viver em casa de D. Rita, no Rio Comprido. Foi ali que Carolina* hospedou-se quando chegou ao Rio de Janeiro, em 1868, e onde foi apresentada a Machado. D. Rita de Cássia foi madrinha de casamento de Carolina.

Romance histórico Após a morte de Machado, os seus papéis particulares foram entregues à Academia Brasileira de Letras.* Mário de Alencar, que os consultou na ocasião, encontrou o "manuscrito de um romance histórico, não acabado, e que pela letra parece muito antigo" (carta de Mário de Alencar a José Veríssimo, datada de 18 de dezembro de 1908). Esse manuscrito, como outros citados na mesma carta, desapareceu da Academia, sem deixar vestígios.

Romancista Quando Machado publicou o seu primeiro romance, já era um escritor de prestígio. Poeta,* teatrólogo,* crítico,* havia seis anos dedicava-se ao conto. O romance surgiu como uma decorrência natural do seu êxito na ficção curta. Sem sofrer o teste de publicação em folhetim, *Ressurreição* saiu em livro em 1872, no momento em que a prosa de ficção brasileira atravessava um momento de estagnação. O grande nome ainda era José de Alencar;* nenhum outro despontava no horizonte. Com alguma influência do mestre e suaves nuanças românticas, a obra trazia uma novidade: a rejeição ao romance de costumes e a primazia pelo estudo da psicologia das personagens. A ideia fora sugerida por um verso de Shakespeare,* extraído da peça *Medida por medida*, que o autor traduziu da seguinte maneira: "São as nossas dúvidas uns traidores, que nos fazem perder muita vez o bem que poderíamos obter, incutindo-nos o receio de o tentar". Sem ser uma obra excepcional, *Ressurreição* estava muito acima da média do que então se publicava, o suficiente para colocar Machado no primeiro plano da nossa ficção. A crítica se dividiu entre os que consideravam o romance um "admirável estudo" (*O Mosquito*, 4 de maio de 1872) e os que o censuraram pela frieza da imaginação, sem deixar de reconhecer-lhe as qualidades. "Um dos melhores romances brasileiros", sintetizou Félix Ferreira (*Archivo Contemporâneo*, 30 de janeiro de 1873). Incentivado pelos elogios e com a mão mais adestrada, Machado insistiu no gênero, com *A mão e a luva*,* publicado em folhetins, em 1874, e editado em livro nesse mesmo ano. O romancista voltava a priorizar a pesquisa psicológica, dessa vez através de um conflito de ambições. O livro não agradou tanto quanto o seu antecessor, mas alguns críticos mais sagazes já observavam a segurança com que eram traçados os tipos femininos: "Guiomar, soberbo tipo de mulher", escreve um noticiarista da *Vida Fluminense* (12 de dezembro de 1874). O terceiro romance, *Helena** (1876), como o seu antecessor, foi lançado primeiro em folhetim. Trinta anos depois, no prefácio à segunda edição, Machado confessava que, dos romances da mocidade, "este me era particularmente prezado", sem esclarecer se a preferência era pela realização artística ou pelo que, provavelmente, havia nele de confessional, de autobiográfico. Ao contrário da sobriedade das duas obras anteriores, e apesar da advertência de que não se tratava de uma história romântica, *Helena* é o romance mais romanesco de Machado, aquele em que há maiores concessões ao gosto romântico. A crítica notou progresso em relação aos livros anteriores, mais vibração, "situações novas e habilmente desenlaçadas" (*A Reforma*, 19 de outubro de 1876). Apresentado também em folhetins, *Iaiá Garcia** (1878), considerado o último romance da primeira fase machadiana (divisão repudiada por muitos críticos, que preferem considerar a carreira do autor de forma contínua), aprimora a linguagem, cada vez mais próxima da expressão clássica, mas carece de tensão. A recepção crítica foi desalentadora. Apareceram apenas quatro notas na imprensa, entre as quais a de Urbano Duarte, escrita ao término da publicação da obra em folhetim, agradecendo aos céus pelo fim do romance: "Foi-se também Iaiá Garcia, e tão desenxabida como no dia em que nasceu" (*Revista da Sociedade Fênix Literária*, março de 1878). Parece que todos sabiam o que esperar do romancista. Parece... Depois de publicada em capítulos na *Revista Brasileira*,* não sendo devidamente avaliada, *Memórias póstumas de Brás Cubas* (1881) davam um encontrão no leitor habitual de Machado, deixando-o atônito.

Tratava-se de um romance? Essa indagação de um leitor inteligente fora prevista pelo autor, que, no pequeno prefácio à obra, advertia que "a gente grave achará no livro umas aparências de puro romance, ao passo que a gente frívola não achará nele o seu romance usual". Em verdade, o livro subvertia a estrutura tradicional do gênero, mas incomodava, sobretudo, pela ácida mistura de galhofa e melancolia. A irreverência cínica do defunto autor, narrador onisciente e cruel, não deixava nada de pé na sociedade brasileira e na própria condição humana. A crítica baixou a guarda, aturdida pelo golpe. O crítico mais arguto, Capistrano de Abreu, que fizera a indagação acima, reconhecia que "o romance aqui é simples acidente". O fundamental era a "filosofia social" implícita, a negativa ao absoluto, "misto de fel, de loucura, de ríctus" (*Gazeta de Notícias*, 30 de janeiro de 1881). Menos amargo na aparência, mas tão corrosivo e desiludido no fundo, *Quincas Borba* (1891) é o romance mais objetivo da segunda fase machadiana. Narrado na terceira pessoa, adota os princípios do romance realista, subvertidos pelas intervenções descerimoniosas do autor, convidando o leitor a dialogar. Essa reflexão sobre a loucura – loucura mental de um homem frágil e ingênuo, mas também loucura de uma sociedade em desequilíbrio – teve uma excelente recepção da crítica, mais bem situada em relação ao romancista, depois do impacto das *Memórias*. Machado, mais uma vez, se supera no retrato de uma personagem feminina, a volúvel e interesseira Sofia. Pondo de lado formulações acadêmicas, que queriam por força enquadrar o escritor em teses preconcebidas, José Veríssimo observou que a obra machadiana devia ser encarada "sem nenhum preconceito de escolas e teorias literárias" (*Jornal do Brasil*, 11 de janeiro de 1892). Araripe Júnior tropeçou logo no início de sua crítica, ao afirmar que "as mulheres do autor de *Quincas Borba* são, em regra, incolores, sem expressão" (*Gazeta de Notícias*, 16 de janeiro de 1892), mas redimiu-se em trabalho publicado um ano depois (*Ideias e sandices do ignaro Rubião*, *Gazeta de Notícias*, 5 de fevereiro de 1893), no qual, referindo-se a Rubião, faz uma pergunta, que vem provocando muita reflexão: "Quem nos diz que este personagem não seja o Brasil?". O romancista sugeria e instigava. A arte de sugerir, através de pistas lançadas quase ao acaso, por vezes em contraste com outras pistas, atingiu o supremo refinamento em *Dom Casmurro*,* o romance por excelência da dubiedade, das pistas falsas, das interpretações sumárias levando a equívocos de interpretação psicológica ou à apreensão duvidosa de fatos, sem que o leitor consiga também saber onde se segurar, para não esborrachar o nariz no chão. Sem a onisciência de Brás Cubas e do narrador em terceira pessoa do *Quincas Borba*, a narrativa de Bentinho é o depoimento de um homem ressentido, com todas as consequências que tal significa. Por isso mesmo, o livro tem um clima de mistério e uma força de sortilégio feminino, como nenhuma outra obra do autor. O clima de desilusão supera o das *Memórias póstumas*, mas sem aquela atmosfera macabra. José Veríssimo observou, a propósito de Capitu: "que excelente, e penetrante, e fino estudo de mulher nos deu, como a brincar, recobrindo-o de riso e de ironia" (*Jornal do Commercio*, 19 de março de 1900). Medeiros e Albuquerque, comparando *Dom Casmurro* com as *Memórias* e o *Quincas Borba*, conclui que "é, como romance, incomparavelmente superior" (*A Notícia*, 24-25 de março de 1900). A análise do mistério feminino prosseguiu no *Esaú e Jacó*,* encarnado na ambígua e irresoluta Flora. A atração simultânea da moça pelos gêmeos, sem saber qual dos dois prefere, assume um caráter de alegoria nacional, como se ela fosse a generosa mãe-pátria, indecisa entre o republicano e o saudoso da monarquia. Não deixa de ser curioso que o livro – classificado por José Veríssimo como "o regalo literário do ano" (*Kosmos*, dezembro de 1904) –, apesar da queda evidente em relação aos romances anteriores, tenha sido o mais elogiado de Machado. A crítica só falou dele de chapéu na mão e fazendo reverências. Mário de Alencar deu a nota exagerada, considerando-o "melhor do que *Dom Casmurro*" (*Jornal do Commercio*, 2 de outubro de 1904). Velho, com a saúde frágil e a alma dilacerada pela perda da esposa, Machado ainda encontrou forças para concluir um último romance, muito diferente dos demais, pela concepção e pela atmosfera. Escrito em forma de diário, *Memorial de Aires** é frágil como argumento, mas rico em reflexões. O conselheiro Aires, *alter ego* do autor, deixa entrever, sob a dupla camada de ceticismo e melancolia, uma insuspeitada ternura pela vida. Mas é pelo estilo que o livro alcança a suprema expressão artística. A melhor observação sobre a obra foi a de Salvador de Mendonça, em carta ao autor, quando observa que a obra "é tão simples, tão fácil, tão natural, que haverá por aí muita gente que a julgue obra ao alcance de qualquer pena. Esta facilidade aparente de feitura é realmente o selo da verdadeira obra de arte".

Romantismo Apenas chamuscado pelo romantismo, como corrente literária, Machado ficou marcado a vida toda por ideias, ideais e princípios caros à escola: repúdio ao despotismo, interesse pelo passado, atenção aos acontecimentos do mundo moderno, idealização de um teatro educativo e ético, de acordo com os preceitos de Victor Hugo.* Não se referia àqueles tempos sem um invencível saudosismo: "Gente que mamou leite romântico, pode meter o dente no rosbife naturalista; mas em lhe cheirando a teta gótica e oriental, deixa o melhor pedaço de carne para correr à bebida da infância. Oh! meu doce leite romântico! Meu licor de Granada! Como ao velho Goethe, aparecem novamente as figuras aéreas que outrora vi ante os meus olhos turvos" (*A Semana*,* 25 de dezembro de 1892). O doce leite romântico já era ingerido aos dez anos, quando o menino lia com paixão poemas como a "Canção do exílio", de Gonçalves Dias,* e *Napoleão em Waterloo*, de Gonçalves de Magalhães,* "que mamávamos no berço" (*idem*, 25 de agosto de 1895). Os primeiros poemas que compôs foram românticos, com algumas quedas no que a escola tinha de pior. O romantismo também deixou marcas em seus contos do início de carreira, mas o prosador nunca resvalou para os pequenos exageros do poeta. Este também logo se sentiu insatisfeito e perplexo. Em poesia, rompeu com o romantismo com as *Falenas** (1870). Na prosa, os traços românticos só se diluíram em meados dessa década. Ainda em 1874, A. C. Almeida* acusa-o de não ter podido "salvar-se do desvario romântico", que o teria "atrofiado", impedindo-o de se interessar por questões sociais. Exagero. Por essa época, em termos artísticos, o romantismo mais nada significava para ele. Sem que os contemporâneos percebessem, começava a se tornar "machadiano", no sentido que a posteridade deu ao termo. Nesse processo, foram decisivas a atenção às mudanças de gosto que se processavam na Europa, mas sobretudo a leitura e o estudo de seus verdadeiros patronos espirituais, com os quais tinha afinidade e que o ajudaram a encontrar a si próprio: Shakespeare,* Xavier de Maistre,* Stendhal,* Sterne, Montaigne.*

Romero, Sílvio (S. Vasconcelos da Silveira Ramos R.) Temperamentos opostos, Sílvio Romero (Lagarto, SE, 1851) e Machado jamais se entenderam no relacionamento social ou no terreno literário. Personalidade agressiva, com rompantes cujas consequências não media, Romero estudava direito na capital pernambucana quando desfechou o primeiro ataque violento a Machado. Em 1870, em *A Crença*, de Recife, referiu-se desdenhosamente ao "lirismo subjetivista" e ao "humorismo pretensioso" das *Falenas*,* recém-publicadas. Não se conhece o texto completo do artigo, pois o número do jornal onde foi publicado encontra-se extraviado, não sendo localizado em nenhuma biblioteca. É certo que Machado o leu, aguardando o momento adequado de responder. A réplica veio naquela análise implacável da poesia de Romero que se encontra em "A nova geração"* (*Revista Brasileira*,* dezembro de 1879). Um trecho desse ensaio é muito significativo, não deixando dúvida de que Machado conhecia a crítica às *Falenas*: "Criticados que se desforçam de críticas literárias com impropérios dão logo ideia de uma imensa mediocridade – ou de uma fatuidade sem freio – ou de ambas as cousas". Como se dissesse: "Não se trata de vingança à sua crítica, mas a sua poesia é muito ruim e para provar isso não é preciso gritar". Para o crítico, os *Cantos do fim do século* revelam um poeta que "não possui a forma poética", que é sempre "reversa e obscura", dando "a impressão de um estrangeiro que apenas balbucia a língua nacional". A resposta veio rápida. Em *A Literatura Brasileira e a Crítica Moderna*, publicada no ano seguinte, Romero ignorou o seu adversário, citando-lhe o nome apenas numa nota de pé de página, na qual se refere às "frívolas produções do Sr. Machado de Assis e do Sr. Taunay, esses dous pequenos representantes do romantismo

Sílvio Romero

decadente entre nós". Ferreira de Araújo* e José do Patrocínio* saíram em defesa de Machado. Foi um estímulo à agressividade do crítico, que, em 1882, no folheto *O Naturalismo em Literatura*,* desferiu contra Machado um ataque grosseiro, sem meias medidas, em linguagem quase chula. Machado preferiu ignorar, mas vingava-se com a sua ironia corrosiva. No ano seguinte, quando se formou um grupo de intelectuais para estudar alemão com Carlos Jansen,* Capistrano sugeriu que convidassem Romero. Ao que Machado contestou: "Infelizmente, o Sílvio não pode mais aprender porque espalhou que já sabe". A frase chegou ao ouvido de Sílvio, que se enfureceu. No ensaio "Tobias Barreto de Menezes como poeta", publicado por essa época, o crítico sergipano acusa Machado de inutilizar a carreira poética de Castro Alves.* O fato teria sido uma consequência do encontro entre os dois, em 1868. A partir daí, Castro Alves "fraquejou, e deixou-se empolgar por um homem da têmpera do

R

Sr. Machado de Assis, virtuose literário, enroupado à francesa... Desde esse dia o jovem poeta baiano deixou de ser um homem de combate, tinha de retirar-se ou morrer. Deu-se a última hipótese". Os ataques não bastavam. Era preciso mostrar também desprezo. Assim, na primeira edição da *História da Literatura Brasileira* (1888), Sílvio simplesmente excluiu Machado. A hostilidade não impediu que os dois, junto com Ferreira de Araújo, Silva Ramos* e Capistrano de Abreu,* integrassem a comissão designada pela *Gazeta de Notícias** para o concurso de contos, realizado em fevereiro e março de 1894. Três anos depois, já como acadêmico e um dos fundadores da Academia Brasileira de Letras,* Sílvio publicou o estudo intitulado *Machado de Assis*,* que causou tanta revolta e celeuma. Machado ficou magoado e confessou o seu ressentimento a Magalhães de Azeredo:* "Das notícias publicadas vejo que o autor foi injusto comigo. A afirmação do livro é que nada valho. Dizendo que foi injusto não exprimo uma opinião minha, mas a própria afirmação dos outros; eu sou suspeito. O que parece é que me espanca" (carta de 7 de dezembro de 1897). Ainda não havia lido o livro. Quando o abriu, ficou ainda mais incomodado, com o seu retrato, desenhado por um artista desconhecido, "um retrato que me vexa, a mim que não sou bonito" (carta a Magalhães de Azeredo, de 10 de janeiro de 1898). A reação veio através de Artur Azevedo* (*A Estação*, 15 de dezembro de 1897), mas sobretudo de Lafaiete Rodrigues Pereira,* na série de artigos intitulados "*Vindiciae*",* nos quais atacou Romero com a mesma virulência. Magalhães de Azeredo também acudiu ao amigo, mas os seus artigos saíram (em maio de 1898) quando o caso já começava a esfriar. Apesar de se queixar que o livro só lhe dera aborrecimentos, em 1900, no prefácio a *Vários escritos*, de Tobias Barreto, Sílvio voltou a fustigar o colega, insistindo no paralelo entre o "majestoso Sr. Machado de Assis" e o poeta sergipano, aproveitando a ocasião para distribuir pancadas em outros desafetos literários. A partir daí, procurou amenizar os ataques a Machado – amenizar à sua maneira –, assumindo um ar de condescendência, como no ensaio sobre as *Poesias completas*,* incluído em *Outros estudos de literatura brasileira*, datado de junho de 1901. Admitia ser Machado "hoje a mais alta figura, o mais afamado representante de nossa literatura", para logo fustigar que "o célebre escritor não é tudo quanto dele tem dito a musa da admiração; mas, mesmo assim, a meus próprios olhos, é um tipo notável por mais de um título", mas "como poeta, é de ordem secundária". Afinal, ao redigir a parte sobre literatura brasileira no *Livro do Centenário*, reconhece os méritos de Machado, sem muita convicção, chamando-o de "frio, mas correto na sua imperturbabilidade" e apontando-o, ao lado de José de Alencar* e Raul Pompeia,* como integrante do "triunvirato máximo na evolução do romance nacional". Em *Evolução da literatura brasileira* (1905), assume um tom dúbio, e o leitor fica em dúvida se o texto elogia ou procura diminuir o autor. Exemplo: "Machado de Assis, a correção, o gosto discreto e puro, sem audácias, sem grandes vibrações, porém sereno, doce, comunicativo". Sílvio Romero faleceu no Rio de Janeiro, em 1914.

Rosa, Eponina de Almeida Esposa de Francisco Otaviano de Almeida Rosa* e uma das amantes eventuais de D. Pedro II.* Machado, frequentador assíduo das reuniões na residência do casal, traçou um retrato simpático de D. Eponina, quando de sua morte, em crônica publicada na *Gazeta de Notícias** (22 de setembro de 1895). Lembrando as reuniões, acrescenta: "Na mesma sala estava a esposa, ainda elegante, a despeito dos anos, espartilhada e toucada, não sem esmero, mas com a singeleza própria da matrona. Tinha também que recordar os tempos da mocidade vitoriosa quando os salões a contavam entre as mais belas. O sorriso com que ouvia não era constante nem largo, mas a expressão do rosto não precisava dele para atrair a D. Eponina as simpatias de todos".

Rosa, Gama (Francisco Luís da G. R.) Formado em medicina, Gama Rosa (Uruguaiana, RS, 1852 – Rio de Janeiro, RJ, 1918) atuou como jornalista, sendo o primeiro brasileiro a escrever sobre o movimento simbolista francês. Dedicando-se à política, foi presidente de Santa Catarina (1883-84) e da Paraíba (1889). Autor de uma resenha crítica sobre os *Papéis avulsos,** publicada na *Gazeta da Tarde,** de 2 de novembro de 1882.

Rosa, Inácia Maria Avó paterna de Machado, parda forra, casada com Francisco de Assis.*

Rosas (As) Poema incluído nas *Crisálidas,** não sendo aproveitado nas *Poesias completas.** Há outro poema com esse título.

Rosas (As) Vide "Metafísica das rosas".

Rosas e saudades Poema publicado em *A Grinalda,* de 2 de dezembro de 1861, com a assinatura M.A.* A descoberta do trabalho foi feita por José Galante de Sousa, que se esquiva de atribuí-lo a Machado.

Rossi – Carta a Salvador de Mendonça Artigo publicado em *A Reforma,** de 20 de julho de 1871, com a assinatura Machado de Assis.* *Páginas esquecidas.**

Ruas (nomes de) Na mocidade, Machado defendeu a substituição do nome de ruas tradicionais pelo de figuras ou fatos importantes da nacionalidade. Quando a rua dos Latoeiros passou a se chamar Gonçalves Dias, escreveu: "Há outras ruas cujos nomes, tão ridículos e sensaborões, como o da rua dos Latoeiros, carecem de reforma igual. As ruas do Sabão, Fogo, Violas, Pescadores e outras muitas podiam trocar os seus nomes por outros que recordassem uma individualidade histórica ou um feito nacional" (*Diário do Rio de Janeiro,* 21 de fevereiro de 1865). Mais tarde, revoltou-se com as homenagens prestadas a tantas mediocridades, aguçando o sarcasmo: "Um homem que foi juiz de paz em 1850, que liquidou em 1864 o negócio de malas para viagem, que se barbeia, que não dá taponas nas pessoas que passam, por que é que não há de ver o seu nome nas esquinas? Isto não é só para os Andradas" ("Balas de Estalo",* 9 de fevereiro de 1886). Numa das crônicas da seção "Bons Dias!"* (*Gazeta de Notícias,** 26 de agosto de 1888), referindo-se ao bairro do Catete, ironiza: "Creio que é Catete que ainda se diz; avisem-me quando for João Alves".

Rui de Leão Conto publicado no *Jornal das Famílias,** de janeiro, fevereiro e março de 1872, com o pseudônimo de Max.* *Contos recolhidos.**

Ruínas Poesia que figura nas *Falenas.**

R

S

S. Foi [illegible] que foi assinada a segunda parte [illegible] pela [illegible] no [illegible] Semanal.* A atribuição de [illegible] é de R. Magalhães Júnior.*

S. Brás Pseudônimo não identificado. Quando da segunda edição de *Iaiá Garcia*,* publicou um [illegible] sobre Machado [illegible] *Gazeta de Notícias*, [illegible] por Josué Montello.* "O presidente Machado de Assis", que não informa a [illegible] de publicação.

S. F. Iniciais utilizadas por João Carlos de Sousa Ferreira* nas "Páginas Menores", do *Correio Mercantil*,* para criticar a peça *O caminho da porta*,* em [illegible] de setembro de 1862.

Sabina Pessoa que figura nas *Americanas*.*

Sacramento, Miguel Antônio do Em espetáculo realizado no Teatro São Januário,* em 14 de junho de 1865, Sacramento recitou um poema de Machado dedicado às marinhas de Portugal e do Brasil. A licença para a representação fora solicitada ao Conservatório Dramático Brasileiro,* no dia 12 do mesmo mês, recebendo parecer favorável do Dr. Domingos Jaci Monteiro.* A poesia machadiana encontra-se perdida.

Sacristão Vide "Cotrim".*

Sainete (O) Conto publicado em *A Época** de 1º de dezembro de 1875, com o pseudônimo de Manassés.* Incluído nos *Contos avulsos*.*

Sales Conto publicado na *Gazeta de Notícias*,* de 30 de maio de 1887, assinado Machado de Assis.* Recolhido em livro por [illegible] *Relíquias de casa velha*. Organização [illegible] [illegible] Os contos [illegible] Contos [illegible].*

Sales, Antônio Em 1897, quando se transferiu para o Rio de Janeiro, o romancista e poeta cearense Antônio Sales (Paracuru, 1868) já era admirador de Machado. No número de 17 de janeiro de 1895 de *O Pão*, de Fortaleza, tinha publicado um soneto laudatório ao escritor carioca, que o [illegible] pelos versos "Da mão do mestre saem-lhe aos punhados / as joias mais custosas e mais finas". Na mesma publicação, em 1º de outubro de 1896, na seção "Esbocetos", incluiu um reverencioso elogio "do Mestre", que escrevia "a língua portuguesa melhor do que toda a gente em nosso país". Na capital da República, dedicou-se ao jornalismo, incorporando-se ao "bonde" de *A Semana*, grupo de escritores que se reunia na redação de *A Semana*, na travessa do Ouvidor. Na *Revista Brasileira*,* publicou uma série de biografias breves de membros da Academia Brasileira de Letras,* sendo a primeira a de Machado (março de 1897), classificado de "o mais enciclopédico dos nossos escritores". Pouco depois, em nome do bonde, escreveu um soneto em louvor a Machado, enviando-o ao homenageado. Assinava-se "Pelo Bonde, Antônio Sales". Comentou o romance *Iaiá Garcia** quando do lançamento da 2ª edição, em resenha para *A Imprensa*, de 21 de outubro de 1898. Em 1900, gravemente enfermo, Sales foi recuperar-se em Barbacena.* De regresso ao Rio, endereçou uma carta a Machado e presenteou Carolina* com um ramo de rosas. Machado

S. Inicial com que foi assinada a segunda parte do conto "Felicidade pelo casamento",* no *Jornal das Famílias*.* A atribuição de autoria é de R. Magalhães Júnior.

S. Brás Pseudônimo não identificado. Quando da segunda edição de *Iaiá Garcia*,* publicou um soneto sobre Machado, na *Gazeta de Notícias*,* citado por Josué Montello ("O presidente Machado de Assis"), que não informa a data de publicação.

S. F. Iniciais utilizadas por João Carlos de Sousa Ferreira,* nas "Páginas Menores", do *Correio Mercantil*,* para criticar a peça *O caminho da porta*,* em 21 de setembro de 1862.

Sabina Poema que figura nas *Americanas*.*

Sacramento, Miguel Antonio do Em espetáculo realizado no Teatro São Januário,* em 14 de junho de 1863, Sacramento recitou um poema de Machado, dedicado às marinhas de Portugal e do Brasil. A licença para a representação fora solicitada ao Conservatório Dramático Brasileiro,* no dia 11 do mesmo mês, recebendo parecer favorável do Dr. Domingos Jaci Monteiro.* A poesia machadiana encontra-se perdida.

Sacristão Vide "Coroinha".

Sainete (O) Conto publicado em *A Época*,* de 1º de dezembro de 1875, com o pseudônimo de Manassés.* Incluído nos *Contos avulsos*.*

Sales Conto publicado na *Gazeta de Notícias*,* de 30 de maio de 1887, assinado Machado de Assis.* Recolhido em livro por J. Galante de Sousa (*Sales*, Organização Simões, Rio de Janeiro, 1954) e mais tarde incorporado aos *Contos sem data*.*

Sales, Antonio Em 1897, quando se transferiu para o Rio de Janeiro, o romancista e poeta cearense Antonio Sales (Paracuru, 1868) já era admirador de Machado. No número de 1º de janeiro de 1895 de *O Pão*, de Fortaleza, tinha publicado um soneto laudatório ao escritor carioca, que começava pelos versos "Da mão de mestre saem-lhe aos punhados/ as joias mais custosas e mais finas". Na mesma publicação, em 31 de outubro de 1896, na seção "Esbocetos", incluiu um reverencioso elogio "do Mestre", que escrevia "a língua portuguesa melhor do que toda a gente em nosso país". Na capital da República, dedicou-se ao jornalismo, incorporando-se ao bonde* da *Semana*, grupo de escritores que se reunia na redação de *A Semana** na travessa do Ouvidor. Na *Revista Brasileira** publicou uma série de biografias breves de membros da Academia Brasileira de Letras,* sendo a primeira a de Machado (março de 1897), classificado de "o mais enciclopédico dos nossos escritores". Pouco depois, em nome do bonde, escreveu um soneto em louvor a Machado, enviando-o ao homenageado. Assinava-se "Pelo Bonde, Antonio Sales". Comentou o romance *Iaiá Garcia*,* quando do lançamento da 2ª edição, em resenha para *A Imprensa*, de 21 de outubro de 1898. Em 1900, gravemente enfermo, Sales foi recuperar-se em Barbacena.* De regresso ao Rio, endereçou uma carta a Machado e presenteou Carolina* com um ramo de rosas. Machado incentivou-o a se candidatar à Academia Brasileira de Letras,* mas Sales ainda considerava a sua obra muito escassa. De volta ao Ceará (1920), escreveu sobre Machado, em seu livro de reminiscências intitulado *Retratos e lembranças* (1938). Faleceu em Fortaleza, em 1940.

Salomon, Sebastião Maggi Bibliotecário da Biblioteca Machado de Assis,* de Itajubá, Minas Gerais. Como tal, dirigiu carta a Machado, datada de 9 de junho de 1886, solicitando sua intercessão junto à *Gazeta de Notícias** e à *Gazeta da Tarde,** para que essas publicações fossem remetidas regularmente à biblioteca, para "abrilhantar o arquivo da mesma". Sebastião voltou a escrever a Machado, "cá das montanhas de Minas, onde da glória dos heróis só rumorejam os perdidos ecos" (carta de 18 de outubro de 1886), parabenizando-o pela festa comemorativa dos vinte e dois anos de publicação das *Crisálidas.**

Salteadores da Tessália Crônica incluída em *Páginas recolhidas.** Publicada originalmente na seção "A Semana",* da *Gazeta de Notícias,** de 26 de novembro de 1893, sem título.

S. Helena Poesia publicada em *O Paraíba,** de 22 de maio de 1859, dedicada "Ao Sr. Remígio de Sena Pereira",* com a assinatura Machado d'Assis.* *Dispersos.**

S. Luís Crítica à adaptação teatral de *As pupilas do Senhor Reitor*, publicada na *Semana Ilustrada,** de 11 de junho de 1871, assinada com a inicial M.* *Dispersos.**

Sampaio, Antonio Jerônimo Mendes Sócio do Grêmio Literário Português,* em Belém, Pará. Quando exercia o cargo de 1º secretário, em carta datada de 1º de setembro de 1895, comunicou a Machado que ele fora distinguido como sócio correspondente do Grêmio.

Sampaio, João da Costa Residente em São Paulo, Costa dirigiu cinco cartas a Machado, em novembro e dezembro de 1900, três das quais incluídas no tomo III da *Correspondência de Machado de Assis,* publicada pela Academia Brasileira de Letras. A primeira foi respondida por Machado, conforme anotação sua. Sampaio não recebeu a carta machadiana e continuou insistindo, de forma um tanto impertinente. Seu objetivo era que Machado se comprometesse a ler seu "projeto de reforma ortográfica", conforme especifica na primeira carta.

Santa Luzia (rua) Em 1873, Machado e Carolina* fixaram residência na rua Santa Luzia, nº 54. No ano seguinte, o casal se mudou para a rua da Lapa,* nº 96, segundo andar.

Santos, Hemetério José dos Professor da Escola Normal e do Colégio Militar, poeta e contista, nasceu em Codó, MA, em 1858. Em 29 de novembro de 1908, quando fazia sessenta dias da morte de Machado, publicou na *Gazeta de Notícias** o artigo "Machado de Assis – Carta ao Sr. Fábio Luz", no qual acusava o autor de *Dom Casmurro** de não se interessar pela causa abolicionista e ter mantido uma atitude quase desumana para com a sua madrasta, a quem desprezaria. O escrito foi reproduzido no *Almanaque Brasileiro Garnier* para 1910 e em várias outras publicações, fazendo correr muita tinta. Hemetério faleceu no Rio de Janeiro, em 1939.

Santos, Ismênia dos Atriz, estrela da companhia de Furtado Coelho.* Nasceu na Bahia, em 1840. Instalada no Rio de Janeiro, estreou

S

no Teatro Ginásio, em 1865, sendo em pouco tempo considerada a primeira atriz brasileira. Em 23 de fevereiro de 1870, no Teatro São Luís,* em espetáculo beneficente para as vítimas da seca do Nordeste, recitou o poema de Machado que começa pelo verso "Daqui, deste âmbito estreito".* Ismênia foi uma das intérpretes de *Como ela são todas*,* peça de Musset,* traduzida por Machado. Max Fleiuss* narra que, apresentada a Machado, se mostrou surpresa de ele não ser gago, como diziam. Ao que o escritor replicou: "Calúnias, calúnias, minha senhora. A mim também me disseram que a senhora era muito estúpida, e eu vejo que não é tanto assim!". Faleceu em Niterói, RJ, em 1918.

Santos, Joaquim Felício dos Provinciano convicto, Joaquim Felício (Serro, MG, 1828 – Beribéri, MG, 1895) deixou uma obra literária de alto nível, cujo cimo são as *Memórias do Distrito Diamantino* (1868), com que obteve a admiração dos intelectuais mais importantes do país. Só abandonou a província para exercer os mandatos de senador e deputado por Minas Gerais.* Vivendo na Corte, conheceu Machado, que lhe dedicou o soneto "A Felício dos Santos",* incluído nas *Ocidentais*.*

São Luís Gonzaga (rua) Em 1854, o pai de Machado, Francisco José de Assis,* casou-se em segundas núpcias com Maria Inês da Silva,* mudando-se para o sobradinho de nº 48 da rua do Pedregulho, em São Cristóvão, que a partir de 1863 passou a se chamar São Luís Gonzaga. Machado acompanhou o casal. Naquele tempo, o percurso entre o bairro e o centro da cidade era feito de barca, deixando os passageiros no cais Pharoux, na praça XV. Segundo um testemunho recolhido por Lúcia Miguel Pereira, o adolescente Machado fazia a viagem diária sempre grudado nos livros, alheio à paisagem e à conversa dos passageiros. Ignora-se quantos anos o futuro escritor morou naquele endereço. Sabe-se que, lá por volta de 1860, passou a residir na rua Mata-cavalos (atual Riachuelo*), em companhia de Francisco Ramos Paz.*

São Mamede, conde de Vide "Felício, Rodrigo Pereira".

São Mamede, condessa de Vide "Felício, Joana Maria Ferreira".

São Paulo Na década de 1860, Machado colaborou na *Imprensa Acadêmica*,* jornal dos estudantes paulistanos da Academia de Direito. Foi a única vez em sua vida em que escreveu, com regularidade, para uma publicação editada fora do Rio de Janeiro.* A obrigação profissional criou vínculos de simpatia. Quando o senador Jobim acusou os estudantes paulistas de relaxação de costumes, o cronista encrespou-se e contra-atacou com irreverência, quase sarcasmo (*Diário do Rio de Janeiro*, 14 de agosto de 1864). Pela mesma época, com idêntica disposição, respondeu ao cronista do *Correio Paulistano*, que se ocultava sob o pseudônimo de Silvio-Silvis, que o acusara de plagiário. Os dois artigos de Machado saíram na *Imprensa*, nos dias 28 de agosto e 9 de outubro de 1864. Silvio-Silvis formulara a sua acusação ao ver a peça *O caminho da porta*,* que estreou na cidade em 11 de agosto daquele ano. Dois anos antes, São Paulo assistiu à estreia (20 de setembro de 1862) e às únicas representações da peça *Gabriela*.* Machado demonstrou admiração pelo paulista e elogiava a sua energia e espírito empreendedor, definindo-o como "um povo enérgico, iniciador, laborioso e sóbrio" (*Ilustração Brasileira*,* 15 de julho de 1877).

Sapucaí, marquês de Vide "Viana, Cândido José de Araújo".

Saraiva, José Antonio Natural da Bahia (1823), bacharel em direito, Saraiva foi um dos políticos mais influentes do Império, deputado em quatro legislaturas, senador, quatro vezes presidente de província, dez vezes ministro de Estado, duas vezes presidente de gabinete. Ocupou a pasta de ministro interino da Agricultura, no período de 3 de novembro de 1881 a 21 de janeiro de 1882, quando Machado exercia a função de chefe de seção. Saraiva faleceu em sua terra natal, em 1895.

Sardou, Victorien Nascido em Paris (França, 1831-1908), Sardou foi um dos autores teatrais mais fecundos e populares de sua época. Com diálogos curtos e de extrema naturalidade, sabia comover ou provocar o riso. Escreveu dramas e comédias, estando entre as de maior êxito *Spiritisme* (1897), *Nos Intimes* (1861), *Madame Sans-Gêne* (1893) e *La Famille Benoiton* (1865), esta traduzida por Machado, com o título de *A família Benoiton.**

Sarmento, Padre Antonio José da Silveira No ano de 1858, Machado dedicou dois poemas ao padre Silveira Sarmento ("A morte no calvário"* e "Monte Alverne"*). O segundo, quando publicado na imprensa, era dedicado "Ao meu mestre e amigo A. J. da Silveira Sarmento", dedicatória que, em livro, foi simplificada para "Ao Padre Mestre A. J. da Silveira Sarmento". Anos mais tarde, em nota incluída nas *Crisálidas,** Machado confessa que, durante um ano de sua vida, o padre lhe fora "um modesto preceptor e um agradável companheiro". É bem provável que os dois tenham se conhecido na livraria de Paula Brito,* frequentada por todos os intelectuais da cidade. Gondin da Fonseca diz que Sarmento era "professor competente e bem conhecido no Rio de Janeiro". Lecionava no colégio Amor às Letras, cuja diretora, D. Joaquina Rosa de Vasconcelos e Silva, era uma espécie de segunda mãe para Paula Brito.

Sarmiento, Domingo Faustino Político e escritor argentino (San Juan, 1811), esteve no Brasil em agosto de 1868, após ser eleito presidente da Argentina. Na época, já havia publicado *Facundo* (1845), considerado por muitos o livro mais importante até então escrito na América Latina. Sarmiento foi ao Clube Fluminense,* onde Machado o viu e ficou impressionado com a sua figura e a sua simplicidade: "Boas carnes, olhos grandes, cara rapada". Anos mais tarde, em duas ocasiões, recordou o fato. Sarmiento sentado à mesa, como qualquer frequentador do clube, "estava de casaca, bebia o chá, trincava torradas, com tal modéstia que ninguém diria que ia governar uma nação" (*A Semana*, 6 de agosto de 1893). "Vinha de estar com o imperador em S. Cristóvão e trazia ainda a casaca, a gravata branca e, se não me falha a memória, uma comenda" (*idem*, 24 de fevereiro de 1895). Machado falava do político, sem a menor alusão ao escritor, que por certo desconhecia. Sarmiento faleceu em Assunção, Paraguai, em 1888, deixando uma obra de alta qualidade literária.

Saudade (A) Periódico literário, publicado no Rio de Janeiro, de 15 de abril de 1861 a 5 de outubro de 1862, propriedade da colônia portuguesa. Ali, em 15 de setembro de 1861, saiu uma das primeiras notas sobre obras de Machado publicadas na imprensa. O artigo anônimo referia-se elogiosamente aos *Desencantos** (reproduzido em Ubiratan Machado. *Machado de Assis. Roteiro da consagração*). No número de 13 de julho de 1862, novo elogio a Machado, através da pena de O Roceiro na Corte.* No número 11, de 21 de setembro de 1862, a revista publicou um poema traduzido por Machado: "A jovem cativa",* de André Chénier.*

Saudade (A) Em sua juventude, Machado publicou dois poemas com esse título na *Marmota Fluminense,** em 1855. O primeiro, dedicado "ao meu primo o Sr. Henrique José Moreira*", saiu em 20 de março, com a assinatura J. M. M. de Assis.* O outro foi publicado em 5 de outubro e subscrito com a mesma assinatura. Ambos incluídos em *Dispersos.**

Saudades Com esse título, Machado publicou dois poemas no início de sua carreira literária. O primeiro, dedicado "Ao Ilmo. Sr. F. G. Braga*", apareceu na *Marmota Fluminense,** de 1º de maio de 1855, com a assinatura J. M. M. de Assis.* Está transcrito nos *Dispersos.** O outro, estampado no mesmo jornal, saiu em 15 de abril de 1856, assinado com a inicial A.,* sendo reproduzido em *Vida e obra de Machado de Assis*, vol. 1, de R. Magalhães Júnior.

Saúde Não há fundamento nas especulações de biógrafos que retratam Machado como uma criança doentia e frágil. Pelo contrário, foi um menino saudável, se bem que franzino. Gondin da Fonseca alerta para o fato de o menino só ter sido batizado 145 dias após seu nascimento, prova de que ele gozava de boa saúde, sem qualquer ameaça de virar anjinho. As crianças fracas, segundo os hábitos da época, eram batizadas imediatamente, evitando o risco de que morressem pagãs. A boa saúde prevaleceu durante a mocidade, quando trabalhou muito, nem sempre bem alimentado. O primeiro abalo sério deu-se na proximidade dos quarenta anos. Em 1878, adoeceu com certa gravidade, em parte devido ao estresse por excesso de trabalho. O diagnóstico médico apontava uma infecção intestinal, com risco de degenerar para uma tísica mesentérica. Estava ainda ameaçado de cegueira. Licenciou-se por seis meses (de outubro de 1878 a março de 1879), dos quais passou três em Nova Friburgo.* Mais tarde, em carta a José Veríssimo,* lembrou que chegara lá cadavérico e saíra gordo. Em fevereiro de 1880, teve uma nova crise nos olhos,* mas a saúde geral se mantinha equilibrada. De vez em quando, enfrentava pequenos problemas, como a cirurgia para extrair um quisto na orelha, realizada em maio de 1885. Ou uma gripe que mal o deixava respirar. "Passo as noutes de boca aberta", dizia, fazendo charme ("Bons Dias!",* 4 de maio de 1888). Só muitos anos depois tornou a adoecer. Ou a se queixar. Em crônica publicada em 1895, relatava: "Tal é o meu estado de saúde que não sei se acabarei isto. A cabeça dói-me, os olhos doem-me, todo este corpo dói-me". No início do ano seguinte entrou em licença no Ministério da Indústria, Viação e Obras Públicas,* para tratamento de saúde. Recuperou-se, mas alguns meses depois voltou a se queixar de dor "em um só ponto escasso, no sobrolho direito", que o fazia "padecer muito". Os sintomas se agravaram: cansaço e "dores nevrálgicas na cabeça" (carta a Magalhães de Azeredo, 29 de maio de 1897), sinais de estresse, por excesso de trabalho. O que mais o incomodava, a partir dessa época, eram os ataques frequentes de epilepsia* e o câncer na boca, que ele chamava de "minhas aftas". Foi o motivo de não comparecer à primeira reunião da Panelinha,* como explicou em carta (de 11 de julho de 1900) a Lúcio de Mendonça: "A razão era estar com aftas, que me mortificavam e impediam quase de comer". Aprendeu a conviver com a epilepsia, graças sobretudo à orientação de Miguel Couto.* A partir de 1903, começa a se sentir cansado, mas sem deixar de se exceder no trabalho. Em sua correspondência, queixa-se com alguma frequência: "Minha mulher e eu temos andado adoentados" (Carta a Magalhães de Azeredo, de 20 de outubro de 1903). A ideia da morte começa a persegui-lo. *Esaú e Jacó*,* publicado no ano seguinte, deveria se chamar *Último*. Meses depois, falando da doença de Carolina, queixa-se: "sinto-me eu próprio assaz cansado" (ao mesmo, 2 de janeiro de 1904). Subindo para Friburgo, em busca de melhoras para a saúde da esposa, uma inflamação da garganta deixou-o de cama por alguns dias. "Veja o que são as cousas deste mundo. Entrei com saúde em cidade onde os outros vêm convalescer de moléstia e apanhei uma moléstia", queixa-se a José Veríssimo, acrescentando que estava "um pouco mais magro". No ano seguinte, referindo-se às *Relíquias de casa velha*, pondera: "Não sei se serão as derradeiras (páginas), creio que sim" (carta a José Veríssimo, de 22 de fevereiro de 1906). No mais, como qualquer pessoa, de vez em quando uma gripe deixava-lhe "o corpo amolentado, além de outros fenômenos característicos, como a falta de apetite, amargor de boca e recrudescimento da coriza. Um hospital, meu querido!", conta em carta a Mário de Alencar (de 7 de março de 1907). Em 1º de junho consegue licença para tratamento. Mas ainda tem forças para escrever mais um livro. Este, sim, o último. O estado geral começa a se tornar inquietante. A saúde se deteriora. Os médicos constatam uma afecção intestinal grave e uma incômoda úlcera na língua, de fundo canceroso. Depois de uma longa agonia, faleceu no dia 29 de setembro de 1908. Viveu quase setenta anos, numa época em que a média de vida do brasileiro era extremamente baixa. Um longevo. Na certidão de óbito,* o médico Dr. Jaime Smith de Vasconcelos* atesta que o escritor morreu de arteriosclerose, sonegando talvez a verdadeira *causa mortis*, numa época em que o câncer ainda era visto com temor e repulsa.

Schiller, Friedrich Poeta e filósofo alemão nascido em Marbach (1759-1805). Escreveu dramas históricos que tiveram profunda influência sobre os românticos de todos os países. Principais obras: *Os bandidos*, *Maria Stuart*, *Guilherme Tell*. Machado traduziu-lhe o poema "Os deuses da Grécia",* através de um texto francês, e gostava de citar um verso da peça *Dom Carlos*, aquele que diz: "Acabaram-se os belos dias de Aranjuez (*A Semana*, 1º de janeiro de 1893).

Schopenhauer (Arthur) A leitura do filósofo alemão Schopenhauer (1788-1860), uma de suas grandes admirações intelectuais, agravou ainda mais o pessimismo natural de Machado, que a ele se referia com intimidade: "o meu velho Schopenhauer" (*A Semana*, 30 de agosto de 1896). O velho, às vezes, escandalizava-o. Assim, quando soube que ele acreditava "nas mesas que giram", o que o identificaria, por um momento, com uma das maiores implicâncias de Machado, o espiritismo.* Machado leu-o até os seus últimos dias. Em carta a Mário de Alencar,* de 6 de agosto de 1908, conta que passou o dia "a reler a *Oração sobre a Acrópole*, e um livro de Schopenhauer". José Veríssimo observou que Machado foi um devoto do filósofo e "da filosofia desesperada, de que este foi o principal representante".

Scully, Guilherme Natural da Inglaterra, foi o mais conhecido calígrafo do Rio de Janeiro, nas décadas de 1850 e 1860. Em 1855, anunciava lecionar "caligrafia por um método novo", bastando ao aluno dez lições. Achava-se, então, estabelecido à rua da Candelária, nº 6-A. No ano seguinte, publicou o livro *O segredo da caligrafia*. Anunciava-se ora como William Scully, ora aportuguesava o nome para Guilherme. Em 1860, lecionava na rua da Quitanda, nº 87. Nesse ano, ao ingressar no *Diário do Rio de Janeiro*,* Machado tomou-o como professor de escrita. Alfredo Pujol* conta que, atarantados com a sua letra, os revisores foram reclamar com Quintino Bocaiuva,* levando um original que o próprio Machado não conseguiu ler. Talvez haja exagero nessa história. De qualquer forma, o jovem jornalista recorreu a Scully, que, com muita probabilidade, lhe transmitiu conhecimentos da língua inglesa. Em 1865, Scully deixou de lecionar caligrafia para se tornar jornalista, fundador do *Anglo-Brazilian Times*, jornal subvencionado pelo Estado. Graças ao seu trânsito nos meios políticos, tornou-se empreiteiro de obras públicas, associado a Antonio Gabrielli. D. Pedro II, em carta à condessa de Barral, queixava-se das confusões e trapalhadas da dupla.

Scully, William Vide "Scully, Guilherme".

Seabra, Bruno (B. Henrique de Almeida S.) Natural de Tatuoca, PA, 1837, mudou-se para o Rio de Janeiro a fim de cursar a Escola Militar. De saúde frágil, foi considerado incapaz para a carreira, recebendo baixa. Ingressou então no funcionalismo, sendo transferido para o Maranhão. Em 1859, colaborou em *O Espelho*,* jornal redigido por Machado, que admirava o seu talento poético. Uma das críticas mais elogiosas escritas por Machado foi sobre *Flores e frutos*,* volume de poemas publicado por Bruno Seabra em 1862, ao qual saudou "com entusiasmo" (*Diário do Rio de Janeiro*, 30 de junho de 1862). Em *O Futuro*,* de 1º de junho de 1863, Machado referiu-se à peça *Por direito de*

Bruno Seabra

patchuli, que Seabra acabara de publicar, "um ato chistoso, fácil, epigramático, original". Em crônica publicada no *Diário do Rio de Janeiro*, de 15 de março de 1865, Machado incluiu um soneto de Seabra. Depois de ocupar cargos políticos no Paraná, em Alagoas e na Bahia, faleceu em Salvador, em 1876.

Secretaria da Agricultura Vide "Secretaria de Estado da Agricultura, Comércio e Obras Públicas".

Secretaria da Agricultura Artigo publicado na seção "Publicações Apedidos" da *Gazeta de Notícias*,* de 12 de setembro de 1890, com a assinatura Machado de Assis.* Nele, Machado defendia-se das acusações do jornalista cearense João Brígido* sobre negócios escusos praticados na secretaria. O texto de Brígido saiu em *O Libertador*, de Fortaleza, em 20 de agosto de 1890. *Poesia e prosa*.*

Secretaria de Estado da Agricultura, Comércio e Obras Públicas Criada pelo decreto nº 1.067, de 28 de julho de 1860, a nova secretaria foi instalada em 11 de março de 1861. Dividia-se em quatro diretorias, independentes entre si: Central e dos Negócios da Agricultura, Comércio e Obras Públicas; Obras Públicas e Navegação; Terras Públicas e Colonização; Correios. As insistentes reclamações sobre o desempenho da secretaria determinaram a reforma administrativa de 29 de abril de 1868. Em busca de um maior dinamismo e eficiência foram extintas as quatro diretorias, substituídas por seis seções, mas sem alcançar os resultados esperados. Uma segunda reforma foi realizada pelo decreto nº 5.512, de 31 de dezembro de 1873, dividindo novamente a secretaria em diretorias (Central, Comércio, Obras Públicas, Agricultura), subdivididas em seções. A diretoria de Agricultura foi estruturada em três seções, sendo a segunda, na qual ingressaria Machado, responsável pela execução da Lei do Ventre Livre e das questões relativas à lei de terras. A secretaria sofreu uma última reforma no Império, por meio da Lei nº 3.349, de 20 de outubro de 1887, sem resultados satisfatórios. Ainda em vida de Machado, por meio da Lei nº 23, de 30 de outubro de 1891 e do regulamento nº 1.142, de 22 de novembro de 1892, a Secretaria da Agricultura, Comércio e Obras Públicas foi transformada em Secretaria da Indústria, Viação e Obras Públicas. O novo órgão ficou dividido em quatro diretorias gerais: Indústria, Viação, Obras Públicas e Contabilidade. No governo de Prudente de Moraes, em decreto de 27 de dezembro de 1897, a Secretaria passou a ser denominada de Ministério e as diretorias foram reduzidas a três: Indústria; Viação e Obras Públicas; Contabilidade.

Secretário Machado foi nomeado secretário do ministro Severino Vieira* por portaria de 16 de dezembro de 1898. Começou a trabalhar no dia seguinte, mantendo-se na função durante a gestão dos ministros Epitácio Pessoa,* Alfredo Maia* e Antonio Augusto da Silva.* Com a posse de Lauro Müller, reassumiu o cargo de diretor, dessa vez da diretoria-geral de contabilidade do Ministério da Indústria, Viação e Obras Públicas.* Na vida civil, Machado foi secretário de duas instituições, o Grêmio de Xadrez* e o Clube Politécnico.*

Secretário Del-Rei Crítica à obra de Oliveira Lima,* com esse título, publicada na *Gazeta de Notícias,** de 2 de junho de 1904, sem assinatura. *Crítica.**

Segredo de Augusta (O) Conto que figura nos *Contos fluminenses.** Primeira publicação no *Jornal das Famílias,** de julho e agosto de 1868, com a assinatura Machado de Assis.*

Segredo do bonzo (O) Conto incluído nos *Papéis avulsos.** Publicado pela primeira vez na *Gazeta de Notícias,** de 30 de abril de 1882, com a assinatura Machado de Assis* e o título de "Um capítulo inédito de Fernão Mendes Pinto".

Séguier, Jayme de (J. de Amorim Sieuvre de S.) Escritor português (1860-1932) de ascendência francesa. Jornalista, poeta, teatrólogo. Foi correspondente da *Gazeta de Notícias,** onde manteve a seção "Ver, Ouvir e Contar". Na edição de 31 de agosto de 1890 do jornal carioca, publicou o soneto *Marché* escrito em francês, no qual o poeta trocava um soneto por um beijo. Machado respondeu com outro soneto, "*Réfus*",* também em francês, publicado na *Gazeta* de 1º de setembro de 1890, refutando o poeta português.

Segunda vida (A) Conto incluído nas *Histórias sem data.** Primeira publicação na *Gazeta Literária,** de 15 de janeiro de 1884, com a assinatura Machado de Assis.*

Seis dias em Cuiabá Poesia retraduzida do alemão. O pequeno poema satírico foi escrito

S

originalmente em português, sendo traduzido para o alemão e figurando em *Durch Central Brasilien*, de Karl von den Steinen. Essa obra foi traduzida por Capistrano de Abreu,* que solicitou a Machado a tradução poética. O original consta do livro *Datas matogrossenses*, Rio de Janeiro, 1919, de Estevão de Mendonça. *Dispersos.**

Seixas, Carlota Ferreira de Em 1864, Machado escreveu no álbum dessa senhora o poema "Horas vivas",* incluído nas *Crisálidas.** Ao ser publicado o livro, o autor ofereceu um exemplar a D. Carlota, "em testemunho de respeito e amizade".

Sem olhos Conto publicado no *Jornal das Famílias,** em dezembro de 1876, janeiro e fevereiro de 1877, com a assinatura Machado de Assis.* Incorporado ao 2º volume das *Relíquias de casa velha.**

Semana (A) Revista fundada e dirigida por Valentim Magalhães,* situada na travessa do Ouvidor, nº 36, teve duas fases distintas. A primeira vai de 3 de janeiro de 1885 a 21 de abril de 1888. Nessa fase, Machado colaborou quatro vezes: um artigo em forma de carta sobre Artur Barreiros,* que acabava de falecer, no número de 21 de fevereiro de 1885; uma homenagem à atriz Duse-Checchi, em 17 de julho de 1885; e dois poemas, "Mundo interior"* (20 de março de 1886) e "Perguntas sem resposta"* (19 de junho de 1886). Apesar da colaboração escassa, Machado era mais ou menos assíduo à redação da revista, que, no número de 9 de outubro de 1886, publicou-lhe o retrato, em desenho de Manuel Lopes Rodrigues,* xilografado por José Villas Boas.* Na seção "Os Nossos Escritores", de 12 de março de 1887, João Ninguém (pseudônimo não identificado) define Machado como "um ótimo pessimista". Uma semana depois, o escritor tinha o seu perfil traçado na seção "Esbocetos a bico de lápis", assinado por Duo (pseudônimo não identificado). Os frequentadores das reuniões formavam "o bonde* da Semana", do qual Machado, segundo Valentim, era o condutor. A segunda fase, tendo como redator-gerente Max Fleiuss,* circulou de 5 de julho de 1893 a 29 de junho de 1895. Nesse ciclo, Machado colaborou cinco vezes: a tradução do "Prólogo" do *Intermezzo,** de Heine* (14 de abril de 1894), os contos "Missa do galo"* (12 de maio de 1894) e "Vidros quebrados" (13 de abril de 1895), o poema "Uma criatura"* (9 de março de 1895) e "Metafísica das rosas"* (25 de maio de 1895), sendo estes três últimos transcrições. Ao lado de Lúcio de Mendonça,* Filinto de Almeida* e Adelina Lopes Vieira, Machado integrou a comissão julgadora do concurso de sonetos sobre Victor Hugo,* lançado em 11 de junho de 1885. *A Semana* procurava prestigiar sempre o seu colaborador. No número de 11 de novembro de 1893, José do Egypto, pseudônimo de Valentim Magalhães, conta ter recebido a visita da Fantasia, que havia visitado vários escritores, jovens e velhos, concluindo que Machado era "o mais moço de todos".

Semana (A) Seção que Machado manteve na *Gazeta de Notícias.** Publicadas aos domingos, sem assinatura, as crônicas abordavam assuntos da semana no Brasil e no mundo, constituindo um retrato animado e irônico dos primeiros anos da República. O cronista demonstrou fidelidade extrema à *Semana*, seu canto de cisne do jornalismo. Foi a seção que manteve por mais tempo na imprensa, de 24 de abril de 1892 a 28 de fevereiro de 1897, quando foi substituído por Olavo Bilac.* Algumas dessas crônicas foram reunidas pelo próprio autor, nas *Páginas recolhidas.** Ao todo, *A Semana* saiu 248 vezes, nos dias 24 de abril, 1º, 8, 15, 22 e 29 de maio, 5, 12, 19, 26 de junho, 3, 10, 17, 24 e 31 de julho, 7, 14, 21, 28 de agosto, 4, 11, 18, 25 de setembro, 2, 9, 16, 23, 30 de outubro, 6, 13, 20, 27 de novembro, 4, 11, 18, 25 de dezembro de 1892; 1º, 8, 15, 22 e 29 de janeiro, 5, 12, 19, 26 de fevereiro, 5, 12, 19, 26 de março, 2, 9, 16, 23, 30 de abril, 7, 14, 21, 28 de maio, 4, 11, 18, 25 de junho, 2, 9, 16, 23, 30 de julho, 6, 13, 20, 27 de agosto, 3, 10, 17, 24 de setembro, 1º, 8, 15, 29 de outubro, 5, 12, 19, 26 de novembro de 1893; 1º, 7, 14, 21, 28 de janeiro, 4, 11, 18, 25 de fevereiro, 4, 11, 18, 25 de março, 1º, 8, 15, 22 de abril, 6, 13, 20, 27 de maio, 3, 10, 17, 24 de junho, 1º, 8, 15, 22, 29 de julho, 5, 12, 19, 26 de agosto, 2, 9, 16, 23, 30 de setembro, 7, 14, 21, 28 de outubro, 4, 11, 18, 25 de novembro, 2, 9, 16, 23, 30 de dezembro de 1894; 6, 13, 20, 27 de janeiro, 3, 10, 17, 24 de fevereiro, 3, 10, 17, 24, 31 de março, 7, 14, 21, 28 de abril, 5, 12, 19, 26 de maio, 2, 9, 16, 23, 30 de junho, 7, 14, 21, 28 de julho, 4, 11, 18, 25 de agosto, 1º, 8, 15, 22, 29 de setembro, 6, 13, 20, 27 de outubro, 3, 10, 17, 24 de novembro, 1º, 8, 15, 22, 29 de dezembro de 1895; 5, 12, 19, 26 de janeiro, 2, 9, 16, 23 de fevereiro, 1º, 8, 15, 22, 29 de março, 5, 12, 19, 26 de abril, 3, 10, 17, 24, 31 de maio, 7, 14, 21, 28 de junho, 5, 12, 19, 26 de julho, 2, 9, 16, 23, 30 de agosto, 6, 13, 20, 27 de setembro, 4, 11, 18, 25 de outubro, 1º, 8, 15, 22, 29 de novembro, 6, 13, 20, 27 de dezembro de 1896; 3, 10, 17, 24, 31 de janeiro, 7, 14, 21, 28 de fevereiro de 1897. As crônicas de *A Semana* foram publicadas parcialmente em *A Semana** (1914), volume organizado por Mário de Alencar, e ampliadas para três volumes pelo editor W. M. Jackson,* em 1937. As crônicas dos anos de 1892-93 tiveram uma nova edição em 1996 (São Paulo, Hucitec), com introdução e notas do machadiano inglês John Gledson.

Semana (A) Volume póstumo, organizado por Mário de Alencar,* reunindo 108 crônicas publicadas na seção "A Semana",* da *Gazeta de Notícias,** entre 1892 e 1900. Com prefácio do organizador, o livro foi publicado pela Livraria Garnier, Rio de Janeiro – Paris, 1914, 455 pp., figurando na "Coleção dos Autores Célebres da Literatura Brasileira". Desde 1895, Magalhães de Azeredo incentivava Machado a reunir essas crônicas em volume: "Três anos de trabalho perseverante, trazendo cada domingo uma nota inteiramente nova sobre os fatos mais notáveis da vida fluminense – não podem ficar relegados à duração efêmera de um jornal" (carta de 17 de julho de 1895). Machado hesitava, mas, segundo Josué Montello, o livro "já estava praticamente organizado por iniciativa do próprio Machado de Assis".

Semana Ilustrada Revista semanal de Henrique Fleiuss,* primeira publicação humorística ilustrada da imprensa brasileira. Editada em formato pequeno, com oito páginas – quatro de texto e quatro de ilustrações –, circulou de 16 de dezembro de 1860 a 19 de março de 1876. Retratou toda a pequena comédia do Segundo Império, os costumes da sociedade escravocrata, os hábitos e vícios políticos, com alguma malícia, mas sem maldade, sempre excluindo de suas críticas o imperador. Palaciano, Fleiuss jamais publicou caricatura de D. Pedro II,* apenas retratos reverenciosos. A revista contou com a colaboração de importantes escritores do período: Quintino Bocaiuva,* Bernardo Guimarães,* Joaquim Manuel de Macedo,* Pedro Luís,* Joaquim Nabuco.* Machado colaborou desde o primeiro número, durante quinze anos, apesar de sua colaboração assinada ser escassa. Em artigos, crônicas e na seção "Badaladas"* utilizou o pseudônimo coletivo de Dr. Semana.* Outras assinaturas: Gil,* Sileno,* Milliès,* M.,* Y* e farta colaboração anônima. Machado publicou na *Semana* as seguintes peças assinadas: "Perdição"* (16 de dezembro de 1860), "O dia dous de dezembro de 1862"* (7 de dezembro de 1862), "Hino patriótico"* (18 de janeiro de 1863), "O casamento do diabo"* (29 de março de 1863), "No espaço"* (3 de março de 1866), "Menina e moça"* (24 de janeiro de 1869), "Cegonhas e rodovalhos"* (24 de janeiro de 1869), "A F. X. de Novaes"* (29 de agosto de 1869), "O primeiro beijo"* (19 de setembro de 1869), *Fragmento** (12 de dezembro de 1869), *Um poeta fluminense – Corimbos** (2 de janeiro de 1870), *Um poeta – Entre o céu e a terra** (30 de janeiro de 1870), *Fragmento** (4 de dezembro de 1870), *S. Luís** (11 de junho de 1871), *Macbeth e Rossi** (25 de junho de 1871), *O Taborda** (25 de junho de 1871), *Pecadora e mãe** (2 de julho de 1871), "Dous livros"* (14 de abril de 1872), *Filagranas** (20 de outubro de 1872), *Nebulosas** (29 de dezembro de 1872), "Voos icários"* (26 de janeiro de 1873), *Joaquim Serra** (2 de fevereiro de 1873), "Um novo livro"* (4 de outubro de 1874), "Rei morto, rei posto"* (10 de janeiro de 1875), "O visconde de Castilho"* (4 de julho de 1875). Sob pseudônimo ou inicial, publicou os seguintes trabalhos: "Vespas Americanas"* (5 e 19 de junho de 1864), assinadas Gil;* *O Sr. Dr. Pedro Américo e a Batalha de Campo Grande** (1º de outubro de 1871), firmado com a inicial M.; "O Teles e o Tobias"* (agosto-novembro de 1865), M. e **;* "As botas"*(25 de fevereiro de 1866), Milliès;* dois artigos (publicados em 5 de setembro de 1869 e 30 de janeiro de 1870), assinados Gil; *Nova Crônica** (cinco artigos), 1869-70, Sileno,* tradução de "O rei dos olmos",* com a assinatura de Y. Quanto às crônicas publicadas com o pseudônimo coletivo de Dr. Semana,* o editor W. M. Jackson* selecionou algumas que, "pelo estilo nos pareceram evidentemente de Machado de Assis": 36 no primeiro volume das *Crônicas.** O editor tinha tanta certeza que, na edição seguinte, suprimiu a intitulada "Criança perdida".* Critério semelhante foi usado por R. Magalhães Júnior, que elegeu 22 crônicas do Dr. Semana, reunindo-as em *Contos e crônicas,** baseado no argumento de recolher apenas as que lhe pareceram autenticamente machadianas. *A Semana* sempre prestigiou o seu colaborador, divulgando as suas obras, elogiando-as, e, no número de 15 de abril de 1866, reproduziu, na íntegra, a crítica de Pinheiro Chagas* sobre *Os deuses de casaca,** publicada no *Annuario do Archivo Pittoresco*, de Portugal.

Semana Literária Seção de crítica literária que Machado manteve no *Diário do Rio de Janeiro,** de 9 de janeiro a 31 de julho de 1866, totalizando trinta artigos. As colaborações publicadas nos dias 9, 16, 23, 30 de janeiro, 6, 13, 20, 27 de fevereiro, 6, 13 de março saíram firmadas por Machado de Assis.* As demais, de 20 e 27 de março, 3, 10, 17, 24 de abril, 1º, 8, 15, 22, 29 de maio, 5, 12, 19, 26 de junho, 3, 10, 17, 24, 31 de julho saíram anônimas. Os artigos publicados em 3 de abril, 12 de junho e 17 de julho de 1866 acham-se transcritos nos *Dispersos.**

Semana Teatral Seção da *Semana Ilustrada,** publicada sem regularidade e redigida por vários colaboradores, um deles, O Moleque, pseudônimo de Castro Lopes.* Machado foi o responsável pelo texto publicado em 20 de março de 1864, assinado com a inicial A.,* no qual defendia a criação de um "teatro normal" ou de uma companhia nacional permanente, subvencionada pelo Estado.

Semanário Maranhense Jornal editado em São Luís, Maranhão, sob a direção de B. (Belarmino) de Matos. Durou 54 números, de 1º de setembro de 1867 a 8 de setembro de 1868. Na edição de 23 de fevereiro de 1868, foi divulgada a tradução de Machado do poema "Estâncias a Ema",* de Alexandre Dumas Filho.* Trata-se de uma transcrição, para atender a um pedido de Joaquim Serra.* O trabalho saiu, originalmente, no *Diário do Rio de Janeiro,** de 6 de abril de 1865.

Semeadores (Os) Poesia que figura nas *Americanas.**

Senado Vide "Cronista parlamentar".

Sr. Dr. Pedro Américo e a Batalha de Campo Grande (O) Artigo publicado na *Semana Ilustrada,** de 1º de outubro de 1871, com a assinatura M.* *Dispersos.**

Senhora (Uma) Conto incluído nas *Histórias sem data.** Publicado pela primeira vez na *Gazeta de Notícias,** de 27 de novembro de 1883, com a assinatura Machado de Assis.*

Senhora do Galvão (A) Conto que figura nas *Histórias sem data.** Publicado pela primeira vez na *Gazeta de Notícias,** de 14 de maio de 1884, com a assinatura Machado de Assis.*

Serenata Em 1867, Machado escreveu "A lua da estiva noute",* intitulada serenata para canto, flauta e piano. O poema havia sido pedido por Artur Napoleão,* que o musicou e o incluiu no álbum *Ecos do passado.**

Sereníssima República (A) Conto que figura nos *Papéis avulsos,** com o subtítulo "Conferência do cônego Vargas". Publicado pela primeira vez na *Gazeta de Notícias,** de 20 de agosto de 1882, com a assinatura Machado de Assis.* A publicação do conto irritou Leonel de Alencar,* que vestiu a carapuça da história.

Sermão do diabo (O) Crônica incluída no livro *Páginas recolhidas.** Publicada originalmente na seção "A Semana",* da *Gazeta de Notícias,** de 4 de setembro de 1892, sem título.

Serra, Joaquim (J. Maria S. Sobrinho) Os primeiros contatos de Machado com Joaquim Serra (São Luís, MA, 1838) foram, literalmente, polêmicos. No início de 1858, os dois jovens escritores defenderam pontos de vista opostos em debate proposto por *A Marmota,** que ficou conhecido como a polêmica sobre *Os cegos.** Serra, que se mudara para a Corte no ano anterior, matriculando-se na escola militar, logo retornou ao Maranhão, não conhecendo pessoalmente o seu opositor. A amizade entre os dois só começaria muitos anos depois. Em crônica da série "Ao Acaso"* (*Diário do Rio de Janeiro,** 24 de outubro de 1864), Machado transcreveu trecho de um artigo de Serra sobre Odorico Mendes, que acabara de falecer. O maranhense, que residia então na Paraíba, agradeceu a citação por meio de carta datada de 16 de novembro de 1864. Machado repetiu a gentileza em crônica de 14 de novembro, na qual incluiu uma nova homenagem de Serra a Odorico, dessa vez um poema. No ano seguinte, ao publicar *Mosaico*, Serra dedicou o livro "Ao mavioso poeta das *Crisálidas*". Machado comentou a obra em sua crônica no *Diário do Rio de Janeiro*, de 7 de março de 1865. Um ano depois, voltou a escrever sobre o colega, analisando o poema "O salto de Leucade" e o romance coletivo *A casca da caneleira*, de que Serra foi um dos autores ("Semana Literária",* 31 de julho de 1866). Nesse ano, Serra passou algum tempo na Corte, como representante do seu estado natal na Exposição Nacional. Machado aproveitou para apresentá-lo aos cariocas como "um distinto talento do Maranhão", poeta e "ao mesmo tempo um elegante prosador". Sentindo-se em

S

Joaquim Serra

casa, Serra colaborou logo no *Diário do Rio de Janeiro*, com um folhetim, publicado em 30 de novembro, no qual incentivava Machado a continuar atuando como crítico ("a tua crítica sempre cortês e cheia de ponderação"), e se fez coautor, com Furtado Coelho, do drama *O remorso vivo*,* no qual Machado também colaborou. Foram os passos decisivos de uma amizade que se aprofundaria a partir de 1868, quando o provinciano se transferiu em definitivo para a Corte. Mal chegou, passou a colaborar na *Semana Ilustrada*,* apresentado com toda a certeza por Machado. No ano seguinte, Machado, que vinha escrevendo uma série de artigos sobre Adelaide Ristori,* então se apresentando ao publico carioca, deixou de ir às representações, cedendo seu lugar a Serra. As colaborações machadianas na imprensa eram então raras, devido ao excesso de tarefas. Serra não se conformou com esse silêncio. E de Cachoeiras de Macacu, RJ, onde se encontrava, em repouso, enviou uma carta em versos ao amigo, datada de 10 de outubro de 1869, indagando: "Que fúnebre silêncio! A folha oficial/ acaso perderia o vate sem rival,/ o jovem redator, o bardo de Corina,/ Machado de Assis, crisálida divina?". O "bardo de Corina" logo voltou à atividade na imprensa, sempre tratando com gentileza o amigo. Na *Semana Ilustrada* escreveu sobre *Quadros* (2 de fevereiro de 1873), elogiando a evolução do poeta, e a comédia-revista *Rei morto, rei posto* (10 de janeiro de 1875). A convivência estreitou a amizade, apesar da divergência de temperamentos. Espírito combativo, virulento, inimigo infatigável do escravismo, Serra tornou-se uma das grandes figuras do jornalismo brasileiro, integrando-se à redação de *A Reforma*.* Nesse jornal, órgão oficial do Partido Liberal, escreveu algumas vezes sobre a obra de Machado: o folhetim dedicado às *Falenas** (29 de janeiro de 1870) e as críticas sobre *Ressurreição** (28 de abril de 1872) e *Histórias da meia-noite** (18 de novembro de 1873), as três não assinadas. Na *Gazeta de Notícias*,* sob o pseudônimo de Tragaldabas, elogiou a tradução machadiana de *Les Plaideurs*, de Racine,* com o título de *Os demandistas*,* lamentando que a peça não fosse representada. Em outra ocasião, em *A província de São Paulo*, afirmou que, se Machado fosse inglês ou francês, seria conhecido mundialmente e estaria rico. Como editor, convidou insistentemente o amigo a colaborar em *A Reforma*.* Serra morreu no Rio de Janeiro, em outubro de 1888. Machado que redigia na *Gazeta de Notícias* a seção "Bons Dias!",* assinada com o pseudônimo Boas-Noites,* dedicou a crônica de 5 de novembro ao amigo, pondo de lado o pseudônimo e assinando-a com o seu próprio nome. Foi uma das raras ocasiões em que, referindo-se a um amigo, chamou-o publicamente de querido.

Sete e Meio Jogo de cartas do qual os oitos, os noves e os dez são excluídos e as figuras valem meio ponto. Machado costumava jogá-lo nas reuniões em casa dos barões Smith de Vasconcelos.*

Shakespeare, William Considerado o maior autor teatral dos tempos modernos, Shakespeare (Stratford-on-Avon, Inglaterra, 1564-1616) deixou uma obra imensa, de influência universal avassaladora. Suas peças, de certa forma, se incorporaram à cultura de todos os povos, influenciando as respectivas literaturas. Machado chamou-o de "divino", começando a lê-lo ainda na década de 1850, muito antes de dominar inteiramente o inglês, como atestam as suas primeiras crônicas e as epígrafes a poemas, extraídas de traduções de Shakespeare (como na poesia "Tristeza"*). "Não se comenta Shakespeare, admira-se", escreve na "Revista de Teatros", em *O Espelho*, de 13 de novembro de 1859. Aos 20 anos, inspirou-se em episódio do *Hamlet* para escrever a poesia "Ofélia".* Compôs ainda uma paráfrase ao mesmo episódio, intitulada "A morte de Ofélia".* "Quando ela fala",* poema incluído em *Crisálidas*,* tem epígrafe de Shakespeare, em inglês. Para o jovem shakespeariano, 1871 foi um ano de realização, com a oportunidade de assistir ao grande ator italiano Ernesto Rossi interpretar várias peças do autor inglês: *Hamlet*, *Otelo*, *Romeu e Julieta*, *Macbeth*. Comentando o seu desempenho nesta última, escreveu Machado: "Rossi esteve simplesmente admirável. Não sei que outra cousa se deva dizer. O monólogo do punhal, as cenas com Lady Macbeth, a do banquete, são páginas de arte que se não apagam da memória" (*Semana Ilustrada*, 25 de junho de 1871). Talvez comparasse, mentalmente, o desempenho do italiano com o de João Caetano,* que assistira anos antes, na chocha adaptação de Ducis. É provável que, sob o impacto da representação de Rossi, naquele mesmo ano, tenha traduzido o *Monólogo de Hamlet*,* recitado diversas vezes nos palcos, entre outros por Furtado Coelho* e Bernardo Lisboa. Ao escrever seu primeiro romance, *Ressurreição** (1872), admitiu que a ideia "foi pôr em ação" um pensamento de Shakespeare, extraído da peça *Medida por medida*. O cronista costumava citá-lo com frequência, atestando as peças de sua preferência: *Otelo*, *Macbeth*, *Romeu e Julieta* e sobretudo *Hamlet*, "a meu ver (perdoe-me Villemain) a mais profunda de Shakespeare" (*Rossi*,* *A Reforma*,* 20 de julho de 1871). Desta, levou consigo um exemplar, em 1878, quando foi recuperar a saúde em Nova Friburgo.* Na edição original das *Memórias póstumas de Brás Cubas*,* publicadas na *Revista Brasileira*,* Machado utiliza como epígrafe um verso de Shakespeare, extraído de "*As You Like It*", que o próprio romancista traduziu. Mas há ainda fartas referências e citações de *A tempestade*, *O mercador de Veneza*, *Ricardo III*, *Coriolano*, *Como queira* e *Medida por medida*. Machado, pudibundo e que detestava qualquer insinuação mais grosseira em literatura, perdoava, porém, todos os palavrões de Shakespeare: "Que importam algumas frases obscenas, em uma outra página, se a explicação de muitas delas está no tempo, e se a respeito de todas nada há sistemático? Eliminai-as ou modificai-as, nada tirareis ao criador das mais castas figuras do teatro" ("O primo Basílio", *O Cruzeiro*, 30 de abril de 1878). Em crônica publicada na série *A Semana*,* no dia 23 de abril de 1893, data de nascimento de Shakespeare, proclama: "Que é hoje senão o dia aniversário natalício de Shakespeare? Respiremos, amigos; a poesia é um ar eternamente respirável. Miremos este grande homem; miremos as suas belas figuras, terríveis, heroicas, ternas, cômicas, melancólicas, apaixonadas, varões e matronas, donzéis e donzelas, robustos, frágeis, pálidos, e a multidão, a eterna multidão forte e movediça, que execra e brada contra César, ouvindo a Bruto, e chora e aclama César, ouvindo a Antonio, toda essa humanidade real e verdadeira". Machado considerava a obra de Shakespeare como a manifestação máxima do espírito britânico, em contraste com o seu lado escuro, de conquistador de povos, ensanguentando o planeta. Assim, comentando a investida britânica contra o Egito, indaga: "Ainda que os ingleses cheguem a possuí-lo, que pode valer ao pé do Egito da adorável Cleópatra? Terminaram as festas da alma humana" (*A Semana*, 26 de abril de 1896).

Shelley (Percy Bysshe) Poeta romântico inglês (1792-1822), defensor do amor como realização pessoal e da justiça social. Machado cita-o por mais de uma vez no *Memorial de Aires*,* onde traduziu um de seus versos ("*I can give not what men call love*") com um final por conta do conselheiro Aires: "Eu não posso dar o que os homens chamam amor... e é pena!".

Sigma Pseudônimo não identificado de um dos participantes da polêmica sobre as "Confissões de uma viúva moça",* então em fase de publicação no *Jornal das Famílias*.* Defendendo o conto dos ataques de O Caturra,* o autor analisa e condena a educação feminina do século. O artigo saiu nas "Publicações Apedidos" do *Correio Mercantil*,* de 3 de junho de 1865.

Signo zodiacal Machado nasceu sob o signo de Gêmeos, com o planeta regente do signo, Mercúrio, encontrando-se também em Gêmeos.

Sileno Pseudônimo usado nove vezes na seção "Correspondência",* na *Imprensa Acadêmica*,* de São Paulo, em 1864. Voltou a ser utilizado na seção "Nova Crônica",* na *Semana Ilustrada*,* por cinco vezes, em 1869-70. Na mitologia grega, Sileno era considerado um grande sábio, conhecedor do futuro, mas que só dizia a verdade sob o efeito do vinho. Vivia embriagado e costumava acompanhar o cortejo de Baco, a quem educou, montado num asno ou conduzido pelos sátiros.

Prédio do Silogeu Brasileiro, na esquina da rua do Passeio com a avenida Beira-Mar

Silogeu Brasileiro Prédio situado na esquina da avenida Beira-Mar, onde a Academia Brasileira de Letras* exerceu as suas atividades de 1905 a 1923. Ali funcionavam também o Instituto Histórico e Geográfico Brasileiro, a Academia de Medicina e o Instituto dos Advogados do Brasil. Machado não se entusiasmou muito com o local, mas conformou-se, como explicou em carta a Joaquim Nabuco:* "Seguramente era melhor dispor a Academia Brasileira de Letras de um só prédio, mas não é possível agora, e mais vale aceitar com prazer o que se oferece agora e parece bom. Outra geração fará melhor". No Silogeu foi realizada a solenidade de entrega do ramo de carvalho de Tasso* a Machado, feita por Graça Aranha.* A relíquia tinha sido enviada de Roma por Joaquim Nabuco.*

Silva, Antonio Augusto Ministro da Indústria, Viação e Obras Públicas,* no período de 8 de março a 15 de novembro de 1902. Machado foi seu secretário, mas nada sabemos do relacionamento entre os dois.

Silva, Bethencourt da (Francisco Joaquim B. da S.) Nasceu em 1831, a bordo de um navio que vinha de Portugal. Poeta, jornalista, foi o criador do Liceu de Artes e Ofícios. Membro do Conservatório Dramático Brasileiro,* emitiu parecer sobre *O caminho da porta*,* em 19 de agosto de 1862, considerando a peça "bem escrita e por vezes espirituosa" e autorizando a sua representação. Faleceu no Rio de Janeiro, em 1911.

Silva, Carolina Pereira da Uma das criadas que serviu Machado de Assis em seus últimos anos de vida. Recebia 55 mil réis mensais, além de casa e comida. Com o agravamento da doença do escritor, este não pagou os meses de agosto e setembro de 1908, totalizando 110 mil réis, quantia que Carolina requereu em juízo, como consta do inventário machadiano.

Silva, Inocêncio Francisco da Escritor e pesquisador (Lisboa, Portugal, 1810-1876), mestre da bibliografia portuguesa. Autor do *Dicionário bibliográfico português*, que incluiu vários autores brasileiros. No quinto volume (1866) encontra-se a primeira referência a Machado feita em Portugal, no verbete dedicado a José de Alencar:* um simples registro da crítica machadiana à peça *Mãe*, do escritor cearense. Com a morte de Inocêncio, a obra foi continuada e ampliada por Brito Aranha, autor do verbete sobre Machado, com informações transmitidas por Joaquim de Melo,* que figura no volume XXII (Lisboa, 1884), pp. 107-9 e 391-2.

Silva, Jacinto Funcionário da Livraria Garnier,* Jacinto tornou-se assistente-chefe do gerente Julien Lansac,* em 1898. Em 1901, com a inauguração da nova loja da Garnier, passou a trabalhar numa mesa no fundo da sala, perto da qual ficava a cadeira de Machado, centro das reuniões diárias que ali se realizavam. Era homem de confiança dos escritores, que lhe confiavam cartas para terceiros. Sagaz, dinâmico, cordial, sabia todos os segredos, sem perder a discrição. Bilac chamava-o de Jacintíssimo. Em sua correspondência com Machado, Mário de Alencar refere-se várias vezes a ele. Mais tarde, Jacinto mudou-se para São Paulo, a fim de gerenciar a Casa Garraux. Em 1920, montou o seu próprio negócio na capital paulista, a Casa Editora O Livro, na rua XV de Novembro, nº 32, que se tornou ponto de reunião dos modernistas.

Silva, Joaquim Arsênio Cintra da Vizinho de Machado, quando este residia na rua do Catete, nº 206. Em fevereiro de 1879, Machado encontrava-se em Friburgo,* quando a cadelinha Graziela* fugiu de casa. O escritor solicitou a Joaquim Arsênio que publicasse anúncio na imprensa, para localizar o animal. Em 1881, quando a esposa de Arsênio, D. Marianinha Teixeira Leite Cintra da Silva, adoeceu, Joaquim Nabuco, sob o pseudônimo de Freichutz, escreveu uma crônica a seu respeito no *Jornal do Commercio*.* Quando ela morreu, Arsênio utilizou um trecho do artigo como epitáfio da esposa, levando Machado a ver a pedra do túmulo. Ao saber que o autor era Nabuco, pediu a Machado que agradecesse, não o tendo feito antes "por não saber quem era o autor" (carta de Machado a Joaquim Nabuco, de 14 de janeiro de 1882). Anos depois, viúvo outra vez, Arsênio mandou gravar no túmulo da segunda esposa as mesmas palavras que serviram de epitáfio à primeira, enviando a Nabuco, através de Machado, uma "fotografia do monumento" (carta a Joaquim Nabuco, de 24 de março de 1896).

Silva, José Antonio Frederico da Amigo da mocidade de Machado, foi um dos participantes das reuniões realizadas em frente à livraria de Paula Brito* e da Petalógica.* Essa época foi evocada em seu livro *Lembranças*, editado em 1857.

Silva, Lafayete (L. Caetano da S.) Poeta, jornalista, tradutor, historiador do teatro brasileiro, Lafayette (Rio de Janeiro, RJ, 1878-1939) deve ter conhecido Machado nos meios literários, sem chegar a ter intimidade. Em certa ocasião, à porta da Garnier, quando Machado começou a apresentar os sintomas de um ataque epilético, Lafayete amparou-o e conduziu-o à esquina da avenida Central, onde o colocou num táxi. Instruiu o motorista aonde levar o passageiro. Machado, a partir de então, só respondia aos cumprimentos de Lafayete com secura.

Silva, Luís Barbosa da Médico, companheiro de Machado na diretoria da Sociedade Arcádia Brasileira,* eleita a 17 de agosto de 1861. Silva era tesoureiro e Machado bibliotecário.*

Silva, Luís José Pereira da Natural de Valença, RJ, 1837, Pereira da Silva foi poeta, crítico, professor. Na *Revista Mensal da Sociedade Ensaios Literários,** instituição de que foi presidente, publicou um artigo bastante elogioso sobre as recém-lançadas *Crisálidas** (nº 6, de 1º de novembro de 1864). Trabalhou com Machado, provavelmente na redação de algum jornal, revelando sentir pelo jovem autor, "pelo trato ameno que em horas de trabalho e vigília nos dispensou sempre, mais do que verdadeira simpatia, amizade estremecida". Com o título de *Uma estreia literária,** Machado comentou o seu romance *Cenas do interior*, com elogios cautelosos e algumas restrições (*Diário do Rio de Janeiro,** 24 de junho de 1865). Em 1868, Pereira da Silva publicou o poema "Riachuelo", que teve uma excelente acolhida por parte da imprensa e do público, alcançando pelo menos quatro edições. Faustino Xavier de Novaes* dirigiu então a Machado uma carta aberta intitulada *Riachuelo – Poema em cinco cantos de Luiz José Pereira da Silva* (*Jornal do Commercio*, 12 de abril de 1868) sugerindo-lhe a análise da obra. Machado atendeu ao pedido do futuro cunhado, publicando no *Diário do Rio de Janeiro** a crítica intitulada "Um poeta – Carta a F. X. de Novaes".* Faleceu em 1908.

Silva, Maria Inês da A madrasta de Machado nasceu na freguesia do Engenho Velho, Rio de Janeiro, em 1821, filha legítima de Felipe Gomes da Silva e Jesuína Joaquina de Sant'Anna. Uns dizem que era mulata. Gondin da Fonseca, baseado em depoimento de pessoa que a conheceu, afirma que era negra. Casou-se com o pai de Machado, Francisco José de Assis,* a 18 de junho de 1854, passando a chamar-se Maria Inês de Assis. O casal foi viver na rua do Pedregulho, atual São Luís Gonzaga,* nº 48, em companhia de Machado. Gondin da Fonseca opina que antes do casamento os dois foram amantes. R. Magalhães Júnior contesta, afirmando "não ser então habitual se casarem os que já viviam maritalmente, sobretudo se eram pessoas humildes". A aceitação de uma ou de outra versão torna verossímil ou não algumas tradições relativas ao relacionamento da madrasta e do enteado. Uma delas assegura que Maria Inês teria transmitido ao menino tudo o que sabia. É apenas uma fantasia se aceitarmos a versão de Magalhães Jr. Maria Inês era provavelmente analfabeta e, quando se casou com Francisco, Machado já era um rapaz de quinze anos, repleto de leituras e de amplos conhecimentos. Ensinar o quê? No entanto, a história torna-se verossímil, se endossarmos a versão de que os dois foram amantes. O mesmo ocorre com a afirmativa de que Machado foi baleiro e de que chamava Maria Inês de mãe. Maria Leopoldina,* a mãe carnal, faleceu em 1849, quando o futuro escritor tinha apenas 10 anos. Com essa idade, uma criança ainda pode se acostumar a chamar a madrasta (ou a amante do pai) de mãe. Com 15 anos é impossível. O mesmo raciocínio aplica-se ao ofício de baleiro.* Imagine-se um jovem naquela idade, de inteligência extraordinária, ávido de ascensão social, vendendo balas pelas ruas... Mas com 10 anos... Outra tradição afirma que Maria Inês trabalhou como doceira no Colégio das Menezes,* conseguindo autorização para que o menino assistisse às aulas. Referindo-se a um menino de 10 anos faz sentido, a um de 15 é apenas leviandade. Outro ponto importante refere-se ao tratamento dispensado por Machado à viúva, após a morte de Francisco José. Hemetério José dos Santos,* em um artigo bombástico e leviano, publicado sessenta dias após a morte de Machado, afirmava que o escritor tivera uma atitude quase desumana para com a madrasta, a quem desprezaria. Ao contrário dessa afirmativa, dizia-se que Machado auxiliou Maria Inês até a morte dela, a 1º de julho de 1891, em consequência de uma pneumonia dupla. Conta Coelho Neto que naquele dia encontrou-se com Machado na Livraria Garnier,* tendo este declarado que ia a um enterro. Neto acompanhou-o. Entraram em um carro, que os levou a uma casa humilde onde, durante certo tempo, Machado velou o cadáver de uma "mulher de cor". Na saída, Machado declarou: "Era minha mãe". Essa história, recolhida da boca de Coelho Neto* por Francisca de Basto Cordeiro,* foi mais tarde transmitida a Lúcia Miguel Pereira, que a incluiu na sua biografia de Machado. Agripino Grieco considera-a pura invenção. De fato, não tem pé nem cabeça, mas fez sensação, como toda lorota maldosa envolvendo um personagem conhecido. Maria Inês morreu numa casa de classe média alta, da família Eduardo Marcelino da Paixão, no bairro do Grajaú, onde vivia como agregada.

Silva, Napoleão da Pseudônimo não identificado. Em crítica publicada em *O Mosquito*, de 17 de outubro de 1874, classificava *A mão e a luva** como uma obra "pesadona". O romance ainda se encontrava em fase de publicação em folhetim, em *O Globo*.*

Silva, Oscar da (O. da S. Correge Araujo) Compositor e pianista português (1872-1958), com formação musical na Alemanha. Durante muito tempo viveu no Brasil. Musicou, em ritmo de mazurca, a poesia "Quando ela fala",* de Machado, publicada na revista *Brasil-Portugal*.*

Silva, Rodrigo (R. Augusto da S.) O paulistano Rodrigo Silva (1833) formou-se em direito em sua cidade natal, tendo exercido diversos cargos públicos: deputado em nove legislaturas, senador, quatro vezes ministro de Estado. Foi titular da Secretaria de Agricultura, Indústria e Comércio* em dois períodos: de 10 de maio de 1887 a 27 de junho de 1888, e de 5 de janeiro a 7 de junho de 1889, como interino, em substituição ao ministro Antonio da Silva Prado.* No dia 8 de maio de 1888, Silva apresentou à Câmara dos Deputados o projeto de libertação dos escravos, sancionado pela princesa Isabel* em 13 de maio. No dia 16, foi homenageado pelos funcionários de seu Ministério. Na ocasião, Machado proferiu um discurso, reproduzido parcialmente pela *Gazeta de Notícias*.* No dia 30 de março de 1889, Rodrigo Silva assinou o decreto de nomeação de Machado como diretor da Diretoria do Comércio, da Secretaria de Estado de Agricultura, Comércio e Obras Públicas. Silva faleceu em outubro de 1889, um mês antes da queda da monarquia.

Silveira, Joaquim Alberto de Sousa da Natural de Braga, Portugal, batizou Machado, em

1839. O nome do afilhado, Joaquim Maria, era uma dupla homenagem ao padrinho e à madrinha, D. Maria José Barroso Pereira,* cuja filha, Antonia Margarida, Joaquim desposou em 1823. Militar, defendeu as armas imperiais no sul e no Maranhão. Veador do paço Imperial. Parece ter mudado para Portugal, em 1857.

Silveira, Maria da Conceição da Viscondessa de Thayde, esposa de Fernando Antonio Pinto de Miranda.* O casal vivia na rua Cosme Velho, nº 20, vizinhos de parede dos Machado de Assis, de quem eram amigos, mas, ao que tudo indica, com certa distância.

Silveira, Maria José de Sousa da Madrinha de batismo de Maria,* irmã de Machado. Era filha de Maria José de Mendonça Barroso Pereira* e esposa de Joaquim Alberto de Sousa da Silveira,* padrinhos de Machado.

Silveira, Ricardo Xavier da Filho de Joaquim Xavier da Silveira Júnior,* vizinho de Machado. Quando completou três anos, em 15 de novembro de 1893, Machado dedicou-lhe uma quadra.*

Silveira, Sousa da (Álvaro Ferdinando de S. da S.) Natural do Rio de Janeiro (1883), era neto de Fernando Antonio Pinto de Miranda,* visconde de Thayde, vizinho de Machado. Desde a sua infância, o futuro filólogo, engenheiro civil e professor conheceu o escritor, mas nunca se aproximou dele. Em 1907, quando se preparava para viajar a Portugal, sua mãe fez questão de apresentá-lo a Machado, mas a conversa foi fria e formal. Falta de afinidade. Faleceu em 1967.

Silveira Jr., Joaquim Xavier da Formado em direito, exerceu o cargo de chefe de polícia no governo Floriano Peixoto. Em 1892, mudou-se para a rua Cosme Velho,* nº 16, ao lado da casa de Machado. As famílias se tornaram amigas e trocavam gentilezas, inclusive poéticas, como era hábito à época. Machado compôs uma *Quadra** por ocasião do terceiro aniversário de Ricardo Xavier da Silveira,* filho dos vizinhos, Em 1897, por ocasião do aniversário de 58 anos de Machado, Xavier enviou-lhe um poema. Em agradecimento, Machado escreveu o soneto *Ao Dr. Xavier da Silveira.** Foi um dos sete amigos que se cotizaram para presentear Machado com o quadro de Fontana* (1895). Proprietário do jornal *A República,** Silveira solicitou a colaboração de Machado, que enviou "Um agregado",* mais tarde integrado ao *Dom Casmurro.** A mudança dos Silveira para Petrópolis* não abalou a amizade. Sempre que descia ao Rio, a família visitava os antigos vizinhos. Quando Carolina* morreu, mandaram rezar missa na Catedral Petropolitana. Ao se fixarem de novo na cidade, na rua Guanabara (atual Pinheiro Machado), tornou-se um hábito convidar Machado para o jantar.

Silvestre Conto publicado no *Jornal das Famílias,** em junho, julho e agosto de 1877, com o pseudônimo de Victor de Paula.* Incluído nos *Contos esquecidos.**

Silvio-Silvis Pseudônimo não identificado de um cronista do *Correio Paulistano,** de São Paulo. Quando da representação de *O caminho da porta** em São Paulo, em 11 de agosto de 1864, Silvis acusou Machado de plagiário. O teatrólogo replicou, em artigo estampado na *Imprensa Acadêmica,** de 28 de agosto. Em folhetim publicado a 4 de setembro, Silvis esquivou-se ao debate, alegando doença, e Machado encerrou a questão por meio de outra carta publicada na *Imprensa*, de 9 de outubro do mesmo ano. Os dois artigos de Machado figuram em *Dispersos.**

Simbolistas Machado encontrou uma ferrenha má vontade por parte dos simbolistas. Na Livraria Garnier, local de encontro de todas as gerações literárias, os jovens cavaleiros do símbolo hostilizavam abertamente os parnasianos, com implicância especial por Olavo Bilac* e o autor das *Memórias póstumas.** Félix Pacheco dizia que a melhor página desse romance era a do capítulo 139, aquele todo de pontinhos, apenas com o título: "De como não fui ministro de Estado". Nestor Vitor* só se referia a Machado como "o pardavasco do *Dom Casmurro*".* Gustavo Santiago considerava-o um "literato sem talento e sem obra, que vive, por aí, assinando futilidades que se conhecem pelos nomes de *Quincas Borba* e *Dom Casmurro*".* E C. Tavares Bastos diz que as obras de Machado "não nos despertam, nem nos sequer comunicam a curiosidade mais simples e o interesse mais comezinho de enredo (*Rosa-Cruz*, junho de 1904). Na livraria famosa, os simbolistas pregaram algumas peças ao escritor. Certa ocasião, Machado encontrou, na cadeira onde costumava se sentar, um exemplar do livro que acabara de lançar, com a seguinte dedicatória na primeira página: "Mais um maçudo do maçudo Machado". Existe ainda o triolé boboca atribuído a Cruz e Sousa,* que começa pelo verso "Machado de Assis assaz". Algumas revistas de orientação simbolista, porém, respeitavam o velho mestre. *A Nova Cruz* apresentou, em 1905, a tradução do perfil de Machado, publicado em francês por Philéas Lebesgue.* As hostilidades não passavam de simples guerrinhas do alecrim e da manjerona.

Sinfonias Segundo livro de versos de Raimundo Correa,* publicado no Rio de Janeiro, 1883, 196 pp. O prefácio de Machado, com o título de "Introdução" e datado de julho de 1882, era tão neutro que, ao receber o livro, o escritor português Gervásio Lobato* só o leu por ter sido elogiado por um amigo.

Singular ocorrência Conto que figura nas *Histórias sem data.** Publicado pela primeira vez na *Gazeta de Notícias,** de 30 de maio de 1883, com a assinatura Machado de Assis.*

Sinhá Poesia incluída nas *Crisálidas.** Primeira publicação em *O Futuro,** de 15 de abril de 1863, com a assinatura Machado de Assis.*

Sinimbu, João Lins Vieira Cansanção de Visconde de Sinimbu. Natural de Alagoas (1810), bacharel em direito, quatro vezes presidente de província, nove vezes ministro, ocupou a Secretaria de Agricultura no período de 5 de janeiro de 1878 a 28 de março de 1880, quando Machado exercia a função de chefe de seção. Como tal, integrou a comissão de funcionários criada, em 1879, por Sinimbu para rever a legislação sobre terras devolutas, sancionada em 19 de setembro de 1850 e regularizada em 1854. O trabalho só terminou na gestão de Buarque de Macedo.* Sinimbu faleceu no Rio de Janeiro, em 1907. Machado o conhecia desde o tempo em que trabalhou como repórter,* cobrindo as sessões do Senado, ouvindo-o discursar diversas vezes: "Não apaixonava o debate, mas era simples, claro, interessante, e, fisicamente, não perdia a linha" ("O velho Senado"*).

Sítio Cidade do sul de Minas Gerais, atual Antonio Carlos. Em seu passeio a Minas Gerais,* em 1890, Machado e o grupo de amigos tomaram um trem de Barbacena* até Sítio, na época uma pequena localidade. Dali, planejavam prosseguir a cavalo para Três Corações,*

S

mas, no meio do caminho, voltaram a Sítio e, em seguida, a Barbacena.

Só! Conto publicado na *Gazeta de Notícias*,* de 6 de janeiro de 1885, com a assinatura Machado de Assis.* Incluído no volume póstumo *Outras relíquias*,* e mais tarde incorporado às *Relíquias de casa velha*,* de W. M. Jackson,* 1937.

Soares, Macedo (Antonio Joaquim de M. S.) Uma das figuras mais brilhantes da geração de Machado, Macedo Soares (Maricá, RJ, 1838) formou-se em direito, em São Paulo. Durante o curso jurídico, escreveu crítica literária e poesia em diversas publicações. No final de 1861, já com banca de advogado no Rio de Janeiro, manteve polêmica com Machado a respeito do teatro brasileiro. Em crônica no *Diário do Rio de Janeiro*,* Machado defendia a tese da proteção governamental ao teatro. Alguns dias depois, no *Correio Mercantil*,* sob as inicias M.S., Macedo defendeu opinião contrária. Machado replicou, havendo uma nova resposta de M.S. Machado treplicou, mas para desistir da polêmica, na qual não via saída, pois o seu oponente, "apesar do seu talento e da sua ilustração" não pôde "demonstrar que o teatro não escapa à lei econômica, que rege as corporações industriais; eu continuo convencido do contrário". A divergência de opiniões não impediu a amizade, que se prolongou pelos anos afora. Em 1869, ao organizar o volume de *Lamartinianas*,* Macedo convidou Machado a colaborar. Este atendeu, enviando a tradução do poema "A El***".* Três anos mais tarde, por meio de carta, Macedo sugeria a Machado que escrevesse uma história da literatura brasileira. Em 1880, quando da publicação das *Memórias póstumas** na *Revista Brasileira*,* Macedo então magistrado em Mar de Espanha, MG, escreveu duas cartas ao amigo. Na primeira, apontava a influência de Almeida Garrett. Machado referiu-se a esta carta no prefácio da 3ª edição do livro. Na segunda carta, elogiou o capítulo "A herança" ("vale um livro") e a peça *Tu só, tu, puro amor*...* Jurista de renome, político, Macedo aposentou-se como ministro do Supremo Tribunal Federal, falecendo no Rio de Janeiro, em 1905.

Sobre a morte de Ludovina Moutinho Vide "Ludovina Moutinho".

Sociedade Arcádia Brasileira A Sociedade Arcádia Brasileira, estabelecida na rua da Ajuda, 55, foi uma das dezenas de agremiações literárias que se multiplicaram durante o romantismo. Ignora-se a data de sua fundação e o ano em que foi dissolvida. Sabe-se apenas que a 17 de agosto de 1861 houve eleição da diretoria, com mandato de dois anos. Machado foi eleito bibliotecário.* Os demais diretores eram Antonio Herculano da Costa Brito, presidente; Nuno Álvares Pereira de Sousa,* vice-presidente; Bento de Figueiredo Tenreiro Aranha,* 1º secretário; José Bernardo Machado da Cunha, 2º secretário; José Pereira Leitão, 3º secretário; Cláudio Velho da Mota Maia, 4º secretário; Eduardo de Sá Pereira de Castro,* orador. A partir daí não se encontram mais notícias da associação.

Sociedade dos Homens de Letras do Brasil No início dos anos 1890, Pardal Mallet* iniciou uma série de artigos apontando a necessidade de legislação adequada sobre direitos autorais, assim como a organização de uma sociedade de escritores que defendesse os interesses da classe. A ideia encontrou imediata receptividade nos meios intelectuais. No dia 7 de maio de 1890, sob a presidência de Ferreira de Araújo,* foi realizada a primeira reunião para debater o assunto. Compareceram cerca de cinquenta escritores, dos mais representativos – Machado, Coelho Neto,* Pardal Mallet, Pedro Rabelo,* Valentim Magalhães* –, sendo declarada formada a Sociedade dos Homens de Letras do Brasil. Ferreira de Araújo foi eleito presidente, tendo como vice-presidentes Machado e José do Patrocínio,* secretários Pardal Mallet e Emílio Rouède, tesoureiro Alcindo Guanabara.* Uma semana depois os estatutos eram aprovados, estabelecendo tabelas de preços, percentagens, direitos e deveres dos sócios. A sociedade começou a todo vapor. A 9 de junho, Dermeval da Fonseca* embarcou para a Europa, com o objetivo de conhecer e estudar entidades semelhantes. Ao mesmo tempo, eram implantadas legações em todos os estados. O entusiasmo, porém, logo arrefeceu, e a Sociedade se dissolveu por si mesma. Não confundir com Sociedade Brasileira de Homens de Letras.*

Sociedade Ensaios Literários Dirigida por Feliciano Teixeira Leitão,* José Antonio de Almeida Cunha e João Sílvio de Moura, foi fundada a 4 de dezembro de 1859 e instalada solenemente a 1º de janeiro de 1860. De orientação nacionalista, só permitia sócios de nacionalidade brasileira. Entre 1863 e 1874, publicou a *Revista Mensal da Sociedade Ensaios Literários.** Em sua sede, na rua de São Pedro, nº 126, Machado participou de saraus e recitou poesias. Na festa comemorativa do 7 de setembro de 1863, declamou três poemas de sua autoria: "Maria Duplessis",* "Quinze anos"* – que seria publicado na *Revista Mensal* – e "A menina que se perde".* No ano seguinte, voltou à comparecer à festa cívica, onde houve "a novidade da presença de algumas senhoras" (*Diário do Rio de Janeiro,** 11 de setembro de 1864). Referiu-se ainda à instituição em crônica do *Diário do Rio de Janeiro,** de 3 de julho de 1864, na qual a chama de "sociedade brasileira de jovens inteligentes e laboriosos".

Sociedade Internacional de Poetas Sociedade organizada na França, na década de 1870, sob a presidência de Victor Hugo.* Um de seus membros mais ativos, o poeta Catulle Mendès,* dirigiu uma carta a Machado, no início de 1874, convidando-o a criar a Sociedade no Brasil. Machado entusiasmou-se, comunicando a ideia a diversos escritores, como Rosendo Moniz Barreto,* Bittencourt Sampaio, Franklin Dória,* Joaquim Serra.* Este chegou a propor que as reuniões fossem realizadas no clube da Reforma. O entusiasmo inicial não tardou a arrefecer e logo desaparecer.

Sofá (O) Poesia publicada em *A Marmota,** de 8 de janeiro de 1858, com a assinatura Machado d'Assis.* *Novas relíquias.**

Sombras Poesia que figura nas *Falenas.**

Sonâmbula (A) Ópera cômica em sete colunas publicada em *O Cruzeiro,** de 26 de março de 1878, com o pseudônimo de Eleazar.* *Dispersos.**

Soneto Dedicado "À Ilma. Sra. D.P.J.A.", foi o primeiro trabalho publicado por Machado. Saiu no *Periódico dos Pobres,** de 3 de outubro de 1854, com a assinatura J. M. M. Assis.* Apenas o nome da homenageada D. Petronilha, citado no próprio soneto, está identificado, sendo desconhecido o seu sobrenome. Descoberto por José Galante de Sousa, o poema foi incluído em *Machado de Assis e outros estudos* (Rio de Janeiro, Cátedra/MEC, 1979).

Soneto Dedicado "ao exímio rabequista Francelino Domingues de Moura Pessoa, ao ouvirmos tocar na noite de seu benefício". Começa pelo verso: "Sobre as cordas do mágico instrumento". Publicado no *Correio Mercantil,** de 1º de maio de 1859, com a assinatura M.A.* Transcrito por R. Magalhães Júnior no primeiro volume de *Vida e obra de Machado de Assis.*

Soneto Iniciado pelo verso "Cala-te, amor de mãe! Quando o inimigo" e publicado na *Semana Ilustrada,** de 20 de agosto de 1865, sem assinatura. O poema chegou a ser considerado de autoria da mãe do marechal Deodoro da Fonseca. R. Magalhães Júnior (*Ao redor de Machado de Assis*) atribuiu-o a Machado, opinião endossada por Jean-Michel Massa, mas sem qualquer prova convincente. Incluído nos *Dispersos.**

Soneto Saudação ao regresso de D. Pedro II e da imperatriz de sua viagem à Europa. Começa pelo verso "Volves enfim à pátria tua amada". O poema foi recitado por Furtado Coelho,* no espetáculo de gala oferecido aos monarcas no Teatro Lírico, em 3 de abril de 1872, e publicado no *Diário do Rio de Janeiro,** de 4 de abril, sem assinatura. Transcrito por R. Magalhães Júnior em *Vida e obra de Machado de Assis*, vol. II.

Soneto Em homenagem a José de Alencar,* iniciando pelo verso "Hão de os anos volver, – não como as neves". Publicado na *Gazeta de Notícias,** de 12 de dezembro de 1880, com a assinatura Machado de Assis.* Incluído nas *Ocidentais.**

Soneto Começa pela quadra: "E falou Jeová dentre uma escura/ Nuvem de tempestade: – Quem é este/ Que escreveu a verdade alva e celeste/ Com as palavras vãs que lhe mistura?". O poema, uma paráfrase do *Livro de Job*, saiu no jornal *Civilização,** de São Luís, número de 12 de novembro de 1881, sendo descoberto por Josué Montello, que o transcreveu no artigo "Uma surpresa machadiana" (*Jornal do Brasil*, 19 de setembro de 1972). R. Magalhães Júnior incluiu-o em sua *Vida e obra de Machado de Assis*, vol. III.

Soneto Original pertencente ao Arquivo Nacional. Publicado em *Poesia e prosa.** O primeiro quarteto propõe um problema: "Caro Rocha Miranda e companhia,/ Muzzio, Melo, Cibrão, Arnaldo e Andrade,/ Enfim, a toda a mais comunidade/ Manda saudades o Joaquim Maria". Galante de Sousa observa que apenas dois nomes são fáceis de identificar: Henrique César Muzzio* e Ernesto Cibrão.* Mas o próprio ensaísta arrisca que os demais seriam Francisco da Rocha Miranda,* Manuel da Silva Melo Guimarães* e Mateus Alves de Andrade.* Faltou saber, apenas, quem seria o Arnaldo. Daí Galante concluir "que o soneto foi composto algum tempo antes de 12 de dezembro de 1874, data de falecimento de Muzzio, em Paris". Não parece que nesse caso o anotador de Machado, sempre irretorquível, esteja com a razão. Ele mesmo lembra que o médico Mateus de Andrade faleceu em julho de 1871. Além do mais, o poema dirige-se a pessoas que teriam contato diário com Machado, provavelmente então fora do Rio. O que nos leva a concluir que o trabalho é anterior àquela data.

Soneto Sem título, publicado na *Gazeta de Notícias,** de 23 de dezembro de 1877, em homenagem a José de Alencar,* com a assinatura Machado de Assis.* Começa pelo verso: "Naquele eterno azul, onde Coema". *Páginas esquecidas.**

Soneto Sem título, começa pelo verso "Ri, Guiomar, anda e ri. Quando ressoa". Escrito para celebrar o noivado de Guiomar Smith de Vasconcelos* e Frederico Smith de Vasconcelos,* que receberam o poema no dia 31 de dezembro de 1892. Foi publicado na *Gazeta de Anápolis*, Anápolis, SP, em 29 de novembro de 1908. Incluído em *Outras relíquias** com o título "A Guiomar". Transcrito em *Vida e obra de Machado de Assis*, vol. III, de R. Magalhães Júnior, com variantes.

Soneto No álbum de D. Maria de Azambuja. Vide "Maria".

Soneto Em *Dom Casmurro*,* Bento Santiago tenta compor um soneto, em homenagem a Capitu, mas escreve apenas o primeiro ("Oh! flor do céu! Oh! flor cândida e pura") e o último verso do poema ("Perde-se a vida, ganha-se a batalha", alterado mais tarde para "Ganha-se a vida, perde-se a batalha"). Encantado com o livro, e de certa forma procurando auxiliar a sua divulgação, Lúcio de Mendonça* propôs a Alcindo Guanabara,* diretor de *A Tribuna*, a realização de um concurso para completar o poema. A ideia foi aceita, sendo lançada pelo jornal em sua edição de 4 de abril de 1900.

Soneto Sem título, que se inicia pelo verso "Nunca faltaram aos poetas quando". Foi escrito em homenagem ao noivado de Francisca de Basto Cordeiro* e Heitor de Basto Cordeiro,* sendo enviado aos noivos em 31 de dezembro de 1892. Transcrito em *Vida e obra de Machado de Assis*, vol. III, de R. Magalhães Júnior.

Soneto Sem título, começa pelo verso "Ri, Guiomar, anda e ri. Quando ressoa". Escrito para celebrar o noivado de Guiomar Smith de Vasconcelos* e Frederico Smith de Vasconcelos, que receberam o poema no dia 31 de dezembro de 1892. Transcrito em *Vida e obra de Machado de Assis*, vol. III, de R. Magalhães Júnior.

Soneto. A Ferreira d'Araújo Poema comemorativo do aniversário do diretor do *Diário de Notícias*,* publicado nesse jornal, na edição de 1º de abril de 1887, datado de 25 de março de 1887, assinado Machado d'Assis.* Galante de Sousa transcreveu-o em sua *Bibliografia de Machado de Assis* sem indicar o veículo e a data de publicação.

Soneto a S. M. o Imperador, o Senhor D. Pedro II Publicado na *Marmota Fluminense*,* de 2 de dezembro de 1855, assinado "Pelo seu reverente súdito J. M. M. d'Assis".* *Dispersos*.*

Soneto circular Datado de 16 de abril de 1895, o soneto foi publicado dois dias depois na *Gazeta de Notícias*,* precedido de uma nota explicativa. Machado escreveu-o em agradecimento ao quadro de Fontana,* representando uma mulher absorta na leitura de um livro, que lhe fora oferecido por sete amigos: Horácio Guimarães,* Heitor de Basto Cordeiro,* Ernesto Cibrão,* Antonio da Rocha Miranda,* Caetano Pinto,* Joaquim Xavier da Silveira* e Ferreira de Araújo.* *Poesia e prosa*.*

S

Soneto de Natal Poema incluído nas *Ocidentais*.* Foi escrito a pedido de Olavo Bilac,* que desejava a colaboração de Machado para o número de Natal de 1896 da revista *A Bruxa*,* onde foi publicado pela primeira vez, com a assinatura Machado de Assis.*

Sonho e outro sonho (Um) Conto publicado em *A Estação*,* de 31 de maio, 15 de junho, 31 de julho e 15 de agosto de 1892, com a assinatura Machado de Assis.* Incluído na edição W. M. Jackson* das *Relíquias de casa velha*.*

Sonhos Poesia publicada em *O Espelho*,* de 23 de outubro de 1859, com a assinatura Machado de Assis.* *Dispersos*.*

Sorriso (Um) Poesia publicada na *Marmota Fluminense*,* de 10 de agosto de 1855, com a assinatura J. M. M. d'Assis. * *Dispersos*.*

Sousa, Alfredo de (A. Fernandes de S.) Jornalista e poeta, natural de Suruí, RJ, 1862. Em parceria com Valentim Magalhães,* escreveu a peça *Inácia do Couto* (1889). Conviveu com Machado na redação de *A Semana*,* revista em cujo número de 9 de outubro de 1886 publicou um poema intitulado *A Machado de Assis*.

Sousa, Antonio Moutinho de Ator e tradutor de peças teatrais, nascido em Portugal, em 1834. Chegou ao Brasil em 1858, fixando-se no Rio de Janeiro. Nesse ano, casou-se com a atriz Ludovina Moutinho.* Machado elogiou sua atuação no palco em várias crônicas, tendo convivido com ele nos ambientes teatrais e na redação de *O Futuro*,* onde ambos colaboravam. Como censor do Conservatório Dramático Brasileiro,* examinou a comédia *Finalmente*, de Mousinho, aprovando-a, com supressão de uma frase de sentido equívoco. Em 1863, já viúvo, o ator regressou a Portugal. Treze anos depois, retornava ao Rio de Janeiro, sem recursos. Para sobreviver, trouxera parte da edição do *Dom Quixote*, editada em Portugal, com ilustrações de Doré. Para ajudá-lo, Machado saudou-o em crônica publicada na *Ilustração Brasileira*,* de 1º de setembro de 1876, na qual classifica a edição de "simplesmente um primor". Parece que as vendas foram boas, pois reuniu o suficiente para regressar a Portugal. Em 1881, voltou mais uma vez ao Brasil, para uma breve estada. Machado ofereceu-lhe então um exemplar das *Memórias póstumas de Brás Cubas*,* recém-lançadas, expressando o desejo de ver a obra publicada na imprensa lusa. Moutinho entregou o livro à *Folha Nova*,* de Lisboa, para publicação em folhetim. O livro não deve ter agradado aos leitores portugueses, pois foram publicados apenas 23 capítulos, cerca de 20% do livro. Moutinho faleceu em Portugal, em 1898.

Antonio Moutinho de Sousa

Sousa, Belisário de (Francisco B. Soares de S.) Médico, deputado em cinco legislaturas e senador durante o Império. No banquete comemorativo dos vinte e dois anos de publicação das *Crisálidas*,* realizado em 1886, Belisário de Sousa (Rio de Janeiro, RJ, 1839-1889) proferiu o discurso de abertura, uma rápida e, segundo a imprensa da época, brilhante análise da vida de Machado, e o discurso de encerramento da festa.

Sousa, Cláudio de (C. Justiniano de S.) Médico e escritor (São Roque, SP, 1876 – Rio de Janeiro, RJ, 1954). No início de sua vida profissional, participou, como repórter da *Cidade do Rio*, do banquete em homenagem a Assis Brasil,* realizado a 17 de julho de 1896. Assinava-se então Cláudio Júnior e teve a oportunidade de conhecer Machado, sobre quem escreveria mais tarde alguns textos, como a conferência intitulada *O humorismo de Machado de Assis*, proferida em 21 de junho de 1939, na Academia Brasileira de Letras.*

Sousa, Cruz e (João da C. e S.) O maior poeta do simbolismo brasileiro nasceu em Desterro (atual Florianópolis), em 1861, filho de escravos alforriados. Mudando-se para o Rio de Janeiro, em 1890, integrou-se ao grupo dos decadistas. Em 1893, publicou *Broquéis* e *Missal*. Os seus demais livros – *Faróis, Evocações, Últimos sonetos* – saíram postumamente. Faleceu em Sítio,* MG, em 1898. Cruz e Sousa jamais se dirigiu a Machado, vendo-o apenas com olhos curiosos e indagadores. Pertencendo a uma geração que hostilizava o autor de *Dom Casmurro*,* teria ele participado de tal antipatia? É de se duvidar. Tudo indica que o triolé (que se inicia pelos versos "Machado de Assis, assaz,/ Machado de Assis, Assis/ Oh zebra escrita com giz", etc.), mais bocó do que maldoso, que Carlos D. Fernandes lhe atribui, em *Fretana*, deva ter sido composto pelo próprio Fernandes.

Sousa, Fausto de (Augusto F. de S.) Com o pseudônimo de Dr. Fausto criticou *Ressurreição** na *Semana Ilustrada*,* nos números de 19 e 26 de maio de 1872. Professor e militar, o carioca Sousa (1835-1890) foi contista, biógrafo e historiador. Conviveu com Machado na redação de *A Semana*, mas sem se tornarem íntimos.

Sousa, Francisco Eleutério de Nascido na Bahia, Eleutério estudou medicina no Rio de Janeiro, mas abandonou o curso. Foi colaborador assíduo das seções literárias dos jornais cariocas, nas décadas de 1850 e 1860. Fundou *O Espelho*,* jornal no qual Machado colaborou do primeiro ao último número. Quando

João Cardoso de Menezes e Sousa, barão de Paranapiacaba

eclodiu a Guerra do Paraguai,* Eleutério exercia o cargo de inspetor da alfândega de Corumbá, MT. Preso pelos paraguaios e conduzido ao país vizinho, morreu na prisão, em data ignorada.

Sousa, João Cardoso de Menezes e O futuro barão de Paranapiacaba nasceu em Santos, SP, em 1827. Bacharel em direito pela Faculdade de São Paulo. Poeta, historiador, biógrafo, tradutor, teatrólogo. Exerceu diversos cargos políticos. Em abril de 1864, de partida para Pernambuco, onde exerceria o cargo de secretário de Finanças, foi homenageado com um sarau. Machado compareceu, tendo recitado o poema "Os arlequins".* Como censor, os dois foram colegas no Conservatório Dramático Brasileiro,* criado em 1871 e ao qual Menezes presidiu. O barão faleceu no Rio de Janeiro, em 1915.

Sousa, João Dantas de Nascido no Minho, Portugal, em 1835, mudou-se para o Brasil em 1849, fixando-se no Rio de Janeiro. Entre os anos de 1858 a 1862, quando retornou a Portugal, manteve relações de amizade com Machado. Um dos fundadores do Grêmio Literário Português,* colaborador da revista luso-brasileira *O Universo Ilustrado, Pitoresco e Monumental*,* ali reproduziu o poema "A missão do poeta",* que Machado escrevera em seu álbum. Colaborou, também, em *O Espelho*,* semanário de que Machado era redator. Em 1859, publicou um volume de *Poesias*.

Sousa, Joaquim de Paula Ao publicar, em 1878, o seu *Manual de Literatura ou Estudos sobre a Literatura dos Principais Povos da Europa e da América*, assinado com as iniciais J. S., Sousa dedicou cinco páginas a Machado, com elogios ao poeta e a dois romances, *Ressurreição** e *Helena*.* Lamenta, apenas, "que tão mimoso escritor siga tão errada vereda, e desejaria vê-lo brasileiro, em tudo, e não francês imperial, acompanhando o Sr. Alencar". Talvez seja esse o primeiro estudo sobre a obra machadiana incluído em livro. Natural de Itu, SP, 1833, o médico Paula Sousa foi romancista, teatrólogo, historiador. Com o pseudônimo de Jorge Velho assinou o romance *Os palmares* (1885). Faleceu em São Paulo, em 1887.

Sousa, José Marcelino de Político baiano. Eleito senador, foi homenageado com dois banquetes no Rio de Janeiro. Como presidente da Academia Brasileira de Letras,* Machado compareceu ao segundo, parece que a contragosto, pressionado pelo ministro da Viação e Obras Públicas, Miguel Calmon du Pin e Almeida.* A festa foi realizada a 7 de janeiro de 1907, no Alto do Sumaré, com pompa e brilho, regada a champanha e vinhos franceses.

Sousa, Pedro Luís Pereira de Vide "Luís, Pedro".

Sousa, Teixeira e (Antonio Gonçalves T. e S.) Natural de Cabo Frio, RJ, o mulato Teixeira e Sousa (1812-1861) exerceu diversos empregos. Foi tipógrafo nas oficinas de Paula Brito,* professor, funcionário público. Precursor do romance nacional com *O filho do pescador* (1843). Explorou o gênero ainda nas *Tardes de um pintor* e em *As fatalidades de dois jovens*. Conheceu Machado na livraria de Paula Brito e nas reuniões da Petalógica.* Machado dedicou-lhe o poema "O gênio adormecido"* (1855).

Sousa Barradas Pseudônimo utilizado por Machado na crônica intitulada *O chapéu*,* publicada na *Semana Ilustrada*,* de 17 de dezembro de 1865. A atribuição é de R. Magalhães Júnior, e a autentificação de sua descoberta encontra-se na crônica publicada em "Balas de Estalo",* de 17 de janeiro de 1885, na qual Lélio (pseudônimo utilizado na série) refere-se a seu sobrinho, Sousa Barradas, numa evidente lembrança do pseudônimo empregado na mocidade.

Souto, M. Crítico teatral do jornal *O Mosquito*, não identificado. Será um nome ou um pseudônimo? Na edição de 26 de abril de 1873, censurou Machado pelos critérios moralistas utilizados no julgamento de peças, em sua função de censor do Conservatório Dramático Brasileiro.*

Souvenir d'Éxil Poema de Charles Ribeyrolles* composto na redação do *Courrier du Brésil*,* em 27 de janeiro de 1859. Os versos foram traduzidos por Machado à medida que iam sendo compostos. Original e tradução foram publicados lado a lado na edição do jornal de 2 de fevereiro de 1860, com a indicação: "*Traduction d'Assis*". O título não foi traduzido. Transcrito por R. Magalhães Júnior em *Vida e obra de Machado de Assis*.

Spano, Guido y (Carlos G. y S.) Poeta argentino (Buenos Aires, Argentina, 1827-1918), passou parte da mocidade no Rio de Janeiro, nas décadas de 1840 e 1850, acompanhando seu pai, general Tomás Guido, embaixador da Argentina no Brasil. Em sua temporada carioca, conviveu com os intelectuais brasileiros, publicou uma tradução em português do *Rafael* (1849), de Lamartine, e, ao lado de Machado, recitou poemas em alguns saraus artísticos. Ao retornar a Buenos Aires, não se esqueceu dos amigos brasileiros. Quando o México foi invadido pela França, o poeta argentino escreveu uma ode de protesto contra a prepotência francesa. O poema foi enviado a Machado, que a ele se referiu em uma de suas "Conversas Hebdomadárias", no *Diário do Rio de Janeiro*, de 1º de setembro de 1863. É provável que Guido tenha sido o autor da crítica sobre as *Americanas*,* publicada no jornal *La Libertad*, de Buenos Aires, e transcrita por *O Globo*,* do Rio de Janeiro, de 18 de março de 1876. No artigo, há um equívoco grosseiro, em que o autor, falando dos poetas indianistas, cita Gonçalves de Magalhães e Gonçalves Silva, querendo referir-se a Gonçalves Dias.* Pode-se admitir uma traição de memória, difícil de se aceitar, pois Guido foi grande amigo do poeta da "Canção do exílio". Mais razoável que se tratasse de um erro de revisão, comum numa época em que os textos eram redigidos a mão.

Stella Poema das *Crisálidas*.* Publicado originalmente em *O Futuro*,* de 1º de dezembro de 1862, com a assinatura Machado de Assis* e o título "A estrela do poeta".

Stendhal Pseudônimo de Henry Beyle (Grenoble, França, 1783 – Paris, 1842), escritor de formação romântica e de expressão realista, autor de *O vermelho e o negro*, *A Cartuxa de Parma*, romances que não encontraram grande receptividade em sua época. A consagração do escritor veio com a posteridade. Machado era seu admirador fervoroso e a ele refere na introdução (Ao Leitor) das *Memórias póstumas de Brás Cubas*.* Em crônica da série *A Semana* (14 de julho de 1895), conta: "Tenho acompanhado muita vez o jovem Fabrício Del Dongo na batalha de Waterloo, levados ambos nós pela mão de Stendhal".

Suave mari magno Poema incluído nas *Ocidentais*.* Primeira publicação na *Revista Brasileira*,* de 15 de janeiro de 1880.

Subsídios literários Crítica ao livro com esse título, de Guilherme Bellegarde,* publicada em *A Estação*,* 31 de março de 1883, com a assinatura Machado de Assis.*

Suje-se gordo! Conto que integra as *Relíquias de casa velha*.*

Suplício de uma mulher Drama em três atos, de Émile de Girardin* e Alexandre Dumas Filho,* classificado na imprensa francesa como "modernismo à americana". Traduzido por Machado para a companhia de Furtado Coelho,* estreou em 30 de setembro de 1865, no Teatro Ginásio Dramático.* Teve inúmeras representações. Na antevéspera da estreia, Machado escreveu um longo artigo no *Diário do Rio de Janeiro*,* narrando o debate travado na imprensa francesa entre os autores da peça. O *Jornal do Commercio*,* de 1º de outubro, atacou o tradutor pelo desplante de colocar em português uma peça que classificava de imoral. Acusava ainda Machado de procurar se beneficiar da discussão entre Girardin e Dumas, contada no artigo citado. "Nem esse escândalo se quis perder aqui", afirma o articulista. Machado, ao criticar a peça, na edição de 3 de outubro, no *Diário*, aproveita para responder ao colega, de maneira incisiva. A tradução figura no volume *Teatro*,* de W. M. Jackson.*

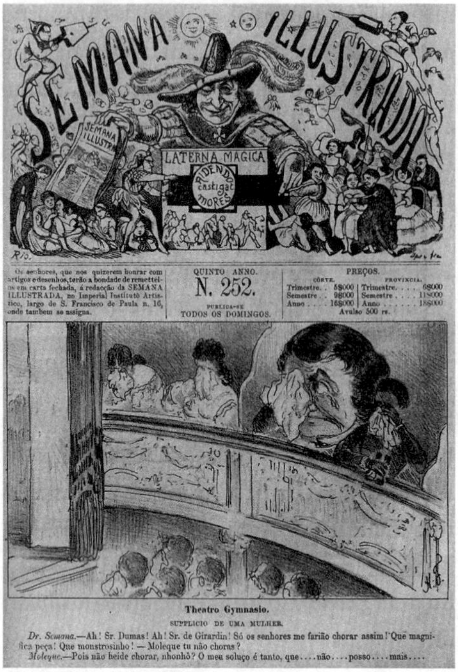

Os senhores, que nos quizerem honrar com artigos e desenhos, terão a bondade de remettel-os em carta fechada, á redacção da SEMANA ILLUSTRADA, no Imperial Instituto Artistico, largo de S. Francisco de Paula n. 16, onde tambem se assigna.

QUINTO ANNO.
N. 252.
PUBLICA-SE
TODOS OS DOMINGOS.

PREÇOS.

CÔRTE.		PROVINCIA.	
Trimestre	5$000	Trimestre	6$000
Semestre	9$000	Semestre	11$000
Anno	16$000	Anno	18$000

Avulso 500 rs.

Theatro Gymnasio.

SUPPLICIO DE UMA MULHER.

Dr. Semana.—Ah! Sr. Dumas! Ah! Sr. de Girardin! Só os senhores me farião chorar assim! Que magnifica peça! Que monstrosinho! — Moleque tu não choras?
Moleque.—Pois não heide chorar, nhonhô? O meu soluço é tanto, que....não....posso....mais....

Suplício de uma mulher Com esse título, que reproduz o da peça de Émile de Girardin* e Dumas Filho,* que traduziu, Machado escreveu dois artigos. No primeiro – publicado em 28 de setembro de 1865, no *Diário do Rio de Janeiro** –, conta a polêmica entre os dois autores, na imprensa francesa. No dia 3 de outubro, no mesmo jornal, critica a peça e responde ao articulista do *Jornal do Commercio*,* que o acusara de traduzir uma peça imoral.

Su-Tchon Poeta chinês, de quem Machado imitou o poema "Coração triste falando ao sol",* baseando-se na tradução francesa de Judith Gautier,* em *Le Livre de Jade*.

T

Taborda (O) Artigo publicado na *Semana Ilustrada*,* de 25 de junho de 1871, com a assinatura M.* *Dispersos*.*

Tagarela Um dos muitos jornais de vida efêmera publicados no Rio de Janeiro, no período de 1902 a 1904. Definia-se como "semanário crítico, humorístico, ilustrado e de propaganda comercial". Ali, na seção "Poetas e Águias", em 19 de abril de 1902, K.lixto* publicou caricatura de Machado, acompanhada por um breve poema assinado por Biographo.*

Tan-Jo-Lu Poeta chinês desconhecido pelos sinólogos. Judith Gautier,* que utiliza a grafia Tan-Jo-Su, atribuiu a ele o poema *L'Éventail*, que Machado imitou e incorporou às *Falenas*,* na parte intitulada "Lira chinesa",* com o título de "O leque".* Em realidade, trata-se de um poema composto no reinado do imperador Sintar, que se estendeu de 32 ao ano 6 a.C. Sua autora foi a Dama Pan Chien-yu (bela em chinês), nascida em família ilustre e considerada um dos grandes poetas do século.

Taquari, baronesa de Vide "Rodrigues, Maria da Conceição Calazans".

Tasso, Joaquim José Ator português (1820), eterno intérprete de papéis de galã. Trabalhou no Brasil durante muitos anos. Faleceu em Lisboa, em 1870, deixando a viúva em situação de penúria. Para socorrê-la, organizou-se um espetáculo em seu benefício, realizado a 22 de agosto de 1871, no Teatro São Luís.* Machado escreveu, para a ocasião, a poesia "À memória do ator Tasso",* recitada por Emília Adelaide.*

Tasso, Torquato Em solenidade realizada no Silogeu Brasileiro,* em 10 de agosto de 1905, Graça Aranha* entregou a Machado um ramo de carvalho plantado no túmulo de Tasso (1544-1595), no Janícolo, em Roma. Em seguida, recitaram poemas Alberto de Oliveira* (*O carvalho de Zeus*) e Salvador de Mendonça. A história remontava a 1888, quando Joaquim Nabuco,* achando-se em Roma, em missão diplomática, cortou um ramo da árvore, que acabou se transformando em gravetos. Em outubro de 1904, Nabuco dirigiu-se a Alfredo de Barros Moreira, que servia na cidade eterna, para obter outro ramo do carvalho famoso. Moreira solicitou licença ao prefeito de Roma, Pompeo Colonnelli, que o atendeu, enviando junto com a relíquia uma carta de autenticação. Machado comoveu-se "profundamente" (carta de 11 de agosto de 1905 a Nabuco) e, no final da vida, solicitou a Mário de Alencar* que, após a sua morte, o ramo fosse entregue à Academia Brasileira de Letras,* "a fim de que esta os conserve, como lembrança de nós três: Você, o Graça

Ramo de carvalho de Tasso, oferecido a Machado por Joaquim Nabuco

e eu", diz em carta a Joaquim Nabuco* (de 8 de maio de 1908).

Taunay, Alfredo d'Escragnolle Foi um dos amigos queridos de Machado, com quem manteve relações polidas e cordiais, mas um tanto formais. Nascido no Rio de Janeiro, em 1843, formado pela Escola Militar, Taunay participou de expedição a Mato Grosso, no início da Guerra do Paraguai. O trágico episódio foi narrado em *A retirada da laguna*, lançado em 1872, no mesmo ano que o romance *Inocência*. Machado gostava dessa obra, que considerava uma "joia literária" (carta a Taunay, de 7 de outubro de 1886), e, às vezes, sentia "vontade de acompanhar o Dr. Cirino e Pereira por aquela longa estrada que vai de Santana de Paranaíba a Camapuama, até o leito da graciosa Inocência" (*A Semana*, 14 de fevereiro de 1897). O conhecimento deve ter se dado a partir de janeiro de 1871, quando ambos exerciam o cargo de censor do Conservatório Dramático.* A partir daí, Taunay lançou-se na vida pública, ocupando cargos de relevo. Foi deputado, senador, governador das províncias de Santa Catarina e do Paraná, defensor da imigração europeia para o Brasil. Em 1888, apresentou no Senado um projeto de naturalização dos imigrantes, que assim o desejassem. Machado, reconhecendo o seu esforço, considerava que o projeto não era "inteiramente bom" ("Bons Dias!", *Gazeta de Notícias*, 28 de outubro de 1888). Quando Machado foi promovido a diretor da Diretoria de Comércio da Secretaria da Agricultura, Comércio e Obras Públicas* (30 de março de 1889), o amigo felicitou-o, vendo no ato, embora tardio, uma homenagem ao "talento e qualidades peregrinas como cavalheiro e como literato" de Machado (carta datada de Petrópolis, 31 de março de 1889). Um ponto em que ambos concordavam era no amor à música.

Alfredo d'Escragnolle Taunay

Melômano apaixonado, Taunay fez parte do Clube Beethoven* e, a partir de 1896, foi um dos responsáveis pela revalorização da obra do padre José Maurício, "uma nova cruzada que se levanta", observa Machado (*A Semana*, 22 de março de 1896). A cruzada se ampliou, com a adesão de Alberto Nepomuceno, apresentando a Taunay uma redução do *Réquiem* do padre. "A carta em que Taunay narra as comoções que lhe deu a obra do padre, comove igualmente aos que a leem" (*A Semana*, 5 de julho de 1896). Taunay não compareceu ao banquete comemorativo dos vinte e dois anos de publicação das *Crisálidas*.* Desculpou-se por meio de carta, assinada com o pseudônimo de Silvio Dinarte. Machado respondeu em carta afetuosa. No ano seguinte, foi um dos fundadores da Academia Brasileira de Letras.* Por essa época, a saúde de Taunay declinava e ele dava a impressão de já estar conectado com o além. Nos jantares da *Revista Brasileira** a que comparecia, não comia nada, nem conversava com os amigos. Ficava ao piano, tocando músicas. Taunay faleceu em 1899. Machado compareceu ao enterro do amigo.

Tavares, Constantino do Amaral Esse baiano de Salvador (1828) foi o primeiro crítico a escrever sobre as *Crisálidas*,* mas não o primeiro a publicar o trabalho. O artigo, em forma de carta aberta a Quintino Bocaiuva,* saiu a 16 de novembro de 1864, na seção *Folhetim* do *Diário do Rio de Janeiro*,* estando datada de 27 de outubro. É uma crítica elogiosa, que nos dá um interessante retrato do jovem Machado e demonstra o espírito elevado desse oficial da marinha, que se dedicava à poesia, ao teatro e ao jornalismo. Em 1862, Machado, então censor do Conservatório Dramático Brasileiro,* examinou dois trabalhos de Tavares, uma peça original e uma tradução. A primeira, *Um casamento da época*, foi aprovada, mas com ásperas restrições, sendo a outra, uma tradução de *As leoas pobres*, de Émile Augier e E. Foussier, elogiada por Machado. Tavares faleceu em sua cidade natal, em 1889.

Tavares, Morais (João José de Morais Tavares) Natural do Rio de Janeiro (1823), funcionário da Marinha, efetuou diversas traduções do francês. Machado dedicou-lhe um exemplar de *Os deuses de casaca** (1866) com as seguintes palavras: "Ao Morais Tavares como prova de muita simpatia e afeição, Machado de Assis". Falecido em data ignorada.

Tavares, Paulo Secretário da *Revista Brasileira*,* na fase José Veríssimo,* participava das reuniões diárias na redação, costumando receber a todos com "aquela equanimidade e bom humor que fazem dele um excelente companheiro", conforme observa Machado em carta a José Veríssimo, datada de 1º de dezembro de 1897. Costumava servir aos presentes chá, preparado por ele mesmo, provável inspiração do chá da Academia Brasileira de Letras.*

Franklin Távora

Távora, Franklin (João F. da Silveira T.) Nascido em Baturité, CE, em 1842, formou-se em direito pela faculdade de Recife. Em 1874, mudou-se para o Rio de Janeiro, onde ingressou no funcionalismo público. Foi um dos idealizadores da Associação dos Homens de Letras,* em cuja solenidade de fundação Machado esteve presente. Távora defendia uma literatura do norte, em oposição à que se fazia no sul do país, e Machado de Assis, em carta a José Veríssimo, datada de 18 de fevereiro de 1902, lembra que "tive com ele discussões a tal respeito, frequentes e calorosas, sem chegarmos jamais a um acordo". Machado diz ainda que admirava os "dotes" do autor de *O Cabeleira*. Távora morreu no Rio de Janeiro, em 1888.

Tchan-Tiú-Lin Poeta chinês, de quem Machado imitou o poema "A folha do salgueiro",* baseado na tradução francesa de Judith Gautier,* que grafa o nome do autor como Tchan-Tiou-Lin (672-740). O poema figura na parte intitulada "Lira chinesa",* nas *Falenas*.* O sinólogo português Joaquim A. de Jesus Guerra afirma que o nome correto do poeta em português é Tyao Keuleq, enquanto Edgar Colby Knowlton Jr. defende a grafia Chang Chiu-Ling.

Tchê-Tsi Machado reescreveu em português um poema desse poeta chinês – intitulando-o "A uma mulher"* – baseado na versão francesa de Judith Gautier* (*À la plus belle femme*), em *Le Livre de Jade*. A tradução machadiana figura nas *Falenas*,* na parte intitulada "Lira chinesa".* Machado alterou o nome do poeta, grafado pela escritora francesa como Tché-Tsi. Os sinólogos desconhecem esse poeta, sendo que o poema a ele atribuído por Gautier pertence a Wang Chi e intitula-se "A joia".

Teatro Na juventude, influenciado por Victor Hugo,* Machado via no teatro "uma tribuna e uma escola", com duas grandes "missões", "a moral e a poética" (*O Futuro*,* 15 de setembro de 1862). Instrumento de reivindicação social e de educação, veículo de ideias e ideais progressistas, o teatro seria "o verdadeiro lugar de distração e de ensino, o verdadeiro meio de civilizar a sociedade e os povos" (*A comédia moderna*,* 31 de julho de 1856). Coerente com tais princípios, defendia a proteção oficial, através de subsídios, a exemplo da Comédie Française, que permitissem o surgimento de uma literatura dramática nacional, baseada em preceitos éticos e educativos, capaz de se opor à avalanche de espetáculos de baixo nível que imperavam na Corte, farsas antigas, com as "clássicas cabriolas" e a "atroadora pancadaria empregada quando o espírito falece em fastidiosos e insípidos diálogos" (*idem*). A propósito de subsídios, chegou até a polemizar com Macedo Soares.* O jovem idealista rebelava-se também contra a invasão de peças estrangeiras de qualidade artística duvidosa, que em nada contribuíam para o aprimoramento da cena brasileira ou a educação de seu povo. Hostilizava o medíocre, mas defendia com vigor a representação de trabalhos estrangeiros de mérito, que ajudassem a renovar e enriquecer a mentalidade de artistas e do público nacional. Nesse ponto, concentrava os grandes méritos de artistas que admirava, como Gabriela da Cunha* e Furtado Coelho,* responsáveis pela introdução do moderno teatro francês no Brasil. Se os ideais de um teatro educativo foram desaparecendo, à medida que a mocidade se despedia, nunca abriu mão de princípios éticos. Em diversas ocasiões, ainda na maturidade, quando pouco frequentava teatros, denunciou a ação de empresários, que impunham peças francesas medíocres, de apelo aos instintos humanos mais baixos e, ainda por cima, em péssimas traduções, em detrimento do autor nacional. Não exigia mais que o teatro fosse "uma tribuna e uma escola", mas não abria mão do aspecto ético e da qualidade artística.

Teatro Editado em 1863, pela tipografia do *Diário do Rio de Janeiro*,* 85 pp., o *Teatro*, volume 1, reúne duas peças em um ato: *O caminho da porta** e *O protocolo*.* No volume figuram ainda a *Carta a Quintino Bocaiuva*,* de Machado, e a *Carta ao autor*,* de Quintino

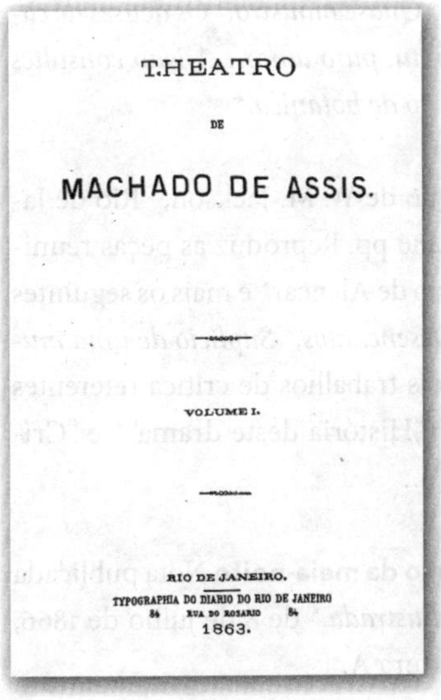
THEATRO

DE

MACHADO DE ASSIS.

VOLUME I.

RIO DE JANEIRO.
TYPOGRAPHIA DO DIARIO DO RIO DE JANEIRO
84 RUA DO ROSARIO 84
1863.

Folha de rosto da 1ª edição

Bocaiuva.* O livro foi vendido em regime de subscrição. Em 4 de abril, anunciava-se que estava no prelo, podendo ser assinado nas tipografias do *Diário* e de Paula Brito,* e na Livraria Garnier.* O preço de venda era de 1 mil réis. A repercussão foi escassa. Na imprensa da época, não localizamos nenhuma crítica ao *Teatro*.

Teatro Coligido e prefaciado por Mário de Alencar,* o volume de *Teatro* (H. Garnier,* Rio de Janeiro/Paris, 1910, 371 pp.) foi impresso nas oficinas parisienses do editor, figurando na "Coleção dos Autores Célebres da Literatura Brasileira". Além da *Advertência*, de Mário de Alencar, reproduz-se a *Carta a Quintino Bocaiuva*,* de Machado, e a *Carta ao autor*,* de Quintino Bocaiuva,* ambas incluídas na edição do *Teatro*,* de 1863. Apesar da pretensão de reunir a obra teatral completa de Machado, Alencar adverte a ausência de *Desencantos** e de *As bodas de Joaninha*,* "das quais não se achou exemplar". A primeira está, hoje, acessível aos interessados, reproduzida em diversas publicações. *As bodas* continuam desaparecidas e podem ser consideradas perdidas. *Teatro* reúne as seguintes peças: *O caminho da porta*,* *O protocolo*,* *Quase ministro*,* *Os deuses de casaca*,* *Tu só, tu, puro amor...*,* *Não consultes médico*,* *Lição de botânica*.*

Teatro Edição de W. M. Jackson,* Rio de Janeiro, 1937, 486 pp. Reproduz as peças reunidas por Mário de Alencar* e mais os seguintes trabalhos: *Desencantos*,* *Suplício de uma mulher** e os dois trabalhos de crítica referentes a essa peça ("História deste drama"* e "Crítica teatral"*).

Teatro/O anjo da meia-noite Nota publicada na *Semana Ilustrada*,* de 8 de julho de 1866, com a assinatura A.*

Teatro (O) Revista editada no Rio de Janeiro. No nº 16, de 5 de outubro de 1911, publicou o poema inédito "Velho tema".*

Teatro Ateneu Dramático Localizado na rua do Cotovelo, foi inaugurado em 1834, com o nome de Teatro da Praia de D. Manuel. Quatro anos depois, passou a se chamar Teatro São Januário, em homenagem à princesa D. Januária, filha de D. Pedro I. Nessa casa de espetáculos, no Carnaval de 1846, realizou-se o primeiro baile à fantasia da cidade. Machado observa que era um teatro "sem recursos, mal localizado, e por consequência fora do centro da atividade pública" ("Revista de Teatros", *O Espelho*, 18 de dezembro de 1859). Em 1862, mudou o nome para Ateneu Dramático, voltando no ano seguinte à denominação anterior. Na imprensa, anunciava-se ora como Ateneu, ora como São Januário. Ali foram encenadas duas peças de Machado, ambas em 1862, *O caminho da porta*,* estreia em 12 de setembro, e *O protocolo*,* em 4 de dezembro. O teatro foi demolido em 1868.

Teatro Casino Franco-Brésilien Inaugurado em 1872, na praça da Constituição (atual Tiradentes). No dia 17 de abril de 1873, estreou a peça *Cenas da vida do Rio de Janeiro*,* na qual Machado colaborou. Em 1880, mudou o nome para Teatro Santana e, em 1905, para Carlos Gomes, que perdura até hoje. Destruído por um incêndio, em 1929, reabriu três anos depois.

Teatro de Gonçalves de Magalhães (O) Crítica publicada na seção "Semana Literária",* do *Diário do Rio de Janeiro*,* de 27 de fevereiro de 1866. O título foi acrescentado na transcrição do artigo na *Revista da Academia Brasileira de Letras* (outubro de 1933) e em *Crítica teatral*.*

Teatro de Joaquim Manuel de Macedo (O) Com esse título o volume de *Crítica teatral** reuniu dois artigos de Machado, publicados na "Semana Literária"* do *Diário do Rio de Janeiro,** de 1º e 8 de maio de 1866.

Teatro de José de Alencar (O) Estudo crítico publicado na "Semana Literária",* do *Diário do Rio de Janeiro,** de 6, 13 e 27 de março de 1866. O título foi acrescentado na transcrição do artigo na *Revista da Academia Brasileira de Letras* (maio de 1934) e em *Crítica teatral.**

Teatro D. Pedro II, na rua da Guarda Velha, atual avenida 13 de Maio

Teatro D. Pedro ii Inaugurado em 19 de fevereiro de 1871, com um baile de máscaras. Estava localizado na rua da Guarda Velha (atual 13 de Maio), em trecho já desaparecido, na base do morro de Santo Antônio. Foi uma das casas de espetáculo de maior prestígio na cidade. No dia 10 de junho de 1880, foi ali representada a peça *Tu só, tu, puro amor...** Com a proclamação da República, o teatro passou a chamar-se Lírico.*

Teatro Ginásio Dramático Localizado no nº 37 da rua S. Francisco de Paulo, atual do Teatro, foi inaugurado em 1832, com o nome de Teatro de S. Francisco de Paulo. O prédio, projetado por Grandjean de Montigny, tinha uma plateia minúscula. A partir de 1855, quando passou a se chamar Ginásio Dramático, exerceu uma influência imensa na renovação da cena brasileira, apresentando o moderno teatro europeu, sobretudo francês, sem deixar de acolher o autor nacional. Machado dizia que o Ginásio tinha uma alta missão de aperfeiçoamento artístico e, em suas críticas teatrais, costumava chamá-lo o "querido Ginásio". Ali foram representadas seis peças por ele traduzidas (*As bodas de Joaninha,* Montjoye,* Suplício de uma mulher,* O anjo da meia-noite,* O barbeiro de Sevilha,* A família Benoiton**) e *O remorso vivo,** na qual colaborou.

Teatro Lírico Fluminense Inaugurado em 25 de março de 1852, no campo de Santana. Chamava-se então Teatro Provisório, pois devia durar apenas três anos. Acabou tornando-se definitivo. Era um prédio grande e desgracioso, pintado de rosa, mas com uma excelente acústica. Em maio de 1854, passou a chamar-se Lírico Fluminense. No dia 25 de outubro de 1864, foi encenado ali um "espetáculo em grande gala em festejo ao feliz consórcio de S.A. a Sereníssima Princesa Imperial" Isabel.* Na ocasião, foi apresentada uma cantata,* com letra de Machado e música do maestro Bezanzoni.* O Lírico encerrou as suas atividades em 1875, sendo o prédio pouco depois demolido.

Teatro Nacional (O) Artigo publicado na "Semana Literária",* do *Diário do Rio de Janeiro,** de 13 de fevereiro de 1866. O título foi acrescentado no volume de *Crítica teatral.**

Teatro Provisório Ver Teatro Lírico Fluminense.

Teatro São Januário Vide "Teatro Ateneu Dramático".

Teatro São Luís Ficava na rua do Teatro, nº 39, ao lado do Teatro Ginásio Dramático.*

T

Teatro São Pedro de Alcântara

Construído por Furtado Coelho,* foi inaugurado em 1º de janeiro de 1870, com o drama *A morgadinha de Valflor*, de Pinheiro Chagas.* Era uma casa confortável, com duas ordens de camarote, tribuna imperial, teto ornamentado com os nomes de grandes dramaturgos. Machado teve uma de suas traduções encenadas ali, *Como elas são todas*,* de Alfred de Musset,* em 1873. *Os demandistas*,* de Racine,* que seria representado em 1876, foi cancelada, depois de um episódio lamentável.

Teatro São Pedro de Alcântara Construído por ordem de D. João VI, o Teatro Real de São João foi inaugurado a 12 de outubro de 1813, no Rocio (atual praça Tiradentes), no local onde hoje funciona o Teatro João Caetano. Destruído por um incêndio, foi reaberto em 1826 com o nome de Imperial Teatro de São Pedro de Alcântara. Em 1831, após a abdicação de D. Pedro I, a casa foi fechada. Reabriu com o nome de Constitucional Fluminense. Devido aos constantes tumultos na plateia, de origem política, foi mais uma vez fechado, sendo reaberto em 1839, com o velho nome de São Pedro de Alcântara. D. Pedro II era assíduo ao teatro, grande e de boa arquitetura, lembrando o Teatro São Carlos de Lisboa. Machado, que o considerava "o grande teatro nacional, por cujo engrandecimento faço eu votos" (*O Espelho*, 18 de setembro de 1859), teve ali representada, em 1859, a ópera *Pipelet*,* traduzida para a Imperial Academia de Música e Ópera Nacional.* Mais tarde, censurando o predomínio de peças de gosto ultrapassado, ali representadas, adverte que o velho teatro se expunha "à classificação pouco decente de hospital de Inválidos" (*O Espelho*, 12 de novembro de 1859).

Teatrólogo Desde o início de sua carreira literária, Machado demonstrou um interesse apaixonado pelo teatro, atuando como dramaturgo, tradutor, crítico teatral e censor do Conservatório Dramático Brasileiro.* Aos dezoito anos, escreveu a sua primeira peça, *A ópera das janelas*.* Durante oito anos, até 1865, manteve intensa atividade como autor dramático, produzindo, entre originais e adaptações, pelo menos mais dez peças. *Pipelet*,* *Hoje avental, amanhã luva*,* *As bodas de Joaninha** e *Gabriela** foram provavelmente imitadas e/ou adaptadas do italiano (a primeira citada) e do francês (as demais). Trabalhos originais foram *Desencantos*,* *O caminho da porta*,* *O protocolo*,* *Quase ministro*,* *As forcas caudinas*,* *Os* *deuses de casaca,** leves, espirituosas, fugindo ao gosto dominante no teatro brasileiro da época. Quatro dessas peças subiram à cena. *Quase ministro* e *Os deuses de casaca* foram escritas para amadores e encenadas por eles. *O caminho da porta* e *O protocolo* subiram à cena em teatro profissional, com boa receptividade junto à crítica. Reunidas no volume *Teatro** (1863), foram prefaciadas por Quintino Bocaiuva,* que opinava serem peças mais adequadas a uma leitura de gabinete do que à encenação. Machado parece ter endossado essa opinião, diminuindo a partir daí, sensivelmente, a sua atividade como autor dramático. Para o fato, talvez haja outra explicação mais lógica. A partir de 1865, Machado renunciou à produção de trabalhos originais para se dedicar a traduções, provavelmente por razões econômicas. Obras originais pouco rendiam, enquanto as traduções garantiam a remuneração combinada com o empresário. Não é de se estranhar, pois, que a fase de 1864 a 1868 representa o auge de sua atividade como tradutor teatral, totalizando sete peças: *Montjoye,** *Suplício de uma mulher,** *O barbeiro de Sevilha,** *O anjo da meia-noite,** *A família Benoiton,** *Forca por forca,** *Como elas são todas.** Nessa fase, colaborou ainda em *O remorso vivo.** Voltaria à atividade de coautor em 1873, nas *Cenas da vida do Rio de Janeiro.** A essa altura, já se dedicava sobretudo à ficção, em particular ao conto. Assim, a tradução de *Os demandistas,** de Racine,* foi apenas esporádica. A produção de peças originais seria retomada na década de 1880, mas apenas para atender a pedidos: *Tu só, tu, puro amor...** escrita para as festividades do tricentenário camoniano, e *Não consultes médico** para um grupo amador. A exceção foi a breve *Lição de botânica,** último trabalho teatral de Machado. Escreveu ainda várias peças para encenação doméstica, de que se tem apenas notícia, como *Beijinhos em vovó,** e comédias, algumas em francês, para serem encenadas em salões particulares, como o da marquesa de Abrantes.* Durante muito tempo, a crítica ignorou (ou menosprezou) as peças machadianas, influenciada talvez pela opinião de Quintino Bocaiuva. Nos últimos anos do século XX, iniciou-se um movimento de reavaliação e revalorização da obra teatral de Machado.

Teixeira, Múcio (M. Scevola Lopes T.) Uma das figuras humanas mais curiosas da literatura brasileira do século XIX, nasceu em Porto Alegre, em 1857. Deixou uma obra extensa, formada por volumes de poesia, peças teatrais, traduções, biografias, crítica. Iniciado em ciências ocultas, adotou o nome cabalístico de barão Ergonte. Estreou em 1873, com o livro de poemas *Vozes trêmulas*. No ensaio crítico "A nova geração"* (1879), Machado fez restrições à poesia de Teixeira, que buscaria "efeitos em certos meios puramente mecânicos", utilizando um vocabulário "de palavras grandes destinadas a preencher o vácuo das ideias justas". Alguns elogios espalhados no texto tornam as restrições ainda mais azedas. Múcio não perdoou o crítico, esperando a ocasião oportuna para o revide. Em 1899, na *Cidade do Rio*, elogiou as recém-lançadas *Páginas recolhidas** e o seu autor, cujo nome "está burilado nos mármores onde não penetram as setas ervadas da inveja". Dois anos depois, Machado lançava as suas *Poesias completas.** Numa série de cinco artigos, publicados no *Jornal do Brasil,** Teixeira arrasou-o como poeta, não deixando pedra sobre pedra. Justificou-se dizendo que Machado tinha se tornado antipático à mocidade brasileira por ter abandonado os seus compatriotas "para fazer parte da camarilha lusitana do conselheiro José Feliciano de Castilho,* que aqui vivia a hostilizar o nosso brasileirismo". Mais tarde, alegava outras razões para a sua antipatia. Segundo Agripino Grieco, o escritor gaúcho costumava dizer do criador de *Dom Casmurro*:* "Não sei como transformar em modelo um cidadão capaz de renegar a madrasta, que fora verdadeiramente mãe para ele. Este homem entrará na lista dos ingratos célebres". Múcio Teixeira faleceu no Rio de Janeiro, em 1926.

Teles e o Tobias (O) Conto publicado na *Semana Ilustrada*,* com o subtítulo de "Quadro de costumes políticos". Saiu nos números de 6, 13, 20, 27 de agosto; 3, 10, 17 de setembro; 8, 15, 29 de outubro e 5 de novembro de 1865. O primeiro capítulo foi publicado sem assinatura, o segundo firmado com a inicial M., do III ao X sem assinatura e o XI com o criptônimo **.* Incluído nos *Contos e crônicas*.*

Televisão O primeiro trabalho de Machado apresentado na televisão foi a adaptação teatral do conto "Missa do galo",* encenado no Grande Teatro da TV Tupi, em 25 de junho de 1957. Um mês depois, o mesmo programa oferecia uma versão do conto "Ernesto de Tal",* encenado em 29 de julho de 1957. Ainda o Grande Teatro, nas comemorações do cinquentenário de morte de Machado, em outubro de 1958, apresentou *Iaiá Garcia*,* adaptada por Manoel Carlos. Dois romances de Machado foram adaptados para a televisão, em forma de novela. *Iaiá Garcia*, apresentada pela TV Educativa, em 1982, sob direção de Rubens Ewald Filho, teve uma nova versão efetuada pela TV Globo, em 1989, sob direção de Geraldo Vietri. Já *Helena** teve três versões para a tevê, a de 1959, da TV Tupi, adaptada por Antonio Bulhões, com direção de Carla Civelli; a de 1975, da TV Globo, escrita por Gilberto Braga e dirigida por Herval Rossano, e a adaptação de Mário Prata para a rede Manchete, em 1987, com direção de Luís Fernando Carvalho. "O alienista"* – em adaptação de Pedro Cardoso e Naum Alves de Sousa e direção de Guel Arraes – foi apresentado pela TV Globo em um único episódio, em julho de 1993. "Trio em lá menor"* foi adaptado como minissérie pela TV Globo, em 1999, com direção de Luciano Sabino. Destaque à parte merece o documentário *O Rio de Machado de Assis* (1997), dirigido por Norma Bengell, uma homenagem à vida e à obra de Machado e à cidade na qual o escritor nasceu, viveu e morreu. O documentário foi apresentado como minissérie, dividido em três capítulos, em setembro de 1997 pelo canal GNT. Em 8 de julho de 2007, a TV Cultura apresentou *O espelho*, adaptado e dirigido por Pedro Pires.

- *A cartomante* (1974), *Caso Especial* apresentado pela TV Globo e dirigido por Domingos de Oliveira.
- *As aventuras de um Barnabé* (2001), série da TV Globo baseada na peça *Quase ministro* e dirigida por Roberto Farias.
- *Os óculos de Pedro Antão* (2008), baseado no conto homônimo e com direção de Adolfo Rosenthal (TV Record).
- *Capitu* (2008), adaptação de *Dom Casmurro*.* Microssérie escrita por Euclides Marinho e dirigida por Luiz Fernando Carvalho (TV Globo).
- *Uns braços* (2009), baseado no conto homônimo com direção de Adolfo Rosenthal.
- *Unidos do Livramento* (2009-2010), minissérie baseada em quatro contos de Machado e apresentada pela TV Cultura, com roteiro de Renata Pallottini e direção de Maucir Campanholi.
- *Cinco vezes Machado* (2010), minissérie exibida no Canal Brasil.

- Adaptação de cinco contos ("Entre santos",* "Uns braços",* "Teoria do medalhão",* "O caso da vara",* "A visita de Alcebíades"*), cada um com 26 minutos de duração. Direção de Jom Tob Azulay.
- *Machado do Brasil* (2010), dirigido por Adolfo Rosenthal.

Temperamento A ideia de um Machado carrancudo e tristonho não tem o menor fundamento. Carioca típico, alegre, risonho, sempre bem-humorado, sociável, assíduo frequentador, na mocidade, de saraus literários, musicais e dançantes ("É festinha de minha paixão", afirma na *Imprensa Acadêmica,** 17 de julho de 1864), cultivava também a irreverência e a malícia, mas sempre com cuidado de não magoar ninguém. Ou, raras vezes, com o claro objetivo de magoar. Sabia, então, ser ferino, sem perder a graça. Como na frase sarcástica a respeito de Sílvio Romero,* lembrado por Capistrano de Abreu* para integrar o grupo de intelectuais que iam estudar alemão com Carlos Jansen.* Machado soltou o veneno: "Infelizmente, o Sílvio não pode mais aprender porque espalhou que já sabe". Artur Barreiros, que traçou um retrato escrito de Machado, em 1884, afirma que no meio dos amigos "ele é simplesmente um vivo e alegre camarada, que se faz rapaz com os rapazes, que não dá o louvor a juros ou com a intenção de agremiar caudatários, mas que nos adverte e estimula nobremente, para nos ver triunfar em toda a linha, nobremente e sem ódios". Oliveira Lima,* que o conheceu em 1895, nas reuniões da Livraria Laemmert,* lembra "as suas observações sempre delicadamente maliciosas", expressas com humorismo e, por vezes, com uma mímica cômica. Há vários testemunhos de contemporâneos confirmando o homem sempre risonho, um tanto tímido, enfrentando as situações cotidianas com humor. Quando encontrou uma mosca na sopa, num restaurante, chamou o garçom e lhe disse: "Gosto muito de sopa e gosto muito de mosca, mas... separados". Inimigo declarado da pornografia e das piadas obscenas, sem condenar o gosto alheio, retirava-se discretamente quando o ambiente se apimentava, como se não quisesse atrapalhar. Era o que acontecia sempre que Araripe Júnior,* amigo de piadas e histórias salgadas, começava a se exceder. Com a morte de Carolina,* o homem Machado de Assis mudou radicalmente. Tornou-se sombrio, não ria nem brincava mais. "O mestre que dantes falava de tudo, e de tudo sorria, não falava senão da morte, e não sorria mais...", contou Artur Azevedo.* E foi essa imagem que a posteridade conservou, por conta do depoimento de testemunhas de seus últimos anos, que não conheceram o homem em plena luz, mas somente quando estava prestes a se apagar, "lamparina de madrugada".

Tempo (O) Jornal carioca, circulou de 1891 a 1894. No número de 25 de janeiro de 1892, José Anastácio* publicou uma crítica simpática ao *Quincas Borba,** recém-lançado. Dois anos depois, durante o governo Floriano Peixoto, o diário era dirigido por Frederico Borges, florianista exaltado. Em abril de 1894, publicou na seção de apedidos os furibundos ataques de Diocleciano Mártir* contra Machado, desencadeando imediata reação.

Tempo de crise Conto publicado no *Jornal das Famílias,** de abril de 1873, com o pseudônimo de Lara.* Incluído nos *Contos avulsos.**

Teoria do medalhão Conto incluído em *Papéis avulsos.** Publicado pela primeira vez na *Gazeta de Notícias,** de 18 de dezembro de 1881, com a assinatura Machado de Assis.* Araripe Júnior opinava que, nele, Machado havia sintetizado "um dos mais característicos fatores de nossa decadência" como nação.

Terceiro Centenário de Camões Suplemento lançado pelo editor Lombaerts & Cia.,* dentro das homenagens ao terceiro centenário da morte de Camões,* com o seguinte subtítulo: "Comemoração brasileira. Rio, 10 de junho de 1880". Machado colaborou com o soneto *Camões** (um dos quatro que escreveu com este título), que começa pelo verso: "Tu quem és? Sou o século que passa". Ao todo, o volume reúne 56 colaboradores, tendo uma impressão primorosa, em Elzevir, em formato grande, papel de luxo, com uma xilogravura.

Terceiro Centenário de Luís de Camões Edição especial do *Jornal do Commercio*,* de 10 de junho de 1880, reunindo obras diversas em prosa e verso. Machado colaborou com um dos quatro sonetos intitulados *Camões*,* escritos para a ocasião, aquele que começa pelo verso "Quando torcendo a chave misteriosa".

Termômetro parlamentar Artigo publicado em *A Marmota*,* de 29 de maio de 1860, com a assinatura M.A.* Galante de Sousa não acredita que seja obra original, mas tradução comentada de um trabalho publicado no jornal belga *L'Observateur*. Incluído em *Dispersos*.*

Terpsícore Conto publicado na *Gazeta de Notícias*,* de 25 de março de 1886. O texto ficou ignorado durante mais de cem anos, sem que ninguém localizasse um exemplar do jornal daquela data. Redescoberto, foi transcrito em *O Globo*, de 2 de junho de 1991, e lançado em volume pela Boitempo Editorial (São Paulo, 1996, 47 pp.)

MINISTERIO DA AGRICULTURA

TERRAS

COMPILAÇÃO PARA ESTUDO

RIO DE JANEIRO
IMPRENSA NACIONAL
1886

Folha de rosto da 1ª edição

Terras Folheto redigido por Machado, cuja origem encontra-se na preocupação do ministro da Agricultura, Comércio e Obras Públicas,* Antonio da Silva Prado,* de incentivar a imigração europeia, como substituta gradual do elemento servil. Nesse sentido, era preciso criar uma infraestrutura adequada, esclarecendo antes de tudo a questão das terras devolutas. Para tanto, Prado incumbiu Machado de redigir um relatório preliminar, base para um estudo mais profundo. Dividido em treze capítulos, com 43 páginas, *Terras*, subtitulado "Compilação para Estudo", foi impresso na Imprensa Nacional,* Rio de Janeiro, 1886. No verso da capa consta: "Feito por ordem/ do Ilustríssimo e Excelentíssimo Senhor/ Conselheiro Antonio da Silva Prado/ Ministro da Agricultura, Comércio e Obras Públicas/ por M. de A.*/ Chefe de Seção".

Testamento No final do século, Machado começou a se preocupar com o problema da morte e a posterior subsistência de Carolina.* Na época, o direito de herança, ainda regulamentado pelas *Ordenações do Reino* (Livro 4, tit. 96 pr. E tit. 94), determinava que, na falta de descendentes e ascendentes, os bens deixados pelo falecido caberiam aos seus colaterais. Ou seja, a esposa não era a sucessora legal do marido. Para evitar a aplicação desse dispositivo, Machado executou a 30 de julho de 1898 o seu primeiro testamento, instituindo Carolina* sua única e universal herdeira. O documento foi aprovado e rubricado pelo tabelião Pedro Evangelista de Castro, que o assinou junto com as testemunhas: Heitor de Basto Cordeiro,* Luiz Carlos Coppet, Rodrigo Pereira Felício,* José Ribeiro de Queiroz e Adrião Acácio Pereira de Figueiredo. Um dado curioso: o notário escreveu "Doutor Joaquim Maria Machado de Assis". O escritor protestou, tendo sido feita a devida ressalva. Houve um segundo testamento, datado de 12 de outubro de 1905, o qual anulava o anterior, sem valor após a morte de Carolina, e no qual fazia partilha amigável de seus bens com a cunhada Adelaide Xavier de Novaes* e os sobrinhos Sara Braga da Costa,* Arnaldo Artur Ferreira Braga e Ariosto Arcádio de Novaes Braga. Esse testamento foi corrigido em alguns pontos, em 31 de maio de 1906. O texto encontra-se reproduzido no catálogo da *Exposição Machado de Assis* (1939). O testamento definitivo foi aprovado e encerrado pelo tabelião Evaristo Vale de Barros,* em 31 de maio de 1906, tendo como testemunhas Zeferino Gonçalves Mendes, Mário Cochrane de Alencar,* Vitor Manuel de Almeida, João Teixeira Bastos e Leonardo Ferreira Pinheiro. Como testamenteiros, foram indicados, em primeiro lugar, o "meu compadre Major Bonifácio Gomes da Costa,* em segundo lugar o meu amigo Dr. Heitor Basto Cordeiro, e em terceiro lugar o meu amigo Julien Lansac,* gerente da casa Garnier". Instituía como "herdeira única a menina Laura" (Leitão de Carvalho).* A princípio, Machado guardou-o em casa. No dia 21 de julho de 1908, resolveu depositá-lo no London and Brazilian Bank Limited,* por considerar o local mais seguro. Os bens consistiam em doze apólices da divida pública, no valor de 1 conto de réis cada uma; de quantia não especificada, em conta corrente no London Bank; 4:876$328 em depósito em caderneta na Caixa Econômica,* e mais móveis, livros, objetos de uso pessoal. O testamento encontra-se reproduzido na íntegra na *Revista da Sociedade dos Amigos de Machado de Assis*, nº 3, de 29 de setembro de 1959.

Teu canto Poema publicado na *Marmota Fluminense*,* de 15 de julho de 1855, com a assinatura J. M. M. d'Assis.* *Poesia e prosa*.*

Thayde, visconde de Vide "Miranda, Fernando Antonio Pinto de".

Thiboust, Lambert Nascido em Paris (1827-1867), iniciou a vida como ator, para logo se dedicar à autoria de dramas e comédias. Deixou 106 peças, a maioria composta aos caprichos do dia. Múcio da Paixão diz que Machado traduziu o drama *As mulheres de mármore*,* que Lambert escreveu em parceria com Théodore Barrière,* mas a atribuição carece de fundamento. Machado atesta a sua popularidade no Brasil ao aludir aos "fanfarrões da comédia de Thiboust", na crônica "As gralhas sociais",* referindo-se à peça *Janto com minha mãe* (*Je dîne chez ma mère*, 1857), escrita em colaboração com Adrien Decourcelle.

Thu-Fu Considerado o maior poeta chinês do século VIII, figura entre os monstros sagrados da literatura chinesa. Funcionário modesto, viveu sempre na pobreza, tendo viajado por toda a China. Machado imitou dois de seus poemas incluídos por Judith Gautier* em *Le Livre de Jade*: "O imperador",* atribuída ao poeta, mas

T

que não lhe pertence, e "Reflexos".* As versões machadianas figuram nas *Falenas*,* na parte intitulada "Lira chinesa".* Machado aportuguesou a romanização francesa de Gautier, que grafa o nome do poeta como Thou-Fou.

Timidez Os contemporâneos falam da timidez de Machado, mas ao longo de sua vida ela nunca o impediu de alcançar os seus objetivos. Confundindo-se com o respeito pelo semelhante, ela dava certo encanto ao relacionamento com o rapaz risonho, bem-humorado, sempre disposto a uma frase de espírito ou a um chocho trocadilho.* Em alguns momentos da maturidade, a timidez machadiana se assemelhava a uma carapaça, utilizada para resguardar a sua intimidade. Não gostava de se abrir, e a timidez era mero pretexto. Ajudava, também, a conter os excessos, a frear as reações violentas. Ao agradecer a Magalhães de Azeredo a defesa espontânea contra o livro de Sílvio Romero, enfatiza: "A própria timidez, ou o quer que seja, me terá feito limitar ou dissimular a expressão verdadeira do meu sentir" (carta de 10 de maio de 1898). Timidez e dissimulação. Aluísio Azevedo,* em carta a Oliveira Lima,* datada de 15 de outubro de 1909, percebeu essa relação ao referir-se àquela "exagerada timidez, em flagrante desacordo com a consciência que ele tinha do seu valor intelectual e do apreço que a este lhe davam os homens de espírito: daí aquele oculto orgulho traduzido por uma espessa reserva que ele disfarçava ainda com maneiras muito corteses e friamente risonhas; daí aquele ar de desconfiança e de vaga prevenção contra o que quer que fosse, que ninguém sabia o que era, mas que o tornava impenetrável aos olhos de todos". No entanto, como todo tímido, tinha por vezes impulsos incontroláveis, verdadeiros assomos. Foi o que se deu durante os ensaios para representação doméstica da peça *Beijinhos em vovó*.* Descontente com o desempenho de uma das meninas, deu-lhe um beliscão, fazendo a pequena atriz abrir o berreiro. Nem sempre a situação permitia reações à altura. No trato com os superiores hierárquicos, a timidez gerava situações a um dedo do grotesco, como ocorria em seu relacionamento com Francisco Glicério.* Com sadismo, o ministro deixava o escritor aguardando por longos momentos à porta de seu gabinete. Machado esfregava os pés no chão, para denunciar a sua presença, e Glicério se deliciava com aquela pequena comédia, sem consciência da descortesia que praticava. Apesar da timidez social, Machado nunca demonstrou "nenhum sinal de timidez sexual" (Peregrino Júnior). Não hesitou diante da mulher amada, do casamento e, durante uma fase crítica da vida, em manter um relacionamento extraconjugal. Talvez que, no amor, se desforrasse das inibições sociais.

Tin-Tun-Sing Mandarim e poeta chinês do século XIX, viveu exilado em Paris, onde lecionou o seu idioma natal a Judith Gautier,* que grafa o seu nome como Tin-Tun-Ling. Um de seus poemas, "As flores e os pinheiros",* foi traduzido para o francês por Judith, que o incluiu em *Le Livre de Jade*. A imitação de Machado, baseada no texto francês, figura na "Lira chinesa",* uma das quatro partes das *Falenas*.*

Tipo físico Machado era magro e de estatura mediana. Pele morena, nariz curto e grosso, lábios salientes, denunciando a ascendência africana. Cabelos negros e crespos, barba cerrada e pouco espessa. O rosto era magro, a testa alta, os olhos escuros. Por trás do pincenê, o olhar era vivo. Falava baixo e de maneira pausada. Sua fisionomia repousada, "antes melancólica do que alegre", irradiava "uma grande doçura, temperada de uma leve malícia", segundo Olavo Bilac* e Manoel Bonfim. Bilac lembra ainda a singularidade do sorriso machadiano "meio feito de bondade, meio feito de ironia". Raul de Azevedo* ressalta o seu olhar suave, a aparência meiga, "todo ele uma enorme simplicidade".

Tipografia Cinco de Março Fundada em 1872, na rua da Ajuda, 59. No ano seguinte, já estabelecida na rua do Lavradio, 96, editou *Higiene para uso dos mestres-escolas*, do Dr. Gallard,* em tradução de Machado.

Tipografia Nacional Uma tradição, que já circulava em vida de Machado (artigo de Artur Barreiros,* em *Pena & Lápis*,* 10 de junho de 1880), afirma que ele trabalhou na Tipografia Nacional, como aprendiz de tipógrafo.* Alfredo Pujol* chega a afirmar que ele ganhava um cruzado por dia. Teria sido lá que conheceu Manuel Antônio de Almeida,* administrador do órgão, após queixa de um colega de que o jovem aprendiz descurava do serviço para ler. Capistrano de Abreu* garante que Machado trabalhou lá entre 1856 e 1858. Os dados conferem, pois o romancista das *Memórias de um sargento de milícias* foi nomeado para o cargo em novembro de 1857. Em 1858, Machado já era revisor,* ingressando no *Correio Mercantil*,* após uma passagem pela tipografia de Paula Brito.* Anos mais tarde, dois de seus livros foram impressos na Tipografia Nacional, as *Memórias póstumas de Brás Cubas*, em 1881, e o relatório *Terras*,* em 1886, quando a instituição passara a se chamar Imprensa Nacional.

Tipografia Perseverança Iniciou as suas atividades em 1863, na rua do Hospício, 99. Em 1866 imprimiu a tradução machadiana de *Os trabalhadores do mar*,* de Victor Hugo.* Achava-se, então, instalada no nº 91 da mesma rua.

Tipógrafo Vários biógrafos admitem que Machado tenha trabalhado na Tipografia Nacional.* Outros negam a tradição, que consideram pura lenda. Nesse caso estão Gondin da Fonseca e Jean-Michel Massa. Inexistem provas documentais, o que não prova ou deixa de provar nada, já que um incêndio ocorrido na Tipografia destruiu parte de seus arquivos. No entanto, Machado nunca desmentiu o fato, veiculado por *A Estação*, no número de 30 de junho de 1880. Se ele trabalhou de fato na instituição, deve ter se demitido no final de 1857 ou começo do ano seguinte. Por essa época, tornou-se revisor na tipografia de Paula Brito* e, nessa mesma função, ingressou no *Correio Mercantil*,* em 1858, provavelmente no segundo semestre.

Tipos e quadros Livro de sonetos de Luis Leopoldo Fernandes Pinheiro Júnior,* publicado no Rio de Janeiro, em 1886, pela Tipografia União, 118 pp. Em "Ao leitor" encontra-se uma carta de Machado dirigida ao poeta, apreciando-lhe os versos.

Tiradentes Quando D. Pedro II* inaugurou a estátua de seu pai, no Rocio, houve protestos de intelectuais, desejosos que a homenagem fosse prestada a José Bonifácio* ou ao Tiradentes.* Não era um gesto gratuito, mas uma afirmação de consciência nacional. Os jovens de 1860 queriam se identificar com heróis brasileiros, dos quais o mártir mineiro era o símbolo maior. Machado (ver verbete "Estátua equestre") foi um dos primeiros a exaltar a figura do Tiradentes, como herói e mártir da nacionalidade, endossando as ideias desenvolvidas por Charles Ribeyrolles,* em *Brasil pitoresco*,* livro do qual foi um dos tradutores. Era uma tese ousada para a época, quando muitos ainda viam no Tiradentes um "réu infame" (expressão usada por Joaquim Norberto*) e um traidor. Em crônica publicada no *Diário do Rio de Janeiro,** de 25 de abril de 1865, Machado considerava que "os povos devem ter os seus santos" e que "também o Brasil os tem e os venera". Reclama então contra a falta de comemoração do dia 21 de abril e, referindo-se à condenação dos inconfidentes, observa: "A justiça real podia lavrar essa sentença digna dos tempos sombrios de Tibério; a justiça nacional, o povo de 7 de setembro, devia resgatar a memória dos mártires e colocá-los no panteon dos heróis". Afinal, "o crime do Tiradentes foi simplesmente o crime de D. Pedro I e José Bonifácio. Ele apenas queria apressar o relógio do tempo". Três anos depois, em carta a José de Alencar,* a respeito da peça *Gonzaga*, de Castro Alves,* observa que "a tentativa abortada de uma revolução, que tinha por fim consagrar a nossa independência, merece do Brasil de hoje aquela veneração que as raças livres devem aos seus Espartacos. O insucesso fê-los criminosos; a vitória tê-los-ia feito Washingtons" (*Diário do Rio de Janeiro,** 1º de março de 1868). A admiração por Tiradentes manteve-se por toda a vida. Já proclamada a República, por ocasião das comemorações do 21 de abril, o cronista lembra que a figura do alferes "é das que devem ser comemoradas por todos os filhos deste país, se há nele patriotismo, ou se esse patriotismo é outra coisa mais que um simples motivo de palavras grossas e rotundas". Defende o "instinto popular" que fez do alferes Joaquim José da Silva Xavier o principal inconfidente "e colocou os seus parceiros a meia ração de glória". Estes merecem a estima dos brasileiros, mas foi o Tiradentes (e a partir daqui traça um verdadeiro retrato do herói, segundo a sua concepção) "que se ofereceu a carregar com os pecados de Israel, o que chorou de alegria quando viu comutada a pena de morte dos seus companheiros, pena que só ia ser executada nele, o enforcado, o esquartejado, o decapitado, esse tem de receber o prêmio na proporção do martírio, e ganhar por todos, visto que pagou por todos" (*A Semana*, 24 de abril de 1892).

To be or not to be Conto publicado no *Jornal das Famílias,** de fevereiro e março de 1876, com a assinatura Machado de Assis.* Publicado no segundo volume dos *Contos fluminenses.**

To be or not to be Poema que figura nas *Ocidentais,** tradução de Shakespeare.* Primeira publicação no *Arquivo Contemporâneo,** de 22 de fevereiro de 1873, com a assinatura M. de Assis* e o título *Monólogo de Hamlet*.

Torres, Alberto (A. de Seixas Martins T.) Jornalista, político e pensador fluminense (Porto das Caixas, RJ, 1865), foi uma das influências marcantes no pensamento da direita brasileira, em particular entre os modernistas. Torres tinha uma grande admiração por Machado, a quem elogiou em *A organização nacional* (1914): "Na realidade, ele era uma finíssima natureza de diplomata e possuía a mais lúcida visão das coisas públicas". Faleceu no Rio de Janeiro, em 1917.

Torres, José Joaquim Fernandes Professor de direito e político, natural de Minas Gerais (1797-1869), deputado em três legislaturas, senador, presidente de província, duas vezes ministro de Estado. Em março de 1867, quando ministro do Império e chanceler da Ordem da Rosa,* conferiu a Machado a condecoração, no grau de cavaleiro.

Trabalhadores do mar (Os) Tradução do romance de Victor Hugo,* *Les Travailleurs de la Mer*, lançado na França em 1866. O *Diário do Rio de Janeiro** adquiriu junto ao editor Lacroix os direitos de tradução, promovendo a obra em notas sucessivas. O próprio Machado, em sua crônica da "Semana Literária",* de 20 de fevereiro, dizia que "não podemos deixar de nos congratularmos com os leitores do *Diário do Rio* pela próxima publicação do novo romance de Victor Hugo, *Les Travailleurs de la Mer*, nas colunas desta folha". A tradução saiu em 58 folhetins, não assinados, de 15 de março a 29 de julho de 1866. Em nota assinada, a 15 de março, no mesmo jornal, Machado informa ser o autor da tradução. O lançamento em livro foi imediato. Os volumes foram editados à medida que o romance ia sendo publicado no *Diário*, impressos na tipografia Perseverança.* O primeiro volume saiu no final de abril, o segundo no fim de julho e o terceiro no início de agosto. A tradução começou a ser publicada, praticamente, ao mesmo tempo que o livro era lançado na França. No dia 12 de março, os primeiros volumes chegavam às livrarias parisienses. Apenas três dias depois, o jornal carioca iniciava a publicação em folhetins. O editor Lacroix enviara um exemplar ao *Diário*, antes da conclusão da tiragem comercial. A travessia marítima levava, então, um mês. O volume deve ter saído da França entre 20 de janeiro e 10 de março, chegando ao porto do Rio no mais tardar em 13 de março. No mesmo ano, a Tipografia do Rio-Grandense, de Porto Alegre, lançava a segunda edição, clandestina, da obra, também em três tomos.

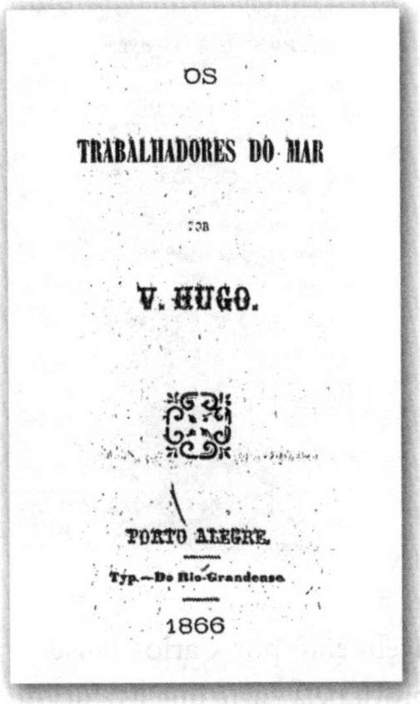
OS
TRABALHADORES DO MAR
POR
V. HUGO.
PORTO ALEGRE.
Typ.—Do Rio-Grandense.
1866

Folha de rosto da 1ª edição

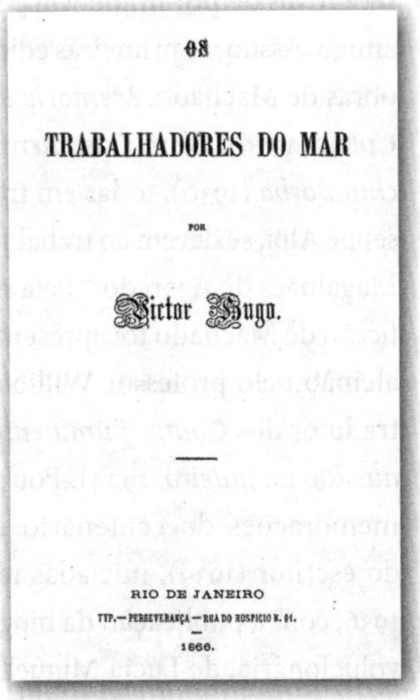
OS
TRABALHADORES DO MAR
POR
Victor Hugo.
RIO DE JANEIRO
TYP.—PERSEVERANÇA—RUA DO HOSPICIO N. 91.
1866.

Folha de rosto da 1ª edição

Traduções de obras de Machado A primeira obra original de Machado, *Desencantos*,* foi também a primeira a ser traduzida. A tradução para o francês, apenas parcial – a cena VII do segundo ato –, realizada por Adolphe Hubert,* saiu no mesmo ano (1861) da edição em livro da peça, no jornal carioca *Courrier Du Brésil*.* Parecia um sinal de muitas traduções em vida. Ficou na aparência. Na maturidade, houve várias tentativas de se traduzirem os romances de Machado e publicá-los na Europa. Todas goradas. Em 1882, as *Memórias póstumas** estavam sendo traduzidas para o

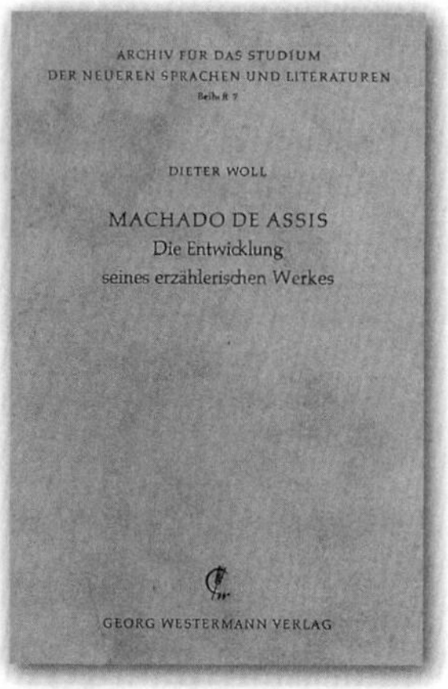

Machado de Assis, de Dieter Woll, publicado em 1972, primeiro estudo de longo fôlego, em alemão, sobre o escritor brasileiro

alemão, provavelmente por Carlos Jansen,* como se comprova pela carta que Miguel de Novaes* dirigiu a Machado (2 de novembro de 1882), dando-lhe os parabéns. Ignoramos se a tradução foi concluída, mas com certeza não foi publicada. Ainda para o alemão, houve um pedido de tradução, solicitado por Carl Busch Von Besa* e concedido por Machado, que também fracassou. Em 1899, Alexandrina Highland* oferecia ao escritor, pela terceira vez, a possibilidade de apresentar a sua obra em alemão. Dessa vez, a tradutora desistiu, diante da má vontade de H. Garnier,* detentor dos direitos da obra machadiana. A mesma indiferença do editor parece ter desestimulado Phileas Lebesgue,* no início do século XX. A essa altura, pelo menos a poesia de Machado começava a ser apresentada no exterior. Em 1892, Wilhelm Storck incluiu a tradução do poema "Quando ela fala"* na antologia *Aus Portugal und Brasilien*, uma apresentação da poesia de língua portuguesa de 1250 a 1890. Assim, o público alemão foi o primeiro a ler Machado, fora do domínio da língua portuguesa. Em vida, outros poemas machadianos foram traduzidos, sem que ultrapassassem a fronteira do país. Em 1904, Hippolyte Pujol, educador francês, residente no Brasil, incluiu tradução do "Círculo vicioso"* (*Cercle Vicieux*) em sua antologia *Loisirs* (*Vers et Versions*), editada em São Paulo, ficando, pois, o trabalho restrito ao ambiente brasileiro. A barreira foi vencida com a tradução de dois romances, ambos publicados na América do Sul. Não era, por certo, o que o escritor idealizara. Mas consolava. A primeira, das *Memórias póstumas de Brás Cubas*,* saiu no Uruguai, em folhetim no jornal *La Razón*,* e logo em seguida em livro (1902), traduzida por Julio Piquet.* Três anos depois, *La Nación*,* de Buenos Aires, apresentava ao público argentino o romance *Esaú e Jacó*,* em dois volumes, distribuídos aos assinantes do jornal. Logo após a morte de Machado, três obras suas apareceram no exterior, todas em edições Garnier: na França, *Várias histórias** (1910), com o título de *Quelques Contes*, e *Memórias póstumas* (*Mémoires Posthumes de Braz Cubas* – 1911), ambas em tradução de Adrien Delpech, e, na Espanha, *Quincas Borba* (1913), em versão de J. de Amber. Dessa forma, o editor executava o que, até o último segundo de vida, negara ao escritor. A partir daí, a divulgação de obras de Machado no exterior se processou por ciclos, relacionados em geral a datas comemorativas ou por influência pessoal de algum amigo. Assim, as primeiras edições italianas de obras de Machado, *Memorie Postume di Braz Cubas* (1929), *Dom Casmurro* (1930) e *Gioachin Borba* (1930), todas em tradução de Giuseppe Alpi, se devem ao trabalho persistente de Magalhães de Azeredo.* Pela mesma época, a ficção de Machado foi apresentada ao público alemão pelo professor Willibad Schönfelder, tradutor dos *Contos fluminenses* (*Geschichten aus Rio de Janeiro*, 1924). Por ocasião das comemorações do centenário de nascimento do escritor (1939), iniciadas na realidade em 1936, com a publicação da biografia, então revolucionária, de Lúcia Miguel Pereira, a obra machadiana avançou no exterior, se bem que muito timidamente. Podemos estender esse ciclo até o final dos anos 1940, com edições na França (*Dom Casmurro*, 1936, tradução de Francis de Miomandre, e duas edições das *Memórias póstumas* (1944 e 1948), na tradução de R. Chadebec de Lavalade), e na Argentina (*Memorias póstumas de Blas Cubas*, 1940, tradução de Francisco José Bolla; *Don Casmurro*, 1943, tradução de Luis M. Baudizzone e Newton Freitas; *Don Casmurro*, 1946, tradução de J. Natalicio González). Na década de 1950, a obra machadiana de ficção passa a circular no mercado de língua alemã (*Die Nachtraglichen Memoiren des Bras Cubas* [1950] e *Dom Casmurro* [1951], *Dom Casmurro* [1953], *Der Irrenarzt* ["O alienista"], no mesmo ano) e inglesa, com a tradução pioneira das *Memórias póstumas*, por William Grossman (*The Posthmous Memoirs of Bras Cubas*, São Paulo, 1951), reeditada no ano seguinte pela Noonday Press, de Nova York, com o título de *Epitaph of a Small Winner.* Em 1953, saiu a versão do *Dom Casmurro*, por Helen Caldwell. Foi o início do interesse pelo escritor nos Estados Unidos, de crescimento notável nas décadas seguintes, entre intelectuais, mas sem que tenha se tornado popular, como outros estrangeiros: um Balzac, um Stendhal,* um Thomas Mann. Ainda nos anos 1950, cabe registrar a edição de *Blas Cubas* (tradução de A. Alatorre, 1951), do Fondo de Cultura Economica, excelente veículo de divulgação na América Latina, uma nova versão das *Memórias póstumas* (*Memorie Dall'Aldilà*, 1953, tradução de Laura Marchiori) para o italiano, a primeira apresentação do escritor ao público sueco (*Dom Casmurro*, 1954), holandês (*Last Commentaar van Bras Cubas*, tradução de A. Mastenbroek Jr., 1955) e dinamarquês (*En Vranten Herres Betragtninger* [*Memórias póstumas*], 1956). A partir da

década de 1960 – reflexo das comemorações dos cinquenta anos de morte do escritor (1958) –, a difusão no exterior se acelerou, com a sua apresentação ao público da Rússia (*Dom Casmurro*, 1961) e da Iugoslávia (*Posmrtni Zapisi Brasa Cubasa*, 1962). O maior número de edições ocorria no mercado de língua inglesa, sobretudo nos Estados Unidos, onde surgiram também os primeiros machadianos fora do Brasil, responsáveis por excelentes estudos, como William Grossman e Helen Caldwell. Sob esse aspecto, não se deve esquecer a obra do professor Dieter Woll, o primeiro ensaio de longo fôlego sobre o escritor brasileiro em alemão: "*Machado de Assis. Die Entwicklung seines erzahlerischen Werkes*" (1972). A partir daí, com a visão europeia considerando Machado um grande clássico da literatura universal, e não um escritor exótico dos trópicos, as traduções se sucederam na Europa: Finlândia (*Bras Cubasin Kuolemanjälkeiset Muistelmat*, 1991), na Tchecoeslováquia (*Posmrtné Pameti Bráse Cubase*, 1996), na Holanda, com a edição em sete volumes de contos e romances (*De Psychiater*, 1984; *Dabboek van Aires*, 1992 etc.), coordenada pelo professor August Wilemsen. E ganharam também as terras africanas e asiáticas: Egito, Israel, Japão, Coreia, China, Índia,

T

exigindo um pesquisador-detetive para levantar todas as traduções até então realizadas, que, no início do século XXI, chegavam a 34 idiomas e mais de 40 países, levantamento pessoal que o autor considera precário.

Tradutor A atividade de Machado como tradutor circunscreve-se praticamente à juventude, representando uma ferramenta de aprendizado literário, um elemento de afirmação pessoal e, de acordo com necessidades de momento, um ganha-pão. A primeira tradução foi *A ópera das janelas,** de Ludovic Halévy,* e em seguida um trecho extraído da *História da Restauração*, de Lamartine,* intitulada *A Literatura durante a Restauração** (1857). Era o início de uma atividade que iria se prolongar por cerca de vinte anos, com um amplo predomínio de obras traduzidas do idioma francês, abrangendo poesia, teatro, romance, conto, textos de divulgação. O reconhecimento veio rápido. Aos 20 anos, já desfrutava de certo prestígio no campo da tradução (se bem que os critérios da época não fossem nada rigorosos), sendo escolhido como um dos tradutores de *Brasil pitoresco,** de Charles Ribeyrolles* (1859). A partir daí, até meados da década de 1860, traduziu sobretudo poemas, evidentemente de seu interesse. O interesse, aliás um impulso quase confessional, levou-o a traduzir *Queda que as mulheres têm para os tolos** (1861), original de um obscuro autor belga, Victor Hénaux,* que, tudo indica, se ajustava aos problemas de sua vida à época como a mão à luva, para usar uma expressão de seu gosto. Três traduções realizadas nessa fase, as peças *Pipelet* e *As bodas de Joaninha*, e o conto "Bagatela", indicam que o jovem escritor começava a se profissionalizar. Ou seja, o objetivo financeiro ia se sobrepondo ao prazer gratuito de traduzir por traduzir. Síntese dessa fase de

Machado no exterior. Estudo do escritor chileno Jorge Edwards, com antologia de textos machadianos, publicado em Barcelona, 2002

ampliação dos horizontes espirituais, através do exercício da tradução, seu primeiro livro de poemas, *Crisálidas** (1864), reúne seis traduções, num total de 28 peças. Pode ser considerado o final de um ciclo. No novo ciclo que se abre predominam as traduções de peças teatrais e romances, pagas segundo valores combinados. Corresponde a uma fase de extremas dificuldades financeiras. O tradutor profissionalizou-se em definitivo. Entre 1864 e 1868, traduz sete peças teatrais, um romance – *Os trabalhadores do mar** de Victor Hugo* – e um trecho de Molière,* o único que talvez tenha feito por prazer e não por interesse profissional. Em 1870, traduz outro romance, *Oliveiro Twist,** de Charles Dickens,* do qual acaba desistindo, um poema de Schiller* e oito poemas de autores chineses reunidos sob o título geral de "Lira chinesa".* Com a promoção no emprego, em 1873, volta a traduzir, como no início da carreira, apenas por prazer. Entre este ano e 1876, traduz apenas quatro poemas de autores de sua paixão (Shakespeare,* Dante,* Bíblia,* Chateaubriand*), uma peça de Racine* e, para atender ao pedido de um amigo, *Higiene para uso dos mestres-escolas.** Na década seguinte, os trabalhos se espaçam ainda mais, o tradutor é cada vez mais exigente. Em 1883, publica a tradução que encontraria mais ressonância na posteridade, "O corvo",* de Poe.* Era um trabalho de alto nível e um exercício de admiração. A última tradução parece ter sido o "Prólogo" do *Intermezzo*,* de Heine.* Na relação abaixo, suprimimos os trabalhos que Machado classifica como imitação,* pois esta pressupõe uma liberdade alheia ao espírito da tradução. Em ordem cronológica, são as seguintes as obras traduzidas por Machado:

- *A ópera das janelas** (agosto de 1857), de Ludovic Halévy;
- *A Literatura durante a Restauração** (setembro-dezembro de 1857), de Alphonse de Lamartine;*
- "A uma donzela árabe"* (janeiro de 1859), de Lamartine;
- *Souvenir d'Éxil** (janeiro de 1859), de Charles Ribeyrolles;
- "Bagatela"* (maio-agosto de 1859), conto traduzido do francês;
- *Pipelet** (outubro de 1859), de Raffaele Berninzone;
- *Brasil pitoresco** (1859), de Charles Ribeyrolles;
- "Maria Duplessis"* (1859), de Alexandre Dumas Filho;
- "Lúcia"* (1860), de Alfred de Musset;
- *Queda que as mulheres têm para os tolos** (abril de 1861), de Victor Hénaux;
- *As bodas de Joaninha**(1861), de Luís Olona;
- "A jovem cativa"* (setembro de 1862), de André Chénier;
- "Cleópatra e o escravo"* (1862), de Mme. De Girardin;
- "Alpujarra"* (julho de 1863), de Adam Mickiewicz;
- "O casamento do diabo"* (março de 1863), de Gustave Nadaud;
- "As ondinas"* (agosto de 1863), de Heinrich Heine;
- *Montjoye** (1864), de Octave Feuillet;
- *Le Médecin Malgré Lui* (1864), de Molière*
- "Versos a Ema"* (abril de 1865), de Alexandre Dumas Filho;
- *Suplício de uma mulher** (1865), de Émile de Girardin e Alexandre Dumas Filho;
- *Os trabalhadores do mar** (março-julho de 1866), de Victor Hugo;
- *O anjo da meia-noite** (1866), de Théodore Barrière e Édouard Plouvier;
- *O barbeiro de Sevilha** (1866), de Beaumarchais;*
- *A família Benoiton** (1867), de Victorien Sardou;
- *Forca por forca* (1867), de Jules Barbier;*
- *Como elas são todas** (1868), de Alfred de Musset;
- "Cegonhas e rodovalhos"* (janeiro de 1869), de Louis Bouillet;
- "O primeiro beijo"*(setembro de 1869), de Guillermo Blest Gana;*
- "A El..."* (1869), de Lamartine;
- "Coração triste falando ao sol"* (1870), de Su-Tchon;*
- "A folha do salgueiro"* (1870), de Tchan-Tiú-Lin;
- "O poeta a rir"* (1870), de Han-Tiê;*
- "A uma mulher"* (1870), de Tchê-Tsi;
- "O imperador"* (1870), de Thu-Fu;
- "O leque"* (1870), de Tan-Jo-Lu;
- "As flores e os pinheiros"* (1870), de Tin-Tun-Sing;
- "Reflexos"* (1870), de Thu-Fu;
- "Os deuses da Grécia"* (1870), de Schiller;
- *Oliveiro Twist** (abril-agosto de 1870), de Charles Dickens;*
- *Monólogo de Hamlet** (fevereiro de 1873), de William Shakespeare;

- *Higiene para uso dos mestres-escolas** (1873), de Dr. Théophile Gallard;*
- Canto XXV do *Inferno** (*A divina comédia*) (1874), de Dante Alighieri;*
- *Salmo 136* – no capítulo IX de "A cristã nova"* (1875);
- "Cantiga do rosto branco"* (1875), de Chateaubriand;
- *Os demandistas** (1876), de Jean Racine;*
- "O corvo"* (1883), de Edgar Allan Poe;
- "Os animais enfermos da peste"* (1886), de La Fontaine;
- "Seis dias em Cuiabá"* (1888), traduzido do alemão;
- "Prólogo" do *Intermezzo** (abril de 1894), de Heine;
- *Os burgueses de Paris** (sem data, provavelmente entre 1855 e 1859), de Dumanoir, Clairville e Cordier; e
- *Tributos da Mocidade** (sem data), de Léon Gozlan.

Travessa Poesia publicada em *O Espelho*,* de 18 de dezembro de 1859, com a assinatura Machado de Assis.* *Dispersos*.*

Trecho de um poema inédito Com esse título foram publicadas em *A Estação*,* de 15 de agosto de 1885, as estrofes VIII a XIII do canto V de "O Almada".*

Três consequências Conto publicado em *A Estação*,* de 31 de julho de 1883, com a assinatura M.A.* Incluído no 2º volume das *Relíquias de casa velha*.*

Três Corações Cidade do sul de Minas Gerais* que Machado deveria visitar, quando de sua viagem ao estado, em companhia de amigos, em 1890. Saindo de Barbacena,* o grupo viajou de trem até Sítio.* Dali seguiriam, a cavalo, para Três Corações. Machado reclamou e, no meio do caminho, os viajantes retornaram a Sítio, Barbacena e, em seguida, ao Rio de Janeiro.

3 de novembro Homenagem a Gonçalves Dias,* por ocasião da data de sua morte. Publicada em *O poeta*,* de 3 de novembro de 1884, com a assinatura Machado de Assis.* Transcrita em *Poesia e prosa*.*

Três tesouros perdidos Primeiro conto publicado por Machado. Saiu na *Marmota*,* de 5 de janeiro de 1858, com a assinatura Machado d'Assis.* Em 1937, foi incorporado às *Páginas recolhidas*,* na edição W. M. Jackson.*

13 de maio Poema comemorativo da abolição da escravatura, distribuído em avulso pela cidade do Rio de Janeiro, durante os festejos realizados no dia 20 de maio, com um cortejo tendo à frente o marechal Deodoro da Fonseca. Transcrito em *Escravidão em Minas Gerais* (1988), de Alda Maria Palhares Campolina e outros, e em *Maio de 1888*,* de José Américo Miranda.

Tribuna (A) Jornal editado no Rio de Janeiro, em substituição a *Tribuna Liberal*.* Circulou entre 1890 e 1911, fazendo cerrada oposição ao regime republicano, sendo depredado em 29 de novembro de 1890. Em abril de 1900, quando dirigido por Alcindo Guanabara,* aproveitando a repercussão do *Dom Casmurro*,* recém-lançado, abriu um concurso para premiar o poeta que completasse melhor o soneto* deixado inacabado por Bentinho, personagem central daquele romance. Este, por inabilidade poética, escrevera apenas o primeiro ("Oh! flor do céu! Flor cândida e pura!") e o último verso ("Ganha-se a vida, perde-se a batalha").

Tribuna Liberal Jornal fundado no Rio de Janeiro em 1888, órgão do Partido Liberal. Quando Machado completou cinquenta anos, o pessoal da redação resolveu oferecer-lhe um banquete comemorativo. A festa foi realizada no Hotel Globo,* entre 7 e 12 de junho de 1889, com a presença dos redatores do jornal – Carlos de Laet,* Valentim Magalhães,* Afonso Celso* – e de convidados como Silva Jardim. A posição política divergente dos presentes provocou um pequeno incidente. O discurso de Valentim Magalhães , elogiando o visconde de Ouro Preto, irritou Silva Jardim, que fez questão de retirar-se, mas os ânimos logo se apaziguaram. Em 25 de dezembro de 1889, a *Tribuna Liberal* entrou para a história como o primeiro jornal impedido de circular pelo regime republicano.

Tributos da Mocidade Comédia em quatro atos, de Leon Gozlan,* intitulada no original *Il Faut que Jeunesse se Paie* (1858). Machado traduziu a peça, em data indeterminada. O trabalho não foi encenado e o único manuscrito conhecido da tradução é de mão desconhecida. Publicado pela primeira vez por Jean-Michel Massa, em apêndice à sua tese *Machado de Assis, traducteur*.

Trina e uma Conto publicado em *A Estação*,* de 15 e 31 de janeiro, 15 de fevereiro de 1884, com a assinatura Machado de Assis.* Recolhido aos *Contos e crônicas*,* de forma incompleta. O texto integral foi publicado na segunda edição dos *Contos sem data** (Ediouro, 1956), recolhidos e prefaciados por R. Magalhães Júnior.

Trio em lá menor Conto que figura nas *Várias histórias*.* Publicado pela primeira vez na *Gazeta de Notícias*,* de 20 de janeiro de 1886, com a assinatura Machado de Assis.*

Tristeza Poesia publicada no *Jornal das Famílias*,* de agosto de 1866, com a assinatura Machado de Assis.* *Dispersos*.*

Troca de datas Conto publicado em *A Estação*,* de 31 de maio, 15 e 30 de junho de 1883, com a assinatura Machado de Assis.* Recolhido ao 2º volume das *Relíquias de casa velha*.*

Trocadilho Na década de 1870, a mania trocadilhista de Machado era bastante conhecida. Reproduzindo um trocadilho infame, um colunista de *O Mosquito* (29 de junho de 1872) observa que "se estivesse ali o amigo Machado d'Assis respondia-lhe com dois, dos dele". Na *Vida Fluminense*,* de 11 de outubro de 1873, lê-se o seguinte: "A propósito de inesgotável, conta M. de Assis a seguinte anedota: – Conheci uma rapariga que costumava, sempre que se banhava, não enxugar-se. Como a água lhe escorria então do corpo gota a gota, e chamando-se ela Inês, tornava-se uma criatura – 'Inêsgotável!'". Alfredo Pujol repetiu essa história. Anos mais tarde, a *Revista Ilustrada*, de Ângelo Agostini, através da pena de Julio Dast, conta a anedota de maneira diferente. Segundo essa versão, ao ver a atriz Inês Gomes* sair do banho com os cabelos escorrendo água, Machado exclamou: "Oh! Inês... gotável". A história tinha um sabor de indiscrição. Na época, comentava-se discretamente o amor de Machado com a atriz portuguesa. A reprodução de um fato íntimo, no qual o escritor via a mulher saindo do banho, seria a confirmação do que muitos diziam ser apenas um boato. Ainda em 1882, após a grande crise espiritual de sua vida, Machado continuava adepto do trocadilho, apesar de classificá-lo como uma "triste forma do espírito" (*O Cruzeiro*, 1º de setembro de 1878). O normal era corrigi-lo com um imediato desdém pelo gênero, estratégia matreira

T

que lhe permitia perpetrar os mais infames calembures com um ar de superioridade. Os amigos gozavam. A *Gazetinha* (27 de maio de 1878), comentando a galeria de pintura de Visconti Coaracy, diz que em suas telas "coou ele todos os nossos atores e autores. – Só lhe falta coar a si, disse uma vez o Machado de Assis". A mania do trocadilho frequentava também as crônicas machadianas, justificada pelo uso que dele fez até um gênio como Shakespeare,* que pôs na boca de Laertes, ao saber da morte da irmã, afogada no rio, a seguinte frase: "Já tens água de mais, pobre Ofélia; saberei reter as minhas lágrimas" (*A Semana*, 2 de fevereiro de 1896). Nas *Memórias póstumas de Brás Cubas** encontra-se o trocadilho mais famoso de Machado: "Eu sou o ilustre Tamerlão, dizia ele. Outrora, fui Romualdo, mas adoeci e tomei tanto tártaro, tanto tártaro, tanto tártaro, que fiquei Tártaro e até rei dos Tártaros. O tártaro tem a virtude de fazer tártaros".

Trop Pseudônimo não identificado. Colunista do jornal *O Binóculo*.* No nº de 28 de janeiro de 1882, comentou as férias de Machado em Petrópolis* e seus debates diários com França Junior,* ambos hospedados no Hotel Oriental.*

"Tu quem és? Sou o século que passa" Vide verbete "Camões".

Tu só, tu, puro amor... Comédia em um ato, escrita para as comemorações do tricentenário da morte de Camões, organizadas pelo Gabinete Português de Leitura,* do Rio de Janeiro. Machado possuía dois manuscritos da peça. Um foi para a Biblioteca Nacional.* O outro acabou sendo doado ao Gabinete Português de Leitura,* atendendo ao pedido de Ernesto Cibrão.* O manuscrito da Biblioteca Nacional

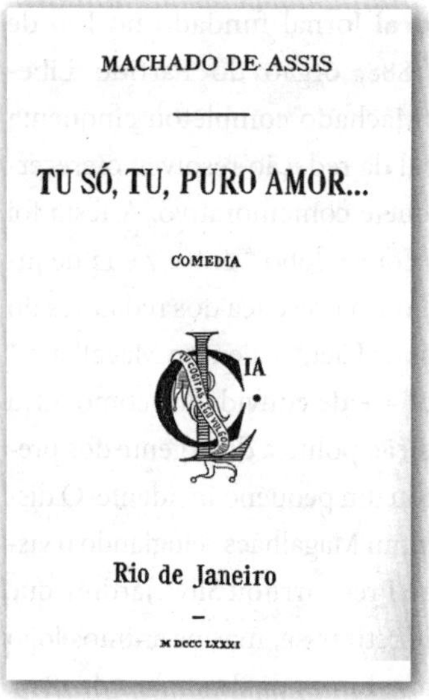

Folha de rosto da 1ª edição

tem como título *Tu só, tu, puro amor...* A peça foi representada no dia 10 de junho de 1880, no Teatro D. Pedro II,* decorado em estilo de época e com citações de *Os Lusíadas* nos camarotes, e a presença de D. Pedro II,* D. Teresa Cristina, senadores, deputados, imprensa, magistrados. A festa se iniciou às oito horas da noite, com um discurso de Joaquim Nabuco.* Seguiram-se a recitação de diversas poesias e a peça de Machado, interpretada por Furtado Coelho* (Camões), Simões (D. Antonio de Lima), Ferreira (Caminha), Torres (D. Manuel de Portugal), Lucinda Simões (D. Catarina de Ataíde) e Faustina (D. Francisca de Aragão). O espetáculo terminou com a execução de três hinos, compostos por Carlos Gomes,* Artur Napoleão* e Leopoldo Miguez. Junio, crítico teatral da *Revista Ilustrada* (19 de junho de 1880), diz que Lucinda "esteve de uma naturalidade louvável", Furtado Coelho "andou bem, e os outros também não andaram mal". Sobre a representação, o imperador observou, em carta à condessa de Barral: "Pequeno drama de Machado de Assis inspirado todo pelos versos de Camões e escrito com muito talento". A primeira publicação do *Tu* foi na *Revista Brasileira,** de 1º de julho de 1880. Em maio do ano seguinte, saía em livro, numa tiragem de cem exemplares, numerados e assinados pelo autor. A edição foi impressa nas oficinas de Lombaerts & C.* Em 1897 ainda não estava esgotada, sendo o exemplar vendido a 5 mil réis. Em 1899, Machado incluiu-a no volume de *Páginas recolhidas,** referindo-se a ela no prefácio do livro. Quando da encenação, a peça recebeu críticas elogiosas de Junio (pseudônimo não identificado), na *Revista Ilustrada*, de 19 de junho, e de Capistrano de Abreu,* na seção *Livros e Letras*, da *Gazeta de Notícias,** de 21 de junho de 1880. Junio voltou a referir-se à peça na *Revista Ilustrada*, de 21 de maio de 1881, por ocasião do lançamento do livro, registrado também em nota sem assinatura, em *A Estação*, 31 de maio de 1881.

Turff Pseudônimo não identificado, responsável pelas "Notas Semanais" de *O Cruzeiro,** na qual publicou, em 12 de novembro de 1882, um rápido comentário sobre *Papéis avulsos.**

T

U

Última folha Poema incluído nas *Crisálidas.**

Última jornada Poema que figura nas *Americanas.**

Última receita (A) Conto publicado no *Jornal das Famílias,** de setembro de 1875, assinado com as iniciais J.J.* Incluído nos *Contos esquecidos.**

Último Título primitivo do romance *Esaú e Jacó** e que consta do contrato firmado, em 18 de julho de 1903, entre o escritor e o editor H. Garnier.*

Último capítulo Conto incluído nas *Histórias sem data.** Primeira publicação na *Gazeta de Notícias,** de 20 de junho de 1883, com a assinatura Machado de Assis.

Último dia de um poeta (O) Conto publicado no *Jornal das Famílias,** de maio e junho de 1867, com o pseudônimo de Max.* Incluído nos *Contos recolhidos.**

"Um dia, junto à foz do brando e amigo" Vide verbete "Camões".

Um para o outro Conto publicado em *A Estação,** de 30 de julho, 15 e 30 de agosto, 15 e 30 de setembro e 15 de outubro de 1879, com a assinatura M. de Assis.* Figura nos *Dispersos,** de forma incompleta. O texto integral foi redescoberto por Mauro Rosso, que o publicou em *Contos de Machado de Assis: Relicário e Raisonnés* (Rio de Janeiro, Loyola/PUC-Rio, 2008).

Um quarto de século Conto publicado em *A Estação,** de 15 e 31 de agosto, 15 e 30 de setembro de 1893, com a assinatura Machado de Assis.* Incluído nas *Relíquias de casa velha,** na edição W. M. Jackson.*

Uma por outra Conto publicado em *A Estação,** de 15 e 30 de setembro, 15 e 31 de outubro, 15 e 30 de novembro e 15 de dezembro de 1897, com a assinatura Machado de Assis.* Redescoberto por Lúcia Miguel Pereira, foi publicado pela primeira vez em livro junto com a novela "Casa velha"*(1944), sendo mais tarde incluído nos *Contos avulsos.**

Universo ilustrado, pitoresco e monumental (O) Publicação luso-brasileira, impressa no Rio de Janeiro, em 1858-59, na qual colaboravam grandes nomes da literatura portuguesa, como Camilo Castelo Branco,* Antonio Feliciano de Castilho,* Mendes Leal, Bulhão Pato e outros. Machado publicou ali a poesia "A missão do poeta".*

V

V. Inicial não identificada que assinou artigo sobre *Memorial de Aires,** na seção "O Meu Diário", de *O Comércio de São Paulo,** São Paulo, 9 de agosto de 1908.

Vae Soli! Crônica incluída em *Páginas recolhidas.** Publicada originalmente na seção *A Semana,** da *Gazeta de Notícias*, de 17 de julho de 1892, sem título.

Vai-te! Poesia publicada em *A Marmota,** de 26 de janeiro de 1858, com a assinatura Machado d'Assis.* *Novas relíquias.**

Vale, José Antonio do Ator e empresário português, nascido em Lisboa, em 1845. Diretor de uma companhia teatral, acertou, no início de 1876, a encenação no Teatro São Luís* da comédia *Les Plaideurs*, de Racine,* traduzida por Machado com o título de *Os demandistas.** A peça não chegou a ser montada, devido ao incidente entre o tradutor e o ator Silva Pereira.* Machado não só recusou o texto para representação, como o teria rasgado.

Valério Conto publicado no *Jornal das Famílias,** de dezembro de 1874, janeiro, fevereiro e março de 1875, com o pseudônimo de Job.* Incluído no 2º volume das *Relíquias de casa velha.**

Varejão, Aquiles (Antonio A. de Miranda V.) Jornalista e teatrólogo, natural do Rio de Janeiro (RJ, 1834-1900). Aquiles Varejão trabalhou ao lado de Machado na *Semana Ilustrada,** tendo ambos utilizado o pseudônimo de Dr. Semana.*

Varela, Fagundes (Luís Nicolau F. V.) Uma das figuras marcantes da poesia romântica brasileira, Varela nasceu em Rio Claro, RJ, em 1841. Aos dezoito anos, mudou-se para São Paulo, a fim de completar os preparatórios de direito, mas só entrou na Academia em 1862. Boêmio, alcoólatra, eterno desadaptado, parecia uma encarnação dos heróis byronianos, que tanto empolgavam a juventude da época. Desde *Noturnas* (1861), tornou-se um dos poetas mais admirados e imitados do ambiente acadêmico. Machado surpreendeu-se com a revelação do poeta e a qualidade da obra, lida, relida e conservada entre as "mais do meu gosto" (*O Futuro*, 15 de fevereiro de 1863). A reputação de gênio, segundo o conceito romântico, firmou-se com a publicação das obras seguintes, *O estandarte auriverde* (1863), *Vozes da América* (1864), *Cantos e fantasias* (1865). Machado, acompanhando a sua carreira com admiração, nele reconheceu "uma vocação poética das mais robustas que conheço", autor de versos "inspirados e originais" (*Diário do Rio de Janeiro,** 19 de setembro de 1864). Em artigo publicado no mesmo jornal, de 6 de fevereiro de 1866, criticou os *Cantos e fantasias*. As restrições aos "descuidos de forma" são amplamente compensadas pelo reconhecimento do talento ímpar do poeta. Apesar da admiração dos contemporâneos, Varela mantinha, em sua vida particular, a mesma rebeldia e o prazer de escandalizar, por vezes pontilhados de acontecimentos dolorosos. Casado com uma artista de circo, contra a vontade da família, viu a morte do primeiro filho, tragédia que lhe inspirou a sua obra-prima e uma das elegias mais belas da língua portuguesa, o *Cântico*

Fagundes Varela

do calvário. Num impulso de fuga, resolveu prosseguir o curso em Recife. Quando se dirigia para lá, soube da morte inesperada da mulher. Voltou a São Paulo, mas logo abandonou os estudos. Casando-se em segundas núpcias com uma prima, continuou levando a mesma vida desregrada, sempre embriagado, vagueando pela roça. Faleceu em Niterói, RJ, em 1875. Na ocasião, Machado escreveu em *A Crença** um artigo bastante elogioso ao "poeta de larga inspiração, original e viçosa, modulando seus versos pela toada do sentimento nacional". Machado preferia, de muito, a sua poesia à de Castro Alves.* Estudando-lhe a obra, lembraria: "Conheci-o em 1860, quando a sua reputação, feita nos bancos acadêmicos, ia passando ali aos outros círculos literários do país". Nesse trecho, Machado enganou-se quanto à data, pois Varela passou pelo Rio em 1859 e, apesar do prestígio que já desfrutava na Pauliceia, ainda não ingressara na academia.

Vária Uma das quatro partes em que se dividem as *Falenas*.* Contém 25 poemas.

Várias histórias Em 18 de dezembro de 1894, Machado e o editor Laemmert* assinaram contrato para a primeira edição das *Várias histórias*, quinto volume de contos do autor. Não se declarava a tiragem. No ato, Machado recebeu 400 mil réis e, mais tarde, vinte exemplares. O livro, com 310 páginas e epígrafe de Diderot ("*Mon ami, faisons toujours des contes... Le temps se passe, et le conte de la vie s'achéve, sans qu'on s'aperçoive*"), começou a ser distribuído na primeira quinzena de outubro de 1895, e custava 3 mil réis. Por estratégia comercial, Laemmert & C., Editores, Rio de Janeiro – São Paulo, colocaram na folha de rosto o ano de 1896. O volume reunia dezesseis trabalhos, todos já divulgados na imprensa, contendo pelo menos uma dúzia de obras-primas: "A cartomante",* "Entre santos",* "Uns braços",* "Um homem célebre",* "A desejada das gentes",* "A causa secreta",* "Trio em lá menor",* "Adão e Eva",* "O enfermeiro",* "O diplomático",* "Mariana",* "Conto de escola",* "Um apólogo",* "D. Paula",* "Viver!",* "O cônego ou Metafísica do estilo".* A receptividade

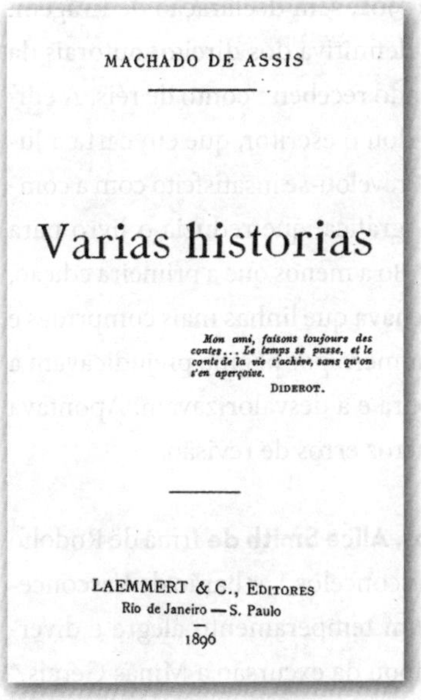

MACHADO DE ASSIS

Varias historias

Mon ami, faisons toujours des contes... Le temps se passe, et le conte de la vie s'achève, sans qu'on s'en aperçoive.

DIDEROT.

LAEMMERT & C., EDITORES
Rio de Janeiro — S. Paulo
1896

Folha de rosto da 1ª edição

V

crítica foi elogiosa, sendo publicadas as seguintes resenhas: Olavo Bilac,* "Crônica Livre", *O Comércio de São Paulo,** 20 de outubro; O. (Olavo Bilac), *A Cigarra,** 24 de outubro; V. M. (Valentim Magalhães*), "Semana Literária", *A Notícia*, 24 de outubro; Leo, *Dom Quixote*, 26 de outubro; sem assinatura, *O Município*, São Paulo, 26 de outubro; S.M., *Jornal do Brasil*, 27 de outubro; sem assinatura, seção "Livros e autores", *Jornal do Commercio*, 30 de outubro; José Veríssimo,* *Revista Brasileira*, 1º de novembro de 1895. Machado demonstrou satisfação com o acolhimento ao livro, em carta a Magalhães de Azeredo (9 de dezembro de 1895), observando "que, embora composto, parte dele, há dez anos, não pareceu velho aos que o leram; concluo que há nele alguma cousa que prescinde do momento da concepção". Em 21 de março de 1902, Laemmert propôs uma 2ª edição da obra. Machado esquivou-se. No dia 30 de março, escreve a H. Garnier,* com quem provavelmente já vinha mantendo negociações, contando a proposta de Laemmert e declarando a sua preferência pela Garnier. Assim se deu. O contrato foi assinado em 27 de maio de 1902, sem declaração de tiragem. Pela cessão definitiva dos direitos autorais da obra, Machado recebeu 1 conto de réis. A edição desagradou o escritor, que em carta a Julien Lansac* revelou-se insatisfeito com a composição tipográfica, que reduzia o livro para 230 páginas, 80 a menos que a primeira edição. Machado achava que linhas mais compridas e em maior número por página prejudicavam a leitura da obra e a desvalorizavam. Apontava ainda inúmeros erros de revisão.

Vasconcelos, Alice Smith de Irmã de Rodolfo Smith de Vasconcelos,* 2º barão de Vasconcelos. Tinha um temperamento alegre e divertido. Participou da excursão a Minas Gerais,* em 1890, no grupo do qual faziam parte Machado, Carolina* e mais sete pessoas.

Vasconcelos, Eugênia Virgínia de Filha dos condes de São Mamede,* Eugênia Virgínia Ferreira Felício, em solteira, nasceu no Rio de Janeiro, em 1854. Em 1874 casou-se com Rodolfo Smith de Vasconcelos,* tornando-se baronesa de Vasconcelos. O casal era vizinho e grande amigo dos Machado de Assis. Durante a doença de Carolina,* a baronesa e sua filha Guiomar* foram de uma extrema solicitude. Após a morte da esposa, Machado foi visitá-las e, como testemunho de gratidão, ofereceu à baronesa um exemplar encadernado, em francês, das *Recordações da casa dos mortos*, o livro preferido de Carolina.

Vasconcelos, Francisca Smith de Vide "Cordeiro, Francisca de Basto".

Vasconcelos, Frederico Smith de Nasceu em Fortaleza, CE, em 1857. Irmão de Rodolfo Smith de Vasconcelos,* 2º barão de Vasconcelos. Era engenheiro civil e florianista exaltado. Casou-se com Guiomar Smith de Vasconcelos,* sua sobrinha, indo viver na rua Cosme Velho, nº 14. Machado e Carolina* eram frequentadores assíduos da casa.

Vasconcelos, Guiomar Eugênia Smith de Filha de Rodolfo Smith de Vasconcelos* e Eugênia Virgínia Ferreira Felício, barões de Vasconcelos, nasceu no Rio de Janeiro, em 1876. Foi uma das intérpretes da comédia *Beijinhos em vovó** (1890), escrita por Machado em homenagem aos 15 anos de sua irmã (dela) Francisca. Nesse mesmo ano, com os pais, a irmã e o casal, Machado de Assis participou da excursão a Minas Gerais.* No final de 1892, noivou com seu tio, Frederico Smith de Vasconcelos.* Os

Guiomar Eugênia Smith de Vasconcelos

noivos casaram-se no ano seguinte, tendo como padrinhos Machado e Carolina. O casal passou a viver na casa de nº 14 da rua Cosme Velho,* frequentada todas as noites por Machado e Carolina. Guiomar teve nove filhos, dos quais perdeu quatro. A cadeira de balanço dupla, em que Machado e Carolina se sentavam para conversar, foi presente de Guiomar e Fanny Araújo.* As duas foram as maiores amigas de Carolina, a quem fecharam os olhos.

Vasconcelos, Jaime Luís Smith de Filho de Rodolfo* e Eugênia Virgínia de Vasconcelos,* barões de Vasconcelos. Nasceu no Rio de Janeiro, em 11 de junho de 1884, tendo por padrinho de batismo Machado, que, mais tarde, o apelidou de Tico, devido ao seu físico franzino. Quando o menino completou um ano, o padrinho enviou aos compadres a quadrinha: "Viva o dia Onze de Junho,/ dia grande, dia rico,/ batalha do Riachuelo,/ dia dos anos do Tico". Jaime formou-se em medicina, casando-se com a paulista Ana Teresa Siciliano. Na fase final da doença de Machado, Jaime procurou atenuar-lhe o sofrimento através de receitas. Foi ele quem firmou a certidão de óbito* de Machado, na qual se afirma que o escritor era de "cor branca".

Vasconcelos, José Rufino Rodrigues de Membro do Conservatório Dramático Brasileiro,* analisou e emitiu parecer sobre *A ópera das janelas*,* datado de 24 de setembro de 1857. Nascido no Porto, Portugal, em 1807, Rufino veio para o Brasil em 1821, ingressando no comércio e, mais tarde, no funcionalismo. Foi um dos precursores do romance brasileiro, com a publicação de obras como *O assassino* (1842). Faleceu no Rio de Janeiro, em 1893.

Vasconcelos, Lacilina Smith de Irmã de Rodolfo Smith de Vasconcelos,* barão de Vasconcelos, de quem cuidava zelosamente. Machado admirava essa dedicação, dizendo que Lacilina era outra Cordélia do velho rei Lear.

Vasconcelos, Leonor Joana Smith de Filha dos barões de Vasconcelos,* faleceu em 1º de fevereiro de 1894, aos 4 anos, em consequência de uma difteria. Machado escreveu o seu epitáfio: "Mimosa flor que passaste:/ Não, tu não passaste, flor./ És mimosa para o amor/ do galho que abandonaste".

Vasconcelos, Rodolfo Smith de Nasceu em Fortaleza, CE, em 1846, filho de José Smith de Vasconcelos, barão de Vasconcelos, rico comerciante português. Em sua mocidade, fixou-se em Frankfurt, para estudar e cuidar dos interesses na Europa da firma de exportações de seu pai. No dia 20 de abril de 1874, em Bonn, Alemanha, casou-se com Eugênia Virginia Ferreira Felício,* filha dos condes de São Mamede.* Pouco depois, a 7 de maio, recebeu o título de 2º barão de Vasconcelos. O casal teve onze filhos: Francisca,* Guiomar,* Rodolfo Álvaro, José Rodrigo (falecido com 1 ano), José Rodrigo, Rodrigo Alfredo, Jaime,* Vasco Joaquim, Leonor Joana,* Nuno Lopo e Pedro de Alcântara. Vizinhos de Machado, residiam no nº 22 da rua

V

Cosme Velho. Machado era frequentador assíduo da casa do barão, de quem se tornou compadre ao batizar o seu filho Jaime. Foi membro do Clube Beethoven,* onde costumava jogar xadrez* com Machado. O barão, a irmã Alice,* as filhas Francisca e Guiomar participaram, junto com Machado, da excursão a Minas Gerais,* em 1890.

Vasconcelos, Zacarias de Góes e Uma das figuras públicas de maior prestígio e poder no Segundo Império, Zacarias nasceu em Valença, BA, em 1815. Como político era hábil, insinuante, sabendo impor seus pontos de vista. Orador temido, sarcástico. "Tinha a palavra cortante fina e rápida, com uns efeitos de sons guturais, que a tornavam mais penetrante e irritante. Quando ele se erguia, era quase certo que faria deitar sangue a alguém", lembrou Machado em "O velho Senado".* Ainda jovem, presidiu o Ministério de 15 de janeiro de 1864, que substituiu o chamado gabinete dos velhos. No *Diário do Rio de Janeiro*,* Machado fustigou com implacável ironia e atrevimento a sua atuação, acusando-o de só aparecer no Ministério "lá de quando em quando, para dizer algumas palavras dúbias e desdenhosas" e estabelecendo um paralelo entre a sua atuação como presidente do conselho de ministros e o célebre diálogo entre Geronte e Sganarelo, no qual o segundo, através de subterfúgios pueris, explica as causas da mudez da bela Lucinda (*Diário do Rio de Janeiro*, 14 de agosto de 1864). Os ataques prosseguiram, não se restringindo ao político, mas atingindo também o homem, o "faceiro cisne", como o classificou, numa alusão à vaidade do ministro (*idem*, 28 de agosto de 1864). Dois dias depois, o gabinete foi destituído. Machado, em correspondência para a *Imprensa Acadêmica** (7 de setembro de 1864), de São Paulo, sintetiza a crise,

Zacarias de Góes e Vasconcelos

concluindo de forma efusiva: "De tudo resulta estarmos livres do Ministério Zacarias, o que não é pouco". Zacarias não guardou mágoa. Em 7 de abril de 1867, quando ocupava os cargos de ministro da Fazenda e de presidente do Conselho de Ministros, assinou a nomeação de Machado como ajudante do diretor de publicação do *Diário Oficial*.* Os dois se entenderam bem. Machado sabia ser sedutor. Em carta a Quintino Bocaiuva,* datada de 18 de novembro daquele ano, Zacarias refere-se ao "nosso amigo Machado de Assis". O funcionário soube retribuir a confiança, servindo-o com dedicação e procurando compreender--lhe a personalidade difícil, o contraste entre o homem público e o particular, "lhano e simples, amigo e confiado", que "desde que se inclinasse a alguém, convidava fortemente a amá-lo" ("O velho Senado"). Quando Zacarias morreu, em 1877, no Rio de Janeiro, Machado exaltou-lhe a figura em crônica da série "História de Trinta Dias",* publicada na *Ilustração*

*Brasileira** (1º de janeiro de 1878). Nela, lembra o velho político que "sabia arrancar a admiração aos próprios adversários" e "cujo talento se ligava às virtudes mais austeras, e que, não sabendo a linguagem das multidões, gozava da mais larga popularidade", "homem a todos os respeitos superior e afirmativo da sua pessoa". Alguns anos depois, quando o nome de Zacarias foi dado a um beco da cidade, quando ruas importantes eram batizadas com o nome de tantas mediocridades, o cronista ("Gazeta de Holanda",* 27 de março de 1887) lamenta, entre revoltado e irônico: "Sólido, agudo, brilhante,/ sincero, que vale mais,/ depois da carreira ovante,/ depois de glórias reais,/ deram-te um beco...". Parece que o Machado da maturidade procurava se redimir dos ímpetos do jovem Machado.

Vassouras Cidade localizada no vale do Paraíba, no sul do estado do Rio de Janeiro. Machado visitou-a em setembro de 1865, nela permanecendo alguns dias. Foi uma revelação prazerosa: "Vassouras saiu-me melhor do que eu acreditava". A viagem foi descrita em duas crônicas publicadas na *Semana Ilustrada*,* nos dias 24 de setembro e 8 de outubro, com o título de *Viagem a Vassouras** e o subtítulo de "Cartas a um amigo".* Em crônica da série "Bons Dias!"* (*Gazeta de Notícias*,* 29 de junho de 1889) evocou aquela longínqua viagem da mocidade, acrescentando alguns dados inéditos.

Vattier, Gustave Esse obscuro autor teatral francês do século XIX, um dos inúmeros fornecedores de textos para o teatro de Boulevard, escreveu, em parceria com Émile de Najac,* a peça em um ato *La Chasse au Lion* (1852). Machado traduziu-a, de forma resumida e adaptada ao ambiente carioca, com o título de *Hoje avental, amanhã luva*.*

Juvenil da Rocha Vaz

Vaz, Juvenil da Rocha Nasceu em Minas Gerais, em 1881. Formou-se em 1903 pela Faculdade de Medicina do Rio de Janeiro, de onde foi professor catedrático de clínica propedêutica e, a partir de 1925, diretor. Em certa ocasião, apoiado em estudos recentes, publicou um artigo no qual analisava a pretensa epilepsia* de Napoleão Bonaparte, classificando-a como um caso de cardiopatia. Machado gostou tanto do artigo, que procurou o professor, para cumprimentá-lo. (Da Academia Nacional de Medicina.)

Veiga, Luís Francisco da Jornalista, poeta, teatrólogo, historiador, natural do Rio de Janeiro (RJ, 1834-1899). Deve-se a ele a publicação completa das *Cartas chilenas*, em 1863, cujos manuscritos integravam a biblioteca de seu pai, o livreiro Francisco Luís Saturnino da Veiga. Na ocasião, em crônica publicada em *O Futuro*,* de 15 de abril de 1863, Machado saudou esse serviço prestado "às letras e à história". Funcionário do Ministério da Agricultura, Comércio e Obras Públicas,* Veiga era homem de temperamento arrebatado. Em 1890, quando exercia o cargo de diretor de Comércio do Ministério, Machado recebeu correspondência de um ministro do governo provisório, solicitando a aposentadoria, com

V

vencimentos integrais, de um funcionário do Ministério. Examinando o caso, Machado constatou que o funcionário não tinha tempo de serviço para receber o benefício, indeferindo o pedido. Veiga, amigo do interessado, passou a insultar Machado, tentando agredi-lo, sendo então contido por colegas. Aborrecido com o incidente, Machado pediu demissão, negada pelo ministro Francisco Glicério,* que mandou apurar os fatos. Constatada a verdade, deu razão a Machado e assinou a aposentadoria de Veiga.

Velho fragmento Com esse título, foram publicadas nas *Ocidentais** algumas estrofes extraídas dos cantos I e III do poema "O Almada".*

Velho Senado (O) Crônica de reminiscências incluída nas *Páginas recolhidas*.* Publicada originalmente na *Revista Brasileira*,* em junho de 1898, assinada Machado de Assis.* O escrito, de forma indireta, foi sugerido pelas reminiscências políticas do Império, evocadas por Joaquim Nabuco em *Um estadista do Império*. Ao comentar o primeiro capítulo da obra, publicado na *Revista Brasileira*, Machado lembrou as principais figuras da época, numa espécie de esboço daquela obra-prima (*A Semana*, 11 de agosto de 1895).

Velho tema Soneto datado de 1895, com a assinatura Machado de Assis.* Publicado em *O Teatro*,* Rio de Janeiro, nº 16, de 5 de outubro de 1911. Foi redescoberto por R. Magalhães Júnior e revelado em artigo publicado no *Correio da Manhã*, Rio de Janeiro, de 28 de janeiro de 1961. *Dispersos*.*

Vem! Poesia publicada em *O Paraíba*,* Petrópolis,* de 11 de abril de 1858, assinada Machado de Assis.* *Dispersos*.*

"Vem! penetra no templo das artes!" Verso inicial do poema sem título, publicado em *A Pátria*,* de Niterói, RJ, em 5/6 de julho de 1858, com a assinatura J. M. Machado de Assis.* A peça foi descoberta pelo pesquisador Felipe Rissato e transcrita na revista *Livro*, nº 5, de novembro de 2015.

Ventoinhas (As) Poesia incluída nas *Crisálidas*.* Primeira publicação em *O Futuro*,* de 1º de abril de 1863, com a assinatura Machado de Assis.* O poema foi duramente criticado por Azuos-Agarb,* em *A Pacotilha*, de 7 de setembro de 1866. Não foi incluído nas *Poesias completas*.*

Vênus! Divina Vênus! Conto publicado no *Almanaque da Gazeta de Notícias** para 1893, com a assinatura Machado de Assis.* Incluído nos *Contos esquecidos*.*

Verba testamentária Conto publicado pela primeira vez na *Gazeta de Notícias*,* de 8 de outubro de 1882, com o subtítulo "Caso patológico dedicado à Escola de Medicina" e a assinatura Machado de Assis.* Incluído em *Papéis avulsos*,* sem o subtítulo.

Vercigentorix Pseudônimo com que Antonio José Vitorino de Barros* assinou o comentário sobre *Os deuses de casaca*,* publicado na *Semana Ilustrada*,* de 7 de janeiro de 1866.

Veríssimo, José (J. V. Dias de Matos) O paraense José Veríssimo (Óbidos, 1857) dedicou-se ao jornalismo e à educação desde o tempo em que vivia em Belém. A amizade com Machado começou através de correspondência iniciada a 4 de março de 1883. Nesse dia, Veríssimo enviou ao escritor carioca uma carta e o primeiro número da *Revista Amazônica*.

José Veríssimo

Machado respondeu (carta de 19 de abril de 1883), dispondo-se a colaborar. Aos poucos, o tom cerimonioso do início foi substituído por um tratamento cordial. Em 1891, transferindo--se para o Rio de Janeiro, Veríssimo tomou a liberdade de visitar o confrade, que se encontrava doente dos olhos, em sua casa no Cosme Velho.* Recebido por Carolina, foi encaminhado ao quarto do escritor, no primeiro andar. Machado encontrava-se num divã, usando óculos escuros. Conversaram como se já se conhecessem havia muito tempo, e o visitante ficou feliz em ser tratado de igual para igual. A partir daí, a amizade se estreitou e o intercâmbio intelectual se intensificou. Os encontros eram quase diários, sobretudo nas livrarias. Quando não se viam durante algum tempo, correspondiam-se. As cartas eram frequentes, e Veríssimo queixava-se caso Machado se esquecesse de lhe escrever. As afinidades espirituais eram intensas, assim como a admiração recíproca. Dedicando-se sobretudo à crítica, Veríssimo foi o analista mais lúcido de Machado e o preferido pelo criador de Capitu. O longo estudo sobre *Quincas Borba*, quando do lançamento do romance (*Jornal do Brasil*, de 11 de janeiro de 1892), deixou Machado alegre e certo de que tinha encontrado o crítico que realmente entendia, ou procurava entender, a sua obra. "Da competência dele nada direi que não saibas; é conhecida e reconhecida", escreveu em *A Semana** (*Gazeta de Notícias*,* 2 de dezembro de 1894), referindo-se a esse ensaio, então incluído na segunda série dos *Estudos Brasileiros*. As análises minuciosas se repetiram sempre que Machado lançava um novo livro. Em julho de 1899, na *Revista Brasileira*,* estudou os *Contos fluminenses*, lançados em segunda edição. No mesmo ano, em 18 de setembro, criticou as *Páginas recolhidas** na seção *Revista Literária* do *Jornal do Commercio*.* Machado respondeu em carta escrita no mesmo dia, agradecendo a "boa vontade e simpatia" do crítico e "as indicações do juiz competente". No *Jornal do Commercio* criticou *Dom Casmurro** (19 de março de 1900) e as *Poesias completas** (21 de maio de 1901) e mais tarde, em *Kosmos** (dezembro de 1904), *Esaú e Jacó*.* Respondendo à primeira, Machado expressou sua satisfação (carta de 19 de março de 1900), agradecendo "pela Capitu, Bento e o resto". Em 1906, na revista *Renascença*, Veríssimo publicou um longo estudo sobre Machado, redigido originalmente para *O Mundo Elegante*, de Lisboa. Machado não apenas reconhecia o valor do amigo, como exaltava as suas qualidades, colocando-o "na primeira fileira dos críticos" (carta a Magalhães de Azeredo*). Admirava-o também como estudioso da região amazônica e como contista. *A Pesca na Amazônia* foi classificado como "um excelente livro para consulta e deleite" (*A Semana*, 14 de abril de 1895). O volume de contos *Cenas da vida amazônica* mereceu uma crítica elogiosa (*Gazeta de Notícias*, 11 de junho de 1899), quase uma consagração, que tocou fundo no elogiado, que tinha dúvidas em relação ao valor do livro (carta a Machado, de 12 de junho de 1899). Dois dias depois, em nova carta (datada de 14 de junho de 1899), Machado voltava a elogiar o livro. O elogio era quase uma moeda de troca na admiração recíproca. Em carta de 10 de abril de 1901, Machado louva o artigo de Veríssimo sobre a *Prosopopeia*. Desde a fundação da *Revista Brasileira*,* em 1895, os dois conversavam quase diariamente. A sala de redação da revista tornou-se ponto de convergência de intelectuais, dando origem à Academia Brasileira de Letras.* Lindolfo Xavier* depõe que Veríssimo passava todos os dias pelo Ministério da Viação* para conversar durante alguns minutos com Machado e Artur Azevedo.* Às vezes, ficava uma temporada sem aparecer, alegando ser a secretaria um "lugar inadequado às nossas conversas, geralmente estranhas ao fomento da viação e comércio e indústria da nossa pátria" (carta de 16 de julho de 1902). Quando não se encontravam, Veríssimo reclamava, indignado com o excesso de trabalho do amigo: "Mas quando o veremos, quando deixará, ao menos por uma hora, esta nefanda Secretaria e o seu encantador de ministro?" (carta sem data, talvez de 28 de novembro de 1898). Quando *Esaú e Jacó** foi lançado, Veríssimo encontrava-se em Mangaratiba, na fazenda de um parente, para onde levara alguns livros para ler, artigos a escrever e trabalhos para executar. Não conseguiu fazer nada, indisposto para qualquer tarefa mental. "Só *Esaú e Jacó* reconciliaram-me estes dois últimos dias com a vida intelectual" (carta de 30 de setembro de 1904). Na crítica sobre o livro (*Kosmos*,* dezembro de 1904) reconhecia que não se tratava de "uma arte intensa capaz de comover-nos com emoções superiores; mas é, como raras, inteligente, original, distinta e deliciosa". O exemplar lido por Veríssimo foi folheado por Carolina, pouco antes de morrer. Devolveu-o, pois, ao viúvo, que agradeceu o gesto, explicando destinar "o volume para o pequeno móvel onde guardo uma parte das lembranças dela" (carta de 4 de fevereiro de 1905). A partir do final do século, Veríssimo passou a incentivar o amigo a escrever as suas memórias, sem êxito. "E as memórias? Esse é o livro que eu lhe quisera ver fazer e que (ou então eu sou um tapado em psicologia literária) auguro V. faria excelentemente de um modo original e raro", escreve (carta de 11 de janeiro de 1907), depois de quase dez anos de insistência. A confiança de Machado no amigo era tanta que, quando este demonstrou o desejo de publicar a correspondência de Machado, ele autorizou. Em carta de 21 de abril de 1908, Machado concedeu ao amigo o direito "de recolher e a liberdade de reduzir as letras que lhe pareçam merecer divulgação póstuma". Meses depois, quando Machado adoeceu, Veríssimo foi um dos que o visitaram com mais frequência, justificando a frase de Machado que definiu a amizade como "afeição que nos uniu sem arrependimento nem arrefecimento" (carta de 21 de abril de 1908). No 30º dia de sua morte, publicou no *Jornal do Commercio* (29 de outubro de 1908) um artigo narrando as suas lembranças do amigo. Veríssimo foi o primeiro a colocar Machado em seu devido lugar no panorama intelectual brasileiro e em especial como ficcionista, em sua *História da Literatura Brasileira*, publicada em 1916. O escritor faleceu neste mesmo ano, no Rio de Janeiro.

Verme (O) Poesia incluída nas *Falenas*.*

Versos Escritos no álbum da Exma. Sra. D. Branca P. da C. – Publicado em *A Estação*,* de 15 de julho de 1879. Incluídos em *Outras relíquias*,* com o título de "No álbum de D. Branca P. da Cunha".

Versos a Corina Poema que figura nas *Crisálidas*.* As três primeiras partes saíram no *Correio*

Mercantil,* nos dias 21 e 26 de março e 2 de abril de 1864, com a assinatura *.* A quarta e a quinta partes foram publicadas no *Diário do Rio de Janeiro*,* em 16 de abril, sem assinatura, e em 21 de abril de 1864, com a assinatura Machado de Assis.* Em *Crisálidas* há a informação de que "a sexta [parte] é inteiramente inédita". Mas a afirmação talvez só tivesse validade até a entrega dos originais ao editor. O livro começou a circular em setembro (não se sabe o dia), e nesse mês a sexta parte saiu no *Diário Oficial*,* de 18 de setembro de 1864, incluída no artigo "Correspondência sobre novidades úteis", de Júlio de Castilho.* A questão é saber se o livro chegou às livrarias antes ou depois daquela data. Cabe ainda advertir que o ineditismo seria apenas para o público brasileiro, já que essa sexta parte havia sido publicada antes em um jornal do Porto, segundo informação do próprio Júlio de Castilho. No texto dos jornais e nas *Crisálidas*,* o poema contém 413 versos, 32 dos quais foram suprimidos nas *Poesias completas*,* entre eles "Esta a glória que fica, eleva, honra e consola", que a Academia Brasileira de Letras* adotou, por sugestão de José Veríssimo* e Lúcio de Mendonça,* como dístico de publicações da instituição (sessão de 26 de setembro de 1898).

Versos a Ema Vide "Estâncias a Ema".

Vespas Americanas Seção de crônicas da *Semana Ilustrada** na qual Machado utilizou o pseudônimo de Gil.* Publicada apenas duas vezes, nos números de 5 e 19 de junho de 1864. O título da seção, ilustrada com o desenho de abelhas, aproveitava o imenso sucesso das *Vespas* (*Les Guêpes*), do francês Alphonse Karr.

Vestuário Crônica publicada na *Semana Ilustrada*,* de 20 de maio de 1866, assinada pelo Dr. Semana.* A atribuição é de R. Magalhães Júnior.

Viagem à roda de mim mesmo Conto publicado na *Gazeta de Notícias*,* de 4 de outubro de 1885, com a assinatura Machado de Assis.* Recolhido às *Outras relíquias** e, depois, à edição W. M. Jackson* das *Relíquias de casa velha*.*

Viagem a Vassouras Com o subtítulo de "Cartas a um amigo", foi publicada na *Semana Ilustrada*, de 24 de setembro e 8 de outubro de 1865, a primeira assinada com o criptônimo de *** e a segunda sem assinatura e com a indicação "continua". Em crônica publicada na seção "Bons Dias!"* (*Gazeta de Notícias*,* 29 de junho de 1889), Machado refere-se à viagem e conta fatos narrados no texto de 1865, confirmação de sua autenticidade.

Viagens Em diversas ocasiões, Machado expressou o prazer de viajar. "Viajar é multiplicar-se..." escreveu no conto "Uma excursão milagrosa".* Na mocidade, pensou em conhecer

SEMANA ILLUSTRADA. 1455

Olhava meiga para o lindo filho,
Que junto della apresentava aos beijos
O rostinho moreno.
Era Eudora que n'um diverso sitio
Ao lado do marido e do filhinho
Fruia a f'licidade.
Não pensava nas auras da grandeza;
Se a sua alma cobria-se de sombras
Era apenas saudade!
De noute quando a lua apparecia
Alastrando de raios argentinos
A terra emudecida
Que as estrellas luzindo nas alturas
Vertião luz de ouro refulgente
Na mata entristecida.
Ella apontava para a mais formosa
E dizia a seu filho, após beijal-o
Com amoroso afan
Olha que linda estrella lá nos céos
Que parece sorrir-me com ternura,
Aquella é minha irmã!
Os anjos que enxergára outr'ora em sonho
Folgão com ella na campina azul
Com o mesmo brilho!
E a fada que eu vi n'aguas de um lago
Deu-me a flor da ventura neste mundo,
E és tu—meu filho!

23 de Março de 1864. L. de Castilhos.

Vespas americanas.

Estas vespas nem são atticas, como as de Aristophanes, nem gaulezas, como as de Alphonse Karr. Tenho consciencia de que ellas mordem com menos graça, e não sabem tirar sangue, fazendo rir o paciente.

Demais, tudo depende do objecto. As vespas atticas investião contra a philosophia de Socrates, e as vespas gaulezas contra a monarchia de Julho. Ora, eu creio que não preciso provar que as vespas americanas não pretendem attacar cousa que se pareça com a monarchia de Julho ou com a philosophia de Socrates.

Portanto, nem por si, nem pelos padecentes, as vespas americanas não podem fazer grande cousa. Darão a sua ferroada, de quando em quando, sem bulha nem matinada.

—Porque não fallou ainda o Sr. Ferraz?

E' a pergunta que me fazia hontem um membro do parlamento.

—Eu sei lá! respondi eu.

E puz-me a cogitar.

—Porque não fallaria o ex-ministro da fazenda, quando deve estar empenhado em combater a situação actual, cujos symptomas começárão a apparecer durante o seu ministerio?

S. Ex. tem a lingua solta, não é pêco, tem talento e sabe fazer opposição. Esta viagem a Paris, onde visitou o parlamento, deve dar-lhe vontade de subir amiudadas vezes á tribuna, para mostrar que não só não desaprendeu, como aprendeu muita cousa nova.

Com effeito, é de suppôr que o illustre conselheiro, tendo estudado a eloquencia parlamentar franceza, reproduza o sestro de certo individuo que, tendo ido varias vezes ás sessões do jury, não fallava senão de um modo pausado e grave:

— Mas, — eu — creio, — que, — tiradas as — consequencias, — seremos obrigados — a — concluir — forçosamente, etc., etc., etc.

A espectativa tem sido burlada, e o conselheiro não falla. Mal solta um apartesinho, de quando em quando, e.... moita.

O que me parece é que o illustre senador consultou algum magico, e no meio daquelle silencio está observando tudo com disfarçada attenção.

S. Ex. usa agora uma luneta quadrada, que prende galhardamente ao olho direito. Esta luneta, não creio que seja uma simples luneta. Todos os que lerão Hoffmann lembrão-se daquella luneta que um certo Coppellius dá a um rapaz (não é epigramma, conselheiro!) e pela qual o referido rapaz vê cousas diabolicas e extraordinarias. Presumo que o conselheiro achasse no caminho algum Coppellius.

Será assim?

Dicant Parienses!

Não vou mais longe porque a folha não comporta.

Naturalmente querião mais um pouco de politica?

Pois não ha mais.

Espero o resultado das cousas. Deixo o ministerio, a camara e o senado progredir na obra que lhes está incumbida, sem dizer o que penso a respeito dos boatos sobre a continuação do gabinete.

O que me consta é que o gabinete, em um momento de bom humor, fez uma ligeira parodia do *Gastibelza* de Victor Hugo:

Le vent qui vient du côté de la chambre,
M'a rendu.... fort!

Gil.

A poesia, — Os Voluntarios da Morte, do Sr. Dr. Pedro Luiz será entregue nos primeiros dias da proxima semana. Os Editores.

Typ. e Xyl. do Imp. Instit. Artistico, Largo de S. Francisco n. 16.

Vespa Americana. Seção que Machado manteve na *Semana Ilustrada*, com o pseudônimo de Gil alguns países de sua preferência, entre os quais a Itália, sonho logo abandonado. Conheceu apenas um pouco do Brasil. Fez pelo menos sete viagens, em cerca de quarenta anos, a contar da primeira, em setembro de 1864, com destino a Barra do Piraí.* Um ano depois, foi um pouco mais longe, até Vassouras.* Quatro anos mais tarde, conheceu Petrópolis,* cidade à qual voltaria pelo menos mais uma vez, em 1882. Marcante foi a primeira temporada passada em Nova Friburgo,* no verão de 1878. Machado e Carolina* voltariam à cidade em janeiro e fevereiro de 1904. Mas a grande viagem de sua vida foi a efetuada a Minas Gerais,* um longo roteiro do qual constaram as cidades de Juiz de Fora,* Barbacena,* Sítio.* Sem ser um grande viajante, ele percorreu mais terra do que muito brasileiro da classe média de sua época, quando não havia o hábito de viajar. Os biógrafos, no entanto, falam apenas que ele viajou pouco, sem lembrar os hábitos de então e comparando as suas viagens com as de grandes viajantes. Assim, referem-se ao caso envolvendo Ramos Paz,* que contava aos amigos fatos de sua viagem ao redor do mundo, quando Machado interveio, com evidente espírito de gozação: "Eu também já fui... a Petrópolis". Os biógrafos encararam a sério tais anedotas.

Viana, Caldas (João C. V.) Considerado o maior jogador de xadrez* nascido no Brasil até 1930. Jogou várias partidas contra Machado. Em 1899, assessorou Joaquim Nabuco* na missão para resolver os problemas fronteiriços com a Guiana Francesa.

Viana, Cândido José de Araújo Natural de Sabará, MG, 1793. Formou-se em direito pela Universidade de Coimbra. Magistrado, poeta, político de prestígio, recebeu de D. Pedro II* o título de marquês de Sapucaí. Em 1871, exercia a presidência do Instituto Histórico e Geográfico,* quando atendeu à solicitação de Machado, interessado em obter a revista da instituição. Viana autorizou o cônego Joaquim Caetano Fernandes Pinheiro* a entregar ao interessado a coleção completa. Este parece ter sido o único relacionamento entre os dois. Faleceu no Rio de Janeiro, em 1875.

Viana, Ferreira (Antonio F. V.) Um dos políticos mais veementes do Império, Ferreira Viana (Pelotas, RS, 1833 – Rio de Janeiro, RJ, 1903) foi deputado em cinco legislaturas e duas vezes ministro de Estado (Justiça e Império). Em *A Conferência dos Divinos* (1867) atacou com rudeza o regime imperial, mas acabou se reconciliando com a monarquia. Para combater a tensão da vida pública, adorava música. Ocupou a presidência do Clube Beethoven* de 1886 a 1888. Machado fazia parte dessa diretoria, como bibliotecário. Em 1887, Viana nomeou Machado membro do novo Conservatório Dramático.* Machado gostava de se reunir com ele e os demais membros da instituição para debater sobre peças que lhe pareciam de fundo duvidoso. Ao deixar o cargo, para assumir o Ministério da Justiça, Viana foi homenageado com um banquete, ao qual Machado compareceu.

Viana, Paulo Em 21 de junho de 1897, aniversário de Machado, Viana enviou um bilhete de felicitações ao aniversariante, com timbre do Gabinete do Chefe de Polícia do Distrito Federal, chamando-o de "excelentíssimo senhor doutor". Não dispomos de dados a seu respeito.

Victor de Parma Pseudônimo usado em *O Espelho*,* de 11 de dezembro de 1859, firmando o artigo "Causas e efeitos".*

Victor de Paula Pseudônimo utilizado sete vezes no *Jornal das Famílias,** entre 1868 e 1877, subscrevendo os contos "Não é o mel para a boca do asno",* "O carro nº 13",* "O anjo Rafael",* "Um esqueleto",* "Uma visita de Alcebíades"*(primeira versão), "Silvestre",* "A melhor das noivas".*

Victor Hugo Nota publicada no *Diário do Rio de Janeiro,** de 15 de março de 1866, com a assinatura Machado de Assis,* informando o início da publicação, em folhetim, de *Os trabalhadores do mar.* Incluída na edição Pongetti de *Os trabalhadores do mar* (Rio de Janeiro, 1939), no prefácio à obra, intitulado "Algumas palavras dos editores para a 3ª edição".

Vicuña, Angel Custodio Quando ministro plenipotenciário do Chile no Brasil, o diplomata, político e jornalista Vicuña (1848-1918) dirigiu carta ao presidente da Academia Brasileira de Letras,* Machado de Assis, datada de Petrópolis, 23 de dezembro de 1898, convidando-o, a si e aos demais acadêmicos, à inauguração do monumento a Isidoro Errázuris, no cemitério de São João Batista, no Rio de Janeiro. O homenageado (1835-1898) morreu no Rio de Janeiro, de febre amarela.

Vida eterna (A) Conto publicado no *Jornal das Famílias,** de janeiro de 1870, com o pseudônimo de Camillo da Anunciação.* *Contos avulsos.**

Vidal, Adriano Augusto de Pina Cientista e escritor português, professor da Escola Politécnica, diretor do Observatório Meteorológico, titular de várias condecorações. Em 1904, quando Machado foi aprovado como sócio correspondente da Academia das Ciências de Lisboa,* Vidal ocupava o cargo de secretário-geral da instituição. Como tal, coube a ele expedir ao escritor brasileiro o comunicado de que fora aceito. O documento está datado de 25 de julho de 1904. Machado agradeceu em carta datada de 20 de fevereiro de 1905.

Vidal, Nunes Com esse pseudônimo, Nestor Vitor* publicou uma crítica a *Relíquias de casa velha,** em *Os Anais,** de 15 de março de 1906.

Vidros quebrados Conto publicado na *Gazeta Literária,** de 15 de outubro de 1883, com a assinatura Machado de Assis.* Incluído nos *Contos esquecidos.**

Vieira, Severino dos Santos Colocado em disponibilidade pelo ministro Sebastião Lacerda,* em 1º de janeiro de 1898, Machado ficou quase onze meses em casa. Durante esse tempo, comparecia diariamente à repartição. Essa angústia terminou com a posse de Campos Sales na presidência da República, em 15 de novembro de 1898. O novo ministro da Indústria, Viação e Obras Públicas,* Severino Vieira, convidou Machado para ser seu secretário particular. Satisfeito com a volta à ativa, Machado estranhou o excesso de serviço. "Saio da Secretaria ao anoitecer e, não obstante, trabalho em casa, logo cedo e aos domingos também", escreve em carta a Magalhães de Azeredo.* O baiano Severino Vieira (1849-1917) era formado em direito. Membro do Partido Conservador, foi deputado à Constituinte Federal, senador em duas legislaturas (1895-1898 e 1906-1911), poeta, orador, jornalista. Permaneceu à frente do Ministério de 15 de novembro de 1898 a 27 de janeiro de 1900, deixando a pasta para assumir o cargo de governador da Bahia. Entendeu-se tão bem com Machado que este, quando necessário, ia à sua casa, como atesta a carta que dirigiu a José Veríssimo* em 1º de fevereiro de 1900.

V

Vieux pays (Un) Poema escrito em francês, que figura nas *Falenas*.* A tradução de Joaquim Serra* para o português foi incluída no final do volume.

Vilela, Iracema Guimarães Filha de Luís Guimarães Júnior,* grande amigo de Machado, nasceu no Rio de Janeiro, em data desconhecida. Em 1908, desejando que Machado prefaciasse um livro de sua autoria, procurou Lúcio de Mendonça,* que, cego, recorreu a uma terceira pessoa para escrever uma carta a Machado. Este, apesar de moribundo, recebeu a jovem escritora, falecendo pouco depois. O encontro foi narrado pela visitante em artigo publicado em *O Globo*, de 4 de novembro de 1929. Iracema utilizou o pseudônimo Abel Juruá, deixando romances, novelas, livros de contos e ensaios. Faleceu em 1941.

Villas Boas, José (J. Martins Gomes V. B.) Nasceu em Portugal, 1857, e faleceu no Rio de Janeiro, em 1934. Chegou ao Brasil em 1868. Aos 16 anos, abandonou a carreira de comércio para se dedicar à profissão de xilógrafo. Foi nomeado gravador da Corte e cavaleiro da Ordem da Rosa.* Gravou um retrato de Machado, baseado em desenho de Manuel Lopes Rodrigues,* publicado em *A Semana*,* de 9 de outubro de 1886.

Villas Boas, José Diniz Colega de Machado no Ministério da Agricultura, Comércio e Obras Públicas. Em 1877, impossibilitado de comparecer à repartição, enviou a Machado carta datada de 28 de novembro indagando se o amigo poderia receber o seu ordenado, para o que enviaria a devida procuração.

Vindiciae Obra de Lafaiete Rodrigues Pereira.* O livro começou a se esboçar em 1897,

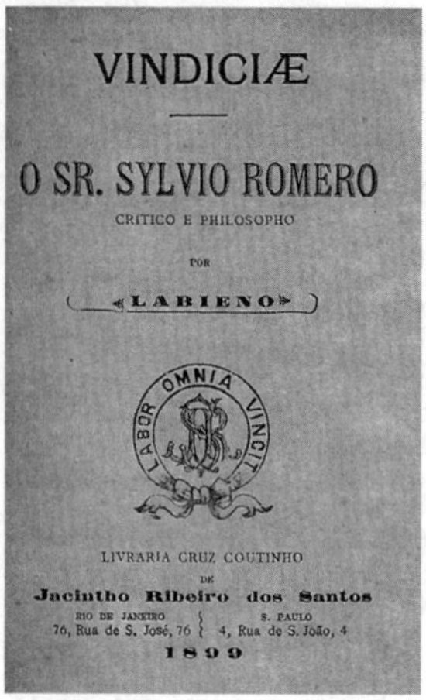

quando Sílvio Romero* publicou o estudo intitulado *Machado de Assis*.* Irritado com os ataques do crítico sergipano, Lafaiete saiu em defesa do atacado. Com o pseudônimo de Labieno,* publicou quatro artigos no *Jornal do Commercio*,* de 25 e 30 de janeiro, 7 e 11 de fevereiro de 1898. Esses artigos foram reunidos em *Vindiciae*, junto com um complemento crítico sobre os *Ensaios de Filosofia do Direito*, de Sílvio Romero. O livro foi publicado pela Livraria Cruz Coutinho, do editor Jacinto Ribeiro dos Santos, no Rio de Janeiro, em 1899, com o mesmo pseudônimo utilizado nos artigos. Recebeu elogios dos amigos de Machado e uma crítica desaforada de Augusto Franco,* discípulo mineiro de Romero.

Vinte anos! Vinte anos! Conto publicado em *A Estação*,* de 15 de julho de 1884, com a assinatura Machado de Assis.* Figura no 2º volume das *Relíquias de casa velha*.*

22 de julho de 1890 Soneto dedicado a Ernesto Cibrão,* que na data comemorava 54 anos. O original autografado do poema permaneceu inédito até junho de 2019, sendo publicado pelo pesquisador Felipe Rissato.

26 de outubro Soneto em homenagem a José Bonifácio,* publicado na *Gazeta de Notícias,** de 27 de outubro de 1886, com a assinatura Machado de Assis. Incluído em *Poesia e prosa.**

Virginius – Narrativa de um advogado Conto publicado no *Jornal das Famílias,** de julho e agosto de 1864, com a assinatura Machado de Assis.* Incluído no volume *Machado de Assis,* da Estante Clássica da Revista de Língua Portuguesa (janeiro de 1921).

Visão Poesia incluída nas *Falenas,** dedicada a Luís de Alvarenga Peixoto.* Não foi aproveitada nas *Poesias completas.**

Visão de Jaciúca (A) Poema que figura nas *Americanas.**

Visconde de Castilho (O) Artigo publicado na *Semana Ilustrada,** de 4 de julho de 1875, a propósito da morte do escritor português. Não está assinado, mas uma nota introdutória informa ter sido escrito por Machado de Assis.* *Poesia e prosa.**

Visio Poema que figura nas *Crisálidas.** Vide verbete "Em sonhos".

Visita de Alcebíades (Uma) Conto, teve duas versões bem distintas. A primeira foi publicada no *Jornal das Famílias,** de outubro de 1876, com o pseudônimo de Victor de Paula.* Figura nos *Contos esparsos.** A segunda versão, bastante modificada, como advertiu o próprio Machado, foi incluída nos *Papéis avulsos.**

Vitor, Nestor (N. V. dos Santos) Durante algum tempo, Nestor Vitor (Paranaguá, PR, 1868) refletiu a opinião depreciativa dos simbolistas sobre Machado. Conta-se que, recém-chegado

Nestor Vitor

ao Rio (1888), ele negava toda a obra machadiana e só se referia ao escritor chamando-o de "o pardavasco do *Dom Casmurro*". Com a maturidade, esse juízo leviano foi substituído pelo desejo de compreensão e o sentimento de justiça por "aquele diabólico quanto venerável Machado de Assis", que pode ser datado, simbolicamente, de 1902, ano do ensaio "José de Alencar e Machado de Assis", uma breve tentativa de paralelo entre a obra dos dois escritores. O interesse pela obra machadiana, e o desejo de compreendê-la, parece ter aumentado com o conhecimento pessoal ("é preciso conhecê-lo um pouco de perto, ver como ele é antes de tudo" etc.), dando-lhe a liberdade de fazer perguntas intrigantes, como ao indagar ao escritor "se não houvera um fato em sua vida que explicasse a razão da brusca mudança de sua atitude de espírito que data de *Brás Cubas*" (*Keyserling e Machado de Assis, O Estado de S. Paulo,* 9 de outubro de 1929). A admiração sem restrições já se revela na crítica sobre as *Relíquias de casa velha,** publicada em *Os Anais,** de 15 de março de 1906, sob o pseudônimo de Nunes Vidal, equilibrada, mas sem maior profundidade. O

V

seu estudo mais interessante sobre a obra de Machado foi de publicação póstuma, o ensaio "Garção e Assis", incluído como apêndice à *Introdução a Machado de Assis* (1947), de Barreto Filho. Faleceu no Rio de Janeiro, em 1932.

Vitor Hugo Vide "Victor Hugo".

Vitório, Adolfo (A. Manuel V. da Costa) Educador, proprietário do Colégio Vitório, situado na rua Gonçalves Dias, um dos melhores estabelecimentos de ensino do país. Ali estudaram, entre outros, Olavo Bilac* e Luís Delfino.* Quando da morte do professor, em 1881, foi organizada uma polianteia,* denominada *Homenagem ao conselheiro Dr. Adolfo Manuel Vitório da Costa*,* na qual Machado colaborou.

Viúva Sobral (A) Conto publicado em *A Estação*,* de 15 e 30 de abril e 15 de maio de 1884, assinado com as iniciais M. de A.* Incluído nos *Contos sem data*.*

Viva o dia Onze de Junho Vide "Quadra".

Viver! Conto incluído nas *Várias histórias*.* Publicado pela primeira vez na *Gazeta de Notícias*,* de 28 de fevereiro de 1886, com a assinatura Machado de Assis.

Volta do poeta (A) Vide "Gonçalves Crespo".

Voltaire Pseudônimo de François-Marie Arouet (Paris, França, 1694-1778). Machado admirava a ironia demolidora de Voltaire, "cuja eterna mofa é a consolação do bom senso (quando não transcende o humano limite)" (*O primo Basílio*,* *O Cruzeiro*,* 30 de abril de 1897), na qual a "graça transparente e fina" (*Gazeta de Notícias*, 5 de novembro de 1888) se misturava ao fel, à independência de pensamento, à lógica irrepreensível de seu raciocínio e à linguagem, "pura, límpida, nítida e fácil" ("Bons Dias!",* 19 de julho de 1888). Inúmeras vezes se refere a seus contos e poemas. Na intimidade, gostava de recitar aqueles versos: "*On meurt deux fois, je le vois bien!/ Cesser d'aimer et d'être aimable/ Est une mort épovantable!/ Cesser de vivre, ce n'est rien!*", que escreveu no álbum de autógrafos de Francisca de Basto Cordeiro.*

Voos icários Crítica sobre o livro de Rosendo Moniz Barreto,* publicada na *Semana Ilustrada*,* de 26 de janeiro de 1873, com a assinatura M. de Assis.* *Dispersos*.*

Voulez-vous du Français Quadra bilíngue (português e francês) escrita no álbum de autógrafos de Francisca de Basto Cordeiro.* Publicada em "O Machado de Assis que eu conheci menina" (*Jornal do Commercio*,* 21 de junho de 1939), artigo de Francisca de Basto Cordeiro. *Dispersos*.*

W

W. M. Jackson Inc. Editores Em 1937, o editor Jackson publicou a 1ª edição das "obras completas" de Machado de Assis, em 31 volumes. Reunindo toda a produção do escritor conhecida à época, além de textos inéditos em livro, ela deve ser encarada com extrema reserva, tendo sido mais prejudicial do que benéfica à difusão da obra machadiana. O critério adotado desrespeitou a fidedignidade ao original e, por vezes, violentou o pensamento de Machado. Os editores mudaram trabalhos de um volume para outro, introduziram matérias inéditas não assinadas, sem qualquer comprovação de autoria, deixaram de incluir outras (como alguns poemas das *Crisálidas** rejeitados por Machado nas *Poesias completas*,* apesar de garantirem a inclusão de todos os poemas suprimidos), alteraram o texto, sem o menor respeito pelo legado do escritor, desvirtuando-o grosseiramente, suprimiram epígrafes, como a de Montaigne* nas *Páginas recolhidas*,* inutilizaram citações, alteraram títulos, além de inúmeras gralhas tipográficas. Na década de 1950, a editora reviu toda a obra, ajustando-a à nova ortografia. Uma catástrofe. Salvou-se apenas o volume de *Várias histórias*,* a cargo de Aurélio Buarque de Holanda. Os outros trinta volumes, revistos por Henrique de Campos e Ary de Mesquita, foram um desrespeito à obra machadiana, sobretudo os que estiveram a cargo do segundo, que constantemente "corrigia" o texto machadiano. Depois de mais de vinte anos como detentora exclusiva dos direitos de edição das obras de Machado, a W. M. Jackson perdeu o monopólio, através de despacho do presidente da República, Juscelino Kubitschek de Oliveira, datado de 15 de setembro de 1958, declarando as obras do escritor em domínio público.

Walfrido Pseudônimo não identificado que assinou artigo sobre *Esaú e Jacó*,* em *Os Anais*, de 5 de novembro de 1904.

Walter, Judith Vide "Gautier, Judith".

Wanderley, João Mauricio Vide "Cotegipe, Barão de".

X

X. Inicial utilizada para assinar o conto "A felicidade".* A atribuição de autoria é de R. Magalhães Júnior.

Xadrez (jogo de) Vide "Enxadrista".

Xavier, Lindolfo (L. Otávio X.) Nascido em Pitangui, MG, em 1876, chegou ao Rio de Janeiro em abril de 1907, para exercer o cargo de oficial de gabinete do Ministério da Viação.* Ali, trabalhou com Machado, cuja casa no Cosme Velho* chegou a frequentar. Seu relacionamento com o escritor carioca está narrado em *Machado de Assis no tempo e no espaço* (Rio de Janeiro, Brasílica, 1940). Jornalista, poeta, contista, ensaísta, teatrólogo, Xavier faleceu no Rio de Janeiro, em 1966.

XXX Assinatura utilizada no manuscrito da peça *As forcas caudinas.** O manuscrito existente na Biblioteca Nacional,* único que se conhece, foi copiado do original encaminhado ao Conservatório Dramático Brasileiro,* sendo o título, o subtítulo, o criptônimo e a indicação "Um correio" de letra de terceiro. No restante do manuscrito a letra é de Machado, conforme comprovação de J. Galante de Sousa. A interferência de mão estranha e o pseudônimo devem-se, provavelmente, ao fato de os autores evitarem colocar seus nomes, ou qualquer detalhe que os identificasse, nos originais apresentados, para não constranger os censores.

Y

Y

Y. Com essa inicial, Machado subscreveu os poemas "Estâncias nupciais"* e "Potira",* no *Jornal do Commercio*,* respectivamente em 1864 e 1870, e a tradução de "O rei dos olmos",* na *Semana Ilustrada*,* em 1865.

Z

Zaluar, Augusto Emílio Apesar de bem mais velho, Zaluar (Lisboa, Portugal, 1825) foi um dos primeiros amigos de Machado nos meios literários. Igualava-os o entusiasmo pela literatura. Tendo chegado ao Rio de Janeiro em 1849, depois de abandonar o curso médico em sua terra, logo passou a colaborar nos jornais cariocas. Em 1851, publicou o livro de poemas *Dores e flores*, o primeiro escrito e lançado no Brasil. A amizade com Machado começou em 1856, quando ambos frequentavam o escritório de Caetano Filgueiras.* No ano seguinte, Machado colaborou em *O Paraíba*,* o jornalzinho que Zaluar e Remígio de Sena Pereira* editavam em Petrópolis.* Durante anos, os dois escreveram para o *Jornal das Famílias*.* Censor do Conservatório Dramático, Machado emitiu parecer (datado de 20 de julho de 1862) sobre a tradução de Zaluar da comédia *As garatujas*, de Victorien Sardou.* O início dos anos 1860 parece assinalar o auge da amizade. Machado por três vezes se referiu ao amigo em suas crônicas em *O Futuro* (15 de março, 1º de abril e 15 de junho de 1863), sempre de forma condescendente. De temperamento arrojado, Zaluar deixou um emprego na burocracia para realizar uma longa excursão pelas províncias do Rio de Janeiro e de São Paulo, durante os anos de 1860 e 1861. Dessas reportagens surgiu *Peregrinação pela Província de São Paulo*, livro criticado por Machado no *Diário do Rio de Janeiro*,* de 16 de novembro de 1863. No ano anterior, Zaluar havia publicado o livro de poemas *Revelações*, analisado por Machado no *Diário do Rio de Janeiro*, de 30 de março, e em *O Futuro*, de 1º de abril de 1863. Quando Zaluar publicou as *Folhas do caminho*, Machado escreveu nova crítica sobre a obra do amigo, publicada no *Diário do Rio de Janeiro*, de 5 de setembro de 1864, enfatizando ser ele "autor de muito belo verso e muita bela prosa". Dedicando-se à ficção, Zaluar tornou-se uma espécie de pioneiro do romance científico no Brasil com o seu *Dr. Benignus* (1875), no qual é patente a influência de Júlio Verne. Faleceu no Rio de Janeiro, em 1882.

Zero Cachorro preto, da raça pinscher, que Machado e Carolina* acolheram na década de 1890. À noite, quando saía para passear ou visitar famílias amigas, Machado punha o cãozinho no bolso externo do casaco.

Z.Z.Z. Iniciais utilizadas na assinatura do conto "Um bilhete",* em *A Estação*.* A atribuição é de R. Magalhães Júnior.

ANEXOS*

1. Viagem a Vassouras
2. Editorial do *Diário do Rio de Janeiro*, de 5 de dezembro de 1866
3. *Inferno.* Canto suplementar ao poema de Dante pelo Dr. Semana
4. Parecer sobre *Os lazaristas* – *Gazeta de Notícias*, 14 de outubro de 1875
5. Poema sem título (1876)
6. Capitu, o enigma de *D. Casmurro*, de F. de Paula Azzi
7. Capas das edições estrangeiras de Machado de Assis

* Os seis trabalhos de Machado de Assis incluídos nos Anexos permaneceram inéditos em livro até a primeira edição desta obra, em 2008, na qual figurou também o importante artigo de Francisco de Paula Azzi, abordagem pioneira do tema da possível traição de Capitu.

1. Viagem a Vassouras

Cartas a um amigo

I

Ora, pois, meu caro amigo, vou contar-lhe as minhas impressões de viagem. Ah! já é alguma cousa ter impressões de viagem para contar, eu, que só uma vez saí dos limites da cidade, e que ainda assim não passei da Barra do Piraí.

Desta vez fui mais adiante; fui a Vassouras.

O trem partiu da cidade às 6 horas e meia. Era dia claro. Tomei o meu lugar na 1ª classe, e fui surpreendido agradavelmente com a vista do pó que adornava o marroquim do assento; era, creio, para indicar aos passageiros que o trem tinha andado na véspera. Sacudi a poeira e sentei-me junto à janela.

O trem começou a andar.

No meu compartimento iam mais quatro pessoas que não conheço; e além disso, esquecera-me de levar os jornais do dia; mas tinha na mala com que gastar o tempo. Até a serra eu sabia que o caminho oferecia apenas um aspecto árido e monótono.

Puxei da mala um livro de Walter Scott, *Guy Mannering.*

Guy Mannering começa por uma viagem, em que o herói, depois de errar nos caminhos da Escócia, vai dar a um castelo, onde a mulher do Laird Bertram acha-se com dores de parto. Tira esta última circunstância, por que os meus hóspedes não podiam correr semelhante risco, e eu começava a viagem como o jovem coronel escocês; apesar das indicações que me foram dadas, eu não sabia ao certo onde parava a casa onde ia. Mas a ideia de que Vassouras não seria Londres ou Babilônia sossegava o meu espírito.

O dia estava sombrio; soprava um vento úmido, e os meus companheiros, conversando entre si, eram de opinião que no alto da serra estava a chover. Vi depois que a observação era exata em parte; não chovia, mas o sol apresentava sinais de chuva recente; o que, aliás, dizem ser o estado normal daquelas paragens.

Não me demorarei em descrever os admiráveis trabalhos da estrada, mormente da linha provisória, verdadeiro milagre de arrojo.

É usual a todos os passageiros recearem pela passagem da célebre ponte da linha provisória; mas quanto a mim, que ali passo de corrida, e não sou engenheiro, creio antes que nada há mais sólido do que aquela ponte; o que parece dever impressionar são os aterros; mas, graças a uma severa vigilância, o perigo quase que é nulo.

A estrada até a Barra era já minha conhecida; apesar disso admirei os panoramas maravilhosos que em todo o trajeto a serra oferece.

Da Barra ao Rio das Mortes era tudo novo para mim. Mas que bela novidade! A linha entre aqueles dous pontos segue sempre pela margem esquerda do Paraíba, e a vista deste rio, ora farto de águas, ora entremeado de numerosas ilhas de pedra, era um espetáculo delicioso para os meus olhos, acostumados a ver os *rios urbanos* do Rio de Janeiro, nos dias de chuva.

Entre Ipiranga e Rio das Mortes vi na margem oposta do Paraíba um pescador, dentro da sua canoa, fina como uma flecha. Era dos que fornecem peixe aos moradores próximos, e mais tarde vim a comer em Vassouras, peixe talvez pescado por ele.

Só deixei de olhar para aquele homem quando a distância era já grande, tanto me parecia ele feliz e digno de inveja. Viver sobre as águas de um rio, à beira das florestas, sem se importar com a queda dos ministérios, nem com as eleições, nem com as modas, nem com as guerras, não é isto uma imagem de bem-aventurança?

Antes de chegar à última estação houve um incidente muito comum; um cavalo que estava na estrada deitou a correr adiante, o que obrigou a máquina a diminuir a força, procurando espantar o animal por meio de assobios estridentes. Era tudo inútil; o cavalo não saía da estrada, e continuava a correr. Não te cito este incidente senão para reproduzir a reflexão que eu fiz naquele momento. Aquele animal, querendo correr mais que a locomotiva, assemelhou-se a certos políticos que procuram correr mais que o tempo, que lhe resulta ou morrer esmagado ou saltar fora do trilho.

Comparações políticas à margem do Paraíba! Vê lá o que é ter vivido no Rio de Janeiro!

Chegamos finalmente ao Rio das Mortes. Esperava-me na estação o meu amigo G., o que foi uma fortuna. Abracei-o primeiramente, e depois procurei comer alguma cousa.

Satisfeitos os desejos do estômago, disse-me o meu amigo:

– Vamos tomar o carro.

Tinham-me dito na corte que a viagem entre a estação e a cidade de Vassouras era feita em carros. Imaginei logo um carro como os Major, e dei parabéns à minha fortuna.

Encaminhamo-nos para o carro.

– Onde está ele? perguntei eu.

– Aqui.

– Aqui onde?

E o meu amigo mostrou-me um defunto carro. Não há dúvida que ele se assemelhava na forma aos carros da praça, mas tão velho era, e tão de cor duvidosa, que eu ao princípio não dei por ele. Não havia lugar para mim, porque uma família os tomara todos; mas o cocheiro arranjou-me na almofada, no meio de malas e sacos de todo gênero.

O meu amigo seguiu a cavalo.

Não te quero tomar espaço; fica para a semana a minha segunda carta. Dá dous beijos nesta, que é como se fosse no teu **.*

(*Semana Ilustrada*, 24 de setembro de 1865)

II

A viagem de carro entre a estação do Rio das Mortes e cidade de Vassouras é feita em três quartos de hora.

A atual estrada é cheia de passagens íngremes, estreita, e assustadora para o homem que vai da corte, e que está apenas acostumado às ruas mal calçadas; mas comparativamente com muitas estradas, e sobretudo com antiga estrada de Rodeio, é um caminho de flores.

As bestas do carro que fazem aquele serviço parecem até dotadas de inteligência, por que no meio das voltas e das subidas caminham desafrontadas e com uma segurança incrível.

Eu, que ia em cima, olhava para toda a estrada e via as dificuldades a vencer, o que não acontece a quem vai dentro do carro. Parecia-me às vezes que as bestas não podiam passar de certos pontos; mas qual! passavam de corrida, afoitamente, com uma consciência e um sangue-frio que faziam morrer de inveja.

É verdade que o cocheiro os animava frequentemente com os gritos de:

— Ei! Mula! Mula!

— Ei! Flauta! Mimosa!

— Ei! Mula! Ei! Bonita!

Excelente estrada é a que se está abrindo atualmente e que dentro de pouco tempo deve ser aberta ao trânsito. Hoje mesmo quem vai a cavalo já passa por ela. É uma estrada larga e reta.

Manda porém a verdade que eu confesse um pecado, a estrada velha fez-me tanta impressão, pela posição em que eu me achava, tanto que, na volta, vindo dentro do carro, nada vi de extraordinário, antes me parecia andar na cidade, ou ainda melhor, porque ao menos lá não há pedras nem atoleiros.

Cheguei finalmente à cidade de Vassouras. O meu amigo G. chegou pouco depois, apeou-se e seguimos a pé.

Como não tenho intenção de narrar-te dia por dia a estada na cidade, deixa que te reúna as minhas impressões, o que posso fazer em uma só carta.

Vassouras saiu-me melhor do que eu acreditava. É uma cidade pequena, é verdade, mas possui boas casas, algumas excelentes, como o palacete Avelar e outras. Há muita cousa feita, e muita por fazer; e a julgar pelo que ouvi trata-se de levar a efeito alguns melhoramentos; infelizmente os fundos municipais são escassos para a satisfação de todas as necessidades de Vassouras.

Pode-se chamar Vassouras a cidade dos projetos. Há ali um projeto de teatro, três projetos de igreja, e um projeto de cadeia. O teatro e a cadeia possuem as paredes, mas ficam aí. Quanto às igrejas só se sabe que houve ideia de as construir pelas cruzes que indicam os lugares escolhidos.

A matriz é elegante e simples; está colocada num largo, que a câmara municipal trata de plantar e cercar.

O cemitério é pequeno demais; encerra alguns túmulos bem executados. Dizem que se trata de alargar, e isso é necessário, apesar de circunstância que ali se dá, segundo me assevera uma autoridade do lugar: é de ser tão pequena a mortalidade, em Vassouras, que às vezes se passa um mês, sem morrer pessoa alguma.

Disseram-me todos que Vassouras já não é o que era outrora, e com efeito, eu notei durante os dias em que lá estive, que a cidade tinha um ar de amortecimento. Explicaram a razão: foi a linha da estrada de ferro que não tocou na cidade, de modo que deslocou o ponto de reunião dos viajantes, que era outrora Vassouras.

(Continua)

(*Semana Ilustrada*, 8 de outubro de 1865)

2. Editorial do *Diário do Rio Janeiro*, de 5 de dezembro de 1866

As cartas e os jornais chegados de Minas Gerais dão notícia de que o nosso amigo e digno presidente daquela província saíra de Ouro Preto a 24 do passado. Começou S. Ex. a viagem que projetou no intuito de animar com os seus conselhos e ordens o movimento patriótico da província, executando assim, a despeito de incômodos e fadigas o dever que lhe impõe o cargo de funcionário público e os sentimentos do cidadão.

No dia 25 chegou o Sr. Dr. Saldanha Marinho a Piranga, onde teve uma recepção brilhante, cerca de 80 cavaleiros foram buscá-lo a uma légua de distância e o acompanharam até a casa do Sr. coronel Camilo Antonio Januário Carneiro onde o nosso amigo se hospedou. A população em massa recebeu-o com demonstrações vivas de entusiasmo e adesão.

Uma viagem daquela ordem, toda patriótica, toda para um fim tão sagrado como a honra do país, devia desarmar as paixões políticas. Assim o entenderam os conservadores que foram esperar o ilustre presidente fora da povoação. Mas a família dos Triboulets (*) é numerosa, e segundo cartas que temos à vista, de pessoas insuspeitas e desprevenidas, houve em Piranga quem tentasse impedir a efetividade das ordens do governo e ao mesmo tempo desprestigiar o digno cidadão que hoje preside aos destinos da província.

Com efeito, na ocasião de saírem os cavaleiros, liberais e conservadores, a esperar o presidente, um tribuno apareceu nas ruas de Piranga e dizia ao povo que as suas manifestações eram uma loucura; que ele devia resistir às seduções do presidente; que a guerra era do partido liberal e não da nação; que os que marchassem para a guerra pagariam com a vida esse momento de entusiasmo e outras muitas cousas por este teor que devem ser citadas como vergonhosa exceção neste país.

Já aqui, nas colunas do *Jornal do Commercio*, vimos nós em prosa fria, cousa mais ou menos parecida com o discurso de Piranga.

Que quer dizer tudo isto? Até onde vão as paixões políticas e os ódios pessoais? O demagogo de Piranga resume essa pequena classe de partidários, que conservam ou imitam de outro tempo apenas os excessos, esquecendo as virtudes e a nobreza de caráter. Não se convencem de que isto é uma nação, e não uma grande aldeia, exposta ora ao mexerico do soalheiro, ora ao distúrbio da praça pública.

O que se fez em Piranga não tem nome: é uma lição aproveitável, um exemplo da nova maneira de combater os adversários. Mas são os adversários que sofrem com essa guerra mesquinha, ou é a província toda, o país inteiro?

Felizmente o Sr. Dr. Saldanha Marinho é um desses caracteres que nem se intimidam nem vergam; cumpre o dever a despeito dos obstáculos. Demais, a recepção que teve da parte sensata da população deve compensá-lo da vozeria indiscreta do tribuno.

S. Ex. durante os dias em que se conservou em Piranga recebeu as maiores provas de adesão.

No dia 26, depois de uma missa celebrada pelo vigário a pedido de S. Ex. teve lugar a reunião da guarda nacional. O digno presidente deu providências enérgicas para que a organização do contingente fosse completa, apesar dos muitos obstáculos que encontrou.

No dia 27 devia S. Ex. partir para Ubá, devendo ser acompanhado até grande distância por um número duplo de cavaleiros de todas as cores políticas, que se mostravam solícitos em provarem antes de tudo que são brasileiros.

Na véspera desse dia foi oferecido ao nosso amigo um baile em casa de uma pessoa importante do lugar, ideia iniciada pelo Sr. Matias Laborão.

Desejamos ao digno presidente de Minas uma próspera viagem. Temos conhecimento do caráter enérgico e dos sentimentos de dedicação do Sr. Dr. Saldanha Marinho. Resta que a província continue a ajudar os seus esforços mandando bravos para a guerra, que é feita ao Brasil e pelo Brasil.

(*Diário do Rio de Janeiro*, 5 de dezembro de 1866)

(*) Triboulet. Bufão de Luís XII e de Francisco I, que costumava dizer o que lhe vinha à mente, mesmo inconveniências. Chamava-se Frévial ou Le Ferrial. Viveu entre 1498 e 1536, aproximadamente. Victor Hugo fez dele personagem da peça *Le Roi s'Amuse*. Seu apelido Triboulet significa "pau grosso com que se arredondam as peças de prata", segundo o *Nouveau Dictionnaire Français-Portugais*, de João Fernandes Valdez.

3. *Inferno*

Canto suplementar ao poema de Dante pelo Dr. Semana

Argumento

O poeta entra no círculo suplementar. – Aparecem-lhe as almas dos fâmulos. – Suplício do criado preguiçoso, do atrevido, do ratoneiro. – Virgílio chama duas almas que andam bailando no ar. – Episódio de Inês da Maia; seus amores e morte. – O poeta fica tão aterrado que cai no chão *come corpo morto cade.*

Vi ao longe uma turba horrenda e insana
Que se agitava no ar. Eu, assustado,
Quase perco de todo a tramontana.

Mas Virgílio: "Descansa, filho amado;
Essas almas que vês num rodomoinho
São do povo doméstico chamado.

Vamos vê-las de perto um bocadinho;
Aprenderás ali como é severo
E justo o céu." Fomos os dous caminho

Daquele povo desvairado e fero;
E do que entre ele vi, mal poderia
Dar aqui um traslado amplo e sincero.

Ora direi que ali mais de um havia
Condenado a escovar perpetuamente
Botas que outrora não limpara um dia.

Outro, que resmungava antigamente
E a paciência a muitos esgotara
Com resposta e ditos de má gente,

Agora a boca estólida escancara
E sem poder fechá-la um só minuto
Como que engole as cousas que soltara.

Oh! miséria do gênio dissoluto!
Ali vi um que, em toda a sua vida,
Fora ladrão, sobre grosseiro e bruto.

Esse, a quem mal bastara a bem provida
Dispensa do amo, e acaso enriquecera
Só com tirar-lhe parte da comida,

Vi-o (horrorosa cousa!) que estendera
Tanto a vasta e extensíssima barriga
Que outro globo terrestre parecera.

Um ali era que viveu de intriga
E mais... Subitamente, outra diversa
Cousa me chama. E eu: — "Poeta, diga,

Quem é aquele par que a sorte adversa
Unido fez, e vem pelo ar bailando?
Quero dar-lhe dous dedos de conversa".

E ele a mim: — "Pois dá-los-hás tu, quando
Perto forem de nós; fala-lhe em nome
Daquele amor que os vem ambos matando."

Eles, como galinhas que têm fome,
Vinham descendo aos brados de Virgílio,
E tristes como é triste um lobisome.

Disse eu então: — "Que ensanguentado idílio
Aqui vos trouxe, ó almas lastimosas,
Para viver neste perpétuo exílio?"

E elas; — "Ó coração de lei! Piedosas
As tuas vozes são. Se o nosso estado
Merece tantas expressões honrosas,

Aos céus erguendo um lacrimoso brado,
Com vivo gosto pediremos ambos
Que te faça contente e afortunado.

Não te enfadem, senhor, estes molambos.
Eu bela fui; a tez que ora desmaia,
Mostrava outrora a viva cor dos jambos.

Vesti muita camisa de cambraia;
Tive muito cordão neste pescoço;
Chamei-me em vida — a bela Inês da Maia.

Sou eu a mulatinha do carço:
Amor perdeu-me, amor que me guardava
Para perder este galhardo moço.

Amor, que tens perdido tanta escrava,
Tanta dama gentil, tanta matrona,
De virtudes que o céu abençoava.

Amor, *che a nullo amato amar perdona*,
Aqui me trouxe, aqui a andar me leva
Com este, que ainda assim, não me abandona.

Era mucama de uma filha de Eva,
De quem este era o sigisbéu amado
E que ainda o corpo nos prazeres ceva.

Este foi o mais fino e o mais ousado,
Que, de todos aqueles que lá iam,
Me prometera casa de sobrado.

Porém, se os nossos corações pediam
Amor, Amor nos deu triste e funesto
Prêmio, que os nossos corações não viam.

Assim falava a alma. Eu, de molesto
Co'a narração, fiquei tétrico e frio,
Curva a cabeça e consternado o gesto.

E Virgílio: — "Em que pensas?" — No sombrio
Instante em que estas duas aves belas
Deram o longo e derradeiro pio."

E erguendo os olhos para os olhos delas,
Disse: — "Ó Inês, doeu-me a curta história
Desses horríveis males e mazelas.

Mas se a mágoa te deixar inda a memória
De tudo o mais, faze-me a narrativa
Da terrível catástrofe amatória."

E ela a mim: "Não há dor que fique arriba
De recordar a gente o que já teve,
Quando cai numa grande pindaíba.

Mas se a curiosidade te prescreve
Que eu exponha as misérias desse lance,
Fazê-lo vou com lágrimas e breve.

Folheávamos os dous certo romance,
Rocambole, e suas artes do diabo;
Éramos sós, fora de todo alcance.

Entre muita risada e muito gabo,
Duas páginas lêramos, estando
Quase a terceira página ao cabo;

E assim lendo brincávamos, já quando
A ama, na sala, furiosa entrava,
E nos estava lívida fitando.

Caiu-nos o livro; eu trêmula ficara;
Ele pálido e morto... Aquele dia
O último foi dessa leitura amara."

Enquanto ela estas cousas me dizia,
O outro chorava. Quanta força encerra
O corpo, toda ir-se-me sentia,
E dei um grande trambolhão na terra.
Dr. Semana

(*Semana Ilustrada*, 12 de julho de 1874)

4. Parecer sobre *Os lazaristas*

Qualquer que seja a decisão do Conservatório a respeito deste drama, podemos ter a certeza de que há de provocar oposição. Concedida a licença, não faltará quem o acuse de contribuir para o desprestígio da religião; negada, podem talvez censurá-lo por oprimir a liberdade de pensamento.

Ambos os casos são graves; se não podemos evitar as censuras, cabe-nos somente cumprir o nosso estrito dever.

Os lazaristas não são mais do que um escrito em forma de diálogo e dividido em cenas, linguagem veemente, estilo às vezes declamatório, obra mais política do que literária. O título indica o assunto: o fim do autor é combater a influência de uma parte do clero, que lhe parece perniciosa. Numa palavra, é ato de um partido contra outro partido.

Ora, três são os pontos a respeito dos quais o Conservatório examina as peças submetidas à sua censura: religião, moral e decência. A peça não é imoral, nem indecente; irreligiosa também não me parece que seja, isto é, não ataca os dogmas, nem a doutrina, nem a disciplina católica, salvo em ponto que indicarei abaixo.

Não é menos certo, entretanto, que a peça tenha inconveniências, que a linguagem por vezes violenta pode não convir à representação teatral, e que o próprio assunto, na presente crise ente os poderes civil e eclesiástico, deve ser excluído da cena. Esta questão, porém, excede a alçada do Conservatório, é toda da polícia. Cabe à polícia, por motivos de ordem pública, pôr o seu veto à representação.

Proponho portanto um destes dois alvitres:

1º Licenciar a peça, deixando a polícia cumprir o seu dever e ordenando a supressão das duas falas de Albuquerque na cena 2ª do 2º ato, relativas à guarda do domingo; é este um mandamento da igreja que o personagem ridiculariza.

2º Devolver a peça ao teatro (caso a maioria dos meus distintos colegas não concorde em licenciá-la) com a declaração de que sejam feitas profundas modificações na linguagem e suprimindo o ponto indicado acima, voltando a peça a novo exame.

13 de junho de 1875

5. Poema sem título (1876)

I

— "Dize o que queres!" murmurava o príncipe;
— "Tudo desejo", respondia a dama;
"Eu quero as horas que o prazer inflama,
Eu quero as festas que aviventa o ardor.
Quero sentir nas abrasadas pálpebras
A luz que traz o alvorecer do dia,
Quando começa o ressonar da orgia
E a voz expira ao turbulento amor".

II

"Minh'alma queres?" perguntava o príncipe.
"Guarda tua alma", respondia a dama;
"Esse amor puro, que dos bens é chama,
Se às virgens fala, não me fala a mim.
Eu sou a noite, a sedução, o estrépito,
Eu sou o mal, a agitação e a morte;
Guarda tua alma, que é de Deus consorte;
Dá-me teus lábios e o prazer sem fim!"

(1876)

Este poema, sem título, foi publicado na edição de 1º de junho de 1921 da revista *América Brasileira*, de 1921, antecedido de uma nota, comentando o "feliz acaso" do original manuscrito ter parado em mãos de um dos diretores da publicação. A nota transcreve ainda as breves palavras com que Machado antecedeu o seu poema: "Meu caro Furtado Coelho, um grave incidente, ocorrido a pessoa de minha amizade, impediu que desse imediato cumprimento às tuas ordens, acrescendo que eu supunha marcada para sábado a representação e vejo que o dia é amanhã. Acabo de escrever e remeto-te uns versos, que me parecem servir. Emenda e desculpa a demora involuntária do teu Machado de Assis". Ignorando essa publicação, Jean-Michel Massa ("*Autres textes retrouvés de Machado de Assis*", em *Études Luso-Brésiliennes*, volume XI, Paris, Presses Universitaires de France, 1966) transcreveu como "*totalement inédit*" o poema e as palavras de Machado que o antecedem.

6. Capitu, o enigma de *D. Casmurro*

F. de Paula Azzi

Há numa das obras-primas de Machado de Assis, nas páginas magníficas do *D. Casmurro*, um enigma ainda não decifrado: o de Capitu.

Foi ela adúltera ou inocente?

O idílio Capitu-Casmurro começou na meninice, sem a interferência de amores estranhos na vida do casal. Enquanto frequentavam o seminário, vieram a conhecer-se e travar amizade Casmurro e Escobar. Viveram como irmãos até a morte deste último. Ambos casaram. Capitu e Sancha (as duas esposas), condiscípulas em solteira, depois do matrimônio permaneceram íntimas amigas entre si.

Um belo dia, Escobar morre afogado. Casmurro surpreende Capitu fitando os olhos no defunto "tão apaixonadamente fixa que não admira lhe saltassem algumas lágrimas poucas e caladas...".

Preliminarmente, cumpre averiguar os antecedentes de Escobar, que não era nenhum santo e cujo perfil Machado traçou em poucas palavras: "Era um rapaz esbelto, olhos claros, um pouco fugitivos, como as mãos, como os pés, como a fala, como tudo" (capítulo LVI). Após seu casamento, registra-se discreta ligação com uma bailarina. Esse indício de sua capacidade aventureira merece fixação desde já. Que ele pudesse cobiçar a deliciosa Capitu era tão plausível e tão coerente no enredo quanto o próprio Casmurro se deixou enlevar pelos doces olhos de Sancha. As relações de amizade não constituiriam óbice à consumação de desejos menos puros, se porventura os alimentasse. Em matéria de concupiscência, não custa eliminar até esmo o mais bem forrado escrúpulo. A grande intimidade poderia antes favorecer todos os passos de Escobar no trabalho de sedução. "Cuidado com os bons amigos", recomendava o saudoso Conselheiro XX.

A célebre novela "*El curioso impertinente*", de Cervantes, difere do *D. Casmurro* em que um dos dois amigos, recém-casado, força o outro, solteiro, a seduzir-lhe a esposa, para pô-la à prova de fogo. O resultado, inevitavelmente, teria de sair funesto. Em *D. Casmurro* a amizade fraterna tornava o marido, apesar de ciumento, despreocupado das bem ou mal-intencionadas incursões do amigo em seu lar.

No desenrolar do romance, denunciam-se certas visitas de Escobar à casa de Casmurro, só ocasionalmente descobertas por este, como no caso das libras (capítulo CVI) e da doença simulada de Capitu, quando insistia com o marido para que ele fosse ao teatro (capítulo CXIII); nessa noite coincidiu a aparição do amigo em casa, sem pretexto muito bem definido, embora a intimidade bastasse para justificar visitas a qualquer hora. "Quando ele saiu, referi minhas dúvidas a Capitu; ela as desfez com a arte fina que possuía, um jeito, uma graça toda sua" (capítulo CXV). Ora, a dissimulação é a melhor arma da mulher e ninguém nos adverte disso melhor que Schopenhauer. Esse poder tinha-o Capitu em alto grau, merecendo até capítulo especial no romance.

Contudo, veremos que falta no livro prova incontestável de adultério. Não se deve esquecer que as suspeitas de Casmurro começaram após a morte do amigo, já então muito tarde para permitir segura comprovação. O certo é que o autor soube dispor tudo calculadamente, com o fito de implantar a dúvida no espírito dos leitores, evitando deixar vestígios positivos de culpabilidade. Talvez por isso mesmo seus críticos tenham o livro na conta de cruel.

Continuando a apreciação dos fatos, veremos agora como se corporificaram as suspeitas. Casmurro começou a notar da parte da mãe para com a nora e o neto certa frieza e retraimento. "Já disse a você o que é: coisas de sogra. Tem ciúmes de você. Quem sabe se não anda doente?" – era a explicação de Capitu, e "ao passo que falava, recrudescia de ternura" (capítulo CXV), quando devera ser a primeira a ficar intrigada com os modos da sogra. Aqui releva lembrar a circunstância de a prima Justina morar em companhia da mãe de Casmurro. Ora, como Justina não tolerava a esposa do primo (capítulos LXVI e C), não seria ela o Iago responsável pelo triste desfecho? Estas palavras, encontradas no fim do volume, são bastante expressivas: "Se fosse vivo José Dias, acharia nele ("em Ezequiel") a minha própria pessoa. Prima Justina quis vê-lo. Conhecia aquela parenta. Creio que o desejo de ver Ezequiel (quando este voltara da Europa) era para o fim de verificar no moço o debuxo que porventura houvesse achado no menino (isto é traços de Escobar). Seria um regalo último: atalhei-o a tempo".

Na colheita de indícios favoráveis e contrários à fidelidade de Capitu, não deve ficar esquecido o incidente da conversação de Ezequiel – o filho de Casmurro – com José Dias, o mesmo que Machado quis comparar a Iago, no capítulo LXII. O diálogo foi o seguinte: "Queres comer doce, filho do homem?" – "Que filho do homem é esse" – perguntou-lhe Capitu, agastada. – "São os modos de dizer da bíblia". – "Pois eu não gosto deles", replicou ela, com aspereza (capítulo CXVI). Precisamos advertir-nos que todas essas cenas são reconstituídas por um espírito obcecado pelo ciúme.

Ressalta, no romance, como principal fator de discórdia, a acentuada semelhança do menino com o finado Escobar. Casmurro, a princípio, notou, sem malícia, certa analogia entre os gestos do garoto e os do amigo. Revelando essa observação a Capitu, ela justificou o fato como momice comum em criança (capítulo CXII). Entretanto, tempos depois, foi ela própria que se alarmou com a fisionomia do filho: "Você já reparou que Ezequiel tem nos olhos uma expressão esquisita? Só vi duas pessoas assim, um amigo de papai e o defunto Escobar". Ora, se Capitu tivesse culpas no cartório, não se arriscaria tolamente a denotar tal semelhança, já então, para ela, indiscretíssima, nessa hipótese. Dessa revelação derivou o ciúme mórbido de Casmurro. Não lhe saía mais da cabeça a ideia de similitude física entre o filho e o amigo, ideia que, paulatinamente, se avivava com o crescimento do menino e a recordação de incidentes passados, a que, outrora, não ligava Casmurro a mínima suspeita. "Escobar vinha assim surgindo da sepultura, do seminário, do Flamengo, para se sentar comigo à mesa, receber na escada, beijar no gabinete de manhã, ou pedir-me à noite a bênção do costume", dizia o torturado Casmurro. Já se referia francamente a Escobar como "seu amigo e comborço".

Certa noite volta do teatro, cotejando Desdêmona com sua mimosa Capitulina, mas na esposa só via culpa, quando, na realidade, podia ser tão inocente quanto a heroína de Shakespeare. Essa preocupação com Otelo é observada ainda nos capítulos LXII e LXXII. Teria sido o modelo?

Casmurro planeja criminoso envenenamento, casualmente frustrado. Por fim já não se contém e explode diante do filho, quando este o chamava: "Papai, papai!" – "Não, não, eu não sou teu pai!". A dramaticidade da cena culmina com a aproximação inopinada de Capitu, que, estupefata, interpela o marido sobre a ignomínia que ele acabara de proferir: "Só se pode explicar tal injúria pela convicção sincera. Que é que lhe deu tal ideia? Diga tudo; depois do que ouvi, posso ouvir o resto; não pode ser muito. Já que disse metade, diga tudo". "... conte o resto para que eu me defenda, ou peço-lhe desde já a nossa separação: não posso mais!"

Quanto brio a desditosa Capitu não revelou nessas palavras! Quanto brio! Brio ou pura dissimulação de quem se julga dona exclusiva de seu segredo?! Empenhando-se em reabilitar a honra de Capitu corre-se o risco de cair na situação de Kant, diante de Deus: acabou destruindo-o (Heine).

Casmurro, ao aludir ao pseudoadultério com Escobar – suspeita que lhe fora inculcada de modo especial, pela analogia de traços entre o filho e o indigitado amante, e secundariamente pela esquisitice da mãe, demora de concepção da esposa e tristeza desta diante da morte de Escobar – provocou de Capitu estas frases doridas, angustiadas e reticenciosas, de quem luta debalde contra convicções errôneas e inextirpáveis, germinadas em coração empedernido e inflexível à reconciliação: "Sei a razão disto; é a casualidade da semelhança... A vontade de Deus explicará tudo... Ri-se? É natural: apesar do seminário não acredita em Deus; eu creio... Mas não falemos nisto; não nos fica bem dizer mais nada".

E daí por diante consumou-se a separação corporal e espiritual de ambos. Houve um divórcio tático. Salvaram-se as aparências. A sociedade, o meio e os preconceitos impunham isso. E a jovem e bela Capitu resvalou para o túmulo, sucumbindo pouco tempo depois, cheia de virtudes, mágoa e dignidade.

Diante de tamanha incerteza, torna-se temerário afiançar que tenha Capitu anuído a qualquer proposta de Escobar, para juntos transgredirem o 9º preceito da lei de Deus.

Penso que o crítico, nas suas investigações não tem direito de ir muito além daquilo que o escritor deixou transparecer, se bem que o próprio Machado seja mais liberal nesse ponto: "É que tudo se acha fora de um livro falho. Assim preencho as lacunas alheias, leitor amigo; assim podes também preencher as minhas" (capítulo LIX). Todavia, mais ingênuo ou mais complacente que outros comentadores, inclino-me a crer que a honra de Capitu só foi enodoada pelo ciúme doentio do marido. O delito não passou de torpe concepção de um cérebro enfermiço. Se Ezequiel pudesse ser submetido a rigorosa perícia científica, estou que seriam reconhecidos nas suas veias apenas elementos sanguíneos iguais aos de Casmurro, sem indício de bastardia...

E se isto não satisfaz ao leitor, ficará eternamente indecifrável o enigma de Capitu? O próprio Machado se encarrega de responder no capítulo LXXVII: "... nem tudo é claro na vida ou nos livros".

(*Correio da Manhã*, 30 de julho de 1939)

7. Edições estrangeiras de Machado de Assis, capas

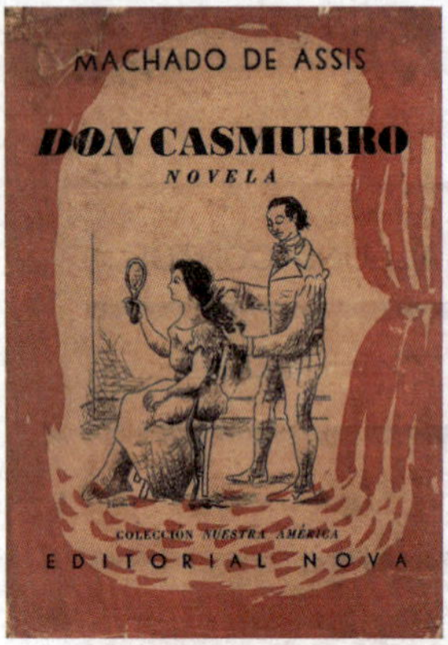
MACHADO DE ASSIS
DON CASMURRO
NOVELA
COLECCIÓN NUESTRA AMÉRICA
EDITORIAL NOVA

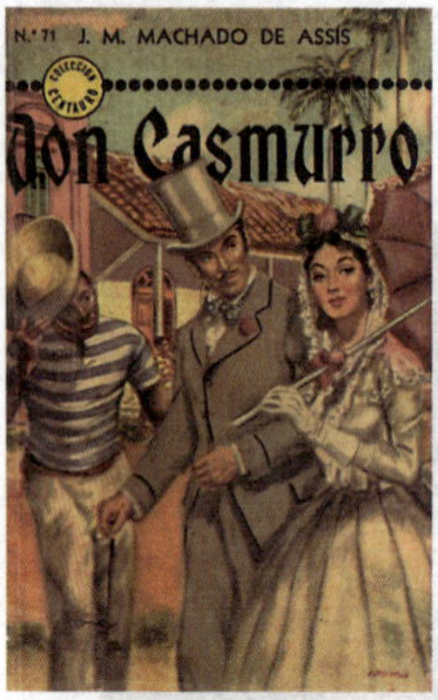
N.º 71 J. M. MACHADO DE ASSIS
Don Casmurro

MACHADO DE ASSIS
Don Casmurro
Edición de Pablo del Barco
CATEDRA
LETRAS UNIVERSALES

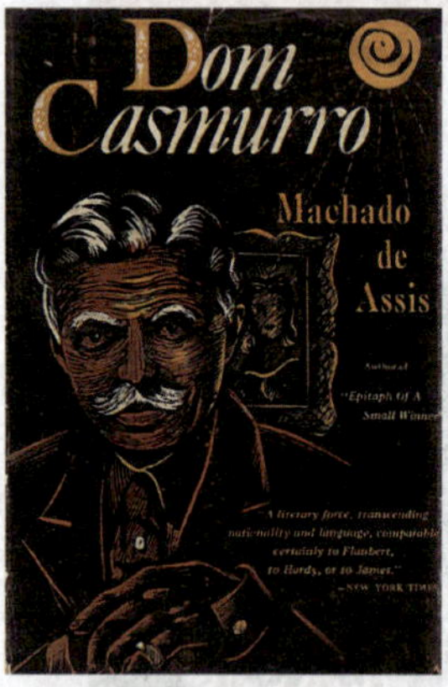
Dom Casmurro
Machado de Assis

DOM CASMURRO
Machado de Assis
BOOK SOCIETY RECOMMEND

Dom Casmurro
Machado de Assis
WITH A FOREWORD BY ELIZABETH HARDWICK

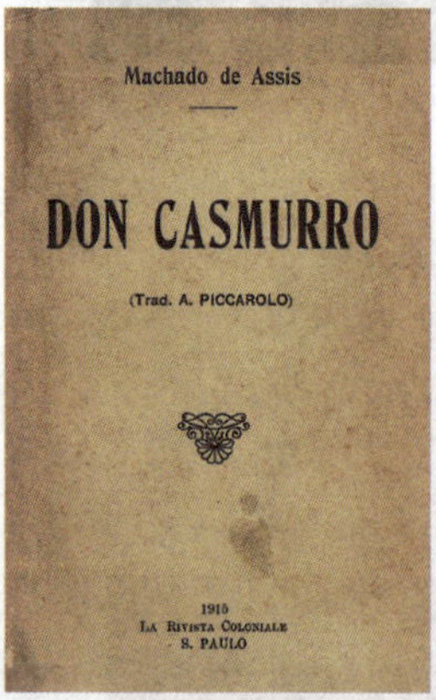
Machado de Assis
DON CASMURRO
(Trad. A. PICCAROLO)
1915
LA RIVISTA COLONIALE
S. PAULO

Machado de Assis
DON CASMURRO
Fazi Editore

Machado de Assis
DOM CASMURRO
PAŃSTWOWY INSTYTUT WYDAWNICZY

Машаду де Ассиз
ДОН КАСМУРРО

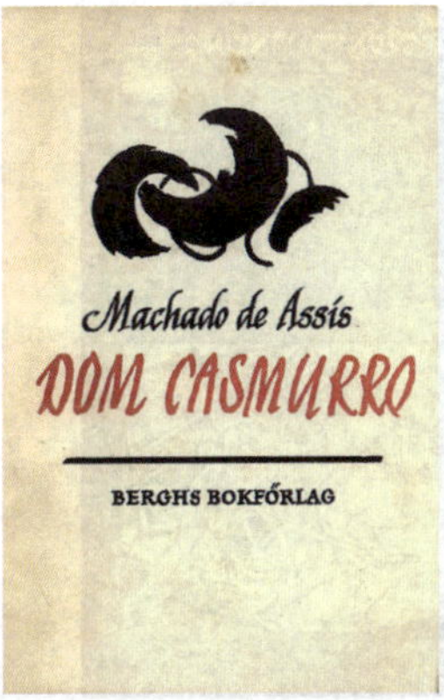
Machado de Assís
DOM CASMURRO
BERGHS BOKFÖRLAG

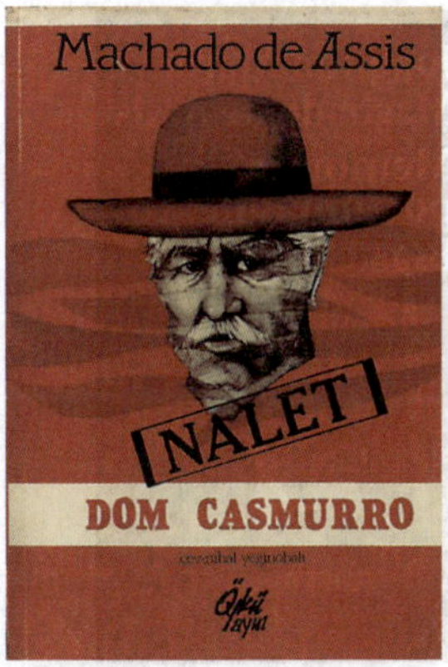
Machado de Assis
NALET
DOM CASMURRO

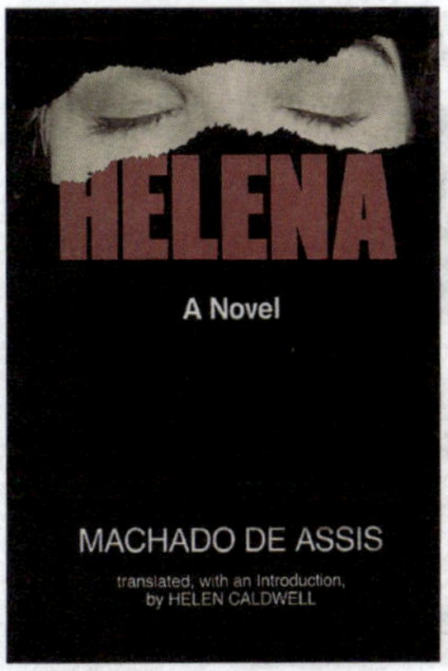
HELENA
A Novel
MACHADO DE ASSIS
translated, with an Introduction,
by HELEN CALDWELL

Machado de Assis
Dagboek van Aires

J. M. Machado de Assis
MEMORIALE DI AIRES
Il Quadrante Edizioni

MACHADO de ASSIS
BRAS CUBASIN
KUOLEMANJÄLKEISET
MUISTELMAT

Machado de Assis
Memòries pòstumes de Brás Cubas
Traducció de Xavier Pàmies
QUADERNS CREMA

MACHADO DE ASSIS
EN VRANTEN HERRES BETRAGTNINGER
DANSKE BOGSAMLERES KLUB

Joaquim Maria
Machado de Assis
Memorias
póstumas de
Blas Cubas
Literatura
Alianza Editorial

מאשאדו די׳אסיס
זיכרונותיו של מת

LIBRARY OF LATIN AMERICA
joaquim maria machado
de assis
The
Posthumous Memoirs of
Brás Cubas

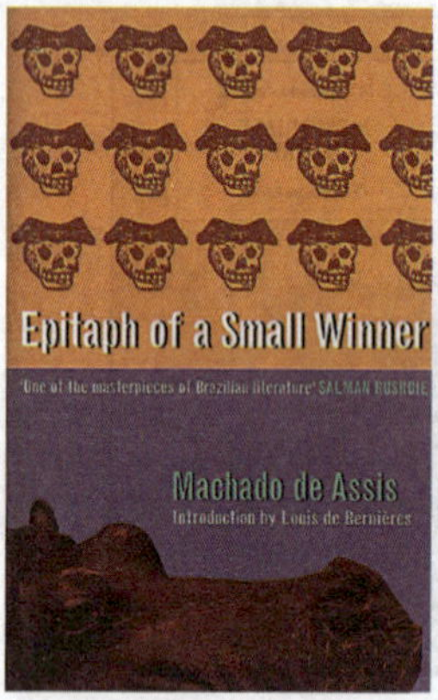
Epitaph of a Small Winner
'One of the masterpieces of Brazilian literature' SALMAN RUSHDIE
Machado de Assis
Introduction by Louis de Bernières

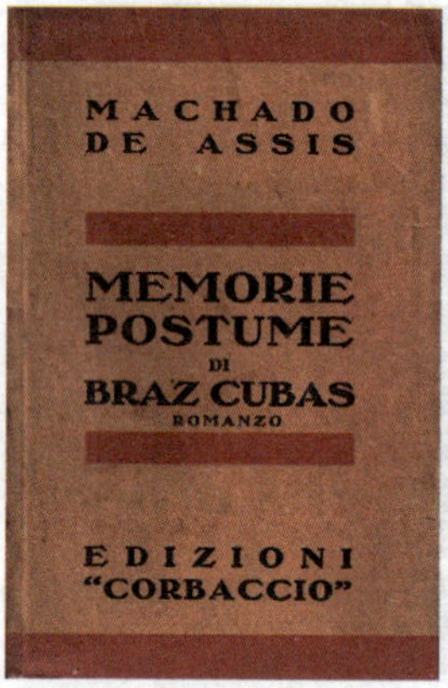
MACHADO
DE ASSIS
MEMORIE
POSTUME
DI
BRAZ CUBAS
ROMANZO
EDIZIONI
"CORBACCIO"

MACHADO DE ASSIS
POSMRTNI ZAPISI
BRASA CUBASA
ZANIMLJIVA BIBLIOTEKA

Joaquim Maria Machado de Assis
Posmrtné
paměti
Bráse
Cubase
TORST

J. M. MACHADO DE ASSIS
MISA DE GALLO
Y OTROS CUENTOS
EDITORIAL
norma
POR LA OTRA CARA DE ESTE LIBRO:
A PROPÓSITO DE MACHADO DE ASSIS
Y SU OBRA

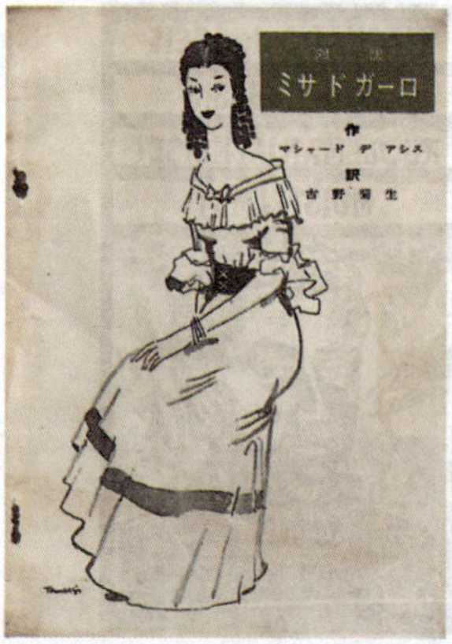
ミサドガーロ

ALIENISTA
MACHADO DE ASSIS
igela

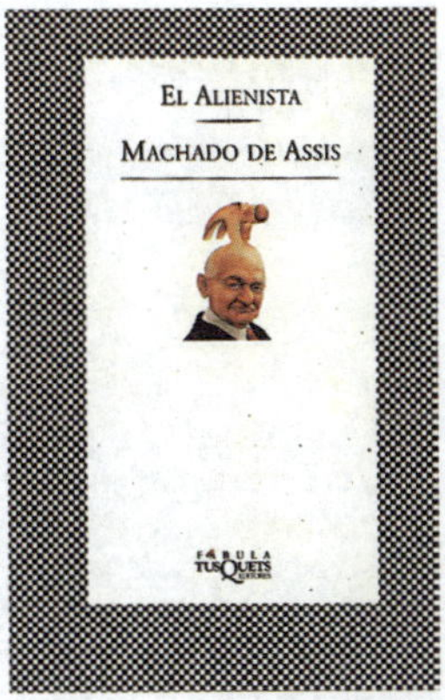
El Alienista
Machado de Assis
Fábula
Tusquets

J. M. Machado de Assis
El alienista
MAGORIA

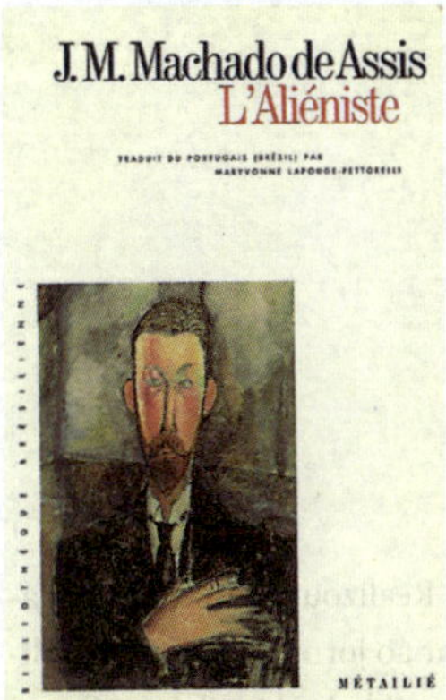
J. M. Machado de Assis
L'Aliéniste
MÉTAILIÉ

מאשאדו די אסיס
רופא הנפש

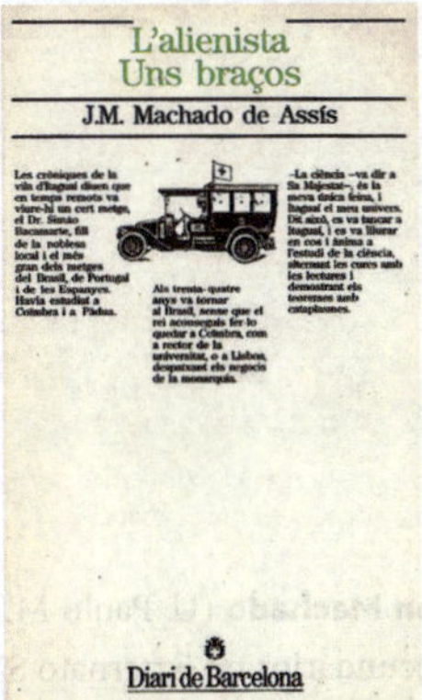
L'alienista
Uns braços
J.M. Machado de Assís
Diari de Barcelona

Philosopher or Dog?
"His is a highly personal brew of compassion, pessimism and devastating psychological insight."
—The New York Times Book Review
Machado de Assis
By the author of Epitaph of a Small Winner

philosopher
or
dog
?
'Fantastic...strange and wonderful'
NEW YORK TIMES
Machado de Assis
Introduction by Louis de Bernières

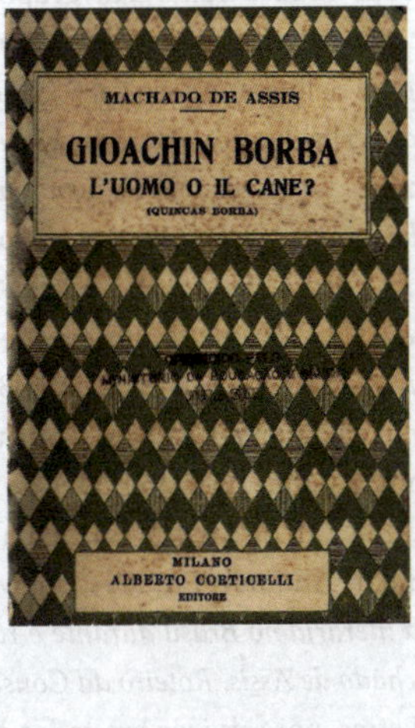
MACHADO DE ASSIS
GIOACHIN BORBA
L'UOMO O IL CANE?
(QUINCAS BORBA)
MILANO
ALBERTO CORTICELLI
EDITORE

Ubiratan Machado (U. Paulo M.) nasceu na cidade do Rio de Janeiro, em 1941. Realizou os estudos primários e secundários no Externato São José, dos Irmãos Maristas. Antes de se dedicar ao jornalismo, exerceu diversas profissões, viajando por quase todos os estados e conhecendo mais de 1200 cidades brasileiras. Como profissional da imprensa, trabalhou no *Jornal do Brasil*, em Bloch Editores (revistas *Fatos e Fotos* e *Ele & Ela*) e na Rio Gráfica Editora, do grupo Globo (revista *Arte Hoje* e outras). A partir dos anos 1980, se dedicou a publicações de empresas multinacionais e brasileiras, voltando a viajar por todo o país durante quase dez anos. Estreou na literatura em 1983, com "Os intelectuais e o Espiritismo", reportagem sobre meio século de difusão da doutrina kardecista no Brasil. Ao todo, publicou mais de 25 livros, entre os quais *A vida literária no Brasil durante o romantismo*, *Pequeno guia histórico das livrarias brasileiras*, quatro obras sobre Machado de Assis (*Bibliografia Machadiana 1959-2003*; *Machado de Assis. Roteiro da Consagração*; *Dicionário de Machado de Assis*; *Três vezes Machado de Assis*), *A etiqueta de livros no Brasil*, *Malditos e renegados*, *diálogo com o invisível*, *A capa do livro brasileiro*, *História das livrarias cariocas*, este contemplado com o Prêmio José Ermírio de Moraes de 2013, indicado pela Academia Brasileira de Letras e concedido pela Votorantim, como melhor livro do ano. Como tradutor verteu para o português centenas de artigos e obras de Honoré de Balzac, Alexandre Dumas e Thomas Mann. Prefaciou cerca de dez livros, entre os quais *Julieta dos Santos*, de Cruz e Sousa, Virgilio Várzea e outros, *Um caso tenebroso*, de Balzac, *Os moedeiros falsos*, de André Gide, *A bolsa e a vida*, de Carlos Drummond de Andrade. Em 1999, obteve da Fundação Biblioteca Nacional bolsa para obra em fase de conclusão (*A vida literária no Brasil durante o romantismo*) e em 2002 bolsa de pesquisa, concedida pela UERJ, para o livro *Machado de Assis. Roteiro da Consagração*. Em 2006, recebeu a Medalha João Ribeiro, da Academia Brasileira de Letras, por serviços prestados à cultura brasileira, e em 2019 o troféu Amigo do Livro, concedido pela revista *Livro* do NELE – Núcleo de Estudos do Livro e da Edição.

Biblioteca da Imprensa Oficial do Estado de São Paulo
Ivone Tálamo – Bibliotecária CRB 1536/8

Machado, Ubiratan
Dicionário de Machado de Assis/ Ubiratan Machado. – 2.ed. revista e ampliada – São Paulo : Imprensa Oficial do Estado de São Paulo; Rio de Janeiro : Academia Brasileira de Letras; Lisboa: Imprensa Nacional, 2021.
592 p. : il.

ISBN 978-85-401-0163-0

1. Assis, Machado de 1839 – 1908 – Dicionário 2. Literatura brasileira. I. Machado, Ubiratan, 1941

CDD 869.903

Grafia atualizada segundo o Acordo Ortográfico da Língua Portuguesa de 1990, em vigor no Brasil desde 2009.

Foi feito o depósito legal na Biblioteca Nacional
(lei nº 10.994, de 14/12/2004).

Impresso no Brasil 2021

FORMATO 17,0 × 24,5 cm
TIPOLOGIA Minion Pro e Neutra Text
PAPEL CAPA Couché fosco 150 g/m²
MIOLO Offset 63 g/m²
NÚMERO DE PÁGINAS 592

Imprensa Nacional
Av. de António José de Almeida
1000-042 Lisboa Portugal
editorial.apoiocliente@incm.pt
www.facebook.com/ImprensaNacional

Imprensa Oficial do Estado de São Paulo
Rua da Mooca, 1921 – Mooca
CEP 03103 902 – São Paulo SP Brasil
SAC 0800-0123-401
www.imprensaoficial.com.br

Academia Brasileira de Letras
Av. Presidente Wilson, 203 – Castelo
CEP 20030 021 – Rio de Janeiro RJ Brasil
TEL 55 21 3974 2500
www.academia.org.br
www.facebook.com/academia.org.br

IMPRENSA OFICIAL DO
ESTADO DE SÃO PAULO

COORDENAÇÃO EDITORIAL
Cecília Scharlach

EDIÇÃO
Andressa Veronesi

REVISÃO
Carla Fortino

COTEJO
Francisco Alves da Silva

CARICATURAS
J. Bosco

PROJETO GRÁFICO
Negrito Produção Editorial

IMPRESSÃO E ACABAMENTO
Imprensa Oficial do Estado S/A – Imesp

GOVERNO DO ESTADO
DE SÃO PAULO

GOVERNADOR
João Doria

VICE-GOVERNADOR
Rodrigo Garcia

IMPRENSA OFICIAL DO
ESTADO DE SÃO PAULO

DIRETOR-PRESIDENTE
Nourival Pantano Júnior

ACADEMIA BRASILEIRA
DE LETRAS

PRESIDENTE
Marco Lucchesi

IMPRENSA NACIONAL
PORTUGAL

DIRETOR EDITORIAL E DE CULTURA
Duarte Azinheira